U0541254

西南财经大学全国中国特色社会主义政治经济学研究中心
国家经济学拔尖学生培养基地
"中国经济学"规划教材

中国特色社会主义政治经济学纲要

（第二版）

The Political Economy Theory of
Socialism with Chinese Characteristics
(The Second Edition)

主　编◎丁任重
副主编◎李　萍　盖凯程　韩文龙　吴　垠

中国社会科学出版社

图书在版编目（CIP）数据

中国特色社会主义政治经济学纲要／丁任重主编．--2版．--北京：中国社会科学出版社，2023.12
（"中国经济学"规划教材）
ISBN 978-7-5227-1341-0

Ⅰ.①中… Ⅱ.①丁… Ⅲ.①中国特色社会主义—社会主义政治经济学—教材 Ⅳ.①F120.2

中国国家版本馆CIP数据核字（2023）第242794号

出 版 人	赵剑英
责任编辑	王　衡
责任校对	朱妍洁
责任印制	王　超

出　　版	中国社会科学出版社
社　　址	北京鼓楼西大街甲158号
邮　　编	100720
网　　址	http://www.csspw.cn
发 行 部	010-84083685
门 市 部	010-84029450
经　　销	新华书店及其他书店
印　　刷	北京明恒达印务有限公司
装　　订	廊坊市广阳区广增装订厂
版　　次	2023年12月第2版
印　　次	2023年12月第1次印刷
开　　本	787×1092　1/16
印　　张	32.25
插　　页	2
字　　数	740千字
定　　价	98.00元

凡购买中国社会科学出版社图书，如有质量问题请与本社营销中心联系调换
电话：010-84083683
版权所有　侵权必究

序　言

中国特色社会主义政治经济学是中国化、时代化的马克思主义政治经济学。中国特色社会主义政治经济学立足于中国改革发展的成功实践，是研究和揭示现代社会主义经济发展和运行规律的科学，是在长期的经济发展实践中，初步形成的科学完整的理论体系。马克思、恩格斯是社会主义政治经济学的奠基者。他们通过对资本主义生产方式矛盾运动规律和发展趋势的深刻分析，揭示了未来共产主义和社会主义经济关系的基本特征。这些理论是社会主义革命和建设的重要指南。中华人民共和国成立后，以毛泽东同志为代表的中国共产党人努力探索适合中国国情的社会主义经济建设道路，提出了发展社会主义经济的一系列独创性理论观点。改革开放以来，中国共产党把马克思主义政治经济学基本原理同改革开放新的实践结合起来，不断丰富和发展马克思主义政治经济学，创立和发展了中国特色社会主义政治经济学。党的十八大以来，以习近平同志为核心的党中央根据时代和实践发展的新要求，围绕推进中国特色社会主义经济建设，创立形成了习近平经济思想。习近平经济思想是新时代经济领域党的理论创新的最重要成果，也是马克思主义政治经济学创新发展的最新成果。

中国特色社会主义政治经济学是适应当代中国国情和时代特征的政治经济学，既坚持马克思主义政治经济学基本原理，又赋予其丰富的实践特色、理论特色、民族特色、时代特色，不仅有力指导了中国经济发展实践，而且开拓了马克思主义政治经济学新境界，丰富了人类经济思想宝库，也是我们建构中国经济学自主知识体系，树立中国特色社会主义道路自信、理论自信、制度自信、文化自信的坚实基础和可靠保障。

本书以习近平新时代中国特色社会主义思想为指导，立足中国改革、开放和发展的实际情况，坚持马克思主义政治经济学的基本立场、观点和方法，立足中国经验提炼经济思想，形成系统化的中国特色社会主义政治经济学理论体系。本书主要从中国特色社会主义政治经济学的理论体系构建、中国特色社会主义经济制度、中国特色社会主义经济运行、中国特色社会主义经济发展、中国特色社会主义开放经济五大方面系统阐释了中国特色社会主义经济的本质特征和发展规律等，为广大读者和学生学好用好政治经济学提供了重要参考。

目 录

导 论 ... 1
第一节 中国特色社会主义政治经济学的形成与发展 ... 1
一 马克思主义政治经济学的创立与发展 ... 1
二 社会主义政治经济学的产生和演变 ... 4
三 中国特色社会主义政治经济学的形成和发展 ... 10
第二节 中国特色社会主义政治经济学的对象和方法 ... 13
一 马克思主义政治经济学的对象和方法 ... 13
二 中国特色社会主义政治经济学的研究对象及其拓展 ... 14
三 中国特色社会主义政治经济学的研究方法和理论范式 ... 16
第三节 中国特色社会主义政治经济学的属性、原则和新时代特征 ... 20
一 中国特色社会主义政治经济学的本质属性 ... 20
二 中国特色社会主义政治经济学的重大原则 ... 21
三 中国特色社会主义政治经济学的新时代特征 ... 24
第四节 中国特色社会主义政治经济学的理论体系构建 ... 27
一 中国特色社会主义政治经济学的理论来源 ... 27
二 中国特色社会主义政治经济学的核心概念和范畴 ... 28
三 中国特色社会主义政治经济学研究的重大理论问题 ... 30
四 中国特色社会主义政治经济学的逻辑起点、主线和结构 ... 35
五 中国特色社会主义政治经济学要在学科开放和竞争中不断创新 ... 40

第一章 社会主义初级阶段与新时代 ... 43
第一节 社会主义初级阶段 ... 43
一 经典作家关于社会主义发展阶段理论的表述 ... 43
二 中国实践与社会主义初级阶段理论的探索过程 ... 45
三 社会主义初级阶段论断的含义 ... 47

四　社会主义初级阶段的基本特征 …………………………………… 48
　　五　社会主义初级阶段理论为社会主义经济发展奠定了理论基础 …… 50
第二节　进入新时代：社会主义初级阶段主要矛盾的转化 ……………… 51
　　一　中国特色社会主义的矛盾转化 …………………………………… 52
　　二　社会主义初级阶段主要矛盾转化的历史方位：进入新时代 …… 56
第三节　新时代社会主义经济发展 ………………………………………… 58
　　一　新时代中国经济社会发展中的具体矛盾 ………………………… 59
　　二　新时代中国面临的重大发展问题 ………………………………… 62
　　三　新时代的历史使命：中国式现代化 ……………………………… 65

第二章　中国特色社会主义基本经济制度 …………………………………… 69
第一节　经济制度与社会基本经济制度：内部分层及其关系 …………… 69
　　一　经济制度与社会基本经济制度的含义及其内部分层 …………… 69
　　二　对社会主义基本经济制度系统的认识：多层关系与变化 ……… 75
第二节　中国特色社会主义基本经济制度变迁：三重规定性及其特征 … 76
　　一　探源溯流：马克思、恩格斯对未来社会的两种设想与苏联早期
　　　　实践的启示 ………………………………………………………… 77
　　二　历史回瞻：中国社会主义经济制度形成、构建及其双重影响 … 78
　　三　改革创新：中国特色社会主义基本经济制度的形成、重构与定型 … 80
第三节　中国特色社会主义基本经济制度变迁逻辑：一个简要总结 …… 85
　　一　中国特色社会主义基本经济制度的变迁路径及其逻辑 ………… 86
　　二　中国特色社会主义基本经济制度的变迁特征及其逻辑 ………… 87
　　三　中国特色社会主义基本经济制度的变迁绩效及其逻辑 ………… 88

第三章　中国特色社会主义市场经济体制 …………………………………… 90
第一节　社会主义与市场经济的有机结合 ………………………………… 90
　　一　社会主义市场经济理论 …………………………………………… 91
　　二　作为社会主义基本经济制度组成部分的社会主义市场经济体制 … 95
　　三　公有制与市场经济的有机结合 …………………………………… 96
第二节　新时代完善要素市场化配置体制机制 …………………………… 100
　　一　完善要素市场化配置体制机制的前提与目标 …………………… 100
　　二　完善要素市场体系建设、形成要素市场化价格 ………………… 101

第三节　新时代完善社会主义市场经济体制的框架 ············· 105
 一　新时代加快完善社会主义市场经济体制的背景与目标 ········· 106
 二　新时代加快完善社会主义市场经济体制的基本原则 ·········· 107
 三　新时代加快完善社会主义市场经济体制的基本内容及其逻辑关联 ··· 108

第四节　新时代社会主义市场经济体制中的政府与市场关系 ········ 112
 一　社会主义市场经济体制中政府和市场关系的演变发展 ········ 112
 二　处理社会主义市场经济体制中政府与市场关系的总原则 ······· 113
 三　推动有效市场与有为政府的结合 ······················ 114
 四　建设高水平社会主义市场经济体制 ····················· 116

第四章　中国特色社会主义收入分配制度 ·················· 119

第一节　中国特色社会主义收入分配制度的演变历程 ············ 120
 一　中华人民共和国成立后第一个"三十年"的艰辛探索
  （1949—1978 年） ································· 120
 二　第二个"三十年"的改革发展（1978—2012 年） ············ 120
 三　中国特色社会主义新时代（2012 年至今） ················ 121

第二节　按劳分配与多种分配方式并存 ···················· 123
 一　经典理论中的按劳分配 ··························· 124
 二　坚持按劳分配为主体 ···························· 127
 三　多种收入分配方式并存 ··························· 128

第三节　现阶段收入分配面临的问题 ····················· 131
 一　微观主体间收入差距过大 ·························· 132
 二　宏观收入分配格局失衡 ··························· 134
 三　转型期存在的不合理因素 ·························· 135

第四节　社会主义再分配调节机制 ······················ 135
 一　社会主义市场经济必然要求社会主义再分配调节机制 ········· 136
 二　社会主义再分配调节机制的主要手段 ··················· 136
 三　新时代的社会主义再分配制度 ······················· 137

第五节　社会主义共享发展和共同富裕 ···················· 140
 一　共享发展是马克思科学社会主义理论的核心价值 ············ 141
 二　中国特色社会主义追求共享发展与共同富裕的实践探索 ······· 142
 三　中国特色社会主义共享发展理念下的发展道路 ············· 145

第五章　中国特色社会主义国有企业与国有经济 ···················· 147
第一节　国有企业和国有经济改革理论 ···················· 147
　　一　国有制的建立 ···················· 147
　　二　国有制的经营方式 ···················· 148
　　三　国有制要适应生产力的发展状况 ···················· 148
第二节　国有企业和国有经济的历史演进、地位和作用 ···················· 149
　　一　国有企业和国有经济的历史演进 ···················· 149
　　二　国有企业和国有经济的主体地位 ···················· 153
　　三　国有企业和国有经济的主导作用 ···················· 155
第三节　国有企业改革 ···················· 159
　　一　国有企业存在的问题 ···················· 159
　　二　国有企业改革的历程 ···················· 160
　　三　国有企业改革取得的成就 ···················· 162
第四节　新时代国有经济战略布局与国有资产管理体制改革 ···················· 164
　　一　基本原则 ···················· 164
　　二　主要目标 ···················· 165
　　三　基本措施 ···················· 166
　　四　深化国有资产管理体制改革 ···················· 170
　　五　新时代发展混合所有制经济 ···················· 171

第六章　中国特色社会主义农村经济与农业农村农民现代化 ···················· 173
第一节　中国的农业、农村与农民问题及其根本出路 ···················· 173
　　一　"农业发展第三次浪潮"下的"三农"问题："四化同步"的短板 ···················· 174
　　二　农业农村现代化：解决"三农"问题的根本出路 ···················· 177
　　三　中国特色农业农村农民现代化的政治经济学逻辑 ···················· 179
第二节　农村土地制度、农村基本经营制度与农业农村农民现代化 ···················· 182
　　一　中华人民共和国成立后我国农村土地制度的变革历程 ···················· 183
　　二　中华人民共和国成立后我国农村基本经营制度的变革历程 ···················· 186
　　三　农村土地制度、农村基本经营制度变迁与农业农村农民现代化：
　　　　内在关联和发展方向 ···················· 188
第三节　发展壮大农村新型集体经济与中国特色社会主义农业农村
农民现代化 ···················· 191
　　一　农村集体经济发展的现实困境 ···················· 191

二　新型农村集体经济发展与中国特色社会主义农业农村农民现代化……… 192
　　三　构建利益共融的农村新型集体经济与中国特色社会主义农业农村
　　　　农民现代化……………………………………………………………… 193
第四节　乡村振兴与中国特色社会主义农业农村农民现代化…………………… 197
　　一　产业兴旺与中国特色社会主义农业农村农民现代化：农业发展视角…… 197
　　二　生态宜居、乡风文明、治理有效与中国特色社会主义农业农村农民
　　　　现代化：农村发展视角………………………………………………… 198
　　三　生活富裕与中国特色社会主义农业农村农民现代化：农民发展视角…… 200
　　四　乡村振兴与中国特色社会主义农业农村农民现代化：内部协同与
　　　　外部联动………………………………………………………………… 201
　　五　以乡村振兴为抓手推进中国特色社会主义农业农村农民现代化的
　　　　政策着力点……………………………………………………………… 202

第七章　供给侧结构性改革与需求侧管理……………………………………… 205
第一节　马克思的供给与需求理论………………………………………………… 205
　　一　供给与需求的同一性…………………………………………………… 205
　　二　需求决定供给…………………………………………………………… 206
　　三　供给创造需求…………………………………………………………… 207
第二节　供给侧结构性改革………………………………………………………… 208
　　一　与西方供给学派的多维度比较………………………………………… 208
　　二　供给侧结构性改革的内涵释义………………………………………… 211
　　三　供给侧结构性改革的关键环节………………………………………… 216
第三节　需求侧管理………………………………………………………………… 218
　　一　超越凯恩斯主义的表征………………………………………………… 218
　　二　需求侧管理的目标解析………………………………………………… 220
　　三　需求侧管理的基本内容………………………………………………… 221
第四节　以供给侧结构性改革扩大有效需求……………………………………… 227
　　一　筑牢有效需求扩大的"两柱"………………………………………… 228
　　二　塑造有效需求扩大的"双梁"………………………………………… 229
　　三　夯实有效需求扩大的"三基"………………………………………… 230

第八章　中国特色社会主义宏观经济运行与调控 ············ 232
第一节　宏观经济的运行目标与调控机制 ············ 232
  一　马克思主义宏观经济学与社会再生产 ············ 232
  二　宏观经济运行 ············ 234
  三　宏观经济的运行目标 ············ 236
  四　宏观经济的调控手段 ············ 237
第二节　财政政策和货币政策 ············ 239
  一　财政政策的理论基础 ············ 240
  二　货币政策的理论基础 ············ 242
  三　财政政策与货币政策协调配合的理论依据 ············ 243
  四　货币政策与财政政策的协调配合 ············ 245
第三节　宏观经济治理政策的工具创新 ············ 246
  一　短期中以需求侧管理维护经济稳定和金融稳定 ············ 246
  二　长期中以结构性供给侧手段促进经济持续增长 ············ 246
  三　兼顾短期宏观稳定与长期经济增长的逆周期调节政策 ············ 247
  四　中国宏观调控政策工具的历史沿革 ············ 247
  五　传统宏观调控工具面对的问题及现状 ············ 249
  六　货币政策与宏观审慎政策的"双支柱"调控框架 ············ 249
  七　宏观调控工具的创新 ············ 251
第四节　宏观调控政策的国内协调与国际协调 ············ 254
  一　宏观调控政策的国内协调 ············ 254
  二　宏观调控政策的国际协调 ············ 255

第九章　新发展理念与经济发展 ············ 257
第一节　新发展理念的时代背景 ············ 257
  一　经济发展阶段进入新常态 ············ 257
  二　社会主要矛盾出现新变化 ············ 258
  三　社会主义建设有了新任务 ············ 259
第二节　新发展理念的科学内涵 ············ 261
  一　新发展理念的基本内容 ············ 261
  二　新发展理念的主要特征 ············ 265

三　新发展理念的内在关系 ·· 266
第三节　新发展理念的重要价值 ·· 269
　　一　新发展理念的理论价值 ·· 269
　　二　新发展理念的实践价值 ·· 274

第十章　构建新发展格局与经济高质量发展 ································ 278
第一节　构建新发展格局 ·· 278
　　一　构建新发展格局的时代背景 ·· 278
　　二　构建新发展格局的科学内涵 ·· 280
　　三　构建新发展格局的现实路径 ·· 281
第二节　经济高质量发展 ·· 283
　　一　经济高质量发展的现实背景 ·· 283
　　二　经济高质量发展的理论背景 ·· 284
　　三　经济高质量发展的内涵与具体维度 ································ 285
　　四　经济高质量发展的动力与内在机制 ································ 287
　　五　经济高质量发展面临的主要问题 ··································· 288
　　六　推动中国经济高质量发展的对策 ··································· 290

第十一章　社会主义现代化与现代化经济体系 ······························ 293
第一节　现代化的概念演变 ·· 293
　　一　第一次现代化 ·· 294
　　二　第二次现代化 ·· 294
　　三　第三次现代化 ·· 295
第二节　新中国的奋斗目标与现代化演变 ··································· 296
　　一　新中国奋斗目标的提出 ·· 296
　　二　"四个现代化"的演变 ·· 297
第三节　社会主义现代化的变迁历程 ·· 299
　　一　社会主义现代化的变迁历程 ·· 300
　　二　中国特色社会主义现代化的特性 ··································· 302
　　三　中国式现代化的现实底色 ··· 304
第四节　社会主义现代化经济体系的内容 ··································· 309

  一　建设创新引领、协同发展的产业体系……309
  二　建设统一开放、竞争有序的市场体系……310
  三　建设体现效率、促进公平的收入分配体系……311
  四　建设彰显优势、协调联动的城乡区域发展体系……311
  五　建设资源节约、环境友好的绿色发展体系……312
  六　建设多元平衡、安全高效的全面开放体系……312
  七　健全充分发挥市场作用、更好发挥政府作用的经济体制……312
 第五节　社会主义现代化经济体系的逻辑与路径……313
  一　社会主义现代化经济体系的理论逻辑……313
  二　建设社会主义现代化经济体系的重大意义……314
  三　建设现代化经济体系的路径……314

第十二章　中国特色区域经济协调发展……318
 第一节　马克思的劳动地域分工理论……318
  一　马克思、恩格斯生产力平均布局思想……318
  二　效率优先的差异化发展指导思想……319
 第二节　中国区域经济布局的变迁历程……321
  一　区域经济平均布局战略……321
  二　赶超发展与重工业优先发展战略……321
  三　沿海与内陆地区的均分发展格局……322
  四　梯度发展与三沿、四沿发展战略……326
  五　三大地带与四大板块的异化发展……327
 第三节　新时代中国区域经济布局的新特征……332
  一　注重公平的均衡化发展指导思想……333
  二　全面协调可持续的区域发展战略……334
  三　多点多极与内外联动的协调发展……335
 第四节　新时代中国经济发展的重点区域……340
  一　重点区域和特征……340
  二　重点区域的发展路径……342

第十三章　中国特色工业化、城镇化发展……344
 第一节　中国新型工业化道路……344

一	从工业化道路到新型工业化道路	344
二	中国特色新型工业化道路的一般性和特殊性	346
三	新发展理念引领中国特色新型工业化道路发展	348

第二节 中国特色新型城镇化道路 350
一	从城镇化道路到新型城镇化道路	350
二	中国特色新型城镇化道路的一般性和特殊性	352
三	新发展理念引领中国特色新型城镇化道路发展	353

第三节 中国新型工业化、城镇化"两化互动"与发展 354
一	新型工业化推动城镇化发展	354
二	城镇化支撑新型工业化发展	356
三	限制"两化互动"的因素	357
四	推进"两化互动"的对策	359

第十四章 中国特色绿色发展与生态文明 361
第一节 中国特色绿色发展理论起源 361
一	自然是影响社会生产力发展的重要因素	362
二	生产方式是影响自然的重要因素	363
三	资本主义生产方式对自然造成的严重影响	365
四	马克思对社会主义生产方式与生态关系的构想	367

第二节 绿色发展与生态文明建设的现实要求 368
一	人与自然的关系：历史演进	368
二	可持续发展的提出与要求	369
三	加强绿色发展和生态文明建设的迫切性	371

第三节 绿色发展理念、绿色转型与绿色产业体系构建 373
一	绿色发展理念的形成	373
二	绿色产业体系的构建	374
三	推动经济发展方式绿色转型	379

第四节 新时代中国生态文明的建设路径 381
一	增强马克思生态经济学理论对我国绿色发展行动指导	381
二	明确政府定位，通过系统的制度建设保障绿色发展持续推进	382
三	以科技创新为着力点，推动经济发展方式转变	384
四	加强社会引导，全方位推进生态文明建设	385

五　推动绿色发展，促进人与自然和谐共生 ………………………………… 385

第十五章　中国特色社会主义城乡融合发展 ………………………………… 388
第一节　中华人民共和国成立以来城乡关系演变 ………………………… 388
　　一　中华人民共和国成立以后城乡关系的"短暂向好"向"城乡二元分割"的
　　　　演变阶段（1949—1978年）………………………………………………… 389
　　二　改革开放以后城乡关系"趋于缓和"—"再度分离"—"一体化"的
　　　　演变阶段（1978—2012年）………………………………………………… 390
　　三　新时代城乡关系趋于"融合"阶段（2012年至今）……………………… 392
第二节　新时代城乡融合发展的新起点和理论基础 ……………………… 392
　　一　新时代中国城乡融合发展站上了新起点 ………………………………… 392
　　二　以马克思、恩格斯城乡融合思想指导新时代的城乡融合发展 ………… 393
第三节　新时代城乡融合发展的核心要义和本质要求 …………………… 397
　　一　新时代城乡融合发展的核心要义 ………………………………………… 397
　　二　新时代城乡融合发展的本质要求 ………………………………………… 398
第四节　新时代城乡融合发展的基本条件和实现路径 …………………… 400
　　一　新时代实现城乡融合的基本条件 ………………………………………… 400
　　二　新时代城乡融合的实现路径 ……………………………………………… 403

第十六章　经济全球化：马克思主义的视野 …………………………………… 406
第一节　经济全球化的历史、特征及发展现状 …………………………… 407
　　一　第一次经济全球化：从大航海时代到第一次世界大战 ………………… 407
　　二　第二次经济全球化：从第二次世界大战结束到苏联解体 ……………… 409
　　三　第三次经济全球化：20世纪90年代至今 ………………………………… 411
第二节　经典的马克思主义经济全球化理论 ……………………………… 414
　　一　马克思、恩格斯论经济全球化：世界市场理论 ………………………… 414
　　二　马克思、恩格斯"世界历史"理论中所包含的经济全球化的思想 …… 417
　　三　马克思、恩格斯"世界历史"理论内容 ………………………………… 418
第三节　马克思主义经济全球化理论在实践中的发展 …………………… 419
　　一　帝国主义理论与新帝国主义论 …………………………………………… 419
　　二　"中心—外围"理论、依附理论与全球资本主义论等 ………………… 422
　　三　习近平经济思想与新型经济全球化 ……………………………………… 424

第十七章　中国开放发展的历程、道路和经验 ………………………………… 428
第一节　世界分工体系中的中国经济 …………………………………………… 428
　　一　中国经济是世界分工体系的有机部分 …………………………………… 428
　　二　从全球化角度对中国开放的讨论及理论分歧 …………………………… 429
第二节　资本主义世界体系的演进与中国经济的现代化历程：改革与开放 …… 431
　　一　资本主义的殖民扩张与中国现代化启蒙（1949年之前）：被动开放
　　　　与传统小农经济 ……………………………………………………………… 431
　　二　外部封锁与社会主义现代化道路的艰难探索（1949—1978年）：
　　　　计划经济与独立自主的工业化发展 ………………………………………… 434
　　三　新一轮全球化与社会主义现代化道路的开拓（1978—2008年）：
　　　　在改革开放中融入现代工业体系 …………………………………………… 437
　　四　逆全球化与新时代中国现代化道路的创新（2008年至今）：
　　　　以深化改革开放推动产业转型升级 ………………………………………… 441
第三节　中国开放的历史逻辑：传承、兼容和冲突 …………………………… 443
　　一　社会主义市场经济与资本主义分工体系之间的矛盾运动构成
　　　　中国道路演进的逻辑 ………………………………………………………… 443
　　二　中国开放发展的历史是中国经济与全球化进程相互作用的动态过程 …… 444
　　三　维护国际垄断资本主导的"中心—外围"分工格局构成美国对华
　　　　战略遏制的基本动机 ………………………………………………………… 446
第四节　构建高水平开放格局推动全球化平衡发展 …………………………… 447
　　一　全球化是国际垄断资本主义发展的必然趋势 …………………………… 447
　　二　坚持互惠合作推动全球化平衡发展 ……………………………………… 448
　　三　构建高水平对外开放新格局 ……………………………………………… 449

第十八章　全球经济治理的中国方案：人类命运共同体理念与"一带一路"倡议 …… 451
第一节　人类命运共同体理念与全球经济治理理论 …………………………… 451
　　一　人类命运共同体理念的提出 ……………………………………………… 451
　　二　人类命运共同体理念的科学内涵 ………………………………………… 452
　　三　人类命运共同体理念的理论特征 ………………………………………… 453
第二节　全球经济治理：历史、现状及其困境 ………………………………… 455
　　一　全球经济治理的历史 ……………………………………………………… 455
　　二　全球经济治理的现状 ……………………………………………………… 456

  三　全球经济治理的困境 …… 457
第三节　人类命运共同体理念与全球经济治理理念 …… 459
  一　人类命运共同体理念下的全球经济治理前提 …… 459
  二　人类命运共同体理念在全球经济治理中的作用 …… 460
  三　人类命运共同体理念下的全球经济治理 …… 461
第四节　"一带一路"倡议与全球经济治理实践 …… 463
  一　"一带一路"倡议的提出 …… 463
  二　"一带一路"建设与全球经济治理的内在关联 …… 465
  三　"一带一路"实践的成果与展望 …… 467

第十九章　构建开放发展新格局和开放型经济新体制 …… 472
第一节　构建开放发展新格局的重要意义 …… 473
  一　正确把握对外开放新形势 …… 473
  二　经济全球化背景下中国经济发展的机遇与挑战 …… 474
  三　构建开放发展新格局是新时代中国经济发展转型的内在要求 …… 475
第二节　构建开放型经济新体制：初步政策框架 …… 477
  一　放宽外商投资市场准入 …… 477
  二　加快自由贸易区建设 …… 479
  三　扩大内陆地区对外开放，加快沿边开放步伐 …… 480
  四　其他 …… 482
第三节　构建开放型经济新体制：总体目标与基本内容 …… 483
  一　构建开放型经济新体制总体目标 …… 483
  二　构建开放型经济新体制主要内容 …… 484
  三　关于构建开放型经济新体制的着力点 …… 493
第四节　构建全方位开放新格局：规划与展望 …… 494
  一　建设更高水平开放型经济新体制 …… 494
  二　推动共建"一带一路"高质量发展 …… 495
  三　积极参与全球治理体系改革和建设 …… 496

后　记 …… 498

导 论

第一节 中国特色社会主义政治经济学的形成与发展

一 马克思主义政治经济学的创立与发展

"政治经济学"最初是 17 世纪初由法国重商主义学者安·德·蒙克莱田（1575—1622 年）提出的。他在 1615 年出版的《献给国王和王后的政治经济学》一书中，第一次使用了"政治经济学"这个名词。其目的是要说明，他所研究的已不再是家庭或庄园经济的管理问题，而是国家范围和社会范围的经济问题。他在书中论述了商业、航海业和整个国家的经济与政策问题，特别阐述了商业和商人在整个国民经济管理中的作用。这时正是资本原始积累的时期，蒙克莱田的观点，代表了新兴的商业资产阶级的利益，反映了早期重商主义的经济思想。但是，由于重商主义把自己的研究局限在流通领域，而没有从生产过程入手深入研究社会经济关系的本质，所以尽管重商主义学者使用了"政治经济学"一词，但这并不代表真正的政治经济学的形成。

政治经济学作为一门独立的经济学科产生于 17 世纪中叶。当时，资本主义生产方式在英、法等国已经确立，资本主义生产关系迅速发展，而同时新兴资产阶级与封建地主阶级之间的矛盾却日趋尖锐。这时，代表产业资本家阶级利益的资产阶级古典政治经济学便应运而生，它的历史任务就是批判封建主义，证明封建制度必然要被资本主义制度所代替，阐述资本主义的生产、分配、交换和消费过程中的经济关系及运动规律。

资产阶级古典政治经济学的创始人是英国学者威廉·配第（1623—1687 年），其代表作是《赋税论》。该书最先指出了劳动时间决定价值的观点，并在地租形式的研究中看到了剩余价值的存在，这是他的主要理论贡献。配第的主要经济著作《政治算术》，是政治经济学从其他社会科学中分离出来，作为一门独立的学科的重要标志。他的《货币略论》一书在劳动价值观的基础上，进一步考察了工资、地租、利息和货币等经济范畴。他还明确提出了"劳动是财富之父，土地是财富之母"的观点，马克思对此给予了高度评价。

资产阶级古典政治经济学的奠立者是英国学者亚当·斯密（1723—1790 年）。1776 年，亚当·斯密出版了代表作《国民财富的性质和原因的研究》（以下简称《国富论》）。

该书以发达的工场手工业时期的资本主义经济关系为研究对象,把自配第以来的政治经济学综合成为一个完整的体系,斯密的经济理论以国民财富及其增长为核心范畴,同时涉及了分工、交换、货币、价值、工资、利润、地租、资本等基本经济范畴,而其中他又特别强调工业在国民财富增长中的主导作用。斯密把工业、农业和商业统一起来考察,第一次把流通领域同生产领域结合起来研究社会总生产过程。他特别指出"看不见的手"的作用,揭示了自由竞争条件下市场机制的调节作用及重要意义。斯密对资本主义生产方式的考察,克服了重商主义和重农学派的片面性,使他的理论产生了广泛的影响,也奠定了他在政治经济学史上的重要地位。

资产阶级古典政治经济学的完成者是英国学者大卫·李嘉图(1772—1823年)。1817年,他出版了代表作《政治经济学及赋税原理》。该书以劳动价值论为基础,比较客观地分析了资本主义生产方式的内在矛盾、市场经济的运行机制以及相关的经济范畴。但是,由于受阶级利益的局限,李嘉图把资本主义经济关系看作是自然的、永恒的社会经济关系,因而不可能真正认识资本主义生产过程和经济关系的本质。特别是在他的理论中混淆了劳动与劳动力、价值与生产价格的区别,使他的理论体系中存在着两大难以解决的矛盾,最终导致其理论体系破产。

资产阶级古典政治经济学代表了新兴的资产阶级的利益,由于资产阶级正处于上升阶段,资本主义经济制度刚刚确立,其内在的各种矛盾尚未充分暴露,因而这时的资产阶级经济学家尚能以客观、科学的态度来研究社会经济发展规律,并取得了一些有科学价值的成果。例如,资产阶级古典政治经济学提出了劳动创造价值的观点,论述了市场机制的调节使用,阐述了货币、价值、工资、利润、资本、地租等经济范畴。它还在一定程度上揭示了资本主义生产关系的内在联系,看到了资本主义制度下工资、利润和地租的对立关系,已经接触到了剩余价值问题,并初步探讨了资本主义社会的阶级构成和阶级对立状况。但是,由于资产阶级古典政治经济学代表人物的阶级局限性,他们把资本主义制度看成是自然永恒的社会制度,因而不可能真正揭示出社会经济运动的规律性。他们看到了资本主义经济关系中存在的矛盾,但认识不到资本主义生产关系的本质;他们看到了资本主义制度下的阶级对立,但认识不到产生这种对立的根源;他们建立了政治经济学的理论体系,但其理论体系中存在着严重的缺陷。随着资本主义制度和各种矛盾的发展,特别是进入19世纪30年代以后资本主义国家阶级矛盾和阶级斗争的尖锐化,他们的后继者便开始只研究经济现象,不探讨资本主义生产关系的本质,着力为资本主义制度进行辩护。所以,在经济学说史上,英国古典政治经济学之后的资产阶级经济学说被称为庸俗经济学。

马克思、恩格斯运用辩证唯物主义和历史唯物主义的世界观和方法论,批判地继承了英国古典政治经济学的科学成分,全面深刻地揭示了资本主义生产方式的内在矛盾及其发展趋势,实现了政治经济学发展史上的革命性变革。马克思主义政治经济学是"马克思主义理论最深刻、最全面、最详细的证明和运用"[①],是马克思主义三个主要组成部分之一。

[①] 《列宁选集》第2卷,人民出版社2012年版,第462页。

马克思主义政治经济学创立于19世纪中叶。第一次产业革命推动了社会生产力的巨大发展和生产关系的深刻变革，随着资本主义的发展，资本主义生产方式所固有的基本矛盾充分暴露出来，周期性的经济危机的爆发，为马克思深入剖析资本主义生产方式的内在结构提供了可能。同时，无产阶级与资产阶级之间的矛盾日益尖锐起来，无产阶级在反对资产阶级的斗争中也逐渐认识到"组织起来"和选择科学的思想理论作指导的必要性。由此，马克思主义政治经济学作为代表独立力量的无产阶级的利益的政治经济学便应运而生。

马克思主义政治经济学是一座宏伟的理论大厦，《资本论》是马克思主义政治经济学最重要的经典之作。在《资本论》中，马克思科学地揭示出资本主义生产的全部秘密，揭示了剩余价值的来源，发现了"现代资本主义生产方式和它所产生的资产阶级社会的特殊的运动规律"[①]。在此基础上，马克思、恩格斯对未来社会即共产主义社会（初级阶段是社会主义社会）进行了科学的预测。

马克思主义政治经济学是阶级性、科学性的统一。它既是一门反映客观规律的科学，又是无产阶级政党领导革命和建设，制定纲领、路线和政策的依据。列宁指出："这一理论……把严格的和高度的科学性和革命性结合起来，并且不是偶然地结合起来，而是把二者内在地和不可分割地结合在这个理论本身中。……目的是帮助被压迫阶级去进行他们已在实际进行的经济斗争。"[②] 从马克思主义政治经济学创立至今，人类社会已经走过了一百六十多年的历程，但马克思主义政治经济学所揭示的基本原理，如历史唯物主义基本原理、人类社会发展一般规律的基本原理、商品生产商品交换的基本原理、社会化大生产的基本原理等，依然放射着真理的光芒，是指导社会主义经济建设的理论指南。

马克思主义政治经济学本质上是一门历史的科学、发展的科学和开放的科学，它善于吸收人类文明的一切有益成果，随着时代、实践的发展而不断丰富和发展，与时俱进是其活的灵魂、精髓和理论品质。恩格斯指出："我们的理论是发展的理论，而不是必须背得烂熟并机械地加以重复的教条。"[③] 列宁指出："我们决不把马克思的理论看做某种一成不变的和神圣不可侵犯的东西；恰恰相反，我们深信：它只是给一种科学奠定了基础，社会主义者如果不愿落后于实际生活，就应当在各方面把这门科学向前推进。"[④] 19世纪末20世纪初，资本主义进入帝国主义即垄断资本主义阶段，列宁分析了当时垄断资本主义的新特征，创立了帝国主义理论，把马克思主义政治经济学发展到了新的阶段。在列宁之后，斯大林根据苏联的实践，对社会主义经济建设的一系列规律作了新的概括，于1952年出版了《苏联社会主义经济问题》。

在中国社会主义革命和建设的实践中，以毛泽东同志为代表的中国共产党人和中国人

---

① 《马克思恩格斯选集》第3卷，人民出版社2012年版，第1002页。
② 《列宁全集》第1卷，人民出版社1955年版，第305页。
③ 《马克思恩格斯全集》第4卷，人民出版社2012年版，第588页。
④ 《列宁论马克思恩格斯及马克思主义》，人民出版社1973年版，第91页。

民在新的历史条件下提出了许多关于社会主义经济建设的新理论，丰富和发展了马克思主义政治经济学。以邓小平同志、江泽民同志、胡锦涛同志、习近平同志为代表的中国共产党人和中国人民在改革开放和现代化建设的实践中，创造性地继承和发展了马克思主义政治经济学，形成了中国特色社会主义经济理论，成为中国特色社会主义理论体系的重要组成部分，是当代中国的马克思主义政治经济学。

马克思主义政治经济学，从狭义上讲是指由马克思、恩格斯创立的研究资本主义生产方式及与之相适应的生产关系和交换关系，揭示人类社会发展一般规律的科学。从广义上讲，马克思主义政治经济学还包括为后人继承和发展了的政治经济学。中国特色社会主义经济理论是当代中国的马克思主义政治经济学。

时代和实践发展永无止境，马克思主义政治经济学的创新发展永无止境。坚持与时俱进的理论品质，不断站到时代和实践发展的最前沿，吸收人类文明的一切有益成果，研究和科学回答时代和实践发展中提出的新情况和新问题，是马克思主义政治经济学永葆生机活力的内在要求和庄严历史使命。

二　社会主义政治经济学的产生和演变

（一）社会主义政治经济学产生的思想基础和实践基础

唯物史观作为马克思主义哲学的重要组成部分，既是关于人类社会发展一般规律的科学，也是科学的社会历史观和认识、改造社会的一般方法论。唯物史观的创立，使社会科学的研究有了科学的历史观和方法论指导，揭开了社会历史发展的本来面目。历史唯物主义认为社会的经济发展是推动社会进步的根本动力，社会历史的发展有其自身固有的、不以人的意志为转移的客观规律。马克思、恩格斯根据历史唯物主义和辩证唯物主义提出了人类社会发展的一般规律，指出资本主义制度必然被社会主义制度所取代。唯物史观是马克思、恩格斯关于未来社会主义思想的方法论。马克思、恩格斯在唯物史观基础上创立的科学社会主义是中国特色社会主义政治经济学的思想基础。

马克思、恩格斯根据唯物史观从历史演变的角度揭示了三大社会形态中人的发展状态，指出人的全面发展的历程和人类社会历史发展一样是一个自然历史过程。在《1857—1858年经济学手稿》中，马克思按照人的个体发展的程度把人类社会分为依次递进的三种社会形态。其中最初的社会形态是指人的依赖关系，"在这种形态下，人的生产能力只是在狭窄的范围内和孤立的地点上发展着"[1]。这种形态包括原始社会、奴隶社会、封建社会，生产力不发达，人身依附是社会人与人关系的特征。人身依附关系完全扼杀了个人的主动性和生产积极性，严重阻碍了生产力的发展。以物的依赖性为基础的人的独立性，是第二种社会形态，相当于马克思所讲的资本主义社会和资本主义资本生产力市场经济。在这种社会形态下，物的依赖性主要表现为对资本的依赖性，资本追求剩余价值的同时也

---

[1] 《马克思恩格斯全集》第30卷，人民出版社1995年版，第107页。

推动了社会生产力的极大发展，资本生产力的发展为一个更高级的生产形式创造了物质条件，但是，资本生产力本身又是在"异化"的形式下表现出来，其生产关系特征是资本以市场平等交换的假象无偿占有他人的劳动成果以及资本与劳动的对立。"建立在个人全面发展和他们共同的社会生产能力成为他们的社会财富这一基础上的自由个性，是第三阶段"①，它相当于马克思所讲的社会主义社会和共产主义社会。在这个阶段，人类由"必然王国"进入"自由王国"，以自由人联合体为基础，消灭了私有制和剥削。在这一社会形态中，在高度发展的生产力的基础上实现了对异化劳动的扬弃，个人从权力和资本的奴役下解放出来，实现了全面发展和自由发展。马克思强调，"第二个阶段为第三个阶段准备条件"。马克思所讲的条件既包括生产力发展所提供的物质条件，也包括人与人的社会关系方面的条件，如社会公平正义、按需分配、个人自由选择和对社会公共事务的充分参与等。马克思、恩格斯设想了在消灭资本主义经济私有制之后关于未来社会经济的主要特征，"一旦社会占有了生产资料，商品生产就将被消除，而产品对生产者的统治将随之消除，社会生产内部的无政府状态，将为有计划的自觉的组织所代替"；实行按劳分配的原则，并逐步从按劳分配向按需分配过渡；彻底消灭了阶级差别和重大社会差别，建立起"自由人联合体"②。马克思、恩格斯的这些重要理论是社会主义政治经济学认识未来社会发展阶段及其主要特征的思想基础。

列宁在继承马克思、恩格斯关于未来社会思想的基础上，将马克思主义基本原理与俄国实际国情相结合，领导俄国人民取得了十月革命的胜利，建立了人类历史上第一个社会主义国家，从而使社会主义由理论变为现实，并开始了在经济文化落后国家进行社会主义建设的艰辛探索。早在领导俄国建立社会主义制度之初，列宁就曾在社会主义经济建设中实行"战时共产主义政策"。在经济进入恢复时期后，"战时共产主义政策"不再适应形势需要，列宁开始进行新的探索，关于社会主义经济建设的思想主要体现在"新经济政策"之中，主要包括：农业方面，用固定的粮食税代替余粮收集制；工业方面，部分恢复私营经济，关系国家经济命脉的企业仍归国家所有；贸易方面，允许自由贸易，恢复商品流通和商品交换；分配方面，废除实物配给制，实行按劳分配制。列宁逝世后，斯大林面对 20 世纪中期战争与革命的新时代特征和苏联在经济文化落后基础上进行建设的实际，在苏联受到强大资本主义国家武装干涉的严峻形势下，领导苏联人民为发展社会主义经济进行了积极和大胆的探索。斯大林依据马克思在经济发达国家基础上对社会主义的构想，实行了高度集中的计划经济体制，在全民所有制和集体所有制两种公有制形式的基础上，实行了一系列加速工业化和农业集体化的措施，并创立了社会主义的"苏联模式"。在这一模式下，国家工业化得到很快的发展，为保证卫国战争的胜利奠定了物质基础。斯大林依据马克思关于社会主义经济思想，结合苏联社会主义建设的实践经验，亲自组织编写了第一本包括社会主义部分的《政治经济学教科书》。苏联社会主义政治经济学教科书是传

---

① 《马克思恩格斯全集》第 30 卷，人民出版社 1995 年版，第 107 页。
② 陈鹏、毛天虹：《马克思主义国际政治经济学思想的历史逻辑》，人民出版社 2020 年版，第 228 页。

统社会主义政治经济学的系统表达。随着经济的发展，高度集中的计划经济体制的弊端逐渐暴露出来，苏联出现了经济发展缓慢、经济效益低下等现象。斯大林逝世后，赫鲁晓夫、勃列日涅夫等苏联领导人，并没有结合苏联实际，运用发展的和创新的马克思主义政治经济学推进苏联经济建设，没有对高度集权、僵化的经济体制进行根本性的改革，导致经济发展缓慢，削弱了国家的经济实力。在勃列日涅夫之后，安德罗波夫、契尔年科均未能扭转这一局面。此后，戈尔巴乔夫上台。他提倡所谓"新思维"，走上了抛弃和反对马克思主义的道路。1991年苏联解体，彻底放弃了马克思主义政治经济学的指导地位。

（二）政治经济学产生和发展的实践基础

中国特色社会主义是在改革开放的实践中开辟、形成和发展的。1982年，邓小平在党的十二大开幕词中明确提出"建设有中国特色的社会主义"重大命题。从此，中国共产党紧紧围绕这个命题进行不懈地探索。党的十三大提出了社会主义初级阶段理论，初步概括了中国特色社会主义理论的基本轮廓；党的十四大对邓小平建设有中国特色的社会主义理论作出较为系统的概括；党的十五大确立邓小平理论的指导地位；党的十六大确立"三个代表"重要思想的指导地位；党的十七大提出科学发展观，以中国特色社会主义理论体系概括改革开放以来的理论创新成果；党的十八大在确立科学发展观指导思想地位的同时，对中国特色社会主义作了道路、理论体系、制度三位一体的新概括。党的十九大提出我国社会主要矛盾已经转化为人民日益增长的美好生活需要和不平衡不充分的发展之间的矛盾。党的二十大强调以中国式现代化推进中华民族伟大复兴。总而言之，中国特色社会主义的基础性、开创性论断，如社会主义初级阶段论、社会主义本质论、社会主义市场经济论、改革开放论、和平与发展主题论等，都是在改革开放中形成的。

毛泽东把马克思主义基本原理同中国社会主义革命与建设的具体实践相结合，较早认识到"苏联模式"的缺陷并开始探索中国的社会主义发展道路和经济建设规律，这对后来中国特色社会主义经济的改革和发展有重要的启示意义。中国特色社会主义经济建设的实践探索为中国社会主义政治经济学的发展提供了重要的实践基础。例如，注重社会主义商品生产和价值规律；强调社会主义经济建设的平衡，毛泽东指出，"搞社会主义建设，很重要的一个问题是综合平衡"①；农业为基础，工业为主导，农、轻、重工业协调发展；"统筹兼顾、适当安排，处理好积累和消费的关系，注意综合平衡"② 等；改善高度集中的经济管理体制，扩大地方和企业的权力；等等。邓小平领导全党和全国人民进行了改革开放，成功开创了中国特色社会主义。改革开放以来，以邓小平同志为主要代表的中国共产党人，坚持把马克思主义基本原理与中国实践相结合，深刻总结中国社会主义建设正反两方面经验，借鉴世界社会主义实践的历史经验，作出把党和国家工作中心转移到经济建设上来、实行改革开放的历史性决策，确立了社会主义初级阶段基本路线，制定了到21世纪中叶"分三步走、基本实现现代化"的发展战略。关于社会主义市场经济体制，邓小

---

① 《毛泽东文集》第8卷，人民出版社1999年版，第73页。
② 《毛泽东著作选读》（上），人民出版社1986年版，第4页。

平认为，市场经济或者计划经济并不是区别社会主义和资本主义的主要标志。党的十四大正式提出我国经济体制改革的目标是建立社会主义市场经济体制。江泽民把中国特色社会主义推向了21世纪，胡锦涛在新的历史起点上坚持和发展中国特色社会主义，为中国特色社会主义政治经济学赋予了新的内涵。党的十三届四中全会以后，以江泽民同志为主要代表的中国共产党人，坚持党的基本理论、基本路线，加深了对什么是社会主义、怎样建设社会主义和建设什么样的党、怎样建设党的认识，积累了治党治国新的宝贵经验，形成了"三个代表"重要思想，确立了社会主义市场经济体制的改革目标和基本框架，确立了社会主义初级阶段的基本经济制度和分配制度，开创全面改革开放新局面，推进党的建设新的伟大工程，成功把中国特色社会主义推向21世纪。党的十六大以后，以胡锦涛同志为主要代表的中国共产党人，根据新的发展要求，深刻认识和回答了新形势下实现什么样的发展、怎样发展等重大问题，形成了科学发展观，抓住重要战略机遇期，在全面建设小康社会进程中推进实践创新、理论创新、制度创新，强调坚持以人为本、全面协调可持续发展，系统回答了"实现什么样的发展，怎样发展"这一重大问题，对中国特色社会主义道路进行了完整的表述，深化了党对中国特色社会主义道路的认识，在新的历史起点上坚持和发展了中国特色社会主义。

党的十八大以来，以习近平同志为核心的党中央，准确把握中国特色社会主义新方位、新变化、新要求，面对世界百年未有之大变局，顺应时代发展，从理论和实践结合上系统回答了新时代坚持和发展什么样的中国特色社会主义、怎样坚持和发展中国特色社会主义这个重大时代课题，推进中国特色社会主义事业的总体布局和战略布局，确立新时代坚持和发展中国特色社会主义的基本方略，统揽伟大斗争、伟大工程、伟大事业、伟大梦想，推动党和国家事业发生历史性变革、取得历史性成就，使中国特色社会主义进入了新时代。

社会主义政治经济学是马克思主义政治经济学的重要组成部分。马克思、恩格斯关于未来社会经济特征的理论，奠定了社会主义政治经济学的基础。传统社会主义政治经济学是社会主义政治经济学的第一个理论形态，其核心思想是公有制基础上的计划经济。随着计划经济向市场经济的转型，社会主义政治经济学也发生了深刻的变化。中国特色社会主义政治经济学是马克思主义政治经济学基本理论与中国具体实际相结合的最新理论成果，是当代中国马克思主义政治经济学的集中体现，开拓了马克思主义政治经济学新境界，丰富了人类经济思想的宝库。

(三) 中国特色社会主义的理论创新

自1978年以来，以邓小平同志、江泽民同志、胡锦涛同志、习近平同志为主要代表的中国共产党人，创造性地把马克思主义基本原理与中国改革开放和社会主义现代化建设实践相结合，形成了中国特色社会主义理论体系。中国经济体制改革在各个领域的深入推进，促进了传统社会主义经济理论的突破、创新和发展。这些理论是对中国改革开放和社会主义现代化建设实践的理论总结，是对马克思主义政治经济学的最新贡献。

1. 社会主义初级阶段理论

社会主义初级阶段理论是建设有中国特色社会主义理论的基石，是在改革开放中新提出的基本理论。社会主义初级阶段理论指出，社会主义是共产主义的初级阶段，社会主义初级阶段是社会主义的不发达阶段。从经济上来说，社会主义初级阶段是逐步摆脱不发达状况，实现工业化和经济的社会化、市场化、现代化不可逾越的相当长的历史阶段。社会主义初级阶段社会的主要矛盾是人民日益增长的物质文化需要同落后的社会生产之间的矛盾，根本任务是解放和发展生产力。进入21世纪，中国发展呈现一系列新的阶段性特征，主要表现在：经济实力显著增强，同时生产力水平总体上还不高，自主创新能力还不强，长期形成的结构性矛盾和粗放型增长方式尚未根本改变；社会主义市场经济体制初步建立，同时影响发展的体制机制障碍依然存在，改革攻坚面临深层次矛盾和问题；等等。这表明，"中国仍处于并将长期处于社会主义初级阶段的基本国情没有变。当前中国发展的阶段性特征，是社会主义初级阶段基本国情在新世纪新阶段的具体表现。强调认清社会主义初级阶段基本国情，不是要妄自菲薄、自甘落后，也不是要脱离实际、急于求成，而是要坚持把它作为推进改革、谋划发展的根本依据。我们必须始终保持清醒头脑，立足社会主义初级阶段这个最大的实际，科学分析我国全面参与经济全球化的新机遇新挑战，全面认识工业化、信息化、城镇化、市场化、国际化深入发展的新形势新任务，深刻把握我国发展面临的新课题新矛盾，更加自觉地走科学发展道路，奋力开拓中国特色社会主义更为广阔的发展前景"[①]。

2. 社会主义市场经济理论

社会主义市场经济理论是在深刻总结社会主义建设的历史经验，特别是中国改革开放以来的实践经验的基础上，基于对社会主义本质的重新认识和中国处在社会主义初级阶段这一基本国情而提出来的。这一理论明确指出，计划和市场都是配置资源的手段和调节经济的方式，市场经济可以与社会主义基本制度相结合；在社会主义经济中，市场并不是发挥一般的调节作用，市场机制应该对资源配置起基础性作用。这就从根本上解除了把计划经济和市场经济看作社会基本制度范畴的思想束缚。依据这一理论，党明确提出了中国经济体制改革的目标是建立社会主义市场经济体制，目标是建立一个人类历史上从未有过的、把社会主义基本制度与市场经济结合起来的新型经济体制。社会主义市场经济要解决的难题是社会主义公有制与市场经济的有机结合与兼容，迄今为止，这在世界上还没有成功的范例，需要我们大胆实践和勇于创新。

3. 社会主义所有制理论

社会主义所有制理论在改革开放过程中不断取得突破性进展，逐步在传统社会主义所有制理论基础上形成新的所有制理论。关于所有制结构，提出坚持和完善公有制为主体、多种所有制经济共同发展的基本经济制度，毫不动摇地巩固和发展公有制经济，毫不动摇地鼓励、支持、引导非公有制经济发展，坚持平等保护物权，形成各种所有制经济平等竞

---

① 《十七大以来重要文献选编》（上），中央文献出版社2009年版，第11页。

争、相互促进新格局。关于公有制经济的地位，提出了公有制经济在社会主义初级阶段的经济中处于主体地位，国有经济在国民经济中发挥主导作用；要优化国有经济布局和结构，增强国有经济活力、控制力、影响力。关于公有制的实现形式，提出了公有制的实现形式可以而且应当多样化，一切反映社会化生产规律的经营方式和组织形式都可以大胆利用；提出了以现代产权制度为基础，发展混合所有制经济；等等。

4. 现代企业制度理论

现代企业制度理论是在国有企业改革实践的基础上形成和发展起来的。这一理论不仅引进和吸收了现代西方经济学企业理论中的有益部分，同时包含着对中国国有企业改革、建立现代企业制度实践及经验积累的理论概括。这一理论提出：现代企业制度是社会主义市场经济体制的微观基础；国有企业建立现代企业制度，是发展社会化大生产和市场经济的必然要求；现代企业制度的主要形式是公司制，基本特征是产权清晰、权责明确、政企分开、管理科学；在实行现代企业制度的国有企业中，国家按投入企业的资本额享有所有者权益，对企业的债务承担有限责任，不直接干预企业经营活动，对经营者实行激励、约束和监督；企业自主经营，自负盈亏，承担企业资产保值、增值的责任，建立科学合理的公司治理结构、科学的组织领导体制和激励约束机制，努力提高经营绩效。

5. 按劳分配与按生产要素分配相结合的分配理论

改革开放四十多年来实践与理论创新不断推进，已经初步形成了与传统社会主义分配理论有重大差别的新的分配理论。在分配结构和分配方式上，提出社会主义初级阶段实行按劳分配为主体、多种分配方式并存的分配制度，把按劳分配与按生产要素分配结合起来，确立劳动、资本、技术和管理等生产要素按贡献参与分配的原则；在分配政策上，提出必须坚持效率优先、兼顾公平的原则，初次分配和再分配都要处理好效率和公平的关系，再分配更加注重公平。党的十七大报告第一次提出了要创造条件让更多群众拥有财产性收入，要增加工资性收入在初次分配中的比重，这是对社会主义分配理论的进一步丰富。党的十八大报告指出，实现发展成果由人民共享，必须深化收入分配制度改革。收入分配是解决好人民最关心、最直接、最现实的利益问题，是提高人民物质文化生活水平的一个基础性环节。深化收入分配制度改革，基本方针是正确处理效率和公平的关系，目标是缩小收入分配差距，形成制度完善、调控有效、比例合理、关系协调的收入分配格局，整顿和规范收入分配秩序；在收入分配上要调节过高收入，防止贫富悬殊和两极分化逐步实现共同富裕。这些创新性理论及其实践运用充分体现了收入分配制度构建的中国特色。

6. 经济增长与经济发展理论

经济增长与经济发展理论是中国特色社会主义市场经济理论体系中的主要内容，它的形成是立足于社会主义经济建设实践对发展中国家的经济发展方式的新认识。在发展经济学理论中，一国的工业化和现代化不仅要表现为经济增长，更要体现在经济发展方面；经济发展包括经济增长，但比经济增长具有更广泛的含义，通常还包括经济结构的优化、收入分配的合理、资源环境的改善等。尤其在发展中国家，不能只用经济增长率来衡量进步。党的十七大提出了基于科学发展观的"转变经济发展方式"的概念，进一步推进了经济增长与发展理论的时代创新。转变经济发展方式就是要在经济发展的进程中紧紧围绕以人为本这个核心，真正做到全面协调可持续发展，统筹城乡发展、区域发展、经济社会发展、人与自然和谐发展、国内发展和对外开放，使经济发展朝着有利于人和社会全面发展的目标前进。党的十八届五中全会强调，必须坚持以人民为中心的发展思想，把增进人民福祉、促进人的全面发展作为发展的出发点和落脚点，提出了创新、协调、绿色、开放、共享的发展新理念。坚持科学发展，转变经济发展方式，表明我们对中国特色社会主义建设规律的把握更加深刻，对中国特色社会主义理论有了进一步的丰富和发展。

7. 经济体制改革及转型理论

社会主义经济体制改革理论是对社会主义经济体制改革实践的总结和概括，是传统社会主义经济理论中所没有的内容。社会主义经济体制改革理论，是对社会主义经济理论的重大发展。社会主义经济体制改革理论系统地提出了如下论述。第一，社会主义经济体制改革是在坚持社会主义制度的前提下，改革生产关系和上层建筑中不适应生产力发展的部分。社会主义经济体制改革是社会主义制度的自我完善和发展，目的是发展社会生产力。第二，判断改革是非得失的标准，主要看是否有利于发展社会主义社会的生产力，是否有利于增强社会主义国家的综合国力，是否有利于提高人民的生活水平。中国经济体制改革的目标，是建立和完善社会主义市场经济体制。第三，中国的改革是在党和政府的领导下有计划、有步骤、有秩序地进行的渐进式改革，通过"双轨制"逐步过渡到目标模式，比激进式改革更有效、更成功。第四，中国的改革坚持体制外改革与体制内改革相结合、增量改革与存量改革相结合，先农村后城市、先试验后推广、先易后难。企业改革是经济体制改革的核心，以形成市场活动的主体；价格改革是整个经济体制改革成败的关键，以形成市场竞争的环境。二者相辅相成，缺一不可。不同的阶段，改革的重点可以不完全相同。改革需要一个比较宽松的经济环境。经济体制改革与发展战略转变必须同时进行，相互配合。

三 中国特色社会主义政治经济学的形成和发展

中国特色社会主义政治经济学是以马克思主义政治经济学为指导，运用马克思主义政治经济学的立场观点方法研究中国特色社会主义经济的政治经济学，是马克思主义基本原理和中国社会主义实践相结合的产物，是当代马克思主义政治经济学的重要组成部分和最新研究成果。虽然中国社会主义政治经济学从中华人民共和国成立时就开始探索了，但是中国特色社会主义政治经济学是中国从改革开放特别是提出中国特色社会主义以后才开始逐步形成和发展的，中国改革开放的进程，也就是中国特色社会主义的建设进程。

马克思、恩格斯是社会主义政治经济学的奠基者。他们通过对资本主义生产方式矛盾运动规律和发展趋势的深刻分析，揭示了未来共产主义和社会主义经济关系的基本特征。这些理论是社会主义革命和建设的重要指南。

中华人民共和国成立后，以毛泽东同志为代表的中国共产党人努力探索适合中国国情的社会主义经济建设道路，提出了发展社会主义经济的一系列独创性理论观点。改革开放以来，中国共产党把马克思主义政治经济学基本原理同改革开放新的实践结合起来，不断丰富和发展马克思主义政治经济学，创立和发展了中国特色社会主义政治经济学。在1984年10月《中共中央关于经济体制改革的决定》通过之后，邓小平评价这个决定"写出了一个政治经济学的初稿，是马克思主义基本原理和中国社会主义实践相结合的政治经济学"[1]。多年来，中国特色社会主义政治经济学随着实践的发展而不断发展，形成了许多重要理论成果，主要包括社会主义本质理论，科学发展理论，全面建设小康社会理论，经济体制改革理论，社会主义初级阶段基本经济制度理论、基本分配制度理论，社会主义市场经济理论，对外开放理论，等等。

党的十八大以来，以习近平同志为核心的党中央根据时代和实践的要求，围绕推进中国特色社会主义经济建设提出了一系列新的重大战略思想和重要理论观点，主要包括：坚持党的领导，发挥党总揽全局、协调各方的领导核心作用，是我国社会主义市场经济体制的一个重要特征；使市场在资源配置中起决定性作用和更好发挥政府作用；公有制为主体、多种所有制经济共同发展的基本经济制度，是中国特色社会主义制度的重要支柱，也是社会主义市场经济体制的根基；认识新常态、适应新常态、引领新常态，是当前和今后一个时期我国经济发展的大逻辑；必须牢固树立创新、协调、绿色、开放、共享的发展理念，坚持以人民为中心的发展思想；加快构建开放型经济新体制，发展更高层次的开放型经济；稳定经济增长，要更加注重供给侧结构性改革；等等。

中国特色社会主义政治经济学是适应当代中国国情和时代特征的政治经济学，既坚持马克思主义政治经济学基本原理，又赋予其丰富的实践特色、理论特色、民族特色、时代特色，不仅有力指导了中国经济发展实践，而且开拓了马克思主义政治经济学新境界，丰富了人类经济思想宝库。这是我们在经济领域树立道路自信、理论自信、制度自信、文化自信的坚实基础和可靠保障。

习近平总书记多次强调，要学好用好马克思主义政治经济学，并就发展当代中国马克思主义政治经济学发表重要讲话，提出了新的历史条件下坚持和发展中国特色社会主义政治经济学的重大意义、目标任务和基本原则，中国特色社会主义政治经济学的发展正在拓展新境界。

中国特色社会主义政治经济学内容丰富，涵盖中国特色社会主义经济的生产、分配、交换、消费等主要环节以及基本经济制度、基本分配制度、经济体制、经济发展和对外开放等主要方面，形成了一个比较完整的理论体系。其主要内容如下。

以人民为中心的发展思想。这是马克思主义政治经济学的根本立场，体现了社会主义经济发展的根本目的。要坚持把增进人民福祉、促进人的全面发展、朝着共同富裕方向稳步前进作为经济发展的出发点和落脚点，发展全过程人民民主，维护社会公平正义，保障人民平等参与、平等发展权利，充分调动人民的积极性、主动性、创造性。

---

[1] 《邓小平文选》第3卷，人民出版社1993年版，第83页。

社会主义的根本任务是发展生产力。这是唯物史观的根本观点，体现了社会主义制度的根本要求。要坚持以经济建设为中心、以科学发展为主题，全面推进经济建设、政治建设、文化建设、社会建设、生态文明建设，推动经济全面协调可持续发展，在不断发展生产力的基础上，最大限度地满足人民日益增长的物质和文化需要。

中国正处于并将长期处于社会主义初级阶段。我们实现了从温饱不足到总体小康的历史性跨越，进入了全面建成小康社会、推进社会主义现代化的新时期。目前，中国经济发展进入新常态。要始终立足社会主义初级阶段的基本国情，牢牢把握经济社会发展新的阶段性特征，从实际出发制定经济政策、进行战略谋划。

公有制为主体、多种所有制经济共同发展是社会主义初级阶段的基本经济制度。要毫不动摇巩固和发展公有制经济，毫不动摇鼓励、支持、引导非公有制经济发展。坚持公有制主体地位不动摇、国有经济主导作用不动摇。国有资本、集体资本、非公有资本等交叉持股、相互融合的混合所有制经济，是基本经济制度的重要实现形式。国有企业是推进现代化、保障人民共同利益的重要力量。

按劳分配为主体、多种分配方式并存是社会主义初级阶段的基本分配制度。既要鼓励先进，提高效率，合理拉开收入差距，调动各方面创造财富的积极性；又要防止两极分化，维护社会公平，逐步实现共同富裕，让人民群众共享改革发展成果。初次分配和再分配都要兼顾效率和公平，再分配更加注重公平。

改革是社会主义制度的自我完善，是推动发展的强大动力。按照完善和发展中国特色社会主义制度、推进国家治理体系和治理能力现代化的总目标，全面深化经济体制改革，推动生产关系同生产力、上层建筑同经济基础相适应，努力形成更加成熟、更加定型的经济制度。

社会主义市场经济体制是同社会主义基本制度结合在一起的。坚持社会主义市场经济改革方向，必须在社会主义基本制度与市场经济的结合上下功夫，把两方面优势都发挥好。使市场在资源配置中起决定性作用和更好发挥政府作用是有机统一的，不是相互否定的，"看不见的手"和"看得见的手"都要用好，努力形成市场作用和政府作用有机统一、相互补充、相互协调、相互促进的格局。

坚持对外开放的基本国策。统筹国内国际两个大局，利用好国际国内两个市场、两种资源，发展更高层次的开放型经济，积极参与全球经济治理，促进国际经济秩序朝着平等公正、合作共赢的方向发展。同时，坚持独立自主，坚决维护中国发展利益，积极防范各种风险，确保国家经济安全。

牢固树立创新、协调、绿色、开放、共享的发展理念，用新发展理念引领发展行动。创新是引领发展的第一动力。协调是持续健康发展的内在要求。绿色是永续发展的必要条件和人民对美好生活追求的重要体现。开放是国家繁荣发展的必由之路。共享是中国特色社会主义的本质要求。

坚持走中国特色新型工业化、信息化、城镇化、农业现代化道路。推动信息化和工业化深度融合、工业化和城镇化良性互动、城镇化和农业现代化相互协调，促进新型工业化、信息化、城镇化、农业现代化同步发展，健全城乡一体化发展体制机制，形成以工促农、以城带乡、工农互惠、城乡一体的新型工农城乡关系，让广大农民平等参与现代化进程、共同分享现代化成果。

从20世纪50年代开始，中国社会主义政治经济学经历了五个阶段，始终都把探寻中国特色的经济理论，指导中国社会主义经济建设作为基本方向，党中央和国内政治经济学界始终将马克思主义基本原理与中国实际相结合，作为创立和发展中国社会主义政治经济学的中心原则，其学术发展历史是中国社会主义经济理论与社会主义经济建设交互影响的结果，相关理论体系既是经济建设的理论指导，也是经济建设实践的理论反映。同时，随着中国特色社会主义经济发展道路日趋成熟及中国经济在世界范围的迅速崛起，经济建设实践越来越需要形成相对成熟的中国特色社会主义政治经济学体系。

第二节 中国特色社会主义政治经济学的对象和方法

一 马克思主义政治经济学的对象和方法

马克思、恩格斯用辩证唯物主义和历史唯物主义研究政治经济学，使政治经济学发生了根本性的变革。他们第一次从社会生活的各个领域划出经济领域来，从一切社会关系中划出生产关系来，指明它是一切社会关系中最根本最本质的关系。他们把生产关系归结于生产力的高度，指明生产关系是随着生产力的发展而发展变化的，每一种生产关系是暂时地存在于历史的一定阶段。他们科学地阐明了生产方式及与之相适应的生产关系的发展变化是遵循不以人们的意志为转移的客观经济规律，表现为一种自然历史过程。马克思、恩格斯把政治经济学建立在以客观经济规律为依据的坚实的基础上，使政治经济学成为真正的科学。"我在本书研究的，是资本主义的生产方式及其和它相适应的生产关系和交换。"[①]

马克思主义政治经济学并不是独立地研究生产关系，而是要联系相关的领域来研究生产关系。首先，要联系生产力来研究生产关系。在生产力和生产关系的矛盾统一体中，生产力是矛盾的主要方面。生产力是最革命、最活跃的因素，社会生产的发展、变化，总是先从生产力的发展变化开始的。生产力的发展，使旧的生产关系与它不相适应，从而要求建立新的生产关系，引起生产关系的相应变化。有什么样的生产力，就会有什么样的生产关系与它相适应。历史上每一种生产关系的出现，归根到底，都是生产力发展的结果。

其次，生产关系并不纯粹是消极的、被动的因素，它可以积极地反作用于生产力。同生产力相适应的生产关系，会促进生产力的发展；同生产力不相适应的落后的或者超前的生产关系，会阻碍生产力的发展。但是，生产关系不能过分长久地处于与生产力发展不相

[①] 《资本论》第1卷，人民出版社2004年版，第8页。

适应的状态，它迟早要被能适应生产力性质的新的生产关系所代替。生产关系一定要适应生产力，这是人类社会发展的客观规律。马克思、恩格斯把复杂的社会现象归结为经济关系，即生产关系，而生产关系的变化又归结为生产力的发展变化。所以，马克思、恩格斯没有借助于道德、良心等意识来说明社会的变化，而是从客观的生产力水平出发，揭示了社会发展的客观规律。列宁指出："只有把社会关系归结于生产关系，把生产关系归结于生产力的高度，才能有可靠的根据把社会形态的发展看作自然历史过程，不言而喻，没有这种观点，也就不会有社会科学。"①

适应新常态、剖析新规律，是时代赋予政治经济学的新课题。政治经济学不仅要研究新常态的经济运行特征和问题，更重要的是要从基本经济关系层面上研究新常态下全面深化改革带来的社会权利、利益关系的变化（所有制和产权问题），揭示生产力和生产关系变化的经济规律。

二　中国特色社会主义政治经济学的研究对象及其拓展

（一）马克思主义政治经济学的研究对象

政治经济学可以分为广义的政治经济学和狭义的政治经济学。广义的政治经济学，着重揭示人类社会发展过程中的一般经济规律或共有经济规律。恩格斯认为，"政治经济学，从最广的意义上说，是研究人类社会中支配物质生活资料的生产和交换的规律的科学"②。它是"一门研究人类各种社会进行生产和交换并相应地进行产品分配的条件和形式的科学"③。狭义的政治经济学，着重揭示的是个别社会发展过程中的经济运动的规律，即适用于人类社会个别发展阶段的特有经济规律。

政治经济学要揭示资本主义经济的内在矛盾，揭示社会主义社会代替资本主义社会的历史必然性运动。从这个意义上讲，政治经济学提供了无产阶级进行阶级斗争、争取阶级利益的思想武器。因此，政治经济学要研究商品价值及剩余价值的生产、分配和流通，要研究资本积累的一般规律，研究资本主义社会再生产的矛盾和经济危机的根源。资本主义制度在欧美国家确立其统治地位以来，迄今已有二百多年历史。在相对来说比较短暂的两个多世纪中，资本主义国家的社会生产力得到了迅速的发展，经济增长了几十倍，大多数社会成员的经济收入和享受到的社会福利不断增加，人们的物质生活也变得越来越丰富。但是，资本主义不可能创造永久的"神话"。进入20世纪七八十年代以后，随着资本主义国家经历了战后严重的"滞胀"，新自由主义思潮崛起，经济社会结构深层变化，资本主义进入了一个新的垄断后的发展阶段。如何认识和揭示当代资本主义经济的运动规律，以及资本主义发展的历史趋势，是政治经济学面临的新任务。我们要坚持马克思主义的方

---

① 《列宁全集》第1卷，人民出版社1955年版，第389页。
② 《马克思恩格斯选集》第3卷，人民出版社2012年版，第525页。
③ 《马克思恩格斯选集》第3卷，人民出版社2012年版，第528页。

法，用辩证唯物主义和历史唯物主义观点来认识当代资本主义在剩余价值生产、分配过程和劳资关系等层面上产生的新现象和新问题。

（二）中国特色社会主义政治经济学研究对象的拓展

政治经济学的重要任务还包括根据当代社会主义特别是中国特色社会主义的伟大实践，揭示社会主义社会的发展规律。马克思主义认为，人类社会形态的更迭是一个不以人们的意志为转移的自然历史过程。社会主义代替资本主义这一历史发展的客观趋势，根源于资本主义生产方式的基本矛盾，是资本主义社会生产关系和生产力矛盾运动的必然结果。马克思主义政治经济学通过对生产社会化和资本社会化发展趋势的分析，得出了公有制必然取代资本主义私有制的结论，并就未来社会提出了一些初步的设想。而对社会主义经济运动及其发展规律的认识来自社会主义实践，特别是建设中国特色社会主义和构建社会主义市场经济体制的伟大实践，把马克思主义经济学推向了一个新的发展阶段，即抛弃传统的理论模式——"苏联模式"，转变为解释、揭示社会主义市场经济的生产关系和运行机制的经济学，即社会主义市场经济理论。社会主义市场经济理论的主要任务就是要以马克思主义为指导，研究社会主义基本经济制度的建立和中国社会主义初级阶段的基本特征及主要任务，研究和揭示社会主义市场经济运行和发展中的一般规律，研究建设中国特色社会主义的重大理论和实践问题如社会主义市场经济中的所有制、企业制度、市场体系、宏观调控、对外开放和经济发展等。这些都属于社会主义生产关系的内容，因此，将中国特色社会主义政治经济学定义为研究生产关系并没有过时。进入21世纪后，中国经济与世界经济一样面临新的环境和约束条件，技术创新、环境与生态、政府功能、人力因素（包括素质、智力、心理、健康等）以及社会文明对经济发展将起着越来越重要的作用。因此，政治经济学的研究不能只局限于生产关系，而应开阔视野，拓展自己的研究范围，形成与自然科学以及社会科学中的社会学、政治学、历史学、生态环境学等学科的跨学科交叉研究，以增强经济学对越来越复杂的社会经济现象的解释能力。

以生产关系为研究对象的马克思主义政治经济学，虽然也会研究生产力，但一直处于被联系的地位，即以研究生产关系为目的联系研究生产力。在相当长的时期，政治经济学对社会主义经济的研究主要限于生产关系的研究，而没有把生产力作为研究对象。中国的政治经济学教科书也长期忽视对生产力的研究，只是限于对生产关系的研究。实践证明，以生产关系为主要研究对象，不直接研究生产力，政治经济学就难以更为科学有效地指导各国的经济发展。

关于对中国特色社会主义政治经济学研究对象的学术讨论，从目前的研究成果来看，争议是最大的。综合这些研究成果，可以归纳为四种研究结论：其一，认为中国特色社会主义政治经济学的研究对象是生产关系；其二，认为中国特色社会主义政治经济学的研究对象是生产力；其三，认为中国特色社会主义政治经济学的研究对象是生产关系和生产力；其四，认为中国特色社会主义政治经济学的研究对象应拓展到生产关系和生产力之外。中国特色社会主义政治经济学的重大创新之一是在研究对象上突出研究生产力，并从发展生产力的角度研究生产关系。这同马克思设想的进入社会主义社会后的发展任务是一致的。马克思、恩格斯在《共产党宣言》中指出,无产阶级夺取政权以后,任务是要"尽可能快地增加生产力的总量"①。因为社会主义最终取代资本主义的物质条件是其生产力水平达到并超过资本主义的水平,贫穷不是社会主义。更为重要的是,当中国进入社会主义社会时,没有完成发达国家在资本主义条件下完成的生产社会化、现代化任务,生产力没有达到发达资本主义国家水平,社会主义的物质基础没有充分建立起来。在此条件下,社会主义的本质就是发展生产力。这意味着只有发展生产力才能更好地发展社会主义生产关系。由此决定了中国特色社会主义政治经济学应把对生产力的研究放在重要位置。

三 中国特色社会主义政治经济学的研究方法和理论范式

（一）中国特色社会主义政治经济学的研究方法

对于中国特色社会主义政治经济学的研究方法,理论界从以下两个方面作了深入讨论。第一个方面是关于马克思主义的方法论与中国特色社会主义政治经济学理论构建的基本方法。李定和吴朝阳认为,构建中国特色社会主义政治经济学必须遵循马克思构建政治经济学的基本方法,要按照《资本论》的逻辑思维将中国特色社会主义政治经济学的经济范畴和原理有机联系起来②。谢华育认为,中国特色社会主义政治经济学的方法论是在实践唯物主义的指导下,重视具体现实,关注个人经济活动对整体的影响,同时这一方法论也借由实践唯物主义完成了创新③。卫兴华认为,马克思主义政治经济学的主要方法,即辩证唯物主义和历史唯物主义,依然是中国特色社会主义政治经济学的重要方法④。吴宣恭认为,要学习和掌握事物矛盾运动的基本原理,认识和掌握当前阶段的经济规律,抓住主要矛盾,从解决全局性问题入手,解决其他问题⑤。逄锦聚指出,马克思主义政治经济学基本原理是中国特色社会主义政治经济学的灵魂和最重要理论来源,而辩证唯物主义和历史唯物主义是马克思主义政治经济学的根本方法论,所以要创新发展中国特色社会主义政治经济学,就必须准确理解和深入学习这一方法论⑥。孙耀武认为,学好用好中国特色社会主义政治经济学,根本是掌握和运用马克思主义政治经济学的科学分析方法,重点是学习掌握唯物辩证法,以及由此派生的矛盾分析法、两点论、研究方法和叙述方法、逻辑与历史相统一的分析方法等⑦。刘伟认为,中国特色社会主义政治经济学研究的历史观和方法论是生产力与生产关系矛盾运动的唯物史观和解放生产力、发展生产力的基本原则。

---

① 马克思、恩格斯:《共产党宣言》,人民出版社2018年版,第49页。
② 李定、吴朝阳:《中国特色社会主义政治经济学理论体系的构建方法》,《经济问题》2018年第11期。
③ 谢华育:《中国特色社会主义政治经济学方法论的突破与创新——由早期对〈资本论〉方法论的评论引发的思考》,《毛泽东邓小平理论研究》2018年第4期。
④ 卫兴华:《为中国政治经济学增添新内容》,《理论学习》2016年第2期。
⑤ 吴宣恭:《从实际出发正视矛盾分析根源探索规律——运用历史唯物主义建设中国特色社会主义政治经济学》,《福建师范大学学报》(哲学社会科学版)2017年第2期。
⑥ 逄锦聚:《在坚持和发展中开辟马克思主义新境界》,《中国纪检监察》2018年第11期。
⑦ 孙耀武:《学好用好中国特色社会主义政治经济学》,《新华日报》2016年1月19日。

只有坚持马克思主义唯物史观,坚持从分析生产力与生产关系矛盾运动入手,才能正确认识中国经济改革的本质特征,把改革的实质归结为生产关系的深刻变革,理解这种生产关系变革的根本动因是解放和发展生产力的历史要求①。林岗认为,历史唯物主义的方法论原则可以细分为四个理论经济学的分析规范:一是用生产关系必然与生产力发展相适应来解释社会经济制度变迁;二是将生产资料所有制作为分析整个生产关系体系的基础;三是依据与生产力发展的一定历史阶段相适应的经济关系来理解政治和法律的制度以及道德规范;四是在历史形成的社会经济结构的整体制约中分析人的经济行为②。邱海平指出,作为当代中国的马克思主义政治经济学,中国特色社会主义政治经济学必须全面贯彻和运用唯物辩证法和唯物史观,坚持以分析中国特色社会主义的生产力与生产关系、经济基础与上层建筑的对立统一关系作为根本的方法论,必须科学运用抽象,进而按照逻辑与历史相统一的方法,构建新的经济学理论体系即"系统化的经济学说"③。科学认识研究过程与叙述过程、研究方法与叙述方法、从具体到抽象和从抽象到具体的辩证关系,大力加强从具体上升到抽象从而形成新的经济学范畴和理论的研究过程,努力克服跳过或忽视研究过程直接进入叙述过程的错误方法,努力克服用叙述方法代替研究方法的错误认识,从而避免理论和理论体系上的照搬照抄和教条主义,使中国特色社会主义政治经济学成为一门真正的"实证科学"和严谨的理论体系,而不是零散的理论认识的简单拼凑。

第二个方面是中国特色社会主义政治经济学方法的多样性。对具体现象背后机理进行阐述的方式选择即叙述方法上可以多样化。李楠提出,中国特色社会主义政治经济学的研究既要以逻辑方法为主线,又要坚持以历史为例证,从长期历史发展中总结历史规律,并不断修正已有逻辑和范畴④。黄莹和林金忠认为,应当遵循"从抽象到具体、从简单到复杂、从本质扩展为表象"的方法,形成中国特色社会主义政治经济学与中国特色社会主义发展历史规律的统一逻辑⑤。刘明远指出,应在充分占有研究材料的基础上运用"具体→抽象→具体"的研究方法,把社会经济制度各个层面的经济关系加工成经济范畴,然后再运用辩证逻辑方法构筑体系进行理论叙述,全面揭示范畴之间的内在联系和经济规律,从而形成原理层面的政治经济学。同时,他还强调"一旦实现了这样的目标,就意味着形成了从抽象到具体完整的中国特色社会主义政治经济学理论体系"⑥。罗丽娟和李鹏也支持在研究中国特色社会主义政治经济学的过程中将"从具体到抽象"和"从抽象到具体"

---

① 刘伟:《在马克思主义与中国实践的结合中发展中国特色社会主义政治经济学》,《政治经济学评论》2016年第4期。
② 林岗:《坚持马克思主义的根本是坚持马克思的方法论原则》,《经济研究》2016年第3期。
③ 邱海平:《〈资本论〉与中国特色社会主义政治经济学的方法与方法论》,《华南师范大学学报》(社会科学版)2018年第6期。
④ 李楠:《中国特色社会主义政治经济学40年的发展》,《马克思主义理论学科研究》2018年第6期。
⑤ 黄莹、林金忠:《中国特色社会主义政治经济学的方法论基础》,《厦门大学学报》(哲学社会科学版)2018年第4期。
⑥ 刘明远:《论中国特色社会主义政治经济学的起点范畴与总体结构》,《武汉大学学报》(哲学社会科学版)2018年第5期。

这"两条道路"结合起来，而在当前理论发展落后于经济建设实践的情况下，必须更加重视"从具体到抽象"这一方法的运用，通过总结抽象我国社会主义经济改革实践，进而概括出一套概念范畴和理论体系①。

政治经济学的根本方法是唯物辩证法。马克思主义政治经济学是马克思主义哲学的最深刻、最全面、最详细的证明和运用。马克思把辩证唯物主义应用到人类社会的研究上，创立了历史唯物主义，并用历史唯物主义的基本观点，对社会经济现象作了深刻研究，在批判资产阶级经济学的基础上，建立了自己的经济学体系。恩格斯指出："这种德国的经济学本质上是建立在唯物主义历史观的基础上的。"② 因此，要掌握政治经济学的方法，就要懂得唯物辩证法。

抽象法。马克思指出："分析经济形式，既不能用显微镜，也不能用化学试剂。二者必须用抽象力来代替。"③ 经济科学的研究与自然科学的研究不同。自然科学可以借助于显微镜、化学试剂等实验手段，对自然现象的本质联系做直接观察。而政治经济学对社会经济现象的研究，主要依靠抽象的思维能力。要做到科学的抽象，首先必须收集和占有大量的实际材料，然后运用抽象力对实际材料进行整理、加工、分析，去粗取精、去伪存真、由表及里，从中找出最基本、最简单的东西，并发现它们的内在的各种联系。例如，马克思从产业利润、商业利润、利息、地租等经济现象中，通过研究和抽象，揭示出剩余价值范畴。他又在社会各种交换关系中，揭示出价值这个商品经济的基本范畴。只有在抽象出各种经济范畴并发现它们之间的本质联系以后，才能正确地建立起政治经济学的理论体系。

矛盾分析法。对立统一规律是唯物辩证法的根本规律。根据这个规律，事物的运动在于事物内部的矛盾性。政治经济学要研究生产关系的发展运动，首先就要分析生产关系内部的各种矛盾关系以及生产关系同它的外部条件的矛盾关系。要揭示简单商品经济的运动规律，就必须分析商品二因素、生产商品的劳动二重性、私人劳动和社会劳动等各种矛盾，通过对这些矛盾的分析，揭示简单商品经济转化为资本主义商品经济的必然性。因此，我们在学习政治经济学，研究各种经济问题时，必须全面地把握它们的各种矛盾关系。

逻辑与历史相统一方法。所谓逻辑方法，就是按照经济范畴的逻辑顺序和逻辑联系，从简单的、抽象的经济关系和经济范畴逐步上升为复杂的、具体的经济关系和经济范畴，以阐明社会经济现象和经济过程的逻辑发展进程。所谓历史方法，就是在研究社会经济现象和经济过程时，按照历史的进程来探求事物发展规律的方法。所谓逻辑与历史相统一的方法，就是在经济研究中，使逻辑推理过程与历史上经济关系的发展过程基本相一致。首先，逻辑推理过程必须符合经济关系的历史发展过程，"历史从哪里开始，思想进程也应

---

① 罗丽娟、李鹏：《"两条道路"与中国特色社会主义政治经济学的研究方法》，《经济纵横》2018年第2期。
② 《马克思恩格斯文集》第2卷，人民出版社2009年版，第597页。
③ 《资本论》第1卷，人民出版社2004年版，第8页。

当从哪里开始"①。因为逻辑方法本身并不是纯粹的抽象推理，它需要客观历史进程的验证。其次，历史的方法常常受到历史跃动和曲折发展的偶然因素的影响，而逻辑推理方法则能排除这些偶然因素，按照历史本身固有的规律，在成熟、典型的形态上叙述经济范畴的体系。因而逻辑方法并不违背历史过程，就像恩格斯所说的那样："实际上这种方式无非是历史的研究方式，不过摆脱了历史的形式以及起扰乱作用的偶然性而已。"②

数理分析方法。马克思自19世纪60年代就致力于将数学运用于揭示经济规律的研究，这在《资本论》中得到了充分体现。马克思甚至认为，一种科学只有在成功地运用数学时才算达到了真正完善的地步。改革开放四十多年来，中国经济学运用数理分析方法的研究逐步广泛，从而使中国特色社会主义政治经济学的研究方法更加趋向完善，主要表现在：通过数学方法揭示不同变量之间的数量关系，使理论揭示的经济运动规律可量化、更准确；运用数理逻辑对已有的理论作出验证，增强理论的应用性和实践性；由于大多数理模型和工具是在西方国家的理论和实践中形成的，而中国与西方国家存在巨大差异，为增强模型和工具的适用性，学者们进行了中国化的修正。

发展和创新马克思主义政治经济学，也应包括研究对象的发展与创新。研究资本主义政治经济学的任务与研究中国特色社会主义政治经济学的任务根本不同，前者是革命的任务，后者是建设的任务。既然"社会主义的根本任务是发展生产力"，社会主义的本质规定包括解放生产力和发展生产力，社会主义政治经济学或中国特色社会主义政治经济学就不能不研究生产力。

我们认为，中国特色社会主义政治经济学既要系统和深入研究中国特色社会主义生产关系，也要从理论上研究怎样更快更好地发展社会生产力。我们需要从两方面研究生产力。一方面，要研究怎样更好地利用和发挥生产力诸要素的作用。例如，怎样搞好企业内部的分工协作，以及不同企业和不同相关部门的分工协作；怎样更好地利用自然力，如水力、风力、太阳能和其他自然资源等；怎样提高劳动者的文化知识和技术水平；怎样提高企业的管理水平；怎样重视科技的发明与创新，并将其运用于生产过程；等等。这方面的研究，存在社会科学与自然科学的交叉，如怎样利用自然力、怎样进行科技创新。自然科学要从科技方面进行研究，政治经济学则是从经济理论方面进行研究。另一方面，是从社会层面进行研究。例如，怎样通过改革不适应生产力发展的旧体制，推动生产力的发展。党中央提出科学发展观，即以人为本、统筹兼顾、全面协调可持续发展，就是用新的经济发展理论指导生产力的发展。中国在经济实践中，要转变经济增长方式和发展方式，由粗放型增长转变为集约型增长。特别是党的十八大以来，中央提出一系列新的经济发展指导思想。例如，提出经济发展新常态，就是要在生产力发展的新阶段，应对经济发展下行的新情况，提高发展的质量和效益，提高经济发展和供给的档次；通过供给侧结构性改革，提高有效供给，以满足国内消费结构和出口结构变化的需要。这些方面实际上是发展生产

---

① 《马克思恩格斯文集》第2卷，人民出版社2009年版，第603页。
② 《马克思恩格斯文集》第2卷，人民出版社2009年版，第603页。

力的体制安排。

中国特色社会主义政治经济学研究怎样更好更快地发展生产力,是为了实现社会主义生产关系所要求的消除两极分化、逐步达到共同富裕。马克思主义指出,私有制和阶级的存在既是生产力发展的结果,又是生产力发展不够高的结果。一方面,在生产力极端低下的情况下,没有剩余产品,不可能出现以私有制为基础的阶级剥削;另一方面,消灭私有制和阶级差别的存在取决于生产力发展的程度。这一原理对中国是适用的。另外,共同富裕是社会主义的根本原则,也要以生产力的高度发展为条件。马克思、恩格斯认为,只有在未来社会生产力充分发展和物质财富极大丰富的基础上,建立了生产资料公有制,个人被动地、强迫性地服从旧的社会分工以及脑力劳动和体力劳动的对立现象才能消失,人的全面发展才能实现;在这个基础上,被市场等价交换原则和资产阶级权力所束缚的个体才能得到解放,多样性、平等性、自由性的个体特征才能出现,才能真正实现全社会的共享发展和共同富裕。

(二) 中国特色社会主义政治经济学的理论范式

当今时代的经济学主要有马克思主义经济学和西方经济学两大范式。中国坚持以马克思主义理论为指导,中国特色的经济学必须坚持马克思主义经济学的研究范式。这一范式有如下基本规定:第一,基本立场是代表无产阶级的根本利益,其当代特征是以人民为中心的经济学;第二,研究对象是在一定生产力水平基础上的生产关系,其当代特征是更为关注解放、发展和保护生产力;第三,基本任务是阐述经济规律,尤其是社会主义代替资本主义的必然性,其当代特征是更为关注社会主义初级阶段的经济规律研究;第四,研究方法是唯物辩证法和历史唯物主义。基于这些规定,其他的经济学理论和研究范式不能摇身一变就成为中国特色的经济学。近年来,一些学者基于西方经济学的研究范式,采用通用的数学模型加上中国的数据,在国际刊物上发表论文,自称是中国特色的经济学或经济学的中国学派。实际上,这些研究只是用西方经济学来研究中国案例,本质上还是西方经济学,即使在西方经济学界,也不承认其为中国学派的经济学。

第三节 中国特色社会主义政治经济学的属性、原则和新时代特征

一 中国特色社会主义政治经济学的本质属性

马克思主义政治经济学的本质属性体现在它的阶级性,是站在无产阶级的立场为广大无产阶级利益服务的。中国特色社会主义政治经济学的本质属性是什么?

马克思在创立马克思主义政治经济学时,就明确了政治经济学的阶级性。马克思指出,代表资产阶级利益的"政治经济学所研究的材料的特殊性质,把人们心中最激烈、最

卑鄙、最恶劣的感情,把代表私人利益的复仇女神召唤到战场上来反对自由的科学研究"[1]。马克思创立的政治经济学,公开主张和维护无产阶级利益,为无产阶级和全人类的解放事业服务。他依据劳动价值论,建立了科学的剩余价值理论,发现资本主义剥削的秘密,由此找到资本主义社会的掘墓人,敲响了资本主义的丧钟。马克思主义政治经济学的阶级性,不仅表现在对资本主义的批判上,还在于为无产阶级找到了理想的社会归宿——这就是被马克思称为"自由人联合体"的社会主义社会和共产主义社会。马克思在批判资本主义经济关系过程中,合乎逻辑地推导出未来社会的基本经济特征,反映了无产阶级对未来社会的向往和为之奋斗的决心。在社会主义社会建立起来以后,马克思主义政治经济学又提供了建设新社会的理论武器,反映了广大人民群众的根本利益。

无产阶级夺取政权以后,政治经济学的阶级性如何体现呢?这同无产阶级所追求的根本利益相关。根据马克思主义经典作家的判断,无产阶级利益代表着最广大人民群众的利益。这样,政治经济学的阶级性就表现在,面对所要分析的资本主义经济,寻求这个社会的掘墓人——无产阶级;面对所要分析的社会主义经济,寻求这个社会的建设者——广大人民群众。因此,中国特色社会主义政治经济学的本质属性就是以人民为中心,服从于人民的福祉和共同富裕。这个属性体现了社会主义本质要求。

二 中国特色社会主义政治经济学的重大原则

中国特色社会主义政治经济学的重大原则既是马克思主义政治经济学在改革开放实践中形成的重大理论成果,同时也在改革开放实践和中国特色社会主义经济建设中发挥了不可替代的指导作用。这些重大原则不仅为不断完善、发展创新的中国特色社会主义政治经济学构建了基本的理论框架、指明了正确的发展方向,而且也集中体现了马克思主义政治经济学的基本原理、基本方法、基本立场。2015年12月,习近平总书记在中央经济工作会议上明确指出:"要坚持中国特色社会主义政治经济学的重大原则,坚持解放和发展社会生产力,坚持社会主义市场经济改革方向,使市场在资源配置中起决定性作用,是深化经济体制改革的主线。"[2] 这一论述为中国特色社会主义政治经济学的重大原则定了调。

(一) 人民主体原则

历史唯物主义是马克思主义政治经济学的根本方法论。历史唯物主义认为,"历史活动是群众的事业",决定历史发展的是"行动着的群众"。中国特色社会主义的一切实践必须以人民为中心。党的十八大以来,习近平总书记站在新的历史起点,多次强调人民主体原则和以人民为中心的根本立场,不断丰富和发展了这一中国特色社会主义政治经济学的重大原则。关于人民主体原则的重大意义,习近平总书记指出,"坚持人民主体地位,

---

[1] 《资本论》第1卷,人民出版社2004年版,第10页。
[2] 《中央经济工作会议在北京举行》,《人民日报》2015年12月22日。

充分调动人民积极性，始终是我们党立于不败之地的强大根基"①，"要坚持以人民为中心的发展思想，这是马克思主义政治经济学的根本立场"②；关于人民群众的巨大力量，习近平总书记指出，"人民是历史的创造者，群众是真正的英雄。人民群众是我们力量的源泉"③；关于保障人民主体地位，习近平总书记指出，"要随时随刻倾听人民呼声、回应人民期待，保证人民平等参与、平等发展权利，维护社会公平正义"④；关于维护人民群众利益，习近平总书记指出，要"使发展成果更多更公平惠及全体人民"，让"人民群众有更多获得感"⑤；关于党和人民群众的关系，习近平总书记指出，"人民对美好生活的向往，就是我们的奋斗目标"，"我们党的最大政治优势是密切联系群众，党执政后的最大危险是脱离群众"⑥。这些重要论述体现了中国共产党对于人民主体原则的清醒认识和一贯坚持，铸就了中国特色社会主义政治经济学的本质规定。

（二）解放和发展社会生产力原则

马克思主义认为，人类社会的发展是自然的历史过程，生产力的发展是人类社会发展的最终决定力量。目前，中国仍处于并将长期处于社会主义初级阶段，经济社会发展的主要矛盾已由改革开放之初的人民日益增长的物质文化需求同落后的社会生产之间的矛盾转化为人民日益增长的美好生活需要和不平衡不充分的发展之间的矛盾，解决这一矛盾的根本出路在于解放和发展生产力。因此，中国共产党在探索"什么是社会主义，怎样建设社会主义"这一中国特色社会主义政治经济学重大命题的过程中，鲜明提出社会主义的本质是"解放生产力、发展生产力"，把党和国家工作中心转移到经济建设上来，并相继提出"发展是硬道理"、科学发展观、建设"创新型国家"等重大论断。党的十八大以来，中国经济社会发展进入新常态，发展的要素、方式、环境、动力等方面都发生了深刻变化，面对新形势新情况，习近平总书记坚持解放和发展生产力重大原则，明确提出创新、协调、绿色、开放、共享的新发展理念，对"实现什么样的发展、怎样发展"这一重大战略问题作出了新的回答，使中国特色社会主义政治经济学的主题更加明确、体系更加完整，标志着中国共产党对经济社会发展规律认识的进一步深化，为夺取全面建成小康社会决胜阶段的伟大胜利，不断开拓发展新境界，提供了强大的思想武器。

（三）发展社会主义市场经济原则

改革开放的进程就是对社会主义市场经济认识不断深化、不断发展完善的进程。世界经济社会发展的历史和实践表明，市场经济只是资源配置的方式和发展经济的一种手段。在发展市场经济的过程中，中国共产党立足国情和时代特征，不断深化对市场经济的认识。党的十八大以来，以习近平同志为核心的党中央总结改革开放以来经济社会发展实践

---

① 习近平：《习近平谈治国理政》第1卷，外文出版社2018年版，第27页。
② 《立足我国国情和我国发展实践　发展当代中国马克思主义政治经济学》，《人民日报》2015年11月25日。
③ 习近平：《习近平谈治国理政》第1卷，外文出版社2018年版，第5页。
④ 中共中央文献研究室编：《十八大以来重要文献选编》（上），中央文献出版社2014年版，第236页。
⑤ 习近平：《习近平谈治国理政》第2卷，外文出版社2017年版，第102、103页。
⑥ 习近平：《习近平谈治国理政》第1卷，外文出版社2018年版，第3、28页。

和社会主义市场经济体制改革的历史经验，鲜明提出要"使市场在资源配置中起决定性作用"。同时，习近平总书记坚持辩证法、两点论，深刻指出"市场在资源配置中起决定性作用，并不是起全部作用"，"深化经济体制改革，核心问题是处理好政府和市场的关系，使市场在资源配置中起决定性作用和更好发挥政府作用"，强调"二者是有机统一的，不是相互否定的，不能把二者割裂开来、对立起来"，而是要"学会正确运用'看不见的手'和'看得见的手'"，"两手都要用好"。事实证明，这些关于发展市场经济的重大论断、重大理论创新，切合中国经济社会发展实际，符合经济社会发展规律，是中国特色社会主义政治经济学和经济建设实践必须长期坚持的重大原则。

（四）公有制为主体、多种所有制经济共同发展原则

马克思主义政治经济学认为，基本经济制度即生产资料所有制结构是一个社会经济制度的基础，是决定一个社会基本性质和发展方向的根本因素。改革开放以来，中国共产党立足于基本国情，总结社会主义建设正反两方面经验，确立了公有制为主体、多种所有制经济共同发展的社会主义初级阶段基本经济制度，既调动了各方面的积极性，又维护了社会主义性质，为中国特色社会主义建设和改革开放奠定了坚实的制度基础，体现出无可比拟的制度优势。一方面，生产资料公有制是社会主义的本质特征，是坚持社会主义方向的基础。放弃公有制经济主体地位，就意味着偏离了中国特色社会主义正确方向；另一方面，中国社会主义初级阶段落后的生产力发展水平客观上要求多种所有制形式共同发展。马克思指出，"无论哪一个社会形态，在它所能容纳的全部生产力发挥出来以前，是决不会灭亡的"①。因此，脱离生产力发展现状，搞"一大、二公、三纯"的单一公有制和那些片面强调"国退民进"甚至"全盘私有化"的观点，在理论上错误，在实践中也行不通。

（五）共同富裕原则

马克思主义政治经济学既是揭示经济社会发展客观规律的实证科学，又是关于无产阶级和全人类解放的学说，具有鲜明的阶级立场，代表着无产阶级和广大劳动群众的根本利益。作为以马克思主义为指导思想的无产阶级政党，中国共产党始终把实现好、维护好、发展好最广大人民的根本利益作为党和国家一切工作的出发点和落脚点。改革开放以来，中国共产党坚持把共同富裕作为社会主义的本质要求、根本原则和最终目标。同时，在准确把握社会主义初级阶段基本国情的基础上，中国共产党对于共同富裕的认识也超越了传统的"均富""同富"思想，强调以"先富"带动"共富"，践行"一部分地区、一部分人可以先富起来，带动和帮助其他地区、其他的人，逐步达到共同富裕"。事实证明，改革开放的进程就是走共同富裕道路，就是"先富"带动"共富"的进程。党的十八大以来，习近平总书记始终把"坚持走共同富裕道路"作为夺取中国特色社会主义新胜利的基本要求，坚持"共同富裕是中国特色社会主义的根本原则"，深情描绘"凝聚几代中国人的夙愿，体现中华民族和中国人民整体利益"的中华民族伟大复兴的中国梦，明确"两个

---

① 《马克思恩格斯选集》第4卷，人民出版社2012年版，第920页。

一百年"奋斗目标,强调全面建成小康社会"一个都不能少",深入实施精准扶贫、精准脱贫攻坚战,从理论和实践两方面都坚持和发展了"共同富裕"这一中国特色社会主义政治经济学的价值追求和原则导向。

（六）对外开放原则

当今世界是开放的世界,经济联系和国际交往愈加紧密,相互依赖、相互合作的国际经济格局已经形成。改革开放以来,中国共产党始终把扩大对外开放,利用好两个市场、两种资源作为改革开放事业的关键和中国特色社会主义经济建设的重大课题。党的十八大以来,习近平总书记准确把握世界经济发展新趋势和国内改革发展新要求,坚持对外开放这一重大原则,更加积极主动推进更高水平的对外开放,并相继提出和推动"一带一路""人类命运共同体"等重大构想,不仅把中国的对外开放事业推向新的更高水平,也大大增强了中国在国际经贸合作中的话语权,不断推动国际经济秩序朝着更加公正合理的方向发展。

三 中国特色社会主义政治经济学的新时代特征

马克思主义政治经济学从创立开始,就有着所处时代的特征。中国特色社会主义政治经济学是对中国特色社会主义经济制度和经济发展道路的理论概括。随着中国特色社会主义进入新时代,中国特色社会主义政治经济学也具有了新时代的特征:新时代社会主要矛盾决定了中国特色社会主义政治经济学要进一步凸显发展的特色,不仅要解决不平衡不充分的发展问题,还要指引中国进入强起来的时代。以习近平经济思想指引的一系列重大改革和发展,都反映出中国特色社会主义政治经济学理论在新时代取得的重大突破。

（一）始终坚持人民利益至上、以人民为中心的发展思想

习近平总书记指出,"为什么人的问题是哲学社会科学研究的根本性、原则性问题",并强调"要坚持以人民为中心的发展思想,这是马克思主义政治经济学的根本立场"[①]。中国特色社会主义政治经济学作为中国特色哲学社会科学的重要组成部分,作为中国特色社会主义理论体系的基本组成部分,必然是代表广大人民的意志和主张,是要保证中国经济的航船向着实现人民利益的正确方向前进。事实上,中国特色社会主义政治经济学指导推动中国经济发展所取得的辉煌业绩,都是人民群众历史主体精神和创造活力的体现;其关于发展目标的重大战略设计,都最大限度地兼顾和集中了全国各族人民的利益;其关于经济发展的重大战略思想,都是人民群众实践经验和智慧的集中和升华;其关于经济发展的重大战略部署,都是人民群众期盼的集中体现。实践表明,构建中国特色社会主义政治经济学,必须坚持着眼于实现最广大人民的根本利益,同时要确保党和政府对经济发展的领导权,把发挥市场在资源配置中的决定性作用与更好发挥政府作用统一起来[②]。

[①] 中共中央文献研究室编:《十八大以来重要文献选编》(下),中央文献出版社 2018 年版,第 4 页。
[②] 赵周贤等:《论中国特色社会主义政治经济学的基本特征》,光明网,2018 年 6 月 19 日。

（二） 始终坚持把中国国情和经济社会发展实际作为理论建构的基础

习近平总书记指出："只有以我国实际为研究起点，提出具有主体性、原创性的理论观点，构建具有自身特质的学科体系、学术体系、话语体系，我国哲学社会科学才能形成自己的特色和优势。"① 当代世界社会主义发展特别是中国改革开放以来发展的历史充分证明，只有立足本国国情和发展实践，揭示新特点新规律，提炼和总结本国经济发展实践的规律性成果，把实践经验上升为系统化的经济学说，才能不断开拓当代马克思主义政治经济学新境界。中国特色社会主义政治经济学，是中国共产党把马克思主义政治经济学的基本原理与中国实际和时代特征相结合的最新理论成果。坚持马克思主义，最基本的要求是坚持解放思想、实事求是、与时俱进的思想路线。中国共产党人坚持从事实出发，深刻吸取苏联模式的历史教训，坚持把马克思主义经济学的基本原理与中国改革开放的实践相结合，与中华优秀传统文化中的国富民富、经国济世等思想相结合，与经济发展的普遍规律相结合，形成了中国特色社会主义政治经济学，开辟了马克思主义政治经济学中国化的新境界。中国共产党提出社会主义初级阶段理论，明确了初级阶段的社会主要矛盾；重新界定计划与市场的属性，创造性地提出建立社会主义市场经济体制；等等。这使中国经济告别高度集中的计划经济模式，也使中国特色社会主义政治经济学成为具有中国特色、中国风格、中国气派的科学理论形态，成为马克思主义中国化最具创造性和世界意义的科学理论成果。由此可见，从实际出发，紧扣国家经济社会发展实际，聚焦解决国内经济社会主要矛盾，是中国特色社会主义政治经济学的主要特征。

（三） 始终坚持共同富裕和人的全面发展

实现人的全面发展，是马克思主义关于人类社会发展的理想目标。要实现人的全面发展，必须以高度发展的物质文明为基础，这就要求实现共同富裕。邓小平指出："社会主义的本质，是解放生产力，发展生产力，消灭剥削，消除两极分化，最终达到共同富裕。"② 这一重要论断从社会主义本质的高度，明确了中国特色社会主义政治经济学的目标导向，指明了通过共同富裕来实现社会公平正义，进而实现人的全面发展的根本路径，指导中国经济发展把以人为本作为本质取向贯穿现实实践。以此为指引，中国共产党高度重视共同富裕问题，从改革初期提出"效率优先，兼顾公平"，到后来主张"初次分配注重效率、再分配注重公平"，再到后来强调"初次分配和再分配都要兼顾效率和公平，再分配更加注重公平"，表明党越来越注重公平正义和共同富裕。党的十八大以来，习近平总书记突出强调了共同富裕问题，既把"逐步实现全体人民共同富裕"纳入中国特色社会主义道路的基本内涵，又将"必须坚持走共同富裕道路"纳入夺取中国特色社会主义新胜利的基本要求。中国特色社会主义新时代，是全国各族人民团结奋斗、不断创造美好生活、逐步实现全体人民共同富裕的时代。其坚持以人民为中心的发展思想，把增进人民福祉、促进人的全面发展、朝着共同富裕方向稳步前进作为经济发展的出发点和落脚点。而

---

① 习近平：《习近平谈治国理政》第 2 卷，外文出版社 2017 年版，第 342 页。
② 《邓小平文选》第 3 卷，人民出版社 1993 年版，第 373 页。

新自由主义经济学及其政策主张，却在使两极分化愈益严重。

（四）始终坚持以问题导向推进理论发展

理论创新的过程就是发现问题、研究问题、解决问题的过程。马克思通过研究分工问题发现了"生产力和生产关系的辩证法"，并通过这一"辩证法"阐明了社会结构的四个因素及其内在关系，即"生产力—生产关系—政治的上层建筑—社会意识形态"。中国特色社会主义政治经济学传承了这样的认识论和方法论，把研究对象聚焦到生产力与生产关系的矛盾运动和辩证发展上来。中国特色社会主义政治经济学坚持问题导向，研究新时代中国社会经济发展的新问题、新现象、新矛盾来不断推进理论发展，研究新时代中国特色社会主义建设的重大理论与实践问题来构建系统化的理论体系。

（五）始终坚持在改革创新中处理政府与市场的关系

政府和市场的关系是经济体制改革的核心问题，改革开放以来，中国共产党围绕这个问题形成了一系列重大理论观点。进入新时代，又明确提出经济体制改革的目标是建立社会主义市场经济体制；先后提出"使市场在国家宏观调控下对资源配置起基础性作用"和"使市场在资源配置中起决定性作用"；强调市场在资源配置中起决定性作用，并不是起全部作用，政府的职责和作用主要是保持宏观经济稳定，加强和优化公共服务，保障公平竞争，促进共同富裕，弥补市场失灵。更好发挥政府作用，是要在市场发挥决定性作用的同时，管好那些市场管不了或管不好的事情；用好"看不见的手"和"看得见的手"，实现市场和政府有机统一、相互补充、相互协调、相互促进的格局，引领中国经济健康发展。这些理论观点和改革创新充分体现了新时代的特征，是中国特色社会主义政治经济学在新时代不断发展创新的重要内容。

（六）始终坚持从人类文明进步的高度协调人与自然和社会的关系

中国特色社会主义政治经济学不仅从促进中国经济发展的角度统筹政治、经济与社会，而且从促进人类文明进步的高度统筹经济、社会与自然环境；不仅努力促进中国经济社会发展与自然环境良性互动，而且从人类文明进步高度积极推动达成关于促进世界气候变化和环境改善方面的协议，为全球性的环境改善积极作出贡献。以习近平同志为核心的党中央强调协调推进新型工业化、信息化、城镇化、农业现代化和绿色化，走出一条经济发展和生态文明相辅相成、相得益彰的新发展道路，让良好生态环境成为人民生活质量的增长点、成为展现中国良好形象的发力点，让老百姓切实感受到经济发展带来的实实在在的环境效益，为子孙后代留下可持续发展的"国家财富"。

（七）始终坚持统筹国内国际两个大局谋划中国经济发展

习近平主席强调，"我们要主动作为、适度管理，让经济全球化的正面效应更多释放出来，实现经济全球化进程再平衡；我们要顺应大势、结合国情，正确选择融入经济全球化的路径和节奏；我们要讲求效率、注重公平，让不同国家、不同阶层、不同人群共享经济全球化的好处"①。在这一思想引领下，中国倡议并大力推进"一带一路"建设，坚定不移适应和引导惠及每个国家、每个民族的经济全球化进程，努力推动构建人类命运共同体。

第四节　中国特色社会主义政治经济学的理论体系构建

一　中国特色社会主义政治经济学的理论来源

习近平总书记指出："坚持和发展中国特色社会主义政治经济学，要以马克思主义政治经济学为指导，总结和提炼我国改革开放和社会主义现代化建设的伟大实践经验，同时借鉴西方经济学的有益成分。"② 此后，理论界对中国特色社会主义政治经济学的理论来源形成了以下四点基本共识。

（一）马克思主义政治经济学

卫兴华认为，马克思主义政治经济学有关社会主义的基本原理是中国特色社会主义政治经济学理论之"源"，应认真学习和把握马克思论述的人类社会经济发展的一般原理和规律及多个社会存在的商品经济的经济规律等③。杨承训认为，中国特色社会主义政治经济学的根本源头是马克思主义的政治经济学思想，包括马克思、恩格斯、列宁博大精深的政治经济学基本观点，是中国特色社会主义政治经济学的灵魂④。周新城认为，应当运用马克思主义政治经济学的基本原理和方法看待中国问题，尤其是社会主义市场经济问题、社会主义初级阶段基本经济制度问题等⑤。洪银兴认为，中国特色社会主义政治经济学话语体系要以《资本论》提供的马克思主义经济学范式为基础，其中包括《资本论》中建立的系统的经济学范畴，阐述的经济学基本原理，对未来社会的预见和规定，某些在《资本论》中明确认为到未来社会中不再存在的，而在社会主义初级阶段的实践中仍然起作用的经济范畴⑥。林岗强调，一是要学习和实践马克思主义关于人类社会发展规律的思想；二是学习和实践马克思主义关于坚守人民立场的思想⑦。

（二）中国改革开放和社会主义现代化建设的伟大实践经验

顾海良认为，当代中国马克思主义政治经济学的建设和发展，深刻地立足于我国国情和我国社会主义经济改革的实践，是对这一实践中形成的规律性成果的揭示和提炼，是对

---

① 习近平：《习近平主席在出席世界经济论坛 2017 年年会和访问联合国日内瓦总部时的演讲》，人民出版社 2017 年版，第 5 页。
② 中共中央文献研究室编：《习近平关于社会主义经济建设论述摘编》，中央文献出版社 2017 年版，第 331 页。
③ 卫兴华：《怎样理解和把握"发展当代中国马克思主义政治经济学"》，《政治经济学评论》2016 年第 1 期。
④ 杨承训：《中国特色社会主义政治经济学的理论溯源和生成背景》，《毛泽东邓小平理论研究》2016 年第 2 期。
⑤ 周新城：《用马克思主义政治经济学基本原理和方法看中国问题》，《毛泽东邓小平理论研究》2016 年第 2 期。
⑥ 洪银兴：《〈资本论〉和中国特色社会主义经济学的话语体系》，《经济学家》2016 年第 1 期。
⑦ 林岗：《坚持马克思主义的根本是坚持马克思的方法论原则》，《经济研究》2016 年第 3 期。

这一实践中积累的经验和理性认识的升华①。逄锦聚认为，我国正在进行的改革开放和现代化建设事业，是史无前例的实践，在现代化建设实践基础上取得的中国发展成就和形成的中国制度、中国道路，为中国经济学的建设提供了丰富的材料和营养②。

（三）西方经济学有益成分借鉴

杨承训认为，中国经济学借鉴西方经济学要区分两个层面：属于社会制度的东西，我们不能学，不能改变社会主义制度（西化），尤其要同作为现代资本主义主流意识形态的新自由主义划清界限；要学习的是一些分析方法和适用于部门经济的运作经验、管理方式等，有些范畴也可以参用③。洪银兴认为，以发展中国家的发展为研究对象的发展经济学，以增长为研究对象的增长经济学（包括新增长理论）不乏积极的成果可以为我所用；这些范畴和理论进入中国特色社会主义政治经济学，能够使中国的发展理论同世界流行的发展理论进行客观比较并为我所用，但也有个中国化的问题④。逄锦聚认为，在借鉴各国经济学的过程中，要克服只借鉴某个发达国家主流经济学的局限，眼界要放得更宽一些，包括国外学者对马克思主义政治经济学进行研究取得的成果、发展中国家经济学探索取得的成果和实践取得的经验都应该研究和借鉴⑤。

（四）中国的优秀传统文化

中华文明是中国政治经济学（包括中国特色社会主义政治经济学）的思想基因和文化来源。程恩富认为，在中国经济学现代化过程中，必须坚持"国学为根"，必须重视中国古代、近代知识体系中经济思想的精华，这对于形成中国特点、中国气派和中国风格的经济学现代体系，具有不可低估的思想价值⑥。杨春学认为，从政治经济学的角度看，除了"社会主义初级阶段"这一底色特征，"中国特色"还应包括存在于中华文明之中而且仍然对当今有着重大正面影响的思想基因⑦。程恩富和侯为民指出，中华优秀传统文化的经济思想资源，包括关于劳动、土地、人口、财政、税收、商品、货币、价格、资本和外贸等经济思想，是中国特色现代政治经济学发展十分宝贵的资源⑧。

二 中国特色社会主义政治经济学的核心概念和范畴

（一）从中国改革发展的实践经验中总结提炼新的概念和范畴

中国的改革发展是史无前例的伟大创举，中华人民共和国成立以来的经济建设，特别

---

① 顾海良：《开拓当代中国马克思主义政治经济学的新境界》，《经济研究》2016年第1期。
② 逄锦聚：《中国特色社会主义政治经济学论纲》，《政治经济学评论》2016年第5期。
③ 杨承训：《马克思主义政治经济学主流地位不容撼动》，《马克思主义研究》2016年第1期。
④ 洪银兴：《以创新的经济发展理论阐释中国经济发展》，《中国社会科学》2016年第11期。
⑤ 逄锦聚：《中国特色社会主义政治经济学的民族性与世界性》，《经济研究》2016年第10期。
⑥ 程恩富：《改革开放与马克思主义经济学创新》，《华南师范大学学报》（社会科学版）2009年第1期。
⑦ 杨春学：《社会主义政治经济学的"中国特色"问题》，《经济研究》2016年第8期。
⑧ 程恩富、侯为民：《中国特色社会主义政治经济学理论基础性研究不容忽视》，《人民论坛》2017年第7期。

是改革发展的成功经验,已经淬炼出一批既反映中国经验又具有经济学一般价值的概念和范畴,例如,社会主义初级阶段、社会主义初级阶段的基本经济制度和分配制度、社会主义市场经济、"以人民为中心"的发展思想、新发展理念、供给侧结构性改革、转变发展方式、新旧动能转换、新型工业化道路、新型城镇化道路、"一带一路"等。这些概念和范畴成为中国特色社会主义政治经济学话语体系创新发展的重要来源。随着中国经济发展的日益成功,特别是"第一个一百年"奋斗目标的实现,从中国改革发展的实践经验中总结提炼出的新话语将会得到越来越多的认可和接受,甚至成为全世界的经济学通用话语。

(二) 借鉴西方经济学的概念和范畴

当代西方经济学研究的是资本主义市场经济,中国特色社会主义政治经济学研究的是社会主义市场经济,虽然二者具有根本性质的差别,但从市场经济一般来看,二者又具有共同的特征和一般的运行规律,因而与市场经济一般相联系的西方经济学概念和范畴就不具有特殊的社会经济属性,是经济学的共同财富。对于这些共同话语,中国特色社会主义政治经济学通过兼收并蓄,并加以创新性改造,丰富了自己的话语体系。例如,党的十八届三中全会通过的《中共中央关于全面深化改革若干重大问题的决定》明确指出,"市场决定资源配置是市场经济的一般规律,健全社会主义市场经济体制必须遵循这条规律"。这就意味着市场对资源配置起决定性作用是市场经济的一般要求。又如,全要素生产率最早是由西方经济学提出的综合反映技术进步对经济发展作用的概念,但作为反映生产力发展源泉的一般概念,党的十九大报告在讲到推动经济发展质量变革、效率变革、动力变革时,就使用了全要素生产率的概念。再如,经典的熊彼特创新理论所说的创新主要指产品创新、技术创新、市场创新、资源配置创新和组织创新等,西方经济学的现代经济增长理论和制度经济学虽然也从各自视角提出了技术创新、制度创新等,但这些创新定义还不能完全定义我们所说的创新是第一动力的概念,中国特色社会主义政治经济学中的创新包括理论创新、技术创新、制度创新、文化创新、实践创新等,这些概念有其特有内涵。

(三) 在中国独特的发展道路和成功经验中加入新的中国元素,丰富了中国特色社会主义政治经济学的概念和范畴

中国作为发展中大国的现代化道路和社会经济成功转型,既验证了发展经济学和刘易斯二元经济理论的部分有效性,也揭示了它们的历史局限性,中国经验是对西方发展经济学及刘易斯二元经济理论的超越,对发展经济学作出了中国贡献;同时"中国的发展经济学"又提出了具有新的中国元素的概念和范畴,因而中国使用"二元经济"概念时就加入了新的中国元素,如现代化经济体系、转变经济发展方式、创新驱动、区域经济协调发展、新型工业化、新型城市化、城乡发展一体化、乡村振兴、共同富裕、共享发展等。这些概念范畴的提炼和形成构建起立足中国实践的系统化的发展经济学理论,使之成为中国特色社会主义政治经济学理论体系的重要部分。

三 中国特色社会主义政治经济学研究的重大理论问题

党的十九届四中全会提出，要坚持和完善社会主义基本经济制度，推动经济高质量发展，并明确提出公有制为主体、多种所有制经济共同发展，按劳分配为主体、多种分配方式并存，社会主义市场经济体制等是社会主义基本经济制度。基本经济制度是社会生产关系中最基础的生产关系。马克思主义政治经济学从辩证唯物主义和历史唯物主义出发构建了基本经济制度和生产关系分析的理论逻辑。中国特色社会主义政治经济学要从基础生产关系层面上研究坚持和完善中国特色社会主义基本经济制度的重大理论问题，形成系统化的理论，揭示生产力和生产关系变化的经济规律，构建中国特色社会主义政治经济学的理论体系，更好地指导中国特色社会主义建设实践。

（一）社会主义所有制与产权理论

公有制为主体、多种所有制经济共同发展的实践及理论创新是改革开放以来马克思主义中国化的最大成果之一。中国特色社会主义所有制理论创新包括社会主义公有制理论、所有制结构理论、所有制与产权理论、混合所有制理论、与社会主义市场经济相适应的财产权理论等。

传统的公有制理论（"苏联模式"）是一种"纯粹形态"的理论结构。这种理论深刻地影响了计划经济时期中国的经济社会发展。改革开放以来，随着中国特色社会主义实践的不断探索和实践，这种"纯粹形态"的理论正在失去其现实基础。中国改革开放的实践丰富和发展了公有制理论。"公有制为主体、多种所有制经济共同发展"的所有制结构显然不同于传统的公有制模式，其是以马克思主义理论为指导，结合中国实际，立足中国国情，进行探索和实践的结果，是对马克思所有制理论的创造性发展。马克思认为公有制是资本主义发展"自然历史过程"中的必然产物。马克思的公有制理论包含着深刻的科学内涵，但马克思关于未来社会公有制的构想，不是实际经验的总结，而是一种科学的假设。我们需要立足于坚持和完善社会主义基本经济制度和发挥社会主义公有制的基础性作用，总结中国构建社会主义初级阶段公有制的历程及经验，将中国经验上升为系统化的社会主义公有制理论。

关于所有制结构，即社会主义初级阶段公有制为主体、多种所有制经济共同发展，其政治经济学分析范式是生产力与生产关系及其相互关系。过去政治经济学理解的作为社会主义基本经济制度的所有制基础只有公有制（全民所有制和集体所有制）一种形式，在实践中把非公所有制当作"异类"加以消灭。在改革实践和理论创新中，我们把社会主义需要什么样的所有制建立在生产力基础上即生产力标准，正如马克思所讲的，"无论哪一个社会形态，在它们所能容纳的全部生产力发挥出来以前，是决不会灭亡的；而新的更高的生产关系，在它存在的物质条件在旧社会的胎胞里成熟以前，是决不会出现的"[①]。生产

[①]《马克思恩格斯选集》第2卷，人民出版社1972年版，第83页。

力标准使我们对社会主义初级阶段的所有制有了重新认识，也使我们寻找到在坚持和完善社会主义基本经济制度条件下所有制改革的中国道路，公有制为主体、多种所有制经济共同发展之路极大地激发了各类经济主体的活力，极大地解放了生产力，使改革开放以来的中国经济保持了长期稳定的增长。从理论体系构建来看，对所有制结构的政治经济学解释，其理论运用主要是马克思所有制思想或者是西方产权结构理论，其理论研究主要是专题式的，还没有一个以马克思所有制思想为理论基础，以构建社会主义公有制的中国实践为主线，系统化解释公有制的科学内涵、存在基础、发展方向和目标，及其实现形式的社会主义公有制理论。

关于与社会主义市场经济相适应的财产权理论，这在传统社会主义政治经济学理论体系中是没有的，我们只讲所有制，不讲财产权。实际上在马克思《资本论》和其他经典著作中有着丰富的关于所有制和财产权的理论，马克思把财产关系作为社会生产关系来研究，马克思阐释了物与财产、财产的所有与占有、财产所有权与使用权的分离，等等。只不过马克思研究和阐释的财产权是资本主义私有制下的财产权，并没有把这种财产权放入社会主义公有制和市场经济体系中。

中国特色社会主义政治经济学的所有制理论应该包括与社会主义市场经济相适应的财产权理论这一内容。改革开放以来，关于与社会主义市场经济相适应的财产权制度和财产权结构理论探索极大地丰富了社会主义所有制理论。关于财产权制度和财产权结构，在改革实践和理论创新中我们遇到两个问题：一是社会主义基本经济制度及所有制结构为什么能够容纳私有财产；二是怎样构建平等保护各类财产权利的法律体系。

马克思所说的私有财产权都是从生产资料所有制（生产条件的占有）的意义上讲的，并且主要是针对资本主义社会的私有财产。马克思通过对资本主义"异化劳动"的分析揭示了私有财产的来源和本质，并提出"共产主义是私有财产即人的自我异化的积极扬弃"，从而为"消灭私有制"的观点奠定了基础。在过去的社会主义实践中，我们理解马克思的这一逻辑是社会主义社会应实行高度的公有化，造成生产资料所有制的社会主义改造中把生产资料私有制甚至公民的私产也加以消灭。这种理论逻辑和实践过程实际上背离了马克思所说的"废除私有制只有在废除私有制所必需的大量物质条件创造出来之后才能进行"。按照社会主义初级阶段生产力发展的要求，按照社会主义基本经济制度的质的规定性和基本原则，以公有制为主体的多种所有制结构包括非公的私人所有制，即非公的私产（生产资料和消费资料，即现在讲的私人拥有的不动产和金融资产，以及作为资本投资于企业的私人股权）。从所有制与财产权的关系看，财产权是所有制在法律上的实现形式，而财产权又是现代社会公民三大基本权利之一。在市场经济中财产权是一种自由选择权，财产权可以激发人们累积财富的积极性和提高市场配置资源的效率。斯密认为，"政府是作为保护财产和财产权的手段而发展起来，具有财产权、经济自由以及司法框架的商业社会的发展对于经济增长和经济自由至关重要"。因此，社会主义基本经济制度及所有制结构应该和能够容纳私有财产。

改革开放以来，中国构建财产权法律保护制度的基本走向是承认和平等保护各类经济主体（民事主体）的财产权利。构建平等保护各类经济主体的财产权利的法律体系是社会主义基本经济制度和实行社会主义市场经济体制的基本要求，在理论上需要从政治经济学和法理学的双重视角来解释财产权的内涵、财产权思想的来源、财产权制度的历史流变、财产和财产权制度与国家经济制度和政治制度的关系等基础理论问题；在实践中需要处理好经济主体、市场与政府的关系，公有财产与私有财产的关系，公权与私权的关系，等等。

（二）国有经济与国有企业理论

纵观世界各国经济发展历程，任何一个国家的任何一个经济发展阶段，都不是由单一的经济成分构成的，都存在国有经济和非国有经济，只是不同国家的不同社会制度性质、不同历史文化传统、不同经济发展阶段，国有经济的总量规模、分布范围、资产比重、影响程度和实现形式有着明显的差别。国有经济存在的理论依据经济学解释有四：一是提供公共产品；二是存在自然垄断企业；三是国家宏观调控的基础与工具；四是实现国家安全和国家战略目标。中国的国有经济是社会主义基本制度的经济基础，其理论解释不能只用西方经济学理论。我们应该科学总结中国特色社会主义国有经济建立、发展、改革的实践经验和理论创新，构建系统化的国有经济和国有企业理论。

在传统社会主义政治经济学（"苏联模式"）中，国有经济和国有企业作为社会主义公有制的主体，其性质已由社会主义经济制度规定了，企业的生产目标、生产方式和分配方式由社会主义基本经济规律决定。在计划经济体制中企业并不是一个独立的微观经济组织，从而也没有进行独立研究的必要性，因此传统的社会主义政治经济学没有企业或国有企业理论。以国有企业为研究对象的企业理论是在国有企业改革和构建社会主义市场经济体制的实践和理论探索中发展起来的。作为政治经济学理论体系中的企业理论，其理论逻辑是阐释企业的性质和存在（企业与市场的边界）、企业的内在结构（所有制和产权）、企业治理与绩效。而这些基础问题的解释最初都是来自西方主流经济学和产权理论、交易费用经济学等。我们并没有构建起马克思主义政治经济学范式的企业理论及国有企业理论。

国有企业是社会主义公有制的实现形式，是社会主义基本经济制度的核心保护层，在坚持"两个不动摇"中国有经济和国有企业发挥着重要作用。改革开放四十多年来，中国的国有企业改革走了一条比较独特的路径：没有大规模的产权私有化；在关系国民经济命脉的关键行业引入有限的竞争；发展混合所有制企业但国有控股的格局没有变。中国的改革实践需要新的理论解释。西方主流产权理论还不能提供中国国有企业产权改革的有效理论解释。主流产权理论，包括交易费用理论和资产专用化理论等均不能从根本上解释国有产权的性质问题，也没有回答什么情况下会出现国有企业的问题。阿罗、德布鲁等的福利经济学基本原理告诉我们，在一般均衡条件下，市场经济可以达到资源有效配置的结果。但也有学者证明，如果有这些一般条件，计划经济也可以达到有效的配置结果。从某种程度上来讲，资源配置效率似乎与产权制度的安排无关。另外，如果用合约理论来解释国有企业改革也存在问题。

在转型经济中，把国有企业放到一个特殊产业的环境中来研究其产权与改革绩效，是中国特色社会主义政治经济学从所有制和产权视角来研究国有企业特别是国有垄断企业的一个方向，它需要说明国有企业改革所有制为什么重要。中国的实践表明，对于在转型期制度环境不稳定的国家，应着重探讨制度因素，分析一个产业的所有制结构、企业制度和政企关系对企业行为的影响从而对绩效的影响，在不改变产业内所有制结构和企业制度的前提下，即使政府放松产业管制，也可能无法保证市场竞争性的提高。正因为如此，社会主义基本经济制度中国有企业的政治经济学分析，其逻辑主线应该是所有制（企业产权结构）、市场（放松管制和引入竞争）和政府以及它们之间的关系，在此基础上形成立足于中国实践的系统化的国有企业理论。

（三）社会主义收入分配理论

改革开放四十多年来，中国特色社会主义收入分配理论以马克思主义为指导，立足于中国国情和改革开放的实践经验，经历了由单一的按劳分配，到按劳分配为主体、其他分配方式为补充，再到按劳分配为主体、其他分配方式共同发展以及按劳分配与按生产要素分配相结合，走了一条理论与实践不断创新发展之路。中国特色社会主义收入分配理论中不仅包含体现社会主义基本经济制度和生产关系性质的按劳分配的基本原则、内容、方式，还包含社会主义初级阶段和市场经济条件下按劳分配的实现方式，社会主义公有制为主体的所有制结构与多种分配方式并存的分配制度特征，以及社会主义市场经济中按要素贡献分配的依据和实现路径。中国特色社会主义收入分配制度与所有制结构、国有经济与国有企业一样，构成社会主义基本经济制度的核心保护层，是社会主义基本经济制度最核心的内容。

中国特色社会主义收入分配理论的逻辑主线是基于中国实践的生产力—生产关系—上层建筑的相互影响及互动机制。基本理论维度是分配基础、分配原则、分配机制和分配形式。理论背景是中国收入分配制度变迁。实践基础是收入分配体制改革的中国经验。重大问题是收入分配领域要解决的重大课题的理论基础与实践方案，包括社会主义初级阶段分配结构完善，收入分配领域如何处理好公平与效率的关系，初次分配领域如何处理好劳动与资本的关系，在经济增长过程中如何发挥政府与市场的作用有效调节收入差距，如何走包容性发展道路，脱贫致富实现共享发展，缩小差距和实现共同富裕的生产力与生产关系基础，等等。这些重大问题是坚持以人民为中心的发展思想的集中体现。逻辑主线、理论维度、理论背景、实践基础和重大问题将构成系统化的中国特色社会主义收入分配制度理论。

（四）社会主义市场经济中政府与市场的关系理论

在社会主义市场经济体制中，政府与市场都有着自己的功能和作用边界，在此基础上，政府和市场都可以充分而有效地发挥作用，政府作用和市场作用不是对立的，不能以为强市场就一定是弱政府，强政府一定是弱市场。当代资本主义国家奉行自由市场经济，其模式的特征就不是一个强市场、弱政府的问题，资本主义市场经济在社会经济结构失衡问题上也十分强调政府通过各种手段来积极干预。

市场决定资源配置是市场经济的一般规律，市场与政府两种机制的交织和互补作用，是现代市场经济运行的常态。但是，在社会主义市场经济中，政府与市场的关系以及各自作用的边界，有着其制度和体制的特征。我们不能仅在西方主流经济学理论框架内来解释这个问题，而应该进行马克思主义政治经济学的分析。从政治经济学的基本命题和研究方法看，政府与市场的关系本质是上层建筑与经济基础的关系。社会主义市场经济的逐步建立和成熟使得生产关系适应了生产力的发展的需求，作为生产关系之总和的经济基础出现的变革也同时要求上层建筑要进行相应的调整，坚持和完善社会主义基本经济制度和全面深化经济体制改革反映了这一规律的要求。党的十八大报告提出，让市场在资源配置中起决定性作用，同时更好发挥政府作用。在社会主义市场经济中，政府与市场、政府与各类市场主体、政府与公民个体之间的关系是社会经济运行的关键性基础，理顺这些关系是建立和谐市场秩序的先决条件。

系统化的政府与市场的关系的理论，其逻辑主线应该是社会主义市场经济的运行机制。在中国市场化改革和构建社会主义市场经济理论中，我们一开始引进、应用的是西方宏观和微观经济学，在政治经济学教科书中关于企业、市场与政府，供给与需求，市场体系和市场结构等基本上是西方经济学教科书的内容。中国市场化改革的独特实践给我们提出了具有社会主义基本经济制度特性和社会主义市场经济体制特征的政府与市场的关系，提出了基本生产关系与市场经济运行机制的关系，以及政府失灵和市场失灵产生的生产关系基础等重大理论问题。这些重大理论问题的政治经济学分析正是社会主义市场经济中政府与市场的关系的理论，其实践基础（案例）是中国经验，它的构建将挑战西方经济学的"经济自由主义"和"凯恩斯主义"，具有重要的学科意义和实践意义。

（五）社会主义发展道路理论

马克思把人的自由全面发展作为人的权利的基本内涵，同时把人的劳动实践活动作为权利实现的途径和过程。他认为只有在现实的世界中并使用现实的手段才能实现真正的解放，也只有在共同体中，个人才能获得全面发展其才能的手段。中国特色社会主义进入新时代，我们以马克思关于发展是人的全面发展的思想为指导，提出了社会主义共享发展理念下的发展道路要坚持人的全面发展，以发展来推进社会公平正义，体现包容性增长和益贫式增长。实践证明，中国现代化必然要走，也正在走一条有自己特色的独特道路。

政治经济学长期缺乏对发展中国家现代化和发展问题的理论解释。改革开放四十多年来新发展理念和发展道路的中国实践，推动了这方面理论的创新，形成了一个"中国的新发展经济学"，并具有重要的学科意义。从坚持和完善社会主义基本经济制度出发，我们需要进一步研究发展与制度的关系，发展道路的选择中生产力与生产关系、经济基础与上层建筑的关系，把这种研究建立在马克思主义的方法论基础上，构建以马克思主义为指导的、立足于中国实践的系统化的发展经济学理论，使之成为中国特色社会主义政治经济学理论体系的重要部分。

四　中国特色社会主义政治经济学的逻辑起点、主线和结构

（一）对构建中国特色社会主义政治经济学理论体系的基本认识

系统化研究社会主义基本经济制度的重大理论问题，是构建中国特色社会主义政治经济学学科理论体系的重大任务。直面现实、问题导向一直是经济学发展的基本动力和方向；政治经济学在近几十年取得很大进步，但政治经济学现有研究框架还不能充分容纳学科本身发展的需要。我们需要不断深化学科认知，充分理解中国特色社会主义政治经济学的内涵，继承和延续马克思主义政治经济学的基本理论和方法，同时关注和适当吸收西方经济学（包括新制度经济学、新政治经济学等"非主流经济学"各流派）、国外马克思主义经济学的思想、理论成果和研究方法，来推动学科的开放式发展。

从学科认知的角度，中国特色社会主义政治经济学的学科理论体系包括学科属性与内涵、重大原则、逻辑起点和逻辑主线、理论基础和思想来源、以问题为导向的重大理论与实践问题。

中国特色社会主义政治经济学的学科地位问题。中国特色社会主义的实践和特殊经验，为中国特色社会主义政治经济学的产生和发展提供了客观基础，但这只是中国特色社会主义政治经济学赖以生存的土壤；更进一步的问题是，中国特色社会主义政治经济学的"根"是什么（独立存在的合理性根基）。

关于中国特色社会主义政治经济学的学科地位，其讨论要在两个层面或两个问题展开：其一，实践是否需要中国特色社会主义政治经济学；其二，中国特色社会主义政治经济学以什么理论去满足实践的需要。或者更确切地说，中国特色社会主义政治经济学在满足实践需要的过程中有无自己相对独立的、有别于其他学科理论的理论范式（也可称为"微观基础"）。所以说，理论范式（马克思主义经济学的理论范式）的构造是中国特色社会主义政治经济学理论演进的一条生命线。

（二）构建中国特色社会主义政治经济学理论体系的基本任务

党的十八大报告指出，要推进马克思主义中国化时代化大众化，深入实施马克思主义理论研究和建设工程，建设哲学社会科学创新体系，坚定中国特色社会主义现代道路自信、理论自信、制度自信。这就需要理论界构建一套中国特色的社会主义理论体系，而社会主义政治经济学是其中最重要的组成部分之一。2014年，习近平总书记在听取专家学者对当前经济形势和做好经济工作的意见和建议时提出各级党委和政府要学好用好政治经济学。所谓学好，指的是认知，也就是对政治经济学揭示的客观经济规律的认知；所谓用好，指的是实践，按经济规律办事。学好用好马克思主义政治经济学对于新形势下中国经济学的学科发展及理论创新有着重要的基础性意义。

改革开放以来，在中国特色社会主义经济建设的实践中产生的中国化马克思主义政治经济学已经成为指导中国经济改革和经济发展的理论经济学科，同时又具有强烈的实践性特点。政治经济学以现代化建设中提出的重大理论和实践问题为主攻方向，研究经济运行

机制、经济体制、宏观经济政策，研究战略性、全局性、前瞻性的重大课题，可以为国家和企业的经济决策提供理论依据。政治经济学要成为指导中国经济改革和发展的理论经济学，需要根据中国经济改革发展的需要不断创新发展，需要重构中国特色社会主义政治经济学的理论体系，塑造政治经济学对中国特色社会主义经济建设的解释力、前瞻力和影响力。

构建中国特色社会主义政治经济学的理论体系，首先要做好三件事。一是以马克思主义经济学（《资本论》）为基础，构建一套中国特色社会主义政治经济学的学术话语体系（基本范畴），包括对现有、正在使用的学术名称和概念进行全面梳理，给予它们的丰富内涵（文献中的语言和实践运用中的语言）。二是对基于中国特色社会主义实践的理论创新成果进行全面总结、梳理、提炼，这些成果是我们政治经济学领域的原创性成果，推进了现代经济学的繁荣与发展，对世界经济发展和发展中国家转型发展有重要贡献。三是构建中国经济学（政治经济学）的理论体系，包括对象和方法、基本范畴、基本理论问题（回答中国特色社会主义经济建设、改革和发展要解决的重大理论和实践问题）。能否构建一套真正适合中国特色社会主义的理论经济学（政治经济学）学科体系，既是对坚持中国特色社会主义的道路自信、理论自信、制度自信、文化自信的重大贡献，也是一个极具挑战性的课题。

（三）中国特色社会主义政治经济学的逻辑起点和主线

党的十九大报告提出"以人民为中心"的逻辑体系，习近平新时代中国特色社会主义思想反映的就是"以人民为中心"的思想体系，根据马克思主义政治经济学以人的全面发展为目的的逻辑和中国特色社会主义实践的核心要旨，新时代中国特色社会主义政治经济学必然是"以人民为中心"的逻辑体系。

马克思主义政治经济学揭示的是人类生存直至全面自由发展的异化复归自然历史过程及其基本规律——人类解放规律，否定的是古典政治经济学"经济人"假设的局限和围绕资本拜物教与价值增殖而展开的"物的逻辑"。为此，《资本论》通过研究资本运动规律揭示了人类生存直至全面自由发展规律及其所决定的历史走向，马克思发现资本主义社会的批判性，并把"人的逻辑"的产生作为人类社会发展进入一个新的发展历史阶段。马克思认为人的全面发展内含了所有个体的发展，人的自由发展必须以个体能力的全面发展为前提，且发展的最终目标是为了人本身[①]。无疑，中国特色社会主义政治经济学最终追求的不是"物的逻辑"而是"人的逻辑"。党的十八大报告提出"全面建成小康社会"总目标的要求，明确坚持走共同富裕道路，"要坚持社会主义基本经济制度和分配制度，调整国民收入分配格局，使发展成果更多更公平惠及全体人民，朝着共同富裕方向稳步前进"，提出"促进人的全面发展、逐步实现全体人民共同富裕"是中国特色社会主义的目标。"人的逻辑"深刻体现了科学发展观中"以人为本"的价值观。因此，中国特色社会主义政治经济学应把人的全面发展作为其逻辑起点，在实践中探索如何坚持和发展马克思提出

---

① 李雪娇、何爱平：《政治经济学的新境界：从人的全面自由发展到共享发展》，《经济学家》2016年第12期。

的"人的逻辑",建构起新时代中国特色社会主义政治经济学"以人民为中心"的逻辑体系。

关于中国特色社会主义政治经济学的主线,从已经发表的论著来看,有的认为主线是社会主义市场经济;有的认为主线是发展生产力;有的认为中国公有制和非公有制并存,应以两种不同性质的生产关系既共同发展又相互矛盾为主线;有的认为应以生产力和生产关系的相互作用为主线;还有的认为应以政府和市场的关系为主线;等等。在这个问题上各抒己见,进行探索,一方面表明中国特色社会主义政治经济学处在探索构建过程中;另一方面表明中国马克思主义经济学界高度重视中国特色社会主义政治经济学的创新与发展。

马克思主义政治经济学已经提出其理论体系的主线问题,这条主线也应贯彻于中国特色社会主义政治经济学之中。这条主线是以往任何社会都不存在、只存在于社会主义社会和共产主义社会的,那就是马克思主义一再强调的全体人民共同富裕。马克思认为,未来理想社会是社会生产力高度发达和人的精神生活高度发展的社会,是每个人自由而全面发展的社会,是人与人和谐相处、人与自然和谐共生的社会,只有在这样的社会状况中,才能最终实现共同富裕。马克思在《1857—1858年经济学手稿》中提出,在未来的新社会制度中,"社会生产力的发展将如此迅速""生产将以所有的人富裕为目的"①。列宁也讲,社会主义要使"所有劳动者过最美好、最幸福的生活"②。只有社会主义和共产主义才能实现这一点。

在"共同富裕"这个概念中,"富裕"反映了社会成员对社会财富拥有的丰裕程度,是社会生产力发展水平的集中体现;"共享"则反映了社会成员对财富的占有方式,是社会生产关系性质的集中体现。因此,共享发展和共同富裕包含着生产力与生产关系两方面的特征,从质的规定性上成为社会主义的本质规定和奋斗目标。在中国特色社会主义实践中,实现社会主义共同富裕要坚持以人民为中心的发展思想,以共享发展来解决分配领域中矛盾;以社会公正与人的全面发展为社会主义核心价值观构建中国特色社会主义收入分配制度;建立资本与劳动的协调共赢机制;坚持社会主义基本经济制度和所有制基础;处理好公平效率的关系,充分发挥政府的调节作用;坚持新发展理念,处理好增长与发展的关系,走中国特色发展道路;等等。这些既是中国特色社会主义的实践逻辑,也是中国特色社会主义政治经济学的理论逻辑,必然成为其理论体系构建的主线。

(四)中国特色社会主义政治经济学的体系结构

关于社会主义政治经济学体系结构,学界进行了长期探索,并形成了多样化体系,主要反映在政治经济学教科书的编写中。例如,两部分体系,将政治经济学分成资本主义和社会主义③;三部分体系,即由一般到特殊分析结构,先阐述一般理论,然后分别阐述资

---

① 《马克思恩格斯文集》第8卷,人民出版社2009年版,第200页。
② 《列宁选集》第3卷,人民出版社2012年版,第546页。
③ 于光远、苏星主编:《政治经济学:资本主义部分》,人民出版社1961年版。

本主义、社会主义特殊理论①；四部分体系，即商品经济、经济制度、经济运行、经济发展，或者商品货币、资本主义、社会主义、经济全球化和对外开放②；五过程体系，即直接生产过程、流通过程、社会再生产总过程、国家经济过程、国际经济过程③；六部分体系，即社会生产过程、社会经济制度、微观经济运行、社会经济发展、宏观经济运行、国际经济关系④。

另外，一些学者以问题为导向专题探讨中国特色社会主义政治经济学的体系结构，主要有四专题结构，即根本任务、基本特征、经济改革、发展战略⑤；六专题结构，即思想路线、发展阶段和道路、发展战略、发展动力、发展布局、党的建设⑥；七专题结构，即基本经济制度、市场经济或国企改革、收入分配、国家调控、（市场）经济体制、对外开放、经济发展⑦；八专题结构，即宏观环境、产业结构、企业制度、宏观调控、收入分配、社会保障、利用外资、区域经济⑧；等等。

卫兴华将中国特色社会主义经济理论体系概括为社会主义本质论，社会主义经济是公有制基础上的有计划的商品经济论，社会主义市场经济论，社会主义初级阶段基本经济制度论，按劳分配为主体多种分配方式并存论，社会主义公平与效率统一与并重论，三条"是否有利于"的判断标准论，转变经济发展方式与科学发展论，坚持独立自主同扩大开放、参与经济全球化相结合论，改革、发展、稳定三者关系统一论⑨。洪银兴的研究结论是，构建中国特色社会主义政治经济学理论体系需要将成功的实践和理论创新的成果系统化，其包括以下几个方面：一是构建解放、发展和保护生产力的系统性学说；二是基本经济制度与基本收入制度作为社会经济制度方面理论创新的系统性学说；三是关于经济运行理论成果的系统化经济学说⑩。张宇的研究结论是，中国特色社会主义政治经济学理论体系应涵盖中国特色社会主义经济制度、中国特色社会主义经济运行、中国特色社会主义经济发展、中国特色社会主义对外开放的四位一体的体系结构⑪。

本书认为，构建中国特色社会主义政治经济学理论体系将中国特色社会主义经济建设的成功经验和理论创新系统化、学理化，其体系结构包括四个层面：一是经济制度；二是经济运行；三是经济发展；四是经济开放。

---

① 蒋学模主编：《政治经济学教材》（第13版），上海人民出版社2005年版。
② 张维达主编：《政治经济学》，高等教育出版社1999年版。
③ 程恩富、冯金华、马艳主编：《现代政治经济学新编》（通用版·第5版），上海财经大学出版社2017年版。
④ 于良春主编：《政治经济学》（第5版），经济科学出版社2018年版。
⑤ 陈承明、陈伯庚、包亚钧：《中国特色社会主义经济理论教程》，上海财经大学出版社2013年版。
⑥ 顾海良：《中国特色社会主义理论体系研究》，中国人民大学出版社2009年版。
⑦ 杨瑞龙：《社会主义经济理论》（第2版），中国人民大学出版社2008年版。
⑧ 顾钰民、孙祖芳、张鑫等：《中国经济转型与发展研究》，同济大学出版社2002年版。
⑨ 卫兴华：《中国特色社会主义经济理论体系研究》，《经济学动态》2011年第5期。
⑩ 洪银兴：《以创新的理论构建中国特色社会主义政治经济学的理论体系》，《经济研究》2016年第4期。
⑪ 张宇、谢地、任保平等：《中国特色社会主义政治经济学：制度·运行·发展·开放》，高等教育出版社2018年版。

党的十九届四中全会提出，要坚持和完善社会主义基本经济制度，推动经济高质量发展，并明确提出公有制为主体、多种所有制经济共同发展，按劳分配为主体、多种分配方式并存，社会主义市场经济体制等是社会主义基本经济制度。基本经济制度是社会生产关系中最基础的生产关系。在经济制度层面，中国特色社会主义政治经济学面临着如何坚持和完善社会主义基本经济制度这一重大理论和实践问题，需要研究社会主义初级阶段的所有制和所有制结构，构建一个以马克思所有制思想为理论基础，以生产力与生产关系及其相互关系为分析范式，以公有制为主体、多种所有制经济共同发展的中国实践为主线，系统化解释所有制（公有制和非公所有制）的科学内涵、存在基础、实现形式、发展方向和发展目标的社会主义所有制理论。在这一层面，还需要研究中国特色社会主义市场经济体制，对社会主义、公有制如何能与市场经济相结合作出比较完整的学理解释；研究新时代完善社会主义市场经济体制的内涵、市场经济基础性制度与完善要素市场化配置体制机制，以及社会主义市场经济体制中的政府与市场关系，形成社会主义市场经济的系统化学说。改革开放以来，中国特色社会主义收入分配理论以马克思主义为指导，立足于中国国情和改革开放的实践经验，经历了由单一的按劳分配，到按劳分配为主体、其他分配方式为补充，再到按劳分配为主体、其他分配方式共同发展以及按劳分配与按生产要素分配相结合，走了一条理论与实践不断创新发展之路。在经济制度层面，需要研究中国特色社会主义收入分配制度，即按劳分配为主体、多种分配方式并存；研究收入分配领域要解决的重大课题的理论基础与实践方案，包括社会主义初级阶段分配结构完善，收入分配领域如何处理好公平与效率的关系，初次分配领域如何处理好劳动与资本的关系，在经济增长过程中如何发挥政府与市场的作用有效调节收入差距，如何走包容性发展道路，脱贫致富实现共享发展，缩小差距和实现共同富裕的生产力与生产关系基础，等等。

在经济运行层面，中国特色社会主义政治经济学需要研究社会主义市场经济运行的问题，包括研究国有经济和国有企业的地位与作用、国有经济战略布局与国有资产管理体制改革、新时代国有企业混合所有制改革；研究中国特色社会主义农村经济与农业农村现代化；研究中国农村土地制度、农村新型集体经济；等等。社会主义市场经济要发挥市场在资源配置中的决定性作用，更好发挥政府作用，要研究体现社会主义市场经济体制特征的政府与市场的关系、基本生产关系与市场经济和运行机制的关系；研究市场配置资源的机制和规律；研究中国特色社会主义宏观经济运行与调控；等等。

中国特色社会主义进入新时代，中国共产党以马克思关于发展是人的全面发展的思想为指导，指出社会主义共享发展理念下的发展道路要坚持人的全面发展，以发展来推进社会公平正义，体现包容性增长和益贫式增长。在经济发展层面，从坚持和完善社会主义基本经济制度出发，需要进一步研究发展与制度的关系，发展道路的选择中生产力与生产关系、经济基础与上层建筑的关系等重大理论问题，构建发展经济学的马克思主义政治经济学分析范式；需要研究新发展理念，社会主义现代化与现代化经济体系，中国特色区域经济协调发展，中国特色工业化、城镇化发展、中国特色绿色发展与生态文明，中国特色社会主义城乡融合发展等重大理论与实践问题。

进入新时代,中国的经济发展面临着更加复杂的国际环境,我们需要更加深刻地认识马克思关于国际分工、世界市场和国际经济体系的理论,总结中国构建特色社会主义开放型经济体系的经验。在经济开放层面,需要研究马克思主义经济全球化理论在中国实践中的发展,中国开放发展的历程、道路和经验,资本主义世界体系的演进与中国经济的现代化历程,全球经济治理的中国方案,人类命运共同体与"一带一路"倡议,构建开放发展新格局和开放型经济新体制等重大问题,形成以马克思主义指导,以中国对外开放道路和实践经验为基础的中国特色社会主义对外经济开放理论。

五 中国特色社会主义政治经济学要在学科开放和竞争中不断创新

马克思主义政治经济学是一个开放和不断发展的体系,自一百六十多年前由马克思、恩格斯创立以来至今仍有强大的生命力,即使是不接受它的意识形态的西方学者也不否认马克思、恩格斯对人类社会历史发展的进程以及资本主义经济运动规律揭示的科学性。但是,我们也要看到,20世纪以来人类文明和社会思想的巨大发展,使经济学已经发展成为一个庞大的体系。就如有学者说的那样,在20世纪初,马歇尔的《经济学原理》就是经济学,你只要读懂这本书就够了。而今天,就连有二百六十多万字、收录两千多个词条的《新帕尔格雷夫经济学大辞典》恐怕也难以包括经济学发展的全部内容。进入21世纪,社会科学领域学科的开放、融合、创新态势更加明显,马克思主义政治经济学要继续保持它长久的生命力和创造力,在中国特色社会主义经济建设中保持它的指导力和解释力,就必须以更加开放的态度参与21世纪世界范围内经济学学科之间的竞争。

21世纪西方主流经济学向何处去?2008年国际金融危机爆发使资本主义社会的政治分裂、两极分化、贫富差距等深刻问题凸显在世人面前。在反思金融危机的根源、希望对金融体系进行改造时,越来越多的人更加关注到社会不平等与贫富差距扩大的问题。西方国家许多学者都敏锐地看到资本主义市场制度出了问题[1],也看到了主流经济学"市场原教旨主义"的缺陷,并有"回到凯恩斯""回到马克思"的说法。但是我们认为,建立在一般均衡基础上的主流经济学的根基并没有动摇,微观经济学和宏观经济学对市场经济运行机制还有其解释力,因此它们在21世纪相当长的时间内仍有可能是西方经济学的主流,也是经济学教科书的主流。

同时,我们要注意到从20世纪到21世纪,西方经济学中新制度经济学、演化经济学

---

[1] 斯蒂格利茨在《不平等的代价》中认为"已为公众所知的市场经济最黑暗的一面就是大量的并且日益加剧的不平等,它使得美国的社会结构和经济的可持续性都受到了挑战";托马斯·皮凯蒂在《21世纪资本论》中认为,不加制约的资本主义导致了财富不平等的加剧,自由市场经济并不能完全解决财富分配不平等的问题;克里斯特曼提出了一个"走向平等主义的所有权理论",对资本主义的财产权结构进行了批判性分析。

的兴起，以及新奥地利学派、李斯特经济学、熊彼特经济学等新发展。例如，在当今经济学的学科领域里，制度的经济分析已经成为一个极为活跃的研究领域。这是因为，无论是市场经济中资源配置的效率，还是一个国家的经济增长，有效的产权或者说制度安排都是重要的；同时，新制度经济学的交易费用分析方法和对经济学假定的修改影响了主流经济学的理论工具。演化经济学不同于静态均衡的新古典经济学，其以历史的不可逆视角观察经济现象，研究开放的系统，关注变革、学习、创造。其认为竞争过程是非均衡的，具有路径的依赖性的。适应知识经济和信息革命的时代要求，演化经济学认为经济学研究的问题中重要的因素是新偏好的形成、技术和制度的创新以及新资源的创造等。这是否是针对主流经济学范式的一种根本性转变呢？这还有待于我们的观察。但我们至少可以看到经济学发展多元化时代的到来。在这个多元化时代中，值得注意的还有推崇自由主义，崇拜市场自发势力而反对国家的计划调节新奥地利学派；在经济学中最早系统地揭示欠发达国家向发达国家转变的历史规律，对美国和德国的兴起产生了重大影响的李斯特学派[①]；等等。它们也可能影响 21 世纪西方经济学的进路以及马克思主义政治经济学与之竞争的格局。

马克思主义政治经济学的开放与竞争，还需要借鉴和吸收西方马克思主义经济学研究的成果。20 世纪 30 年代，在苏联社会主义经济建设取得巨大成就，而资本主义世界陷入大萧条的双重背景下，马克思主义经济学在西欧、继而在北美引发了强烈的研究兴趣，两地逐渐成为马克思主义经济学研究新的中心地。第二次世界大战后期，在罗宾逊和斯威齐等学者相关著作的推动下，学院派马克思主义经济学（相对于苏联马克思主义经济学）开启了同西方非马克思主义经济学流派的对话，对劳动价值理论、利润率下降趋势、资本主义危机等基本理论问题都展开了更具现代性的分析。例如，从第二次世界大战中期到 20 世纪 60 年代中期，多布、斯威齐、曼德尔、置言信雄等学者代表了学院派用现代分析更为准确和细致的方法重新考察马克思的经济思想[②]；20 世纪 60 年代中后期到 80 年代末，面对现实经济体中繁荣与衰退的更替，资本主义生产方式多样性特征的演进，马克思主义经济学在研究视野、方法层面都有了新的突破，大量学术流派亦集中兴起，包括"转型问题"的研究、长波理论的重构、调节学派和积累的社会结构理论等；20 世纪 90 年代以来，新自由主义扩张不断挤压和挑战马克思主义经济学的活动空间和话语权，然而新自由主义积累体制内生的矛盾又为马克思主义经济学的研究提供了新的素材和理论进步的空间[③]，

---

① 贾根良：《李斯特经济学的历史地位、性质与重大现实意义》，《学习与探索》2015 年第 1 期。
② 代表性的文献：Dobb, M., 1932, *On Marxism Today*, London: The Hogarth Press; Sweezy, P., 1942, *The Theory of Capitalist Development*, New York: Oxford University Press; Mandel, E., 1962, *Marxist Economic Theory*, New York: Monthly Review Press; Okishio, N., 1961, "Technical Changes and the Rate of Profit", *Kobe University Economic Review*, 7: 85-99。
③ Kotz, D., 2011, "Over-investment and the Economic Crisis of 2008", *World Review of Political Economy*, 2: 5-25.

例如，新帝国主义的扩张①、资本积累的金融化趋势②、生态危机的加剧③、长期困扰发达国家市场的过度竞争和产能过剩④、2008年国际金融危机后对马克思危机理论和利润率变化趋势的热烈讨论⑤等成为最近二十年西方马克思主义经济学研究最中心的话题。系统梳理当代国外马克思主义经济学的研究成果，我们由此可获得政治经济学研究视野和分析方法的拓宽。在理论演进的背后，我们也能把握当代资本主义生产方式的演化路径和多样性特征，这对于增强政治经济学揭示当前资本主义的发展阶段和未来走向，对中国特色社会主义经济建设道路选择问题的解释都具有极强的现实意义。

在21世纪知识经济和信息化的时代，经济学越来越从科学技术与社会进步的相互关系中得到全面发展。随着经济学认识领域的拓宽和方法论的多元化，经济学与其他学科的交流和相互渗透得以大大加深，大量非经济学概念和研究方法的引入使得现代经济学极大地增加了它的包容性。面对物理学、生物学等自然科学的挑战和哲学、历史学、伦理学、心理学等诸多人文社会科学学派的"侵入"，现代经济学领域中又发展出许多交叉学科和边缘学派，如混沌经济学、不确定经济学、行为经济学、法律经济学、实验经济学等。学科交叉和学科融合将是21世纪经济学发展必然面对的新环境，马克思主义政治经济学应主动融入这种学科生态，在学科开放、学科包容和学科竞争中实现其不断发展创新。

---

① Harvey, H., 2001, *Spaces of Capital: Towards a Critical Geography*, UK: Routledge Press.
② Lapavitsas, C., 2009, "Financialised Capitalism: Crisis and Financial Expropriation", *Historical Materialism*, 17: 114-148.
③ [美] 约·贝·福斯特：《生态革命——与地球和平相处》，刘仁胜、李晶、董慧译，人民出版社2015年版。
④ Crotty, R., 2003, "Why do Global Markets Suffer from Chronic Excess Capacity?: Insights from Keynes, Schumpeter and Marx", Economics Department of UMass Amherst Working Paper; Brenner, R., 2006, *The Economics of Global Turbulence: The Advanced Capitalist Economies from Long Boom to Long Downturn, 1945-2005*, New York: Verso Books.
⑤ Mcdonough, T., et al., 2010, *Contemporary Capitalism and Its Crises: Social Structure of Accumulation Theory for the 21st Century*, Cambridge: Cambridge University Press; Shaikh, A., 2010, "Reflexivity, Path-dependence and Disequilibrium Dynamics", *Journal of Post Keynesian Economics*, 33: 3-16; Brown, V., Mohun, S., 2011, "The Rate of Profit in the UK, 1920-1938", *Cambridge Journal of Economics*, 5: 1035-1059.

第一章 社会主义初级阶段与新时代

坚持和发展中国特色社会主义是一项长期而艰巨的历史任务。社会主义初级阶段是对中国客观国情的高度概括，是建设中国特色社会主义的总依据，是党和国家观察和研究问题、制定并执行正确路线、方针和政策的基本出发点。始终牢牢把握社会主义初级阶段这个最大的国情，是我们有效应对复杂多变的发展环境并保持正确发展方向的根本保证。社会主义初级阶段理论作为中国特色社会主义理论体系的重要组成部分，是马克思主义与中国实践经验相结合的一个伟大创造，是马克思主义中国化的重大理论成果，具有伟大的创造性意义。中国特色社会主义进入新时代的论断，既实现了对社会主义初级阶段划分的理论进步，也丰富了社会主义初级阶段主要矛盾的转化脉络。

第一节 社会主义初级阶段

社会主义初级阶段理论的形成、发展和完善是中国共产党人持续探求真理的结果，为发展中国特色社会主义奠定了坚实的理论基础。深刻认识和正确把握社会主义初级阶段这个最大国情至关重要。这是在新的历史条件下正确制定和贯彻党的路线、方针、政策的前提和基础，是科学谋划和推进改革发展各项事业的关键和根本。本节将介绍经典作家关于社会主义发展阶段理论的表述，社会主义初级阶段理论的探索过程、含义、基本特征及其历史作用。

一 经典作家关于社会主义发展阶段理论的表述

马克思在《1844年经济学哲学手稿》中论述了"两种共产主义"，就已经表现出共产主义具有不同发展阶段的思想。1848年2月，《共产党宣言》明确指出，实现共产主义社会需要经过若干发展阶段。1875年，马克思在《哥达纲领批判》中，将无产阶级取得政权后的社会划分为三个阶段，即过渡时期、第一阶段和高级阶段，并且首次科学地概括了过渡时期理论。马克思认为："我们这里所说的是这样的共产主义社会，它不是在自身基础上已经发展了的，恰好相反，是刚刚从资本主义社会中产生出来的，因此它在各方面，在经济、道德和精神方面都还带着它脱胎出来的那个旧社会的痕迹。"① "这些弊病，在经过长久阵痛刚刚从资本主义社会产生出来的共产主义社会第一阶段，是不可避免的。"② 显然，从资本主义过渡到社会主义，将经历一个极其艰难而漫长的过程。而作为共产主义第一阶段的社会主义社会也是在不断演变的。在马克思的设想中，社会主义是建立在发达资本主义基础上的。

随着实践不断深入发展，对社会主义发展阶段问题，有着越来越深入的思考。1882年9月，恩格斯强调："至于这些国家要经过哪些社会和政治发展阶段才能同样达到社会主义的组织，我认为我们今天只能作一些相当空泛的假设。"③ 1891年，恩格斯指出，"所谓'社会主义社会'不是一种一成不变的东西，而应当和任何其他社会制度一样，把它看成是经常变化和改革的社会"，而且"随时随地都要以当时的历史条件为转移"④。马克思、恩格斯提出了东方落后国家有可能跨越资本主义的"卡夫丁峡谷"而直接进入社会主义社会的观点，但并未回答要经过哪些发展阶段才能实现社会主义。一言以蔽之，马克思、恩格斯并未给出关于社会主义发展阶段问题的具体答案，这也为深入探索社会主义发展阶段问题留下了广阔的空间。

1915年，列宁首次将社会主义视为共产主义的低级阶段，"社会主义和共产主义之间的科学区别，只在于第一个词是指从资本主义生长起来的新社会的第一阶段，第二个词是指它的下一个阶段，更高的阶段"⑤。1917年，列宁指出："从向着共产主义发展的资本主义社会过渡到共产主义社会，非经过一个'政治上的过渡时期'不可，而这个时期的国家只能是无产阶级的革命专政。"⑥ 在谈到共产主义社会高级阶段时，列宁十分慎重地说道："至于人类会经过哪些阶段，通过哪些实际措施达到这个最高目的，那我们不知道，也不可能知道。"⑦ 但是，"我们只知道这条道路的方向，我们只知道引导走这条道路的是什么样的阶级力量；至于在实践中具体如何走，那只能在千百万人开始行动以后由千百万人的经验来表明"⑧。"因为现在还没有可供解决这些问题的材料。"⑨ 因此，从马克思主义经典作家的相关论述可以看出：一方面，社会主义社会必然会经历若干个发展阶段；另一方面，社会主义社会向共产主义过渡是一个相当长期的历史过程。

虽然马克思主义经典作家的论述为中国共产党和国家探索如何成功过渡到社会主义指明了方向，但是，由于特殊国情的缘故，我们并不能照搬照抄经典论述，需要结合具体国情来探索和研究如何建设中国的社会主义。

---

① 《马克思恩格斯选集》第 3 卷，人民出版社 1995 年版，第 304 页。
② 《马克思恩格斯选集》第 3 卷，人民出版社 1995 年版，第 305 页。
③ 《马克思恩格斯选集》第 4 卷，人民出版社 1995 年版，第 649 页。
④ 《马克思恩格斯选集》第 4 卷，人民出版社 1995 年版，第 693 页。
⑤ 《列宁选集》第 4 卷，人民出版社 1995 年版，第 10 页。
⑥ 《列宁选集》第 3 卷，人民出版社 1972 年版，第 245 页。
⑦ 《列宁选集》第 3 卷，人民出版社 2012 年版，第 201 页。
⑧ 《列宁全集》第 32 卷，人民出版社 1985 年版，第 111 页。
⑨ 《列宁选集》第 3 卷，人民出版社 1972 年版，第 253 页。

二 中国实践与社会主义初级阶段理论的探索过程

进入 20 世纪后,"救亡图存"成为中国前半个世纪的时代最强音。一代又一代中国共产党人科学运用马克思的科学理论指导中国革命,成功实现了社会发展阶段的跨越式演进。关于中国社会所处发展阶段的认识,中国共产党作过长时期的探索,有一个逐步形成和深化的过程,既积累了丰富的经验,但也留下了惨痛的教训。回顾历史,在改革开放前,由于没有很好地把握社会主义初级阶段这个最大国情,结果在社会主义建设中吃了苦头,遭受损失甚至严重挫折。改革开放以来,中国社会主义各项事业蓬勃发展,取得了巨大成功,根本原因在于,既纠正了那些超越发展阶段的思想观念、方针政策,又坚决抵制了抛弃社会主义基本制度的错误主张,坚持和发展了中国特色社会主义。

早在 1939 年,毛泽东就已经清晰地认识到这一问题,他指出:"认清中国社会的性质,就是说,认清中国的国情,乃是认清一切革命问题的基本的根据。"[①] 这为探索社会发展阶段理论奠定了基础。1958 年 11 月,在郑州会议上,毛泽东第一次使用了"社会主义初级阶段"术语。在 1959 年,他指出,"社会主义这个阶段,又可能分为两个阶段,第一个阶段是不发达的社会主义,第二个阶段是比较发达的社会主义。后一个阶段可能比前一个阶段需要更长的时间"[②]。

社会主义初级阶段理论的正式形成,是在党的十一届三中全会前后到党的十三大这段时间。要回答什么是社会主义初级阶段理论,归根结底是要回答什么是社会主义、怎样建设社会主义这一重大理论问题。邓小平对此发表了一系列精辟论断。1978 年 6 月,邓小平指出,"社会主义的优越性总要通过生产的发展和人民生活的提高来体现,这是最起码的标准,空头政治不行"[③]。1979 年 3 月,邓小平在《坚持四项基本原则》讲话中指出:"过去搞民主革命,要适合中国情况,走毛泽东同志开辟的农村包围城市的道路。现在搞建设,也要适合中国情况,走出一条中国式的现代化道路。"[④] 1980 年 4 月,邓小平指出:"任何革命都是扫除生产力发展的障碍。社会主义总要比资本主义优越,社会主义国家应该使经济发展得比较快,人民生活逐渐好起来,国家也就相应地更加强盛一些。在这一方面我们经历了几次曲折。马克思主义历来认为,社会主义要优于资本主义,它的生产发展速度应该高于资本主义……经济长期处于停滞状态总不能叫社会主义,人民生活长期停止在很低的水平总不能叫社会主义。"[⑤] 实际上,这正式提出了重新探索什么是社会主义、怎样建设社会主义。同年 4 月,邓小平又指出:"要充分研究如何搞社会主义建设的问题。现在我们正在总结建国三十年的经验。总起来说,第一,不要离开现实和超越阶段采取一

[①]《毛泽东选集》第 2 卷,人民出版社 1991 年版,第 633 页。
[②]《毛泽东文集》第 8 卷,人民出版社 1999 年版,第 116 页。
[③] 冷溶、汪作玲主编:《邓小平年谱(1975—1997)》上卷,中央文献出版社 2004 年版,第 330 页。
[④]《邓小平文选》第 2 卷,人民出版社 1994 年版,第 163 页。
[⑤] 冷溶、汪作玲主编:《邓小平年谱(1975—1997)》上卷,中央文献出版社 2004 年版,第 619—620 页。

些'左'的办法,这样是搞不成社会主义的。我们过去就是吃'左'的亏。第二,不管你搞什么,一定要有利于发展生产力。发展生产力要讲究经济效果。只有在发展生产力的基础上才能随之逐步增加人民的收入。"① 同年5月,邓小平指出:"社会主义经济政策对不对,归根到底要看生产力是否发展,人民收入是否增加。这是压倒一切的标准。空讲社会主义不行,人民不相信。"② 随着社会主义实践的推进,党的十一届六中全会明确指出,"我们的社会主义制度还是处于初级的阶段",这个阶段"由比较不完善到比较完善,必然要经历一个长久的过程"③。这是党首次提出"社会主义初级阶段"概念,是对社会主义发展阶段问题的正确认识。党的十二大再次重申,"我国的社会主义社会现在还处在初级阶段,物质文明不发达"。党首次把物质文明作为考量社会主义发展阶段的重要指标。党的十二届三中全会又进一步指出,"商品经济的充分发展是社会主义经济发展的不可逾越的阶段"。实践的发展使党对于社会主义发展阶段问题的思考更为深入。

1986年,邓小平强调,"贫穷不是社会主义,更不是共产主义"④。党的十三大召开前夕,邓小平充分肯定了以社会主义初级阶段作为党的十三大报告立论的根据,并明确指出:"我们党的十三大将阐述中国社会主义是处在一个什么阶段……我们中国又处在社会主义的初级阶段,就是不发达的阶段,一切都要从这个实际出发,根据这个实际来制定规划。"⑤ 社会主义初级阶段科学论断的形成和确立,为党在社会主义初级阶段的基本路线的最终形成和确立奠定了客观依据。党的十三大正式提出了社会主义初级阶段理论,它以社会主义初级阶段的主要矛盾、客观依据、基本特征及其长期性和艰巨性等基本点为立论根据,从历史唯物主义的高度把社会主义初级阶段作为党和国家开展一切工作的立论依据和根本归宿,将对社会主义发展阶段问题的认识推进到了新的高度,并使之成为制定各项方针政策的基本依据。邓小平在社会主义初级阶段论的发端、酝酿、孕育、成熟过程中,发挥了不可替代的作用。他是这一理论名副其实的奠基者、首创者和最终确立者。

党的十五大报告强调,我国正处于并将长期处于社会主义初级阶段,并对社会主义初级阶段的特征作了更细致的论述。党的十八大报告强调,建设中国特色社会主义,总依据是社会主义初级阶段。党的十九大报告强调,"我国仍处于并将长期处于社会主义初级阶段的基本国情没有变,我国是世界上最大发展中国家的国际地位没有变。全党要牢牢把握社会主义初级阶段这个基本国情,牢牢立足社会主义初级阶段这个最大实际"⑥。党的二十大报告强调,"我国是一个发展中大国,仍处于社会主义初级阶段,正在经历广泛而深

---

① 《邓小平文选》第2卷,人民出版社1994年版,第312、313页。
② 冷溶、汪作玲主编:《邓小平年谱(1975—1997)》上卷,中央文献出版社2004年版,第629页。
③ 《中国共产党中央委员会关于建国以来党的若干历史问题的决议》,人民出版社1981年版,第58页。
④ 《邓小平文集》第3卷,人民出版社1993年版,第64页。
⑤ 冷溶、汪作玲主编:《邓小平年谱(1975—1997)》上卷,中央文献出版社2004年版,第1203页。
⑥ 习近平:《决胜全面建成小康社会 夺取新时代中国特色社会主义伟大胜利——在中国共产党第十九次全国代表大会上的报告》,人民出版社2017年版,第12页。

刻的社会变革，推进改革发展、调整利益关系往往牵一发而动全身"[1]。

三 社会主义初级阶段论断的含义

社会主义初级阶段理论具有特定的历史内涵，是中国共产党人在反思国内外社会主义曲折发展经验的基础上建构起来的理论，是在中国特色社会主义事业的实践中逐步孕育、确立、发展起来的。正确认识中国社会现在所处的历史阶段，是建设有中国特色的社会主义的首要问题，是我们制定和执行正确的路线和政策的根本依据。什么是社会主义初级阶段？社会主义初级阶段理论具有哪些含义？

社会主义初级阶段是党和国家对中国国情作的全局性、总体性判断，这一判断涵盖的时间范围根据社会主义生产力发展而变化，仍然是当前把握中国发展历史方位的出发点。社会主义初级阶段的基本内涵有两个方面：第一，中国已是社会主义国家，我们必须坚持而不能离开社会主义；第二，中国的社会主义还处在初级阶段，我们必须从这个实际出发，而不能超越这个阶段。在近代中国的具体历史条件下，不承认中国人民可以不经过资本主义充分发展阶段而走上社会主义道路，是革命发展问题上的机械论，是右倾错误的重要认识根源；以为不经过生产力的巨大发展就可以越过社会主义初级阶段，是革命发展问题上的空想论，是"左"倾错误的重要认识根源。社会主义初级阶段是社会主义的初级阶段与初级阶段的社会主义的辩证统一，是从社会的制度性质及其发展程度两个方面，对中国社会所处历史方位、时代坐标的准确界定，构成当代中国的最大国情，也是最大实际，更是建设中国特色社会主义的总依据。

"社会主义初级阶段"这一概念包含了我们建设社会主义的一切矛盾。"社会主义初级阶段"表明中国是社会主义国家，同时又处在初级阶段，即生产力水平总体来说比较低。生产力的发展状况，对于社会的各个方面具有根本的决定性作用。社会主义初级阶段不是泛指任何国家进入社会主义都会经历的起始阶段，而是特指中国在生产力落后、商品经济不发达条件下建设社会主义必然要经历的特定阶段。中国从20世纪50年代生产资料私有制的社会主义改造基本完成，到社会主义现代化的基本实现，至少需要上百年时间，都属于社会主义初级阶段。这个阶段，既不同于社会主义经济基础尚未奠定的过渡时期，又不同于已经实现社会主义现代化的阶段[2]。在社会主义初级阶段，生产力的不发达，决定了在生产关系方面，建立公有制所依据的生产社会化程度还很低；在上层建筑方面，发展社会主义民主政治所必需的一系列经济、社会、文化条件还不充分。

党的十三大报告以社会主义初级阶段理论为科学依据，在总结过去制定和贯彻政治路线的经验和教训的基础上，对新时期党的政治路线作出了"一个中心，两个基本点"的科

---

[1] 习近平：《高举中国特色社会主义伟大旗帜　为全面建设社会主义现代化国家而团结奋斗——在中国共产党第二十次全国代表大会上的报告》，人民出版社2022年版，第20、21页。
[2] 中共中央文献研究室主编：《十三大以来重要文献选编》（上），人民出版社1991年版，第12页。

学表述，即"领导和团结全国各族人民，以经济建设为中心，坚持四项基本原则，坚持改革开放，自力更生，艰苦创业，为把我国建设成为富强、民主、文明的社会主义现代化国家而奋斗"①。这条政治路线高度概括了，自党的十一届三中全会以来，党在怎样建设社会主义的问题上的探索成果，全面规定了党在社会主义初级阶段的领导力量、依靠力量、中心任务、根本保证、基本途径、根本立足点以及奋斗目标等总的路线、方针和政策。

社会主义是建立在生产力高度发达的基础上的，从而在生产关系方面就具有生产资料公有制、按劳分配、没有剥削和两极分化、共同富裕等特征。然而，中国现实的社会主义却是从半殖民地半封建社会而来的，生产力水平相当落后，而生产关系又人为地拔高了，致使中国现实中社会主义的优越性无从体现，社会普遍贫困。对此，邓小平指出："现在虽说我们也在搞社会主义，但事实上不够格。"② 所谓"不够格"，主要是指生产力水平太低。一切从实际出发，我们制定一切方针政策都必须以这个基本国情为依据，不能脱离实际、超越阶段。

"总起来说，我国社会主义初级阶段，是逐步摆脱贫穷、摆脱落后的阶段；是由农业人口占多数的手工劳动为基础的农业国，逐步变为非农产业人口占多数的现代化的工业国的阶段；是由自然经济半自然经济占很大比重，变为商品经济高度发达的阶段；是通过改革和探索，建立和发展充满活力的社会主义经济、政治、文化体制的阶段；是全民奋起，艰苦创业，实现中华民族伟大复兴的阶段。"③ 这对中国共产党和国家在社会主义初级阶段的奋斗目标提出了具体要求。"社会主义初级阶段"意味着中国生产力落后，商品经济不发达，因此，中国社会主义的根本任务就是以经济建设为中心，大力发展社会生产力，不断满足人民日益增长的物质文化需要，推动社会全面进步。

四 社会主义初级阶段的基本特征

社会主义初级阶段理论是对科学社会主义的继承和发展。经济文化落后的国家向社会主义过渡具有自己的特点，社会主义初级阶段具有既不同于资本主义社会也不同于马克思、恩格斯设想的发达的社会主义社会的基本特征。参照马克思、恩格斯对未来社会主义社会基本规定性的预测和设想，以中国社会主义初级阶段的现实为依据，中国社会主义初级阶段具有如下基本特征。

（一）生产力发展水平落后决定了社会主义初级阶段的首要任务是解放生产力，发展生产力

脱胎于半殖民地半封建社会的中华人民共和国，由于革命前与发达资本主义国家的生产力发展水平相差悬殊，不可能在短期内消除这个差距。因而在社会主义初级阶段，生产

---

① 《江泽民文选》第1卷，人民出版社2006年版，第69页。
② 《邓小平文选》第3卷，人民出版社1993年版，第225页。
③ 中共中央文献研究室主编：《十三大以来重要文献选编》（上），人民出版社1991年版，第12、13页。

力发展水平低于发达资本主义国家，需要经过相当长的时间，才能大体上接近、赶上乃至超越发达资本主义国家。虽然党团结和带领全国人民已经初步建立起较为完备的工业体系，但是，正如党的十三大报告正式提出社会主义初级阶段理论时所指出的那样，"人口多，底子薄，人均国民生产总值仍居于世界后列……生产力的落后，决定了在生产关系方面，发展社会主义公有制所必需的生产社会化程度还很低，商品经济和国内市场很不发达，自然经济和半自然经济占相当比重，社会主义经济制度还不成熟不完善"①。这精准定位出了社会主义初级阶段的最根本特征，即生产力水平比较低。因此，在社会主义初级阶段，首要任务就是要解放生产力，发展生产力，逐步摆脱不发达状态，逐步走向发达阶段。依据中国国情和世情提出的社会主义初级阶段理论，在处理问题时，卓有成效地坚持、运用了历史唯物主义，特别是关于"生产力是一切社会发展的最终决定力量"的观点、关于社会主义优越性的充分发挥和吸引力的不断增强，归根结底，都取决于生产力发展的观点。

（二）坚持公有制为主体、多种所有制经济共同发展

生产力发展水平对社会各个方面都具有决定性作用。在社会主义初级阶段，生产力发展水平较低，决定了在生产关系方面，建立公有制所依据的生产社会化程度还很低。党的十一届三中全会以来的改革，主要是改革生产关系和上层建筑中超越社会主义初级阶段客观实际的那些部分，使之与现阶段生产力发展的要求相适应，从而实现解放生产力、发展生产力的目标。因此，党和国家在坚持公有制为主体的基础上，不断鼓励、引导和支持非公有制经济的发展，使能够提升生产力水平的源泉充分涌现，共同建设社会主义。这就在客观上形成了公有制为主体、多种所有制经济共同发展的基本经济制度。

（三）坚持按劳分配为主体、多种分配方式并存

在社会主义初级阶段，为了与生产力发展水平相吻合，在分配方式上也具有其特殊性。一方面，根据马克思、恩格斯的观点，社会主义分配方式是按劳分配，但为了能够充分激发劳动积极性，充分提升生产力水平，在坚持效率优先、兼顾公平的原则下，把按劳分配和按生产要素分配结合起来。这样做有利于优化资源配置，促进经济发展，保持社会稳定。另一方面，经济成分的多样性，决定了分配方式的多样性。按劳分配是主体，其他分配方式是补充。坚持鼓励一部分地区、一部分人通过诚实劳动和合法经营先富起来，先富帮助和带动后富，逐步实现共同富裕的政策。这在客观上形成了坚持以按劳分配为主体、多种分配方式并存的分配制度。

（四）坚持发展社会主义市场经济

党和国家立足于中国国情和发展阶段，创造性地提出在社会主义条件下发展市场经济，创造性地建立起富有活力的社会主义市场经济体制。建立社会主义市场经济体制，就是要使市场在国家宏观调控下对资源配置起基础性作用。市场经济的充分发展，是社会经济发展不可逾越的阶段。通过发展和完善市场经济体制，实现生产的商品化，是实现生产

---

① 中共中央文献研究室主编：《十三大以来重要文献选编》（上），人民出版社1991年版，第11、12页。

的社会化和现代化不可缺少的条件。企图超越市场经济充分发展的阶段，由商品经济不发达、自然经济占主导地位的经济形式，直接过渡到产品经济，是不切实际的幻想。因此，在社会主义条件下搞市场经济，符合中国国情，更有利于资源的合理配置、更有利于解放和发展生产力、更有利于人民生活水平的提高，极大地推进了中国的社会主义现代化建设。社会主义市场经济体制把社会主义制度和市场经济有机结合起来，在改革开放实践中彰显巨大优势。

针对社会主义初级阶段的这些特征，2019年10月召开的党的十九届四中全会提出，"公有制为主体、多种所有制经济共同发展，按劳分配为主体、多种分配方式并存，社会主义市场经济体制等社会主义基本经济制度，既体现了社会主义制度优越性，又同中国社会主义初级阶段社会生产力发展水平相适应，是党和人民的伟大创造。必须坚持社会主义基本经济制度，充分发挥市场在资源配置中的决定性作用，更好发挥政府作用，全面贯彻新发展理念，坚持以供给侧结构性改革为主线，加快建设现代化经济体系。要毫不动摇巩固和发展公有制经济，毫不动摇鼓励、支持、引导非公有制经济发展，坚持按劳分配为主体、多种分配方式并存，加快完善社会主义市场经济体制，完善科技创新体制机制，建设更高水平开放型经济新体制"①。

五 社会主义初级阶段理论为社会主义经济发展奠定了理论基础

社会主义初级阶段是中国最大的实际、最基本的国情。社会主义初级阶段基本国情是包括邓小平理论、"三个代表"重要思想、科学发展观和习近平新时代中国特色社会主义思想等重大战略思想在内的中国特色社会主义理论体系的历史起点和逻辑起点，是中国特色社会主义理论体系的重要基石。社会主义初级阶段理论是现阶段党和国家制定路线、方针和政策的重要依据，一切从社会主义初级阶段的实际出发，是建设中国特色社会主义全部工作的立足点与出发点，是党对社会主义和中国国情认识的一次重大飞跃。这就要求我们必须把社会主义初级阶段的基本国情作为继续探索中国特色社会主义的认识基础和坚持中国特色社会主义道路的客观基础。

建设中国特色社会主义，必须坚持一切从中国实际出发。一个国家的实际是多方面的，包括社会性质、社会生产力发展水平、经济状况、政治结构、文化传统、发展趋势等方面。但最大的实际则是本国的历史方位，即本国的社会发展阶段。正确认识中国社会现在所处的历史阶段，是建设中国特色社会主义的首要问题，是我们制定和执行正确路线和政策的根本依据。社会主义初级阶段论断，有助于我们从根本上消除急于向共产主义过渡的思想。处于社会主义初级阶段的中国，要想在短时期内消除与发达资本主义国家的差距，显然是不现实的。这与人们希望早日进入共产主义的强烈愿望存在着矛盾。过去，我

---

① 《中共中央关于坚持和完善中国特色社会主义制度 推进国家治理体系和治理能力现代化若干重大问题的决定》，人民出版社2019年版，第18—21页。

们没有认识到中国社会主义初级阶段的性质，对改造经济落后面貌的艰巨性、复杂性和长期性缺乏充分的认识，提出了过高的超过发展阶段而无法实现的任务，为之付出了巨大代价。只有从中国社会主义初级阶段的实际出发，考虑实际可能性，制定切实可行的奋斗目标，我们才能不断前进。

社会主义初级阶段理论的提出，确定了中国社会主义发展的历史坐标，是构筑中国特色社会主义理论大厦的坚实基石。这是因为：一是它开辟了创新的中国马克思主义理论，即对于在中国这样一个落后的东方大国如何建设社会主义这一问题给出了创造性的解答；二是它奠定了原创性的社会主义市场经济体制，即实现了社会主义与市场经济体制的创造性结合，从而掀开了科学社会主义实践的崭新一页；三是它走出了一条原创性的社会主义现代化道路，破解了中国转型的百年难题并开创了中国发展的百年机遇。因此，在这一过程中，中国向世界呈现出一种不同于西方发达国家的发展道路、理论体系和社会制度。党的十九大报告强调，"我国仍处于并将长期处于社会主义初级阶段的基本国情没有变"[①]。社会主义初级阶段作为建设中国特色社会主义的总依据，是对中国现阶段基本国情和社会性质的科学论断。我们不论是认识社会主义还是建设社会主义，都离不开社会主义初级阶段这个客观现实。中国特色社会主义的根本宗旨是坚持科学社会主义原则与赋予其鲜明中国特色这二者的统一，而这种统一的根本依据就是社会主义初级阶段理论。社会主义初级阶段理论论证了中国进入社会主义的历史前提，决定了中国必须经历一个不可逾越的初级阶段，去实现其他国家在资本主义条件下实现的工业化、社会化和现代化的历史任务。社会主义初级阶段理论是党在这一阶段制定路线纲领和方针政策的理论依据，党在社会主义初级阶段的基本路线、基本纲领和基本政策是社会主义初级阶段这一基本国情在党的政治实践层面的基本表现。社会主义初级阶段理论的提出和初步形成，标志着党领导社会主义事业在理论上开始走向成熟。

第二节　进入新时代：社会主义初级阶段主要矛盾的转化

世界是普遍联系的，事物之间及事物各要素之间相互影响、相互制约，整个世界是相互联系的整体，也是相互作用的系统。事物是不断运动、变化和发展的，矛盾也是不断转化的。矛盾各方面的相互依赖和相互斗争，推动了事物的运动、变化和发展。党和国家高度重视运用矛盾分析法，准确把握中国社会的主要矛盾及其发展变化，科学确定了中国特色社会主义的根本任务、中心工作和发展战略。生产力和生产关系、经济基础和上层建筑之间的矛盾运动，构成了社会基本矛盾。社会基本矛盾是"运动的"，但其内核并没有发生变化，它的运动和变化，只是它的表现形式。而社会主要矛盾的转化是由社会基本矛盾

[①] 习近平：《决胜全面建成小康社会　夺取新时代中国特色社会主义伟大胜利——在中国共产党第十九次全国代表大会上的报告》，人民出版社2017年版，第12页。

运动演变而来的，是社会基本矛盾在特定历史阶段的表现形式。时代反映的是某个时期内社会发展的总趋势，是社会主要矛盾变化的最基本标志。时代是思想之母，实践是理论之源。中国特色社会主义进入了新时代，这是中国发展新的历史方位。

一　中国特色社会主义的矛盾转化

社会主义初级阶段有很长的时间跨度，在不同发展阶段上的矛盾有其特殊性，形成了不同发展阶段的社会主要矛盾。中华人民共和国成立七十多年，社会的主要矛盾已经由"人民日益增长的物质文化需要同落后的社会生产之间的矛盾"转化为"人民日益增长的美好生活需要和不平衡不充分的发展之间的矛盾"。这一新的重大判断和历史性论断，既是坚持运用矛盾分析法看待社会发展的马克思主义理论精髓，又是制定新时代中国特色社会主义改革发展新方略的基本依据。主要矛盾的转化，标志着生产力取得了巨大进步，这又作用于生产关系，促使其进一步调整，以适应生产力的新发展、新变化、新要求。

（一）基本矛盾和主要矛盾

社会基本矛盾规定着社会主要矛盾，主要矛盾和矛盾的主要方面决定着事物的发展方向和性质。社会主要矛盾是指，就整个社会而言，在一定发展阶段上居于支配地位、决定该阶段社会性质并统领、影响其他矛盾存在和发展的那一种矛盾。因此，中国在现阶段的社会主要矛盾，就是指在社会主义初级阶段，处于支配地位的，直接影响和决定国家工作重心和规定其他矛盾地位的那个矛盾。它既是阶段性的历史概念，也是对中国社会基本面的整体概括，直接决定着国家在特定时间和空间的路线选择、方针制定和政策走向。因而，准确把握一个时代的社会主要矛盾，是关乎全局、关乎国运的重大命题。

社会基本矛盾是推动社会发展的基本动力，深刻认识生产力和生产关系、经济基础和上层建筑之间的矛盾关系，对于推动社会主义制度的自我完善和发展具有重要意义。习近平总书记要求"学习和掌握社会基本矛盾分析法，深入理解全面深化改革的重要性和紧迫性。把生产力和生产关系的矛盾运动同经济基础和上层建筑的矛盾运动结合起来观察，把社会基本矛盾作为一个整体来观察，全面把握整个社会的基本面貌和发展方向"[1]。"把握住我国现阶段社会基本矛盾的主要方面，重点是发展。只有紧紧围绕发展这个第一要务来部署各方面改革，以解放和发展社会生产力为改革提供强大牵引，才能更好推动生产关系与生产力、上层建筑与经济基础相适应。"[2]并且，习近平总书记强调："坚持和发展中国特色社会主义，必须不断适应社会生产力发展调整生产关系，不断适应经济基础发展完善上层建筑。全面深化改革，就是要适应我国社会基本矛盾运动的变化来推进社会发展。社会基本矛盾总是不断发展的，所以调整生产关系、完善上层建筑需要相应地不断进

---

[1] 中共中央宣传部：《习近平总书记系列重要讲话读本》，学习出版社、人民出版社2014年版，第175页。
[2] 习近平：《坚持历史唯物主义不断开辟当代中国马克思主义发展新境界》，《求是》2020年第2期。

行下去。改革开放只有进行时、没有完成时。"①

社会主要矛盾在某个时期内是稳定的,但并不是固定不变的,会随着时代发展而不断与时俱进。在每个历史阶段,党和国家对社会主要矛盾的判断都是以当时的社会存在为基础的,都是把生产力和生产关系的矛盾运动同经济基础和上层建筑的矛盾运动结合起来观察的。毛泽东强调,"在复杂的事物的发展过程中,有许多的矛盾存在,其中必有一种是主要的矛盾,由于它的存在和发展,规定或影响着其他矛盾的存在和发展"②。在研究和解决问题时,"要用全力找出它的主要矛盾",因为,"捉住了这个主要矛盾,一切问题就迎刃而解了"③。党对中国社会主要矛盾的认识不断深化,推动着党对人类社会发展规律、对社会主义建设规律的认识不断迈上新境界。准确把握现阶段社会主要矛盾,为正确制定路线、方针和政策提供了重要依据。

历史和实践证明,对中国社会主要矛盾的把握,对所处历史方位的认识,是事关中国特色社会主义发展的重大问题。早在1956年,党的八大正式提出,我国社会的主要矛盾"已经是人民对于建立先进的工业国的要求同落后的农业国的现实之间的矛盾,已经是人民对于经济文化迅速发展的需要同当前经济文化不能满足人民需要的状况之间的矛盾"。党的八大关于社会主要矛盾的表述,历史证明是非常正确的。但遗憾的是,之后党的八届三中全会改变了党的八大关于我国主要矛盾的判断,这严重干扰了其后的生产力发展。1981年,党的十一届六中全会又重新明确了我国社会主要矛盾,指出"在社会主义改造基本完成以后,我国所要解决的主要矛盾,是人民日益增长的物质文化需要同落后的社会生产之间的矛盾"。在此之后,党的十二大到党的十八大一直沿用了这个论断。从党的八大到党的十九大,我国社会发生了深刻的变化。之前关于社会主要矛盾的表述已经难以客观反映实际情况,因而有必要根据新发展、新变化、新情况来重新提炼和表述。

在党的十九大报告中,习近平总书记顺应时代发展要求提出,"中国特色社会主义进入新时代,我国社会主要矛盾已经转化为人民日益增长的美好生活需要和不平衡不充分的发展之间的矛盾。我国稳定解决了十几亿人的温饱问题,总体上实现小康,不久将全面建成小康社会,人民美好生活需要日益广泛,不仅对物质文化生活提出了更高要求,而且在民主、法治、公平、正义、安全、环境等方面的要求日益增长。同时,我国社会生产力水平总体上显著提高,社会生产能力在很多方面进入世界前列,更加突出的问题是发展不平衡不充分,这已经成为满足人民日益增长的美好生活需要的主要制约因素"④。社会主义初级阶段的社会主要矛盾的转化问题,是马克思主义政治经济学和中国特色社会主义政治经济学的一个重要理论和实践问题,是社会主义条件下对社会主要矛盾的新的分析和新的认识,也是改革开放以来生产力大幅度提高、人民生活质量和水平显著提升的结果。这既

---

① 习近平:《坚持历史唯物主义不断开辟当代中国马克思主义发展新境界》,《求是》2020年第2期。
② 《毛泽东选集》第1卷,人民出版社1991年版,第320页。
③ 《毛泽东选集》第1卷,人民出版社1991年版,第322页。
④ 习近平:《决胜全面建成小康社会 夺取新时代中国特色社会主义伟大胜利——在中国共产党第十九次全国代表大会上的报告》,人民出版社2017年版,第11页。

指明了新的发展方向，又为政策制定提供了决策依据和理论支撑，也是新时代开启全面建设现代化国家新征程的逻辑起点，还是对中国特色社会主义建设规律认识的新升华。

（二）生产力和生产关系

人类社会的发展历史是诸多因素综合作用的结果，但其根本原因则在于生产力的发展变化。人类社会以物质资料生产方式为存在和发展的基础。生产力作为根本动力，在各个社会形态中都得以充分体现。生产力是推动一切社会发展的最终决定力量，生产力的发展变化是人类社会一切生产方式、交换方式、社会制度、经济形态、生活方式、交往方式、观念形态、上层建筑演化转变的根源。生产力的发展是促进人类社会进步、社会形态更替的第一决定力量，所以发展生产力是第一要务。

实践是检验真理的唯一标准，本身已经内在地蕴含了生产力标准，生产力标准就是实践标准在社会主义建设中的体现，也就是实践标准在社会历史领域中最彻底、最深化的运用和发展。强调以经济建设为中心，建设富强的社会主义现代化国家就是对生产力标准的重构和复归。社会主义的根本任务是解放生产力和发展生产力；社会主义的根本目的就是实现国家富强、人民富裕、民族振兴；中国解决一切问题的关键，共产主义的最终实现，归根到底都必须依靠生产力的高度发展。不仅如此，一定的生产关系和上层建筑只有建立在解放生产力和发展生产力的基础上，才有它存在的合理性和现实性。这充分说明了中国要发展社会主义，走社会主义道路，就必须不断地解放生产力和发展生产力。社会主义的根本任务是解放生产力和发展生产力，这深刻阐述了生产力在实现社会制度变革和社会主义价值目标上的决定性、基础性的地位，使人们对社会主义生产关系的认识达到新的高度。

（三）经济基础和上层建筑

在经济基础和上层建筑的关系中，首先是经济基础决定上层建筑。上层建筑是经济基础的反映，它的产生、发展和变革，都不能从它本身来解释，而只能由它的经济基础来说明。经济基础决定上层建筑的性质和基本内容，决定上层建筑的变化和发展方向。而上层建筑也能够反作用于经济基础，即要么促进适应生产力发展的、新的经济基础的形成、巩固和完善，从而促进生产力的发展；要么维护不适应生产力发展的、落后腐朽的经济基础，从而束缚和阻碍生产力的发展。经济基础和上层建筑的相互作用，构成了这二者的矛盾运动过程。

现阶段中国经济社会发展中要解决两方面的协调：一方面是要推进生产力与生产关系、经济基础与上层建筑相协调，解决生产力发展不充分问题；另一方面是要推进经济、政治、文化、生态、社会建设的各个环节、各个方面相协调，以促进平衡。中国特色社会主义建设和改革之路，正是运用马克思主义基本理论和方法，结合中国实际逐步弄清社会主义初级阶段生产力与生产关系、经济基础与上层建筑的关系。实践证明，生产力与生产关系、经济基础与上层建筑的关系互促发展时，生产力就发展，社会就进步；发生矛盾时，社会发展就将停滞。从经济基础与上层建筑的相互作用来看，正是中国在经济制度、政治制度、文化制度等领域的持续改革促进了经济的快速发展，进而推动了消费需求的升级。通过各项体制改革，剔除不适合生产力发展需要的生产关系和上层建筑的成分，优化能够促进生产力发展的生产关系和上层建筑的成分，这又推动了社会主要矛盾的转化。

改革开放以来，随着对商品经济、计划和市场手段认识的不断深化，党和政府已经能更好地调整所有制结构和生产力的关系，并强调要"毫不动摇巩固和发展公有制经济，毫不动摇鼓励、支持、引导非公有制经济发展，使市场在资源配置中起决定性作用"。在充分肯定物质生产是社会历史发展的决定性因素的同时，重视上层建筑对经济基础的反作用。经济体制改革对其他方面改革具有重要影响和传导作用，重大经济体制改革的进度决定着其他方面很多体制改革的进度，具有牵一发而动全身的作用。坚持和发展中国特色社会主义，必须不断适应社会生产力发展调整生产关系，不断适应经济基础发展完善上层建筑。

（四）社会主义初级阶段主要矛盾转化的动力机制

矛盾是推动社会发展的动力，尤其是社会主要矛盾，对社会发展起主导作用。党的十九大报告重新论断了社会主要矛盾，从战略层面重新界定了社会主要矛盾，对党和国家提出了新使命、新目标、新任务。事物的主要矛盾和次要矛盾是相互影响、相互制约的，并在一定条件下可以相互转化。

首先，事物的主要矛盾约束着次要矛盾的存在和发展，对事物发展起主导性作用和决定性作用。如果能够解决好事物的主要矛盾，那么次要矛盾就将迎刃而解。但是，事物的次要矛盾解决与否，又将会反作用于主要矛盾的解决。其次，事物的主要矛盾和次要矛盾的地位并不是固定不变的，在一定条件下，可以相互转化，即主要矛盾可以转化为次要矛盾，次要矛盾可以升级为主要矛盾。而事物的矛盾的主要方面和次要方面也是相互影响、相互制约，并在一定条件下能够相互转化。矛盾的主要方面支配和决定着矛盾的次要方面，事物性质是由处于支配地位的矛盾的主要方面决定的，而矛盾的次要方面也制约和影响着矛盾的主要方面。矛盾的主要方面和次要方面的地位也不是一成不变的，在一定条件下，它们也是能够相互转化的，随着矛盾双方主次地位的转化，事物的性质将发生变化。社会主要矛盾与根本问题、根本任务、工作重点，在逻辑上是关联的。社会主要矛盾是国家治理重大战略的逻辑起点。直面社会主要矛盾，在解决矛盾的过程中推动社会发展。因此，理解当代中国社会主要矛盾的阶段性转化，是理解新时代中国社会生活和社会发展理念的变迁的一把钥匙。主要矛盾的转化主导着社会发展的方向。

社会主要矛盾的阶段性转化是追求新时代美好生活的基本依据，也是新时代美好生活得以不断发展的前提性条件。新时代美好生活是社会主要矛盾演进的产物，深入理解社会主要矛盾转化的内在逻辑，就是深入认识与把握新时代美好生活的内在逻辑。从原则上讲，"人民日益增长的物质文化需要"这个判断依然是正确的。"人民"是需求的主体，新论断的主体也没有变化，以人民为中心没有变。"日益增长"表示趋势，新论断依然保留了这个说法，唯物辩证法认识论没有变。变化的只是将"物质文化需要"改为"美好生活需要"。抽象地说，"物质文化需要"也是开放性的，包含许多内容。但是，"美好生活需要"比"物质文化需要"外延更宽、要求更高、指向更为明确，这是新论断的新颖之处。新时代美好生活植根于中国特色社会主义实践之中，对美好生活的向往吸引着全体人民不懈奋斗。

党的十九大报告指出，"推动新型工业化、信息化、城镇化、农业现代化同步发展"①。但是，在"中国特色社会主义进入了新时代""我国经济已由高速增长阶段转向高质量发展阶段，正处在转变发展方式、优化经济结构、转换增长动力的攻关期"的时代背景下，为推动工业化进一步发展，党的十九大报告提出"加快建设实体经济、科技创新、现代金融、人力资源协同发展的产业体系"②的任务。建设协同发展的产业体系是建设现代化经济体系的核心内容之一，将有力推动中国工业化进程。新时代的新型工业化是着力振兴实体经济的工业化。全球新一轮科技革命和产业变革又给人类生产和生活带来巨大影响。中国虽然在工业化上取得巨大成就，但目前尚未完成工业化，整体技术创新能力仍不够强，仍需进一步实现产业价值链升级和竞争力提升。社会主要矛盾的转化必然要求着力振兴实体经济，推进新型工业化。为了顺应社会主要矛盾的新变化、新要求，这必然要求中国深化供给侧结构性改革，提高供给体系的质量，提升工业的技术、标准、质量、效率、效益和竞争力，显著增强中国经济质量优势。

二 社会主义初级阶段主要矛盾转化的历史方位：进入新时代

党的十九大报告正式提出，"中国特色社会主义进入新时代"③。这是党和国家认识国情的基本依据，是中国发展新的历史方位。党的二十大报告强调，"我国是一个发展中大国，仍处于社会主义初级阶段，正在经历广泛而深刻的社会变革，推进改革发展、调整利益关系往往牵一发而动全身"④。

（一）中国特色社会主义建设取得了历史性成就和历史性变革

社会是由物质条件所决定的而不是观念所决定的活的机体。党的十九大报告深刻阐述了新时代中国特色社会主义。中国特色社会主义是改革开放以来党的全部理论和实践的主题，这是把握当代中国社会发展变迁的一条主线，也是社会主要矛盾不断演进的一条主线。中国特色社会主义的发展机制潜藏在经济基础与上层建筑的互动关系中。因而，中国特色社会主义的实践结果就需要从经济基础与上层建筑的互动关系中予以解释。在党的十九大报告中，"历史性成就"和"历史性变革"就是对经济基础与上层建筑深刻互动的归

---

① 习近平：《决胜全面建成小康社会 夺取新时代中国特色社会主义伟大胜利——在中国共产党第十九次全国代表大会上的报告》，人民出版社2017年版，第21、22页。
② 习近平：《决胜全面建成小康社会 夺取新时代中国特色社会主义伟大胜利——在中国共产党第十九次全国代表大会上的报告》，人民出版社2017年版，第30页。
③ 习近平：《决胜全面建成小康社会 夺取新时代中国特色社会主义伟大胜利——在中国共产党第十九次全国代表大会上的报告》，人民出版社2017年版，第10页。
④ 习近平：《高举中国特色社会主义伟大旗帜 为全面建设社会主义现代化国家而团结奋斗——在中国共产党第二十次全国代表大会上的报告》，人民出版社2022年版，第20、21页。

纳性总结。党的二十大报告指出，"党和国家事业取得历史性成就、发生历史性变革"①。"历史性成就"侧重于中国特色社会主义发展的内容，"历史性变革"侧重于中国特色社会主义发展的影响，二者共同构成了新时代中国特色社会主义的立论依据。党的二十大报告指出，"十九大、十九届六中全会提出的'十个明确'、'十四个坚持'、'十三个方面成就'概括了这一思想的主要内容，必须长期坚持并不断丰富发展"②。

"历史性成就"主要是指党的十八大以来，以习近平同志为核心的党中央治国理政的重大成就。党的十九大报告用"极不平凡的五年"来概括，并且从经济建设、全面深化改革、民主法治建设、思想文化建设、人民生活水平、生态文明建设、军队和国防事业、港澳台工作、外交工作、党的建设十个层面来展开。这十个方面不仅包括经济基础的发展，还包括上层建筑的发展。经济基础与上层建筑的有效互动有力推动了中国特色社会主义的发展，是当代中国社会发展进步的内生性力量。党的十九大报告用"解决了许多长期想解决而没有解决的难题，办成了许多过去想办而没有办成的大事"来概括"历史性变革"。党的十九大报告是从实践维度而不是观念维度来阐述"历史性变革"的依据。党的十九大报告还强调："五年来的成就是全方位的、开创性的，五年来的变革是深层次的、根本性的。"③ 因此，"历史性成就"主要侧重于发展的范围、成效维度，"历史性变革"主要侧重于发展的深度、层次性维度。这两个重要论据在历史观念上相一致、相统一，在论证逻辑上相补充、相支持，使得新时代中国特色社会主义的唯物史观内涵更加丰富。正是在"历史性成就""历史性变革"所概括的社会存在的基础上，党的十九大报告得出重要结论："经过长期努力，中国特色社会主义进入了新时代，这是我国发展新的历史方位。"④ 而"新时代十年的伟大变革，在党史、新中国史、改革开放史、社会主义发展史、中华民族发展史上具有里程碑意义"⑤。

（二）治国理政新理念、新战略、新思想

2015年10月，党的十八届五中全会通过了《中共中央关于制定国民经济和社会发展第十三个五年规划的建议》，提出"坚持创新发展、协调发展、绿色发展、开放发展、共享发展，是关系我国发展全局的一场深刻革命。全党同志要充分认识这场变革的重大现实意义和深远历史意义"⑥。党首次提出了五大发展理念，这既是对以前的发展理念的进一

---

① 习近平：《高举中国特色社会主义伟大旗帜　为全面建设社会主义现代化国家而团结奋斗——在中国共产党第二十次全国代表大会上的报告》，人民出版社2022年版，第6页。
② 习近平：《高举中国特色社会主义伟大旗帜　为全面建设社会主义现代化国家而团结奋斗——在中国共产党第二十次全国代表大会上的报告》，人民出版社2022年版，第17页。
③ 习近平：《决胜全面建成小康社会　夺取新时代中国特色社会主义伟大胜利——在中国共产党第十九次全国代表大会上的报告》，人民出版社2017年版，第8页。
④ 习近平：《决胜全面建成小康社会　夺取新时代中国特色社会主义伟大胜利——在中国共产党第十九次全国代表大会上的报告》，人民出版社2017年版，第10页。
⑤ 习近平：《高举中国特色社会主义伟大旗帜　为全面建设社会主义现代化国家而团结奋斗——在中国共产党第二十次全国代表大会上的报告》，人民出版社2022年版，第15页。
⑥ 《中共中央关于制定国民经济和社会发展第十三个五年规划的建议》，人民出版社2015年版，第9页。

步发展和完善，又是一种全新的发展理念，还清楚地指明了其在中国发展中的重要地位。此后，中央文件在论及中国经济改革和发展重大问题时，都首先强调"坚持新发展理念"。由此可见，新发展理念具有统领性的重要地位。五大发展理念是我们在深刻总结国内外发展经验教训的基础上形成的，也是在深刻分析国内外发展形势的基础上形成的，集中反映了中国共产党对经济社会发展规律认识的深化，也是针对中国发展中的突出矛盾和问题提出来的。新发展理念包括四个方面的含义：一是对国内外发展经验教训的总结；二是对国内外发展形势的分析；三是对发展规律认识的深化；四是解决中国发展中的突出矛盾和困难的客观需要。只有从这四个方面的有机结合和统一出发，我们才能深刻理解新发展理念形成的客观依据。

科学认识当前形势，准确研判未来走势，历史地、辩证地认识中国经济发展的阶段性特征，准确把握经济发展新常态。以习近平同志为核心的党中央对国际经济形势和中国新阶段的经济发展特点、优势和短板、目标与重点等重大问题进行了准确的理论判断。在此基础上，首先提出了中国经济发展新常态的重大理论判断，并不断进行理论创新，提出了一系列新概念、新理念、新战略，包括供给侧结构性改革、新发展理念、"一带一路"倡议、人类命运共同体、区域发展总战略、乡村振兴战略、社会主要矛盾的变化、高质量发展、建设现代化经济体系、世界迎来百年未有之大变局、加快经济体制改革、促进形成国内强大市场、国内国际双循环等。

"新发展理念"是制定一系列经济改革政策和发展战略的总的指导思想。"贯彻新发展理念是新时代我国发展壮大的必由之路。"[①] 创新是引领发展的第一动力。协调是持续健康发展的内在要求。绿色是永续发展的必要条件和人民对美好生活追求的重要体现。开放是国家繁荣发展的必由之路。共享是中国特色社会主义的本质要求。五大发展理念之间绝不是互相分割的、简单并列的关系，而是一个相互联系、相互影响、相互作用的有机体系。我们要深入研究创新、协调、绿色、开放、共享之间的复杂关系，努力从理论上全面科学地讲清楚它们之间的关系，为新时代中国经济发展提供科学的理论指导。从人类经济发展史和整个世界的角度来说，作为一个统一体的新发展理念，的确是人类历史上和世界范围内最先进的发展理念。新发展理念的提出，是发展理念上的一场革命，是发展理论的重大创新。新发展理念为中国特色社会主义进入新时代提供了战略性、纲领性、引领性的理论依据。

第三节　新时代社会主义经济发展

中国仍处于并将长期处于社会主义初级阶段的基本国情没有变，中国是世界最大发展

[①] 习近平：《高举中国特色社会主义伟大旗帜　为全面建设社会主义现代化国家而团结奋斗——在中国共产党第二十次全国代表大会上的报告》，人民出版社2022年版，第70页。

第一章 社会主义初级阶段与新时代

中国家的国际地位没有变。中国社会主义所处的历史方位，是坚持和发展习近平新时代中国特色社会主义思想的根本依据，是开启新时代必须遵循的逻辑起点。中国社会主要矛盾的转化是基于对经济发展规律性的把握，"变"与"不变"的论断高度符合当今中国的现实情况。党和国家在深入研究和把握主要矛盾转化的同时，既深入研究和化解具体矛盾，又深入研究新时代中国所面临的重大发展问题，确保完成新时代的历史使命。

一 新时代中国经济社会发展中的具体矛盾

中国社会主义主要矛盾的转化意味着矛盾的主要方面发生了变化，这必然会在客观上表现出不同的具体矛盾。在深入研究和把握主要矛盾转化的同时，必然会致力于研究和化解具体矛盾。

（一）逆全球化与中国产业转型升级

当前，全球范围内正在兴起一股逆全球化思潮，贸易保护主义有所抬头。这股思潮将深刻影响全球经济格局，对中国的实体经济转型升级造成重大影响。作为经济全球化进程的对立面，逆全球化特指在经济全球化进展到一定阶段后所出现的不同程度和不同形式的市场再分割现象。2008年国际金融危机是新一轮逆全球化思潮的导火索。2017年3月，李克强在《政府工作报告》特别强调，"当前世界经济低迷，逆全球化思潮抬头"。2020年新冠疫情的冲击，逆全球化又加剧了政策不确定性，这让世界各国对逆全球化思潮更加焦虑，由美国单方面挑起的贸易摩擦又助推了这种焦虑。虽然贸易保护主义和逆全球化与自由贸易和全球化常常相伴而生，但全球化的大方向和主旋律将不会改变。原因在于，全球化便于国际先进科技的交流，能够加速科技发展，而科技又是第一生产力，科技创新能力是国家间竞争的最核心力量。

"一带一路"倡议正是使全球化得以可持续发展的重大决策。在此框架下，形成产业发展的互联互通、互利互惠、共建共享，从平台建设、开放发展、超前转型三个方面来克服逆全球化思潮所带来的困难。当然，逆全球化思潮也提醒我们理性、谨慎地融入全球化分工体系，重视国内需求与本地市场的作用，加强对经济政策不确定性的研究。全球化是不可抗拒的世界大趋势，尽管会遇到困难、曲折和阻力，但世界主要国家间并不会形成全球化与逆全球化的严重对峙局面。世界产业竞争格局所决定的各国产业转型升级，只有在全球化大势中才能推进。2019年3月，习近平主席在巴黎出席中法全球治理论坛闭幕式时强调，"经济全球化是推动世界经济增长的引擎"[1]。在新时代，中国经济发展处于转型升级的关键时期，需要有新理念、新思维、新战略，通过转型升级提升产业竞争力。技术创新能够推进产业转型升级，拓展进一步工业化的空间。在大力发展高新技术产业，用新产业替代传统产业的同时，实现传统产业的技术升级，用高新技术支撑和改进传统产业。

---

[1] 习近平：《习近平谈治国理政》第3卷，外文出版社2020年版，第461页。

（二）经济增长与收入分配

促进经济增长和合理收入分配是人类经济活动的两大基本目标。经济增长满足了人民日益增长的多样化消费需求，其是一个周而复始、不断扩大规模的再生产过程，而收入分配也是一个循序渐进、累进叠加的动态过程。社会主义初级阶段主要矛盾的转化在客观上必然要求经济持续增长，没有经济的持续增长，人民增收将难以实现，人民对美好生活的期望将成为无源之水、无本之木。不同阶段、不同形式的经济增长会影响到收入分配格局，而收入分配格局又是决定未来经济增长的重要因素。经济增长并不意味着就能解决一切社会问题，只有兼顾公平的经济增长才是可持续的，反之亦然；收入分配非常平均并不意味着就无忧无虑，只有兼顾增长的公平分配才是有效率的。对经济增长的过程和收入分配的格局进行调整，使经济持续快速稳定增长，同时使社会的每个成员都能分享到经济增长的收益，实现效率与平等、增长与分配的有机统一。科学认识收入分配和经济增长及其相互关系，有利于更好地实现既促进经济增长，又收入分配合理的目标。

毋庸讳言，中国还存在收入差距过大的事实，存在贫富分化。这是引起社会诸多矛盾的一个不容忽视的因素，是消除两极分化、最终达到全民共同富裕的一个绕不开的难点。新时代，习近平总书记关于共同富裕的重要论述蕴含着深刻的人民性，只有发展为了人民、发展依靠人民，才能解决发展的目的和动力问题，才能在实现共同富裕的道路上坚持社会主义基本方向。新时代，经济发展的根本目的就是实现共同富裕。习近平总书记指出："要坚持把增进人民福祉、促进人的全面发展、朝着共同富裕方向稳步前进作为经济发展的出发点和落脚点。"[①] 新时代的共同富裕一定是全体人民的共同富裕。党的十九大报告指出："必须坚持以人民为中心的发展思想，不断促进人的全面发展、全体人民共同富裕。"[②] 2021年8月17日，习近平总书记主持召开中央财经委员会第十次会议时深刻透彻地阐释了促进共同富裕的一系列根本性和方向性问题，是新发展阶段扎实推动共同富裕的科学指引[③]。新发展阶段扎实推动共同富裕需要朝着经济高质量发展、收入分配制度改革和还权赋能三大方向发力，即通过立足新发展阶级、贯彻新发展理念、构建新发展格局，大力发展数字经济，以高质量发展"做大蛋糕"；通过基本经济制度的保障作用"分好蛋糕"；通过权利路径发挥好其推动共同富裕的补充作用。

（三）供给侧与需求侧不平衡

社会主义初级阶段社会主要矛盾的转化清楚地表明，供给侧与需求侧存在着不平衡。"发展不平衡不充分"指的是，相较于美好生活需要而言供给还不充分。一方面，从人民日益增长的美好生活需要来看，人民需要质量和科技含量更高的消费品，需要更加美好的生态环境等。另一方面，目前的生产与供给不充分，主要原因在于发展质量和效益不高，

[①] 习近平：《在主持中共中央政治局第二十八次集体学习时的讲话》，《人民日报》2015年11月23日。
[②] 习近平：《决胜全面建成小康社会 夺取新时代中国特色社会主义伟大胜利——在中国共产党第十九次全国代表大会上的报告》，人民出版社2017年版，第19页。
[③] 习近平：《扎实推动共同富裕》，《求是》2021年第20期。

科技创新和创新驱动发展得不够充分，生态环境质量不高等，这就形成供给侧与需求侧的不平衡。社会主义初级阶段社会主要矛盾在转化前后，针对的都是需求侧和供给侧两个方面的关系和矛盾，而供给侧和需求侧的内涵都发生了质的提升。原因在于，改革开放以来，生产力飞速发展，已经很好地解决了温饱问题，低端消费品市场早已经供过于求。随着人民生活水平的不断改善，消费需求的档次越来越高，现阶段的供给不足指的是，对高档次消费的供给不足，而需求不足则是指，对低端消费品的需求不足。主要矛盾的供给方面已经由过去追求供给数量的增加，升华为追求供给质量的改进，需求方面已经由过去对低端消费品的供不应求，转化为对低端消费品的供过于求。显然，供需双方的内涵都发生了转化。这种转化，是生产力快速发展的结果，是生产和供给总水平提高的结果，是中国进入世界中高收入阶段的结果。

供给不足与需求不足内含于生产供给与美好生活需要的不平衡。社会主要矛盾的转化，是以"我国社会生产力水平总体上显著提高，社会生产能力在很多方面进入世界前列"为前提的。为了解决新时代社会主要矛盾，党的十九大报告强调："必须认识到，我国社会主要矛盾的变化是关系全局的历史性变化，对党和国家工作提出了许多新要求。我们要在继续推动发展的基础上，着力解决好发展不平衡不充分问题，大力提升发展质量和效益，更好满足人民在经济、政治、文化、社会、生态等方面日益增长的需要。"[①] 在充分解放生产力、发展生产力的目标指引下，通过供给侧结构性改革，提升供给侧的质量水平，促进社会主义社会实现又好又快的发展，最终推动社会主要矛盾在一个新的、更高的层次上进一步转化。

（四）实体经济与虚拟经济

一般而言，实体经济与虚拟经济的关系表现在两个方面。一方面，实体经济是虚拟经济的基础。虚拟经济是实体经济的派生产物。虚拟经济的产生以货币和信用的发展为前提，货币和信用则源自商品生产和交换，实体经济为虚拟经济发展提供了物质基础。另一方面，虚拟经济对实体经济发展具有促进作用。虚拟经济能够提高社会资本配置效率，引导资金流向并调整产业结构。虚拟经济与实体经济二者之间是相辅相成、相互依存的关系。但虚拟经济的特征，如虚拟性、投机性、复杂性，使得虚拟经济存在脱离实体经济而独立运行的趋势，并对实体经济产生"挤出效应"，抑制实体经济发展，这就形成了虚拟经济与实体经济的背离。虚拟经济与实体经济的背离已成为全球性特征之一，中国经济同样面临"脱实向虚"的难题，这也是社会具体矛盾的表现之一。

在经济增速换挡、动能转换、结构优化的过程中，实体经济下行压力严峻，融资成本居高不下、产能库存严重过剩、供求关系错配、信贷资源配置低效，大量资金涌入资本市场导致资产价格波动，加剧了系统性风险，压缩了货币政策空间，阻碍了经济转型升级。由于缺乏投资机会，加上土地、财税、金融政策不配套，城镇化有关政策和规划不到位，

[①] 习近平：《决胜全面建成小康社会　夺取新时代中国特色社会主义伟大胜利——在中国共产党第十九次全国代表大会上的报告》，人民出版社2017年版，第11、12页。

致使大量资金涌入房地产市场，投机需求旺盛，带动热点城市房地产价格大幅上涨。房地产高收益进一步诱使资金"脱实向虚"，导致经济增长、财政收入、银行利润越来越依赖于"房地产繁荣"，并推高实体经济成本，使回报率不高的实体经济雪上加霜。虚拟经济日益成为一个自我循环、自我膨胀的体系，虚拟资本积累速度远远超过国内生产总值的增速。虚拟经济过度膨胀对资源配置产生误导，加剧了虚拟经济与实体经济部门的失衡。虚拟经济与实体经济协调发展不仅取决于二者的总量关系，也取决于二者的内部结构，尤其与虚拟经济的内部结构密切相关。

（五）有为政府与有效市场

中国特色社会主义市场经济是"有为政府"与"有效市场"相结合的经济。"有为政府"是指，在经济发展过程中政府需要给企业家以必要的激励，更重要的是要完善交通、电力、港口等硬的基础设施和法律、法规等软的制度环境的建设。其标准有三个：尊重市场规律，遵循市场规则；维护经济秩序，稳定经济发展；有效调配资源，参与区域竞争。"有效市场"是指，具备能够很好反映各种要素相对稀缺性的价格体系的充分竞争的市场。其标准也有三个：市场充分竞争；法制监管有序；社会信用健全。从长期的、动态的、发展的视角来看，经济学在研究资源配置问题时，不仅要考虑"资源稀缺"，还要重视"资源生成"的问题，而作为公共品的主要提供者，政府对于"资源生成"具有较强的作用。推动经济发展的技术创新和产业升级不仅需要企业家的个人努力，还需要政府帮助企业家解决其难以解决的外部性问题。例如，作为建设中国特色社会主义先行示范区的深圳，通过"政府推动、企业参与、市场运作"方式，解决了"准经营性资源"的投资载体和资金运营问题，成为"有为政府"与"有效市场"相结合的典范。城市经济的资源配置、区域竞争力和可持续性发展引领中国经济发展进入新时代，将中国特色社会主义市场经济理论提升到新的高度。一个国家的经济发展需要"有效市场"和"有为政府"的共同作用。在经济发展和转型中既发挥"有效市场"的作用，又发挥了"有为政府"的作用，同时用好"看不见的手"和"看得见的手"，形成市场作用和政府作用有机统一、相互补充、相互促进的新格局。

二 新时代中国面临的重大发展问题

党的十九大报告指出："中国特色社会主义进入新时代，意味着近代以来久经磨难的中华民族迎来了从站起来、富起来到强起来的伟大飞跃，迎来了实现中华民族伟大复兴的光明前景。"① 党的二十大报告强调，"中国人民的前进动力更加强大、奋斗精神更加昂扬、必胜信念更加坚定，焕发出更为强烈的历史自觉和主动精神，中国共产党和中国人民

---

① 习近平：《决胜全面建成小康社会 夺取新时代中国特色社会主义伟大胜利——在中国共产党第十九次全国代表大会上的报告》，人民出版社2017年版，第10页。

正信心百倍推进中华民族从站起来、富起来到强起来的伟大飞跃"[①]。然而，中国虽然实现了从站起来、富起来到强起来的伟大飞跃，但是也面临着极其复杂的重大挑战，面临着极为棘手的重大发展问题。2020年新冠疫情的暴发又对尚未走出金融危机泥淖的全球经济造成了剧烈冲击，由美国单方面挑起的贸易摩擦又为本已脆弱的全球经济蒙上了阴影。这倒逼着中国转变经济发展方式，跨越"中等收入陷阱"，最终形成内需外需兼容互补、国内国际双循环新格局，迎击新的挑战。党的初心和使命必然要求我们解决好中国所面临的重大发展问题。

（一）转变经济发展方式，依靠创新驱动发展

中国的工业化是从粗放型增长方式起步的，虽然这在全球范围内是一个共同现象，但资源约束、技术锁喉和日趋严峻的环境承载力约束等现实瓶颈倒逼着中国转变经济发展方式。创新既是避免少数外国企业技术锁喉的根本化解之道，又是推动中国企业转型升级的关键性因素，还是转变发展方式的必由之路。创新能否成为中国经济增长的引擎，是能否实现转变经济发展方式的关键因素。创新是引领发展的第一动力，是建设现代化经济体系的战略支撑，是实现高质量发展的必由之路。经济增长主要依靠科学技术的创新带来的效益来实现集约的增长方式，用技术变革提高生产要素的产出率。创新创业与技术创新、效率变革、产业升级和现代化经济体系建设结合得更为紧密，为促进经济增长、提高劳动生产率和全要素生产率提供了有力支撑。实现创新驱动战略的关键因素在于人才。人才的培养固然重要，但是，一个能够让人才充分发挥其所长的体制、机制和氛围，也同样不可缺少。实现创新驱动战略不仅仅是人才的问题，还在于能够培养出一批卓越的企业家，既能够最大限度地激发创新潜能，又能够最大限度地将科技创新成果与实际应用相结合，从而更好地契合国家发展战略需要，更好地服务于现代社会发展需要。进入新时代，为了完成新任务，实现新目标，中国必然会致力于培育创新驱动机制，转变经济发展方式。

（二）跨越"中等收入陷阱"

中国仍旧是世界上最大的发展中国家，由低收入国家进入中等收入国家的时间仍旧较短。中国会不会遭遇"中等收入陷阱"以及如何跨越"中等收入陷阱"是非常重要的理论问题和现实问题。虽然从短期来看，新冠疫情和逆全球化浪潮会给中国经济造成冲击，但从长期来看，中国经济的挑战在于跨越"中等收入陷阱"。党的十九大报告提出，到2030年我国建成社会主义现代化国家，到2050年建成社会主义现代化强国。因此，跨越"中等收入陷阱"、迈向发达国家将是中国的转型目标，这要求我们通过不断创新保持经济可持续增长，持续推动经济结构优化升级，实现更可持续、更加包容的高质量发展。这也是新时代的主要任务。习近平总书记多次强调跨越"中等收入陷阱"的紧迫性。"十三五"规划明确提出"努力跨越'中等收入陷阱'，不断开拓发展新境界"的目标。

从世界历史来看，成功跨越"中等收入陷阱"的非资源型国家仅有日本、韩国和新加

[①] 习近平：《高举中国特色社会主义伟大旗帜　为全面建设社会主义现代化国家而团结奋斗——在中国共产党第二十次全国代表大会上的报告》，人民出版社2022年版，第15页。

坡等少数几个国家。能否跨越"中等收入陷阱",在根本上取决于后发国家依靠自主研发所获得的技术增长率,是否高于前沿国家的技术增长率。中国国家创新体系的构建和创新驱动发展战略的实施,为跨越"中等收入陷阱"创造了机遇。从长远来看,技术进步才是推动一国经济长期增长的关键力量。产业结构能否优化升级取决于中国的自主研发能力。进入中等收入阶段后,随着国内剩余劳动力的逐渐消化,不但经济增长的动力日益依赖技术进步,而且引进技术的空间越来越小。在高新技术领域,技术垄断性更强,保密措施更加严格,来自发达国家的技术封锁日甚一日。为了避免高新技术产业整体沦陷,中国必须依靠自主研发,积极推动产学研深度发展。自主研发型的技术进步绝非易事,从技术引进向自主研发型技术进步的转变,将是一个极为艰难的过程。在这个过程中,机遇与挑战并存,要抢抓机遇,跨越"中等收入陷阱"。

(三) 加快构建以国内大循环为主体、国内国际双循环相互促进的新发展格局

改革开放以来,中国利用廉价劳动力优势,积极参与国际分工,通过"大进大出,两头在外"的分工模式,逐步形成了国际大循环的发展模式。在这一过程中,中国沿着全球价值链不断攀升,不但在高新技术领域占据一席之地,而且在传统技术领域更是雄踞全球,逐步发展为"世界工厂"。但是,这种模式也逐渐暴露出巨大的弊端。2020年,受新冠疫情影响,全球经济明显下行,中国经济也遇到了前所未有的困难,外贸企业纷纷面临出口难的困境。坚持用全面、辩证、长远的眼光分析当前经济形势,努力在危机中育新机、于变局中开新局。从长远视角来看,中国必须坚定不移地扩大内需,构建以国内大循环为主体、国内国际双循环相互促进的新发展格局。

在外部环境发生深刻复杂变化,世界经济持续低迷、全球市场萎缩、保护主义上升的背景下,中国要加快形成以国内大循环为主体、国内国际双循环相互促进的新发展格局。新发展格局绝不是封闭的国内循环,而是开放的国内国际双循环。以国内大循环为主体,就是要发挥中国超大规模市场的潜力和优势,利用中国具有全球最完整、规模最大的工业体系、强大的生产能力、完善的配套能力,以及回旋空间大的特点,把发展的立足点更多地放到国内,把满足国内需求作为发展的出发点和落脚点,加快构建完整的内需体系,大力推进科技创新及其他各方面创新,加快推进战略性新兴产业,形成更多的新增长点、增长极,培育新形势下中国参与国际合作和竞争的新优势,为中国经济发展增添新动力。这就要求发挥超大规模的市场优势,挖掘国内市场需求潜力,加快构建完整的内需体系;发挥巨量生产要素优势,深化要素市场化配置改革,打通生产、分配、流通、消费各个环节,提高国内大循环效率;发挥海量创新资源优势,深化科技体制改革,加强关键核心技术攻关,提升产业基础能力和产业链现代化水平;发挥对外贸易大国优势,发展高水平开放型经济,促进内外市场和规则对接,形成国内循环与国际循环相互促进。新发展格局有利于中国需求结构升级和供给能力提升,推动供需在更高层次、更高水平上实现动态均衡,增强高质量发展的内生动力。

三 新时代的历史使命：中国式现代化

党和国家领导和团结全国各族人民进行了艰苦卓绝的奋斗，推动了社会主要矛盾的转化。党的十九大报告用"转化"一词，形象地点出了这种状态，即"变"了一部分，以前是"生产力发展落后"，现在是"发展起来"之后的"不平衡不充分"，但本质上依旧是生产力发展不足的问题。这也是党和国家在新时代的历史使命。为了更好地完成这一历史使命，必然要以中国式现代化推进中华民族伟大复兴，而中国式现代化，是中国共产党领导的社会主义现代化，既有各国现代化的共同特征，更有基于自己国情的中国特色。为了更好地深入践行中国式现代化，党和国家必然要实现以"人民为中心"的发展，必然要实现经济高质量发展，必然要实现国家治理体系的现代化，以此来继续推动生产力的发展。

（一）实现以"人民为中心"的发展

中国特色社会主义进入新时代，中国发展阶段、发展条件、发展环境等都发生了重大变化，相应的发展任务、战略安排、具体目标等也发生了重大变化。党的十九大报告强调："不忘初心，方得始终。中国共产党人的初心和使命，就是为中国人民谋幸福，为中华民族谋复兴。这个初心和使命是激励中国共产党人不断前进的根本动力。全党同志一定要永远与人民同呼吸、共命运、心连心，永远把人民对美好生活的向往作为奋斗目标，以永不懈怠的精神状态和一往无前的奋斗姿态，继续朝着实现中华民族伟大复兴的宏伟目标奋勇前进。"[1] 党的二十大报告强调，"维护人民根本利益，增进民生福祉，不断实现发展为了人民、发展依靠人民、发展成果由人民共享，让现代化建设成果更多更公平惠及全体人民"[2]。坚持以人民为中心的发展思想，是坚持马克思主义人民立场的内在要求，是深入践行党的初心和使命的集中体现，是适应新时代新发展的迫切需要，是推进国家治理体系和治理能力现代化的重大任务，是应对风险挑战的必然抉择。

坚持以人民为中心的发展思想，把人民放在心中最高位置谋划发展，站在人民立场深化改革开放，着眼人民美好生活改善民生，突出人民利益导向加强制度创新，牢牢植根人民、夯实执政基础。坚持以人民为中心的发展思想，着力推进发展，不断促进人的全面发展，实现全体人民共同富裕。习近平总书记把党的初心使命上升到根本动力的高度，指出"初心和使命，是激励一代代中国共产党人前赴后继、英勇奋斗的根本动力"[3]。以人民为中心本身就是党的初心和使命的深刻内涵、本质要求，坚守初心使命要求我们始终坚持以人民为中心。中国共产党践行初心使命的奋斗史，本质上就是坚持以人

---

[1] 习近平：《决胜全面建成小康社会 夺取新时代中国特色社会主义伟大胜利——在中国共产党第十九次全国代表大会上的报告》，人民出版社2017年版，第1页。

[2] 习近平：《高举中国特色社会主义伟大旗帜 为全面建设社会主义现代化国家而团结奋斗——在中国共产党第二十次全国代表大会上的报告》，人民出版社2022年版，第27页。

[3] 习近平：《在"不忘初心、牢记使命"主题教育工作会议上的讲话》，人民出版社2019年版，第2页。

民为中心、创造人民幸福生活的奋斗史。坚持用以人民为中心的发展思想破解问题、消除症结,在显著提高生产力、推动高质量发展的基础上,更好满足人民对美好生活的新期待。

(二) 实现经济高质量发展

党的十九大报告规划了到21世纪中叶,全面建成社会主义现代化强国和实现中华民族伟大复兴的远景目标和路线图,并强调了"中国经济由高速增长阶段转向高质量发展阶段"。党的二十大报告强调,"高质量发展是全面建设社会主义现代化国家的首要任务"①。推动高质量发展,既是保持经济持续健康发展的必然要求,也是适应中国社会主要矛盾转化和全面建设社会主义现代化国家的必然要求,又是遵循经济规律发展的必然要求。

中国经济发展进入了新常态。在这一大背景下,我们要立足大局、抓住根本,看清长期趋势、遵循经济规律,主动适应、把握、引领经济发展新常态。坚定不移实施创新驱动发展战略,主动担当、积极作为,推动中国经济在实现高质量发展上不断取得新进展。高质量发展是贯彻新发展理念的根本体现。只有贯彻新发展理念才能增强发展动力,推动高质量发展。高质量发展,就是能够很好地满足人民日益增长的美好生活需要的发展,是体现新发展理念的发展,是创新成为第一动力、协调成为内生特点、绿色成为普遍形态、开放成为必由之路、共享成为根本目的的发展。高质量发展是适应中国社会主要矛盾变化的必然要求。不平衡不充分的发展就是发展质量不高的直接表现。更好满足人民日益增长的美好生活需要,必须推动高质量发展。我们既要重视量的发展,更要重视质的提升,在质的大幅度提升中实现量的有效增长,给人民群众带来更多的获得感、幸福感、安全感。为实现建设现代化经济体系这一战略目标,必须坚持质量第一、效益优先,推动经济发展质量变革、效率变革、动力变革,提高全要素生产率,不断增强中国经济创新能力和竞争能力。归根结底,就是要推动高质量发展。在微观上,高质量发展要建立在生产要素、生产力、全要素效率的提高之上,而非靠要素投入量的扩大;在中观上,要重视国民经济结构包括产业结构、市场结构、区域结构等的升级,把宝贵资源配置到最需要的地方;在宏观上,则要求经济均衡发展。推动高质量发展是当前和今后一个时期确定发展思路、制定经济政策、实施宏观调控的根本要求。遵循这一根本要求,我们必须适应新时代、聚焦新目标、落实新部署,推动经济高质量发展,为全面建成社会主义现代化强国奠定坚实的物质基础。

(三) 实现国家治理体系和治理能力的现代化

中国特色社会主义进入新时代,社会主要矛盾的转化不仅仅是要求继续大力发展生产力,还要求党和国家在治国理政层面实现现代化。党的二十大报告提出,到2035年,基本实现国家治理体系和治理能力现代化的宏伟目标。而在党的十八届三中全会提出的全面

---

① 习近平:《高举中国特色社会主义伟大旗帜 为全面建设社会主义现代化国家而团结奋斗——在中国共产党第二十次全国代表大会上的报告》,人民出版社2022年版,第28页。

深化改革的总目标,就是完善和发展中国特色社会主义制度、推进国家治理体系和治理能力现代化。这既是坚持和发展中国特色社会主义的必然要求,也是实现社会主义现代化的题中应有之义,还是关系党和国家事业兴旺发达、国家长治久安、人民幸福安康的重大问题。一个国家选择什么样的国家制度和国家治理体系,是由这个国家的历史文化、社会性质、经济发展水平决定的。改革开放以来,党和国家开始以全新的角度思考国家治理体系问题,强调这些问题带有根本性、全局性、稳定性和长期性特征。在《中共中央关于党的百年奋斗重大成就和历史经验的决议》中一语中的地概括道,"解放思想、锐意进取,创造了改革开放和社会主义现代化建设的伟大成就"①。当今世界正经历百年未有之大变局,中国正处于实现中华民族伟大复兴关键时期,改革发展稳定任务之重前所未有,风险挑战之多前所未有。为了化解这些风险挑战,既要有高瞻远瞩的战略眼光,深刻认识制度巩固和发展的长期性,又要有强烈的历史担当,在每一具体历史阶段担当起该担当的责任,在国家治理体系和治理能力现代化上形成总体效应、取得总体效果。国家治理体系和治理能力是一个国家的制度和制度执行能力的集中体现,二者相辅相成。"明确坚持和发展中国特色社会主义,总任务是实现社会主义现代化和中华民族伟大复兴,在全面建成小康社会的基础上,分两步走在本世纪中叶建成富强民主文明和谐美丽的社会主义现代化强国,以中国式现代化推进中华民族伟大复兴。"② 在复杂多变的国际格局中保持战略定力,努力形成一整套更完备、更稳定、更管用的制度体系,不断战胜前进道路上的各种风险挑战,全面提升中国物质文明、政治文明、精神文明、社会文明、生态文明,赢得优势、赢得主动、赢得未来,为党和国家事业发展、人民幸福安康、社会和谐稳定、国家长治久安提供坚强保障。

党的十九届五中全会在展望2035年发展目标时提出,"我国经济实力、科技实力、综合国力将大幅跃升,经济总量和城乡居民人均收入将再迈上新的大台阶,关键核心技术实现重大突破,进入创新型国家前列"③。中国共产党第二十届中央委员会第二次全体会议公报指出,党的十八大以来,不断"深化党和国家机构改革,党和国家机构职能实现系统性、整体性重构,为党和国家事业取得历史性成就、发生历史性变革提供了有力保障,也为继续深化党和国家机构改革积累了宝贵经验"④。科学运用辩证思维,把坚定制度自信和不断改革创新统一起来,把立足当前和着眼长远统一起来,确保如期实现国家治理体系和治理能力现代化。推进国家治理体系和治理能力现代化,把坚定制度自信和不断改革创新统一起来,坚决破除一切妨碍科学发展的思想观念和体制机制弊端,以坚持和完善中国特色社会主义制度、推进国家治理体系和治理能力现代化为主轴,深刻把握中国发展要求和时代潮流,把制度建设和治理能力建设摆到更加突出的位置,不断深化各领域各方面体

---

① 《中共中央关于党的百年奋斗重大成就和历史经验的决议》,人民出版社2021年版,第2页。
② 《中共中央关于党的百年奋斗重大成就和历史经验的决议》,人民出版社2021年版,第24页。
③ 《中共中央关于制定国民经济和社会发展第十四个五年规划和二〇三五年远景目标的建议》,人民出版社2020年版,第4—5页。
④ 《中共中央 国务院印发〈党和国家机构改革方案〉》,人民出版社2023年版,第1、2页。

制机制改革。注重各项改革协调推进、相互配合，推动中国特色社会主义制度不断自我完善和发展、永葆生机活力。正如中国共产党第十九届中央委员会第六次全体会议公报指出的："我们坚信，在过去一百年赢得了伟大胜利和荣光的中国共产党和中国人民，必将在新时代新征程上赢得更加伟大的胜利和荣光！"[①]

[①] 《中国共产党第十九届中央委员会第六次全体会议公报》，人民出版社 2021 年版，第 26 页。

第二章　中国特色社会主义基本经济制度

基本经济制度是中国特色社会主义政治经济学重要的基础性范畴。本章以马克思主义政治经济学为学理依循，着眼于经济制度与基本经济制度的科学内涵及其理论逻辑，刻画了社会基本经济制度范畴内部分层的三个维度，即决定性经济制度、同一性经济制度和实现性经济制度及其关系。基于此，检视改革开放前后中国特色社会主义基本经济制度的历史变迁，分析中国特色社会主义基本经济制度扎根中国大地的历史内生性、承续性、超越性，揭示符合科学社会主义基本原理与社会主义初级阶段基本国情相结合的中国特色社会主义基本经济制度"形成—重构—定型"的历史特征和独特规律，进一步客观、理性地理解中国特色社会主义基本经济制度的变迁路径、特征、绩效，以及其重大的理论与实践创新意义。

第一节　经济制度与社会基本经济制度：内部分层及其关系

一　经济制度与社会基本经济制度的含义及其内部分层

根据马克思主义的基本观点，经济制度是一定社会现实生产关系的总和或经济关系的制度化。进一步看，经济制度，准确地说社会经济制度，可以分为社会根本经济制度和社会基本经济制度两个层面（见图2—1）。

（一）社会经济制度：社会根本经济制度和社会基本经济制度

社会经济制度，是一定社会生产关系的本质规定和制度化，其核心内容是生产资料所有制性质以及由此决定的生产、分配、流通、消费性质及其相互关系，反映着特定的社会经济条件下相关经济活动者之间的利益关系及其格局。马克思在《资本论》和《〈政治经济学批判〉导言》等多部著作中阐发了这一基本原理。他指出："任何时候，我们总是要在生产条件的所有者同直接生产者的直接关系——这种关系的任何当时的形式必然总是同劳动方式和劳动社会生产力的一定的发展阶段相适应——当中，为整个社会结构，从而也为主权关系和依附关系的政治形式，总之，为任何当时的独特的国家形式，发现最隐蔽的秘密，发现隐藏着的基础。"[①] 可见，在马克思的研究中，"特别强调所有制问题是运动的

[①] 《资本论》（纪念版）第3卷，人民出版社2018年版，第894页。

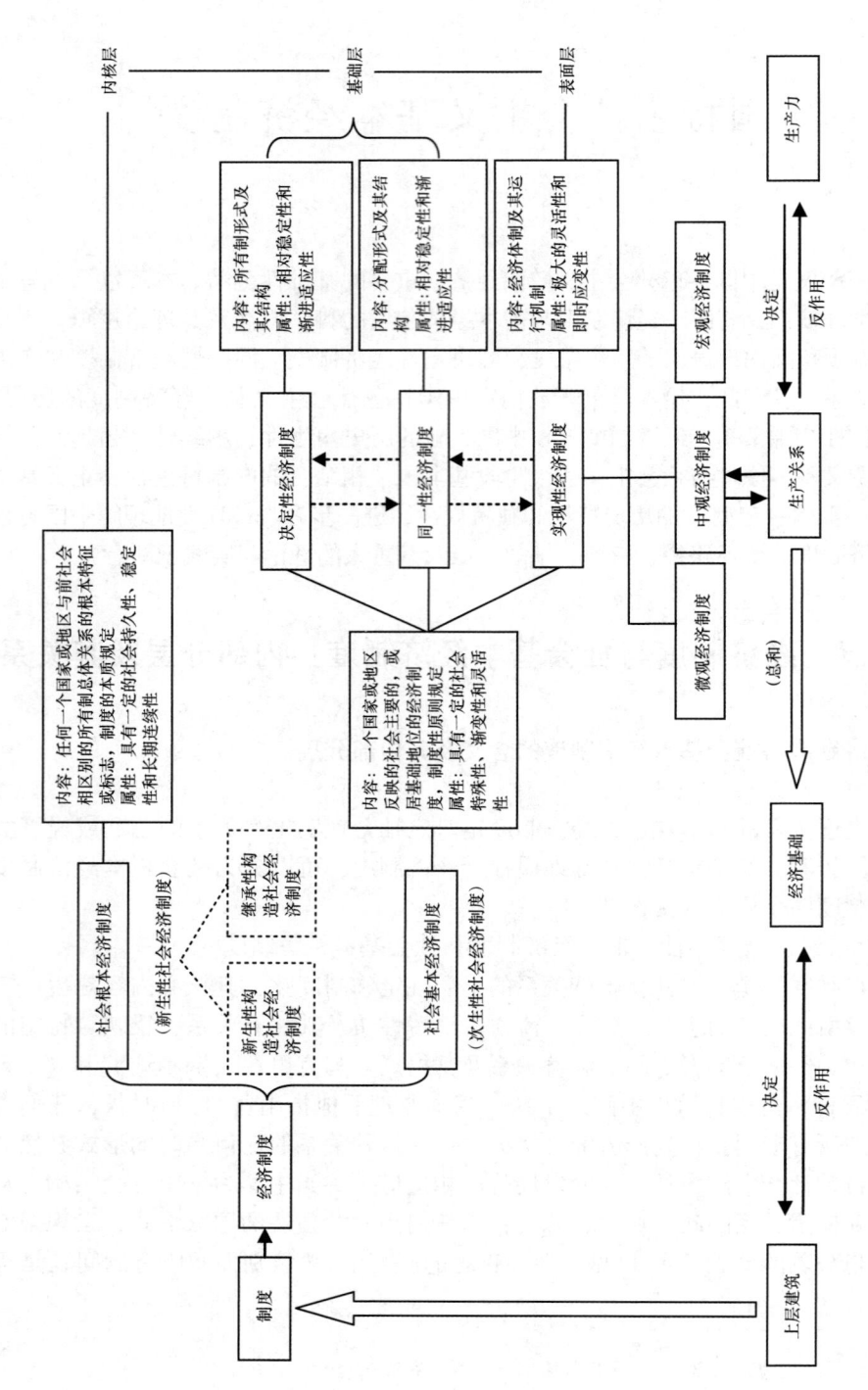

图 2—1 基本经济制度相关范畴及其理论逻辑

基本问题"①,强调所有制是决定一个社会其他制度的基础。他在《〈政治经济学批判〉导言》中进一步指出,"一定的生产决定一定的消费、分配、交换和这些不同要素相互间的一定关系"②。

具体来看,在实践中,社会经济制度不是一成不变、固化的定式,也有一个从量变到质变的动态变化发展过程。基于此,社会经济制度又可以分为社会根本经济制度和社会基本经济制度,前者主要反映特定社会经济制度的内在属性,是指任何一个国家或地区与前社会相区别的根本特征或重要标志,是作为与前社会性质不同(根本不同或重要不同)的生产资料所有制和由此决定的生产、分配、流通、消费性质及其相互之间的关系等核心内容的制度性实质规定③,其具有一定社会的一般性和稳定性;后者则是指一个国家或地区反映该社会主要的或居基础地位的经济制度的基本属性,是指一个国家或地区在该社会变化发展的不同阶段居主体地位的生产资料所有制及其结构,和由此决定的生产、分配、流通、消费性质及其相互之间关系以及其具体运行体制和机制等基本内容的制度性原则规定,其具有一定社会的特殊性、渐变性和灵活性。

(二)新生性社会经济制度与次生性社会经济制度及基本经济制度

在现实的社会经济发展中,一定的社会经济制度的产生至确立、成熟及其完全实现是不同的过程:前者(产生至确立)可以是一个时点或短期的历史事件历史过程;后者(成熟及其完全实现)却可能因不同国家社会经济制度确立所依赖的起点的不同或历史背景的不同、经济社会发展水平的不同,从而决定其所走具体道路的不同等,体现为各国或地区虽在时间上仍有差别,但相较确立而言却都是一个相对长期的历史发展过程。进一步说,一定社会经济制度的确立,是以所有制变革为基础的新社会经济制度与前社会经济制度区别开来的最为本质的特征或重要标志④,作为"新生性社会经济制度"具有了新社会

---

① 《马克思恩格斯选集》第1卷,人民出版社2012年版,第435页。
② 《马克思恩格斯选集》第2卷,人民出版社2012年版,第699页。
③ 马克思在《哲学的贫困》中指出,"给资产阶级的所有权下定义不外是把资产阶级生产的全部社会关系描述一番。要想把所有权作为一种独立的关系、一种特殊的范畴、一种抽象的和永恒的观念来下定义,这只能是形而上学或法学的幻想"。参见《马克思恩格斯选集》第1卷,人民出版社2012年版,第258页。
④ 这里,涉及一定社会经济制度的确立,以所有制变化为基础在新社会经济制度与前社会经济制度的区别上存在程度不同的两种情形:最为本质的特征区别或重要标志的区别。需要强调的是,所有制不是单纯的资产所有权,它体现的是劳动者和生产的物质条件的关系,是生产关系的总和。因此,就最为本质的特征区别而言,如社会主义公有制根本不同于之前的私有制,公有制的根本变革,新的特定的社会主义生产方式和经济关系都会发生根本变化,由此就具有了与前社会经济制度区别开来的最为本质的特征:资本主义私有制形成的是劳资间剥削和被剥削剩余劳动的关系,社会主义公有制根本变革的核心则是形成劳动者共同体的关系,包含共同占有、共同生产、联合劳动、共同分享生产成果,不存在一部分人占有另一部分人的剩余劳动的问题。就重要标志的区别而言,如资本主义社会与前资本主义社会的所有制同属私有制的变化,决定了这几个社会经济制度之间虽无本质的特征区别,但所有制体现在劳动者和生产的物质条件的关系上也是有重大变化或重要标志的区别。奴隶社会的劳动者本身——奴隶,也是奴隶主的生产资料,奴隶主可以随便打骂、买卖;而封建社会中因为土地这一特殊的生产条件形成了地主与农民之间的超经济强制、依附性生存关系;后者又与资本主义社会劳动者有形式上的人身自由、可以自由买卖自己的劳动力有所不同,当然,不论劳动者卖给哪一个资本家,作为被雇佣的劳动者阶级总是受资本家阶级的剥削,是实质上的剥削与被剥削的劳资关系。因此,在剥削与被剥削的关系上私有制更替的社会经济制度之间是相同的。参见陈文通《对中国特色社会主义经济制度的理论思考》,《中国特色社会主义研究》2012年第4期。

经济制度内核的基本元素。从构造上看,"新生性社会经济制度"又有新生性构造社会经济制度和继承性构造社会经济制度两种类型①。当一定的社会经济制度确立之后其成长成熟和完全实现的长期过程,作为"次生性社会经济制度"使其本质特征或重要标志又具有了该社会经济制度各个阶段一定的阶段性历史特征,并以基本经济制度的变化和发展体现出来。

基于新生的社会经济制度孕育和诞生的初始条件的不同,次生性社会经济制度可能有两种成长成熟至定型的路径和过程:一是生产关系与生产力基本适应基础上的一般经济制度成长成熟定型的基本规律(如新生的资本主义社会经济制度);二是生产关系与生产力并不相应的特定经济制度成长成熟定型的特殊规律(如历史上的苏联和中国的社会主义经济制度诞生之初的例子)。由此可见,基于新的社会经济制度孕育和诞生的初始条件的不同,次生性社会经济制度的成长发展过程因其初始条件的不同、历史条件和文化背景不同的各个国家或地区社会基本经济制度同中见异、各具特色。

(三)社会基本经济制度系统:内部再分层及其三维度关系

在一定社会基本经济制度长期的历史发展进程中,还会出现由一种社会基本经济制度向另一种社会基本经济制度发展转变,或者说社会基本经济制度由低级向高级、由旧的向新的发展转变和交替演进的过程。就其演化发展来看,又将会历经或长或短的确立成长、成熟定型、臻于完善的多个阶段遂转向新的社会基本经济制度的过程。

根据马克思在《〈政治经济学批判〉导言》中论述,"在分配是产品的分配之前,它是(1)生产工具的分配,(2)社会成员在各类生产之间的分配(个人从属于一定的生产关系)——这是同一关系的进一步规定。这种分配包含在生产过程本身中并且决定生产的结构,产品的分配显然只是这种分配的结果"②。按照马克思的基本观点,"分配关系只不过是从另一个角度来看的生产关系"③,"消费资料的任何一种分配,都不过是生产条件本身分配的结果;而生产条件的分配,则表现生产方式本身的性质"④。"分配的结构完全决定于生产的结构"⑤,由此可见,生产是分配的前提,生产的社会性质与生产的社会关系决定分配形式,分配从属于生产,分配除了可以是产品的分配,还可以是生产工具的分配,分配关系与生产关系具有同一性。马克思在《哥达纲领批判》中还指出,分配是历史的,分配方式是由生产方式决定的,不同的生产方式决定了不同的分配方式,没有什么抽象的、永恒的、不同社会制度共同的"公平分配"。不仅于此,马克思还在《〈政治经济学批判〉导言》中继续说道,"一定的生产决定一定的消费、分配、交换和这些不同要素

---

① 吴根耀等:《继承性构造和新生构造并存发育的时空规律——兼论新生构造的油气勘探意义》,《地质通报》2010年第4期。
② 《马克思恩格斯选集》第2卷,人民出版社2012年版,第696页。
③ 《马克思恩格斯全集》第35卷,人民出版社2013年版,第57页。
④ 《马克思恩格斯选集》第3卷,人民出版社2012年版,第365页。
⑤ 《马克思恩格斯选集》第2卷,人民出版社2012年版,第695页。

相互间的一定关系"①。从上述马克思的多个论述中体现出来的所有制、分配及其对生产、分配、交换、消费的经济活动或经济运行的关系来看，我们可以进一步将社会基本经济制度内部细分为三个维度的制度，即决定性经济制度、同一性经济制度和实现性经济制度。

就三个维度的制度分层来看分析如下。首先，决定性经济制度是指一定的占主导或占主体地位的生产资料所有制及其经济形式构成的经济制度——所有制及其形式、结构，是社会基本经济制度中最深层次或第一层次的经济制度，决定着社会基本经济制度中的其他经济制度，这正是马克思在同一著作中所说的"普照之光""特殊的以太"②。其次，同一性经济制度是指"分配与生产同一性"③下有什么样的所有制和经济形式及其结构就有什么样的分配形式及其结构，这是社会基本经济制度中第二层次的经济制度，与一定的所有制和经济形式及其结构相适应的分配制度、形式及其结构，人们的经济关系及其利益关系得到较好地处理和协调，从而会促进经济增长与发展和福利增进；反之则相反。第一、第二层次的经济制度反映着一定社会根本经济制度下特定阶段、特定社会生产关系的基本属性④。最后，实现性经济制度，由所有制、分配制度决定并使其在社会经济再生产和运行中得以实现的相应的经济体制机制，是第三层次的经济制度，也被称为具体经济制度，是特定社会生产关系的具体实现形式，其内涵是各种生产要素的具体结合方式，以及经济主体的行为规则，表现为经济制度运行层面的各种经济组织形式和管理体系，反映着社会经济采取的资源配置方式和调节机制等，即通常所说的经济体制，其具有一定社会的应变性和灵活性⑤。瑞典学者阿萨·林德贝克（Assar Lindbeck）给经济制度下的定义，主要着眼

---

① 《马克思恩格斯选集》第 2 卷，人民出版社 2012 年版，第 699 页。

② 马克思指出："在一切社会形式中都有一种一定的生产决定其他一切生产的地位和影响，因而它的关系也决定其他一切关系的地位和影响。这是一种普照的光，它掩盖了一切其他色彩，改变着它们的特点。这是一种特殊的以太，它决定着它里面显露出来的一切存在的比重。"参见《马克思恩格斯选集》第 2 卷，人民出版社 2012 年版，第 707 页。例如，实践中社会主义公有制经济占主体，国有经济发挥主导作用，个体、民营、外资等多种所有制及其经济形式并存和共同发展，构成了中国社会主义初级阶段基本经济制度中第一层次的经济制度或决定性经济制度。

③ 按照马克思的基本观点，"分配关系只不过是从另一个角度来看的生产关系"（《马克思恩格斯全集》第 35 卷，人民出版社 2013 年版，第 57 页），"消费资料的任何一种分配，都不过是生产条件本身分配的结果；而生产条件的分配，则表现生产方式本身的性质"（《马克思恩格斯选集》第 3 卷，人民出版社 2012 年版，第 365 页），"分配的结构完全决定于生产的结构"（《马克思恩格斯选集》第 2 卷，人民出版社 2012 年版，第 695 页）。可见，生产是分配的前提，生产的社会性质与生产的社会关系决定分配形式，分配从属于生产，分配除了可以是产品的分配，还可以是生产工具的分配，分配关系与生产关系具有同一性。马克思在《哥达纲领批判》中指出，分配是历史的，分配方式是由生产方式决定的，不同的生产方式决定了不同的分配方式，没有什么抽象的、永恒的、不同社会制度共同的"公平分配"。

④ 如上所说，由中国社会主义初级阶段公有制经济占主体，国有经济发挥主导作用，个体、民营、外资等多种所有制及其经济形式并存和共同发展的决定性经济制度，决定了按劳分配为主体、多种分配方式并存和共同作用的同一性分配制度。

⑤ 以中国改革开放以来的实践为例。发轫于农村联产承包责任制改革产生的积极效应和示范，很快带动了所有制适应生产力总体水平低、多层次、发展不平衡客观实际的改革，个体、私有、三资企业如雨后春笋般地涌现和快速发展，逐渐形成了公有制为主体、多种经济形式并存的所有制格局结构。而市场化改革中不同所有制经济的发展，必然促进市场主体间的商品生产、分配、交换和市场机制运行及其社会主义市场经济体制的确立和发展。由此形成了有中国特色的社会主义所有制结构的决定性经济制度、分配结构的同一性经济制度和市场与政府结合的实现性经济制度内在有机统一的制度系统。

于经济运行层面,因而类似于这里所说的实现性经济制度或具体经济制度的含义,他把这理解为"是用来就某一地区的生产、收入和消费作出决定并完成这些决定的一整套的机制和组织机构",涉及决策结构(集权还是分权)、资源配置机制(市场还是政府计划)、商品分配(均衡价格机制还是配给制)、激励机制(经济刺激还是行政命令)八个方面的内容①。实现性经济制度或具体经济制度(经济体制机制)的核心是市场与政府之间的关系。

必须说明的是,基本经济制度的三个层次间相互影响、相互联系、相互制约、相辅相成并构成一个有机整体即系统②。进一步说,三个层次间并非只是机械地单向决定和被动适应的关系,同时又存在反向作用和互动的关系,适应条件下则表现为促进分配、所有制经济的完善和发展,从而促进生产力的发展;反之则相反。理论和实践中基本经济制度系统及其内部的决定性经济制度、同一性经济制度和实现性经济制度的内在关联性变迁,又具体体现在微观层面的经济组织制度,即企业制度;中观层面的区域经济制度,主要包括城市与乡村关系的经济制度和产业制度等;宏观层面的国民经济运行及其调控制度的变迁中。

对于一定社会基本经济制度发展演变的理论认识,不能离开生产力性质及其经济增长变化来抽象地谈论。根据马克思的基本理论,在社会经济活动实践中,生产力是最活跃、最革命的因素,而社会生产力的发展直接引起一定社会基本经济制度系统表面层的实现性经济制度即经济体制机制的应变调整或改革,这是一种对经济运行层面的具体规则、利益关系及其相关格局的调整或改革,进一步作用、影响决定性经济制度和同一性经济制度的基础层,即所有制、所有制形式及其结构、产权利益关系、分配原则、机制及其形式,换言之,这是一种一定社会特定生产关系本质根本不变前提下因应发展变化了的社会生产力新的要求的系统性调整或改革。这种制度变迁可能有促进或阻碍两种情境:一种可能是突破现行体制对生产力进一步发展的束缚,基于社会某一群体利益(率先行动"第一行动集团")乃至形成社会整体理性的驱动,而对社会实现性经济制度所进行的重建新规则、调整所有制、所有制形式及其结构、产权利益关系、分配原则、机制及其形式、协调利益关系的自觉调整和改革,以促进经济增长和发展③;另一种可能是基于一定社会利益集团的个别利益、个别理性的驱动(对他们而言制度变迁的收益高于制度变迁的成本,新体制的净收益预期要高于现行体制),而对社会实现性经济制度作出有利于自身利益的规则的选择性改变,进一步作用和影响决定性经济制度和同一性经济制度,在一定意义上影响甚至损害了社会整体利益,因而在一定程度上阻碍了经济增长和发展。

---

① [瑞典] 阿萨·林德贝克:《新左派经济学——一个局外人的看法》,张自庄、赵人伟译,商务印书馆2013年版。
② 系统通常是由具有特定功能、相互作用和相互依赖的若干单元组成的、完成统一目标的有机整体。
③ 1978年底开启的改革开放,正是基于农民群体的生存利益自发自觉地开始了承包制、尝到甜头了,进而形成全社会"发展是硬道理"的整体理性驱动,这才开启了四十多年来的经济高速增长和发展的"中国奇迹"。

二 对社会主义基本经济制度系统的认识：多层关系与变化

（一）经济制度体系与社会基本经济制度系统的多层关系及其特点

在社会根本经济制度与社会基本经济制度系统构成的经济制度体系中，随着实现性经济制度，即经济体制机制因社会生产力的变化而作出灵活应变和调适性改革与创新，进一步作用、影响社会基本经济制度系统内部的决定性经济制度和同一性经济制度，即所有制、所有制形式及其结构、产权利益关系、分配原则、机制及其形式也会随之受到生产力变化发展的影响而作出或快或慢的调整、改革和变化。长期来看，社会基本经济制度系统也有一个渐进性相应的改革深化和创新发展使其自身趋于完善的过程，并反映和实现着社会根本经济制度本质规定的过程（也就是趋向成熟的过程）。由此可见，在一定社会经济制度体系中，社会基本经济制度系统内部的实现性经济制度即经济体制机制，有着连接生产力和基本经济制度乃至根本经济制度的枢纽环节的作用机理，体现出社会生产力发展——社会基本经济制度系统内部的实现性经济制度即经济体制机制的调适性变革、决定性经济制度和同一性经济制度的调整及改革——社会基本经济制度渐进式改革与完善过程中日益走向实现社会根本经济制度的本质规定的至臻演变逻辑。而在该社会整个历史时期内，特定社会经济的本质关系则不会改变。

如此看来，经济制度在社会根本经济制度、基本经济制度系统构成的经济制度体系中嵌套着内核层、基础层与表面层的不同层次的关系，各个不同层次各具特点。首先，一般而言，就社会基本经济制度系统来看，其表面层的实现性经济制度（具体经济制度）因其总是要适应社会生产力发展及其他政治、社会、文化等上层建筑诸因素变化的要求，即时性、经常性地进行调整和改革，而具有极大的灵活性和即时应变性；而实现性经济制度的调整和改革又会进一步作用和影响社会基本经济制度的基础层，即决定性经济制度和同一性经济制度，基于生产力状况或因应生产力新的发展变化作出的或快或慢、适当的调整、改革和创新并反过来嵌入新的经济体制之内，通过经济体制机制的再调整、改革得以实现，所以，社会基本经济制度系统的基础层，即决定性经济制度和同一性经济制度，具有相对的稳定性和渐进适应性。而实现性经济制度既直接受到生产力变化的影响而改革，又受到决定性经济制度和同一性经济制度改革的影响再改革，具有"双重影响"下的改革特性。其次，社会根本经济制度表现为在该社会整个历史时期内特定社会经济的本质关系不变的前提下，从长远目标的趋近来看，也有一个随着社会基本经济制度的适当调整、进一步改革、创新和完善而趋于完美实现的过程，因而具有持久的稳定性和长期连续性的鲜明特征[1]。由此我们可以认识到社会基本经济制度与社会根本经济制度的内在关联，具体在社会基本经济制度的基础层与社会根本经济制度的内核层，即其与前社会相区别的所有制

---

[1] 例如，社会主义条件下，公有制本质特征不会变，不会因渐进适应性改革而变成私有制，因而具有长期连续性。

及其总体关系的最为本质的特征或重要标志，二者之间是存在着一定的交叉重叠关系的。

（二）对社会基本经济制度认识的变化：反思性评价

过去，我们对社会基本经济制度的认识，主要是与所有制连在一起的。这是指1997年党的十五大正式明确和第一次提出社会主义初级阶段基本经济制度时的界定，是"所有制意义"的基本经济制度，其历史进步性在于抓住了决定性经济制度环节，突出了所有制是生产关系基础并在理论上集中关注所有制及其经济形式、所有制结构的"所有制意义"的基本经济制度，所以有着基本、基础层面认识的重大历史意义。在实践中，更是因实事求是、突破了长期以来传统社会主义经济制度单一公有制的束缚导致的不适应生产力的效率相对低下及其贫穷社会主义的偏差，伴随所有制改革，国有企业、民营企业及其混合所有制企业间多元市场主体的竞争带来了活力；多劳多得、要素贡献分配带来了激励；交换培育了市场、市场体系、市场经济体制机制对资源的优化配置，从而带来了中国经济的快速增长和发展。但是，这也体现出一些历史局限性：一是局限于改革的不深入、不成熟、不充分，仅把所有制及其经济形式界定为基本经济制度，使得实践中偏重所有制的改革单线突进与分配改革和体制机制改革的衔接性和配套性不够；二是对同一性经济制度和实现性经济制度的认识存在着要么不甚明确（同一性经济制度就是如此）、要么有所游离（原来一般将实现性经济制度，即经济运行中的管理体制机制、政策规则等游离于基本经济制度之外另立名称，或叫具体经济制度），使得在基本经济制度的认识上还存在不完整、不全面、不系统的欠缺。

而2012年党的十八大以来，随着中国特色社会主义基本经济制度的形成、发展到逐渐完善、成熟并走向定型，实践的探索和创新赋予了基本经济制度新的更加丰富的内涵，要求我们在理论上从最初集中关注所有制及其经济形式的"所有制意义"的基本经济制度，即公有制为主体、多种所有制经济共同发展的基本经济制度进行理论上新的概括和创新。对此，党的十九届四中全会适时作出的最新概括是由之前仅突出所有制及其经济形式的"所有制意义"的基本经济制度，拓展到不仅包含了经济关系、经济关系的制度表达，还包含与所有制、分配制度及其经济体制机制的制度运行相应的制度规则、制度规范"系统性意义"的基本经济制度，即公有制为主体、多种所有制经济共同发展，按劳分配为主体、多种分配方式并存，社会主义市场经济体制等社会主义基本经济制度构成的系统。我们认为，这一将所有制和分配结构以及经济运行体制机制有机统一的"系统性意义"的基本经济制度，是中国特色社会主义市场经济体制成长成熟定型的客观需要和必然产物，体现了主体性、同一性、运行性的统一，体现了实践创新、制度创新和理论创新的统一。

第二节 中国特色社会主义基本经济制度变迁：三重规定性及其特征

一个多世纪以来，社会主义社会基本经济制度从产生、形成和发展演变，经历了从理论到实践、从一国实践到多国发展的复杂而艰难曲折的过程。中国特色社会主义基本经济制度的历史选择和探索创新,是从中国社会主义初级阶段的基本国情出发,探索符合人类社会发展规律、符合科学社会主义基本原理与社会主义建设和社会主义经济制度变迁规律的中国实践相结合的内在要求及其历史必然。

一 探源溯流:马克思、恩格斯对未来社会的两种设想与苏联早期实践的启示

20 世纪初至中叶,无产阶级革命不是在发达国家发生,而是首先在经济文化相对落后的俄国、东欧及中国等国家和地区取得胜利。随之而来的是社会主义经济制度如何建构、社会主义经济如何建设和发展、社会主义道路如何行进和拓展。面对这一系列史无前例的崭新课题,列宁创新性地提出,"一切民族都将走向社会主义,这是不可避免的,但是一切民族的走法却不完全一样"①。

(一) 马克思、恩格斯对未来社会的两种设想:"经典社会主义"与"社会主义的特殊形态"

事实上,早在 19 世纪中下叶,马克思、恩格斯在《资本论》《哥达纲领批判》《社会主义从空想到科学》《给〈祖国纪事〉杂志编辑部的信》《共产党宣言》俄文版等著作中,以英法等资本主义发达国家为主要研究对象,深刻洞悉和揭示了资本主义社会经济制度的本质、内在结构的轴心及其历史发展趋势的基础上,先后提出对未来社会两种模式的设想。一种是从逻辑上推论和设想了在资本主义高度发展的基础上建立社会主义的"经典社会主义"模式,即"前资本主义—资本主义—社会主义(或共产主义)"。这种"经典社会主义"模式的特征:消灭了私有制,实行自由人联合体共同占有使用生产资料和按劳按需分配,因而,商品、货币或市场自然也没有存在和利用的必要②。但到了 19 世纪 70 年代后期,当马克思、恩格斯开始接触到与英法等西方发达资本主义国家迥然不同的俄国等东方落后国家如何走向社会主义的前瞻性课题时,他们敏锐地洞见到二者在初始条件上的巨大差异,并就这些初始条件的差异性对社会主义实现道路的影响给予了充分的估计和新的开创性研究。基于东方农业社会落后的生产方式和生产力水平这一起始条件,他们果断地突破了前述"经典社会主义"的设想模式,创造性地提出了另一种针对东方落后国家的"社会主义的特殊形态"的设想模式③,即"前资本主义—跨越资本主义制度的'卡夫丁

---

① 《列宁选集》第 2 卷,人民出版社 2012 年版,第 777 页。
② 有学者概括马克思关于经典社会主义的三大特征:第一,生产资料全部由社会占有(公有);第二,生产要素由社会中心统一调配(计划调节);第三,消费品在共产主义低级阶段实行按劳分配,而进入共产主义高级阶段则实行按需分配。在理论逻辑上,以上三大特征以生产资料公有制为支点,彼此相互依存,是马克思为未来社会构造的科学制度体系。参见王东京《社会主义基本经济制度是伟大创造》,《经济日报》2019 年 11 月 14 日。
③ 马克思认为,"在俄国,由于各种情况的独特结合,至今还在全国范围内存在着的农村公社能够逐渐摆脱其原始特征,并直接作为集体生产的因素在全国范围内发展起来","可以不通过资本主义制度的(卡夫丁峡谷),而把资本主义制度所创造的一切积极的成果用到公社中来",从而走向社会主义。参见《马克思恩格斯选集》第 3 卷,人民出版社 2012 年版,第 821—825 页。恩格斯也赞同马克思的观点,认为,"这不仅适用于俄国,而且适用于处在资本主义以前的发展阶段的一切国家"。参见《马克思恩格斯选集》第 4 卷,人民出版社 2012 年版,第 313 页。

峡谷'——社会主义"①。后一种"社会主义的特殊形态"设想模式的科学性在于，马克思、恩格斯从现实出发，认为对于俄国这样经济社会发展较为落后的东方国家，先进的资本主义生产方式和落后的农村公社并存，在各种内外条件的综合作用下，可以探索通向社会主义的另一条道路，即通过革命的手段，缩短前述"经典社会主义模式"下由资本主义过渡到社会主义所需要的漫长而痛苦的发展过程，跨越资本主义的发展阶段。值得注意的是，马克思、恩格斯特别强调，这里跨越的是资本主义"制度"的"卡夫丁峡谷"，而不是资本主义时代高度社会化的生产力②。

（二）列宁对社会主义认识的变化及其实践探索的创举

1917年俄历的十月，在俄国爆发了"十月革命"。俄国在革命胜利解放了社会生产力的前提下，还面临着重构社会主义制度、社会主义经济制度以进一步发展生产力、推进社会主义经济建设和发展的新任务③。当列宁在短时间内试图按马克思、恩格斯第一种设想直接过渡到共产主义、取消商品货币实行战时共产主义政策受挫后④，他迅速调整和改变了对社会主义的认识⑤，首创了着眼于当时生产力发展要求的"新经济政策"：在一定限度内利用商品货币关系，在将国家所有作为生产资料公有或共同所有的组织形式的基础上，容纳多种经济成分存在，允许私有经济和自由贸易在一定范围内存在，允许资本主义国家的企业租赁苏联（苏俄）的国有企业，并通过改造农村公社及其土地制度；同时，吸收和利用资本主义生产的一切成就、文明成果，特别是市场和现代交换机制，以更好地适应和大力发展社会主义社会生产力，成为另一种"社会主义的特殊形态"设想模式最早的实践探索。

遗憾的是，列宁这一从实际出发的创举，由其早逝而中断，且因斯大林时代理论和实践的转向，而逐渐形成"单一公有制——指令性计划与商品外壳式交换——按劳分配"的传统社会主义经济制度的"苏联模式"。

二 历史回瞻：中国社会主义经济制度形成、构建及其双重影响

（一）中国社会主义经济制度的正式确立

中华人民共和国成立之初的国民经济恢复时期，面对"国家与革命"和"国家与发

---

① 《马克思恩格斯选集》第3卷，人民出版社2012年版，第825页。"卡夫丁峡谷"典故出自古罗马史。公元前321年，萨姆尼特人在古罗马卡夫丁城附近的卡夫丁峡谷击败了罗马军队。后来，人们就以"卡夫丁峡谷"来比喻灾难性的历史经历。

② 李萍：《邓小平理论视阈中的主题与创新观》，《社会科学研究》2005年第3期。

③ 这就是马克思在《法兰西内战》中所指出的："工人阶级不能简单地掌握现成的国家机器，并运用它来达到自己的目的。"参见《马克思恩格斯选集》第3卷，人民出版社2012年版，第95页。

④ 列宁指出："我们……用无产阶级国家直接下命令的办法在一个小农国家里按共产主义原则来调整国家的产品生产和分配。现实生活说明我们错了。"参见《列宁论新经济政策》，人民出版社2015年版，第105页。

⑤ 列宁指出："我们不得不承认我们对社会主义的整个看法根本改变了。"参见《列宁论新经济政策》，人民出版社2015年版，第266页。

展"的双重历史任务，以毛泽东同志为核心的党的第一代中央领导集体基于中国半殖民地半封建社会的特殊历史背景，独创性地提出并实践了经由多种经济成分并存的"新民主主义经济形态"，逐渐过渡到社会主义的新的路径。这无疑和列宁早期领导的实践一样，是马克思主义在特定历史条件下具体化的一种成功实践。

之后，为维护和巩固新生的社会主义关系，追求快速建成社会主义在制度安排上的内在强烈需求和国际资本主义阵营封锁扼杀的外部环境制约，促成了中华人民共和国成立初期具有重大社会变革和深远历史意义的过渡时期"一化三改造"总路线的实施。试图从生产力方面通过国家工业化发展，实现落后的农业国向先进的工业国的历史性转变，使社会主义工业成为整个国民经济中有决定意义的领导力量；同时在生产关系方面，通过对个体农民、手工业者和商贩的个体私有制进行合作化改造，将其改造为社会主义的集体所有制，对资本主义工商业的资本主义私有制进行公私合营改造，将其改造为社会主义的全民所有制，1956年底所有制的社会主义改造的基本完成，标志着中国具有了社会主义社会根本经济制度①内核的基本元素即公有制基础上的社会主义生产关系和经济制度的正式确立。

从历史的角度客观来看，尽管"一化三改造"也存在改造过急、过粗、范围过宽等不足和局限，但中国却由此翻开了社会主义建设和社会主义制度建构崭新的一页，初步建立起的独立的、比较完整的工业体系和国民经济体系，为社会主义工业化和国民经济的发展奠定了必要的物质技术基础，公有制占据主体地位的社会主义经济关系最初的制度表达也得以完成。

(二) 中国社会主义经济制度的传统性特征及其影响

20世纪50年代末至70年代末的二十多年间，在将社会主义从理想进一步转为现实的进程中，理论上，我们愈益主观和教条地理解马克思主义设想的"经典社会主义"模式；实践中，愈益忽视和脱离中国现实社会经济条件的制约，为实现"国家工业化"的赶超发展战略，逐渐形成了以单一公有制和按劳分配为基础、排斥市场调节的指令性计划经济体制的社会主义经济制度。这一时期，中国社会主义经济制度的形成嬗变，呈现出一种传统教条式建构社会主义社会基本经济制度，微观、中观、宏观均贯穿着相应的制度安排、制度规则及其制度规范的特征，即社会主义单一公有制的决定性经济制度和与此相应的单一按劳分配的同一性经济制度及其指令性计划经济体制、城乡有别的二元经济体制等实现性经济制度三重规定性特征，并产生了双重的历史影响：一方面其脱离中国现实国情、忽视发展社会生产力而陷入"贫穷社会主义"发展的困境，延缓和抑阻了中国社会主义建设发

---

① 前文所定义的社会根本经济制度，主要反映特定社会经济制度的内在属性，是指任何一个国家或地区与前社会相区别的最为本质的特征或重要标志，是作为与前社会性质根本不同的生产资料所有制和由此决定的生产、分配、流通、消费性质及其相互之间的关系等核心内容的制度性本质规定，其具有一定的一般性和稳定性。

展的进程①；另一方面在客观上又为之后的改革开放提供了经验、鉴戒和动力支持，并且为始终坚持和深化改革开放积累了可供反思与创新的"思想成果、物质成果、制度成果"②。

三 改革创新：中国特色社会主义基本经济制度的形成、重构与定型

以党的十一届三中全会作出实行改革开放的历史性决策为起点，在四十多年改革开放的伟大历程中，中国特色社会主义基本经济制度的探索伴随着新的以经济建设为中心的社会主义现代化建设进程，显现出中国特色社会主义基本经济制度"形成—重构—定型"的历史特征和独特规律。

（一）中国特色社会主义基本经济制度形成的逻辑起点与政策创新

中国特色社会主义基本经济制度的形成，是以对社会主义进行重新理解、重新认识为逻辑起点的。改革开放新时期，根据新的实际和历史经验，以邓小平同志为主要代表的中国共产党人坚持实事求是的思想路线，对社会主义进行重新理解、重新认识。邓小平抓住"什么是社会主义、怎样建设社会主义"这一基础性的理论与实践问题，针对社会主义实践过程中主观教条、盲目照抄"苏联模式"形成传统计划经济体制的经验教训，提出了"建设有中国特色的社会主义"的历史命题，本质上是要搞清楚什么是遵循马克思主义、遵循人类社会发展一般规律、遵循社会主义建设规律，特别是立足中国特殊国情、符合中国社会发展规律、从而促进生产力发展、实现共同富裕的社会主义；搞清楚搞社会主义要从中国的实际出发，走自己的路，把马克思主义的普遍真理与中国的具体实际结合起来，寻找实现社会主义共性与个性、一般与个别、普遍性与特殊性相统一的现实路径。

由于中国特色社会主义基本经济制度的"形成—重构—定型"始终是在中国共产党的领导下进行的，因此我们通过梳理历届党代会和中央全会来阐述改革开放以来中国基本经济制度的变迁。具体来看，经济政策的调整、突破和创新，在制度供给上为中国特色社会主义基本经济制度的创新提供了重要的推动力。早在改革开放初期的1981年，党的十一届六中全会通过的《关于建国以来党的若干历史问题的决议》中就创新性地提出了"我们的社会主义制度还是处于初级的阶段"的论断，指出"社会主义生产关系的变革和完善必须适应于生产力的状况，有利于生产的发展。国营经济和集体经济是我国基本的经济形式，一定范围的劳动者个体经济是公有制经济的必要补充。必须实行适合于各种经济成分的具体管理制度和分配制度"。"初级阶段"理论的提出，进一步推动了全社会的解放思

---

① 按照世界银行《1981年世界发展报告》提供的"1955—80年人口、国民生产总值和人均国民生产总值：份额、比例关系和增长"的数字，1980年中国国民生产总值在世界国民生产总值中所占的份额，低于1955年的水平；人均国民生产总值按时价对美国国民生产总值的百分比，1955年中国占3.2%，1980年降为2.5%。从人民群众的生活水平看，由于国民经济连续20年处于停滞状态，直到1976年，人民群众的生活基本上没有超过1956年、1957年的水平。参见高尚全《九年来的中国经济体制改革》，人民出版社1987年版，第2页。

② 习近平：《在纪念毛泽东同志诞辰120周年座谈会上的讲话》，人民出版社2013年版，第14页。

想。邓小平在之后召开的党的十二大开幕词中鲜明指出："把马克思主义的普遍真理同我国的具体实际结合起来，走自己的道路，建设有中国特色的社会主义。"① 而中国特色社会主义的本质，"是解放生产力，发展生产力，消灭剥削，消除两极分化，最终达到共同富裕"②。中国共产党匡正了长期以来对社会主义的本质只讲公有制加按劳分配的错误认识，而且明确讲"计划经济不等于社会主义""过去搞平均主义，吃'大锅饭'，实际上是共同落后，共同贫穷""贫穷不是社会主义"。此后，1984年党的十二届三中全会决定、1987年党的十三大报告都强调了坚持公有制为主体、发展多种经济形式，发挥非公有制经济对社会主义经济必要的和有益的补充作用。在中国特色社会主义基本经济制度的探索过程中，1992年党的十四大具有重大里程碑的意义，明确提出了建立"社会主义市场经济体制"是改革的目标，形成公有制为主体，个体、私营、外资经济为补充，多种经济成分共同发展的混合型所有制结构，以及通过平等竞争发挥国有企业主导作用等一系列新的改革思路。

在此基础上，1997年党的十五大对所有制结构与社会主义市场经济关系认识上有了明确界说和重大创新，正式明确和第一次提出"公有制为主体、多种所有制经济共同发展，是我国社会主义初级阶段的一项基本经济制度""非公有制经济是我国社会主义市场经济的重要组成部分"，深刻阐发了坚持公有制的主体地位、坚持多种所有制经济共同发展二者缺一不可、相互促进，特别是明确了非公经济作为中国社会主义市场经济的重要组成部分，并共同构成社会主义初级阶段所有制结构及其基本经济制度的重要特征。这在中国特色社会主义基本经济制度的实践探索和理论创新上迈出了具有历史性意义的第一步，即突出了所有制及其形式、结构在经济制度中的决定性地位和作用，有了"所有制意义"上的基本经济制度。

党的十六大、十七大，以及党的十八大、十九大、二十大不断深化对中国社会主义初级阶段基本经济制度的认识，在突出"所有制意义"上的基本经济制度的基础上又先后赋予其更加深刻、更具创新意义的新的内涵③，其中，特别强调坚持"两个毫不动摇"、突出中国共产党的领导是中国特色社会主义制度的最大优势和最本质的特征、坚持"以人民为中心"的发展思想等，使中国特色社会主义基本经济制度的内容结构愈益丰富、严谨和完善。特别是2019年10月召开的党的十九届四中全会，根据实践的最新发展在理论上对社会主义初级阶段的基本经济制度又作出了重要的新概括、新表述，扩充为公有制为主

---

① 《邓小平文选》第3卷，人民出版社1993年版，第3页。
② 《邓小平文选》第3卷，人民出版社1993年版，第373页。
③ 例如，"必须毫不动摇地巩固和发展公有制经济""必须毫不动摇地鼓励、支持和引导非公有制经济发展""公有制为主体、多种所有制经济共同发展的基本经济制度，是中国特色社会主义制度的重要支柱，也是社会主义市场经济体制的根基""国有资本、集体资本、非公有资本等交叉持股、相互融合的混合所有制经济，是基本经济制度的重要实现形式，有利于国有资本放大功能、保值增值、提高竞争力，有利于各种所有制资本取长补短、相互促进、共同发展""中国特色社会主义最本质的特征是中国共产党领导，中国特色社会主义制度的最大优势是中国共产党领导""坚持以人民为中心的发展思想，不断促进人的全面发展、全体人民共同富裕"等。

体、多种所有制经济共同发展，按劳分配为主体、多种分配方式并存，社会主义市场经济体制等。这进一步明确了我国社会主义基本经济制度是生产、分配和运行机制的有机统一①。党的二十大报告强调，"坚持和完善社会主义基本经济制度，毫不动摇巩固和发展公有制经济，毫不动摇鼓励、支持、引导非公有制经济发展，充分发挥市场在资源配置中的决定性作用，更好发挥政府作用"②。基于此，相对于党的十五大概括的"所有制意义"上的基本经济制度，我们把党的十九届四中全会的这一表述，概括为具有"系统性意义"的基本经济制度。

（二）中国特色社会主义基本经济制度重构的实践创新

实践中，随着所有制、分配原则、经济体制和运行机制的渐进性持续深化改革的进行，社会主义经济制度变迁转向了内生性形成、制度重构中国特色社会主义基本经济制度及其坚持完善的重大创新。首先，20世纪70年代末肇始于农村家庭联产承包责任制的"两权分离"改革，以及乡镇企业的异军突起、"皇粮国税"的终结，到新时期农村土地产权制度"三权分置"改革与乡村振兴战略的实施，极大地解放和促进了农村生产力的发展和生产关系的调整与变革；而城市国有企业也相继实行了"扩权让利""利改税""承包制"改革，转换企业经营机制、实现股份制改造、建立现代企业制度、发展混合所有制经济，积极探索了适应现实社会生产力水平的公有制特别是国有制的多种有效实现形式；这一过程还伴随允许和鼓励城乡个体、私营，以及特区对外开放外资、合营经济等非公经济形式的出现和发展；中国的所有制形式从过去公有制"一统天下"逐渐演变为公有制为主体、多种所有制经济的竞争性并存和共同发展的格局，市场主体得以培植和成长起来。其间，经历了突出国营经济主导地位和个体、私营等非公经济是公有制经济必要补充的"主导—补充"的实践探索；公有制为主体，个体经济、私营经济等非公经济都是补充的"主体—补充"的实践探索；以及公有制为主体、多种所有制共同发展的"主体—并存"的基本经济制度的实践创新探索③。

同时，按照马克思主义经济学的生产决定分配的基本原理，随着生产资料所有制改革、所有制形式及其结构的决定性经济制度的变化，决定了作为其背面的分配原则和形式的同一性经济制度的相应变化，中国的收入分配制度也从过去单一教条式的按劳分配方式

---

① 刘伟：《坚持和完善社会主义基本经济制度　不断解放和发展社会生产力》，《光明日报》2019年12月13日。
② 习近平：《高举中国特色社会主义伟大旗帜　为全面建设社会主义现代化国家而团结奋斗——在中国共产党第二十次全国代表大会上的报告》，人民出版社2022年版，第29页。
③ 改革开放初期，为了解决公有制与商品经济的结合问题，党的十二届三中全会后中国开始对所有制进行改革。所有制改革主要从两方面展开：一是国有企业实行所有权与经营权分离，推行承包制、股份制（公司制）、混合所有制改革，不断创新公有制实现形式；二是改革所有制结构，鼓励、支持、引导非公有制经济发展。鼓励发展非公有制经济，其中一个标志性事件是1983年处理年广久"雇工"问题。安徽私人企业主年广久雇工一百多人，赚了一百多万元，很多人主张动他，而邓小平说"不能动"，借此释放出中央支持民营经济的信号。之后，非公有制经济如雨后春笋般迅速发展起来。党的十四届三中全会进一步指出，必须坚持公有制为主体、多种经济成分共同发展的方针；党的十五大第一次明确提出，公有制为主体、多种所有制经济共同发展，是我国社会主义初级阶段的一项基本经济制度。参见王东京《社会主义基本经济制度是伟大创造》，《经济日报》2019年11月14日。

逐渐演变为按劳分配为主体、多种分配方式并存的格局，这是生产资料所有制改革及其关系在利益分配上实现的必然体现①。其间，也经历了突出国有企业打破分配的平均主义传统，工资体制改革以按劳分配原则为主导，个体、私营与三资企业非按劳分配为必要补充的"主导—补充"的实践探索；公有经济下以按劳分配为主体、允许一部分人先富带动后富并逐步实现共同富裕，个体经济、私营经济等非公经济的非按劳分配都是补充的"主体—补充"的实践探索；以及公有制下按劳分配为主体、多种所有制共同发展下多种分配方式并存，特别是承认要素市场化基础上按要素的市场贡献参与分配的"主体—并存"的同一性经济制度的实践创新探索。

再者，与所有制、分配制度改革伴随而来的经济体制和运行机制的改革，经历了计划经济体制的改革向有计划的商品经济、承认市场调节的辅助作用，再到社会主义市场经济体制的转型和深化发展的过程。其间，商品和要素市场体系逐渐发育，微观企业组织、中观区域或各产业的发展、宏观国民经济活动及其运行，通过市场规则、市场价格、市场供求、市场竞争、市场风险机制对社会资源配置发挥着越来越重要的基础性乃至决定性作用。在中国共产党的领导下，政府则在转变其职能、健全宏观调控体系的改革深化中更好地发挥着促进国民经济持续增长、高质量发展、实现共同富裕的宏观引导与调控作用。这是一个打破社会主义制度与市场经济对立的传统，将两种社会经济制度下的制度优势即社会主义制度下的公有制及其按劳分配与资本主义制度下形成的市场经济体制叠加融合，实现公有制与市场经济有机结合的制度不断创新的内生性过程。

回过头来看，实际上自党的十一届三中全会决定以经济建设为中心，党的十三大决定发展有计划的商品经济，党的十四大决定建立社会主义市场经济体制，由此就将坚持以公有制为基础这一区别社会主义和资本主义重要标志的根本经济制度，坚持公有制为主体、多种所有制经济并存和共同发展的基本经济制度，与坚持社会主义市场经济体制的具体经济制度的三重规定性及其结合真正提上了议事日程。实践证明，在半殖民地半封建社会的历史废墟上经由新民主主义社会进入社会主义初级阶段的中国，始终坚持公有制的社会主义性质，坚持了马克思、恩格斯科学社会主义的基本原则和社会主义本质的内核，中国特色社会主义经济制度因此具有了社会主义核心经济制度根本规定性的本质特征；进一步，坚持实行公有制为主体、多种所有制经济共同发展的中国特色社会主义基本经济制度，发展和完善社会主义市场经济体制这一具体经济制度，实行市场在资源配置中的基础性、决定性作用和更好发挥政府作用，既是社会主义初级阶段社会生产力发展的客观要求和符合中国国情不断调适社会主义社会生产关系和上层建筑的历史选择，更是根据中国实际和时代变化对马克思主义经典作家关于未来社会所有制理论、消除商品货币市场交换关系设想

---

① 例如，国企改革中随着国企投资主体的多元化，非公资本参与了国有企业股改，同时，随着对外开放的扩大，国企参与全球化竞争也引进吸收了大量科技人才与管理人才，与之相应，客观提出了允许按资本、技术、管理等要素的贡献参与分配这一新的激励形式的出现。参见王东京《社会主义基本经济制度是伟大创造》，《经济日报》2019年11月14日。

的重大突破与创新性发展,从而赋予了社会主义社会经济制度体系以鲜明的中国特色的时代特征①。

(三) 中国特色社会主义基本经济制度的成熟和定型

经过改革开放四十多年来实践不断地探索创新前行、理论不断地总结突破传统,一个重要的历史任务摆在了我们面前:"推动中国特色社会主义制度更加成熟更加定型,为党和国家事业发展、为人民幸福安康、为社会和谐稳定、为国家长治久安提供一整套更完备、更稳定、更管用的制度体系。"② 实际上,早在1992年,邓小平在南方谈话时就首次提出:"恐怕再有三十年的时间,我们才会在各方面形成一整套更加成熟、更加定型的制度。"③ 由此,邓小平率先在改革开放十余年后就为中国共产党执政兴国提出一个新命题:社会主义制度成熟和定型。之后,学界也围绕制度的成熟和定型展开了深入的讨论。其中,如何来判断制度是否成熟、该不该定型的标准很重要。基于国内外文献对制度成熟和制度定型基本标准的认识,判断制度成熟和定型大体上需要满足适应性、复杂性、自主性、凝聚性以及共识性、有效性和稳定性等基本要求④。基于此,党的十九届四中全会对改革开放中形成、发展并走向成熟的中国特色社会主义经济制度的所有制及其结构、分配及其结构和市场经济体制而形成重构的新的制度总体,概括确立定型为中国特色社会主义基本经济制度,即由过去对社会主义基本经济制度的认识仅限于和所有制连在一起,到随着改革的全面深化、制度的成熟,中国共产党对公有制为主体、多种所有制经济共同发展,按劳分配为主体、多种分配方式并存与社会主义市场经济体制这三方面制度的内在联系有了更为深入的认识和共识,明确了中国特色社会主义基本经济制度是生产、分配和运行机制的有机统一,是决定性经济制度、同一性经济制度和实现性经济制度构成的新的制度总体,诚如马克思所说的,"生成为这种总体是它的过程即它的发展的一个要素"⑤。实际上,这也是一种制度成熟定型的一个规律,马克思的唯物史观清晰而深刻地揭示了制度要素如何从生产领域到分配领域、经济运行领域以及政治领域生成为一个有机系统或总体的发展规律⑥。需要补充说明一点,绝不能把制度的成熟和定型看成一个一劳永逸、一成不变的固化终了状态,成熟和定型的制度绝不是僵化的制度,而是能够自我更新和发展的可变革制度。对此,诺思的这段话给出了明确的阐释:"制度的稳定性丝毫不否定它们处

---

① 恩格斯早就明确地指出:"所谓'社会主义社会'不是一种一成不变的东西,而应当和任何其他社会制度一样,把它看成是经常变化和改革的社会。"参见《马克思恩格斯选集》第4卷,人民出版社2012年版,第601页。
② 中共中央宣传部编:《习近平总书记系列重要讲话读本》,学习出版社、人民出版社2016年版,第74页。
③ 《邓小平文选》第3卷,人民出版社1993年版,第372页。
④ 美国政治学家塞缪尔·亨廷顿认为,制度化的标准有四个方面,即适应性、复杂性、自主性、凝聚性,这是西方人对制度成熟和定型的理解。有学者认为,对于中国来说,制度成熟和定型最起码应满足共识性、有效性和稳定性三个要求。转引自虞崇胜《制度改革与制度定型:改革开放40年后中国制度发展的双重合奏》,《行政论坛》2019年第5期。
⑤ 《马克思恩格斯全集》第30卷,人民出版社1995年版,第237页。
⑥ 楼健、袁久红:《马克思制度理论视野下的社会主义制度定型问题探析》,《浙江工商大学学报》2017年第4期。

于变迁之中这一事实。从惯例、行为准则、行为规范到成文法、普通法，及个人之间的契约，制度总是处于深化之中。"①

中国特色社会主义基本经济制度扎根中国大地，由中国的历史文化、社会性质和发展水平决定②，在改革开放实践的土壤中生成、丰富至成熟定型，是中国特色社会主义实践的伟大创造，显现出独特的制度优势与旺盛的生命力，产生了极其重要而深远的历史影响：在中国生产力获得了极大解放和发展的基础上，经济总量已上升为世界第二位，经济实力、科技实力、国防实力、综合国力进入世界前列，7亿多人摆脱了贫困，人民生活水平有了大幅度的改善和提高，取得了令世人瞩目的骄人成就，总体市场化程度已经接近80%，中国特色社会主义市场经济体制逐步建成并日益完善③。

（四）中国特色社会主义基本经济制度"形成、重构与定型"变迁的"中国贡献"

中国特色社会主义基本经济制度"形成—重构—定型"变迁发展的理论追问和实践检视，揭示出一部不断探索和创新的历史。特别是党的十一届三中全会以来，中国改革开放和现代化建设不仅取得了历史性成就，而且积累和形成了一整套中国特色社会主义经济制度创新与发展的科学理论和宝贵经验，理解其丰富内涵及其发生逻辑可以通过如下几个方面来切入：在坚持中国共产党的领导的前提下，坚持社会主义公有制和社会主义道路；坚持公有制和按劳分配为主体、多种所有制经济和分配形式并存与发展完善社会主义市场经济体制内在一致的中国特色社会主义基本经济制度创新；坚持遵循制度创新规律与秉持中国国情相一致，诱致性与强制性制度变迁互动结合，改革、发展与稳定相协调的中国特色社会主义基本经济制度创新；坚持先易后难、以增量改革带动存量改革、公有制与市场机制兼容结合基本方向、体制内改革与体制外推进相结合的中国特色社会主义基本经济制度创新；坚持顶层设计与试点探索相结合、对内改革和对外开放统筹推进、全面推进与重点突破相协调的中国特色社会主义基本经济制度创新；等等。在社会主义经济制度变迁的历史与现实的探索中作出了中国贡献。

第三节 中国特色社会主义基本经济制度变迁逻辑：一个简要总结

今天，我们站在新时代新的历史起点上，回望、检视改革开放前后中国特色社会主义基本经济制度的历史变迁，描绘和勾勒出其经历的初始确立—改革调整—重构转型—成熟定型过程中艰难曲折的发展脉络，客观理性地理解中国特色社会主义基本经济制度的变迁

---

① [美]道格拉斯·C.诺思：《制度、制度变迁与经济绩效》，杭行译，格致出版社、上海三联书店、上海人民出版社2014年版，第6页。
② 刘伟：《坚持和完善社会主义基本经济制度 不断解放和发展社会生产力》，《光明日报》2019年12月13日。
③ 陈宗胜等：《新时代中国特色社会主义市场经济体制逐步建成——中国经济体制改革四十年回顾与展望》，《经济社会体制比较》2018年第4期。

路径、特征及其绩效，对于更加清醒地认识新时代中国特色社会主义的历史方位，更加自觉地增强对中国特色社会主义基本经济制度的价值认同，更加坚定地坚持对中国特色社会主义基本经济制度的高度自信是极具理论与实践创新的重大而深远的历史和现实意义的。

一 中国特色社会主义基本经济制度的变迁路径及其逻辑

理解改革开放前后中国特色社会主义基本经济制度的变迁路径，内含着理论的抽象性和实践的具体性辩证关系的探索，展现出中国社会主义经济制度变迁中"否定之否定"的规律性特征和演变轨迹的历史语境和历史逻辑。

对改革开放前后中国特色社会主义基本经济制度变迁的回顾和检视，不是简单地对这一嬗变现实的直接模拟与刻画，而是力求还原历史、置身其间，从马克思主义生产力与生产关系、经济基础与上层建筑辩证关系的基本命题出发，作出中国特色社会主义基本经济制度演进变迁特有路径全景图的历史书写，其中既有时间上包括改革开放前后两大时段、各时段内又可能包含若干阶段的连续性动态变迁的渐进过程，又有空间上包括中央和地方、城市和农村、东部、中部和西部、农业、工业和服务业、微观、中观和宏观等各个层面、各个领域、各个维度、各个方面的关联性互动变迁的复杂过程。其间，内含着科学社会主义理论的抽象性和社会主义实践的具体性辩证关系的探索，展现出中国社会主义基本经济制度变迁中"否定之否定"的内生性、规律性特征及其演变轨迹的历史语境和历史逻辑：服从于中华人民共和国成立之初必须尽快完成"变农业国为工业国""国家工业化"的赶超战略及其历史任务，传统社会主义计划经济体制下单一公有制的社会主义经济制度的形成，是对过渡时期亦公亦私、公私结合的多种经济形式混存经济制度的第一次否定；而改革开放后服从于党和国家工作中心转移到经济建设新的战略决策，公有制经济外允许非公有制经济作为"补充"的存在和发展，及其后的社会主义市场经济体制确立基础上公有制和按劳分配为主体、多种经济和分配形式并存共同发展的中国特色社会主义基本经济制度系统的形成，则是对改革开放前单一公有制的社会主义经济制度的第二次否定。

今天，从历史的角度辩证客观地审视中国社会主义基本经济制度变迁的"否定之否定"过程①，无疑，传统社会主义计划经济体制下单一公有制的社会主义经济制度对过渡时期亦公亦私、公私结合的多种经济形式混存经济制度的第一次否定，有错误和警示的历史性价值。在中华人民共和国成立初期底子极其薄弱的国情基础上试图实现工业化赶超战略强国目标的历史紧迫性面前，我们试图通过构建起新的社会经济制度、发挥生产关系反作用于生产力的作用，在所有制的改造和构建上犯了超越阶段的冒进和片面升级过渡的历史性错误，导致超前的生产关系与落后的生产力之间的结构性矛盾，对社会主义建设产生

---

① 列宁指出："在分析任何一个社会问题时，马克思主义理论的绝对要求，就是要把问题提到一定的历史范围之内。"参见《列宁选集》第 2 卷，人民出版社 2012 年版，第 375 页。

了"欲速则不达"的严重制约和影响，但这也为后来改革开放的制度创新提供了有益的历史鉴戒。正如邓小平所说的，"我们尽管犯过一些错误，但我们还是在三十年间取得了旧中国几百年、几千年所没有取得过的进步"①。中国初步建立起独立的、比较完整的工业体系和国民经济体系，为社会主义工业化和国民经济的发展打下了坚实的物质技术基础，公有制的社会主义经济关系最初的制度表达也得以完成。在这个意义上，这为后来的改革开放奠定积累了必要的物质技术基础和政治经济基础②。而改革开放进程中，社会主义市场经济体制确立基础上公有制为主体、多种经济形式并存的社会主义基本经济制度，对改革开放前单一公有制的社会主义经济制度的第二次否定，并非对中华人民共和国成立初期过渡期亦公亦私、公私结合的多种经济形式混存的经济制度的简单回归，而是在改革开放凝聚了"发展共识"新的历史背景下，在重新认识唯物史观关于生产力与生产关系辩证关系的基础上，匡正改革开放前"生产力—生产关系—上层建筑"的反向向前推进即上层建筑反作用逻辑为主的内部封闭静态循环，调整为改革开放后"生产力—生产关系—上层建筑"的正向向后推进即生产力的决定逻辑为主的开放动态演进，在嵌入生产力—生产关系—上层建筑系统结构互动机制中适应性调整的创新发展：公有制与市场经济有机结合，形成和完善公有制和按劳分配为主体、多种经济和分配形式并存，社会主义市场经济体制运行的基本经济制度系统及其经济制度体系。其促进了中国经济的长期快速增长和人们生活的极大改善及其全社会福利的极大增进，是社会主义初级阶段经济制度自我完善的"中国实践"。

二 中国特色社会主义基本经济制度的变迁特征及其逻辑

理解改革开放前后中国特色社会主义基本经济制度的变迁特征，其中的一个历史性视角是观察改革开放土壤中生长出的新的"生产关系适应发展观"，从而促成了由先前"生产关系自我中心观"③向"生产关系适应发展观"④的历史性转变。

以1978年党的十一届三中全会的召开为契机，中国进入经济体制改革开放的新阶段。改革始于改变传统社会主义计划经济体制及其单一公有制格局与中国社会生产力发展总体水平低、多层次、不平衡的现实经济条件的不适应性，改革使得原有"生产关系自我中心观"逐渐转变为了"生产关系适应发展观"，即改革开放前脱离中国社会生产力现实、一

---

① 《邓小平文选》第2卷，人民出版社1994年版，第167页。
② "社会主义制度的建立，是我国历史上最深刻最伟大的社会变革，是我国今后一切进步和发展的基础。"参见中共中央文献研究室编《三中全会以来重要文献选编》（下），人民出版社1982年版，第794页。
③ "生产关系自我中心观"是指偏离社会生产力水平约束，以建立起社会主义生产资料公有制绝对优势的生产关系为逻辑前提。
④ "生产关系适应发展观"是指基于现实社会生产力发展水平，以建立起既适应生产力发展客观要求的社会主义所有制及其经济形式结构为基础的生产关系体系，又保持与此相适应的经济体制、运行机制及其政策决策和实施机制的上层建筑统一的逻辑关系。

味追求社会主义生产关系疾风暴雨式的升级过渡,单纯以社会主义生产关系的建立和"一大二公三纯四平"① 的主观愿望为中心,导致社会主义生产关系长期超越生产力现实条件、阻碍了社会主义经济制度自身客观求实地探索、创建、发育和成长,其脱离中国现实国情、忽视发展社会生产力而陷入"贫穷社会主义"发展的困境,延缓和抑阻了中国社会主义建设发展的进程。同时,在客观上又为之后的改革开放提供了经验、鉴戒和动力支持,并且为始终坚持和深化改革开放积累了可供反思与创新的"思想成果、物质成果、制度成果"②。

改革正是旨在寻求社会主义生产关系适应现实生产力状况、放开单一所有制的传统意识的限制,允许与较为落后低下的、多层次的、不平衡的生产力水平相适应的个体、私营、外资等非公有制经济的存在和适当发展,促成了社会主义初级阶段公有制主体经济主导作用与非公有制经济的补充和互动为基础的中国特色社会主义基本经济制度新芽的萌发,以及适应生产力现实基础和基本国情的公有制和按劳分配为主体、多种经济和分配形式并存,社会主义市场经济体制构建的基本经济制度的确立和定型。在这一过程中,相对于发展和完善社会主义市场经济体制的要求而言,尽管仍存在着公有制实现形式创新改革的不足及其活力、创造力和竞争力不强,非公经济发展的制度供给不足与制度规范不够,公有制经济与非公经济间行业垄断体制压缩民企发展空间的一定程度上竞争的不平等性,以及按劳分配与承认要素市场化基础上按要素的市场贡献参与分配中劳动者收入不足、收入分配差距过大等诸多问题,但是,从整体上看,随着党的历次全会包括十一届三中全会、十一届四中全会、十二届三中全会,党的十二大、十三大和十四大直至二十大对改革共识的凝聚、改革领域的不断拓展和全面深入深化,总体上焕发出各经济主体利益激励的"生产性努力",激活了各要素资源的充分有效利用,从而迎来了改革开放巨变中迸发出的经济持续高速增长,各经济主体包括农民、工人和非公经济组织中劳动者收入增加的良性发展态势。

从"生产关系自我中心观"到"生产关系适应发展观",是从抽象定性社会主义公有制的先进性回到"社会主义的优越性归根结底要体现在它的生产力比资本主义发展得更快一些、更高一些,并且在发展生产力的基础上不断改善人民的物质文化生活"③,即"归根结底要看生产力是否发展,人民收入是否增加"④ 的历史唯物主义客观的"生产力标准"的依循之上,是社会主义制度评价标准走向科学尺度和价值尺度的有机统一。

三 中国特色社会主义基本经济制度的变迁绩效及其逻辑

理解改革开放前后中国特色社会主义基本经济制度的变迁绩效,以改革开放为界其制

---

① 一大是指基层经济组织,如人民公社、国营企业对规模追求越大越好;二公则是指追求公有化程度越高越好;三纯追求的是社会主义经济成分越纯越好;四平则是在分配上搞了平均主义。
② 习近平:《在纪念毛泽东同志诞辰120周年座谈会上的讲话》,人民出版社2013年版,第14页。
③ 《邓小平文选》第2卷,人民出版社1994年版,第250页。
④ 《邓小平文选》第2卷,人民出版社1994年版,第314页。

度供给和需求、制度成本和效率的关系，走过并正在经历一个典型的政府主导、纵向层级式、制度供需信息非对称非流动的单向封闭型、其政治偏好下较高制度成本和效率漏损的强制性制度变迁，转向基层诉求与政府顶层设计上下协同、制度供需信息流动的双向开放型、其"发展共识"一致性偏好下追求制度变迁长期绩效的"适应性效率"[1]、诱致性与强制性耦合联动的制度变迁历史进程。

中华人民共和国成立后选择走社会主义制度的道路，受制于当时特殊历史环境下国际国内各种复杂因素及其条件的制约，无论是"国家工业化"战略的实施、尽快重构工业及国民经济体系以巩固和加强新生政权，还是"一化三改造"的实行以促进社会主义经济制度的加快形成，以及之后实行的中央集权计划经济体制以推进国家主导的现代化建设进程，一方面发挥了资源匮乏条件下社会主义制度能够集中力量办大事的优势[2]，举全国之力，集中优势资源，聚焦特定的工程、项目、事件，才成就了"一五"时期"156项工程"和"两弹一星"等重大战略、工程跨越性、突破性、高效率的发展，迅速奠定了社会主义工业化的初步基础，铸就了中国国防安全的战略基石，并且对国家科技发展乃至整体经济社会发展都产生了深远影响；另一方面，也体现出国家凭借政权力量破除旧制度障碍、以行政命令方式强力建构起生产资料公有制占绝对优势的社会主义经济新制度的强制性制度变迁，其自上而下单向封闭的制度供给、政治制度和政治权力强势决定资源配置、缺乏基层制度需求信息来源与反馈的制约及其纠偏机制，此间制度僵化导致制度变迁的"适应性效率"长期趋于低下。

而改革开放以来经济快速增长和发展势头的背后，无不昭示出其对社会主义本质重新认知，突破传统社会主义经济理论圭臬，包括单一公有制、排斥市场等理论定式误区，作出适应生产力发展水平的"所有制结构和产权改革"、市场取向改革乃至社会主义市场经济体制确立和全方位的建设、市场决定资源配置与政府兼具"引导型与推动型"、"防护型与进取型"[3]角色及作用制度效应的初步释放。这中间，从摸着石头过河到与政府顶层设计的结合互动，从民生发展的制度需求与到政府科学发展的制度供给形成的"发展共识"一致性偏好的协调推动，从诱致性制度变迁到与强制性制度变迁的耦合联动，改革带来的"制度释放剩余"和制度变迁愈益灵活性内含的报酬递增及其自我强化机制的累积效应，逐渐形成促进长期增长中制度成本相对降低和制度效率提升的良好绩效，一定意义上其制度变迁"适应性效率"的增强，在国内外转型的横向纵向比较中都得到了多方面经验的验证。

---

[1] 诺思在《理解经济变迁过程》一书中提出，"在具有适应性效率的社会中，制度矩阵的灵活性使其能够调整来解决与根本的经济变迁相关的问题"。参见 [美] 道格拉斯·C. 诺思《理解经济变迁过程》，钟正生等译，中国人民大学出版社2013年版，第96页。

[2] 《增长的极限》的作者之一乔根·兰德斯教授认为，中国政府能集中力量办大事，不应迷信西方民主体制。这个因素是兰德斯对中国发展保持乐观态度的核心因素。转引自宋丽丹《国外看"中国道路"取得成就的主要原因》，《红旗文稿》2015年第13期。

[3] 王今朝：《关于市场配置资源决定性与更好发挥政府作用的学术认知》，中国社会科学网，2016年12月8日。防护型的"更好发挥政府作用"就是要解决中国人民由于各种内外部因素所遭受的痛苦，而进取型的"更好发挥政府作用"是为了获得中国本来可以获得的更大的利益。

第三章　中国特色社会主义市场经济体制

中国特色社会主义市场经济体制是中国特色社会主义基本经济制度的组成部分之一，体现着中国特色社会主义的重大理论与实践创新。通过创造性地将社会主义与市场经济有机结合，社会主义市场经济体制极大地促进了中国生产力发展，是中国经济发展取得成功的重要因素。通过不断夯实市场经济基础性制度、完善要素市场化配置体制机制、创新政府管理和服务方式，以及完善宏观经济治理体制等主要制度设计，高水平社会主义市场经济体制，为高质量发展提供了体制机制保障。2021年12月17日，习近平总书记在主持中央全面深化改革委员会第二十三次会议时强调："发展社会主义市场经济是我们党的一个伟大创造，关键是处理好政府和市场的关系，使市场在资源配置中起决定性作用，更好发挥政府作用。构建新发展格局，迫切需要加快建设高效规范、公平竞争、充分开放的全国统一大市场，建立全国统一的市场制度规则，促进商品要素资源在更大范围内畅通流动。"[①] 2022年10月16日，党的二十大报告指出，"构建高水平社会主义市场经济体制"[②]。在全面建设社会主义现代化国家的新征程上，更加系统完备、更加成熟定型的高水平社会主义市场经济体制，将持续激发市场活力和社会创造力，在落实社会主义经济制度本质、符合市场经济运行规律、提升经济治理体系和治理能力现代化各方面目标间形成更有效的统一，推动经济实现质的有效提升和量的合理增长，向着实现第二个百年奋斗目标奋勇前进。

第一节　社会主义与市场经济的有机结合

社会主义市场经济体制是社会主义条件下市场对资源配置起决定性作用的经济体制，是以社会主义基本经济制度为根基的经济关系，是经济体制一般和经济制度特殊的统一。社会主义经济制度与市场经济体制在实践与理论中的有机结合，既是中国特色社会主义经济建设的开创性制度成果，也是中国特色社会主义政治经济学的重大理论突破。自1979

[①]《习近平主持召开中央全面深化改革委员会第二十三次会议强调　加快建设全国统一大市场提高政府监管效能　深入推进世界一流大学和一流学科建设　李克强王沪宁韩正出席》，《人民日报》2021年12月18日。

[②] 习近平：《高举中国特色社会主义伟大旗帜　为全面建设社会主义现代化国家而团结奋斗——在中国共产党第二十次全国代表大会上的报告》，人民出版社2022年版，第29页。

年我国提出"计划调节和市场调节相结合",到 1992 年党的十四大将建立社会主义市场经济体制明确为经济体制改革的目标,直至 2019 年党的十九届四中全会将社会主义市场经济体制明确为社会主义基本经济制度的一部分。符合社会主义本质要求和现代经济运行规律的经济体制在实践中不断改革与完善。作为生产、分配、交换、消费如何有效组织的现实骨骼,建设和完善社会主义市场经济体制,是切实推动经济高质量发展的机制载体,是新时代中国特色社会主义的重大理论和实践创新。习近平总书记明确指出:"在社会主义条件下发展市场经济,是我们党的一个伟大创举。我国经济发展获得巨大成功的一个关键因素,就是我们既发挥了市场经济的长处,又发挥了社会主义制度的优越性。"[①] 本节围绕社会主义市场经济理论的形成与体制改革实践展开讨论,这其中尤为关键的是社会主义与市场经济形成有机结合的学理依据。

一 社会主义市场经济理论

社会主义市场经济理论一直是中国特色社会主义政治经济学的理论主题,社会主义市场经济体制改革则始终是中国特色社会主义建设的实践主题,二者相互融合,相互提供思想指引与经验指导,在中国实践中书写着新时代的马克思主义政治经济学。

经济体制是生产关系的具体实现形式,也是一定社会组织内部资源配置的机制、方式和结构的总和。西方经济学视角下的市场经济,表现为以个体利益激励为导向、以自发市场价格为信号的一套资源配置方式。在政治经济学的研究范式内理解市场经济体制,不仅仅关注其作为交换关系在流通过程中发挥作用,或者仅基于西方经济学意义上的物质资源配置方式加以定义,而是在价值规律作用下,各类要素相结合与技术选择的现实方式,是生产、分配、交换、消费的具体组织形式。可以说社会主义市场经济体制是中国社会主义在整个初级阶段的生产方式,兼具生产力与生产关系的统一。这也就解释了完善社会主义市场经济体制,包含从所有制到市场体系到宏观治理体制,以及民生保障、开放体制等多个方面。建立社会主义市场经济体制就是建立社会主义经济制度的现实生产方式。

(一)社会主义市场经济体制改革实践

中华人民共和国成立后,由于必须借用计划经济体制实现一个落后农业国的工业赶超,以及苏联社会主义模式的经验和理论限制,市场机制与价值规律在社会主义经济中的作用整体上是被否定的。客观看来,计划经济体制的缺点不在于国家计划部署和指导国民经济的宏观运行,而是在微观领域抑制了企业的竞争性与主动性,取消了市场主体基于各类市场信号作出技术和产品创新等决策的空间。计划经济时期,举国体制较快速地补齐了国民生产体系中钢铁、汽车、拖拉机、坦克等短板,逐步建立起相对完整的工业化体系,并确保了国家政治独立,此后如何更好地满足居民对丰富多样的消费品的需求,提升企业在国内外市场上的活力与竞争力,成为更现实的要求。

[①] 中共中央文献研究室编:《习近平关于社会主义经济建设论述摘编》,中央文献出版社 2017 年版,第 64 页。

改革开放以来，市场经济体制的建立先经历了十四年的实践与理论探索，一直在慎重地构建市场机制与社会主义的适配性。随着城市部门改革和企业制度改革紧迫性增强，提升企业活力成为经济改革最突出的任务。赋予企业自主决策生产与分配的制度空间、基于市场经济的产权关系建立现代企业制度，都要依靠完善的市场环境和制度体系来运行。1979年中国提出了"计划调节和市场调节相结合，以计划调节为主"的方针，第一次使市场调节在经济体制中取得了一席之地。1982年党的十二大提出"计划经济为主，市场调节为辅"。1984年党的十二届三中全会提出"社会主义是公有制基础上的有计划的商品经济"，并强调改革是为了建立充满生机的社会主义市场经济体制，增强企业活力是经济体制改革的中心环节。1987年党的十三大进一步提出，"社会主义有计划的商品经济体制应该是计划与市场内在统一的体制"，要"按照所有权经营权分离的原则，搞活全民所有制企业"。在1992年党的十四大之前，邓小平明确了市场经济作为社会主义生产力发展的"手段"可以为社会主义经济制度所使用，"社会主义基本制度确立以后，还要从根本上改变束缚生产力发展的经济体制，建立起充满生机和活力的社会主义市场经济体制，促进生产力的发展"[①]。1992年10月召开的党的十四大明确提出，中国社会主义初级阶段的经济是社会主义市场经济，"我们要建立的社会主义市场经济体制，就是要使市场在社会主义国家宏观调控下对资源配置起基础性作用"。

20世纪末21世纪初，进一步完善社会主义市场经济体制，使其作为持续增长特别是高质量发展的基础成为改革目标。2012年党的十八大提出，"到了2020年要建成比较完善的社会主义市场经济体制"。2013年党的十八届三中全会强调："经济体制改革是全面深化改革的重点，核心问题是处理好政府和市场的关系，使市场在资源配置中起决定性作用和更好发挥政府作用。"2019年党的十九届四中全会将市场经济体制上升为社会主义基本经济制度的一部分，经过二十多年发展实践，中国社会主义市场经济体制不断健全完善，但在一些方面仍存在束缚市场主体活力、阻碍市场和价值规律充分发挥作用的弊端。经济高质量发展也对加快完善社会主义市场经济体制提出了更高要求。2020年5月18日，中共中央、国务院发布《关于新时代加快完善社会主义市场经济体制的意见》，提出"坚定不移深化市场化改革，扩大高水平开放，不断在经济体制关键性基础性重大改革上突破创新"，并从八个方面详尽地明确了如何构建更加系统完备、更加成熟定型的高水平社会主义市场经济体制。

2022年3月25日，中共中央、国务院发布《关于加快建设全国统一大市场的意见》，立足于全面构建新发展格局的背景，突出进一步巩固和扩展市场资源优势，持续推动国内市场高效畅通和规模拓展。为此，特别强调了加快建立全国统一的市场基础制度规则，打破地方保护和市场分割，推进市场硬件与软件设施的高标准联通，打造统一的要素和资源市场，推进商品和服务市场高水平统一，推进市场监管公平统一，进一步规范不当市场竞争和市场干预行为。2022年10月16日，党的二十大报告将"构建高水平社会主义市场经

[①] 《邓小平文选》第3卷，人民出版社1993年版，第370页。

济体制"明确为构建新发展格局、推动高质量发展的体制保障,并强调"构建全国统一大市场,深化要素市场化改革,建设高标准市场体系。完善产权保护、市场准入、公平竞争、社会信用等市场经济基础制度,优化营商环境"[1]。统一超大规模市场对深化分工、生产效率提升、市场规模扩容产生了重要的支撑,并因此对构建以国内大循环为主体、国内国际双循环相互促进的新发展格局具有极强战略意义。

建设社会主义市场经济体制的历史进程,既包含了"自下而上"的微观主体如何发展生产力的现实诉求,又表现为党的正式文献对生产力发展经验的总结、推广。中国改革发展的历史经验已经显示,把社会主义制度和市场经济有机结合起来,不断解放和发展社会生产力是中国特色社会主义经济制度的显著优势。同时,围绕二者为什么可以融合的学理依据始终是政治经济学的经典问题。

(二)社会主义市场经济理论演进

自社会主义制度建立以来,中国对于社会主义能否与市场经济相融合的探讨就始终在进行中。中华人民共和国成立伊始,我国的计划经济不是建立在资本主义经济高度发达基础上,不是要解决生产社会化与生产资料私人占有的矛盾,而主要是为了加快工业化步伐,即解决工业化的资金积累问题、优先发展重工业问题、高积累率下的社会稳定问题等。计划经济的上述任务,在一定程度上使得计划经济本身的作用不是体现在能否准确计算社会生产与需求之间的平衡和资源的最佳配置,而是表现为最大限度地动员社会资源,加速工业化步伐,实现赶超战略;而市场经济恰好表现为千百万生产者和消费者基于瞬息万变的信息作出决策而发生的生产、交易、消费的活动,通过价格向参与者传递关于各种商品和服务的相对稀缺程度的信息;竞争性市场通过奖励成功和惩罚失败提供了一套分散化的激励体制。这套机制体现为,微观经济越活,宏观经济的创新潜能、增长空间越大。

公众和理论界易于接受利用市场机制搞活经济,这是因为计划与市场关系、政府与市场关系,是从资源配置角度和经济运行机制出发的实践问题。而针对社会主义制度(特别体现为公有制)与市场经济体制能否且如何有机结合,属于对基本经济制度问题的更深刻探讨,一直在国内外理论界引起高度关注和激烈争论。究其原因,市场经济条件下的生产和交换活动,以对明晰的产权关系的保护为前提,"他们必须承认对方是私有者。这种具有契约形式的法的关系,是一种反映经济关系的意志关系"[2]。面对马克思这样明确的表述,一些研究者对于市场经济与社会主义公有制的兼容性始终持有谨慎的态度。

然而,马克思也在《资本论》第一卷中客观地指出,市场经济中的商品生产与流通是不同社会制度中所共有的经济现象,从它本身不能了解任何一个社会经济运动的规律和全貌,"商品生产和商品流通是极不相同的生产方式都具有的现象,尽管它们在范围和作用方面各不相同。因此,只知道这些生产方式所共有的、抽象的商品流通的范畴,还是根本

---

[1] 习近平:《高举中国特色社会主义伟大旗帜 为全面建设社会主义现代化国家而团结奋斗——在中国共产党第二十次全国代表大会上的报告》,人民出版社2022年版,第29页。

[2] 《马克思恩格斯选集》第2卷,人民出版社2012年版,第127页。

不能了解这些生产方式的本质区别,也不能对这些生产方式作出判断"①。这表明商品交换关系与其所在的生产方式并非同质概念,不能被混同。

20世纪80年代前后,市场社会主义理论在苏联和东欧等社会主义国家的经济改革中一度处于核心位置,其基本思想是认为社会主义与市场机制不是对立的,而是可以统一起来,市场机制的效率和社会主义的平等可以相结合。以约翰·罗默、兰格等为代表的一批学者在相关领域贡献了很多重要的思想。包括社会主义经济依然需要使用价值符号,而非基于实物单位计算,需要引入市场,通过竞争获取均衡价格;进而苏联和东欧等社会主义国家出现了市场化理论与实践,如对公平与效率统一的企业制度的探讨、宏观间接控制下的自由市场模式实践等。然而,苏联解体、东欧剧变之后,一些市场社会主义理论者宣称,社会主义与市场经济无法兼容,向资本主义转变是发展市场经济的必然结果。

面对理论界的迟疑和苏联和东欧等社会主义国家的市场社会主义实践的失败,邓小平将"市场经济"归结为社会主义发展的手段,引领了中国特色社会主义建设进程中的思想解放,"不要以为,一说计划经济就是社会主义,一说市场经济就是资本主义,不是那么回事,两者都是手段,市场也可以为社会主义服务"②。邓小平这些言简意赅的阐释,一方面把市场经济与资本主义基本经济制度相离析,形成市场经济一般范畴;另一方面又强调市场经济体制必然要与一定的社会基本经济制度"结合起来",直接成就了与社会主义基本经济制度相结合的"社会主义市场经济体制"的"术语的革命"。

回归政治经济学的基本原理,市场经济体制是社会主义初级阶段完成资源配置和生产组织的必然选择。首先,市场经济体制是社会经济制度的一项基础性构造。社会分工与价值关系的运行依托于市场机制的作用。市场经济体制表现为隐藏在全部经济资源配置背后的社会劳动的组织(分工与协作)和劳动时间的节约(价值规律的作用)。在当前社会主义公有制的生产组织方式中,社会成员共有生产资料只能通过每一具体劳动者的联合,也就是企业来实现,而企业具有独立经营权,在生产资料使用上具有各自的经济利益,这就在客观上要求一种有效机制,引导企业的生产决策、确立交换依据。完全共产主义的建立必然要求超越商品生产中的分工和价值关系,然而,在全球生产力发展愈加不平衡的背景下,要在全部物质生产中实现机器对人的替代、消除旧式分工为时尚早。现有生产力发展的现实,依然表现为依靠持续分工深化提升劳动生产率水平,这意味着社会主义暂无法超越市场经济和运用一定的资本关系。市场经济的历史特征就是以物的普遍联系来维系人与人之间的全面社会分工关系。只要这一分工关系没有在生产力层面被突破,市场经济的选择就是必然。

其次,市场经济体制的建立和完善是与所有制结构的调整、分配制度改革相并行的。所有制及其实现形式的变革形成了国有企业、集体所有制企业、非公有制企业等各类市场主体,这些市场主体必须构建彼此之间的生产、交换、竞争关系,确立相应的分配依据,

---

① 《马克思恩格斯文集》第5卷,人民出版社2009年版,第136页。
② 《邓小平文选》第3卷,人民出版社1993年版,第367页。

市场机制的选择就成为必然。中国特色社会主义基本经济制度要求广泛发展市场经济，以充分发挥价值规律促进、调节经济发展的作用。不论是公有制经济还是非公有制经济，它们作为商品生产者和交换者，在社会主义市场经济中是完全平等的竞争主体。所谓市场在资源配置中起决定性作用，就是要充分发挥和利用多种所有制经济作为市场主体从事商品生产和交换的竞争作用。加快完善社会主义市场经济的重点在于完善公平竞争制度，强化竞争政策基础地位，健全产权保护制度，推进要素市场制度建设。多种所有制的市场主体通过市场竞争推动生产力发展，意味着市场经济是必备的平台。

就形成合理的分配格局而言，所有制决定分配的性质，而市场机制决定初次分配的具体方式，资本间的竞争关系、市场权力大小决定剩余价值的基本分配格局；在市场经济条件下，按劳分配的"劳"不再是劳动者在公有制企业中的实际劳动数量和质量，而是通过市场机制，由社会必要劳动时间认可的劳动数量和质量。在市场经济作为必然选择的前提下，只有完善的市场经济体制，才可能形成对不同要素贡献大小的评价标准，坚持按劳分配原则和健全劳动、资本、土地、知识、技术、管理等要素参与分配的机制才能得以建立。

总之，社会主义市场经济体制的形成是中国社会主义建设在主要矛盾转化背景下的自然选择，是进一步解放生产力和发展生产力，实现共同富裕必要选择的经济运行机制。在价值规律无法被取代的客观事实背景下，市场机制是达成供求适配、赋予微观主体创新力的基本保证。然而，大量的理论和现实问题也在持续引发关注。例如，如何确保社会主义市场经济不滋生两极分化、不引致无序竞争、不遭遇资本主义市场经济的周期性和系统性危机；市场主体的个体利益最大化目标与共同富裕目标的内在矛盾如何处理；公有制为主体是否会在充分的市场经济中遭遇冲击进而走向完全的私有化，公有制和公有资本的存在是否会导致"无资本家的资本主义"，抑或公有制为主体将削弱市场的充分竞争与有效；等等。此类问题事实上依然涉及所有制与经济体制的匹配问题，特别是公有制与市场经济的有机融合问题。党的十九届四中全会关于社会主义基本经济制度的新的阐释，对此作出了纲领性的指示。

二 作为社会主义基本经济制度组成部分的社会主义市场经济体制

党的十九届四中全会将市场经济体制正式写入基本经济制度，一方面表明中央在制度层面正式确认了市场经济体制是社会主义经济制度的一部分；另一方面市场经济体制与以公有制、按劳分配为主要标识的社会主义核心经济制度三者的关系又带来新的讨论。

首先，党的十九届四中全会把所有制关系、分配关系、交换关系一起纳入社会主义基本经济制度的范畴，符合马克思主义经济学的一般原理。所有制关系不能孤立地存在和发挥作用。由于生产、分配、交换、消费等构成一个总体的各个环节，所有制关系也会受到分配关系、交换关系的制约。如果离开了分配和交换，所有制关系包含的经济利益就无法真正实现。只有把所有制关系和与之相适应的分配关系、交换关系等看成一个相互联系、相互作用的整体，才能更加全面和准确地把握一个社会的生产关系及其基本性质。

其次，回顾改革历史，社会主义市场经济体制作为基本经济制度的组成部分，与所有制关系在定位上的并列一直贯穿于经济改革的历程中。党的十九届四中全会对基本经济制度新的表述是对新时代背景下整个社会主义初级阶段中国经济建设经验与理论的总结。例如，2007年党的十七大报告提出"完善基本经济制度，健全现代市场体系"。这里已然将所有制标识的生产关系建设和现代市场体系反映的生产力实现形式并行起来。又如，2013年党的十八届三中全会第一次提出的国家治理体系和治理能力现代化问题，是在坚持和深化社会主义市场经济体制改革的"总目标"下展开的；在政府和市场关系核心问题方面的探讨，进一步赋予社会主义市场经济体制以社会主义基本经济制度规定性。社会主义初级阶段理论和市场经济理论是邓小平对中国特色社会主义理论的两大重要贡献。社会主义基本经济制度正是在此两大理论的基础上不断充实完善发展的。社会主义市场经济体制本身具有经济基础和上层建筑的双重属性，在坚持中国特色社会主义根本制度的前提下适应了社会主义初级阶段解放和发展生产力的客观需要。

同时，在基本经济制度内部，所有制、分配制度和市场经济体制的功能也存在区分。所有制改革解决了经济发展的动力和方向问题，分配制度改革解决了推动经济发展的积极性问题，而市场经济解决了经济发展活力问题，三者关系当中所有制及其实现形式是起决定性作用的方面。习近平总书记明确指出："我们是在中国共产党领导和社会主义制度的大前提下发展市场经济，什么时候都不能忘了'社会主义'这个定语。之所以说是社会主义市场经济，就是要坚持我们的制度优越性，有效防范资本主义市场经济的弊端。"[①] 将社会主义市场经济体制纳入社会主义基本经济制度，是突出市场经济与社会主义制度的结合问题，而非市场经济本身。经济体制是经济制度的实现形式和实现载体，进入现代社会以来，经济运行的普遍载体是市场经济，但是市场经济是处在特定的社会制度中的。我们的市场经济是把社会主义制度与市场经济有机结合，发挥两方面的优势，市场经济自身并不能体现我们的制度优势，市场经济与社会主义制度结合才是我们显著的制度优势。这样的讨论使问题重新回归至在经济体制关键性基础性改革的要求愈加迫切的背景下，反映社会主义核心制度特征的公有制如何与市场经济体制更为有效的结合，既保证坚持社会主义本质不变，又克服市场风险与内在不均衡，实现更稳定与高质量的增长。

三 公有制与市场经济的有机结合

经过长期理论研究与实践经验的探索，理论界已普遍达成共识的是，公有制与市场经济是否可以结合，实际上是社会主义的本质能否且如何通过市场经济得到实现的问题。社会主义本质既体现在其生产资料所有制层面，也体现在其最终的生产目的，即以人民利益

---

① 中共中央文献研究室编：《习近平关于建设社会主义经济建设论述摘编》，中央文献出版社2017年版，第64页。

为中心,通过更为均衡和充分发展实现共同富裕。社会主义根本目的的实现离不开市场经济,以使财富的源泉充分涌流,为个人自由全面的发展和社会的共同富裕奠定物质基础。但同时,社会主义本质的实现又不能完全依赖于市场经济。一般的市场经济遵循竞争原则,即货币作为最高权力对资源进行分配,无法自然导向共同富裕的结果,必须依靠公有制对公有资本收益的调配能力,在分配和再生产等环节,为共同富裕建立可能。

（一）公有制与市场经济的对立统一关系

认可公有制与市场经济可以有机结合,以承认其"对立统一"关系为前提,二者的结合既要遵循市场经济的规律,又要体现社会主义本质要求。传统社会主义理论只看到公有制与市场经济对立的一面,排斥商品货币关系和市场作用,抑制了经济运行的活力;伴随社会主义市场经济体制发展,同样不应忽视公有制与市场经济之间的矛盾,不能淡化社会主义制度对集体利益和共同富裕的本质要求。深刻把握公有制与市场经济在对立统一中实现有机结合的内在逻辑,才能深刻理解社会主义市场经济体制的精髓[①]。

社会主义市场经济体制,是在社会主义公有制基础上,使市场在社会主义国家宏观调控下对资源配置起决定性作用的经济体制,除了具有市场经济的一般特征,与资本主义市场经济相比,它始终具有反映社会主义制度本质的鲜明特征,其中最为关键的就是社会主义市场经济是公有制为主体的市场经济,决定着社会主义市场经济的性质和发展方向。资本主义市场经济内生的两极分化、公共品供给不足、经济运行和发展不均衡、经济金融化倾向、失业加剧乃至危机频发等问题,都被期望在社会主义公有制为主体的基础上得到消解。

对于公有制企业而言,不能因为实施市场经济体制而丢失其社会主义的属性,而是要进一步增强。公有制企业不能只追求微观效率即利润最大化,还必须满足社会公共利益,承担社会责任,包括保障民生需求、推动自主创新、增进社会的宏观效率等。例如,在新冠疫情期间,保障紧缺医疗物资的供应;面对新一轮科技革命,极力推动中国产业链提升和产业体系现代化;等等。公有制企业的经济剩余不属于任何个人或集团,而是属于社会的公共积累,由社会共享。国家以所有者身份获得公有制企业的资本收益,并用于社会公共利益的增进。

在社会主义经济制度与市场经济体制结合问题上,既要发挥市场经济的长处,又要彰显社会主义制度的优越性;既要遵循市场经济运行的规律,又要体现党对经济工作的领导这一社会主义制度优越性的本质规定。在同基本经济制度融合起来的过程中体现市场经济的"社会主义"的根本性质,使完善的社会主义市场经济体制成为加强国家治理体系和治理能力现代化的制度保障。生产资料公有制是社会主义经济关系中支配一切的经济权力,是社会主义市场经济体制融入和生成社会主义基本经济制度规定的根据和条件。因而,社会主义市场经济体制建设面临的基础问题是,怎样使公有制通过市场机制得到更有效的实现,且在二者的有效兼容中系统应对和避免资本主义市场经济面临的危机,并发挥社会主

[①] 张宇:《中国特色社会主义政治经济学》,中国人民大学出版社2016年版,第150页。

义市场经济更强的效率优势和风险应对能力。

（二）公有制在市场经济体制中的实现形式创新

公有制与市场经济的结合，是改革开放以来中国经济获得快速增长的制度与体制根基。社会主义市场经济是公有制为主体的市场经济，这不只是理论命题，更是实践问题。公有制经济的实现形式和体制机制需要随着生产力发展和市场经济的客观要求不断改革完善，针对市场机制与传统公有制模式的不兼容，改革开放以来，中国国有企业改革以增强企业活力为起点，先后经历放权让利、制度创新、战略性调整和分类推进改革等阶段，与市场经济的融合日益紧密，在市场竞争中不断发展壮大。同时，社会主义政治经济学的理论发展也与之并进。例如，产权概念的丰富与产权制度的建设。传统的所有权概念体现的是政治经济学的理论属性，而经营权、收益权、承包权等产权关系的建立，更多地具有市场契约的实践属性，符合市场经济发展的需求。进入新时代以来，混合所有制经济的加速发展、"管资本"为主的国有资产管理体制的建设都是公有制与市场经济相融合的具体形式创新。

市场经济体制的发展必然对多种所有制结构的实现形式提出新的要求。国有资本、集体资本、非公有资本等交叉持股、相互融合的混合所有制经济，是多种所有制经济共同发展的重要载体，也是适应市场经济体制下愈加完善的产权制度和要素市场化配置的制度安排。混合所有制的发展遵循市场逻辑，推动各领域优势资源聚集整合，是国有企业完善治理、强化激励、突出主业、提高效率所必需的——有利于国有资本放大功能、保值增值、提高竞争力，是新时代坚持公有制主体地位，增强国有经济活力、控制力、影响力的一个有效途径和必然选择；有利于各种所有制资本取长补短，相互促进，共同发展。

公有制与市场经济的有效结合，也体现在"管资本"为主的国有资产管理体制的形成与完善。一方面，国有资产管理体制是国家社会经济制度极为重要的组成部分，涉及一个国家调动一切积极因素确保国有资产保值和增值，实现对国民经济调控能力，而建立的系统组织机构和规则方法；另一方面，国有资产管理体制从"管资产"向"管资本"的转变是按照市场决定资源配置的原则，推动国有企业的市场化、专业化、国际化，通过资本运作和资产置换盘活国有资产，增强国有资产的流动性，实现国有企业投资主体多元化、经营机制市场化，加大资源整合力度，促进"资源、资产、资本、资金"良性循环。通过有效的资产运营，更大范围盘活存量、合理配置资源、为培育战略性新兴产业和重大战略性基础资产投资等提供资本支持。

2020年，中共中央、国务院发布的《关于新时代加快完善社会主义市场经济体制的意见》强调，以完善产权制度和要素市场化配置为重点，着力构建市场机制有效、微观主体有活力、宏观调控有度的高标准社会主义市场经济体制。其具体内容，如所有制建设、市场经济基础制度、市场体系建设、宏观经济治理体制建设等多是围绕着社会主义制度与市场经济体制的进一步融合展开的。

（三）公有制与市场经济有机结合的意义

公有制与市场经济的结合，是改革开放以来中国经济获得快速增长的制度与体制根基。公有资本的强大积累功能与增进人民福祉结合，引领了中国经济快速增长，这是中国特色社会主义的重要表现。

一方面，规模庞大的公有制经济主导了强有力的资本积累和基础设施投资，相比较私人资本，公有资本不会面临资本家个人在消费和投资间的选择冲突，具有更强的积累倾向，更多代表劳动者长远利益，也更愿意接受规模大、回报时间较长的投资项目，为中国建立相对独立和完整的工业体系、拥有较强学习和自主创新能力提供了基础。另一方面，日益完善的市场机制，也最大限度动员了国内、国际多种所有制经济主体的投资积极性，使民营经济、外资经济、各类混合所有制经济都进入了平等参与、公平竞争的轨道，为持续增长奠定可能。

公有制市场经济体制形成了中国经济的创新力和对资本主义经济危机一定的"免疫力"。首先，市场竞争作用下，资本对相对剩余价值的追逐构成了市场经济创新的主动能，这一机制在社会主义市场竞争过程中同样在发挥作用，市场是为创新提供导向、激励、溢价和变现的通道，社会主义生产过程中的创新发生与扩散需要市场机制。

其次，社会主义市场经济在应对收入差距、利润率下降、增长持续动能不足等方面的能力与资本主义市场经济不同。社会主义市场经济以公有制为主体，由公有资本主导，资本收益的共享权归全体人民，长期有利于劳动民主和公平分配，公有资本的积累规律不是财富与贫困的两极分化，而是缩小收入分配差距的积极因素。例如，通过完善国有企业利润上缴制度，以国有资本盈利充实社会保障基金等。保持较大份额国有资本，对于全社会的分配公平显然具有正面效益。而资本主义制度下的收入分配调节始终会面临资本与劳动在剩余价值和劳动力价值之间的零和博弈，从而无法克服资本积累一般规律带来的两极分化与生产相对过剩。

面对持续技术创新相伴随的平均利润率下降的威胁，公有制将满足人民群众的使用价值需求作为重要目标，更关注劳动者的长期利益，能够保持更旺盛的增长动力。相比较完全以获得价值和利润为目的的私人资本，公有资本对一般利润率下降有更强的承受力和适应性，能有效避免陷入资本主义自身的增长极限。因而，在更加完善的市场环境中，成熟的公有制经济将实力更强、比例更高。

在社会主义市场经济中，尽管也存在市场失灵、部分行业生产过剩，但只要公有制占据主体地位，国家作为生产资料公共所有权和社会公共利益的总代表，都需要并且能够在社会的范围内按照社会的需要调节社会再生产过程，尽可能合理地配置社会资源，使扩大再生产在满足人民需求的原则基础上运行，并成为推动经济发展的主导力量。

总体而言，坚持公有制为主体，有效防止私人对财富的垄断占有，是坚持按劳分配原则、避免收入分配严重两极分化的基础，是集中公共资源，推动基础设施、公共事业发展，推动民生建设的基础；公有制经济具备对国民经济实施强拉力的功能，特别是公有金融体系本身具有宏观调控手段的机能；保持足量的公有制比例，是社会主义国家具备宏观调控能力、冲销经济冲击乃至危机的基础。在社会主义市场经济体制中，科技创新制度和组织体系的建设、产业和区域政策体系的构建，其经济基础都在于公有制本身汇集的关键科技与金融资源。社会主义与市场经济的结合是中国成功的经验，已经成为共识。社会主义市场经济在极大地促进经济高速增长的同时，也增强了经济增长的稳定性。

中华人民共和国成立七十多年和改革开放四十多年的历史显示，社会主义市场经济最基本的特征与成功的经验就是社会主义制度与市场经济的有机结合，在中国特色社会主义的建设进程中，前者是目的、是灵魂，后者是手段、是方式。一方面，市场机制以价值规律为基础运行，在庞大的商品供需网络中，快速实现信息传递、资源调配与优胜劣汰，如果要打破商品生产交易及其依托的价值规律，另建一套产品的产销体系，在当前的经济发展阶段和全球化生产网络背景下，无疑面临超乎寻常的成本和效率损失；另一方面，只有保证社会主义制度的落实，即公有制、按劳分配等社会主义核心经济制度的稳固，才能最大限度避免资本主义市场经济条件下的无序竞争、两极分化与生产过剩，保证以人民为中心、共同富裕的目标不动摇。这构成了社会主义本质制度特征与市场经济体制的基本关系，也形成了如何完善社会主义市场经济体制的基本原则。

第二节　新时代完善要素市场化配置体制机制

新时代以来，社会主义市场经济体制改革力求在关键性基础性重大改革上突破创新，完善产权制度和要素市场化配置体制机制又是重中之重。2020年4月，中共中央、国务院发布的《关于构建更加完善的要素市场化配置体制机制的意见》强调，为深化要素市场化配置改革，促进要素自主有序流动，提高要素配置效率，进一步激发全社会创造力和市场活力，推动经济发展质量变革、效率变革、动力变革，应加快推进土地、劳动力、资本、技术、数据五大类要素市场化配置体制机制的构建，加快要素价格市场化改革，健全要素市场运行机制。2022年3月，中共中央、国务院发布的《关于加快建设全国统一大市场的意见》还纳入了全国统一的能源市场、生态环境市场的建设的意见。这些文件明确了高标准的要素市场体系如何建立，系统架构了有效市场运行所对应的制度基础设施。

一　完善要素市场化配置体制机制的前提与目标

要素市场化配置指的是在市场需求引导下，在市场公平竞争作用中，要素顺应市场机制自由流动，有效地配置于生产效率更高、利润率水平可观的行业和地区，其关键是要通过破除要素自由流动的体制机制障碍来实现资源配置方式的优化和改进。其目标是，根据不同要素的属性、市场化程度的差异和经济社会发展的需要，构建出各类要素市场化配置的体制机制。"完善产权""负面清单""公平竞争审查"三大类市场经济的基础制度，是要素市场化配置的前提条件。其目的在于构建出有效运行的市场机制，让供求、价格、竞争充分发挥作用，要素配置依据市场规则，形成市场价格，在市场竞争中实现效益最大化和效率最优化。

其中，完善产权制度通过明确人对物和利益的所有权及由其派生的归属权、占有权、支配权和使用权，规范人与人之间经济权利关系，是市场经济存在和发展的保障。明晰、透明、精简的负面清单制度划清了市场与政府的界限，"非禁即入"使资源配置、要素流动更加有规可依并快捷高效。通过落实公平竞争审查制度强化了竞争政策的基础地位；竞争机制的充分发挥是要素自由流动，形成合理市场价格的条件；公平竞争审查有助于打破行业壁垒和企业垄断，增强市场主体创新活力，提高经济运行效率。

夯实市场经济基础制度，才能破除阻碍要素自由流动的体制机制障碍。随着经济社会的发展，生产要素的种类不断拓展，从初始的劳动、土地、资本传统三要素，拓展到知识、技术、数据等新要素。既往中国要素市场体系的发展相对滞后于一般商品市场，是充分发挥市场有效性的严重短板。在加快完善社会主义市场经济体制的背景下，各类要素市场建设就成为重点。

二 完善要素市场体系建设、形成要素市场化价格

推动经济高质量发展需要经济本足够的创新能力，其制度前提之一是要有高质量的市场基础设施，推动各类要素供需匹配、合理定价，以充分激活各类市场主体的活力和不竭的创新能力。习近平总书记强调，"我国改革开放40多年来，资本同土地、劳动力、技术、数据等生产要素共同为社会主义市场经济繁荣发展作出了贡献，各类资本的积极作用必须充分肯定"[①]。劳动力、资本、土地、技术、数据等生产要素市场的改革与发展是现阶段重点工作。各类要素市场有自身特殊运动规律且相互联动，共同打造要素流通过程的基础设施。

（一）土地要素市场化配置

土地作为生产经营活动的基本物质载体，是人类一切经济活动的空间依托，也是实体经济发展不可或缺的基本生产资料，必须要通过改革畅通流动渠道，强化供给保障。土地市场建设一直以来也是中国市场体系建设中的难点和相对薄弱环节，建立统一开放的要素市场，最艰巨的就是土地市场改革的问题。当前在这一方面以下问题还十分突出：工业、商服和住宅用地价格市场化程度不一致，各类用地价格形成机制不完善，地下空间权益价格机制未形成，城乡统一建设用地市场价格形成机制缺失，土地征收补偿价格两极分化严重，农民意愿与市场需求区域差异显著，等等。

新时代以来，中国加速了农村土地制度改革，对于农业经营性用地推进了"三权"分置：土地集体所有保证了中国农村基本土地制度不变；农户的承包权保障了农民对土地依法享有占有、使用与收益的权利；受让人所享有的经营权加速了农村劳动力合理流动、提供了土地规模经营的可能性，也保障了农民土地利益。在农村建设用地方面，完善相关配套制度，制定出台农村集体经营性建设用地入市指导意见。逐步深化农村宅基地改革试

---

① 习近平：《习近平谈治国理政》第4卷，外文出版社2022年版，第218页。

点，探索农村宅基地所有权、资格权、使用权"三权"分置。全面推开了农村土地征收制度改革，构建公平合理的集体经营性建设用地入市增值收益分配制度，建设起自愿、平等、透明的农村土地资产市场。在此基础上，持续加快建立城乡统一的土地市场，增强土地管理灵活性、灵活产业用地方式、灵活土地计划指标管理。

土地要素市场化配置要使得所有取得建设或工业用地使用权的主体，都可以在符合国土空间规划的前提下，平等进入土地市场，通过公平竞价实现土地使用权转让。合理的土地价格形成机制则要完善城乡基准地价、标定地价的制定与发布制度，逐步形成与市场价格挂钩的动态调整机制。近期，深化产业用地市场化配置改革，在符合国土空间规划和用途管制要求前提下，调整完善产业用地政策，创新使用方式。鼓励盘活存量建设用地、完善土地管理体制等都是具体的政策思路。

土地市场改革是完善市场经济体制的重点工作，对于推动劳动力要素合理流动、新型城镇化建设、乡村振兴战略实施、健全城乡融合发展都是重要的撬点。在整个要素市场化配置体系中，土地要素与劳动力、资本、技术等要素之间的联动与协同机制都值得更深入的研究。

（二）劳动力要素合理畅通有序流动

劳动力市场在中国发展已久，然而受户籍、所有制等因素的影响，劳动力的自由流动和市场化配置依然面临障碍，劳动力市场分割的局面始终存在。同时，社会主义劳动力市场的运行不仅要促成劳动力供需匹配和要素定价，也要通过对劳动力的合理配置、评价，重新在生产组织中提升劳动者主体性、弘扬劳模精神和工匠精神，使劳动过程内生作为技术创新的关键渠道。

优化劳动力配置与城乡、区域经济关系的调整相并行。在城乡融合的大背景下，土地市场改革及其关联的土地收益分享、公共服务共享共建、农业现代化经营等，是推动劳动力要素在城乡间双向流动的重要基础。当下，劳动力的流动反映区域发展潜力，进而影响资金、技术的流向。在乡村振兴战略和新型城镇化建设背景下，深化户籍制度的思路要推进公共服务向常住人口平等覆盖，尽快推进劳动力在城乡、区域之间合理的对流。

面对新一轮科学技术革命，人力资源是中国竞争力提升的重要基础，是建立现代化经济体系的关键要素。为此，劳动力市场建设还要针对性地畅通劳动力和人才社会性流动渠道，健全统一规范的人力资源市场体系，加快建立协调衔接的劳动力、人才流动政策体系和交流合作机制，完善人才技术技能评价制度，加大人才引进力度，畅通海外科学家来华工作通道等。

同时，合理的劳动力价格对完善收入分配制度也起到基础性作用。在劳动力价格市场化方面，中国需要进一步健全最低工资标准调整、工资集体协商和企业薪酬调查制度，落实并完善工资正常调整机制。在强化劳动力薪酬评价由市场决定的同时，以完善的劳动法规保障劳动者合法权益。

（三）推进资本要素市场化配置

功能完备的金融体系是资本获得不竭动能的体制保证。各国发展的历史经验显示，重大技术创新的发生与扩散总是与金融制度的重大创新相关联。习近平总书记强调,"要探索如何在社会主义市场经济条件下发挥资本的积极作用,同时有效控制资本的消极作用"①。高效的资本市场通过资金盘活与资本融资,不断增强经济创新力与竞争力。当前振兴实体经济要依靠金融供给侧结构性改革提供资本支持。增加直接金融比重、降低融资成本、提高交易品种丰富度的资本市场改革又是金融供给侧结构性改革的重点。多层次资本市场建设同时是土地、劳动力、技术、数据等要素获得合理估价与充分流动的重要基础,是推动创新扩散的体制保障。

为此,加快资本市场发展需要坚持市场化、法治化改革方向,加强资本市场基础制度建设,健全具有高度适应性、竞争力、普惠性的现代金融体系,建立规范、透明、开放、有活力、有韧性的资本市场,包括完善股票市场基础制度,改革完善股票市场发行、交易、退市等制度,完善投资者保护制度,完善主板和新三板市场建设等;加快发展债券市场、扩大债券市场规模,丰富债券市场品种,推进债券市场互联互通,加强债券市场统一标准建设,增加有效金融服务供给,构建与实体经济结构和融资需求相适应、多层次、广覆盖、有差异的银行体系;主动有序扩大金融业对外开放。

对于资本价格而言,利率是货币资本的价格,也是资本市场资本定价的基础。利率市场化改革就是增加利率在市场供求下上下波动的弹性,以便通过价格变动影响资金的需求与供给。同时,还要特别提高债券市场定价效率,健全反映市场供求关系的国债收益率曲线,更好发挥国债收益率曲线定价基准作用。增强人民币汇率弹性,保持人民币汇率在合理均衡水平上的基本稳定。

(四)加快发展技术要素市场

创新驱动发展战略的实施,关键是要解决科技成果(新技术)迅速转化为现实生产力的问题。技术转移的重要路径是技术交易市场形成与配套制度完善。建立国家创新体系,基础在发挥市场导向作用,由市场为技术要素合理定价、引导流向。技术商品是知识商品,以图纸、数据、技术资料、工艺流程、操作技巧、配方等形式出现,其交易实质是产权重新划分,需要借助咨询、交流、鉴定等形式。新技术市场存在的信息不对称问题较为突出,因而加快技术要素市场发展需要一系列配套制度的完善,包括健全科技成果产权制度、深化科技成果使用权、处置权和收益权改革;完善科技创新资源配置方式;培育发展技术转移机构和技术经理人;促进技术要素与资本要素融合发展,积极探索通过天使投资、创业投资、知识产权证券化、科技保险等方式推动科技成果资本化;鼓励金融机构采用知识产权质押、预期收益质押等融资方式,为促进技术转移转化提供更多金融产品服务;支持国际创新合作;等等。只有完善技术产权、加快全国技术交易平台建设,积极发展科技成果、专利等资产评估服务,才能激发技术供给活力、促进技术要素有序流动、促进科技成果转化、激活技术经理人活力,才能为技术要素赋予合理价格。

---

① 习近平:《正确认识和把握我国发展重大理论和实践问题》,《求是》2022年第10期。

（五）加快培育数据要素市场

数据是信息社会、数字经济时代最具时代特征的生产要素。人工智能、大数据、云计算、物联网等新一代信息技术共同呈现出数据偏向性技术进步的特征，数据要素大规模地应用于生产、分配、交换、消费各环节以及制造与服务等各场景，对经济增长起到重要作用。数据的互联互通共享利用正在深刻地改变着人类社会的生产方式、生活方式和工作方式。当前中国面临工业化、城镇化、信息化同步推进，特别是信息化发展愈加迅猛的势头，数据、信息作为最关键的要素引领着资本、技术、劳动力的流动。党的十八大以来，党中央高度重视发展数字经济，将其上升为国家战略。伴随数字经济发展，数据作为独立生产要素的价值日渐凸显，为"充分发挥海量数据和丰富应用场景优势，促进数字技术和实体经济深度融合"[1]，需要加快培育数据要素市场，是全面提升数据要素价值，推进数据要素开放、流动的基础。

建立统一开放的数据市场，要点有三。首先要准确界定数据要素的产权。而数据产权的明晰要在隐私保护和数据利用之间求得平衡，需要探索建立统一规范的数据管理制度，提高数据质量和规范性，丰富数据产品；制定数据隐私保护制度和安全审查制度；建立数据资源清单管理机制，完善数据权属界定、开放共享、交易流通等标准和措施。其次要提升社会数据资源价值，培育数字经济新产业、新业态和新模式，支持构建农业、工业、交通、教育、安防、城市管理、公共资源交易等领域规范化数据开发利用的场景。发挥行业协会商会作用，推动人工智能、可穿戴设备、车联网、物联网等领域数据采集标准化，这对于推动数字经济发展无疑具有重要意义。最后要推进政府数据开放共享。优化经济治理基础数据库，加快推动各地区各部门间数据共享交换，制定出台新一批数据共享责任清单。总之，发展经济需要充分激发数据要素价值潜能，通过数字要素的合理配置，为多个行业发展提供较强的协同效应。

相比较一般商品市场，要素市场对资源配置效率，进而对经济运行效率具有决定性作用，是为经济增长重新赋能的关键；同时，各类要素市场运行的专业性、在国民经济中的联动作用也更强。因而，还需要为各类要素市场运行健全机制和组织保障。第一，健全要素市场化交易平台，如公共资源交易平台、科技成果交易平台、大数据交易市场等，规范要素交易平台治理，健全要素交易信息披露制度。第二，完善要素交易规则和服务，特别是针对性出台土地、技术、数据市场交易管理制度；鼓励要素交易平台与各类金融机构、中介机构合作，形成涵盖产权界定、价格评估、流转交易、担保、保险等业务的综合服务体系。第三，提升要素交易监管水平，在要素交易中贯彻落实公平竞争审查制度，加强信用体系建设，健全交易风险防范处置机制。第四，增强要素应急配置能力。把要素的应急管理和配置作为国家应急管理体系建设的重要内容，鼓励运用大数据、人工智能、云计算等数字技术，在应急管理、疫情防控、资源调配、社会管理等方面更好发挥作用。

高质量发展以技术进步和效率增长为主要动能。更为细致复杂的市场机制推动要素间

---

[1] 习近平：《不断做强做优做大我国数字经济》，《求是》2022年第2期。

优化组合是高质量发展需要具备的基础条件。完善要素市场化配置体制机制是建设统一开放、竞争有序市场体系的内在要求，是市场机制有效聚合要素的现实表现。推进高标准的土地、劳动力、资本、技术、数据要素市场建设，是直面土地制度改革、劳动力市场融合、金融供给侧结构性改革、科技创新制度改革、数字经济发展最现实的要求，填补了过往中国市场经济体制建设中要素市场化配置制度体系的短板，实现各要素价格市场决定、流动自主有序、配置高效公平，为高质量发展、建设现代化经济体系打下了市场经济体制基础中的基础。

第三节　新时代完善社会主义市场经济体制的框架

　　社会主义市场经济理论，是中国特色社会主义政治经济学的理论主题，不断完善社会主义市场经济体制始终是中国特色社会主义建设的实践主题。1993年党的十四届三中全会正式提出了社会主义市场经济体制的基本框架，围绕建立现代企业制度、培育现代市场体系、转变政府职能和完善宏观调控体系，以及建立社会保障体系等方面初步回答了如何建设社会主义市场经济的问题。从党的十五大到党的十九大，中国共产党坚持社会主义市场经济改革方向，不断深化对社会主义市场经济规律的认识，推进社会主义市场经济体制改革，强化了市场在资源配置中的基础性作用，并形成有利于科学发展的宏观调控体系。2013年党的十八届三中全会至十九届五中全会以来，完善社会主义市场经济体制，以充分发挥市场在资源配置中的决定性作用和更好发挥政府作用为核心，突出强调建设系统完备、更加成熟定型的高水平社会主义市场经济体制，激发各类市场主体活力，完善宏观经济治理，建立现代财税金融体制，建设高标准市场体系，加快转变政府职能，从而助推高质量发展，在提升市场有效性的同时，更好地发挥市场经济体制在基本经济制度中的作用。

　　2020年5月18日，《中共中央、国务院关于新时代加快完善社会主义市场经济体制的意见》（以下简称《意见》）正式发布，《意见》对新时代加快完善社会主义市场经济体制的目标、原则和举措进行了系统设计。通过夯实各类市场经济基础性制度，特别是产权保护、市场体系建设、要素市场化配置体制机制，提升微观主体活力的同时，也对宏观经济治理体制创新作出了极具开创性的设计，形成了新时代建设社会主义市场经济体制的完整框架内容，是当前党中央对于经济体制改革的顶层设计和系统谋划。

　　2022年3月25日，《中共中央、国务院关于加快建设全国统一大市场的意见》明确提出，进一步强化市场基础制度规则统一，建设具有统一性、开放性、竞争性和有序性特征的全国统一大市场，把国内大市场在双循环经济发展格局中的关键作用发挥出来，用足用好超大规模市场优势，实现供需间的高水平动态平衡。2022年10月，党的二十大报告着眼全面建设社会主义现代化国家的历史任务，作出"构建高水平社会主义市场经济体制"的战略部署，坚持社会主义市场经济改革方向，紧紧围绕实现高质量发展的主题，通过构建更加系统完备、更加成熟定型的高水平社会主义市场经济体制,为加快构建新发展格局、着力推动高质量发展提供强有力的制度保障。

一 新时代加快完善社会主义市场经济体制的背景与目标

社会主义市场经济体制的建设既要反映社会主义经济制度的本质,也要符合市场经济运行的一般规律,当前更要突出对推进经济治理体系和治理能力现代化的要求。特定时代背景、社会主要矛盾变化使中国在更高起点、更高层次、更高目标上推进经济体制改革。其中,"更高起点是要站在中国过去四十多年改革开放伟大成就的基础上,继往开来,对于中国未来社会主义市场经济体制完善作出新部署;更高层次是站在新时代的起点上,突破现有体制的障碍,破解中国经济社会发展过程中的不平衡、不充分问题,构建现代化经济体系;更高目标就是瞄准中华民族伟大复兴,坚定落实'两个一百年'奋斗目标,把中国建设成为富强民主文明和谐美丽的社会主义现代化强国"①。

(一)加快完善社会主义市场经济体制的历史背景

经过四十多年的探索,中国已经建立了比较完善的社会主义市场经济体制,但还存在产权制度不完善、公平竞争制度不健全、要素市场发育滞后等短板和弱项。构建高水平的社会主义市场经济体制,必须在这些关键性基础性领域实现突破和创新。当前,中国正面临着世界百年未有之大变局,社会主要矛盾也发生了变化,2020年新冠疫情的冲击对国家经济治理能力现代化提出了更高的要求。相比以往建设社会主义市场经济体制的框架内容,党的十九届四中全会后,关于社会主义市场经济体制建设的内容特点是:补齐制度短板,增强改革的系统性、整体性、协同性,解决发展不平衡不充分问题;通过加强和改善制度供给,奠定高水平发展的体制机制,进一步解放和发展社会生产力,满足人民对美好生活的新期待。

(二)加快完善社会主义市场经济体制的生产力基础

伴随新一轮科学技术革命的来临,技术范式和制度范式各自内部以及二者之间相互协调、相互协同的要求增加;随着数字经济发展,数据要素等生产要素的作用日益凸显,相关产权的界定出现新的问题。在重大技术变革的背景下,各类创新以难以想象的速度展开,对市场竞争环境、资本市场建设、法律制度完善等都提出了新的要求。前沿领域技术创新带动产业协同,推动产业链升级是高质量发展的生产力基础,而技术创新又内嵌于配套的制度范式革新中,作出了许多鼓励技术创新与产业创新的制度改革部署,尤其是在产权保护、要素配置、公平竞争等方面。《意见》明确把产权制度作为社会主义市场经济的基础性制度,包括完善自然资源资产产权制度、保护民营经济产权、完善新领域新业态知识产权保护制度试点、赋予科研人员职务科技成果所有权或长期使用权等;同时,加快培育发展数据要素市场,建立数据资源清单管理机制,完善数据权属界定、开放共享、交易

---

① 刘伟:《在新时代加快完善社会主义市场经济体制》,光明网—学术频道,2020年6月2日。

流通等标准和措施，发挥社会数据资源价值，上述举措对于推动数字经济，以及有效推动国家创新体系的发展无疑具有重要意义。

（三）实现经济治理体系和治理能力现代化的总目标

党的十九届四中全会作出了坚持和完善中国特色社会主义制度、推进国家治理体系和治理能力现代化的决定，2020年《意见》是落实决定的重要举措。新时代加快完善社会主义市场经济体制是推进增长动能、增长结构转变的制度条件，高质量发展要有高水平的制度作为保障，必须在产权制度、公平竞争制度、要素市场化配置等方面，按照更高标准推进改革，建设与高质量发展相适应的高水平市场经济体制。在资源高效配置、社会公平正义、治理体系和治理能力现代化之间获得真正的统一。

《意见》进一步明确了市场与政府的职责范围，一方面，"产权有效激励、要素自由流动、价格反应灵活、竞争公平有序、企业优胜劣汰"的三十字方针，是提升市场有效性的指南；另一方面，对构建有效协调的宏观调控新机制，优化中央和地方政府间财权事权划分，强化货币政策、宏观审慎政策和金融监管协调，健全国家公共卫生应急管理体系等多个方面作出体制设计，是完善适应国内经济治理要求的制度安排。同时，《意见》也明确提出，必须坚定不移扩大开放，推动由商品和要素流动型开放向规则等制度型开放转变，吸收借鉴国际成熟市场经济制度的经验和人类文明的有益成果，加快国内制度规则与国际接轨。在双向开放的过程中，既要全面对接国际高标准市场规则体系，也要通过开放促进自身的制度创新并发挥世界影响力，积极参与全球经济治理体系变革，提出更多中国倡议、中国方案，推动构建更高水平的国际经贸规则，为增强国内和全球经济治理能力作出了系统指示。

总体而言，高水平的社会主义市场经济体制就是要进一步适应生产力更加平衡、更加充分的发展要求，适应建成社会主义现代化强国、实现中华民族伟大复兴的要求，适应全面建成小康社会后人民对美好生活更高的要求，适应疫情冲击后的国内外经济形势变化和挑战的要求，为以国内大循环为主、国内国外双循环的流畅建立高水平的体制基础。

二 新时代加快完善社会主义市场经济体制的基本原则

如本章前述，社会主义制度与市场经济机制、规律的有机结合始终是中国发展成功经验的制度保障，也是建设社会主义市场经济体制的基本原则。新时代完善社会主义市场经济体制的系统方案，是在这一基本原则引导下展开的。

（一）思想原则

以习近平经济思想为指导，强调坚持和加强党的全面领导，使中国特色社会主义制度更加巩固、优越性充分体现。把党的领导贯穿于深化经济体制改革和加快完善社会主义市场经济体制全过程，贯穿于谋划改革思路、制订改革方案、推进改革实施等各环节，确保改革始终沿着正确方向前进。发挥党总揽全局、协调各方的领导核心作用，加强各级党委领导经济工作制度化、法治化建设，提升党领导经济工作的专业化、科学化水平，把党领导经济工作的制度优势转化为治理效能。

（二）生产关系原则

经济体制建设作为基本经济制度的一部分，市场经济体制作为社会主义初级阶段的资源配置方式也是生产组织方式，决定了公有制为主体、多种所有制结构并存和按劳分配为主体、多种分配方式并存的分配结构的实现方式。把握好社会主义市场经济改革方向，更加尊重市场经济一般规律，更好发挥政府作用，是坚持社会主义最本质生产关系，完善社会主义基本经济制度，始终坚持以人民为中心的需要。

（三）高质量发展原则

将经济体制改革作为推动高质量发展、建设现代化经济体系的制度保障。经济体制改革要发挥牵引作用，统筹推进"五位一体"的总体布局。促进改革发展高效联动，进一步解放和发展社会生产力。就当前经济发展的最现实要求来看，经济体制改革要坚持以供给侧结构性改革为主线，健全推动发展先进制造业、振兴实体经济的体制机制，更多运用市场化法治化手段，加大结构性改革力度，创新制度供给，不断增强经济创新力和竞争力，以高质量供给适应和引发新的有效需求，促进更高水平的供需动态平衡。

（四）高水平开放原则

坚持扩大高水平开放和深化市场化改革互促共进，促进商品、资金、技术、人员更大范围流通，推动由商品和要素流动型开放向规则等制度型开放转变。总结中国过去四十多年的经济改革历程，可以发现，无论是家庭联产承包责任制、国有企业改革、价格市场化改革，还是外资引入、加入世界贸易组织、"一带一路"倡议，都是通过对内改革和对外开放两种方式，互相促进、互相补充、互相支持，对于过去中国经济体制中阻碍生产力进一步发展的制度障碍进行了及时的清除，对于相关领域的经济体制进行了改革和完善。因此，当前既要吸收借鉴国际成熟市场经济制度经验和人类文明有益成果，加快国内制度规则与国际接轨，又要在确保持续的自主创新能力和制度、政策独立性的基础上，提升中国在商品、资本、技术和市场上的优势，通过高质量开放，形成以国内大循环为主体、国内国际双循环相互促进的新发展格局。

三　新时代加快完善社会主义市场经济体制的基本内容及其逻辑关联

自1992年建设社会主义市场经济体制的国策确立以来，其基本框架就包含了符合市场经济要求的现代企业制度建设，统一开放、竞争有序的市场体系建设，宏观调控体系建设，收入分配与社会保障制度建设等主要方面。与之相较，党的十九届四中全会和2020年5月发布的《意见》，一方面在已有内容的基础上，特别强化了建设以产权制度、负面清单、竞争政策为代表的市场经济基础性政策，进而构建更加完善的要素市场化配置体制机制；另一方面《意见》完全超出一般的宏观调控政策手段，明确要建立宏观经济治理体制，细化了财政、货币、就业、投资、消费、产业、区域等政策体系的内部职能分工，并将科技创新制度和组织体系、一流营商环境、社会信用体系等都纳入宏观经济治理体制中。这两大方面是对党的十八届三中全会以来，市场如何起决定作用、政府如何起更好作用的系统回答。本章第二节和本书第八章分别就完善要素市场化配置体制机制和建立宏观经济治理体制两方面展开具体研究，此处不赘。本节主要关注新时代加快完善社会主义市场经济体制的基本内容及其相互间逻辑关系。

（一）坚持两个"毫不动摇"、增强市场主体活力

基本经济制度中的所有制结构能否落实，体现在经济体制的运行当中；而企业又是市场经济最重要的微观主体，是经济体制转型的关键环节。习近平总书记强调，"市场主体是经济的力量载体，保市场主体就是保社会生产力"[1]。增强市场主体活力，是经济体创新能力和高质量发展的重要基础。其中，国有企业作为中国特色社会主义制度的重要经济和政治基础，必须增强国有经济竞争力、创新力、控制力、影响力、抗风险能力，做强做优做大国有资本；同时，民营经济是推动社会主义市场经济发展的重要力量，创造了约80%的就业，也是创新的生力军，完善社会主义市场经济体制的系统方案包含了如何激发国有企业和民营经济活力的针对性方案。

对于激发国有企业活力而言，要切实建立公有制在遵循市场经济规律下更有效的实现方式，特别突出的在于，对混合所有制改革新模式的探索，按照完善治理、强化激励、突出主业、提高效率要求，推进混合所有制改革；探索将部分国有股权转化为优先股，强化国有资本收益功能；支持符合条件的企业建立骨干员工持股、上市公司股权激励、科技型企业股权和分红激励等中长期激励机制；加快完善国有企业法人治理结构和市场化经营机制，健全经理层任期制和契约化管理，探索建立有别于国有独资、全资公司的治理机制和监管制度；对于自然垄断行业，提升自然垄断行业基础设施供给质量，严格监管自然垄断环节，加快实现竞争性环节市场化，切实打破行政性垄断，防止市场垄断。

对于激发民营经济活力而言，突出营造公平竞争的市场环境和产权制度完善。在要素获取、准入许可、经营运行、政府采购和招投标等方面对各类所有制企业平等对待，破除制约市场竞争的各类障碍和隐性壁垒；完善支持非公有制经济进入电力、油气等领域的实施细则和具体办法，大幅放宽服务业领域市场准入，向社会资本释放更大发展空间。同时，市场经济有效运行的前提之一是完善的产权制度。《意见》强调健全以公平为原则的产权保护制度，全面依法平等保护民营经济产权，依法严肃查处各类侵害民营企业合法权益的行为。这将进一步筑牢社会主义市场经济有效运行的体制基础，激发民营经济发展活力。

（二）夯实市场经济基础性制度，建设高标准市场体系、完善要素市场化配置体制机制

一直以来市场体系建设都是经济体制建设的基础内容，只有统一开放、竞争有序的现代市场体系，才能推动各类要素自主有序流动、供需匹配、合理定价，提高要素配置效率，以充分激活市场主体的活力和不竭的创新能力。《意见》强调完善产权制度、市场准

---

[1] 习近平：《在企业家座谈会上的讲话》，人民出版社2020年版，第3页。

入制度、公平竞争审查制度建设，共同作为市场体系良好运行、要素市场化配置的基础性制度。

完善的产权制度是规范和协调主体在财产占有行为及其利益关系方面的规则、准则，是形成经济行为合理性和经济生活有序化的法权基础，也是市场经济得以顺利运行的润滑剂。产权制度是社会主义市场经济的基石，也是坚持社会主义基本经济制度的必然要求。

市场准入制度表现为全面实施市场准入负面清单制度。正面清单制度对企业发展产生了众多限制因素，如限制企业进入、企业进入后面临监管过度、进入无效后造成投资损失与浪费等。负面清单有利于减少市场主体进入新业态的风险，提高企业的创新动力。负面清单为市场与政府划清界限，有助于提高市场配置资源的能力。特别是推行"全国一张清单"管理模式，建立统一的清单代码体系，维护了清单的统一性和权威性。

建立健全竞争政策实施机制，强化竞争政策基础地位。2020年12月，习近平总书记在主持中央经济工作会议时强调："反垄断、反不正当竞争，是完善社会主义市场经济体制、推动高质量发展的内在要求。"[1] 竞争政策是新时代完善社会主义市场经济体制的突出内容，体现了市场决定资源配置和政府更好发挥作用的结合。竞争政策在国家调控经济的政策体系中起基础性作用，体现在以下四个方面。首先，要素的市场化配置本质是竞争机制配置资源。市场竞争中形成的价格信号和优胜劣汰的竞争促使资源流向符合市场需要的行业和效率高的企业。经济增长由主要依靠资源投入转向创新驱动，也得靠竞争的作用，竞争是转向创新驱动的动力源。其次，市场主体的培育以竞争为基础。在制度和政策上解决公有制企业与其他所有制企业处于平等地位，各种所有制经济公平竞争，大家都平等地进入和退出市场。强化竞争政策的基础地位就是要硬化企业预算约束，使其面向市场，依靠自身的市场竞争能力的提升来保持和巩固主体地位。再次，产业政策以竞争为基础是对产业组织突出市场机制的自组织和选择作用。虽然产业政策反映政府意志，但是产业政策的实施主要依靠竞争机制：竞争性选择产业发展方向，竞争性选择鼓励发展的产业，竞争性淘汰落后产业，竞争性建立上下游产业联系。最后，强化的竞争政策包含规范竞争秩序的要求，要落实公平竞争审查制度，加强和改进反垄断和反不正当竞争执法，尤其是在"互联网+"市场迅猛发展出现一系列新的经济业态，特别需要建立和完善针对新经济业态的竞争秩序建设。

（三）创新政府管理和服务方式，完善宏观经济治理体制

宏观调控制度体系是社会主义市场经济体制的有机组成部分，是推进中国经济治理能力现代化的体制保障。社会主义市场经济体制改革与发展的历程显示，中国政府不仅仅承担古典经济学视域下市场经济的"守夜人"角色，也不仅充当凯恩斯经济学发掘到的市场不均衡时的"救火队员"角色，而且要围绕完善社会主义制度、人民利益增进的中心目标，制定发展战略规划、进行顶层设计。一方面，政府为市场主体活力提升提供一切必需的服务，建立一流营商环境、构建适应高质量发展要求的社会信用体系和新型监管机制，

---

[1]《中央经济工作会议在北京举行》，《人民日报》2020年12月19日。

做好基础制度供给和市场服务。另一方面，党的十九大以来，中国的宏观经济治理体制日渐成型，在传统的财政政策和货币政策之外，就业、产业、投资、消费、区域政策协同发力，宏观审慎和金融监管的重要性持续突出，内含了国家发展规划的战略导向作用，其目的不仅是应对市场自身无法出清、促成总量平衡，更是为社会总资本扩大再生产搭建条件、优化结构，并且避免经济运行过程中的系统性金融风险。同时，在新一轮科学技术革命背景下，科技创新制度和组织体系的构建被纳入宏观经济治理体制中，强调构建社会主义市场经济条件下关键核心技术攻关新型举国体制，建立以企业为主体、以市场为导向、产学研深度融合的技术创新体系，支持大中小企业和各类主体融通创新，创新促进科技成果转化机制，完善技术成果转化公开交易与监管体系，推动科技成果转化和产业化。"科学技术是第一生产力"，而完善的社会主义市场经济体制将推动技术创新的内生化。

（四）持续推进收入分配制度改革、完善民生保障制度

收入分配制度反映特定社会经济制度的基本性质，坚持以人民为中心的发展是社会主义制度建设的基本立场，同时，合理的收入分配格局不仅是基于社会正义的设计，还将进一步赋予经济增长新的动能。与社会主义市场经济体制相适应的收入分配制度，既要坚持按劳分配为主体，又要完善多种分配方式。为此，既要坚持多劳多得，着重保护劳动所得，提高劳动报酬在初次分配中的比重，彻底区分资本主义市场经济中资本与劳动之间利益的根本对抗关系，又要与市场化的要素配置体制机制相对应，健全劳动、资本、土地、知识、技术、管理、数据等生产要素由市场评价贡献、按贡献决定报酬的机制。初次、再次和三次分配各尽其职。

社会保障体系建设是市场经济条件下收入分配格局合理化、就业政策有效运行的重要制度基础，也是改革发展成果惠及全体人民、促进社会公平正义的关键制度。2020年新冠疫情的冲击，使完善社会保障体系和健全国家公共卫生应急管理体系的重要性进一步上升。完善的社会保障体系能为市场经济健康运行和社会安定提供基本保证。

（五）建设更高水平开放型经济新体制，以开放促改革促发展

更高水平的对外开放是伴随技术进步、国际分工深化、资源配置全球化的自然结果，在2008年国际金融危机和2020年新冠疫情冲击下，全球经济持续增长动能下降，加剧逆全球化和区域间发展失衡，国际经贸规则和经济治理格局需要重构。中国要在复杂的国际国内环境下突围，必须进一步解放思想，对接高标准国际市场规则，扩大高水平的商品、要素、制度双向流动，既要为全球经济提供新增长动力、构建更广泛的命运共同体，又要与现代化经济体系其他内容相协同服务于国内经济的高质量发展。更好地利用国际国内两个市场，以国内大循环为主，形成国内国际双循环。

（六）完善社会主义市场经济法律制度，强化法治保障

党的十八届四中全会专门明确，社会主义市场经济本质上是法治经济。当前，以保护产权、维护契约、统一市场、平等交换、公平竞争、有效监管为基本导向不断完善社会主义市场经济法治体系，是市场在资源配置中起决定作用和更好发挥政府作用的法治保障。其内容包括完善经济领域的法律法规的体系建设，加强对经济发展各项事业的法律制度的

供给，做到"有法可依"；健全执法司法对市场经济运行的保障机制，最大限度地减少不必要的行政执法的事项，还权于市场，规范行政执法行为，做到"依法用权"；全面建立行政权力制约和监督机制，实行政府权责的清单制度，进一步健全和完善重大行政决策的程序制度，完善发展市场经济监督制度和监督机制，做到"依法履职"。

（七）完善社会主义市场经济体制，要坚持和加强党的全面领导

中国共产党的领导是中国特色社会主义最本质的特征，必须发挥党总揽全局、协调各方的领导核心作用，把党领导经济工作的制度优势转化为治理效能，强化改革落地见效，推动经济体制改革不断走深走实。党对经济的领导主要是把握方向、谋划全局、提出战略、制定政策、推动立法、营造良好环境。要把党的领导贯穿于深化经济体制改革和加快完善社会主义市场经济体制全过程，贯穿于谋划改革思路、制订改革方案、推进改革实施等各环节，确保改革始终沿着正确方向前进。

新时代完善社会主义市场经济体制的方案，建立在党的全面领导的基础上，以坚持和完善中国特色社会主义制度为主要目标。针对经济体制中的短板领域，持续优化经济治理方式，系统性地建立使市场在资源配置中起决定性作用的各种基础性制度，搭建政府有效应对经济发展不充分不均衡的宏观经济治理体制，着力构建市场机制有效、微观主体有活力、宏观调控有度的经济体制，使中国特色社会主义制度更加巩固、优越性充分体现。

第四节 新时代社会主义市场经济体制中的政府与市场关系

完善社会主义市场经济体制的核心问题是正确处理政府和市场关系。随着中国社会主义市场经济体制的发展，市场化程度大幅提高，宏观调控体系也更为健全。新时代进一步处理好市场经济体制中的政府与市场关系，要坚持社会主义市场经济改革方向，更加尊重市场经济一般规律，最大限度减少政府对市场资源的直接配置和对微观经济活动的直接干预，充分发挥市场在资源配置中的决定性作用；要更好发挥政府作用，完善宏观经济治理体制，有效弥补市场失灵。

一 社会主义市场经济体制中政府和市场关系的演变发展

中国的改革开放进程就是经济体制的转型进程，核心问题是政府和市场的关系问题。要正确认识二者在市场经济运行、资源配置过程中的功能互补关系，更要立足于中国特色社会主义制度的高度认识二者之间的辩证关系。改革开放以来，中国共产党对政府和市场关系的认识经历了从计划与市场关系到政府与市场关系的探讨。

1982年党的十二大报告明确提出，我国经济体制改革坚持计划经济为主、市场调节为辅的原则，强调计划调节是基本的、主要的，市场调节是从属的、次要的。虽然这一时期仍然坚持计划经济为主的体制特征，但市场调节的引入无疑在基本经济制度层面为国有企

业改革、外资经济、民营经济的发展创造了条件，增强了经济运行的活力。1987年党的十三大提出要建立有计划的商品经济，强调新的经济运行机制是"国家调节市场、市场引导企业"，我们的任务就是要善于运用计划调节和市场调节这两种形式和手段。社会主义商品经济的发展离不开市场的发育和完善，利用市场调节绝不等于搞资本主义，公有制为按比例发展国民经济提供了制度基础。1992年党的十四大提出，要建立社会主义市场经济体制，就是要使市场在社会主义国家宏观调控下对资源配置起基础性作用。1997年党的十五大提出，使市场在国家宏观调控下对资源配置起基础性作用。2002年党的十六大提出，在更大程度上发挥市场在资源配置中的基础性作用。2007年党的十七大提出，从制度上更好发挥市场在资源配置中的基础性作用。2013年党的十八届三中全会提出"使市场在资源配置中起决定性作用和更好发挥政府作用"的理论观点。2020年党的十九届五中全会进一步明确了这一思想。这个定位，是中国共产党对中国特色社会主义建设规律认识的新突破，标志着社会主义市场经济发展进入了新的阶段。

二 处理社会主义市场经济体制中政府与市场关系的总原则

资本主义市场经济是资本主义私有制与市场经济的结合体，生产什么、生产多少、如何生产、为谁生产都是在利润最大化动力驱使下由私人资本决定的。在资本主义市场经济中，政府也在资源配置中发挥作用，但是这种作用无力改变私人资本的支配地位，无力克服资本主义生产方式的基本矛盾。在中国特色社会主义市场经济体制中，政府与市场是真正"有机统一辩证"的关系，而非西方社会经济实践和西方经济学意义上的典型二分。习近平总书记对此指出："要讲辩证法、两点论，'看不见的手'和'看得见的手'都要用好，努力形成市场作用和政府作用有机统一、相互补充、相互协调、相互促进的格局，推动经济社会持续健康发展。"[1] 立足社会主义生产关系本质，理解政府与市场关系，需要把握以下原则。

首先，以市场经济运行规律为基准，认识政府与市场的共同作用。市场经济运行的基础是价值规律，通过市场机制配置资源、调节生产。但是，市场机制的形成本身需要专门的法律体系、竞争规则、社会保障等，这些条件的形成和完善离不开政府的作用。以价值规律为基础，市场机制的有效运行是建立在有为政府的框架内的。市场经济发展不足不仅表现为市场体系不全、市场秩序混乱、价格信号扭曲，同样表现为政府能力不足、效率低下、缺乏权威。离开有为的政府制度框架，就不能形成有效市场调节，离开有效的市场调节，有为的政府调节又缺失了行动的微观基础。

其次，以社会主义基本经济制度为基础，理解政府与市场的关系。基本经济制度是一个社会经济制度的核心与基础，中国共产党对政府和市场关系的认识以及处理二者关系的实践，始终是在坚持社会主义公有制前提下进行的。如果偏离了这个前提，中国的市场经

---

[1] 中共中央文献研究室编：《习近平关于社会主义经济建设论述摘编》，中央文献出版社2017年版，第58页。

济就难以保障最广大人民群众的根本利益。市场经济内含私人劳动与社会劳动的矛盾关系，这一矛盾既为市场经济的发展提供了内在动力，也内生了否定市场经济的各种因素。例如，自由竞争导致的生产集中与垄断，两极分化加剧社会冲突，必然引致生产过剩危机的周期性爆发。市场经济所包含的弊端是其自身无法克服的，要求政府的调节作用有效发挥。社会主义与市场经济的有机结合，赋予了政府和市场关系新的特点。社会主义国家的政府与资本主义国家的政府相比，性质不同，职能不同，在经济运行中的作用方式也不同。中国是以公有制为主体的社会主义国家。习近平总书记反复强调，"使市场在资源配置中起决定性作用和更好发挥政府作用，二者是有机统一的"①。市场有效、政府有为，二者的有机结合才能体现社会主义市场经济的完整要求。

最后，以全面建设社会主义现代化国家为目标，协调政府与市场关系。社会主义政府对经济的调节不仅源自外在的行政干预，更是生产关系的内在要求。市场经济条件下，微观主体的行为目标是追求利润最大化，而公有制的生产关系要求国家按照社会的共同利益，在全社会范围内合理配置资源，保证国民经济的总体运行效率与质量。中国社会主义进入新时代，社会的主要矛盾转化为人民日益增长的美好生活需要和不平衡不充分的发展之间的矛盾。要实现更加平衡的高质量的发展，全面建设社会主义现代化国家，无法完全依靠市场调节，而是需要国家在宏观和全局上的主导作用。

三　推动有效市场与有为政府的结合

正确处理政府与市场的关系，既要做到市场有效，又要做到政府有为。一方面，市场决定资源配置是市场经济的一般规律，市场经济本质上就是市场决定资源配置的经济。健全社会主义市场经济体制必须遵循这条规律，要着力解决市场体系不完善、政府干预过多和监管不到位问题，充分发挥市场在资源配置中的决定性作用。积极稳妥从广度和深度上推进市场化改革，减少政府对资源的直接配置，减少政府对微观经济活动的直接干预，把市场机制能有效调节的经济活动交给市场，把政府不该管的事交给市场，让市场在所有能够发挥作用的领域都充分发挥作用，推动资源配置实现效益最大化和效率最优化，让企业和个人有更多活力和更大空间去发展经济、创造财富。因此，需要围绕更加尊重市场规律、增强市场活力，完善要素市场化配置体制机制，建立现代市场体系，健全一系列市场经济的基础性制度。2020年中共中央、国务院发布的《关于构建更加完善的要素市场化配置体制机制的意见》《关于新时代加快完善社会主义市场经济体制的意见》，以及2022年中共中央、国务院发布的《关于加快建设全国统一大市场的意见》正是对市场有效性作出的系统的制度保障。

另一方面，从宏观和社会角度看，市场与政府之间并非对立关系，而是相辅相成的关系。政府有为，市场才能有效。资源配置本身有宏观、中观、微观等不同层次，还有经

---

① 习近平：《习近平谈治国理政》第1卷，外文出版社2018年版，第117页。

济、政治、文化和生态等不同领域。在资源配置的微观层次和经济领域，市场发挥决定性作用。但是在资源配置的宏观层次，如供需总量平衡、行业间地区间的结构平衡、民生资源调配等领域则需要政府引导资源配置，促进发展的平衡与公平。市场是商品交换关系的总和，体现了相互独立的商品生产者之间的经济关系；政府则是社会的中心和公共利益的代表。中国是社会主义国家，政府不仅成为社会公共事务和社会经济活动的管理者和参与者，而且是广大人民群众根本利益的代表，是社会主义制度的捍卫者。为此，必须围绕更好地发挥政府作用和提高政府效率推进相关领域改革，加强和改善党对经济的领导，维护中央的权威，建立有效协调的宏观调控新机制，加快建立现代财税制度，强化货币政策、宏观审慎政策和金融监管协调，完善科技创新制度和组织体系，建立一流营商环境、社会信用体系和新型监管机制，使市场经济的运行最终更好地服务于社会主义根本任务的实现。

社会主义市场经济体制中政府的经济职能，不仅包含了现代经济中政府职能的一般性，而且更有社会主义生产关系中政府职能的特殊性与超越性。第一，政府要完成对市场经济运行所需的基础性制度的供给，即使是在自由主义经济学中，政府作为经济的"守夜人"，也需要提供市场经济的法治保障，维护市场秩序，降低交易费用、监督合同实施，以及为市场运行提供基本的公共品。第二，抵消宏观经济运行的不平衡，保持宏观经济稳定。在古典经济学和马克思主义经济之后，凯恩斯主义经济学开始认同，产品市场会出现有效需求不足的矛盾，例如投资这样重要的权力不能完全交托给私人，政府必须接过一部分投资的权力。在后发经济中，如果不能发挥政府的经济作用，将面临企业家职能稀缺、战略性基础设施落后以及知识生产不足等发展的瓶颈。为了克服这些问题，政府需要影响和改变以自由市场为基础的资源配置，并有针对性地对冲市场经济运行的宏观不平衡问题。第三，以中国社会主义建设发展实践为基础的政府经济职能的升级，突出表现为政府主导的战略性、结构性经济布局。在社会主义市场经济中，除了传统的财政政策和货币政策，还将结构性政策作为重要的宏观调控手段。此外，着眼于国家长期发展战略的"宏观战略管理"或"宏观战略投资"，在中国宏观经济政策中也发挥着很重要的作用，宏观战略投资超越了纯粹市场逻辑，与市场经济整体相嵌合，作为社会主义市场经济应对周期性危机的核心制度安排。

在社会主义市场经济体制中，政府调控要发挥总揽全局的作用。中国共产党是中国全面建设社会主义现代化的领导核心，社会主义市场经济体制建设本身是在党的领导下展开的。党领导经济的路线方针政策，体现了社会成员的根本的、全局的利益，从总体上引导着国民经济的发展方向，是国民经济发展的总依据。

社会主义政府对经济的调控不只是为了弥补市场失灵，而是包括了总量平衡、结构优化、市场有效、生态和谐、共同富裕、民生保障等多个方面，且并非局限于短期的平衡问题，而是经济的长期发展，是把总量平衡与结构优化、长期目标与短期目标有机结合起来。在中国的宏观调控政策上除了财政政策、货币政策，还配合了产业政策、区域政策、投资政策、消费政策、价格政策等政策体系，这些创新性的宏观调控思路和政策，避免了

115

中国在世界经济危机背景下经济的大起大落,促进了经济持续健康发展。

社会主义市场经济体制的建设,政府与市场关系的协调,最终目标是通过发展生产力,让人民真正得到实惠,让人民生活真正得到改善。在中国改革发展的实践中,有效市场与有为政府的协调,表现为中国经济治理体系和治理能力的现代化,为马克思主义经济学以及全人类的社会主义建设实践提供中国智慧。

四 建设高水平社会主义市场经济体制

党的十八大以来,中国社会主义市场经济体制改革围绕处理好政府和市场的关系,全方位展开、系统性推进,重要领域和关键环节改革取得决定性成果,社会主义市场经济体制更加系统完备、更加成熟定型,国家治理体系和治理能力现代化有效推进。经济体制改革在市场主体改革、市场体系改革、宏观经济治理改革、高水平开放型经济新体制改革等方面取得巨大成就。但是,当前推进高质量发展还有许多卡点瓶颈,需要在更高起点、更高层次、更高目标上推进经济体制改革,构建更加系统完备、更加成熟定型的高水平社会主义市场经济体制。

(一) 高水平社会主义市场经济体制与高质量发展之间的关系

党的二十大在基本经济制度方面的一项重大创新,是将"高水平"作为社会主义市场经济体制改革的新目标,而"高水平"目标又是在"高质量发展"的背景下提出的。二者间的关系表现为,高水平社会主义市场经济体制是高质量发展的体制机制保障,而高质量发展是高水平社会主义市场经济体制的内生动力和可靠性基础[①]。

进入新发展阶段,我国社会主要矛盾已转化为人民日益增长的美好生活需要和不平衡不充分的发展之间的矛盾,国内经济"三期叠加",国际局势深刻变化,安全风险和不确定性骤增。构建以国内大循环为主体、国内国际双循环相互促进的新发展格局,坚定走高质量发展之路,是适应中国发展新阶段要求的重大战略抉择。构建高水平社会主义市场经济体制,必须紧紧围绕实现高质量发展的主题,精准贯彻新发展理念,以高质量发展为主题,不仅能够推动经济健康稳定可持续发展,提升社会主义市场经济体制的水平,推动经济实现质的有效提升和量的合理增长。其中的基本作用机理表现为以下方面。

第一,高水平社会主义市场经济体制是高质量发展的体制机制保障。经济的高质量发展表现为供求在更高水平上的平衡,高水平市场经济体制通过深化产品市场、要素市场、资本市场、金融市场的改革,提升市场机制对资源配置的效率,提高资源整合的能力,使升级的需求和高质量供给达成高效匹配。从供给看,高质量发展表现为产业体系比较完整,生产组织方式网络化、智能化、创新力、需求捕捉力、品牌影响力、核心竞争力强,产品和服务质量高;从需求看,高质量发展应该不断满足人民群众个性化、多样化、不断升级的需求,需求引领供给体系和结构的变化,供给变革又不断催生新的需求。更系统完

[①] 丁任重等:《深入学习贯彻党的二十大精神笔谈》,《经济学动态》2022年第11期。

备、更成熟定型的高水平社会主义市场经济体制，为供需间在更高水平上的动态良性互动，建立了制度框架和政策体系。

第二，高质量发展是高水平社会主义市场经济体制的内生动力和可靠性基础。满足人民需要是社会主义生产的根本目的，也是推动高质量发展的根本力量。只有把高质量发展与高水平社会主义市场经济体制结合起来，才能动员最广大的人民群众投入高质量发展的进程中去，使社会主义现代化事业变成共同富裕的事业。一方面，让高质量发展成为亿万人民群众的自觉行动，离不开社会主义市场经济体制，人是经济体系的基本组成部分，既是消费主体，又是生产和创新的主体，是最具活力的生产要素，有效的市场机制能激发人民群众的主动性；另一方面，高质量发展意味着生产、分配、流通、消费循环通畅，是企业投资有合理回报，居民收入稳步增长的基础，而居民收入增长，才能提升其对于高质量教育、知识、科技、健康等商品与服务的需求，促进这些产业的进一步高质量发展，并通过人口素质提升，为高质量发展注入持续动能。

总之，高质量发展与高水平社会主义市场经济体制互为条件，以高水平社会主义市场经济体制为代表的中国特色社会主义制度体系，将在高质量发展中不断实现制度的自我演进与完善。

（二）构建高水平社会主义市场经济体制的基本内容

构建高水平社会主义市场经济体制，是在全面建成中国式现代化背景下，以建设现代化经济体系为直接目标，中国社会主义市场经济体制的持续升级。必须始终坚持正确的改革方向，围绕正确处理政府和市场关系，充分发挥市场在资源配置中的决定性作用，最大限度减少政府对资源的直接配置和对微观经济活动的直接干预，充分利用市场机制，实现资源配置效益最大化；更好发挥政府作用，完善宏观经济治理，有效弥补市场失灵，实现效率和公平有机统一，在高质量发展中扎实推动全体人民共同富裕。通过有效市场和有为政府更好结合，持续推进有利于提高资源配置效率的改革、有利于提高发展质量和效益的改革[①]。

第一，要坚持和完善社会主义基本经济制度。毫不动摇巩固和发展公有制经济，深化国资国企改革，加快国有经济布局优化和结构调整，推动国有资本和国有企业做强做优做大，提升企业核心竞争力；毫不动摇鼓励、支持、引导非公有制经济发展，优化民营企业发展环境，依法保护民营企业产权和企业家权益，促进民营经济发展壮大。完善中国特色现代企业制度，弘扬企业家精神，加快建设世界一流企业。

第二，构建全国统一大市场，建设高标准市场体系。完善公平竞争等市场经济基础性制度，强化统一大市场基础制度建设，推进市场基础设施互联互通，深化要素市场改革，营造各种所有制企业依法平等使用资源要素、公开公平公正参与竞争、同等受到法律保护的营商环境。支持中小微企业发展。深化简政放权、放管结合、优化服务改革。

第三，推进宏观经济治理体系和治理能力现代化。健全宏观经济治理体系，发挥国家

---

① 穆虹：《构建高水平社会主义市场经济体制》，《求是》2022年第22期。

发展规划的战略导向作用，加强财政政策和货币政策协调配合。深化金融体制改革，加强和完善现代金融监管，强化金融稳定保障体系，健全资本市场功能，依法规范和引导资本健康发展。

总之，构建高水平社会主义市场经济体制，必须准确把握建设现代化经济体系这一着力点，扎根于全面建设社会主义现代化国家的历史背景和实践要求，以完善产权制度和优化各类要素市场化配置为重点，加快建设统一开放、竞争有序的市场体系，建设创新引领、协同发展的现代化产业体系，形成体现效率、促进公平的收入分配体系，构建优势互补、协调联动的城乡区域发展体系，推进协同高效、法制健全的治理体系，建立内外循环、安全可控的全面开放体系。全面建成与新发展格局、高质量发展相适应的社会主义市场经济制度框架和政策体系。

第四章　中国特色社会主义收入分配制度

作为中国特色社会主义市场经济发展和改革的基础性制度之一,收入分配制度及其变迁带着很强的时代特征和历史逻辑。中华人民共和国成立后,我国的经济制度经历了深刻的历史变革。随着社会经济制度的变革,中国的收入分配制度也经历了深刻的演变和发展。一个社会采取什么样的分配方式,是由该社会的生产力发展水平和与之相适应的经济制度,特别是生产资料所有制的性质决定的。如马克思所言的:"所谓分配关系,是同生产过程的历史规定的特殊形式,以及人们在他们生活的再生产过程中互相所处的关系相适应的,并且是由这些形式和关系产生的。这些分配的历史性质就是生产关系的历史性质,分配关系不过表示生产关系的一个方面。"[①] 改革开放以来,中国收入分配制度改革逐步推进,破除了传统计划经济体制下平均主义的分配方式,在坚持按劳分配为主体的基础上,允许和鼓励资本、技术、管理等要素按贡献参与分配,不断加大收入分配调节力度。经过数十年的探索与实践,按劳分配为主体、多种分配方式并存的分配制度基本确立,以税收、社会保障、转移支付为主要手段的再分配调节框架初步形成,有力地推动了社会主义市场经济体制的建立。随着社会经济的发展,收入分配领域仍存在一些亟待解决的突出问题,主要是城乡区域发展差距和居民收入分配差距依然较大,收入分配秩序不规范,隐性收入、非法收入问题比较突出,部分群众生活比较困难,宏观收入分配格局有待优化。党的十九大报告提出:"坚持按劳分配原则,完善按要素分配的体制机制,促进收入分配更合理、更有序。鼓励勤劳守法致富,扩大中等收入群体。"[②] 党的十九届四中全会在论述收入分配制度时,进一步提出坚持按劳分配为主体、多种分配方式并存,并将按劳分配为主体、多种分配方式并存纳入社会主义基本经济制度,既体现了社会主义制度优越性,又同中国社会主义初级阶段社会生产力发展水平相适应,是党和人民的伟大创造。立足于构建中国特色社会主义政治经济学理论体系,面对当前中国改革发展要解决的重大问题,亟待系统研究中国特色社会主义收入分配制度的实践与理论问题。

[①] 《资本论》第3卷,人民出版社2004年版,第999、1000页。
[②] 习近平:《决胜全面建成小康社会　夺取新时代中国特色社会主义伟大胜利——在中国共产党第十九次全国代表大会上的报告》,人民出版社2017年版,第46页。

第一节 中国特色社会主义收入分配制度的演变历程

随着对社会主义本质认识由"公有制、按劳分配、计划经济、无产阶级专政"到"解放和发展生产力,实现共同富裕"的巨大转变,中国社会主义收入分配制度,也由单一的按劳分配甚至平均分配逐渐转变为"按劳分配作为主体"的"混入型"收入分配制度,进而转变为"按劳分配与按要素分配相结合"的"混生型"收入分配制度①。收入分配原则由收入分配制度决定,受收入分配机制影响,在分配制度的变迁中,对分配公平的认识也由"平均化、按需分配的结果公平"逐渐转变为"效率优先,兼顾公平"进而转变为"初次分配和再分配都要注重公平,再分配更加注重公平"的向公平端倾斜的分配原则。对公平实现途径的认识也经历了按需分配到再分配中政府分配与宏观调控机制相协调,通过税收和社会保障两大政策工具加以实现,进而到政府、市场和社会三者共同发挥作用。这里,大致介绍三个阶段的相关内容。

一 中华人民共和国成立后第一个"三十年"的艰辛探索(1949—1978年)

1949年中华人民共和国成立后至社会主义改造完成前,收入分配制度包含按劳分配、按生产要素分配、供给制等多种分配方式。这与当时社会主义改造期和国民经济调整恢复期关系密切,国营经济、个体经济、合作社经济、资本主义经济共同存在,也为这种多种分配方式并存提供了所有制基础。

1956年社会主义改造的完成意味着社会主义基本经济制度的确立,自此直到1978年,全面的生产资料公有制取缔了私人资本等其他要素取得要素报酬的基础,劳动者只能凭借劳动贡献参与收入分配,劳动者个人不具备非劳动要素,也就不可能凭借非劳动要素参与分配。这一阶段传统计划经济体制下"单一型"按劳分配成为唯一可行的个人收入分配方案。生产资料所有制向单一化的社会主义公有制经济转变的根本性变革,既构成重塑新的社会主义经济制度的逻辑起点,也构成新的社会主义收入分配制度形成的现实起点。

二 第二个"三十年"的改革发展(1978—2012年)

1978—1986年,随着个体、私营、"三资"企业等非公有经济形式的出现和快速发展,原有劳动关系的变化和新的劳资关系的产生,引起整体国民经济和国民收入分配格局的一定变化。1987年党的十三大报告提出,按劳分配为主体、其他分配形式为补充,并明确资本等非劳动要素参与收益分配的合法性。1992年,党的十四大确立了中国经济体制改

---

① 刘灿等:《中国特色社会主义收入分配制度研究》,经济科学出版社2018年版,第251—260页。

革的目标是建立社会主义市场经济体制，收入分配制度随之进行适应性调整和创新，按劳分配保证公平、按要素分配提升效率这二者的有机结合日益显著。2002年，党的十六大报告确定了"全面建设小康社会"的目标，要求"理顺收入分配关系"，明确强调"确立劳动、资本、技术和管理等生产要素按贡献参与分配的原则"，"初次分配注重效率，再次分配注重公平"。收入分配制度改革，表现出既是对过去改革成果的肯定，又为解决改革过程中出现的新问题提供指导的特点。随着市场化改革的推进，收入差距扩大化趋势更加突出，社会公平问题难以回避。2007年，党的十七大报告进一步强调了"2020年建成小康社会"的目标，明确指出"合理的收入分配制度是社会公平的重要体现"。在不断完善社会主义市场经济体制的过程中，"要坚持和完善按劳分配为主体、多种分配方式并存的分配制度，健全劳动、资本、技术、管理等生产要素按贡献参与分配的制度，初次分配和再分配都要处理好效率和公平的关系，再分配更加注重公平。逐步提高居民收入在国民收入分配中的比重，提高劳动报酬在初次分配中的比重"。

三　中国特色社会主义新时代（2012年至今）

中国在2011年前后超越日本，成为世界第二大经济体，但同年官方公布的基尼系数为0.477，超过了国际警戒水平，说明国家重视效率的制度设计在促进经济增长的同时，也带来了较大的收入差距，极不利于全面建成小康社会与共同富裕目标的实现。实际上，可以发现，"让一部分人先富起来"的政策已经完成任务，应逐步转向"实现共同富裕"的政策，这也意味着社会主义市场经济体制下的基本收入分配制度应继续调整优化以适应新时期、新阶段的经济社会发展要求。

2012年，党的十八大报告指出，"要加快完善社会主义市场经济体制"，与之相适应，"要完善按劳分配为主体、多种分配方式并存的分配制度"。相较于以往，此次会议更加关注基本收入分配制度的深入优化，创新之处较为显著。一是将完善收入分配制度的根本目标具体化为"实现发展成果人民共享"。二是实现该目标"必须深化收入分配制度改革"，具体来说要做到"两个同步、两个提高"，即"努力实现居民收入增长和经济发展同步、劳动报酬增长和劳动生产率提高同步，提高居民收入在国民收入分配中的比重，提高劳动报酬在初次分配中的比重"。三是"初次分配和再分配都要兼顾效率和公平，再分配更加注重公平"，表明国家在对待效率与公平的关系上更加侧重公平。四是首次明确"完善劳动、资本、技术、管理等要素按贡献参与分配的初次分配机制，加快健全以税收、社会保障、转移支付为主要手段的再分配调节机制"。五是进一步鼓励居民收入多样化，强调要"多渠道增加居民财产性收入。"

党的十八大报告明确强调："实现发展成果由人民共享，初次分配和再分配都要兼顾效率和公平，再分配更加注重公平。"这说明在城乡居民收入分配方面，国家再次偏向公平端，且更加侧重公平。"蛋糕"不断做大了，还要把"蛋糕"分好，以促进公平正义。党的十八届五中全会进一步提出了"共享发展理念"，认为共享发展是注重解决社会公平正义问题。至此，社会主义市场经济体制深入发展过程中，中国在解决缩小收入差距，维系社会公平正义问题方面的重视程度达到了前所未有的高度。

与共享发展理念指导下侧重公平的分配原则相适应，国家在具体的收入分配措施上更是加大了国民收入分配格局的调整力度。超过 7000 万规模的农村贫困人口被认为是全面建成小康社会的短板之一，也是造成收入差距和阻碍共同富裕的重要原因，从而脱贫攻坚成为"十三五"时期的工作重点之一；党的十八大以来实施的中央八项规定和以零容忍态度惩治腐败将打击非法非正常收入、规范收入分配秩序落到实处，促进了社会公平正义。

2019 年，党的十九届四中全会审议通过《关于坚持和完善中国特色社会主义制度 推进国家治理体系和治理能力现代化若干重大问题的决定》（以下简称《决定》）。《决定》将社会主义分配制度上升为社会主义基本经济制度，凸显了分配制度对推动高质量发展的重要性。从全球看，当前保护主义、民粹主义回潮，与一些国家尖锐的分配问题密切相关。从国内发展看，中国如何分好不断做大的蛋糕，还有很多工作要做。中国仍处于并将长期处于社会主义初级阶段，社会主义分配制度既要最大限度激发活力，鼓励艰苦奋斗，勤劳致富，又要确保人民群众共享改革发展成果，逐步实现共同富裕。《决定》提出按劳分配为主体、多种分配方式并存的分配制度，从初次分配、再分配和第三次分配三个方面，对完善社会主义分配制度提出明确要求①。

第一，完善初次分配制度，充分发挥市场作用。一是强调按照各生产要素对国民收入贡献的大小进行分配，坚持多劳多得，着重保护劳动所得，增加劳动者特别是一线劳动者劳动报偿，提高劳动报酬在初次分配中的比重。二是强调市场机制在初次分配中的主要作用，提出健全生产要素由市场评价贡献、按贡献决定报酬的机制，继续推进实现居民收入增长与经济发展同步、劳动报酬增长与劳动生产率提高同步。三是把知识、技术、管理、数据等作为生产要素，特别是首次将"数据"增列为生产要素，体现了现代经济增长的新特征新趋势，体现了收入分配制度尊重劳动、尊重知识、尊重人才、尊重创新的导向。

第二，健全再分配调节机制，更好发挥政府和社会作用。一是在初次分配的基础上，通过税收、社会保障、转移支付等主要手段，对部分国民收入进行重新分配，合理调节城乡、区域、不同群体间分配关系。二是突出税收在调节收入分配中的作用，提出完善直接税制度并逐步提高其比重。三是随着中国经济发展和社会文明程度不断提高，全社会公益慈善意识日渐增强，民间捐赠、慈善事业、志愿行动等第三次分配方式在济困扶弱中的作用不断加大，对再分配起到有益的补充作用。《决定》提出，鼓励勤劳致富，保护合法收入，增加低收入者收入，扩大中等收入群体，调节过高收入，清理规范隐形收入，取缔非法收入。这有助于形成强大国内市场、推动经济高质量发展、维护社会和谐稳定，有助于形成正确的激励导向，有助于推进收入分配的法治化水平。

2021 年，习近平总书记在庆祝中国共产党成立 100 周年大会上庄严宣告，"经过全党

---

① 谢伏瞻等：《完善基本经济制度 推进国家治理体系现代化——学习贯彻中共十九届四中全会精神笔谈》，《经济研究》2020 年第 1 期。

全国各族人民持续奋斗，我们实现了第一个百年奋斗目标，在中华大地上建成了小康社会，历史性地解决了绝对贫困问题，正在意气风发向着全面建成社会主义现代化强国的第二个百年奋斗目标迈进"①。但是中国"城乡区域发展和收入分配差距仍然较大"②。

党的二十大报告中指出，"构建高水平社会主义市场经济体制"，同时，要"坚持按劳分配为主体、多种分配方式并存，构建初次分配、再分配、第三次分配协调配套的制度体系"③。首先，在保持"两个同步"的基础上，"努力提高居民收入在国民收入分配中的比重，提高劳动报酬在初次分配中的比重。坚持多劳多得，鼓励勤劳致富，促进机会公平，增加低收入者收入，扩大中等收入群体"④，以鼓励勤劳致富推动收入结构优化，"完善按要素分配政策制度，探索多种渠道增加中低收入群众要素收入，多渠道增加城乡居民财产性收入"⑤。其次，始终将分好蛋糕放在重要的位置，协调初次分配、再分配、第三次分配的制度体系，"加大税收、社会保障、转移支付等的调节力度。完善个人所得税制度，规范收入分配秩序，规范财富积累机制，保护合法收入，调节过高收入，取缔非法收入。引导、支持有意愿有能力的企业、社会组织和个人积极参与公益慈善事业"⑥。坚持在发展中保障和改善民生，实现好、维护好、发展好最广大人民根本利益。

第二节　按劳分配与多种分配方式并存

马克思在《〈政治经济学批判〉导言》中指出，社会的生产与再生产是由生产、分配、交换和消费四个环节构成的有机整体。"分配关系和分配方式只是表现为生产要素的背面。个人以雇佣劳动的形式参与生产，就以工资的形式参与产品、生产成果的分配。分配的结构完全决定于生产的结构。分配本身是生产的产物，不仅就对象说是如此，而且就形式说也是如此。就对象说，能分配的只是生产的成果，就形式说，参与生产的一定方式决定分配的特殊形式，决定参与分配的形式。"⑦除了产品的分配，生产资料所有制关系本身就是一种特殊的分配关系，因为"它是（1）生产工具的分配，（2）社会成员在各类

---

① 习近平：《在庆祝中国共产党成立100周年大会上的讲话》，人民出版社2021年版，第2页。
② 习近平：《高举中国特色社会主义伟大旗帜　为全面建设社会主义现代化国家而团结奋斗——在中国共产党第二十次全国代表大会上的报告》，人民出版社2022年版，第14页。
③ 习近平：《高举中国特色社会主义伟大旗帜　为全面建设社会主义现代化国家而团结奋斗——在中国共产党第二十次全国代表大会上的报告》，人民出版社2022年版，第47页。
④ 习近平：《高举中国特色社会主义伟大旗帜　为全面建设社会主义现代化国家而团结奋斗——在中国共产党第二十次全国代表大会上的报告》，人民出版社2022年版，第47页。
⑤ 习近平：《高举中国特色社会主义伟大旗帜　为全面建设社会主义现代化国家而团结奋斗——在中国共产党第二十次全国代表大会上的报告》，人民出版社2022年版，第47页。
⑥ 习近平：《高举中国特色社会主义伟大旗帜　为全面建设社会主义现代化国家而团结奋斗——在中国共产党第二十次全国代表大会上的报告》，人民出版社2022年版，第47页。
⑦《马克思恩格斯文集》第8卷，人民出版社2009年版，第19页。

生产之间的分配（个人从属于一定的生产关系）——这是同一关系的进一步规定。这种分配包含在生产过程本身中并且决定生产的结构，产品的分配显然只是这种分配的结果"①。以上论述指出了一条关于分配的基本原理，即所有制关系决定了生产的结构，进而决定了产品的分配结构②。按劳分配与社会主义初级阶段的所有制关系也是密切相关的。

一 经典理论中的按劳分配

（一）按劳分配存在的历史阶段

在《哥达纲领批判》中，马克思放弃了早先用来描述未来社会的术语"自由人联合体"，而是经过科学的研究和实践证明使用"共产主义社会"一词，并且依据共产主义社会发展的不同成熟程度，将其分为两个阶段："从资本主义里刚刚产生出来的共产主义社会"和"在自己基础上发展起来的共产主义社会"，即"共产主义社会第一阶段"和"共产主义社会高级阶段"③。这就是后来被概括为"社会主义社会"和"共产主义社会"的两个发展阶段。这两个发展阶段存在既相区别又有联系的分配形式，在共产主义社会第一阶段，由于"它在各方面，在经济、道德和精神方面都还带着它脱胎出来的那个旧社会的痕迹"④。所以，这里个人消费品分配的原则"通行的是商品等价物的交换中也通行的同一原则，即一种形式的一定量的劳动可以和另一种形式的同量劳动相交换"⑤。也就是说，劳动者个人消费品的分配必须实行按劳分配。因为，"权利永远不能超出社会的经济结构以及由经济结构所制约的社会文化发展"⑥。只有到了共产主义社会高级阶段："在那个时候，才能完全超出资产阶级权利的狭隘眼界，社会才能在自己的旗帜上写上：各尽所能，按需分配！"⑦

（二）按劳分配实现的基本条件

针对拉萨尔的折中主义的分配理论，马克思加以批驳，认为生产资料的占有最终会决定消费资料的分配。他指出："消费资料的任何一种分配，都不过是生产条件本身分配的结果。而生产条件的分配，则表现生产方式本身的性质。例如，资本主义生产方式的基础就在于：物质的生产条件以资本和地产的形式掌握在非劳动者手中，而人民大众则只有人身的生产条件，即劳动力。既然生产的要素是这样分配的，那么自然而然地就要产生消费资料的现在这样的分配。如果物质的生产条件是劳动者自己的集体财产，那么同样要产生

---

① 《马克思恩格斯文集》第8卷，人民出版社2009年版，第20页。
② 方敏：《不断完善中国特色社会主义新时代的分配关系》，《政治经济学评论》2018年第2期。
③ 《马克思恩格斯文集》第3卷，人民出版社2009年版，第435页。
④ 《马克思恩格斯文集》第3卷，人民出版社2009年版，第434页。
⑤ 《马克思恩格斯文集》第3卷，人民出版社2009年版，第434页。
⑥ 《马克思恩格斯选集》第4卷，人民出版社2012年版，第950页。
⑦ 《马克思恩格斯选集》第3卷，人民出版社2012年版，第365页。

一种和现在不同的消费资料的分配。"① 那就是在社会主义公有制条件下，即"在一个集体的、以生产资料公有为基础的社会里"②，劳动者的消费品分配才能实行按劳分配，"以一种形式给予社会的劳动量，又以另一种形式全部领回来"③。显然，在这里生产资料私有制已经彻底消亡，劳动者"除了自己的劳动，谁都不能提供其他任何东西"，"除了个人的消费资料，没有任何东西可以转为个人的财产"④。按劳分配的实行即成必然。同时，在共产主义社会第一阶段实行按劳分配，与此阶段在"经过长久的阵痛刚刚从资本主义社会产生出来的共产主义社会第一阶段，是不可避免的"⑤。也就带有它脱胎出来的那个旧社会的各种痕迹，劳动者还固定在旧的社会分工之中，存在着明显的劳动差别，劳动还是人们谋生的手段，具有很大的强制性，只能以劳动的多少来衡量人们劳动的报酬。因此，在旧的社会分工的条件下，有必要实现按劳分配。

（三）按劳分配的对象

对拉萨尔等提出的"公平分配劳动所得"和"不折不扣的劳动所得"，马克思也给予了彻底的批判。马克思认为，"'社会一切成员'和'平等的权利'显然只是些空话"⑥。即便是共产主义社会，要实现"公平分配劳动所得"和"不折不扣的劳动所得"均是空想。马克思依据社会总资本再生产理论，来阐明对于劳动者集体共同生产出来的社会总产品分配。为了保证社会主义社会再生产的不断进行，社会总产品在用作个人消费资料分配之前，必须进行两大类六个方面的扣除。一是要扣除用于补偿生产资料的物质损耗部分。二是扣除用来实现扩大再生产的追加部分，即仍需要保留一定的社会总产品作为积累的部分。三是扣除用来应对各种社会事故和自然灾害的后备基金或保险基金。社会总产品完成上述三项扣除，从价值形态看大部分（二、三项扣除）成为积累基金，余下的相当于国民收入成为消费基金。对这部分进行个人分配之前，还要进行三项扣除：一是和生产没有直接关系的一般管理费用；二是用来满足共同需要的部分，如学校、保健设施等；三是为丧失劳动能力的人等设立的基金，就是属于官办济贫事业的部分。进行了这两大类六项扣除之后，根据社会成员为社会提供的劳动量来分配社会总产品中的个人消费品。所以，未来社会个人消费资料的分配，并不是拉萨尔派所说的"不折不扣的劳动所得"，而是"有折有扣的"。

（四）按劳分配的直接尺度

在《哥达纲领批判》中，马克思提出了按劳分配以"劳动"为分配尺度，由此论及了分配的具体形式。他指出："每一个生产者，在作了各项扣除之后，从社会方面正好领回他所给予社会的一切。他所给予社会的，就是他个人的劳动量。例如，社会劳动日是由

---

① 《马克思恩格斯选集》第 3 卷，人民出版社 2012 年版，第 365 页。
② 《马克思恩格斯选集》第 3 卷，人民出版社 2012 年版，第 363 页。
③ 《马克思恩格斯选集》第 3 卷，人民出版社 2012 年版，第 363 页。
④ 《马克思恩格斯选集》第 3 卷，人民出版社 2012 年版，第 363 页。
⑤ 《马克思恩格斯选集》第 3 卷，人民出版社 2012 年版，第 364 页。
⑥ 《马克思恩格斯选集》第 3 卷，人民出版社 2012 年版，第 361 页。

所有的个人劳动小时构成的；每一个生产者的个人劳动时间就是社会劳动日中他所提供的部分，就是他在社会劳动日里的一份。他从社会方面领得一张证书，证明他提供了多少劳动（扣除他为社会基金而进行的劳动），而他凭这张证书从社会储存中领得和他所提供的劳动量相当的一份消费资料。他以一种形式给予社会的劳动量，又以另一种形式全部领回来。"① 在这里虽然马克思没有使用"按劳分配"一词，但这就是按劳分配内涵最早的基本表述，标志了按劳分配理论的形成。从马克思的这一段表述中可以看出以下三点：一是按劳分配中"劳动"尺度的衡量是"个人劳动时间"，至于这个"个人劳动时间"又怎样成为社会劳动日的构成部分来分配个人消费资料，马克思没有进一步明确的说法，这给后来学术界留下了争论和研究的空间。二是设想按劳分配的具体形式是证明直接劳动量的"证书"，这与上述《资本论》第二卷中提出的劳动者为社会提供劳动量后借助纸的"凭证"直接分配消费品的形式是一致的。为什么不通过商品货币形式来实现按劳分配呢？这与马克思为实现按劳分配所要求的严格的社会经济条件相关。他认为，在建立了社会主义公有制的条件下"生产者并不交换自己的产品；耗费在产品上的劳动，在这里也不表现为这些产品的价值，不表现为它们所具有的某种物的属性，因为这时和资本主义社会相反，个人的劳动不再经过迂回曲折的道路，而是直接地作为总劳动的构成部分存在着"②。显然，马克思设想按劳分配实现时，社会已经直接占有了生产资料，全社会形成单一的公有制结构，商品经济不复存在，全社会经济管理实行严格的计划经济，劳动者直接与生产资料相结合，劳动者的个别劳动直接成为社会劳动组成部分，劳动时间成为社会生产和分配的直接尺度，这样对劳动者为社会提供的劳动量作了若干扣除之后，可以凭劳动的证书直接分配到个人消费资料。这与后来实现了社会主义制度后的国家通过商品经济、采取货币工资形式来实现按劳分配的情况又有很大的区别。三是按劳分配中的分配量的比例是，劳动者为社会劳动后凭借劳动的证书从社会总产品（"作了各项扣除"）中分配到和他所提供的劳动量相当的一份消费资料，这与商品等价交换通行的原则一样，即不同形式的等量劳动相交换的原则。这个按劳分配的分配量比例，"相当"和"全部领回来"是什么含义；不同形式的等量劳动相交换的原则与商品等价交换原则是什么关系——这些问题也留给后来学术界无尽讨论的话题。

（五）按劳分配的历史二重性和历史过渡性

按劳分配确立的以劳动为个人消费资料的唯一分配尺度，意味着一切有劳动能力的人必须参加劳动，才能获得相应的收入报酬，这是对千百年来不劳而获的剥削分配制度的否定，真正体现了劳动平等和收入分配上的平等，尤其比起资本主义制度下凭借占有生产资料而无偿占有剩余价值的分配制度来说是一个伟大的历史进步。同时，按劳分配"在这里平等的权利按照原则仍然是资产阶级权利"，"这个平等的权利还仍然被限制在一个资产阶级的框框里"。按劳分配体现的平等还是一种表面的平等，即"生产者的权利是和他们提

---

① 《马克思恩格斯选集》第 3 卷，人民出版社 2012 年版，第 363 页。
② 《马克思恩格斯选集》第 3 卷，人民出版社 2012 年版，第 363 页。

供的劳动成比例的；平等就在于以同一的尺度——劳动——来计量"①。事实上，"这种平等的权利，对不同等的劳动来说是不平等的权利"②。因为"它默认，劳动者的不同等的个人天赋，从而不同等的工作能力，是天然特权"③。还有由于劳动者家庭赡养人口的多寡不同，使用同一的劳动尺度来衡量他们从社会消费品中分得相同的份额，但不同家庭成员实际所得的消费品份额就不同等了。如此等等。虽然按劳分配唯以劳动为分配尺度，做到了形式上的平等，但以这个尺度来衡量所有劳动者及其家庭所获得的消费资料份额，还存在事实上的不平等。所以，按劳分配"就它的内容来讲，它像一切权利一样是一种不平等的权利"。这就是按劳分配的历史局限性，这也是社会主义社会客观历史条件规定所不可避免的。要消除这个局限性必须经过漫长的社会经济发展，人类社会逐步进入共产主义社会实现按需分配后才能达到。由此可见，按劳分配具有历史过渡性，它还要随着社会生产力发展和社会主义生产关系的变化，向更高级的分配制度及其方式转化。

二 坚持按劳分配为主体

（一）按劳分配的本质

按劳分配就是以劳动为尺度来决定劳动者的劳动报酬，体现等量劳动换取等量报酬的分配正义。也就是说，劳动是分配消费品的唯一尺度。需要指出的是，按劳分配与不劳而获是根本对立的。有劳动能力而没有通过参加劳动获得分配额度，违反了按劳动分配原则，是非正义的。需要进一步说明的是，按劳分配与平均主义也是相对立的。从人类社会发展至今的生产力水平看，平均主义是一些阶级的短视的、狭隘的、不切实际的诉求和非分之想，历史上出现的平均主义浪潮昙花一现者甚多，善始善终者盖寡。原因是什么呢？"多劳而不多得、少劳而不少得"，必然损伤劳动者的积极性，起到阻碍和破坏生产力的作用。按劳分配是人类历史发展迄今最为先进的分配制度，这种制度不承认任何阶级差别，每一个劳动者都享有等量劳动获得等量产品的权利。当然还需要指出，虽然劳动者和劳动者的劳动没有高低贵贱之别，但是，劳动者的劳动能力却有大小之分，因此，在生产力水平尚未高度发达还不能实现按需分配的阶段，坚持按劳分配还必然意味着接受一定程度上的分配结果的个体间差异。当然，这种收入分配差异、差距与资本主义私有制下的收入不平等有着天壤之别，后者体现着剥削阶级与被剥削阶级之间的阶级利益对立。

（二）坚持按劳分配的作用

首先，这有利于促进社会主义生产力的发展。劳动者的收入与劳动者的劳动付出直接关联，多劳多得，必然会有力地激发劳动者的积极性和创造力，必然会增强反映生产力发展的那些方面，如生产者技能增进、劳动者科技知识增多、生产资料的效能提高等。其

---

① 《马克思恩格斯选集》第3卷，人民出版社2012年版，第364页。
② 《马克思恩格斯选集》第3卷，人民出版社2012年版，第364页。
③ 《马克思恩格斯选集》第3卷，人民出版社2012年版，第364页。

次，这有利于社会主义公有制的巩固和发展。按劳分配本身是社会主义公有制的产物，同时又是社会主义公有制在分配领域内的实现。任何一种生产资料所有制，不能仅仅是抽象的，而必须经由一定的分配方式来实现，离开了相应的分配方式，所有制就成为空洞的和形式上的所有制。再次，这有利于培养劳动者的劳动正义自觉性。按劳分配加强了劳动者与劳动成果的直接联系，有助于劳动者对产品的生产和分配进行监督，自觉地同各种"不劳而获"的行为作斗争。最后，这有利于维持社会稳定。实际上，如同很多客观存在的分布状态，劳动者的劳动能力差异也是近乎"正态分布"，能力极高者和能力极低者出现的概率都相对小于能力一般的劳动者出现的概率。简单地说，这是一种"中间大、两头小"的分布形式。如果收入报酬与社会劳动量挂钩，在各个劳动者劳动时间大致相同的条件下，显然收入分配格局也会呈现出类似的"橄榄型"结构。很多社会科学早已认识到这种分配格局的社会经济价值，尤其是在社会稳定方面的重要意义。

（三）按劳分配的实现形式

在社会主义初级阶段，通过价值规律被市场"承认"的社会劳动才成为按劳分配的依据。再一个，不同于马克思对已消灭货币商品的未来社会的设想，社会主义初级阶段按劳分配采取货币工资的形式进行。非常值得注意的是，无论是从理论上讲，还是基于中国的国民经济事实，在社会主义的不同发展阶段，按劳分配的实现程度也是动态变化的。

按劳分配不能完全解决同工不同酬问题。因为个人在市场上提供的劳动，不一定都被市场接受，或者说不一定都会及时被社会承认，加上现实中如果市场秩序混乱还可能会扩大这种工酬偏差。按劳分配不能解决劳动效率问题。正是因为劳动的形态多重，如流动的、凝固的、潜在的形态等，无法避免出工不出力的偷懒和"搭便车"现象，还需要分配制度之外的其他辅助机制的协同作用。这也是按劳分配作为社会主义分配制度的重要支点，需要不断完善和改革的原因之一。

三 多种收入分配方式并存

（一）要素参与分配是初级阶段经济制度的内在要求

生产过程是多种生产要素包括劳动、资本、土地、技术和管理等结合的过程。要素参与分配首要体现为要素所有权在经济上的实现过程。马克思将资本主义生产方式中不同要素获得报酬的形式，归结为资本权力在剩余价值分配上的表现。何况，在尚不发达社会主义初级阶段，任何一种生产要素在物质资料生产过程中都是不可或缺的，因此对要素的激励是相当重要的。比如说，科学技术、管理技术在生产中的重要性得以发挥，就得依靠对掌握着核心技术的人才有相应的报酬激励。财富的创造不同于价值创造，资本和劳动是财富创造最重要的两种要素，缺一不可。当物质生活尚受到生产力发展水平限制的时候，对于财富创造的理论重视和实践重视，是物质积累、技术进步、劳动力再生产等方面的重要保证，是推动生产力发展的重要力量。

(二) 多种分配形式

按要素贡献分配作为中国社会主义市场经济的一项重要的收入分配制度，是改革开放和长期探索实践的结果。党的十四大以来，我国明确了建立社会主义市场经济体制的改革目标，建立和完善社会主义市场经济体制的改革不断推进。1993年，党的十四届三中全会通过的《中共中央关于建立社会主义市场经济体制若干问题的决定》指出，个人收入分配要坚持以按劳分配为主体、多种分配方式并存的制度。国家依法保护法人和居民的一切合法收入和财产，鼓励城乡居民储蓄和投资，允许属于个人的资本等生产要素参与收益分配。随着资本等非劳动生产要素在我国分配领域中所占比例迅速上升，理论上需要对按生产要素分配予以阐释。1997年，党的十五大报告提出，坚持按劳分配为主体、多种分配形式并存的制度。把按劳分配和按生产要素分配结合起来，允许和鼓励资本、技术等生产要素参与收益分配。2002年，党的十六大报告提出，确立劳动、资本、技术和管理等生产要素按贡献参与分配的原则。完善按劳分配为主体、多种分配方式并存的分配制度。2007年，党的十七大报告进一步指出，要坚持和完善按劳分配为主体、多种分配方式并存的分配制度，健全劳动、资本、技术、管理等生产要素按贡献参与分配的制度。党的十六大报告把按要素贡献分配确立为一项收入分配原则。党的十七大报告把按要素贡献分配进一步确立为一项收入分配制度。其均是坚持和完善按劳分配为主体、多种分配方式并存的分配制度的体现。党的十八大报告强调，要完善劳动、资本、技术、管理等要素按贡献参与分配的初次分配机制。

按要素贡献分配，使得中国社会主义初级阶段各类生产要素在初次分配中获得了话语权，它的基本特征是：参与分配的主体是要素所有者，依据是要素所有权；分配的客体是各种生产要素协同劳动创造出来的财富，既包括物质形态的财富，也包括价值形态的财富；分配的标准是生产要素在生产过程中的实际贡献；实现的机制是市场机制。在市场经济中，生产要素按贡献参与分配是通过市场机制来实现的，要素市场的供求状况、商品市场的价格波动等因素，对各种要素所获得的收入会产生显著的影响。按要素贡献分配遵循的是市场经济的通行法则，即平等交易、市场定价、按贡献分配，在实践中，它激发了各类经济主体参与生产的积极性。按要素贡献分配是中国社会主义初级阶段基本经济制度在分配领域生产关系上的体现。

但是，按要素分配通行的是市场经济法则。即使市场给予每个人的机会和权利是平等的，各种要素参与生产与分配过程遵守公平的市场规则，但由于个人拥有的要素禀赋以及数量不同，要素所有者获得的收入必然有差距。在生产与分配实践中，资本和劳动两大要素在各经济主体之间的分布是不均衡的。就资本要素来说，资本要素的多少不仅取决于个人的储蓄转化为投资（我们假定个人的储蓄主要来自劳动收入），还取决于资本财产的代际传递、其他非劳动途径获得收入以及投资机会等；就劳动要素来说，它有简单劳动和复杂劳动、非专用性劳动和专用性劳动、一般生产劳动和管理劳动或知识劳动之分，这些劳动又取决于个人受教育程度、工作经验的积累、先天性个人能力差异等。加之，在经济增长到一定阶段资本要素的稀缺性往往大于劳动要素的稀缺性。这些因素都影响了按要素贡献时对不同要素的市场定价，从而影响在初次分配领域中资本要素收入和劳动要素收入的差距。

改革开放以来，中国所有制结构有了重大调整和改善，已从单一公有制变为公有制为主体、多种所有制经济共同发展，形成了中国特色社会主义经济，不断解放和发展了社会生产力；公有制经济特别是国有经济在国民经济中长期处于绝对优势的地位未变，在关系国民经济命脉的重要行业和关键领域中占有支配地位，对国民经济发展仍具有较强的控制力，同时，混合所有制经济中的国有成分的比重较大增长。随着社会主义初级阶段基本经济制度的不断完善，非公有制经济迅速发展，已成为中国社会主义市场经济的重要组成部分。随着多元化的所有制结构的形成，所有制结构的变化在个人收入及财富分配领域中的直接表现就是，在这一过程中，集中于国家的财产权利向民间分散以及居民个人拥有私有财产的趋势已不可逆转。公民财产权结构的变迁过程本质上是一场人们思想意识形态和社会经济结构的嬗变，它和中国市场化改革进程相互交织，迄今仍旧处于不断变化和演进的过程中，在这一过程中所有制结构和产权制度改革对财产权结构的变化产生了巨大影响。

（三）按劳分配为主体与多种分配方式并存的关系

第一，突出按劳分配的主体地位。改革开放以来，中国经济以年均 9.8% 的速度获得了长期快速增长，但劳动报酬所占比重不仅没有随着经济增长同步提高，反而呈现不断下降的趋势。2018—2021 年城镇非私营单位就业人员年平均工资分别为 82461 元、90501 元、97379 元、106837 元；2018—2021 年城镇年人均可支配收入分别为 39251 元、42359 元、43834 元、47412 元。中国财政收入每年都大幅度增长，而职工工资总额和职工平均工资则增长缓慢。同时在居民收入中工资性收入所占比重偏低。2000 年以来，中国城镇职工工资收入占居民可支配收入的比重一直维持在 35% 左右，这就意味着职工的非工资收入约占 65%，显然，以工资收入为主的普通劳动者的收入状况堪忧。此外，劳动报酬增长速度低于企业劳动生产率和利润率增长。随着经济技术的进步，不少企业近年来的劳动生产率和利润率提高了几倍甚至十几倍，但普通职工的收入水平并没有随之同步上升，导致一线普通职工工资增长缓慢。工资增长率远低于利润增长率表明，中国企业内部分配向非劳动要素倾斜而劳动要素报酬占比较低。在一些民营企业、合资企业和外资企业就业的农民工的收入增长速度更是十分缓慢。而一个很明显的现象是，在企业内部职工分配中，经营管理者所得过高而普通员工所得过低。在国有企业中，经营管理者年收入一般是普通职工工资的 10—15 倍。企业和劳动者之间利益分配不合理存在着利润侵蚀工资、劳动者干得多挣得少的问题，这是劳动报酬在初次分配中的比重难以提高的症结所在，也是普通劳动者在收入分配中缺乏话语权的直接体现。有专家研究指出，影响劳动收入份额格局最根本的因素可归纳为经济结构转型、有偏技术进步、产品和要素市场扭曲三个方面，其他因素可通过它们间接地作用于劳动收入份额；而实证分析倾向于认为，美国和欧洲国家劳动收入份额的变动多由分行业劳动收入份额的变动解释，分行业劳动收入份额差异还可解释国家间的总体劳动收入份额的不同，而中国的劳动收入份额下降趋势则更多由产业结构变化所致。同时，市场偏离完全竞争造成的扭曲也是影响劳动收入份额的重要因素，例如在产品市场上垄断和企业追求利润之外的目标均是代表性因素,要素市场中则是劳动和资本的谈判能力和要素市场发育程度等。

第二,提高劳动报酬在收入分配中的比重。国民经济分配是经济社会发展的一个重大问题,也是学术界的一个重要研究领域。中国现阶段的收入分配体制,按劳分配没有充分体现公平,按要素分配考虑的只是资本等强势要素的效率,劳动的分配效率不尽如人意。我们据此看到的是资本和劳动两大要素背后的所有者分配地位的不公平以及衍生出来的财产占有权利的巨大差异。财产权所得,在某种情况下可以扭转国民收入分配中资本所得和劳动所得的禀赋差异,但若利用不当,则会带来收入差异的巨大鸿沟。近年来,劳动者报酬份额的下降已经引起国内外学者的广泛关注。第二次世界大战后至20世纪70年代末,发达国家的劳动收入份额一度出现上升趋势,但在20世纪80年代之后,发达国家特别是OECD国家的劳动收入份额出现下降趋势。80年代之后,随着信息技术的迅猛发展以及各国的经济结构调整,这些国家的劳动收入份额出现不同程度的下降。而在中国改革开放之后到90年代中期之前,劳动者报酬在国民收入所占的比重出现上升,这曾一度引发"工资侵蚀利润"的担忧[①]。但在90年代中期之后,不管是基于收入法GDP核算的劳动者报酬占比,还是基于资金流量表计算的劳动者报酬占比,都处于下降的趋势。在国民收入分配中,劳动者报酬所占份额下降的同时,意味着政府部门和资本所得会发生相应的变化,而事实上在1992年以来,政府在国民收入分配中所占的份额一直处于平稳上升的态势,资本所得份额在此期间发生了波动,如在20世纪90年代到21世纪初约十年的时间里资本所得份额出现下降的趋势,这可能与这段时间里企业改革、国家的税制结构改革以及要素市场扭曲效应逐渐被矫正等因素有关,而从2003年开始资本所得份额在波动中有所上升。

第三节 现阶段收入分配面临的问题

2020年上半年,社会各界对"有6亿人每个月的收入也就1000元"的情况给予了极大关注,收入分配再度成为学界、政界和社会共同关注的热点话题。中国收入分配领域的问题,在宏观上表现为收入分配格局不合理,在微观上表现为收入差距扩大和分配不公。造成这种结果的原因包括体制机制制约、劳资关系力量对比失衡、市场机制本身的缺陷、生产力发展不平衡、居民资源禀赋差异等。当前中国收入分配领域的改革,应该通过收入分配制度的顶层设计形成合理的收入分配格局,通过生产力均衡发展解决城乡居民之间和地区居民之间的收入分配差距,通过户籍制度、税收制度、转移支付和社会保障制度以及农村土地制度的调整逐渐形成良好的收入分配关系,通过处理好效率与公平的关系逐步解决收入不公平问题。

---

① 戴园晨、黎汉明:《工资侵蚀利润——中国经济体制改革中的潜在危险》,《经济研究》1988年第6期。

一　微观主体间收入差距过大

党的十九大报告提出，"坚持按劳分配原则，完善按要素分配的体制机制，促进收入分配更合理、更有序"①，这为当前中国收入分配改革作出了方向性指引。改革开放以来，中国在经济社会发展方面取得了巨大成就，但同时收入差距过大等发展不平衡和不充分问题也日益突出。国家统计局数据显示，近些年中国居民收入差距扩大趋势虽有所缓和，但基尼系数仍保持在 0.46 以上，仍属于收入差距较大的国家。中国收入分配差距过大，主要表现为城乡居民之间、地区之间、行业之间等收入差距过大。

城乡居民之间收入不平等程度较为严重。改革开放前，中国居民收入分配的基尼系数始终保持在 0.3 左右，扣除地区之间收入差距的影响，城市的基尼系数在 0.2 以下，农村的基尼系数在 0.23 左右。改革开放后，中国打破了传统的平均主义分配方式，坚持"效率优先"和"兼顾公平"的分配原则，居民的收入持续增加，但居民间的收入差距也逐渐扩大，据国家统计局公布的基尼系数，近十几年都在 0.46 以上，且在 2008 年达到峰值 0.491。不过，近年来基尼系数开始小幅下降，2017—2021 年，基尼系数分别为 0.4670、0.468、0.465、0.468、0.466。2021 年，全国居民人均可支配收入为 35128 元，城镇居民人均可支配收入为 47412 元，农村居民人均可支配收入为 18931 元，前者是后者的 2.50 倍。分行业门类看，年平均工资最高的行业是信息传输、软件和信息技术服务业（201506 元），年平均工资最低的行业是住宿和餐饮业（53631 元），二者相差 3 倍多。2021 年，全国城镇非私营单位就业人员年平均工资为 106837 元；2021 年，城镇私营单位就业人员年平均工资为 62884 元，前者比后者高出近 40000 元。

造成收入分配结构失衡以及收入差距过大的原因是多样的。从大的方面讲，在计划经济向市场经济转型过程中，为破除平均主义，适应市场化要求，分配政策根据要素贡献以及劳动力质量进行适度调整，使收入差距相应扩大。而且根据国际经验，随着社会经济发展，中国正处于库兹涅茨倒"U"形曲线的上升部分，市场有效配置资源和要素禀赋的差异使收入分配出现失衡不可避免，如管理层和脑力劳动者工资上升。结合中国的社会经济发展特征性事实，体制机制的不健全和政策的不完善也是导致收入分配差距扩大的重要原因之一。如城乡二元体制使得城乡之间发展不平衡，由此造成城乡居民之间的收入差距不断扩大。关于政策制度的不完善，主要包括教育制度、税收制度、社会保障制度和土地管理制度等。当然，市场经济本身并不是万能的，垄断、不公平的市场竞争等影响了中国的收入分配，例如垄断行业和企业因其垄断地位获得不合理的高收入，部分人利用手中权力进行寻租活动而获取灰色收入等。

这里还可以就上述提到的一些问题进一步展开。第一，地区之间和城乡之间生产力发

---

① 习近平：《决胜全面建成小康社会　夺取新时代中国特色社会主义伟大胜利——在中国共产党第十九次全国代表大会上的报告》，人民出版社 2017 年版，第 46 页。

展不平衡。城乡居民之间和地区居民之间的收入差距对中国总体的收入差距贡献度是最大的。无论是城乡居民之间的收入差距，还是地区居民之间的收入差距，根本原因在于生产力发展不平衡。城乡之间和地区之间在经济社会发展水平上的差距与教育、医疗等公共服务领域的差距形成了合力，导致了中国收入差距的逐渐扩大。

第二，市场经济本身的缺陷强化了收入分配差距。在价值规律作用下，市场经济本身就会出现优胜劣汰和两极分化。收入差距扩大是市场经济追求效率的必然结果。现代市场经济中，适度的收入差距具有积极意义，不仅有利于资源配置、营造更高效的市场竞争环境，还对要素所有者产生有效激励。但目前，中国处于转型时期，市场经济本身存在缺陷，各类要素市场和竞争机制不健全，社会信用体系不完善，相关法律建设滞后，各类不规范行为层出不穷、屡禁不止，妨碍公平竞争，影响收入分配的公平性，客观上进一步扩大了收入差距。

第三，要素禀赋占有和财富积累模式的差异性导致了收入分配差距进一步扩大。在改革开放初期平均主义被打破后，居民个人就拥有了不同的要素禀赋，以劳动、资本、土地、管理等生产要素按贡献和所有权参与分配的制度逐渐形成，竞争的市场环境使资源可以实现最优配置，不同要素所有者根据拥有要素所有权的数量获得了不同的报酬，此时就产生了收入差距。同时，不同的收入和财富积累模式也带来了收入差距的扩大。例如，住房商品化后，房价上涨的财富再分配效应使买得起房或拥有多套住房居民的财产相对增值了，而买不起房的居民的财产则相对缩水。由于房产占中国居民家庭财产的平均比例为70%，所以这种房价上涨的财富再分配效应，客观上进一步扩大了收入差距和财产占有差距。从现实情况看，要素禀赋、个人收入和财产占有之间存在关联的动态关系，存在加强收入差距、产生"穷人愈穷，富人愈富"的马太效应。

第四，政策性因素影响了收入分配的结果。首先，税收调节政策不到位，个人所得税的税负负担主要落在了中等收入群体身上，没有形成综合性的个人所得税征收体系。另外，中国还没有建立健全的财产税和遗产税征管体系，不能很好地调节高收入群体的收入。其次，财政转移支付体制改革推进缓慢，未能有效发挥财政转移支付对缩小贫富差距的作用。最后，城乡二元经济体制的存在，使城乡在经济发展和公共服务等方面存在明显分割，城市和农村几乎独立运行于不同的系统中，户籍壁垒限制了劳动力的有效配置。城市外来劳动力，尤其是农民工不能获得平等的就业机会、劳动报酬和社会保障，这不仅影响资源配置的效率，还加剧了收入分配不公、扩大了收入差距。

第五，其他因素对收入差距也产生了重要影响。首先是政府制定的发展战略通常会重点强调对一些行业和地区的扶持，政策倾斜的行业和地区得到更好发展，与其余行业、地区的收入差距逐渐拉大；同时处于该行业或地区的个人将会获得更多的就业机会、政策优惠和收入回报，也会扩大居民间的收入差距。其次是政府对公共品提供的政策会影响城乡居民之间和城乡居民内部之间的福利水平。目前部分政策仅为了解决基层政府的财力匮乏困境，忽略了公共服务的提供在中央和地方之间的纵向不平衡，以及各地区之间的横向不平衡，一些地方政府对满足民生的公共品投资不足，公共品均等化目标没有实现，转移支付的作用没有真正发挥。还有一些其他因素影响了收入分配结果，如行业性质本身所决定的差异等。

二　宏观收入分配格局失衡

现阶段中国收入分配领域的问题，在宏观上表现为收入分配格局不合理，并逐渐成为制约经济社会协调发展的阻碍因素。国民收入的初次分配是否合理要看三个方面。一是要看政府、企业和居民部门在初次收入分配中所占比重是否合适。从统计数据来看，近些年，企业部门在初次收入分配中所占比重有下降趋势，政府部门在初次收入分配中所占比重略有上升，居民部门在初次收入分配中所占比重较低的问题有所改善，出现了微弱的上升趋势。二是要看劳动报酬占初次分配总收入的比重是否合适。从国际经验来看，世界大多数国家劳动报酬占初次分配的比重为55%—65%，中国劳动报酬占初次分配的比重在50%左右，属于偏低水平。近年来，这一比重略有上升，在51%左右。三是要看工资增长率是否与劳动生产率同步。工资增长率与劳动生产率之间具有密切的联系，二者互动只有保持在合理区间，才可能实现健康的增长。如果工资增长率低于劳动生产率的增长率，劳动者的收入偏低，会影响最终消费，进而影响经济的可持续增长；如果工资增长率高于劳动生产率增长率，又会出现工资挤压企业利润的情况，使得企业投资不足，市场需求过剩后出现通货膨胀，也会影响经济增长。长期以来，中国大部分行业的工资增长速度是低于劳动生产率的，这造成了居民收入增长缓慢和内需不足。近年来，全国各地实施了最低工资制度，工资增长率开始逐渐上升，一些行业，如餐饮和住宿等服务业的工资增长率甚至高于劳动生产率的增长率。

当前，中国收入分配格局不太合理的原因，可以归结为三个方面。一是在政府、企业和居民部门之间没有形成合理的利益分配机制。在初次分配中，政府部门通过生产税净额、财产收入和经营性留存获得收入，企业部门通过财产收入和经营性留存获得收入，居民部门通过劳动者报酬、财产收入和经营性留存获得收入。由于政府的强势地位，在初次分配格局中政府部门收入所占比重是在上升的，这就有可能挤压企业部门和居民部门的收入。二是"资强劳弱"的力量对比使得价值分配更多偏向于资本。在城乡二元经济结构下，过剩的农村劳动力为城市工业提供了相对充足的劳动力供给。劳动力，尤其是中低端劳动力供给的相对过剩，导致劳动者工资被压低。由于中国的工资形成机制中缺乏完善的集体谈判等协调机制，在市场竞争条件下，分散的劳动力在被资本雇用时处于弱势地位，资本为了追求更多利润，诱导或强迫劳动者签订不平等合约，劳动者的基本权益得不到保障，在劳动过程中经常会出现过度劳动、劳动条件简陋、社会保障缺失等问题。尤其是一些农民工、女性劳动者、高危工作劳动者等弱势劳动群体，由于相应法律制度执行不到位、工会保护存在缺失等，在劳资双方的收入分配博弈过程中往往处于劣势地位，使价值分配更多偏向于资本。三是工资与劳动生产率同步增长机制还没有形成。尽管最近几年，随着各地最低工资制度的实施，最低工资增长机制逐步建立，但是完善的工资同步增长机制还没有形成,如平衡工资增长与劳动生产率的增长、平衡工资增长与 GDP 增长的各类机制。从长期趋势看,如果工资增长率远低于劳动生产率的增长率,会导致严重的不平等。从美国的经验看,20 世纪 70 年代以后,美国的平均每小时工资增长率就越来越低于劳动生产率增长率,导致的结果之一是劳资之间收入差距越来越大。如果工资增长率远远超过了劳动生产率增长率,又可能导致经济增长放缓和结构性通货膨胀。一些发展中国家在没有提高劳动生产率的情况下,大幅度提高工资,最终导致经济停滞的教训是值得吸取的。

三 转型期存在的不合理因素

在这个世界上,不管是在哪个国家,有的人比较富有,而有的人比较贫穷,而且这种贫富差距说实话基本上是无法避免的。富有的人出入都是豪车,甚至是私人飞机,吃的更不用说了,而贫穷的人考虑的问题是如何才能活下去。即使是在美国,这种贫富差距也很明显,根据数据显示,5% 的美国人掌握着 60% 以上的财富,而剩下的 40% 财富由 95% 的美国人共同掌握,可见不管国家多发达,贫富差距都不可避免。改革开放以来,中国在经济建设方面取得了巨大的成就,一部分人真的先富起来了。但随着经济的快速发展和城市化进程的不断演进,在中国各个社会群体利益格局被重新调整的过程中,分配不公现象日益突出,社会财富分配的"马太效应"越发明显,贫富差距越拉越大。

收入分配不公平是指在现有的分配格局下,一些人或群体通过不合法、不合理和不透明的方式获得了本该由财富的真正创造者所拥有的收入。在中国转型过程中,收入分配不公平的现象范围比较广,程度比较严重。有学者指出,中国收入分配不公平的主要表现为要素资本化过程中公有资产收益分配不公平。具体体现为:土地要素资本化过程中收益被开发商、地方政府和其他利益集团占有,农民和集体利益没有得到保障;矿产资源资本化过程中收入被部分人占有,国家和集体利益受损;国有企业资本化过程中,企业收益被实际控制人、利益相关群体和内部职工占有,而国家和全国人民没有合理分享到收益;部分公共品领域的资本化过程中部分人和利益集团获利,使用者支付了过高的成本;社会中还存在一些权力资本化的行为,如寻租行为、腐败问题等。

第四节 社会主义再分配调节机制

社会主义再分配是在初次分配结果的基础上各收入主体之间通过各种渠道实现现金或实物转移的一种收入再次分配过程,也是政府对要素收入进行再次调节的过程。居民和企业等各收入主体当期得到的初次分配收入依法应支付的所得税、利润税、资本收益税和定期支付的其他经常收入税。政府以此对企业和个人的初次分配收入进行调节。再分配手段包括国家通过税收、财政转移支付、社会保障和社会救助等方式对初次分配结果进行调节的过程。党的十九届五中全会指出，中国"十四五"时期经济社会发展主要目标之一是使民生福祉达到新水平，实现更加充分更高质量就业，居民收入增长和经济增长基本同步，分配结构明显改善。因此，无论是初次分配，还是再分配，都要用相关政策将分配差距控制到合理的范围。

一　社会主义市场经济必然要求社会主义再分配调节机制

市场经济在资源配置过程中起决定性作用。社会主义市场经济学是竞争经济，有竞争才有效率，而竞争是以承认差距为前提和结果的，所以，只要发展市场经济，收入差距拉大就不可避免。但这并不意味着收入差距越大越好。事实表明，收入差距过大，不仅不利于经济的协调、持续、健康发展，而且不利于社会的和谐、稳定。正因如此，任何国家的政府都不会无视收入差距过分拉大问题。促进收入分配公平是市场经济条件下再分配的一项重要职能。

收入差距过分拉大的实质，是经济快速发展的成果不能为全体社会成员合理分享。收入差距过分拉大是导致分配关系不合理的重要原因之一，使再分配调节不力。再分配是国民收入继初次分配之后在整个社会范围内进行的分配。相对于初次分配而言，政府主导的再分配更加注重社会公平。另外，社会主义再分配调节机制还围绕以下目标进行分配领域的调整。第一，满足非物质生产部门发展的需要。在国民收入初次分配过程中，只有物质生产部门的劳动者获得了原始收入，而非物质生产部门要获得收入，必须通过对国民收入的再分配解决。通过对国民收入的再分配，把物质生产部门创造的一部分原始收入，转给不创造国民收入的非物质生产部门，形成"派生收入"，以满足文化教育、医疗卫生、国家行政和国防安全等部门发展的需要和支付这些部门劳动者的劳动报酬。第二，加强重点建设和保证国民经济按比例协调发展的需要。国民经济各部门、各地区、各企业的发展往往是不平衡的，它们的发展速度、生产增长规模、技术结构等互不相同，不可避免地会出现某些比例不协调现象和薄弱环节。同时，各物质生产部门、各地区、各企业从国民收入初次分配中得到的收入份额，往往同它们各自的经济文化发展的需要不相一致。因此，社会主义国家必须从宏观调控的全局出发，有计划地将国家集中的纯收入，通过再分配，在不同部门之间、地区之间和企业之间分配。第三，建立社会保证基金的需要。劳动者的养老、医疗、失业等保证基金，以及社会救济、社会福利、优抚安置等基金，除了企业、个人负担，有一部分也需要通过国民收入的再分配，建立社会保证基金来解决。这是建立社会保障体系的一项重要内容。第四，建立社会后备基金的需要。为了应对各种突发事故和自然灾害等，需要通过国民收入的再分配，建立社会后备基金，来满足这些临时性的应急需要。

二　社会主义再分配调节机制的主要手段

第一，国家预算，是指国家制定的年度财政收支计划。它是国民收入再分配的主要途径，首先把各个部门上缴的税金集中起来，形成国家预算收入，然后通过预算支出形式，用于经济建设、文教卫生、国防建设、福利设施、行政管理等各方面。

第二，税收政策，是政府用来改变收入分配状况的一个重要手段。税收的再分配作用包括如下两个方面。一是通过对不同的人征收不同数量的税收而直接地改变收入的分配。二是通过改变市场的相对价格而间接地改变收入的分配。

第三，社会保障缴款，是指参加各类社保并缴纳保费的行为。一般情况下特指社会统筹的养老保险、医疗保险、失业保险、工伤保险、生育保险的缴费。社保缴费分为两部分：单位缴纳部分和个人缴纳部分。

第四，社会保险，由政府举办，强制某一群体将其收入的一部分作为社会保险税（费）形成社会保险基金，在满足一定条件的情况下，被保险人可从基金获得固定的收入或损失的补偿，它是一种再分配制度，它的目标是保证物质及劳动力的再生产和社会的稳定。在中国，社会保险是社会保障体系的重要组成部分，其在整个社会保障体系中居于核心地位。另外，社会保险是一种缴费性的社会保障，资金主要是用人单位和劳动者本人缴纳，政府财政给予补贴并承担最终的责任。但是劳动者只有履行了法定的缴费义务，并在符合法定条件的情况下，才能享受相应的社会保险待遇。

第五，社会救济，是指国家和社会对陷入生活困境的公民，给予物质接济和扶助，以保障其最低生活标准的制度。国家和社会为保证每个公民享有基本生活权利，而对贫困者提供物质帮助。

第六，其他经常转移，包括对政府外经济援助、政府间的捐赠款项和向国际组织缴纳的费用等；其他部门转移主要包括海外汇款、年余、私人赠与等。

三 新时代的社会主义再分配制度

分配制度是实现共同富裕的有效制度安排。党的十九届四中全会通过的《中共中央关于坚持和完善中国特色社会主义制度 推进国家治理体系和治理能力现代化若干重大问题的决定》（以下简称《决定》）指出，"我们必须作出更有效的制度安排，使全体人民朝着共同富裕方向稳步前进"[1]。《决定》把分配制度纳入社会主义基本经济制度，而且其具体的制度设计是以共同富裕目标为导向，其中完善分配方式，调节分配政策，注重分配结果，是完善实现共同富裕的制度保障。习近平总书记指出，"实现共同富裕不仅是经济问题，而且是关系党的执政基础的重大政治问题"[2]。要统筹考虑需要和可能，按照经济社会发展规律循序渐进，自觉主动解决地区差距、城乡差距、收入差距等问题，不断增强人民群众获得感、幸福感、安全感。

---

[1] 习近平：《习近平谈治国理政》第 2 卷，外文出版社 2017 年版，第 200 页。
[2] 中共中央宣传部、中央国家安全委员会办公室编：《总体国家安全观学习纲要》，学习出版社、人民出版社 2022 年版，第 53 页。

（一）再分配制度必须联系和完善初次分配制度

初次分配在分配制度中具有较大的比重和影响。构建完善以共同富裕为导向的分配制度，必须使初次分配围绕共同富裕目标加以制度设计。一方面，亟须坚持按劳分配为主体的分配方式。《决定》指出，要"坚持多劳多得，着重保护劳动所得，增加劳动者特别是一线劳动者劳动报酬，提高劳动报酬在初次分配中的比重"[①]。这样的分配制度安排实质上体现了分配制度的底线思维，与实现全体人民共同富裕的底线进路具有内在的一致性。另一方面，要丰富完善多种分配方式并存的分配制度。要适应市场经济发展，特别是大数据时代的需要，与时俱进完善分配方式。《决定》指出，要"健全劳动、资本、土地、知识、技术、管理、数据等生产要素由市场评价贡献、按贡献决定报酬的机制"[②]。这里和以往提法不同的是，数据作为一种新兴生产要素的分配方式写进了分配制度中，这样的分配制度安排，有利于使我们的分配方式更加丰富和多元，更能体现市场要素的报酬贡献。这里需要注意的是，不能把提高初次分配比重看作抑制效率的表现。我们说以共同富裕为导向完善分配方式，不是说把共同富裕绝对化、一元化。无论怎样强调初次分配中的共同富裕要求，都要处理好效率和公平的关系，有公平才能更有效率，有效率才能更好地促进公平，这是涉及分配有序循环的大问题。

（二）调整和改进再分配制度

中国政府正在改变过去的发展战略，抛弃将更多财政收入进行工业投资的做法，调节收入再分配。再分配实质上是对初次分配失衡领域的补充、纠正。要健全以税收、社会保障、转移支付等为主要手段的再分配调节机制，强化税收调节，完善直接税制度并逐步提高其比重。政府通过不同的税制结构和税率调整实现收入的再分配，能有效地缩小贫富差距，其中，以收入税、财产税为主的直接税具有最强的效果，可以更好地发挥对收入分配的调节作用。以共同富裕为导向调节分配政策，还需要政府通过各类公共支出向低收入群体进行转移支付，特别是财政对低收入群体的社会救助以及对贫困地区的扶贫减贫的直接转移支付，这有利于消除贫困、缩小收入差距。还要看到，目前城乡之间、区域之间、行业之间收入的不平衡等问题还比较突出。这就需要进一步调节城乡之间、区域之间、群体之间的分配关系，构建合理的再分配制度。此外，在加强个人所得税调节方面，可以加快建立综合与分类相结合的个税制度，完善高收入者的个税征收、管理和处罚措施，将各项收入全部纳入征收范围，建立健全个人收入双向申报制度，以利于应收尽收和降低税收成本。改革完善房地产税方面，可以完善房产保有、交易环节税收制度，逐步扩大个人住房房产税改革试点范围，细化住房交易差别化税收政策，加强存量房交易税收征管。在征税范围方面，可以研究在适当时期扩大资源税征收范围，提高资源税税负水平；合理调整部

---

① 《中共中央关于坚持和完善中国特色社会主义制度　推进国家治理体系和治理能力现代化若干重大问题的决定》，人民出版社2019年版，第19页。
② 《中共中央关于坚持和完善中国特色社会主义制度　推进国家治理体系和治理能力现代化若干重大问题的决定》，人民出版社2019年版，第19页。

分消费税的税目和税率，将部分高档奢侈娱乐消费纳入征收范围。

(三) 再分配应落实共同富裕目标

注重再分配过程和结果的共同富裕。共同富裕是指全体人民共享改革发展成果，它强调结果的公平正义。共同富裕既是一种状态，又是一个不断实现的过程。市场经济的有效运行离不开完善的分配制度的支撑。中国以共同富裕为导向完善基本经济制度，必须在坚持按劳分配为主体、多种分配方式并存过程中高度重视分配结果。分配结果的公平，既是整个分配制度以共同富裕为导向的具体体现，也是社会主义制度优越性的价值体现。

应鼓励勤劳致富，增加低收入者收入，扩大中等收入群体，调节过高收入，清理规范隐性收入，取缔非法收入。这就意味着以共同富裕为导向完善基本经济制度，要遏制以权力、垄断和不正当竞争行为获取的非法收入，从而使收入分配建立在以公平竞争和要素贡献的基础之上。

从宏观层面看，共同富裕的责任只能由政府来承担，而政府最重要的责任就是对社会资源进行分配。社会生产的所有价值以及生产这些价值的相关要素和条件，都是资源分配的内容，也是政府再分配责任的题中应有之义。其内容可大致分为四类：权利类，如生存发展权、知情权、表达权、参与权、监督权等；物质类，如最低工资、税收、转移支付、社会保障、医疗卫生和养老保险等；荣誉类，如科技进步奖、全国劳动模范、五一劳动奖章等；公共服务类，如教育、公共设施、公共安全、精神文化等价值。

要树立收入分配体制改革的底线思维。毫无疑问，收入分配差距过大和贫富悬殊是引发社会不稳定的关键问题，但是，解决和弥合收入差距和贫富悬殊不能仅就收入分配本身考虑问题。造成上述问题的原因是多方面的：既有制度机制方面的不公，如权利保障机制、利益表达机制等方面的失衡和不对称，又有公共政策的不完善，如对效率与公平关系的曲解和对弱势群体的保护乏力，还有政府正义价值观贯彻得不彻底，如各种政绩工程等。上述诸原因共同造成了收入分配差距过大和贫富悬殊现象，因而必须从生产蛋糕的过程和源头入手彻底解决问题。可以从根本上进行收入分配体制改革，即考虑以社会财富获取方式、制度、权力等方面进行顶层设计。

要确立再分配制度改革的重点。一是要完善税收制度。要尽可能地完善税种，尤其是有利于缩小收入差距的税种，如除了继续发挥消费税（主要是针对奢侈消费品的消费税）、累进的个人所得税的调节作用；要合理确定各类税种的税基和税率，如应当进一步拓宽奢侈消费品等项目的税基，提高部分奢侈品的税率；提高个人所得税的起征点，减少税率档次等；要完善收入和财产的个人申报制度和税收监管制度，严格税收执法。二是要完善财政转移支付制度。如进一步提高均衡性转移支付的规模和比重，进一步调整完善财政转移支付测算方法和分配办法，借鉴国际经验，构建以一般转移支付为主、专项转移支付为辅的模式等。三是要完善公共财政制度。各级政府要大力调整和优化财政支出结构，把更多的财政资金投向公共服务领域，更多地满足基本公共服务的需要，不断改善人民群众的生产生活条件，让更广大的人民群众共享改革发展成果。四是要建立覆盖城乡居民的社会保障体系。建立覆盖城乡居民的社会保障体系,需要按照统筹城乡社会发展的要求,着重运用整合原理和方法,对保障项目、保障标准、保障资金和保障机构和法规建设进行全面而有效的整合。五是要完善社会收入的"扶贫捐赠"。即通过个人自愿捐赠而进行的分配,它包括扶贫、济困、解危、救灾、助学、安老等形式。

要提高政府再分配的供给侧结构性改革能力。要在全体人民共同奋斗、经济社会发展的基础上,加紧建设对保障社会公平正义具有重大作用的制度,逐步建立以权利公平、机会公平、规则公平为主要内容的社会公平保障体系,努力营造公平的社会环境,保证人民平等参与、平等发展的权利。要通过供给侧结构性改革,加强再分配制度建设,健全法律法规,加强执法监管,研究出台社会救助、慈善事业、扶贫开发、企业工资支付保障、集体协商、国有资本经营预算、财政转移支付管理等方面法律法规等,为推进收入分配制度改革提供制度支撑。党的十九届四中全会通过的《决定》指出,"重视发挥第三次分配作用,发展慈善等社会公益事业"①。其中,明确政府在第三次分配中的定位和作用,建设适合中国国情的慈善组织培育模式。慈善事业发展有三大模式:一是政府主导,慈善组织由政府直接进行管理运营,通过财政部门支持以及动员社会成员等方式来筹集资金;二是社会主导,慈善组织完全由民间私营部门运营,依靠平等竞争机制,通过减税和免税等方式获得政府资助;三是政府社会相结合,政府主要承担行业监管责任,并适当运用财政杠杆和"负向挤出效应"撬动全社会慈善捐赠。

第五节 社会主义共享发展和共同富裕

党的二十大报告指出:"中国式现代化是全体人民共同富裕的现代化。共同富裕是中国特色社会主义的本质要求,也是一个长期的历史过程。"② 新时代社会主义的共享发展和共同富裕关键在于完整、准确、全面贯彻新发展理念。要从根本宗旨把握新发展理念,坚持人民至上,促进全体人民共同富裕。为人民谋幸福、为民族谋复兴,这既是中国共产党领导现代化建设的出发点和落脚点,也是新发展理念的"根"和"魂"。只有坚持以人民为中心的发展思想,坚持发展为了人民、发展依靠人民、发展成果由人民共享,才会有正确的发展观、现代化观。实现共同富裕不仅是经济问题,而且是关系党的执政基础的重大政治问题。要按照经济社会发展规律循序渐进,自觉主动解决地区差距、城乡差距、收入差距等问题,不断促进社会公平正义,让发展成果更多更公平惠及全体人民。

---

① 《中共中央关于坚持和完善中国特色社会主义制度 推进国家治理体系和治理能力现代化若干重大问题的决定》,人民出版社 2019 年版,第 20 页。
② 习近平:《高举中国特色社会主义伟大旗帜 为全面建设社会主义现代化国家而团结奋斗——在中国共产党第二十次全国代表大会上的报告》,人民出版社 2022 年版,第 22 页。

一 共享发展是马克思科学社会主义理论的核心价值

共享发展是马克思在对资本主义两极分化式发展批判基础上，对未来社会主义社会发展方式的科学揭示，马克思的科学社会主义理论就是建立在以生产资料公有制为基础的共享发展基础上的。马克思、恩格斯提出"真正的共同体"概念，他们用这一概念特指一种由人民群众共同参与治理公共事务的生存和生活样态。"在真正的共同体的条件下，各个人在自己的联合中并通过这种联合获得自己的自由"，"在那里，每个人的自由发展是一切人的自由发展的条件"①。

马克思把人的自由全面发展作为人的权利的基本内涵，同时把人的劳动实践活动作为权利实现的途径和过程。他认为只有在现实的世界中并使用现实的手段才能实现真正的解放，也只有在共同体中，个人才能获得全面发展其才能的手段。从这个意义上讲，共享发展理念作为人类经济社会活动的先进理念，必须体现人的共同意志，体现人的"类"本质，体现人的主体性地位，如此才能防止人在发展中出现异化。在马克思看来，市场体制、赤裸裸的金钱交换关系支配的整个自由资本主义历史阶段，以纯粹利己为核心动机和价值目的的所谓"理性经济人"，构成其全部社会关系尤其是生产关系主体的最重要特质。

马克思认为，在共产主义社会中，社会生产关系的主体的生存特质实现了质的转变，这一转变是一个长期的、复杂的历史过程。在《哥达纲领批判》中，论及未来的新制度及其形成时，马克思是这样描述的："在共产主义社会高级阶段上，在迫使人们奴隶般地服从分工的情形已经消失，从而脑力劳动和体力劳动的对立也随之消失之后；在劳动已不仅仅是谋生的手段，而且本身成了生活的第一需要之后；在随着个人的全面发展，他们的生产力也增长起来，而集体财富的一切源泉都充分涌流之后——只有在那个时候，才能完全超出资产阶级权利的狭隘眼界，社会才能在自己的旗帜上写上：各尽所能，按需分配！"②

共享发展与共同富裕是两个密切相关的范畴。共同富裕是指发展成果由全体人民共同享有，它既是人们追求的梦想，也是实现后的一种状态。因此，共同富裕的内涵中必然包含共同享有。从共享自身的内涵看，共享的主体是全体人民而不是一部分人或少数人，不管个人还是群体，都有平等的资格和机会参与经济社会活动。共享不等于共有或均享，不能无偿占有他人劳动或损害他人的正当权益。共享发展是建立在社会公平正义、共建基础上的共享，即建设越多、贡献越大，享受发展成果的能力和机会也越大。共享经济发展成果是最重要、最基础的共享，但不是共享的唯一内容；践行共享发展理念不是只解决基本社会民生问题，还要满足人民的精神层面的需求，即干净的空气、丰富的闲暇休息和文化生活等，包括经济、政治、社会、文化、生态等在内的全面共享。在社会主义初级阶段社会生产发展不充分、不均衡的条件下，还不能实现全方位、全领域的共享，而是"渐进

---

① 《马克思恩格斯选集》第 4 卷，人民出版社 2012 年版，第 647 页。
② 《马克思恩格斯选集》第 3 卷，人民出版社 1995 年版，第 303—306 页。

共享"和"有条件的共享",并需要通过法律法规形式,建立秩序和规则,为共享发展提供稳定的社会预期和长期的制度保障。从这几个方面的意义上讲,共享与共富有着相同的含义,因此,共同富裕必然包含共享共富。

最后,共同富裕是动态的历史实现过程。马克思在《哥达纲领批判》中提出把共产主义社会划分为两个阶段,即"共产主义社会第一阶段"和"共产主义社会高级阶段"。并且,事实上区分了两个阶段共同富裕的不同实现状况问题。在共产主义社会第一阶段,在生产资料公有制的基础上,普遍推行按劳分配方式。这时,受劳动能力、职业选择以及家庭负担等状况影响,全体社会成员在收入和财富占有方面虽然还会有所差异,但绝不会出现贫富两极分化的情况。这也基本上实现了全社会的共同富裕。在共产主义社会高级阶段,社会物质财富高度增长,人们精神境界高度提升,劳动本身成为生活的第一需要。那时,社会可以实现各尽所能、按需分配的原则。这消灭了财富私人占有的全部意义与历史遗留痕迹,自然完全实现了所有人的共同富裕[①]。

二 中国特色社会主义追求共享发展与共同富裕的实践探索

中华人民共和国成立之初,我国建立了人民民主专政和人民代表大会制度的国体和政体,经过全面的社会主义改造,建立起社会主义的制度体系,为共同富裕理念奠定了制度基石。中国共产党以"实现共产主义"作为党的最高纲领,以"全心全意为人民服务"作为党的根本宗旨,符合共建、共享、共富等社会价值的追求。1953年12月16日,中共中央通过的《关于发展农业生产合作社的决议》指出,"为着进一步地提高农业生产力……并使农民能够逐步完全摆脱贫困的状况而取得共同富裕和普遍繁荣的生活"。走共同富裕的社会主义道路和社会主义基本制度为实现共同富裕提供了根本前提,以毛泽东同志为核心的党的第一代中央领导集体进行了艰辛的社会主义建设探索。在分配领域,通过实行生产资料社会主义公有制,采取均等的按劳分配方式尝试共享和共同富裕。邓小平是中国改革开放的总设计师,也是中国改革开放以来共同富裕理论的主要奠基者和实现共同富裕的领路人。邓小平认为,共同富裕"是体现社会主义本质的一个东西","社会主义的本质是,解放生产力,发展生产力,消灭剥削,消除两极分化,最终达到共同富裕"[②]。在社会主义初级阶段实现共同富裕目标方面,邓小平指出,"社会主义原则,第一是发展生产力,第二是共同致富",实现共同富裕的物质基础是大力发展生产力,即"整个社会主义历史阶段的中心任务是发展生产力"[③]。在共同富裕的实现路径上,邓小平反复强调,"我们允许一些地区、一些人先富起来,是为了最终达到共同富裕,所以要防止

---

① 田超伟:《马克思恩格斯共同富裕思想及其当代价值》,《马克思主义研究》2022年第1期。
② 《邓小平文选》第3卷,人民出版社1993年版,第373页。
③ 《邓小平文选》第3卷,人民出版社1993年版,第254—255页。

两极分化"①。党沿着这样的思路对经济体制进行了大胆的改革。在农村推行家庭联产承包责任制、在城市开始发展商品经济，同时实行对外开放、建立经济特区、鼓励东部沿海有条件的地区率先实现现代化等。在分配领域，打破平均主义的分配方式，提出一部分人先富起来，在效率的基础上实现公平，通过先富带动后富，逐步实现共同富裕。

1992年以来，党的领导集体不断继承、丰富和发展共同富裕思想。党的十四大报告明确提出，"我国经济体制改革的目标是建立社会主义市场经济体制"，"兼顾效率与公平，运用包括市场在内的各种调节手段，既鼓励先进，促进效率，合理拉开收入差距，又防止两极分化、逐步实现共同富裕"②。在分配领域，实行按劳分配和按要素贡献分配相结合的方式，以及效率与公平相统一的原则，追求社会发展成果共享；促进区域平衡发展，追求区域共享。

党的十六大报告制定了全面建设小康社会的奋斗目标，强调在社会主义现代化建设的每一个阶段都必须让广大人民群众共享改革发展的成果，兼顾效率与公平，指出共同富裕思想为"三个代表"重要思想的核心内容之一。党的十七大报告强调"以人为本，科学发展，更加注重公平"，提出了科学发展观的战略思想。科学发展观的核心是以人为本，就是要始终把实现好、维护好、发展好最广大人民的根本利益作为党和国家一切工作的出发点和落脚点，做到发展为了人民，发展依靠人民，发展成果由人民共享。以人为本、关注人的多方面需求和全面发展极大地扩展了共享和共富的内涵。

党的十八大报告提出了"全面建成小康社会"总目标的要求，明确坚持走共同富裕道路，"要坚持社会主义基本经济制度和分配制度，调整国民收入分配格局，使发展成果更多更公平惠及全体人民，朝着共同富裕方向稳步前进"，提出"人人参与、人人尽力、人人享有"的共享发展理念。

党的十九大报告立足中国特色社会主义进入新时代的新的历史定位，提出到2035年基本实现社会主义现代化时，全体人民共同富裕迈出坚实步伐，到21世纪中叶把我国建成富强民主文明和谐美丽的社会主义现代化强国时，全体人民共同富裕基本实现。

党的二十大报告指出，"我们坚持把实现人民对美好生活的向往作为现代化建设的出发点和落脚点，着力维护和促进社会公平正义，着力促进全体人民共同富裕，坚决防止两极分化"③。其中，分配制度是促进共同富裕的基础性制度。要"坚持按劳分配为主体、多种分配方式并存，构建初次分配、再分配、第三次分配协调配套的制度体系。努力提高居民收入在国民收入分配中的比重，提高劳动报酬在初次分配中的比重。坚持多劳多得，鼓励勤劳致富，促进机会公平，增加低收入者收入，扩大中等收入群体。完善按要素分配政策制度，探索多种渠道增加中低收入群众要素收入，多渠道增加城乡居民财产性收入。

---

① 《邓小平文选》第3卷，人民出版社1993年版，第195页。
② 中共中央文献研究室编：《十四大以来重要文献选编》（上），中央文献出版社1996年版，第19页。
③ 习近平：《高举中国特色社会主义伟大旗帜　为全面建设社会主义现代化国家而团结奋斗——在中国共产党第二十次全国代表大会上的报告》，人民出版社2022年版，第22页。

加大税收、社会保障、转移支付等的调节力度。完善个人所得税制度，规范收入分配秩序，规范财富积累机制，保护合法收入，调节过高收入，取缔非法收入。引导、支持有意愿有能力的企业、社会组织和个人积极参与公益慈善事业"①。

从党的十七大报告提出"逐步提高居民收入在国民收入分配中的比重，提高劳动报酬在初次分配中的比重"，到党的十八大报告再次肯定"再分配更加注重公平"的提法，表明了党在对再收入分配领域中出现收入分配差距拉大的重视和缩小差距的决心；从党的十七大报告提出"发展成果由人民共享"，到党的十八届五中全会提出"共享发展的理念"，标志着我们在共同富裕和共享发展理论与实践上由"先富论"向"共富论"再到"共享论"的转变。到党的二十大地报告提出，"着力维护和促进社会公平正义，着力促进全体人民共同富裕，坚决防止两极分化"以及"分配制度是促进共同富裕的基础性制度"②。这些转变是中国特色社会主义经济改革与发展实践经验的历史总结，也是在此基础上中国特色社会主义政治经济学理论创新的重大成果。

2021年，习近平总书记在《求是》杂志撰文指出："像全面建成小康社会一样，全体人民共同富裕是一个总体概念，是对全社会而言的，不要分成城市一块、农村一块，或者东部、中部、西部地区各一块，各提各的指标，要从全局上来看。我们要实现14亿人共同富裕，必须脚踏实地、久久为功，不是所有人都同时富裕，也不是所有地区同时达到一个富裕水准，不同人群不仅实现富裕的程度有高有低，时间上也会有先有后，不同地区富裕程度还会存在一定差异，不可能齐头并进。这是一个在动态中向前发展的过程，要持续推动，不断取得成效。"③

改革开放以来，共享发展一直是中国特色社会主义实践的主线，在追求共享发展和实现共同富裕的过程中，国家逐步富强，人民逐步富裕，人民群众从改革和发展中得到了实惠。按照世界银行的统计数据，1978年中国人均国内生产总值（GDP）只有156美元，2017年中国人均GDP已达到9480美元，上升为中等偏上收入国家，与高收入国家（人均GDP 12700美元）已相当接近；1978—2020年GDP年均增速为9.2%，2020年GDP是1978年的275.5倍。改革开放以来，中国的贫困人口从1978年的2.5亿人下降到2017年的3046万人，贫困发生率从30.7%下降到3.1%，特别是党的十八大以来，中国创造了减贫史上的最好成绩，五年累计减贫6853万人，消除绝对贫困人口2/3以上④。到2021年，农村贫困人口全部脱贫。但同时，在经济增长过程中也出现了发展不充分不均衡的问题。现阶段中国收入分配领域的突出矛盾和问题主要是，社会成员之间收入差距过大，基尼系数超过国际警戒线；财产占有在社会成员间的分布差距大；初次分配领域资本与劳动的分

---

① 习近平：《高举中国特色社会主义伟大旗帜　为全面建设社会主义现代化国家而团结奋斗——在中国共产党第二十次全国代表大会上的报告》，人民出版社2022年版，第47页。
② 习近平：《高举中国特色社会主义伟大旗帜　为全面建设社会主义现代化国家而团结奋斗——在中国共产党第二十次全国代表大会上的报告》，人民出版社2022年版，第22、46、47页。
③ 习近平：《扎实推动共同富裕》，《求是》2021年第20期。
④ 《四十位代表委员热议改革开放40年·民生篇》，《光明日报》2018年3月3日。

配关系失衡。

三　中国特色社会主义共享发展理念下的发展道路

（一）发展是为了人的全面发展

从历史唯物主义出发，马克思认为，财产权和所有制不仅是一种与物质生产力发展有关的生产关系，它本质上包含着人的发展的基础条件，即能否突破旧的社会分工和机器大工业对人的束缚，消灭并剥夺任何人利用财产的占有权去奴役他人的权力，重建"劳动者个人所有制"和"自由人联合体"，最终实现每个人的自由全面发展。马克思追求的是人的全面发展，物质资料的生产和发展只不过是人的全面发展的基础。

经济生活中的发展如果背离了发展是为了人的发展观，发展将是不可持续的。先期发展的国家存在着这种现象。美国学者加尔布雷思批评资本主义国家把经济增长作为主要目标，对物的关注胜过对人的关注，认为应当改变这种现象，应当对人本身给予充分关注，确立和追求公共利益或最大限度地满足公众需求的公共目标。1998年诺贝尔经济学奖得主阿马蒂亚·森在《以自由看待发展》一书中，同样批评了将发展等同于国民生产总值的增长，或个人收入的提高，或工业化与技术进步，或社会现代化等的观点，认为这些都是狭隘的发展观，最多属于工具性范畴，是为人的发展服务的。

（二）以共享发展来解决不平等、不均衡问题

经济增长与发展理论认为，一国人均收入的高低取决于该国的长期经济增长。同样，增长理论与各国发展的历史经验表明长期经济增长关键是实现经济的转型，即实现从传统马尔萨斯陷阱向现代持续经济增长的转变。长期经济增长进程必然经历经济成果的分配过程，该过程是收入分配理论研究的主要内容。不同的收入分配必然造成收入的不同分布，并进而影响一国的经济福利。根据各个发展中国家的经验，经济转型和实现长期经济增长并非能自行解决收入不平等问题。同时，社会制度结构也会影响一国的经济增长，如果经济增长的成果不能为全体社会成员共享而是被少数人或社会利益集团占有，经济增长将失去普遍的激励机制。

经济增长的成果如何让人民共享，特别是让穷人受益？20世纪以来发展经济学根据一些发展中国家的增长经验概括出了"包容性增长"和"益贫式增长"的模式。"包容性增长"这一概念最早由亚洲开发银行在2007年提出。它的原始意义在于"有效的包容性增长战略需集中于能创造出生产性就业岗位的高增长、能确保机遇平等的社会包容性以及能减少风险，并能给最弱势群体带来缓冲的社会安全网"。"包容性增长"最基本的含义是公平合理地分享经济增长，其中最重要的表现就是缩小收入分配差距。它涉及平等与公平问题，最终目的是最大限度地让普通民众从经济发展中受益。与此相关的是"益贫式增长"，它关注经济增长、不平等和贫困三者之间的关系。

发展中国家的增长实践表明，单纯的经济增长并不能自动惠及穷人，穷人的生活水平有可能随着经济增长而下降，因此"涓滴效应"并没有出现。在这个背景下，人们重新审

视经济增长、贫困和不平等之间的关系并达成共识：高速的经济增长和对穷人有利的收入分配相结合能够导致绝对贫困下降的最大化，达到所谓的"益贫式增长"。为实现"益贫式增长"模式，一国必须努力实现较高且可持续的经济增长率、增加贫困人口参与经济增长过程的机会、提高贫困人口参与经济增长的能力，使其成为经济增长的推动者，而非单纯依赖社会保障和救济受助者。

（三）走贫困人口脱贫致富的中国道路

贫困人口脱贫致富是全面建成小康社会、实现共同富裕的一个标志性指标。关于贫困的定义，世界银行在《1981年世界发展报告》中指出："当某些人、某些家庭或某些群体没有足够的资源去获取他们那个社会公认的，一般都能享受到的饮食、生活条件、舒适和参加某些活动的机会，就是处于贫困状态。"[①] 贫困不只是物质和精神生活能力低于基本生活水准，更是机会的丧失，体现为社会的不公正、不道义。当今世界各国都把减贫作为最大的难题。改革开放以来，中国在全面推进现代化国家进程取得巨大成果的同时，扶贫开发事业也取得了举世瞩目的伟大成就。中国在三十多年的扶贫过程中也形成了自己的扶贫经验和有中国特色的道路，受到国际社会的高度关注和赞誉。作为一个"二元结构"特征显著、城乡和区域发展差距较大的发展中国家，处于快速推进工业化、城镇化阶段的人口大国，如何平衡公平和效率的关系，提高发展的包容性，特别是如何帮助农村贫困人口走出贫困陷阱，是我们在新时代面临的重大课题。

（四）有效调节收入分配

实践证明，只是通过社会再分配政策来缩小收入差距，如税收、转移支付、提供公共产品等并不能有效克服收入差距过大问题，需要在初次分配和再分配领域构建起一整套财产分布稳定机制和行之有效的财产再分配的经济调节机制，以之抑制和扭转整个社会财富的过度集中和财产分布过度不均的趋势。高基尼系数往往是一国在经济高速发展过程中出现的现象，经济学面临的需要解释的问题是，高基尼系数是否是市场有效配置资源的自然结果；初次分配领域是否需要政府作为；经济增长与工资调节机制如何建立（政府、工会和劳工三方的利益关系）；税收政策（尤其是高的资本所得税、遗产税）对收入不平等的调节作用有多大；为什么一国在经济发展初期（低收入阶段）转移支付政策对收入不平等调节的效果可能更为显著。中国特色社会主义的发展道路需要总结和借鉴经验，立足国情，实现理论和实践创新。

---

① World Bank，1981，*World Development Report 1981*: *National and International Adjustment*.

第五章 中国特色社会主义国有企业与国有经济

国有企业属于全民所有,是推进国家现代化、保障人民共同利益的重要力量,是中国共产党和国家事业发展的重要物质基础和政治基础。国有经济,即社会主义全民所有制经济,是国民经济中的主导力量,也是社会主义公有制经济的重要组成部分。中华人民共和国成立以来,国有企业改革不断取得重大进展,总体上已经同市场经济相融合,运行质量和效益明显提升,在国际国内市场竞争中涌现出一批具有核心竞争力的骨干企业,为推动经济社会发展、保障和改善民生、开拓国际市场、增强中国综合实力作出了重大贡献。面向未来,国有企业面临日益激烈的国际竞争和转型升级的巨大挑战。在推动中国经济保持中高速增长和迈向中高端水平、完善和发展中国特色社会主义制度、实现中华民族伟大复兴中国梦的进程中,国有企业和国有经济肩负着重大历史使命和责任。

第一节 国有企业和国有经济改革理论

马克思、恩格斯早在19世纪就对国有制的建立、管理以及经营等方面作出了科学论述,不仅为我们正确认识国有企业和国有经济的性质和作用提供了有益帮助,而且还为中国国有企业和国有经济的改革和发展完善提供了科学指南。

一 国有制的建立

马克思、恩格斯认为,资本主义私有制与生产社会化的矛盾的发展,迫使资产阶级在私有制的范围内对生产关系作局部调整,把个别财产联合为集团财产,又把集团财产转变为国家财产,实现生产的国有化,但这并没有从根本上解决总矛盾。因为无论是转化为股份公司,还是转化为国家财产,都没有消除生产力的资本属性,经济危机暴露出资产阶级无法继续驾驭现代生产力,解决的办法只能是在事实上承认现代生产力的社会属性,由社会公开地和直接地占有生产资料。所以,社会主义社会建立之后,就存在着国家所有制。这是因为,无产阶级革命打碎了旧的国家机器之后,必须建立新的国家机器,靠国家政权的力量剥夺者,使国家代表社会占有生产资料。"无产阶级将取得国家政权,并且首先把生产资料变成国家财产。"① 这时，国家是"以社会的名义占有生产资料"②。

马克思、恩格斯设想，在未来的公有制社会中，生产组织将构成一个大联盟的形式，"工人阶级知道……以自由的联合的劳动条件去代替劳动受奴役的经济条件，只能随着时间的推进而逐步完成（这是经济改造）；他们不仅需要改变分配，而且需要一种新的生产组织，或者勿宁说是使目前（现代工业所造成的）有组织的劳动中存在着各种生产社会形式摆脱掉（解除掉）奴役的锁链和它们的目前的阶级性质，还需要在全国范围内和国际范围内进行协调的合作"③。"这种组织工作不但应该以每一个工厂内工人的联合为基础，而且应该把所有这些合作社组成一个大的联社。"④ 在向共产主义过渡的过程中，大联盟的基础则是国家所有制。这是因为，在共产主义的低级阶段，劳动联合体还有自己的局部利益，劳动联合体与"社会大联盟"之间还存在着根本利益一致基础上的利益差别。这时就需要国家作为社会正式代表的中心，组织、调节各个劳动联合体在经济利益上的矛盾，保证社会全体人民根本利益的实现。

二　国有制的经营方式

传统的观点认为，国有制的管理体制应当是"国家所有、国家经营"的模式，但事实上这种观点并不符合马克思、恩格斯的原意。在共产主义的低级阶段上，或者在向完全的共产主义社会过渡的这一长久的历史阶段上，在还存在着国家所有制的条件下，将采取什么样的经营方式呢？马克思、恩格斯认为，在社会主义的国家所有制建立之后，基层经济单位采取合作社的形式，并以此作为向完全的共产主义过渡的中间环节。恩格斯指出："在向完全的共产主义经济过渡时，我们必须大规模地采用合作生产作为中间环节。这一点马克思和我从来没有怀疑过。"⑤ 在这种条件下，其经营方式是国家拥有生产资料的所有权，但同时国家并不直接占有生产资料，而把这些国有的生产资料交给合作社使用，采用"国家所有、合作经营"的形式。

三　国有制要适应生产力的发展状况

马克思、恩格斯虽然认为在社会主义社会应当建立国有制，但他们并不认为国有制适用于整个国民经济，而是认为国有制有一个发展的过程，国有制的发展必须适应生产力的水平。恩格斯在《共产主义原理》中指出，关于生产资料国有化的"所有这一切措施不能一下子都实行起来，但是它们将一个跟着一个实行。只要向私有制一发起猛烈的进攻，

---

① 《马克思恩格斯全集》第26卷，人民出版社2014年版，第7页。
② 《马克思恩格斯全集》第26卷，人民出版社2014年版，第298页。
③ 《马克思恩格斯文集》第3卷，人民出版社2009年版，第198、199页。
④ 《马克思恩格斯选集》第3卷，人民出版社2012年版，第53页。
⑤ 《马克思恩格斯文集》第10卷，人民出版社2009年版，第547页。

无产阶级就要被迫继续向前迈进。把全部资本、全部农业、全部工业、全部运输业和整个交换都愈来愈多地集中到国家手里"[1]。《共产党宣言》中也说，无产阶级在夺取政权后，只能"一步一步地夺取资产阶级的全部资本，把一切生产工具集中在国家即组织成为统治阶级的无产阶级手里"[2]。经典作家在这里说得十分清楚，对资本只能"一步一步地夺取"，国有化措施只能"一个跟着一个实行"，不可能在一个短时期内一下子全部完成。这是因为，一方面对生产资料实行国有化依靠的是新的政权的力量，而在无产阶级革命胜利后，新政权的建立和巩固需要有一个时期；另一方面是生产资料的国有化必须适应生产力的水平，随着生产力的发展而逐步扩展国有化的范围，提高生产资料的集中程度。

国家所有制要适应于生产力的发展，恩格斯的这个思想意味深远。在生产的社会化达到了很高程度时，它要求实行更大社会范围内的管理，而其他的管理都成为它的桎梏，这时国家出面占有生产力才具有必然性，才会进一步推动生产力的发展。恩格斯深刻地指出："只有在生产资料或交通手段真正发展到不适于由股份公司来管理，因而国有化在经济上已成为不可避免的情况下，国有化……才意味着经济上进步，才意味着在由社会本身占有一切生产力方面达到了一个新的准备阶段。"[3] 反之，如果生产资料的集中程度超越了生产力的发展程度，国有化的措施超越了生产力的水平，那么国有化就不具有经济上的合理性，这种过度的国有化就会阻碍生产力的发展。

第二节 国有企业和国有经济的历史演进、地位和作用

中华人民共和国成立以来，我国国有企业和国有经济长期处于不断改革和发展完善的过程中。特别是改革开放以来，调整国有经济布局、持续全面深化国有企业改革一直是中国经济体制改革的中心环节和重要内容。这就充分彰显了国有企业和国有经济在中国经济社会发展中所处的关键地位，以及所发挥举足轻重的作用。

一 国有企业和国有经济的历史演进

中华人民共和国成立以来，我国国有企业和国有经济的历史演进大致可以分为三个阶段：计划经济体制下的国有企业和国有经济发展（1949—1977年）；社会主义市场经济体制下的国有企业和国有经济发展（1978—2012年）；中国特色社会主义新时代的国有企业和国有经济发展（2013年至今）[4]。

---

[1] 《马克思恩格斯文集》第1卷，人民出版社2009年版，第686页。
[2] 《马克思恩格斯文集》第2卷，人民出版社2009年版，第52页。
[3] 《马克思恩格斯文集》第9卷，人民出版社2009年版，第294页。
[4] 马立政：《国有企业是中国社会主义经济实践的中流砥柱——新中国70年来国有企业发展历程及主要经验》，《毛泽东邓小平理论研究》2019年第6期。

（一）计划经济体制下的国有企业和国有经济发展（1949—1977年）

中华人民共和国成立初期，我国经济发展的重要特点就是国营经济领导下的多种经济成分的并存①，"在国营经济领导之下，分工合作，各得其所，以促进整个社会经济的发展"②。事实上，解放战争后期，中国共产党就已经开始没收和接管国民党政府的官僚资本和官营企业，包括工业、商业、交通运输和金融等诸多方面。大量官僚资本企业被收归国有，以及在解放区公营经济基础上组建起来的国营金融体系和国营商贸体系为新中国国有经济体系的形成和发展奠定了坚实的基础。1949年，国有经济已在金融、现代工业、交通等领域获得主导地位。工业方面，国有企业在全国总产量中所占的比重分别为，发电机容量占73%，煤炭占70%，铁占60%，钢占90%，水泥占60%，工作母机占50%左右，纱锭占43%；综合起来，国有经济在现代主要工业中所占的比重约为50%，而在金融、铁路、港口、航空等产业则更是占据绝对优势。同时，政府还大力推动合作社经济的发展，从而进一步扩大了国有经济的规模。从工业产值的变化来看，1949年国营工业企业的产值占全国工业总产值的比重为34.2%，1952年则上升到52.8%；1949年国营工业企业的数量为2858个，1952年增至9517个；1949年国营商业企业的数量为7368个，1952年增至31444个③。

经过三年的国民经济恢复期，1952年国有企业占工业总产值的比重已达41.5%（见表5—1）。之后，随着1953年开始的"五年计划"的陆续启动和实施，国有企业和国有经济的发展得到了进一步强化。首先，第一个"五年计划"推动了国有企业和国有经济迅速发展。1956年工业总产值中，国有企业占比达67.5%，公私合营企业占32.5%，个体和私营经济已几乎不存在了。此外，1957年国有工业企业的数量也已达到了5.8万个。其次，1958—1965年国有企业进入了改革尝试阶段。该阶段计划经济体制下的国有企业运行效率低下等弊端逐渐显现，1958年国家先是通过权力下放的方式开启了对国有企业的改革。1961年，中共中央作出的《关于调整管理体制的若干暂行规定》中提出，国有企业经济管理权限包含中央、中央局和省三级，在两三年内更多集中于中央和中央局。最后，1966—1976年国有企业和国有经济进入了停滞阶段。已有研究表明，1970—1977年中国国有工业企业全要素生产率增长率在产出增长率中所占的比重为0，远低于1956—1957年的13.8%和1953—1955年的24.3%④。

总之，根据表5—1的数据显示，中华人民共和国成立至改革开放前的近三十年内，中国的国有企业和国有经济得到了迅猛发展，不论是国有及国有控股企业，还是集体企业的产值及所占比重均不断增加。

---

① 中华人民共和国成立初期国有企业称为"国营企业"，国有经济称为"国营经济"。
② 中共中央文献研究室编：《建国以来重要文献选编》（第1册），中央文献出版社1992年版，第7页。
③ 郑有贵主编：《中华人民共和国经济史（1949—2012）》，当代中国出版社2016年版，第11、12页。
④ 汪海波：《对我国工业经济效益历史和现状的分析（上）》，《中国工业经济》1989年第4期。

表 5—1　1952—1978 年中国各种经济类型工业企业产值

年份	工业总产值（亿元）	国有及国有控股企业（家）	集体企业（家）	个体企业（家）	其他经济类型企业（家）	国有及国有控股企业所占比重（%）
1952	349	145	11	72	121	41.5
1957	704	378	134	6	186	53.7
1962	920	808	112	—	—	87.8
1965	1402	1263	139			90.1
1970	2117	1855	262			87.6
1975	3207	2601	606			81.1
1978	4237	3289	948	—	—	77.6

资料来源：曾宪奎：《新中国成立以来我国国有企业的发展历程与经验》，《经济纵横》2019 年第 8 期。

（二）社会主义市场经济体制下的国有企业和国有经济发展（1978—2012 年）

1978 年，中国进入了改革开放的新时期，经济体制经历了由计划经济体制向计划和市场经济双轨制以及社会主义市场经济体制的转变。同时，国有企业和国有经济也在进一步不断发展。

首先，1978—1992 年是国有企业和国有经济权责利的调整时期，包括放权让利和转换企业经营机制两个阶段。1979 年 7 月，为落实党的十一届三中全会精神，继续深入推进国有企业改革，国务院相继颁布了《关于国营企业实行利润留成的规定》《关于提高国营工业企业固定资产折旧率和改进折旧费使用办法的暂行规定》《关于国营工业企业实行流动资金全额信贷的暂行规定》《关于扩大国营工业企业经营管理自主权的若干规定》四个文件。自此，"放权让利"作为一项重要改革措施开始在全国推广[①]。1979—1983 年，国有企业和国有经济改革依循逐步扩大企业经营自主权的原则进行，并同时实行了"利改税"政策。1984 年 5 月，国务院颁布了《关于进一步扩大国营工业企业自主权的暂行规定》，1985 年 9 月，又颁布了《关于增强大中型国营工业企业活力若干问题的暂行规定》。1987 年又进一步提出了推广实行承包制的要求，1988 年 2 月国务院颁布了《全民所有制工业企业承包经营责任制暂行条例》，明确了承包制的原则和内容。根据统计数据显示，1988 年实行承包制的国有企业比重达到 90%，其中大中型国有企业占比高达 95%[②]。

其次，1993—2002 年是国有企业和国有经济的制度创新时期，包括现代企业制度建设

[①] 李政：《中国国有企业改革的历史回顾与评析》，《政治经济学评论》2008 年第 2 期。
[②] 洪功翔：《国有企业改革 40 年：成就、经验与展望》，《理论探索》2018 年第 6 期。

与国有企业重组两个阶段。1993年11月,党的十四届三中全会通过的《中共中央关于建立社会主义市场经济体制若干问题的决定》中明确提出,要建立"产权清晰、权责明确、政企分开、管理科学"的现代企业制度。随后,便开始了建立试点,以及以建立现代企业制度为中心的"三改一加强""分类指导、分批搞活""优化资本结构""减员增效""抓大放小""资产重组""再就业工程"等一系列改革举措。然而,由于该时期改革涉及的"矛盾多、层次深。因而困难很大"①,致使1993年开始中国国有企业的亏损额和亏损比重都呈现了急剧增加的态势(见图5—1)。之后,随着党和政府提出帮助国有企业摆脱困境的要求,1999年,党的十五届四中全会通过了《中共中央关于国有企业改革和发展若干重大问题的决定》,国有经济逐渐趋于好转。截至1997年底,改造成股份公司的国有企业已达上万家,其中在上海、深圳证券交易所上市的企业就有745家;2003年底,全国4223家国有大中型骨干企业中,有2514家进行了股份制改造,占比约为59.5%。同时,这些改革措施还有效促进了国有企业经济效益的提升。截至2000年底,国有及国有控股工业企业实现利润达2408.33亿元,2003年进一步提高到3836.2亿元,比2000年提高了59.3%②。

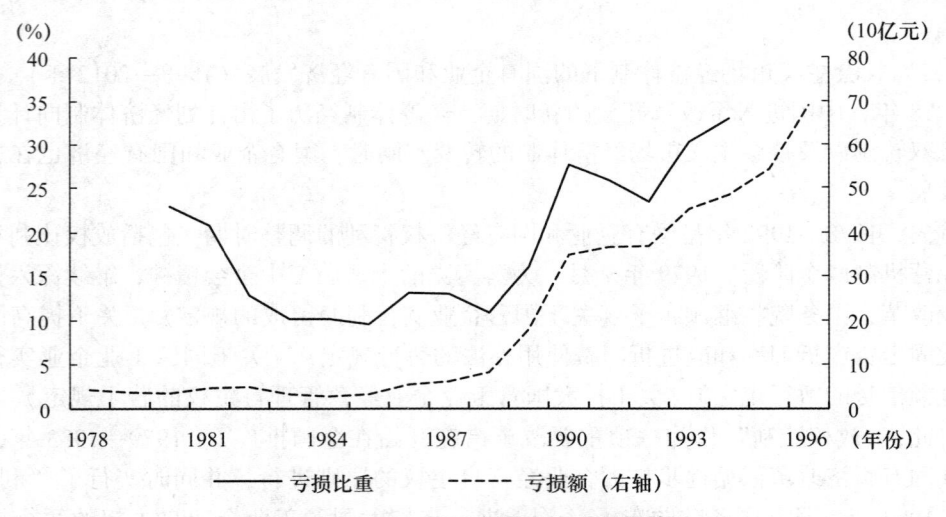

图5—1 1978—1996年国有企业亏损情况

资料来源:李政:《中国国有企业改革的历史回顾与评析》,《政治经济学评论》2008年第2期。

最后,2003—2012年是国有企业和国有经济的体制创新和经济结构调整时期,包括完善国有资产监督管理体制和战略布局两个阶段。2003年,党的十六届三中全会通过的《中共中央关于完善社会主义市场经济体制若干问题的决定》指出了我国社会主义市场经

---

① 李政:《中国国有企业改革的历史回顾与评析》,《政治经济学评论》2008年第2期。
② 曾宪奎:《新中国成立以来我国国有企业的发展历程与经验》,《经济纵横》2019年第8期。

济体制的初步形成,并提出要增强国有经济的控制力,大力发展国有资本、集体资本和非公有资本等参股的混合所有制经济,实现投资主体多元化,使股份制成为公有制的主要实现形式。"统计数据显示,2002—2011 年,全国国有企业营业收入由 8.53 万亿元增长至 39.2 万亿元,年均增长 18.5%;实现利润由 3786.3 亿元增长至 2.58 万亿元,年均增长 23.8%;上缴税金由 6960.4 亿元增加到 3.45 万亿元,年均增长 19.5%;同时,国有企业国际竞争力显著增强,以 2012 年世界 500 强企业为例,中国企业上榜 79 家,其中国有企业占比近 80%。"①

(三) 中国特色社会主义新时代的国有企业和国有经济发展 (2013 年至今)

党的十八大以来,随着中国特色社会主义发展进入新时代,国有企业和国有经济的改革也进入了新的阶段,混合所有制改革、资产管理体制由管企业向管资产转变等做强做优国有经济的举措逐渐提上日程。2013 年党的十八届三中全会通过的《中共中央关于全面深化改革若干重大问题的决定》中明确提出:"完善国有资产管理体制,支持有条件的国有企业改组为国有资本投资公司,推动国有企业完善现代企业制度,准确界定不同国有企业功能,健全协调运转、有效制衡的公司法人治理结构。"② 2015 年 8 月,中共中央、国务院颁布的《关于深化国有企业改革的指导意见》进一步详细地明确了新时代深化国有企业改革的原则、目标及具体内容。相关数据显示,2016 年国有企业营业收入和利润分别为 458978 亿元和 23157.8 亿元,增速分别为 2.6%和 1.7%;2017 年国有企业营业收入和利润分别为 522014.9 亿元和 28985.9 亿元,增速分别为 13.6%和 23.5%;2018 年国有企业营业收入和利润分别为 587500.7 亿元和 33877.7 亿元,增速分别为 10%和 12.9%③。此后,2019 年国有企业营业收入和利润分别为 625520.5 亿元和 35961.0 亿元,2020 年国有企业营业收入和利润分别为 632867.7 亿元和 34222.7 亿元,2021 年国有企业营业收入和利润分别为 755543.6 亿元和 45164.8 亿元,2022 年国有企业营业收入和利润分别为 825967.4 亿元和 43148.2 亿元④。可见,在新冠疫情影响下,中国国有企业整体发展状况依然呈向好趋势。总之,新时代中国国有企业和国有经济的发展成效十分显著。

二 国有企业和国有经济的主体地位

《中华人民共和国宪法》明确规定,"国家在社会主义初级阶段,坚持公有制为主体、多种所有制经济共同发展的基本经济制度","国有经济,即社会主义全民所有制经济,是国民经济中的主导力量。国家保障国有经济的巩固和发展"。1985 年,邓小平在会见津巴

---

① 马立政:《国有企业是中国社会主义经济实践的中流砥柱——新中国 70 年来国有企业发展历程及主要经验》,《毛泽东邓小平理论研究》2019 年第 6 期。
② 《中共中央关于全面深化改革若干重大问题的决定》,《人民日报》2013 年 11 月 16 日。
③ 马立政:《国有企业是中国社会主义经济实践的中流砥柱——新中国 70 年来国有企业发展历程及主要经验》,《毛泽东邓小平理论研究》2019 年第 6 期。
④ 数据来自国务院国有资产监督管理委员会,http://www.sasac.gov.cn/n16582853/index.html。

布韦非洲民族联盟主席、政府总理穆加贝时的谈话中指出："社会主义有两个非常重要的方面，一是以公有制为主体，二是不搞两极分化。公有制包括全民所有制和集体所有制。"① 1993年党的十四届三中全会通过的《中共中央关于建立社会主义市场经济体制若干问题的决定》中明确提出了"三点要求""一点灵活"。三点要求：第一，国家和集体所有的资产在社会总资产中占优势；第二，国有经济控制国民经济命脉；第三，国有经济对经济发展起主导作用。一点灵活，即有的地方、有的产业在上述三点要求上，可以有所差别，有一定灵活性。国家和集体所有的资产占优势，在现阶段就是不仅要保持量的优势，更应注重质的影响，国有经济主导作用主要应该体现在控制力上②。可见，国有企业和国有经济在中国经济发展过程中处于主体地位，发挥主导作用。

1995年，江泽民明确表示："从总体上看，公有制的主体地位和国有经济的主导作用，主要体现在国家所有和集体所有的资产在社会总资产中占优势，体现在国有经济控制国家的经济命脉，体现在国有经济对国民经济发展的导向作用。"③ 1997年，党的十五大报告再一次对公有制经济的主体地位和主导作用进行了详细的解读，即"公有制经济不仅包括国有经济和集体经济，还包括混合所有制经济中的国有成分和集体成分……公有资产占优势，要有量的优势，更要注重质的提高。国有经济起主导作用，主要体现在控制力上。要从战略上调整国有经济布局。对关系国民经济命脉的重要行业和关键领域，国有经济必须占支配地位"④。2005年，胡锦涛在党的十六届五中全会上明确表示："要坚持和完善公有制为主体、多种所有制经济共同发展的基本经济制度，进一步完善社会主义市场经济体制。继续深化国有企业改革，推进国有经济布局和结构调整，增强国有经济控制力，发挥主导作用。"⑤ 之后，党的十七大报告再一次强调："深化国有企业公司制股份制改革，健全现代企业制度，优化国有经济布局和结构，增强国有经济活力、控制力、影响力。"⑥ 2012年，党的十八大报告中又一次指出："毫不动摇巩固和发展公有制经济，推行公有制多种实现形式，深化国有企业改革，完善各类国有资产管理体制，推动国有资本更多投向关系国家安全和国民经济命脉的重要行业和关键领域，不断增强国有经济活力、控制力、影响力。"⑦

2013年，党的十八届三中全会指出："公有制为主体、多种所有制经济共同发展的基本经济制度，是中国特色社会主义制度的重要支柱，也是社会主义市场经济体制的根基……必须毫不动摇巩固和发展公有制经济，坚持公有制主体地位，发挥国有经济主导作

---

① 《邓小平文选》第3卷，人民出版社1993年版，第138页。
② 《中共中央关于建立社会主义市场经济体制若干问题的决定》，人民出版社1993年版，第9—10页。
③ 《中共中央关于建立社会主义市场经济体制若干问题的决定》，人民出版社1993年版，第445页。
④ 《中国共产党第十五次全国代表大会文件汇编》，人民出版社1997年版，第21、22页。
⑤ 中共中央文献研究室编：《十六大以来重要文献选编》（中），人民出版社2006年版，第1096页。
⑥ 《中国共产党第十七次全国代表大会文件汇编》，人民出版社2007年版，第25页。
⑦ 《中国共产党第十八次全国代表大会文件汇编》，人民出版社2012年版，第19页。

用，不断增强国有经济活力、控制力、影响力。"① 同年，《中共中央关于全面深化改革若干重大问题的决定》中对发展混合所有制经济的作用进行了全面阐释。事实上，习近平总书记历来高度重视国有企业改革发展和党建工作，强调国有企业的地位与作用。2016年7月4日，习近平总书记在全国国有企业改革座谈会召开之际，对国有企业改革作出了重要指示，坚定清晰地指出了国有企业发展的战略地位，指出"国有企业是壮大国家综合实力、保障人民共同利益的重要力量"②。2016年10月10日，习近平总书记在全国国有企业党的建设工作会议上的讲话中深刻解答了事关国有企业改革发展和党的建设的一系列重大问题。习近平总书记指出："要坚持有利于国有资产保值增值、有利于提高国有经济竞争力、有利于放大国有资本功能的方针，推动国有企业深化改革、提高经营管理水平，加强国有资产监管，坚定不移把国有企业做强做优做大。"③ 2017年12月12日，习近平总书记在江苏徐州考察徐工集团时强调，国有企业是中国特色社会主义的重要物质基础和政治基础，是中国特色社会主义经济的"顶梁柱"。2020年，党的十九届五中全会进一步指出，要"加快国有经济布局优化和结构调整，发挥国有经济战略支撑作用"④。2022年，党的二十大报告指出，要"深化国资国企改革，加快国有经济布局优化和结构调整，推动国有资本和国有企业做强做优做大，提升企业核心竞争力"⑤。新的历史时期，要按照党的二十大部署推动国有企业深化改革、提高经营管理水平，使国有企业成为贯彻新发展理念、全面深化改革的骨干力量，成为中国共产党执政兴国的重要支柱和依靠力量。

三 国有企业和国有经济的主导作用

国有企业和国有经济作为中国经济发展的主体，发挥了重要的主导作用，具体包括促进经济社会发展、稳定就业、稳定税收以及保障国家政治经济安全等诸多方面。

第一，国有企业和国有经济对经济增长的促进作用。中华人民共和国成立初期，我国经济百废待兴，正是国有经济的不断发展壮大为我国摆脱贫穷落后的状态提供了坚实力量。"由于国有企业的快速发展，中国工业化初期发展状况大幅超过了同阶段的英国（1801—1941年时的工业份额仅上升11%）和日本（1878—1923年时的工业份额上升了22%）。"⑥ 改革开放以来，为适应社会主义市场经济体制发展的内在要求，国有企业和国有经济更是在基础行业领域发挥了中流砥柱的作用。正如习近平总书记所言的："新中国

---

① 《中国共产党第十八届中央委员会第三次全体会议公报》，人民出版社2013年版，第9页。
② 中共中央文献研究室编：《十八大以来重要文献选编》（中），中央文献出版社2016年版，第648页。
③ 习近平：《习近平谈治国理政》第2卷，外文出版社2017年版，第175页。
④ 《中国共产党第十九届中央委员会第五次全体会议文件汇编》，人民出版社2020年版，第38—39页。
⑤ 习近平：《高举中国特色社会主义伟大旗帜 为全面建设社会主义现代化国家而团结奋斗——在中国共产党第二十次全国代表大会上的报告》，人民出版社2022年版，第29页。
⑥ 马立政：《国有企业是中国社会主义经济实践的中流砥柱——新中国70年来国有企业发展历程及主要经验》，《毛泽东邓小平理论研究》2019年第6期。

成立以来特别是改革开放以来，国有企业发展取得巨大成就。我国国有企业为我国经济社会发展、科技进步、国防建设、民生改善作出了历史性贡献，功勋卓著，功不可没。"[1] 以 2000—2022 年国有控股工业企业为例，尽管 21 世纪以来，中国国有控股工业企业的数量出现了显著下降，但是其利润总额却呈现了明显的上升态势（见图 5—2）。

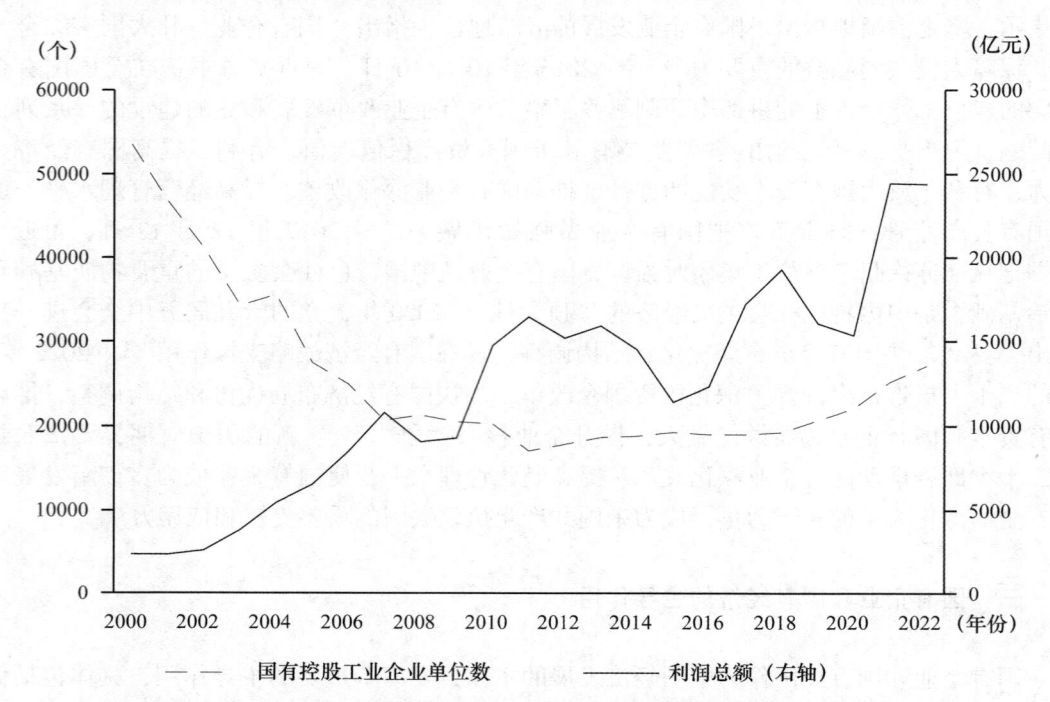

图 5—2 2000—2020 年国有控股工业企业单位数和利润总额变化情况
资料来源：国家统计局官方网站。

另外，国有企业在创新领域的主导作用，也为中国经济社会的创新发展提供了引擎。党的十八大报告中明确提出："科技创新是提高社会生产力和综合国力的战略支撑，必须摆在国家发展全局的核心位置。"[2] 党的十九大报告指出，要"充分发挥科学技术作为第一生产力的作用，充分发挥创新作为引领发展第一动力的作用"[3]。党的二十大报告进一步强调，要"坚持创新在我国现代化建设全局中的核心地位"[4]。可见，创新已然成为当今社会发展的必然要求。通过表 5—2 中的数据可以看出，仅 2006—2010 年五年间，中国

---

[1] 习近平：《习近平谈治国理政》第 2 卷，外文出版社 2017 年版，第 175—176 页。
[2] 《中国共产党第十八次全国代表大会文件汇编》，人民出版社 2012 年版，第 20 页。
[3] 《中国共产党第十九次全国代表大会文件汇编》，人民出版社 2017 年版，第 71 页。
[4] 习近平：《高举中国特色社会主义伟大旗帜　为全面建设社会主义现代化国家而团结奋斗——在中国共产党第二十次全国代表大会上的报告》，人民出版社 2022 年版，第 35 页。

国有及国有控股大中型工业企业的发明专利申请数量就从 6235 件增加到 25356 件，增加了 4 倍，并且所占大中型工业企业发明专利申请总量的比重也由 24.3%增加到 35.0%。同时，国有企业还在载人航天、探月工程、深海探测、高速铁路、商用飞机、特高压输变电、移动通信等领域取得了一批具有世界先进水平、标志性的重大科技创新成果①。新时代，习近平总书记更是强调："中央企业等国有企业要勇挑重担、敢打头阵，勇当原创技术的'策源地'、现代产业链的'链长'。"②

表 5—2　　　　　　　　国有工业企业发明专利申请数与占比

年份	国有及国有控股大中型工业企业（件）	国有大中型工业企业（件）	集体大中型工业企业（件）	国有及国有控股大中型工业企业占大中型工业企业比重（%）
2006	6235	1488	549	24.3
2007	8590	1921	680	23.8
2008	15585	2951	698	35.6
2009	22219	4263	669	35.2
2010	25356	5280	738	35.0

注：可查数据仅更新到 2010 年。
资料来源：国家统计局官方网站统计整理所得。

第二，国有企业和国有经济对就业、税收等领域的稳定作用。就业和税收是关系中国经济社会发展的两个重要领域。一方面，从国有企业吸纳就业的能力来看。长期以来，国有企业吸纳的就业人员为中国劳动力的需求提供了重要保障。根据图 5—3 的数据，2000 年以来，虽然中国国有单位吸纳的就业人员数量略有下降，但依然超过了 5000 万人，且国有单位就业人员的工资持续上涨。其中，2000 年国有单位就业人员的年平均工资为 9441 元，而 2022 年则提升到了 123623 元。另一方面，从国有企业上缴税收的份额来看。中国财政收入的主要来源和保障就是国有企业。国有企业缴纳的税收为中国收入再分配以及基础设施建设等公共服务提供了重要的经济支持。2015—2021 年，国有控股企业税收分别为 43186 亿元、43052 亿元、44472 亿元、43163 亿元、42639 亿元、40327 亿元、46586 亿元，占中国企业总税收的 25%左右，可见国有企业税收是中国税收收入的重要组成部分，且长期维持稳定③。此外，长期以来，国有企业还承担了许多社会公益事业，在抗击

---

① 肖亚庆：《深化国有企业改革　加快国有经济布局》，《人民日报》2017 年 12 月 13 日。
② 《习近平经济思想学习纲要》，人民出版社 2022 年版，第 111 页。
③ 历年《中国税务年鉴》整理统计所得。

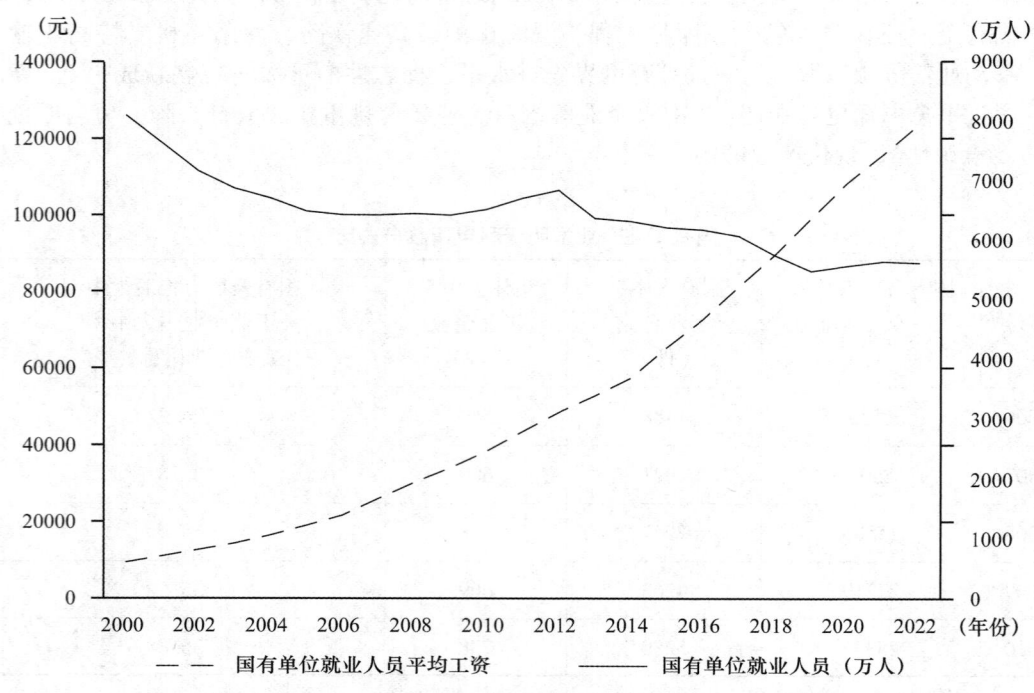

环境污染、自然灾害以及突发事件中发挥了积极作用,扮演着关键角色。

图 5—3 2000—2020 年国有单位就业人员和年平均工资情况
资料来源:国家统计局官方网站。

第三,国有企业和国有经济对国家政治经济安全的保障作用。习近平总书记指出:"国有企业是中国特色社会主义的重要物质基础和政治基础,是我们党执政兴国的重要支柱和依靠力量。"[①] 经济基础决定上层建筑,中国国有企业和国有经济的健康持续发展为坚持社会主义发展道路提供了强有力的保障作用。一方面,国有企业在抵御国际金融风险中发挥了重要作用。2008 年国际金融危机席卷全球,对世界大多数国家的经济增长产生了巨大冲击,大部分学者认为,当前金融危机的世界性影响依然没有消散。然而,中国在经历了短暂的冲击之后,很快就从危机中寻找到了出路,并带动了全球经济的逐步回暖复苏。这就离不开国有企业和国有经济的保驾护航。另一方面,国有企业和国有经济积极参与国际竞争,为提升中国的国际竞争力提供了重要力量。从表 5—3 中可以看出,中国国有企业在世界 500 强中的数量呈不断增加的趋势。此外,国有企业在全球化进程中所占据的主导作用也非常明显。《中国企业全球化报告(2017)》显示,2016 年中国企业对外直接投资 1830 亿美元,同比增长 44%,是全球第二大对外投资国,其中国有企业的海外投

---

① 习近平:《习近平谈治国理政》第 2 卷,外文出版社 2017 年版,第 175 页。

资占据了90%。

表5—3　　　　　　　世界500强企业中国国有企业数量　　　　　　　单位：家

年份	1995	2000	2005	2010	2015	2018	2020	2023
美国	151	178	176	140	127	126	122	136
日本	149	107	81	71	54	52	53	41
中国	3	11	18	54	106	120	143	142
国有企业	3	9	15	40	83	83	82	97

资料来源：根据历年《财富》公布的世界500强企业相关数据整理所得。

第三节　国有企业改革

国有企业改革作为优化中国国有经济布局和结构的核心环节，一直以来都处于中国经济体制改革的先锋地位。中华人民共和国成立以来，特别是改革开放以来，中国在综合分析国有企业所存在的问题的基础上，不断深化改革，取得了显著成效。

一　国有企业存在的问题

国有企业产生于中华人民共和国成立初期，为国民经济恢复和社会稳定发展提供了重要支撑。然而，随着经济体制的发展和完善，国有企业存在的问题和弊端也逐渐暴露，具体包括以下三个方面。

（一）政企不分，权责不明

传统计划经济体制下国有企业表现出政企不分、管理混乱，以及分工不明确等诸多弊端。政府作为国有企业的直接权利掌管者，无论是国有企业的资源配置方式、管理经营模式还是人事调动都必须经由政府的安排、审核和批准，以致"国有企业与政府之间形成了单向的'命令服从式的'权利关系"[1]。党的十五大报告中更是明确指出："机构庞大，人员臃肿，政企不分，官僚主义严重，直接阻碍改革的深入和经济的发展。"[2] 此外，虽然国有企业和其他所有制性质的企业在创造财富和解决就业问题上的作用存在一致性，但是基于国有企业的全民所有制性质，社会各界对于国有企业所拥有的权利和应承担的责任问题的争论一直都未消失。事实上，"从宏观层面看，国有企业承担了社会稳定与进步、就

---

[1] 杨蕙馨、曲媛：《中国国有企业改革及其治理》，《首都经济贸易大学学报》2008年第1期。
[2] 《中国共产党第十五次全国代表大会文件汇编》，人民出版社1997年版，第34页。

业、经济中的宏观调控职能；从中观层面看，国有企业作为具有企业一般属性的组织，追求利润、依法经营、保护环境、保障质量、维护商业道德、满足消费需求和社会公益，都是其必须履行的基本的企业社会责任；从微观层面看，员工是企业最大的财富，国有企业在下岗安置、员工福利方面承担责任也是符合现代企业的运行基本规律"[①]。

（二）经营活力不强，效率不足

长期以来，大多数国有企业因政府长期大力扶持，导致企业缺乏竞争力与创新精神。而且由于国有企业大多都是垄断企业，在国内市场基本不受竞争威胁，从而导致很多国有企业在设备更新、人才引进和管理革新上数十年如一日，相对缺乏改进的动力，由此也使得国有企业对自主品牌的不够重视，导致许多大型国有企业多年来为外国公司生产贴牌产品，同时对国内企业造成空间压缩，影响了中国民族品牌的发展。随着20世纪90年代竞争机制向国有企业的引入，使部分国有企业面临了竞争压力。2000年以后，在国有企业实行的"抓大放小"和"保值增值"措施则促使部分国有企业退出了竞争领域，致使国有资产流失严重以及垄断性的加强。另外，由于缺乏长效的激励机制和有效的监督管理，严重抑制了国有企业劳动者积极性和创造性，所谓的"铁饭碗"的观念至今没有消除。

（三）权力过于集中，体制僵化

传统计划经济体制下国有企业的最大弊端就在于权力的高度集中导致了体制的僵化。一方面，体制的僵化助长了遵循守旧和经营管理模式的保守。国家对企业管得过多、过死，权力过于集中，忽视了商品生产、价值规律和市场机制的作用，分配中平均主义严重。另一方面，体制僵化与政府干预过多还助长官僚主义和形式主义作风，人治而非法、利益板块化、"山头主义"等不良之风严重。此外，体制的僵化还促成了企业内部各机构之间的相对孤立，致使信息流动不畅，降低了企业的运行效率。随着混合所有制改革推进实施，权力集中的问题得到了有效缓解，但同时又衍生出了新的法人治理结构问题。有学者认为，混合所有制改革背景下的国有企业法人治理结构存在的问题包括：一是混合所有制企业中国有资本和非公有资本的股权合作方式还在探索之中；二是混合所有制国有企业的治理结构运作机制不完善；三是部分担任董事长、总经理、监事等职位的国有企业管理者存在行政级别，导致角色与职责不对称，难以监督，权力制衡机制难以形成[②]。

二 国有企业改革的历程

中国经济体制改革发端于国有企业改革。从1978年开始，国有企业改革可以分为以下几个阶段。

（一）第一阶段（1978—1980年）

扩大企业的经营自主权，增强企业的活力，不仅是城市经济体制改革的出发点，也是

[①] 黄茂兴、唐杰：《改革开放40年我国国有企业改革的回顾与展望》，《当代经济研究》2019年第3期。
[②] 黄茂兴、唐杰：《改革开放40年我国国有企业改革的回顾与展望》，《当代经济研究》2019年第3期。

城市经济体制改革的目的。企业改革的第一阶段，以扩权试点为突破口，着重调整国家与企业的经济关系，主要内容是扩权、减税、让利，使企业拥有一定的自主权财产和经营权。扩大企业自主权的试点工作，最先出现在四川省。1978年10月，四川省委在重庆钢铁厂、成才无缝钢管厂、宁江机械厂、四川化工厂、新都氮肥厂和南充绸厂6家企业开始扩大企业自主权的试验。企业自主权的扩大初步改变了企业不了解市场需要、不关心产品销路、不关心盈亏的状况，开始建立和增强了经营观念、市场观念、竞争观念和服务观念，促进了技术进步和产品质量的提高，取得了较好的经济效益。但是，由于当时各方面的改革未能配套进行，企业与主管部门的行政隶属关系没有根本改变，国家赋予企业的各项权利由于各级部门的截留而没有完全落实，这就影响了扩权改革的效果。

（二）第二阶段（1981—1982年）

这一阶段国企改革主要内容是试行经济责任制。在扩权试点的基础上，对工业企业试行以利润包干为主的经济责任制。这种办法实施方便、任务明确、考核简单，企业在完成包干任务后可获得超收利润的大部分。这种经济责任制以提高经济效益为目的，同时也调动了企业的积极性，因而比企业扩权改革又前进了一步。但当时由于各种经济关系尚未理顺，出现了国家集中的财力过少，资金过于分散的情况。为了确保国家的重点建设，进一步调整国民经济的比例关系，1983年开始在全国范围内实行"利改税"。

（三）第三阶段（1983—1986年）

这一阶段国企改革主要内容是实行利改税。以前的扩权、利润留成改革对调动企业积极性起到了一定作用，但是，由于企业盈利水平受多种因素的影响，国家与企业之间的利益关系并不固定，因而在实践中出现了一些新的矛盾：这主要表现为企业之间留利水平不平衡，出现了苦乐不均的现象，起不到鼓励先进，鞭策后进的作用。为了改变这种状况，国家决定进行利改税试点。1983年6月，在各地试点的基础上，在全国范围内实行了以税利并存为特点的第一步利改税。1984年9月，国务院开始实行把税利并存过渡到完全的以税代利的第二步利改税。实践证明，实行利改税，对于完善经营责任制，调动企业的积极性，促进经济发展等，都有重要的意义。

（四）第四阶段（1987—1991年）

这一阶段国企改革主要内容是完善企业的经营机制。这一时期，企业改革进入了以全面推行承包制为特征的转移企业经营方式阶段。各地区根据不同行业和不同企业的特点，进行了多种经营方式的探索，如租赁制、股份制、资产经营责任制等。实践证明，在当时的情况下，承包制是增强企业活力、提高经济效益和推动国民经济发展的一个有效形式。它使一些濒于破产、经常吃国家补贴的企业，一举摆脱了连年亏损的状况；同时，又向那些安于度日的企业注入了活力，提高了企业的生产积极性，也打破了"大锅饭"，使职工群众的积极性和创造性充分地释放出来。但是承包制的实践中，也出现了一些值得注意的问题，如行为短期化问题、行政干预强化、改革方式不规范等。

（五）第五阶段（1992—2012年）

这一阶段国企改革主要内容是转换企业经营机制，建立现代企业制度。在邓小平南方谈话精神的鼓舞下，企业改革的力度逐步加大，外部环境逐步得到改善。党的十四大明确了我国经济体制改革的目标是建立社会主义市场经济。党的十四届三中全会进一步明确了建立现代企业制度是国有企业改革的方向，从而把企业改革推向一个新阶段。这一时期企业改革的突出特点是，按照建立社会主义市场经济体制的目标要求，建立适应市场经济要求的产权明确、权责明确、政企分开、管理科学的现代企业制度，把国有企业塑造成为独立的法人实体和市场竞争主体①。

（六）第六阶段（2013年至今）

党的十八大以来，以习近平同志为核心的党中央高度重视国有企业的改革和发展问题。2013年11月党的十八届三中全会通过的《中共中央关于全面深化改革若干重大问题的决定》，将发展混合所有制经济作为新一轮国有企业改革的主要方向。2015年8月，中共中央、国务院印发的《关于深化国有企业改革的指导意见》对推进国有企业混合所有制改革提供了具体指导，强调应分类推进混合所有制改革。同年11月国务院颁布的《关于改革和完善国有资产管理体制的若干意见》进一步就国有资产管理体制改革进行了规定，提出要"实现政企分开、政资分开、所有权与经营权分离，依法理顺政府与国有企业的出资关系"。2018年7月国务院发布《关于推进国有资本投资、运营公司改革试点的实施意见》，对国有资本投资、运营公司改革试点的具体操作提出了相关要求。2020年，党的十九届五中全会进一步提出，要"加快完善中国特色现代企业制度，深化国有企业混合所有制改革"②。党的二十大报告中同样强调"加快国有经济布局优化和结构调整，推动国有资本和国有企业做强做优做大"③。

从上述阶段可以看出，国有企业改革是中国经济体制改革的中心环节，而国有企业改革的目标就是使企业成为商品生产者，成为市场主体，这是中国经济体制改革的主旋律，也是理论界和实际部门的共识。

三 国有企业改革取得的成就

改革开放以来，中国国有企业改革取得了重大成就，大致可归纳为国有企业的实力和影响力显著增强、国有经济布局和结构不断优化，以及经营机制和监管体系不断发展完善三个方面。

（一）国有企业的实力和影响力显著增强

长期以来，通过国有企业改革的不断深入推进，中国国有企业的资本总量、规模以及经济效益都呈现了很大变化，同时在国际竞争中也取得了显著成效。一是从资产总量和规

---

① 丁任重、王继翔：《中国国有企业改革演进：另一种视角的解读——关于"国退民进"与"国进民退"争议的思考》，《当代经济研究》2010年第4期。
② 《中国共产党第十九届中央委员会第五次全体会议文件汇编》，人民出版社2020年版，第39页。
③ 习近平：《高举中国特色社会主义伟大旗帜 为全面建设社会主义现代化国家而团结奋斗——在中国共产党第二十次全国代表大会上的报告》，人民出版社2022年版，第29页。

模的视角来看。以国有工业企业为例，国家统计局相关数据显示，2000—2022 年中国国有工业企业总资产平均为 57211.37 亿元，约占整体工业企业总资产的 8%，虽然在新冠疫情影响下，短期内国有工业企业总资产有所下滑，但很快出现了反弹。二是从经济效益的视角来看。2000—2022 年中国国有工业企业利润总额平均为 1801.44 亿元，并呈现明显的增加态势。显然，国有企业数量的减少对企业收益的提升影响有限。三是从参与国际竞争的视角来看。表 5—3 的数据显示，近年来世界 500 强企业中，中国国有企业数量迅速攀升，并在 2015 年后保持相对稳定态势，从 1995 年的 3 家企业跃升到了 2022 年的 97 家，增加了近 32 倍。此外，"自 20 世纪 90 年代国家提出'走出去'战略以来，国有企业一直是我国对外投资的先锋队和主力军。国有企业对外直接投资存量规模持续上升，从 2006 年底的 607.7 亿美元上升到 2016 年底的 6407.7 亿美元，十年扩大至十倍"[1]。

（二）国有经济布局和结构不断优化

自 20 世纪 90 年代中国开启对国有经济战略布局进行调整以来，国有经济逐渐向涉及国家安全行业、自然垄断行业、提供重要公共产品和服务行业以及支柱产业和高新技术产业中的重要骨干企业等领域集中。21 世纪初期，国家又提出国有资本和大型国有企业集团要向影响中国经济命脉和国计民生的重要行业和关键领域集中。一方面，国有资本不断向基础行业和公共服务领域集中。"当前，中央企业资产有 80% 多集中在石油石化、电力、国防、通信、运输、冶金、机械等行业，提供全部的电信和电力服务，绝大部分的石油化工产品以及 90% 以上的民航、铁路等运输量。"[2] 另一方面，国有经济结构持续优化。具体表现为三方面。一是国有企业规模增加的同时数量却在减少。图 5—2 的数据显示，近年来中国国有控股工业企业的数量呈现出了一定的下降趋势。2000 年中国国有控股工业企业的单位数为 53489 个，2022 年数量减少到了 27065 个。二是通过联合重组的方式不断壮大企业规模。"国务院国资委成立以来，一直积极推进企业间的联合重组，所监管的中央企业已从 2003 年的 196 家调整至 2018 年底的 97 家"[3]，但利润总额保持上升态势（见图 5—2）。三是不断调整完善优化国有经济布局的体制机制。国家通过政策引导、规划制定、业绩考核等方式，推动国有企业加强内部业务结构调整。

（三）经营机制和监管体系不断发展完善

中国国有企业改革的最大突破就在于实现了经营机制的多元化。特别是国有资本、集体资本、非公有资本等交叉持股、相互融合的混合所有制经济构成了中国基本经济制度的重要实现形式。1993 年，建立现代企业制度的目标把改革推向制度创新的轨道，"政企分开"在管理制度层面逐步实现。同时，以中外合资、股份合作制、员工持股、管理层收购、引入非公投资者、公开上市等为代表的混合所有制经济也在持续不断发展。相关数据显示，"截至 2017 年 9 月，全国国有企业公司制改制的比例达到 90% 以上，中央企业各级

---

[1] 袁东明、袁璐瑶：《国有企业改革：成就、经验与建议》，《经济纵横》2019 年第 6 期。
[2] 黄茂兴、唐杰：《改革开放 40 年我国国有企业改革的回顾与展望》，《当代经济研究》2019 年第 3 期。
[3] 袁东明、袁璐瑶：《国有企业改革：成就、经验与建议》，《经济纵横》2019 年第 6 期。

子企业公司制改制比例达92%，中央企业所属企业中股权多元化比例已达到67.7%"①。而在中央层面，"到2017年末国务院国资委监管的中央企业及各级子企业中混合所有制企业占比已达69%，建筑、房地产、制造3个行业的企业混合程度都超过了75%，其中建筑行业占比高达87%"；在地方层面，如"截至2017年底，广东省国资委直接监管企业中混合所有制企业比例已接近70%"②。此外，改革开放以来，中国还对国有企业的监督管理体系进行了调整和完善。一方面，建立了国有企业的出资人制度。2003年以来，通过特设中央和地方各级国有资产监督管理委员会，强化了对国有企业投资、重组、改制等方面的监管力度。另一方面，建立了有效的国有资产管理体系，以《企业国有资产监督管理条例》《中华人民共和国企业国有资产法》《企业国有资产交易监督管理办法》《企业国有资产评估管理暂行办法》等为代表的一系列规范政策的制定出台使中国国有资产管理体系不断趋于完善。

第四节　新时代国有经济战略布局与国有资产管理体制改革

当前，中国国有企业存在一些亟待解决的突出矛盾和问题，如一些企业市场主体地位尚未真正确立，现代企业制度还不健全，国有资产监管体制有待完善，国有资本运行效率需进一步提高；一些企业管理混乱，内部人控制、利益输送、国有资产流失等问题时有发生，企业办社会职能和历史遗留问题还未完全解决；一些企业党组织管党治党责任不落实、作用被弱化等。对此，党的二十大报告中明确指出，新的历史时期，要"深化国资国企改革，加快国有经济布局优化和结构调整，推动国有资本和国有企业做强做优做大，提升企业核心竞争力"③。

一　基本原则

（一）坚持和完善基本经济制度

坚持和完善基本经济制度是深化国有企业改革必须把握的根本要求。必须毫不动摇巩固和发展公有制经济，毫不动摇鼓励、支持、引导非公有制经济发展。坚持公有制主体地位，发挥国有经济主导作用，积极促进国有资本、集体资本、非公有资本等交叉持股、相互融合，推动各种所有制资本取长补短、相互促进、共同发展。

---

① 周雷：《政策体系引领国企改革全面深入推进》，《经济日报》2017年9月29日。
② 袁东明、袁璐瑶：《国有企业改革：成就、经验与建议》，《经济纵横》2019年第6期。
③ 习近平：《高举中国特色社会主义伟大旗帜　为全面建设社会主义现代化国家而团结奋斗——在中国共产党第二十次全国代表大会上的报告》，人民出版社2022年版，第29页。

（二）坚持社会主义市场经济改革方向

坚持社会主义市场经济改革方向是深化国有企业改革必须遵循的基本规律。国有企业改革要遵循市场经济规律和企业发展规律，坚持政企分开、政资分开、所有权与经营权分离，坚持权利、义务相统一，坚持激励机制和约束机制相结合，促使国有企业真正成为依法自主经营、自负盈亏、自担风险、自我约束、自我发展的独立市场主体。社会主义市场经济条件下的国有企业，要成为自觉履行社会责任的表率。

（三）坚持增强活力和强化监管相结合

增强活力和强化监管相结合是深化国有企业改革必须把握的重要关系。增强活力是搞好国有企业的本质要求，加强监管是搞好国有企业的重要保障，要切实做到二者的有机统一。继续推进简政放权，依法落实企业法人财产权和经营自主权，进一步激发企业活力、创造力和市场竞争力。进一步完善国有企业监管制度，切实防止国有资产流失，确保国有资产保值增值。

（四）坚持党对国有企业的领导

党的领导是深化国有企业改革必须坚守的政治方向、政治原则。要贯彻全面从严治党方针，充分发挥企业党组织政治核心作用，加强企业领导班子建设，创新基层党建工作，深入开展党风廉政建设，坚持全心全意依靠工人阶级，维护职工合法权益，为国有企业改革发展提供坚强有力的政治保证、组织保证和人才支撑。

（五）坚持积极稳妥统筹推进

统筹推进是深化国有企业改革必须采用的科学方法。要正确处理推进改革和坚持法治的关系，正确处理改革发展稳定关系，正确处理搞好顶层设计和尊重基层首创精神的关系，突出问题导向，坚持分类推进，把握好改革的次序、节奏、力度，确保改革扎实推进、务求实效。

二　主要目标

2013年，党的十八届三中全会明确全面深化改革的总目标为"完善和发展中国特色社会主义制度，推进国家治理体系和治理能力现代化"，并强调，"必须更加注重改革的系统性、整体性、协同性，加快发展社会主义市场经济、民主政治、先进文化、和谐社会、生态文明，让一切劳动、知识、技术、管理、资本的活力竞相迸发，让一切创造社会财富的源泉充分涌流，让发展成果更多更公平惠及全体人民"[①]。

当前，中国深化国有企业改革的目标主要是在国有企业改革重要领域和关键环节取得决定性成果，形成更加符合中国基本经济制度和社会主义市场经济发展要求的国有资产管理体制、现代企业制度、市场化经营机制，国有资本布局结构更趋合理，造就一大批德才兼备、善于经营、充满活力的优秀企业家，培育一大批具有创新能力和国际竞争力的国有

---

① 《中国共产党第十八届中央委员会第三次全体会议公报》，人民出版社2013年版，第4—5页。

骨干企业，国有经济活力、控制力、影响力、抗风险能力明显增强。具体体现在以下四方面：一是国有企业公司制改革基本完成，发展混合所有制经济取得积极进展，法人治理结构更加健全，优胜劣汰、经营自主灵活、内部管理人员能上能下、员工能进能出、收入能增能减的市场化机制更加完善；二是国有资产监管制度更加成熟，相关法律法规更加健全，监管手段和方式不断优化，监管的科学性、针对性、有效性进一步提高，经营性国有资产实现集中统一监管，国有资产保值增值责任全面落实；三是国有资本配置效率显著提高，国有经济布局结构不断优化、主导作用有效发挥，国有企业在提升自主创新能力、保护资源环境、加快转型升级、履行社会责任中的引领和表率作用充分发挥；四是企业党的建设全面加强，反腐倡廉制度体系、工作体系更加完善，国有企业党组织在公司治理中的法定地位更加巩固，政治核心作用充分发挥。

三　基本措施

（一）分类推进国有企业改革

第一，划分国有企业不同类别。根据国有资本的战略定位和发展目标，结合不同国有企业在经济社会发展中的作用、现状和发展需要，将国有企业分为商业类和公益类。通过界定功能、划分类别，实行分类改革、分类发展、分类监管、分类定责、分类考核，提高改革的针对性、监管的有效性、考核评价的科学性，推动国有企业同市场经济深入融合，促进国有企业经济效益和社会效益有机统一。按照谁出资谁分类的原则，由履行出资人职责的机构负责制定所出资企业的功能界定和分类方案，报本级政府批准。各地区可结合实际，划分并动态调整本地区国有企业功能类别。

第二，推进商业类国有企业改革。商业类国有企业按照市场化要求实行商业化运作，以增强国有经济活力、放大国有资本功能、实现国有资产保值增值为主要目标，依法独立自主开展生产经营活动，实现优胜劣汰、有序进退。主业处于充分竞争行业和领域的商业类国有企业，原则上都要实行公司制股份制改革，积极引入其他国有资本或各类非国有资本实现股权多元化，国有资本可以绝对控股、相对控股，也可以参股，并着力推进整体上市。对这些国有企业，重点考核经营业绩指标、国有资产保值增值和市场竞争能力。主业处于关系国家安全、国民经济命脉的重要行业和关键领域、主要承担重大专项任务的商业类国有企业，要保持国有资本控股地位，支持非国有资本参股。对自然垄断行业，实行以政企分开、政资分开、特许经营、政府监管为主要内容的改革，根据不同行业特点实行网运分开、放开竞争性业务，促进公共资源配置市场化；对需要实行国有全资的企业，也要积极引入其他国有资本实行股权多元化；对特殊业务和竞争性业务实行业务板块有效分离，独立运作、独立核算。对这些国有企业，在考核经营业绩指标和国有资产保值增值情况的同时，加强对服务国家战略、保障国家安全和国民经济运行、发展前瞻性战略性产业以及完成特殊任务的考核。

第三，推进公益类国有企业改革。公益类国有企业以保障民生、服务社会、提供公共产品和服务为主要目标，引入市场机制，提高公共服务效率和能力。这类企业可以采取国有独资形式，具备条件的也可以推行投资主体多元化，还可以通过购买服务、特许经营、委托代理等方式，鼓励非国有企业参与经营。对公益类国有企业，重点考核成本控制、产品服务质量、营运效率和保障能力，根据企业不同特点有区别地考核经营业绩指标和国有资产保值增值情况，考核中要引入社会评价。

（二）完善现代企业制度

第一，推进公司制股份制改革。加大集团层面公司制改革力度，积极引入各类投资者实现股权多元化，大力推动国有企业改制上市，创造条件实现集团公司整体上市。根据不同企业的功能定位，逐步调整国有股权比例，形成股权结构多元、股东行为规范、内部约束有效、运行高效灵活的经营机制。允许将部分国有资本转化为优先股，在少数特定领域探索建立国家特殊管理股制度。

第二，健全公司法人治理结构。重点是推进董事会建设，建立健全权责对等、运转协调、有效制衡的决策执行监督机制，规范董事长、总经理行权行为，充分发挥董事会的决策作用、监事会的监督作用、经理层的经营管理作用、党组织的政治核心作用，切实解决一些企业董事会形同虚设、"一把手"说了算的问题，实现规范的公司治理。要切实落实和维护董事会依法行使重大决策、选人用人、薪酬分配等权利，保障经理层经营自主权，法无授权任何政府部门和机构不得干预。加强董事会内部的制衡约束，国有独资、全资公司的董事会和监事会均应有职工代表，董事会外部董事应占多数，落实一人一票表决制度，董事对董事会决议承担责任。改进董事会和董事评价办法，强化对董事的考核评价和管理，对重大决策失误负有直接责任的要及时调整或解聘，并依法追究责任。进一步加强外部董事队伍建设，拓宽来源渠道。

第三，建立国有企业领导人员分类分层管理制度。坚持党管干部原则与董事会依法产生、董事会依法选择经营管理者、经营管理者依法行使用人权相结合，不断创新有效实现形式。上级党组织和国有资产监管机构按照管理权限加强对国有企业领导人员的管理，广开推荐渠道，依规考察提名，严格履行选用程序。根据不同企业类别和层级，实行选任制、委任制、聘任制等不同选人用人方式。推行职业经理人制度，实行内部培养和外部引进相结合，畅通现有经营管理者与职业经理人身份转换通道，董事会按市场化方式选聘和管理职业经理人，合理增加市场化选聘比例，加快建立退出机制。推行企业经理层成员任期制和契约化管理，明确责任、权利、义务，严格任期管理和目标考核。

第四，实行与社会主义市场经济相适应的企业薪酬分配制度。企业内部的薪酬分配权是企业的法定权利，由企业依法依规自主决定，完善既有激励又有约束、既讲效率又讲公平、既符合企业一般规律又体现国有企业特点的分配机制。建立健全与劳动力市场基本适应、与企业经济效益和劳动生产率挂钩的工资决定和正常增长机制。推进全员绩效考核，以业绩为导向，科学评价不同岗位员工的贡献，合理拉开收入分配差距，切实做到收入能增能减和奖惩分明，充分调动广大职工积极性。对国有企业领导人员实行与选任方式相匹配、与企业功能性质相适应、与经营业绩相挂钩的差异化薪酬分配办法。对党中央、国务院和地方党委、政府及其部门任命的国有企业领导人员,合理确定基本年薪、绩效年薪和任期激励收入。对市场化选聘的职业经理人实行市场化薪酬分配机制,可以采取多种方式探索完善中长期激励机制。健全与激励机制相对称的经济责任审计、信息披露、延期支付、追索回扣等约束机制。严格规范履职待遇、业务支出,严禁将公款用于个人支出。

第五,深化企业内部用人制度改革。建立健全企业各类管理人员公开招聘、竞争上岗等制度,对特殊管理人员可以通过委托人才中介机构推荐等方式,拓宽选人用人视野和渠道。建立分级分类的企业员工市场化公开招聘制度,切实做到信息公开、过程公开、结果公开。构建和谐劳动关系,依法规范企业各类用工管理,建立健全以合同管理为核心、以岗位管理为基础的市场化用工制度,真正形成企业各类管理人员能上能下、员工能进能出的合理流动机制。

(三)强化监督防止国有资产流失

第一,强化企业内部监督。完善企业内部监督体系,明确监事会、审计、纪检监察、巡视以及法律、财务等部门的监督职责,完善监督制度,增强制度执行力。强化对权力集中、资金密集、资源富集、资产聚集的部门和岗位的监督,实行分事行权、分岗设权、分级授权,定期轮岗,强化内部流程控制,防止权力滥用。建立审计部门向董事会负责的工作机制。落实企业内部监事会对董事、经理和其他高级管理人员的监督。进一步发挥企业总法律顾问在经营管理中的法律审核把关作用,推进企业依法经营、合规管理。集团公司要依法依规、尽职尽责加强对子企业的管理和监督。大力推进厂务公开,健全以职工代表大会为基本形式的企业民主管理制度,加强企业职工民主监督。

第二,建立健全高效协同的外部监督机制。强化出资人监督,加快国有企业行为规范法律法规制度建设,加强对企业关键业务、改革重点领域、国有资本运营重要环节以及境外国有资产的监督,规范操作流程,强化专业检查,开展总会计师由履行出资人职责机构委派的试点。加强和改进外派监事会制度,明确职责定位,强化与有关专业监督机构的协作,加强当期和事中监督,强化监督成果运用,建立健全核查、移交和整改机制。健全国有资本审计监督体系和制度,实行企业国有资产审计监督全覆盖,建立对企业国有资本的经常性审计制度。加强纪检监察监督和巡视工作,强化对企业领导人员廉洁从业、行使权力等的监督,加大大案要案查处力度,狠抓对存在问题的整改落实。整合出资人监管、外派监事会监督和审计、纪检监察、巡视等监督力量,建立监督工作会商机制,加强统筹,创新方式,共享资源,减少重复检查,提高监督效能。建立健全监督意见反馈整改机制,形成监督工作的闭环。

第三,实施信息公开加强社会监督。完善国有资产和国有企业信息公开制度,设立统一的信息公开网络平台,依法依规、及时准确披露国有资本整体运营和监管、国有企业公司治理以及管理架构、经营情况、财务状况、关联交易、企业负责人薪酬等信息,建设阳光国企。认真处理人民群众关于国有资产流失等问题的来信、来访和检举,及时回应社会关切。充分发挥媒体舆论监督作用,有效保障社会公众对企业国有资产运营的知情权和监督权。

第四,严格责任追究。建立健全国有企业重大决策失误和失职、渎职责任追究倒查机制,建立和完善重大决策评估、决策事项履职记录、决策过错认定标准等配套制度,严厉查处侵吞、贪污、输送、挥霍国有资产和逃废金融债务的行为。建立健全企业国有资产的监督问责机制,对企业重大违法违纪问题敷衍不追、隐匿不报、查处不力的,严格追究有关人员失职渎职责任,视不同情形给予纪律处分或行政处分,构成犯罪的,由司法机关依法追究刑事责任。

(四)加强和改进党对国有企业的领导

第一,充分发挥国有企业党组织政治核心作用。把加强党的领导和完善公司治理统一起来,将党建工作总体要求纳入国有企业章程,明确国有企业党组织在公司法人治理结构中的法定地位,创新国有企业党组织发挥政治核心作用的途径和方式。在国有企业改革中坚持党的建设同步谋划、党的组织及工作机构同步设置、党组织负责人及党务工作人员同步配备、党的工作同步开展,保证党组织工作机构健全、党务工作者队伍稳定、党组织和党员作用得到有效发挥。坚持和完善双向进入、交叉任职的领导体制,符合条件的党组织领导班子成员可以通过法定程序进入董事会、监事会、经理层,董事会、监事会、经理层成员中符合条件的党员可以依照有关规定和程序进入党组织领导班子;经理层成员与党组织领导班子成员适度交叉任职;董事长、总经理原则上分设,党组织书记、董事长一般由一人担任。

国有企业党组织要切实承担好、落实好从严管党治党责任。坚持全面从严治党、思想建党、制度治党,增强管党治党意识,建立健全党建工作责任制,聚精会神抓好党建工作,做到守土有责、守土负责、守土尽责。党组织书记要切实履行党建工作第一责任人职责,党组织班子其他成员要切实履行"一岗双责",结合业务分工抓好党建工作。中央企业党组织书记同时担任企业其他主要领导职务的,应当设立1名专职抓企业党建工作的副书记。加强国有企业基层党组织建设和党员队伍建设,强化国有企业基层党建工作的基础保障,充分发挥基层党组织战斗堡垒作用、共产党员先锋模范作用。加强企业党组织对群众工作的领导,发挥好工会、共青团等群团组织的作用,深入细致做好职工群众的思想政治工作。把建立党的组织、开展党的工作,作为国有企业推进混合所有制改革的必要前提,根据不同类型混合所有制企业特点,科学确定党组织的设置方式、职责定位、管理模式。

第二,进一步加强国有企业领导班子建设和人才队伍建设。根据企业改革发展需要,明确选人用人标准和程序,创新选人用人方式。强化党组织在企业领导人员选拔任用、培养教育、管理监督中的责任,支持董事会依法选择经营管理者,经营管理者依法行使用人权,坚决防止和整治选人用人中的不正之风。加强对国有企业领导人员尤其是主要领导人员的日常监督管理和综合考核评价,及时调整不胜任、不称职的领导人员,切实解决企业领导人员能上不能下的问题。以强化忠诚意识、拓展世界眼光、提高战略思维、增强创新精神、锻造优秀品行为重点,加强企业家队伍建设,充分发挥企业家作用。大力实施人才强企战略,加快建立健全国有企业集聚人才的体制机制。

第三，切实落实国有企业反腐倡廉"两个责任"。国有企业党组织要切实履行好主体责任，纪检机构要履行好监督责任。加强党性教育、法治教育、警示教育，引导国有企业领导人员坚定理想信念，自觉践行"三严三实"要求，正确履职行权。建立切实可行的责任追究制度，与企业考核等挂钩，实行"一案双查"。推动国有企业纪律检查工作双重领导体制具体化、程序化、制度化，强化上级纪委对下级纪委的领导。加强和改进国有企业巡视工作，强化对权力运行的监督和制约。坚持运用法治思维和法治方式反腐败，完善反腐倡廉制度体系，严格落实反"四风"规定，努力构筑企业领导人员不敢腐、不能腐、不想腐的有效机制。

（五）为国有企业改革创造良好环境条件

第一，完善相关法律法规和配套政策。加强国有企业相关法律法规立改废释工作，确保重大改革于法有据。切实转变政府职能，减少审批、优化制度、简化手续、提高效率。完善公共服务体系，推进政府购买服务，加快建立稳定可靠、补偿合理、公开透明的企业公共服务支出补偿机制。完善和落实国有企业重组整合涉及的资产评估增值、土地变更登记和国有资产无偿划转等方面税收优惠政策。完善国有企业退出的相关政策，依法妥善处理劳动关系调整、社会保险关系接续等问题。

第二，加快剥离企业办社会职能和解决历史遗留问题。完善相关政策，建立政府和国有企业合理分担成本的机制，多渠道筹措资金，采取分离移交、重组改制、关闭撤销等方式，剥离国有企业职工家属区"三供一业"和所办医院、学校、社区等公共服务机构，继续推进厂办大集体改革，对国有企业退休人员实施社会化管理，妥善解决国有企业历史遗留问题，为国有企业公平参与市场竞争创造条件。

第三，形成鼓励改革创新的氛围。坚持解放思想、实事求是，鼓励探索、实践、创新。全面准确评价国有企业，大力宣传中央关于全面深化国有企业改革的方针政策，宣传改革的典型案例和经验，营造有利于国有企业改革的良好舆论环境。

第四，加强对国有企业改革的组织领导。各级党委和政府要统一思想，以高度的政治责任感和历史使命感，切实履行对深化国有企业改革的领导责任。要根据相关文件，结合实际制定实施意见，加强统筹协调、明确责任分工、细化目标任务、强化督促落实，确保深化国有企业改革顺利推进，取得实效。

四　深化国有资产管理体制改革

第一，以管资本为主推进国有资产监管机构职能转变。国有资产监管机构要准确把握依法履行出资人职责的定位，科学界定国有资产出资人监管的边界，建立监管权力清单和责任清单，实现以管企业为主向以管资本为主的转变。该管的要科学管理、决不缺位，重点管好国有资本布局、规范资本运作、提高资本回报、维护资本安全；不该管的要依法放权、决不越位，将依法应由企业自主经营决策的事项归位于企业，将延伸到子企业的管理事项原则上归位于一级企业，将配合承担的公共管理职能归位于相关政府部门和单位。大力推进依法监管，着力创新监管方式和手段，改变行政化管理方式，改进考核体系和办法，提高监管的科学性、有效性。

第二，以管资本为主改革国有资本授权经营体制。改组组建国有资本投资、运营公司，探索有效的运营模式，通过开展投资融资、产业培育、资本整合，推动产业集聚和转型升级，优化国有资本布局结构；通过股权运作、价值管理、有序进退，促进国有资本合理流动，实现保值增值。科学界定国有资本所有权和经营权的边界，国有资产监管机构依法对国有资本投资、运营公司和其他直接监管的企业履行出资人职责，并授权国有资本投资、运营公司对授权范围内的国有资本履行出资人职责。国有资本投资、运营公司作为国有资本市场化运作的专业平台，依法自主开展国有资本运作，对所出资企业行使股东职责，按照责权对应原则切实承担起国有资产保值增值责任。开展政府直接授权国有资本投资、运营公司履行出资人职责的试点。

第三，以管资本为主推动国有资本合理流动优化配置。坚持以市场为导向、以企业为主体，有进有退、有所为有所不为，优化国有资本布局结构，增强国有经济整体功能和效率。紧紧围绕服务国家战略，落实国家产业政策和重点产业布局调整总体要求，优化国有资本重点投资方向和领域，推动国有资本向关系国家安全、国民经济命脉和国计民生的重要行业和关键领域、重点基础设施集中，向前瞻性战略性产业集中，向具有核心竞争力的优质企业集中。发挥国有资本投资、运营公司的作用，清理退出一批、重组整合一批、创新发展一批国有企业。建立健全优胜劣汰市场化退出机制，充分发挥失业救济和再就业培训等的作用，解决好职工安置问题，切实保障退出企业依法实现关闭或破产，加快处置低效无效资产，淘汰落后产能。支持企业依法合规通过证券交易、产权交易等资本市场，以市场公允价格处置企业资产，实现国有资本形态转换，变现的国有资本用于更需要的领域和行业。推动国有企业加快管理创新、商业模式创新，合理限定法人层级，有效压缩管理层级。发挥国有企业在实施创新驱动发展战略和制造强国战略中的骨干和表率作用，强化企业在技术创新中的主体地位，重视培养科研人才和高技能人才。支持国有企业开展国际化经营，鼓励国有企业之间以及与其他所有制企业以资本为纽带，强强联合、优势互补，加快培育一批具有世界一流水平的跨国公司。

第四，以管资本为主推进经营性国有资产集中统一监管。稳步将党政机关、事业单位所属企业的国有资本纳入经营性国有资产集中统一监管体系，具备条件的进入国有资本投资、运营公司。加强国有资产基础管理，按照统一制度规范、统一工作体系的原则，抓紧制定企业国有资产基础管理条例。建立覆盖全部国有企业、分级管理的国有资本经营预算管理制度，提高国有资本收益上缴公共财政比例。

五　新时代发展混合所有制经济

第一，推进国有企业混合所有制改革。以促进国有企业转换经营机制，放大国有资本功能，提高国有资本配置和运行效率，实现各种所有制资本取长补短、相互促进、共同发展为目标，稳妥推动国有企业发展混合所有制经济。对通过实行股份制、上市等途径已经实行混合所有制的国有企业，要着力在完善现代企业制度、提高资本运行效率上下功夫；对于适宜继续推进混合所有制改革的国有企业，要充分发挥市场机制作用，坚持因地施策、因业施策、因企施策，宜独则独、宜控则控、宜参则参，不搞拉郎配，不搞全覆盖，不设时间表，成熟一个推进一个。改革要依法依规、严格程序、公开公正，切实保护混合所有制企业各类出资人的产权权益，杜绝国有资产流失。

第二，引入非国有资本参与国有企业改革。鼓励非国有资本投资主体通过出资入股、收购股权、认购可转债、股权置换等多种方式，参与国有企业改制重组或国有控股上市公司增资扩股以及企业经营管理。实行同股同权，切实维护各类股东合法权益。在石油、天然气、电力、铁路、电信、资源开发、公用事业等领域，向非国有资本推出符合产业政策、有利于转型升级的项目。依照外商投资产业指导目录和相关安全审查规定，完善外资安全审查工作机制。开展多类型政府和社会资本合作试点，逐步推广政府和社会资本合作模式。

第三，鼓励国有资本以多种方式入股非国有企业。充分发挥国有资本投资、运营公司的资本运作平台作用，通过市场化方式，以公共服务、高新技术、生态环保、战略性产业为重点领域，对发展潜力大、成长性强的非国有企业进行股权投资。鼓励国有企业通过投资入股、联合投资、重组等多种方式，与非国有企业进行股权融合、战略合作、资源整合。

第四，探索实行混合所有制企业员工持股。坚持试点先行，在取得经验基础上稳妥有序推进，通过实行员工持股建立激励约束长效机制。优先支持人才资本和技术要素贡献占比较高的转制科研院所、高新技术企业、科技服务型企业开展员工持股试点，支持对企业经营业绩和持续发展有直接或较大影响的科研人员、经营管理人员和业务骨干等持股。员工持股主要采取增资扩股、出资新设等方式。完善相关政策，健全审核程序，规范操作流程，严格资产评估，建立健全股权流转和退出机制，确保员工持股公开透明，严禁暗箱操作，防止利益输送。

第六章　中国特色社会主义农村经济与农业农村农民现代化

早在北魏时期，杰出农学家贾思勰就提出了"食为政先，农为邦本"的思想，并长期在中国封建社会农业经济占主导地位。中华人民共和国成立后，受到国内外环境的影响，我国实行优先发展工业的发展战略，农业在相当长时期内的发展滞后于工业，农村的发展滞后于城市。直到20世纪80年代，尤其是21世纪以来，中国共产党对"三农"问题的重视程度得到了不断提升。特别是党的十八大以来，以习近平同志为核心的党中央高度重视"三农"问题的解决，高度关心决定中国乡村命运的乡村振兴问题。早在2013年7月22日，习近平总书记在湖北省鄂州市考察农村工作时就十分担忧地指出："农村绝不能成为荒芜的农村、留守的农村、记忆中的故园。"[1] 党的十九大报告提出"实施乡村振兴战略""加快推进农业农村现代化"。没有农业农村现代化，就没有整个国家的现代化。与过去单提"农业现代化"不同，这是党和国家文献中首次明确增加了"农村现代化"这一内容，将"农村现代化"与"农业现代化"一并作为新时代"三农"工作的总目标。这一重大战略部署，标志着中国"三农"工作进入新的发展时期。农业农村现代化既包括"物"的现代化，也包括"人"的现代化，是新发展理念的重要体现，还包括乡村治理体系和治理能力的现代化。这种变化不仅仅是文字表述的变化，也是中国共产党根据中国经济社会的发展阶段、根据社会生产力发展水平的变化，作出的以乡村振兴战略为抓手，通过各项涉农相关改革，着力实现农业农村现代化，对生产关系和上层建筑作出变革的一种具体体现。

第一节　中国的农业、农村与农民问题及其根本出路

"三农"问题是指农业、农村、农民这三个问题。实际上，这是一个从事行业、居住地域和主体身份三位一体的问题，但三者侧重点不一，必须一体化地考虑以上三个问题。"三农"问题是农业文明向工业文明过渡的必然产物。它不是中国所特有，无论是发达国家还是发展中国家都有过类似的经历，只不过发达国家较好地解决了"三农"问题。"三

---

[1] 中共中央党校编：《以习近平同志为核心的党中央治国理政新理念新思想新战略》，人民出版社2017年版，第127页。

农"问题在中国作为一个概念提出来是在 20 世纪 90 年代中期，此后逐渐被媒体和官方引用。实际上"三农"问题自中华人民共和国成立以来就一直存在，只不过当前中国的"三农"问题尤为凸显，主要表现在，一是中国农民数量多，解决起来规模大；二是中国的工业化进程单方面独进，"三农"问题积攒的时间长，解决起来难度大；三是中国城市政策设计带来的负面影响和比较效益短时间内凸显，解决起来更加复杂。2000 年 3 月，中国民间"三农"问题研究者、湖北省监利县棋盘乡前党委书记李昌平上书时任国家总理朱镕基，反映当地"三农"面临的问题，引起中央对"三农"问题的持续关注。

一 "农业发展第三次浪潮"下的"三农"问题："四化同步"的短板

21 世纪是世界农业发展的变革时代，"第三次浪潮农业"已悄然临近。美国著名的未来学家阿尔文·托夫勒（A. Toffler）在《第三次浪潮》中指出：人类已经历两次巨大的变革浪潮，第一次浪潮是历时数千年的农业革命；第二次浪潮是工业文明的兴起；如今已进入第三次浪潮的变革时期[①]。按照托夫勒的解释，第一次浪潮农业是前工业化社会的传统农耕；第二次浪潮农业是工业化时期以机械化、化学化为主的劳动节约型、土地节约型农业；第三次浪潮农业以电子工业、宇航工业、海洋工程、遗传工程为技术引领的新型农业。如今，分子生物技术、物联网技术、电商平台等均取得较大突破[②]，农业发展的第三次浪潮已成为世界农业发展的大势所趋。第三次浪潮是人类社会现代化的新时期，也是农业现代化的新时期。新一轮的技术革命、制度创新、组织演化对农业生产力、农业生产关系、农业生产方式将会产生新的革命性变化。而中国农业的发展水平还相对较弱，正如习近平总书记在 2013 年 12 月举行的中央农村工作会议上针对"三农"问题的现状明确指出，"小康不小康，关键看老乡"[③]。党的二十大报告进一步指出，"全面建设社会主义现代化国家，最艰巨最繁重的任务仍然在农村"[④]。一定要看到，农业还是"四化同步"的短腿，农村还是全面建成小康社会的短板。从目前中国的现实情况来看，中国的农业不够强、农村不够美、农民不够富等问题依旧凸显。

（一）农业尚不够强，粮食安全问题依然存在

传统农业是个弱质产业，不仅发展中国家如此，发达国家也不例外。因此，对传统农业进行保护与补贴是个普遍性的世界命题。一方面，传统农业的弱质性体现在其近乎完全竞争型的市场结构特征。大宗农产品差异性较小，进入壁垒很低；生产者众多且比较分散，为此供给弹性较大，而其作为一种生活必需品需求弹性却较小。供给弹性大、需求弹性小的市场特点，使得在买方市场条件下很容易形成过度竞争的不利局面，造成丰产不丰

[①] [美] 阿尔文·托夫勒：《第三次浪潮》，朱志焱等译，新华出版社 1996 年版，第 4 页。
[②] 张军：《农业发展的第三次浪潮》，《中国农村经济》2015 年第 5 期。
[③] 习近平：《论"三农"工作》，中央文献出版社 2022 年版，第 123 页。
[④] 习近平：《高举中国特色社会主义伟大旗帜　为全面建设社会主义现代化国家而团结奋斗——在中国共产党第二十次全国代表大会上的报告》，人民出版社 2022 年版，第 31 页。

收的现象。另一方面，其弱质性体现在农业再生产是自然再生产与经济再生产同时进行的，其生产者除了面临较大的市场风险，还面临着较为严重的自然风险。中国作为人口众多的发展中国家，农业的弱质性问题并没有得到彻底的改善，农业还不够强大，农业的现代化水平较低。这种弱质性在中国具体体现为，农业生产技术相对落后；农业产业化水平较低，农产品的深加工不足，无法获得更多的农产品附加值；机械化水平有待提升，农业劳动生产率相对于第二、第三产业较低；等等。

联合国粮食与农业组织（FAO）于 1974 年首次提出粮食安全的概念，并于 1983 年、1993 年和 1995 年对其定义进行了丰富和发展，最终在 1995 年的《世界粮食大会各国行动计划》中将粮食安全定义为："所有人在任何时候都能获得足够的、富有营养的和安全的食物，来满足健康的膳食需要和合理的喜好。" FAO 在《2017 世界粮食安全和营养状况》中指出，全球粮食产量足以满足所有人口的需求，世界上长期食物不足人口数从 2015 年的 7.77 亿增至 8.15 亿，这 8.15 亿人仍处于饥饿状态。粮食安全形势在一些地方已经出现恶化，尤其是在广大的撒哈拉以南非洲、西亚和东南亚地区，受冲突、干旱、洪水或者多种因素合力影响的情况下恶化得尤为明显。尽管粮食安全问题在全球得到广泛而空前的重视，且随着粮食产量的增长，粮食安全问题得到了一定程度的缓解，但是现阶段人类粮食安全问题的前景依旧严峻。此外，世界人口数预计将于 2050 年达到约 100 亿，要想保证日益庞大的人口拥有足够的粮食满足营养需求，必须要在 2050 年时满足新增的 20 亿人口对粮食的需求，全球粮食产量需要增加 50%。2016 年，5 岁以下儿童每 12 人中就有 1 人（5200 万人）受消瘦困扰，其中半数以上生活在南亚（2760 万人）[①]。

实际上，自 20 世纪 70 年代的全球粮食危机之后，粮食安全问题就已逐步引起世界各国的重视，而耕地作为粮食生产的基本生产资料，自然成为各国政府尽全力保护的对象。中国作为世界上人口最多的国家，用占世界 9% 的可耕地养活了世界 22% 的人口。美国著名学者莱斯特·R. 布朗（Lester R. Brown）于 1994 年发表了《谁能养活中国》这一报告曾经轰动一时。可以毫不夸张地说，农业的兴衰会对中国的国家安全产生直接的影响甚至会影响世界的稳定，而耕地作为农业最基本的生产要素，其数量的减少和质量的下降将会造成粮食短缺，并在经济全球化背景下会很快演变成全球性的粮食危机，从而给世界经济和政治带来广泛的冲击。从中国的实际来看，虽然粮食产量经历了一个较长时期的稳步增长，但人口增长压力下的粮食安全问题依旧严峻。根据《国家人口发展规划（2016—2030年）》的分析，2020 年和 2030 年全国总人口将分别达到 14.2 亿人和 14.5 亿人左右，粮食综合生产能力必须分别达到 5.83 亿吨和 5.96 亿吨以上。提高农业发展水平，实现农业农村现代化是增加粮食产量的有效途径。可见，这一问题的实现对中国经济社会稳定发展和国家安全都具有极其重要性。

新冠疫情暴发后，世界各国社会经济遭到重创。为了防控疫情、保持稳定，一些国家纷纷采取措施保障民生，而粮食又是民生中的民生。各国为求自保，纷纷把粮食紧紧抓在

---

① 联合国粮食与农业组织（FAO）：《2017 世界粮食安全和营养状况》，2017 年 10 月 25 日。

自己手里，而中国自身的粮食生产并不乐观。国际食物政策研究所（IFPRI）前所长樊胜根说："新冠疫情是一场健康危机。但是，如果不采取适当措施，也可能导致粮食安全危机。"①

（二）农村尚不够美，城乡发展水平差距较大

农村尚不够美，体现为广大农村地区相对于城市地区而言，基础设施水平相对落后，公共服务体系不够完善，农民的生产、生活环境不够优美。这种基础设施和公共服务的差距主要体现在教育、农村基层医疗卫生服务、交通、供水、社保、文化、卫生环境等诸多方面。这种差距是城乡发展不平衡、农村发展不充分的最直观体现，也是全面建成小康社会亟须补齐的最突出短板。具体来看，有如下三个方面的不足。

第一，农村基础设施建设和公共服务供给成效明显，但城乡之间仍有差距。与城市相比，大部分农村地区基础设施建设总体聚焦于水、电、路、气、房等基础层面，部分农田缺乏有效灌溉设施，农业机械化总体水平有待提升，在信息化、智能化、数字化等新型基础设施建设方面远远滞后于城市。公共服务供给方面，教育、医疗、养老保障水平和能力也远落后于城市，农民对改革成果的共享尚显不足。第二，农村基础设施和公共服务供给总体不足、标准偏低，尚未有效支撑起农业农村现代化和全面实现小康社会的发展需求。一是部分"老少边穷"和深度贫困地区，由于自然条件较为恶劣，建设难度大、投资成本高，在道路、农村饮水安全、通信覆盖等基础设施方面缺口依然较大；二是大量农村地区道路建设标准偏低，给排水设施覆盖不全，供电设施改造升级缓慢，偏远乡村通信设施通达率低，厕所革命、垃圾处理等人居环境治理尚未完成，无法满足当前乡村发展需求；三是农村基础设施和公共服务供给主要倾向于改善农民生活条件，生产性基础设施和公共服务仍相对薄弱。第三，农村基础设施和公共服务缺少统一规划，管护机制不健全。长期以来，因缺乏统一村庄规划，农村基础设施和公共服务设施配置体系和空间规划存在不完善、不合理现象。大部分农村地区基础设施质量不高，且建设标准偏低，长期处于"有建无管"的状态，既缺乏管护资金，也缺乏管护机制。

但是随着城镇化的发展，我们能不能放弃农村的发展建设，像之前一样把各类资源继续聚焦于城市？这显然是不切实际的，正如习近平总书记所言的，"即使将来城镇化水平达到了百分之七十，还会有四五亿人生活在农村"②。农村绝不能成为荒芜的农村、留守的农村、记忆中的故园。

（三）农民尚不够富，物质和精神条件不够充分

近年来，随着工业化、城镇化和市场化进程加速推进，中国居民收入在大幅提高的同时，城乡收入差距也在逐渐缩小，不过城乡居民收入差距仍维持高位。从收入的构成上看，中国城乡居民收入差距主要体现在工资性收入、转移性收入和财产性收入③。现阶

---

① 转引自《世界粮食计划署指出新冠疫情对粮食安全产生五大影响》，《经济日报》2020年4月14日。
② 习近平：《论坚持全面深化改革》，中央文献出版社2018年版，第263页。
③ 卢华、朱文君：《城乡收入差距的演变趋势、结构因素及应对策略》，《宏观经济研究》2015年第8期。

段,从农民收入构成和支出来看,农民要想富起来,进一步缩小城乡差距,存在如下几个方面的现实困境。

从收入维度来看,经营性收入、工资性收入、财产性收入都存在增收困难。从经营性收入来看,农民在家依靠务农种地收入低,难以养家糊口。中国农业市场化水平相对落后、农产品竞争力低下,农作物的行情越来越不景气,同时越来越多的国外农产品引进中国,对于中国农产品市场造成冲击。农民五谷杂粮种了不少,可卖的农产品不少,但价格低廉,扣除地膜、化肥和农药等农资开支,加上浇灌耕耘费用,往往一年到头算下来,纯收入连人工费都不够。此外,由于农业的弱质性和高风险性,许多地方发展种植、养殖、加工业处于自发盲目状态,投资大、盈利少、亏损多、风险高。从工资性收入来看,外出打工挣钱越来越难,还造成"空心村"及"三留守"等引发的一系列社会问题。农民工进城的工作更难找了。一是去产能,调结构,导致农民工就业机会减少;二是宏观经济下行压力仍在持续,企业开工不足,用工量减少;三是房地产逐渐走进饱和状态,建筑工作随之减少,农民民工在未来很长一段时间都将会面临"缺少市场"的状态;四是新冠疫情带来的就业形势的进一步严峻。农民外出务工,工资低了,钱难挣了。随着人口红利的逐步减退,劳动密集型产业的逐步转型,以及新技术的冲击,对于职业的技能和技术要求也越来越高,毫无疑问这是农民的最大短板和瓶颈。从财产性收入来看,随着农村相关产权制度的改革,农民的财产性收入得到了一定的增加,但是绝对值过低,短期内在绝大部分农村地区难以对农民增收产生显著的影响。

从支出维度来看,农民家庭开支逐年增加,负担重、压力大。农民家庭日常的开支不仅包括生活所必需的花费,另外还包括子女上学、就医、买房、结婚、送礼等必要的花费。收入虽然逐步增长,但消费支出费用的支出水平远远高于收入增长水平,要满足这些支出花费,对于普通的农民来说仍然远远不够。农村社会经济发展了,农民收入增加了,而农民的生活负担和压力却越来越大。

二 农业农村现代化:解决"三农"问题的根本出路

既然"三农"问题已经成为四个现代化同步的短板,那么怎么来解决这一严峻的现实问题。2018年中央一号文件《中共中央、国务院关于实施乡村振兴战略的意见》明确提出,按照党的十九大提出的决胜全面建成小康社会、分两个阶段实现第二个百年奋斗目标的战略安排,实施乡村振兴战略的目标任务是:"到2020年,乡村振兴取得重要进展,制度框架和政策体系基本形成。到2035年,乡村振兴取得决定性进展,农业农村现代化基本实现。到2050年,乡村全面振兴,农业强、农村美、农民富全面实现。"这就为中国解决"三农"问题提供了方向,即以乡村振兴战略为抓手。

"三农"问题的解决需要把农业、农村、农民问题站在一个更加整体和宏观的高度来系统地推进。具体体现在从农业现代化到农业农村现代化。党的十九大报告提出"加快推进农业农村现代化",与过去单提"农业现代化"不同,这是党和国家文献中首次明确增加了"农村现代化"这一内容。农村现代化既包括"物"的现代化，也包括"人"的现代化，还包括乡村治理体系和治理能力的现代化。我们必须坚持农业现代化和农村现代化一起抓，一体设计、一并推进，实现农业大国向农业强国的跨越①。

首先，乡村全面要想振兴，农业农村要想现代化，农业必须要强。产业兴旺，是乡村振兴的重点，可为乡村振兴提供强大的物质基础。习近平总书记强调，"要推动乡村产业振兴，紧紧围绕发展现代农业，围绕农村一二三产业融合发展，构建乡村产业体系"②。农业作为乡村振兴的重要支撑，需要做好如下几点。第一，加快农业科技进步。速水佑次郎等也强调科学技术在农业现代化中的关键作用，提出农业现代化的实质是从"以资源为基础"的农业转向"以科学为基础"的农业。所谓"以资源为基础"的农业指的是，以植物营养的循环为基础，依靠土壤的自然肥力。与此相对的是"以科学为基础"的农业指的是"借助于科学知识和工业投入突破土壤自然肥力的制约从而提高农业土地生产率的方法"③。这是农业发展的动力的革命性转变，使得农业生产摆脱了自然资源的限制。农业现代化关键在科技进步和创新，要真正让农业插上科技的翅膀。习近平总书记指出，我们必须比以往任何时候都更加重视和依靠农业科技进步，走内涵式发展道路④。严格保护耕地，耕地是粮食生产的命根子，耕地红线要严防死守，红线包括数量，也包括质量。第二，把农产品质量抓好。食品安全是"产"出来的，也是"管"出来的，要用最严谨的标准、最严格的监管、最严厉的处罚、最严肃的问责，确保广大人民群众"舌尖上的安全"。习近平总书记指出，"能不能在食品安全上给老百姓一个满意的交代，是对我们执政能力的重大考验"⑤。这充分体现了对农产品质量安全高度重视的态度和常抓不懈的决心。第三，确保国家粮食安全。中国人的饭碗任何时候都要牢牢端在自己手上，饭碗里必须主要装中国粮。习近平总书记指出，"保障国家粮食安全是一个永恒的课题，任何时候这根弦都不能松"⑥。这充分体现了居安思危的战略思维。党的二十大报告进一步指出，"全方位夯实粮食安全根基，全面落实粮食安全党政同责，牢牢守住十八亿亩耕地红线，逐步把永久基本农田全部建成高标准农田，深入实施种业振兴行动，强化农业科技和装备支撑，健全种粮农民收益保障机制和主产区利益补偿机制，确保中国人的饭碗牢牢端在自己手中"⑦。第四，坚持和完善农村基本经营制度。坚持农村土地农民集体所有，坚持稳定土

---

① 蒋永穆：《从"农业现代化"到"农业农村现代化"》，《红旗文稿》2020年第5期。
② 习近平：《论"三农"工作》，中央文献出版社2012年版，第268页。
③ ［日］速水佑次郎、［日］神门善久：《发展经济学——从贫困到富裕》（第三版），李周译，社会科学文献出版社2009年版，第79页。
④ 习近平：《论"三农"工作》，中央文献出版社2012年版，第41页。
⑤ 中共中央党史和文献研究院编：《习近平关于国家粮食安全论述摘编》，中央文献出版社2023年版，第116页。
⑥ 中共中央党史和文献研究院编：《习近平关于国家粮食安全论述摘编》，中央文献出版社2023年版，第6页。
⑦ 习近平：《高举中国特色社会主义伟大旗帜　为全面建设社会主义现代化国家而团结奋斗——在中国共产党第二十次全国代表大会上的报告》，人民出版社2022年版，第31页。

地承包关系，不断探索农村土地集体所有制的有效实现形式，落实集体所有权、稳定农户承包权、放活土地经营权。第五，构建新型农业经营体系。坚持家庭经营在农业中的基础性地位，推进家庭经营、集体经营、合作经营、企业经营等共同发展的农业经营方式创新。第六，解决好"谁来种地"问题。通过富裕农民、提高农民、扶持农民，让农业经营有效益，让农业成为有奔头的产业，让农民成为体面的职业。习近平总书记指出："农村经济社会发展关键在人。"① 此外，还必须要着力实现农村一二三产业融合发展，实现"旅商文体康养"的融合发展。

其次，乡村全面要想振兴，农业农村要想现代化，农村必须要美。农村基础设施建设和公共服务供给，是实现农村产业兴旺、推动农业农村现代化发展的动力引擎。党的二十大报告明确指出，"统筹乡村基础设施和公共服务布局，建设宜居宜业和美乡村"②。具体来看，要推进城乡发展一体化，推进城乡基本公共服务均等化，让广大农民平等参与现代化进程、共同分享现代化成果。习近平总书记指出，"既要有工业化、信息化、城镇化，也要有农业现代化和新农村建设，两个方面要同步发展"③。这指明了推进城乡发展一体化的正确方向。要大力推进城乡公共资源均衡配置，保障农民工同工同酬，保障农民公平分享土地增值收益，保障金融机构农村存款主要用于农业农村，财政支出进一步向农业农村倾斜；公共财政的阳光进一步向农村普照，公共基础设施进一步向农村延伸，公共服务进一步向农村覆盖，建设农民幸福生活的美好家园。推进以人为核心的城镇化，大中小城市、东中西部地区相结合，推动农民工逐步有序转为城市居民。

最后，乡村全面要想振兴，农业农村要想现代化，农民必须要富。各地要立足资源禀赋，打造农业优势特色产业，壮大特色农产品加工规模，让农民群众更多地分享产业增值的收益；充分发挥新型经营主体引领作用，通过利润返还、保底分红、股份合作等多种手段，建立农民与新型农业经营主体之间的利益联结机制，对接市场需求、降低经营风险、提高经营性收入；以农村土地制度改革为牵引，加快农村集体产权制度改革步伐，推动资源变资产、资金变股金、农民变股东，发展壮大新型集体经济，使农民合理分享集体资产收益带来的红利；加大新生代农民工职业技能培训力度，不断提高农民就业创业能力，统筹推进农村劳动力转移就业和就地创业就业，增加农民工资性收入。

三 中国特色农业农村农民现代化的政治经济学逻辑

唯物主义的历史观是马克思一生中伟大"发现"的两个之一，它诞生的标志就是1845年《关于费尔巴哈的提纲》的出现，是在批判吸收黑格尔等德国古典哲学的基础上

---

① 中共中央宣传部编：《习近平总书记系列重要讲话读本》，人民出版社2016年版，第159页。
② 习近平：《高举中国特色社会主义伟大旗帜 为全面建设社会主义现代化国家而团结奋斗——在中国共产党第二十次全国代表大会上的报告》，人民出版社2022年版，第31页。
③ 中共中央文献研究室编：《习近平关于协调推进"四个全面"战略布局论述摘编》，中央文献出版社2015年版，第32页。

形成的。根据本书的研究需要，主要探讨生产力与生产关系、经济基础与上层建筑关系理论对中国农业农村现代化变迁的理论解释。生产力与生产关系是马克思主义相关研究的一对基本范畴，马克思早在《1844年经济学哲学手稿》和1847年《哲学的贫困》中就已经作了详细且深刻的论述。但是，对于二者之间的具体关系，是在1859年的《〈政治经济学批判〉导言》中才作出了经典性概述，并在《资本论》中进行了更为翔实的阐发。虽然不能直接找到对生产力与生产关系的明确定义，但却留下了有唯物史观指向的生产力与生产关系的一系列概念刻画，尤其是其对生产力与生产关系的相关原理的研究。1846年，马克思在《德意志意识形态》一书中首次提出并使用生产力与生产关系的原理，指出："随着新的生产力的获得，人们便改变自己的生产方式，而随着生产方式的改变，他们便改变所有不过是这一特定生产方式的必然关系的经济关系。"① 1847年的《哲学的贫困》进一步指出："随着新生产力的获得，人们改变自己的生产方式，随着生产方式的即保证自己生活的方式的改变，人们也就会改变自己的一切社会关系。"② 在此基础上，我们可以进一步把这二者之间的关系进行概括如下：生产力的发展会带来生产方式的改变，并由此引致生产关系的调整和变革。生产力决定生产关系，生产关系对生产力具有反作用力；经济基础决定上层建筑，上层建筑又可以反过来对经济基础产生影响。

关于农业农村现代化的思想可以追溯到古典经济学时代。亚当·斯密指出："按照事物的发展自然趋势，进步社会的资本，首先是大部分投在农业上，其次投在工业上，最后投在对外贸易上。"③ 魁奈提倡保护富裕的租地农场主体现了其农业思想，他认为："真正的耕作者必须能够进行大规模的农业耕作。"④ 舒尔茨在《改造传统农业》中认为，发展中国家要想摆脱贫困，就必须发展现代农业，并要对传统农业进行改造，提出了以下三种政策主张：加强对农业的研究、增加人力资本投资、充分发挥市场的作用。站在发展经济学的研究视角来看，费景汉、拉尼斯以及乔根森分别对二元经济进行的研究，充分体现了古典经济学的农业发展思想。

马克思主义的创始人马克思、恩格斯高度重视农业和农村发展问题。马克思指出，"农业劳动是其他一切劳动得以独立存在的自然基础和前提"⑤，"一切劳动首先而且最初是以占有和生产食物为目的的"⑥。马克思针对资本主义农业现实中的"不合理"，提出了"农业合理化"的思想。马克思的农业合理化思想，奠基了马克思主义农业现代化思想的理论基石，概括起来主要强调了以下几个方面的内容。第一，土地所有权的变革是农业合理化的前提。马克思认为，只有实现土地公有化（国有化与集体化），才能使"土地国有

---

① 《马克思恩格斯文集》第10卷，人民出版社2009年版，第78页。
② 《马克思恩格斯文集》第1卷，人民出版社2009年版，第602页。
③ ［英］亚当·斯密：《国民财富的性质和原因的研究》，郭大力、王亚南译，商务印书馆1974年版，第349页。
④ 《魁奈经济著作选集》，吴斐丹、张草纫选译，商务印书馆1979年版，第401—402页。
⑤ 《马克思恩格斯全集》第33卷，人民出版社2004年版，第57页。
⑥ 《马克思恩格斯文集》第7卷，人民出版社2009年版，第713页。

化将彻底改变劳动和资本的关系,并最终消灭工业和农业中的资本主义生产方式"①。也只有这样,才能使农业走上合理化的正确道路。第二,农业劳动生产率的提高是现代农业合理化进程的重要标志。马克思、恩格斯认为,农业合理化的过程就是农业劳动力不断减少和现代产业分工的过程,于是,他们从城市化发展和产业分工的角度来阐释提高农业劳动生产率的重要性。劳动生产率提高促使农业不断转移剩余劳动力,使农业生产"耕地面积不断扩大,耕作更加集约化,投在土地及其耕作上的资本有了空前的积累"②。第三,农业产业化、集约化经营是农业合理化的必然趋势。尽管马克思没有提出"农业产业化"的概念,但是他明确地提出了农业与工业相结合的思想,"大工业把巨大的自然力和自然科学并入生产过程,必然大大提高劳动生产率"③,以农业机械化、良种化和化肥化为主要特征的农业工业化必然引起了一场农业革命。他还具体地描述了现代农业的特征:"按工业方式经营"、"产业制度在农村"的运用、工业和商业"为农业提供""各种手段"④。马克思所描述的农业合理化已经具备当代农业产业化内涵所应包含的基本元素。马克思对农业集约化经营也作了精辟的论述。"所谓耕作集约化,无非是指资本集中在同一土地上,而不是分散在若干毗连的土地上"⑤,"同样的自然肥力能被利用到什么程度,一方面取决于农业科学的发展;另一方面取决于农业机械的发展"⑥。这就表明了集约化经营是要依靠提高生产要素的使用效率而实现产量增加的经营方式。第四,合作化或集体化是农业合理化的生产组织形式。马克思、恩格斯科学地预见了资本主义现代大农业走向更高级阶段即社会主义阶段的前景。"合理的农业同资本主义制度不相容(虽然资本主义制度促进农业技术的发展),合理的农业所需要的,要么是自食其力的小农的手,要么是联合起来的生产者的控制。"⑦ 小农生产方式的落后性必然会引来农业工业化取代小农经济的农业革命,但是农业工业化并不意味着农业合理化,在资本逐利性的驱动下,土地的"资本化"经营会导致由于过度追求经济利益而榨取和滥用土地资源,从而破坏了土地的自然力。农业合作化有助于消灭城乡差别、工农差别,从而实现每个人自由全面发展⑧。

根据政治经济学的分析逻辑,按照生产力与生产关系、经济基础与上层建筑关系的相关原理,梳理中华人民共和国成立以来我国农业农村现代化发展的历史进程,在中国农业农村现代化是通过建设—改革—发展这三个阶段进行的,是一种渐进式发展与改革式发展的有机结合。这三个历史发展阶段是有中国特色的,其他国家并没有走过这一具有中国特色农业农村现代化发展的三个阶段,这是具有中国特色的农业发展理论与道路创新。

---

① 《马克思恩格斯选集》第3卷,人民出版社2012年版,第178页。
② 《马克思恩格斯文集》第5卷,人民出版社2009年版,第809页。
③ 《马克思恩格斯文集》第5卷,人民出版社2009年版,第472页。
④ 《马克思恩格斯文集》第7卷,人民出版社2009年版,第919页。
⑤ 《马克思恩格斯文集》第7卷,人民出版社2009年版,第760页。
⑥ 《马克思恩格斯文集》第7卷,人民出版社2009年版,第733页。
⑦ 《马克思恩格斯文集》第7卷,人民出版社2009年版,第159页。
⑧ 郑兴明:《马克思主义农业现代化思想及其中国化的逻辑脉络探析》,《思想理论教育导刊》2014年第10期。

中华人民共和国成立以来,我们在农业、农村、农民的建设方面就拉开了新的序幕。1949—1956年,根据当时的国情和生产力发展水平,我们把土地等生产要素分给农民,废除地主阶级土地所有制,实行农民土地所有制,农民以家庭为单位自主经营,自负盈亏,农民的劳动积极性得到了有效的增加,农业得到了有效的发展,农村得到了有效的建设。这一时期生产关系适应了生产力的发展,并有效地促进了生产力水平的提升。1956—1978年,为了有效提高农业供给水平,农村土地产权制度开始由农民土地所有权向农村土地集体所有权转变,生产经营方式也转变为集体经营方式。虽然这一时期取得了一定的成绩,但是由于生产关系超越了生产力的发展水平,造成了农业农村农民现代化的迟滞。

由于之前路径选择偏误,生产关系超越了生产力的发展水平,中国于1978年实施改革开放,从落实在农村的改革来看,为了突破生产关系困局,使生产关系适应生产力的发展水平,进行了一系列农业农村发展相关改革。土地制度实现了"两权分离",农业经营方式也由人民公社的集体化经营转变为统分结合的双层经营体制。随着各种制度改革的推进,这一时期农业、农村经济和农民生活水平虽然得到了一定程度的提升,如粮食产量不断新高、农村道路等基础设施有所改善、农民的受教育水平和收入水平不断提升,这些改善与提升就是生产关系适应了生产力的发展,并反过来促进生产力发展的有效佐证。但是与此相伴的却是城乡发展差距在不断拉大,"三农"问题日益严峻。

为了实现城乡融合发展,实现经济的高质量增长,更好地践行共享发展理念。我们需要在改革阶段的基础上进行进一步的发展与创新,也就是进入了农业农村农民现代化的发展阶段。因为现代化问题,无论是农业现代化、农村现代化,还是农民现代化,或者整个国家的现代化,从根本上来说,都是为了发展。在今天,我们国家要在改革的基础上实现高质量、高水平的发展,农业农村农民要发展,我们就要更进一步地协调一些关系,如城乡关系,进一步深化部分改革,如土地制度由"两权分离"走向"三权"分置,促使农业生产经营方式进入新阶段,以此来实现我们的农业农村农民现代化。随着乡村振兴战略的提出与践行,生产力和生产关系的相互适应和促进,农业正在逐步变强、农村正在逐步变美、农民正在逐步变富。但是,农业农村农民现代化道路依然道长且艰,需要我们进一步协调生产力与生产关系、经济基础与上层建筑的发展水平,着力使二者齐头并进,促使农业农村农民现代化的早日实现。

第二节 农村土地制度、农村基本经营制度与农业农村农民现代化

农业农村农民现代化涉及方方面面,是一个十分复杂的、系统的、艰难的重大工程。中国特色农业农村农民现代化的进程中,制度建设改革与发展是个核心问题。制度问题尤其是所有制问题也是马克思主义政治经济学研究的一个核心问题。故而把农村土地制度和

农村基本经营制度与农业农村农民现代化问题独立成节,单独探讨。党的二十大报告突出强调了这一问题的重要性,"巩固和完善农村基本经营制度,发展新型农村集体经济,发展新型农业经营主体和社会化服务,发展农业适度规模经营"[①]。本节主要考察制度建设—改革—发展进程中的农业农村生产关系对农业生产力发展、农业农村农民现代化的影响。这里的农业农村生产关系主要指农村土地制度和基本经营制度,土地制度是所有制问题,农村经营制度就是集体经济怎么来适应生产力的发展水平问题。

农村土地制度是农村产权制度的核心。而农村基本经营制度是在农村土地制度基础上演变而来的。故而,在本节的分析中,以农村土地制度变革为主线,在分析其的过程中,梳理出农村土地制度和农村基本经营制度的变迁历程。只有农村土地制度和农村基本经营制度所代表的生产关系适应了生产力的发展水平,才能更好地促进农业生产力水平的提升,才能早日实现农业农村农民现代化。

一 中华人民共和国成立后我国农村土地制度的变革历程

梳理中国农村产权制度发展的实践,可以把中华人民共和国成立后我国的农村土地制度划分为以下几个阶段。

(一)农村土地制度改革的建设时期(1949—1978年):农户所有权阶段和产权集体所有权阶段

1. 农村土地制度改革(1949—1956年):农户所有权阶段

中华人民共和国成立后,为了有效捍卫农民权益,中央对农村土地产权进行了积极探索,在时间轴上主要是从中华人民共和国成立至改革开放前,这一阶段农村产权制度改革的显著特点是在曲折和探索中发展。中华人民共和国成立初期,在土地产权制度改革方面没有现成的经验可以借鉴,只有摸索着前进,党和政府的最终目标、最终目的是明确的,就是为了更好地捍卫农民利益,促进农村生产力的发展。废除地主阶级土地所有制,实行农民土地所有制。中华人民共和国成立初期,中央为了捍卫农民土地权益,颁布了《中华人民共和国土地改革法》,以法律的形式废除了地主阶级土地所有权,实行农民土地所有权。基于农民拥有了土地所有权,该法还规定农民有权对土地进行自由经营、买卖和出租。这一法律的出台有力调动了农民的积极性。

2. 农村土地制度改革(1956—1978年):产权集体所有权阶段

在这一历史时期,农村土地产权制度处于由农民土地所有权向农村土地集体所有权转变的阶段。1954—1956年,党和政府为了建立社会主义制度,建立社会主义经济关系,实施了"三大改造",其中农业改造也是"三大改造"之一。这一阶段对农民土地所有权进行了渐进式的改革,首先是允许农民对自己拥有的土地进行无偿入股,随后发展到农村土

[①] 习近平:《高举中国特色社会主义伟大旗帜 为全面建设社会主义现代化国家而团结奋斗——在中国共产党第二十次全国代表大会上的报告》,人民出版社2022年版,第31页。

地集体所有，最后是农村土地集体所有向三级集体所有转变阶段。1957—1978年，为了有效提高农业供给水平，中央对农村土地再一次进行了改革。实行了三级集体所有改革，这一阶段即人民公社发展阶段，三级集体所有包括人民公社、生产大队、生产小队三级集体所有。在这一阶段彻底消灭了农村土地私有制。

（二）农村土地制度改革的改革时期（1978—2014年）："两权分离"阶段

党的十一届三中全会拉开了中国改革开放的序幕。1978—1984年，"可以、可以、还可以""允许、允许、再允许"等系列政策表述创造性地将土地权利归属一分为二，中华人民共和国历史上出现第三次土地产权的归属变化，即集体所有权和承包经营权在集体和农户间的"两权分离"。在坚持集体所有的框架下，通过均田承包的方式在承包期限内将部分的土地使用、收益和转让权能逐渐由农民集体转移到集体农户。通过不断地放权和赋权，到2013年，承包农户已大致拥有较为完整的土地使用、部分的收益和转让权能[①]。具体来看，这一发展阶段主要有如下具体举措。

1. 探索"包产到户""包干到户"，废除人民公社体制，确立家庭联产承包责任制

1978年，为了抵御旱灾，凤阳县梨园公社小岗村18位农民在一份不到百字的保证书上摁下了鲜红的手印，开始搞大包干。四川、贵州、甘肃、广东等省一些生产发展较差的社队，也开展了包产到户。"包产到户""包干到户"，打破了大锅饭。对于各地农村掀起的家庭承包责任制高潮，中央在政策上给予了支持。1981年党的十一届六中全会充分肯定了联产计酬责任制。1982—1986年，中央连续出台5个一号文件，都强调要稳定和完善家庭联产承包责任制。1983年，中共中央、国务院发布的《关于实行政社分开建立乡政府的通知》，废除了长达二十五年的人民公社体制。到1986年初，全国超过99.6%的农户实行大包干。至此，家庭联产承包责任制度在中国农村全面确立。

2. 土地承包关系不断稳定

这一时期，中央多次强调要进一步稳定土地承包关系。1984年的中央一号文件还明确规定土地承包期一般应在十五年以上。1991年党的十三届八中全会提出，把以家庭联产承包为主的责任制、统分结合的双层经营体制，作为中国乡村集体经济组织的一项基本制度长期稳定下来。1993年《中共中央、国务院关于当前农业和农村经济发展的若干政策措施》进一步明确，在原定的耕地承包期到期之后，再延长三十年不变。1998年，党的十五届三中全会决定指出，长期稳定以家庭承包经营为基础、统分结合的双层经营体制。2008年，党的十七届三中全会决定强调，现有土地承包关系要保持稳定并长久不变。土地承包关系从长期稳定到长久不变，凸显了党中央坚持农村基本经营制度、稳定农村土地承包关系的决心。

3. 全面取消了农业税等，开始试点土地承包经营权流转制度改革

改革开放以来，在一系列政策的支持下城市和工业等获得了巨大发展，而农村和农业相对落后，针对这个现实国家提出了"工业反哺农业、城市支持农村""多予、少取、放

---

① 田传浩：《土地制度兴衰探源》，浙江大学出版社2018年版，第39—40页。

活"等方针。这一方针主要是针对农民收入缓慢,城乡差距无论是从收入上还是从社会保障上的差距都逐渐增大的城乡二元结构现状提出的,国家的实力也能够承担得起为农民提供更多的补助和支持,所以本着多予、少取的原则,以及放活的原则(主要是探索农村产权结构调整、扩大农民增收渠道、试点土地经营权流转等),以促进城乡一体化发展,改变长期存在的二元经济结构。

4. 土地承包步入依法管理轨道

1993 年《中华人民共和国宪法》修正案指出,农村中的家庭联产承包为主的责任制,是社会主义劳动群众集体所有制经济。2002 年颁布的《中华人民共和国农村土地承包法》,对土地承包经营权的取得、保护、流转,以及发包方和承包方的权利和义务等作出了全面规定。2007 年颁布的《中华人民共和国物权法》,将土地承包经营权确定为用益物权,明确承包农户对承包土地依法享有占有、使用、流转、收益等权利。2009 年颁布的《中华人民共和国农村土地承包经营纠纷调解仲裁法》,对农村土地承包经营纠纷进行调解和仲裁作出规定。目前,中国已建立了比较健全的农村土地承包法律法规体系。

5. 农村集体所有制经济向股份制和私有制经济转变阶段

20 世纪末,乡镇企业的发展出现了效益下滑的现象,政府部门把乡镇企业效益下滑的因素归结为单一的集体所有制造成的经营管理者积极性不高,因此推动了自上而下的带有强制性的乡镇企业集体产权制度改革。1985 年,中央一号文件首次提出"股份式合作",随后全国各地进行了一些股份合作改革。乡镇企业在农村集体土地上孕育而生,理应通过发展回馈当地集体和农民,但是乡镇企业股份制改革后,企业经营者摇身一变成为企业的老板和最大股东,集体股份比例逐渐消减,到 2000 年乡镇企业改革结束之后,乡镇集体所有制企业基本消失,造成了大量集体资产流失,乡镇集体所有制企业真正的主人农民没有共享到这些企业转制发展的成果。

(三)农村土地制度改革的发展时期(2014 年至今):"三权"分置阶段

中国历史上法定意义上的第四次土地产权归属变化则发生在 2014 年。当年通过的《关于引导农村土地经营权有序流转发展农业适度规模经营的意见》指出,要"坚持农村土地集体所有权,稳定农户承包权,放活土地经营权"。在发生农地经营权流转的情况下,农地产权分属农民集体、承包农户和新的经营主体三个层次,承包农户的相关土地权能也大部分地转移到新的农业经营主体。由此,中国农地权利开始创造性地一分为三,即所有权、承包权和经营权在集体、农户和农地经营者之间的"三权"分置。而且,随着农村土地制度变革的持续推进,农户的承包经营权不仅可以入股分红,还可以贷款融资,相较以往,农户拥有更为完整的土地使用、收益和转让等权能[①]。

[①] 郑淋议、罗箭飞、洪甘霖:《新中国成立 70 年农村基本经营制度的历史演进与发展取向——基于农村土地制度和农业经营制度的改革联动视角》,《中国土地科学》2019 年第 12 期。

二 中华人民共和国成立后我国农村基本经营制度的变革历程

农村基本经营制度是指以家庭承包经营为基础、统分结合的双层经营体制。梳理中国农村产权制度发展的实践，并结合中国农村土地产权的演变逻辑，可以把中华人民共和国成立后我国的农村基本经营制度划分为以下几个阶段。

（一）农村基本经营制度的建设时期（1949—1978年）：家庭经营阶段和集体经营阶段

1. 农村基本经营制度（1949—1956年）：家庭经营阶段

为了巩固中国人民革命的胜利成果，解放和发展农村生产力，就必须废除地主阶级封建剥削的土地所有制，实行农民的土地所有制。20世纪50年代初的《中华人民共和国土地改革法》（以下简称《土地改革法》）客观上塑造了数以万计的小农户家庭经营格局，高度分散的小农户小规模经营取代了适当集中的地主规模经营。农民以家庭为单位自主经营，自负盈亏，农民的劳动积极性得到了有效的增加。这一时期虽然废除了地主土地所有制，但是允许小土地出租者的存在。《土地改革法》规定：革命军人、烈士家属、工人、职员、自由职业者、小贩以及因从事其他职业或因缺乏劳动力而出租小量土地者，均不得以地主论。其每人平均所有土地数量不超过当地每人平均土地数量200%者均保留不动。但是，这一时期有个显著的特点，1953年春，中国土地改革基本完成，获得土地的农民有着极大的生产积极性，但分散、脆弱的农业个体经济既不能满足工业发展对农产品的需求，又有两极分化的危险。中国共产党当时认为只有组织起来互助合作，才能发展生产，共同富裕。1953年，先后发布了《中共中央关于农业生产互助合作的决议》和《中共中央关于发展农业合作社的决议》，中国农村开始了互助合作运动，即一定程度的合作化经营，如互助组、初级社等形式。

2. 农村基本经营制度（1956—1978年）：集体经营阶段

为克服中华人民共和国成立初期家庭经营存在的生产资料不足和经营不善等缺陷，中共中央在1951年出台了《中国共产党中央委员会关于农业生产互助合作的决议（草案）》，鼓励农民在自愿的前提下开展合作经营，合作经营的形式主要分为常年互助组、简单的劳动互助和以土地入股为特点的农业合作社。不过，发展合作社并非中央的终极目标，在1955年发布的《中国共产党第七届中央委员会第六次全体会议（扩大）关于农业合作化问题的决议》和《农业生产合作社示范章程》提出，中央要将农业合作社的发展分为初级阶段和高级阶段，通过把农民引入互助合作的轨道，过渡到更高层次的社会主义。1956年社会主义"三大改造"基本完成，中国进入社会主义初级阶段，重工业优先发展战略正式启动，农业开始承担从农业国向工业国转变所需的原始资本积累职能。农业合作社短期历经从互助组到初级社再到高级社的历史转变，并由高级社转身为人民公社，逐渐形成"三级所有,队为基础"的农业集体经营制度①。1962年通过的《农村人民公社工作条例修正草案》指出,"公社在经济上,是各生产大队的联合组织,生产大队是基本核算单位,生产队是直接组织生产和组织集体福利事业的单位"。历史上,农业经营形式第一次出现由家庭经营向集体经营的转变,农业集体经营制度一直持续到20世纪70年代末。

(二) 农村基本经营制度的改革时期(1978—2012年):统分结合双层经营阶段

肇始于农村的土地制度改革,从包产到户到包干到户再到家庭承包,一步步正式宣告了长达二十年左右的农业集体经营制度的破产,取而代之的是以家庭承包经营为基础、统分结合的双层经营制度。1991年党的十三届八中全会提出,把以家庭联产承包为主的责任制、统分结合的双层经营体制,作为中国乡村集体经济组织的一项基本制度长期稳定下来。1998年党的十五届三中全会决定指出,长期稳定以家庭承包经营为基础、统分结合的双层经营体制。小农户家庭经营再次回归农业生产经营的轨道,集体经营则淡出农业生产经营领域,转变为发展社队企业、乡镇企业或农业生产性服务业等。1999年宪法修正时,采纳了"以家庭承包经营为基础、统分结合的双层经营体制"的文本表述,并将其正式确立为农村基本经营制度。

(三) 农村基本经营制度的发展时期(2012年②至今):新型农业生产经营阶段

在新的历史时期,随着农村人地分离趋势和土地经营权流转的加快,家庭农场、农业企业、农民专业合作社等逐渐成为继小农户之后的重要农业经营主体③。小农户家庭经营基础上的双层经营制度开始向多种新型农业经营主体共存的多元经营制度转变。2013年中央一号文件强调,要"充分发挥农村基本经营制度的优越性,着力构建集约化、专业化、组织化、社会化相结合的新型农业经营体系",同时"鼓励和支持承包土地向专业大户、家庭农场、农民合作社流转,发展多种形式的适度规模经营",并明确指出可以通过"鼓励和引导城市工商资本到农村发展适合企业化经营的种养业"。2014年12月29日,十三届全国人大常委会第七次会议表决通过了关于修改农村土地承包法的决定。这次修改农村土地承包法,主要就是为了将农村土地实行"三权"分置的制度法制化,以更有效地保障农村集体经济组织和承包农户的合法权益,同时也更有利于现代农业发展。"三权"分置是指形成所有权、承包权、经营权三权分置,经营权流转的格局。党的十九大报告进一步指出,要"实现小农户和现代农业发展有机衔接"④,充分发挥新型农业经营主体的带动作用。2022年,党的二十大报告指出,要"发展新型农村集体经济,发展新型农业经营

---

① 周振、孔祥智:《新中国70年农业经营体制的历史变迁与政策启示》,《管理世界》2019年第10期。

② 本章关于农村土地制度和农村基本经营制度的第四个阶段的时间起点划分存在差异。这是因为"三权"分置的农地产权制度虽然于2014年才在全国人大立法确立,但是早在2012年党的十八大开始,在农业的生产经营中,经营权的流转已经成为事实,新型农业生产经营体系已经在发展壮大。

③ 董志勇、李成明:《新中国70年农业经营体制改革历程、基本经验与政策走向》,《改革》2019年第10期。

④ 习近平:《决胜全面建成小康社会 夺取新时代中国特色社会主义伟大胜利——在中国共产党第十九次全国代表大会上的报告》,人民出版社2017年版,第32页。

主体和社会化服务"①，始终坚持农业农村优先发展，以协调配套的政策体系全面推进乡村振兴。

三 农村土地制度、农村基本经营制度变迁与农业农村农民现代化：内在关联和发展方向

党的二十大报告提出，要"巩固和完善农村基本经营制度"②。农村基本经营制度的中心问题是处理好家庭承包和发展集体经济之间的关系，核心是土地制度，直接关系到农民权益、乡村稳定和发展，关系到中国特色社会主义现代化国家建设的进程。通过前文关于中华人民共和国成立后农村土地制度与农村基本经营制度变迁的历史演变的分析，我们可以发现二者之间存在决定与反作用的双向影响关系。在分析了二者协同演变关系的同时，我们需要进一步明确现阶段农村土地制度与农村基本经营制度变迁的方向，即农业农村农民现代化的价值导向。

（一）内在关联：制度间的同步性与双向作用

回顾中华人民共和国成立以来农村土地制度和农村基本经营制度变迁的基本历程，可以发现，农村土地制度和农业经营制度存在密不可分的关系。从二者的区别来看，农村土地制度和农业经营制度的内涵范围各有侧重，农村土地制度主要涉及土地归谁所有、土地如何利用以及土地收益归谁享有等内容，而农业经营制度则主要包括农业经营主体有哪些、农业由谁经营、如何开展生产经营以及劳动成果归谁享有等内容。简而言之，前者表征为地权配置和土地利用问题，而后者体现为农业经营主体和农业经营活动问题。从二者的联系来看，它们在时间上虽非完全同步，但却在路径上紧密相关，农地产权分配方式决定了农业的生产经营模式，而农业的生产经营模式又反作用于农地产权制度。从农村土地制度和农村基本经营制度变迁的四个阶段来看，二者的关系大概经历了两个维度四个时期。

第一个维度，二者基本同步，协同发展。在农业集体化时期，二者大体保持匹配，土地产权归属于农村集体，农业生产经营活动围绕农村集体展开，农户的剩余支配权上移到集体层次，而农业生产经营的农民生存目标也让位于国家工业化原始资本积累的发展目标，集体层面的"产权合一"促成了以集体经营为基础的农业生产经营模式。在改革开放后到党的二十大，二者也基本保持同步。自分田到户以来，土地产权逐渐由集体再次回归到农户手中，除了少部分仍坚持集体经营，大多数农业生产经营活动也回归家庭层次，家庭经营的基础性地位重新得到肯定，所有权和承包经营权的"两权分离"塑造了以家庭经营为基础、统分结合的农业双层经营模式。

---

① 习近平：《高举中国特色社会主义伟大旗帜　为全面建设社会主义现代化国家而团结奋斗——在中国共产党第二十次全国代表大会上的报告》，人民出版社 2022 年版，第 31 页。
② 习近平：《高举中国特色社会主义伟大旗帜　为全面建设社会主义现代化国家而团结奋斗——在中国共产党第二十次全国代表大会上的报告》，人民出版社 2022 年版，第 31 页。

第二个维度，二者并不同步，调整中发展。在中华人民共和国成立初期，农村土地制度的制度供给略早于农业经营制度的制度供给。自1950年《中华人民共和国土地改革法》颁布实施之后，农户享有包括使用、收益和转让等完整意义上的土地产权，这种产权配置一直持续到高级社的到来。相比之下，农业经营制度除了家庭经营在这一时期保持相对不变，其合作经营先后经历互助组、初级社等合作层次，一直处于动态演进的状态，农户层面的"产权合一"决定了以家庭经营为基础的农业生产经营模式。在党的十八大以来的新发展阶段，农村土地制度的制度供给略滞后于农业经营制度的制度供给。在改革开放后不久，土地流转便已发生，"种粮大户""种田能手"等开始出现，进入21世纪，专业大户、家庭农场和农业企业等新型农业经营主体更是如雨后春笋般涌现，合作经营、企业经营等新的农业生产经营形式方兴未艾。然而，"三权"分置制度一直到2014年《关于引导农村土地经营权有序流转发展农业适度规模经营的意见》的颁布才初步确立，而体现其精神的《中华人民共和国农村土地承包法》于2018年完成修正，新修订的《中华人民共和国土地管理法》也于2019年表决通过，农业生产经营模式的创新促进了农地产权制度的改革。

（二）农村土地制度与农村基本经营制度的发展方向：农业农村农民现代化的价值导向

农村基本经营制度是乡村振兴的制度基础。巩固和完善农村基本经营制度，是走向共同富裕之路。要坚持农村土地集体所有，坚持家庭经营基础性地位，坚持稳定土地承包关系，完善农村产权制度，健全农村要素市场化配置机制，实现小农户与现代农业有机衔接。具体来看，需要做好如下几点。

第一，进一步深化与完善农村土地产权制度。一是要抓紧制定和完善农村土地相关法律法规，为改革和实践提供法律保障。对于此前已经存在的法律，要通过修改完善给予农村土地经营权确位，《民法通则》《土地管理法》《物权法》《土地承包法》等相关法律法规都要进行修订完善。二是农地权能完整化。权能是权利的内容，也是实现权利的能力。让农民享有政策法律赋予的完整土地权能，是农村土地制度改革的重要任务。农村土地产权类型较多，权能尚不完善，新的权能形态随着经济社会发展又在不断产生。如国家赋予农民对承包地占有、使用、收益、流转权能，这体现了承包农户的基本权益。但也要看到，承包权的继承、退出权能，经营权的抵押、担保等权能尚未在法律层面予以明确；集体经营性建设用地的出租、出让（转让）、入股，以及与国有土地同等入市、同权同价等权能仍在试点中探索。因此，要继续深化相关试点，进一步探索赋予农民更多的土地权能。三是流转交易市场化。土地使用权的市场化流转是促进土地资源优化配置的必然要求。土地作为农村最重要的生产要素，要在坚持集体所有、家庭经营的基础上，促进其依法自愿有偿流转。特别是集体建设用地，要建立健全城乡要素市场化配置机制，真正做到城乡土地同地同权，健全完善农村土地产权交易制度，支持农村集体经营性建设用地进入市场交易，让土地在流动中实现其应有价值，增加农民和农民集体的财产性收益。

第二，发展多种形式的农业适度规模经营。农业适度规模经营是提高中国农业竞争力的关键，也是中国农业农村现代化的发展方向。第三次农业普查数据显示，截至2021年，全国耕地面积为19.179亿亩，小农户约2亿户，户均耕地9.59亩，小农户分散经营的现状仍未得到根本改观，与发达国家的规模经营仍有较大的差距。农业适度规模经营，一方面是土地的规模化，即要实现土地的连片规模经营；另一方面是服务的规模化，即要发展农业生产性服务业。对于中国农业而言，土地的规模加上服务的规模正是当前乃至未来很长一段时间内农业适度规模经营的主攻方向。不过，近两年全国土地流转的增速也有所下降，而且绝大多数的小农户没有享受到农业社会化服务。为此，发展多种形式的适度规模经营，需要坚持"土地规模化+服务规模化"要素联动：一方面，继续深化农地"三权"分置改革，完善农村土地流转制度，培育土地流转市场，提高土地资源的配置效率；另一方面，积极构建农业社会化服务体系，培育体系完整、功能多样、覆盖全面的现代化农业生产服务产业。

第三，构建新型农业经营体系。从全球范围来看，无论是人地关系紧张的日韩，还是资源禀赋优越的欧美，家庭都被证明是农业生产经营最为基本的组织形式。不过，随着家庭农场、农民合作社和农业企业等新型农业经营主体的崛起，实践中涌现出家庭经营、集体经营、合作经营、企业经营、产业化联合经营等共同发展的农业经营方式创新，集约化、专业化、组织化、社会化相结合的新型农业经营体系渐具雏形。因此，为深化经营制度变革，需要坚持"家庭经营+多元经营"制度联动：一方面，夯实家庭经营的基础地位，切实保护小农户的土地承包权益，探索土地二轮承包期到期后再延长三十年的具体办法，赋予小农户更加完整的土地承包经营权，实现农民土地承包经营权从债权意义向物权意义转变；另一方面，推动家庭经营制度、集体经营制度、合作经营制度、企业经营制度和产业化联合经营制度优势互补，构建集约化生产、专业化经营、组织化分工和社会化服务相结合的新型农业经营体系。

第四，农业现代化是小农基础上的现代化，必须要实现小农户与现代农业发展有机衔接。首先，农业现代化是小农基础上的现代化。发展多种形式适度规模经营、培育新型农业经营主体，是建设现代农业的前进方向和必由之路。但也要看到，当前和今后很长一个时期，小农户家庭经营仍将是中国农业的基本经营方式。必须正确处理好培育新型农业经营主体和扶持小农户的关系。原封不动地继承小农经济生产方式与"去小农化"的农业现代化都不符合中国国情。小农经济与农业现代化并非不可调和的矛盾体。反思农业现代化进程中的一些认识误区有助于走出中国特色的农业现代化道路。农业现代化是发展小农经济的手段，而非最终目标。农业现代化的功能定位不是发展具有国际竞争力的现代农业，而应是小农经济所承载的维护国家粮食安全和农村社会稳定，农业现代化归根到底是农业生产经营的现代化，并非通过大资本下乡挤占小农生产空间。大规模农场道路不适合中国农业现代化的选择，世界农业经济有小规模化回归趋势，对于农业现代化的反思应放在中国小农经济历史与现实的长周期中。其次，我们如何来实现小农户与现代农业发展有机衔接。"要认清小农户家庭经营很长一段时间内是中国农业基本经营形态的国情农情，在鼓励发展多种形式适度规模经营的同时，完善针对小农户的扶持政策，把小农户引入现代农业发展轨道。"① 现阶段，专业大户、家庭农场、农民合作社和农业企业等新型农业经营主体发展方兴未艾，截至2023年9月底，全国家庭农场达到400万家，农民合作社超过222万家，从事农业社会化服务组织达到107万多个。不过，总体而言，新型农业经营主体仍然是新兴事物，不仅占比较低，而且对小农户的辐射作用有限。因此，为深化经营制度变革，需要坚持"小农户+新型农业经营主体"主体联动：一方面，大力培育新型农业经营主体，这既可以通过"小农"变"大农"的转型升级方式，也可以通过工商资本进入农村的外部引进方式；另一方面，重点解决好小农户与大市场的经济关系问题和小农户与大政府的集体行动问题，发挥好"大农"助"小农"的带动作用，实现小农户与现代农业发展有机衔接。

第三节 发展壮大农村新型集体经济与中国特色社会主义农业农村农民现代化

美国经济学家奥尔森提出了解决社会政治问题的一个重要理论——集体行动理论，这一理论认为集体行动必须具备组成共同利益集体的成员数目必须足够小和存在选择性激励条件这两个基本的条件②。但是，由于中国农村集体经济组织并不满足奥尔森集体行动的两个条件，尤其是并不存在足够的选择性激励条件，特别是2006年农村税费改革后农村集体经济组织内部成员之间利益共融的缺失，这样一来，农村集体经济组织就无法实现农业农村农民现代化，更不利于中国乡村振兴战略的实现。所以，要想实现农村集体经济组织在农业农村农民现代化中的作用，就需要实施选择性激励，加大对农村集体经济组织的支持力度，从而实现中国农村集体经济组织的发展和壮大。

一 农村集体经济发展的现实困境

农村集体经济组织③的不断弱化，主要与作为其经济基础的农村集体经济日益减少有关，这是农村集体经济不断弱化的根本原因。故而，在此主要介绍中国农村集体经济存在的问题。

1978年以来，中国农村集体经济逐渐衰弱，农村集体经济组织面临成员界定不清、集体经济产权模糊、经营管理体制滞后等困境，集体经济薄弱以及财政亏损的"空壳村"日

---

① 《中办国办印发〈关于促进小农户和现代农业发展有机衔接的意见〉》，《人民日报》2019年2月22日。
② Mancur Olson, 1971, *The Logic of Collective Action: Public Goods and the Theory of Groups*, Harvard University Press, pp. 34-35, 51, 133.
③ 农村集体经济组织，是指对土地拥有所有权的经济组织，是除国家以外对土地拥有所有权的唯一的一个组织，产生于20世纪50年代初的农业合作化运动。一般意义上的农村集体经济组织是指生产队（也就是相当于现在村民小组一级）。

益增多。"十二五"时期，中国农村集体经济实力不强，收入来源不稳定。因此，村集体经济发展一直在低水平徘徊，2013年各地方政府积极开展村集体经济"破零"行动，已经取得了一定的成果。从2017年开始，中央农办、农业农村部组织开展的全国农村集体资产清产核资结果显示，截至2019年，从整体看，资产总量庞大。全国共有集体土地总面积65.5亿亩，账面资产为6.5万亿元，其中经营性资产为3.1万亿元，是集体经济收入的主要来源；非经营性资产为3.4万亿元。集体所属全资企业超过1.1万家，资产总额为1.1万亿元。从结构看，固定资产占比近半。固定资产为3.1万亿元，其中2/3是用于教育、科技、文化、卫生等公共服务的非经营性固定资产。从地域分布看，农村集体资产大体呈"6、2、2"分布格局，东部地区资产为4.2万亿元，占总资产的64.7%，中部地区和西部地区资产大体相当。此外，超过3/4的资产集中在14%的村[1]。但是从目前发展的实际来看，村集体经济发展主要依靠村集体资产如水库、生产加工场地、鱼塘等的出租获得收入，这种发展方式后劲不足，不稳定性凸显，一旦宏观经济波动，这类村集体经济就会退至"空壳村"。此外，具有一定规模集体资产的村集体主要在东部地区，中西部地区村集体资产依旧较少，集体资产空壳化问题较为严峻。事实上，长期存在的集体资产"空壳村"已成为制约农业农村现代化的关键因素。

除了农村集体经济不够强大，对农村集体经济组织深化改革的认知还存在如下的分歧：农村集体经济组织成员权利和股权设置、新型农村集体经济组织的法人主体地位、农村集体资产是否可以分割、集体资产股份流转的条件、农村集体经济组织的治理结构以及村委会的关系等问题。

二　新型农村集体经济发展与中国特色社会主义农业农村农民现代化

发展新型农村集体经济是实现农业农村农民现代化的必然要求。农村集体经济的发展壮大对中国农村的发展规划起着举足轻重的作用。具体来看，新型农村集体经济的发展有利于农业现代化的实现（农业强起来）、农村人居生态环境的改善（农村美起来）和农户通过组织化来实现收入增长（农民富起来）。

（一）农村集体经济的发展壮大关乎农业现代化的实现

农业生产组织现代化是支撑农业现代化的必要手段。现代农业是利用现代物资装备，进行规模化、专业化和社会化生产的基础产业，是市场化的产业，目的是为消费者提供充足、安全的食物。由于农业生产和收益面临各种不确定性，世界各国的农业经营主体多以家庭经营为主。美国通过合同形式在家庭农场、专业社会化服务机构和农产品经销商之间形成合作，实现了家庭农场组织化。荷兰采用家庭农场组建合作社、合作社创办公司的方式建立合作社一体化产业链组织模式。法国和丹麦由家庭农场与合作社合作构成双层经营模式，实现农场经营专业化与多元化服务的分工。日本以农协强大的服务功能支持家庭经

---

[1]《全国农村集体家底，摸清了》，《新民晚报》2020年7月3日。

营,同时推动法人经营和集落营农组织发展。可以看出,发达国家的农业生产组织具备主体功能定位明确化、生产经营环节分工合作化、交易手段市场化、收益分配清晰化等现代市场组织特征,并由此实现了生产要素的集约利用,促进了科学技术在农业领域的广泛应用,支撑起了各自的现代农业。落到中国的实际情况来看,农村集体经济可以有效地把小农户组织起来,有效提升农业的规模化、专业化和社会化水平。

此外,农业现代化的实现需要完善的现代化基础设施,单靠国家财政的转移支付对农村公共产品的供给相当有限,需要农村集体经济在农村的基础设施上承担其相应职责。

(二)人居生态环境的保护需要农村集体经济

农村集体经济的发展壮大,有利于处理好经济建设与生态文明建设之间的关系。在集体经济发展过程中,推行"村社一体、合股联营"发展模式,把村民与集体经济凝聚成利益公共体,通过制定内部奖惩措施,以组织的力量约束村民自觉守护本村的生态环境,让生态文明理念深入人心。通过以整村为单位的乡村整治和美丽乡村的建设,更好地从宏观上对农村进行有效管理,探索以生态优先、绿色发展为导向的高质量发展的农业现代化新路子[1]。同时,要在政策上、资金上给予农村集体经济更多的支持,让生态环境保护与集体经济发展相得益彰。不仅如此,良好的生态环境也有利于农村集体经济的发展。良好的生态环境是持续发展的宝贵资源,强大的集体经济是优质生态的坚实后盾,生态环境保护理应与壮大集体经济相互结合、相互促进。

(三)分散化的小农生产难以实现农业农村现代化

中国是一个农业大国,农业人口多、农业产值占 GDP 的比重高、农产品总需求量和总供给量大。但中国还不是农业强国,主要体现在农业现代化的程度还不是很高。一个重要的原因是,实现以农业产业的科学化、集约化、规模化经营为特征的农业现代化,以包干到户、小农户单干经营为特征的家庭联产承包责任制,难以满足这个条件。通常情况下,小农户存在农业经营规模小、耕地细碎化严重等突出问题,在劳动力、资金等诸多方面难以实现资源的优化配置,因此小规模经营往往导致小农户的农业生产效率低下。故而,需要通过新型农村集体经济等形式,把广大小农户组织起来、联合起来,以此来助力中国农业农村现代化的实现。

三 构建利益共融的农村新型集体经济与中国特色社会主义农业农村现代化

农村集体经济是农村集体经济组织存在的基石,是坚持和完善统分结合的双层经营体制的制度基础,是提高农民组织化程度的重要载体,是社会主义市场经济的重要组成部分。农村集体经济的发展与壮大,直接关系到农业农村现代化的实现,关系到走社会主义道路的根本问题。所以,中国在农村改革和发展过程中,要不断开拓思想,实事求是,探索农村集体经济新的实现形式,进一步增强农民走共同富裕的社会主义道路的信心。

---

[1] 舒展、罗小燕:《新中国 70 年农村集体经济回顾与展望》,《当代经济研究》2019 年第 11 期。

(一) 利益共融为特征的新型农村集体经济的深刻内涵

关于集体经济的含义,《辞海》的解释是指："以生产资料集体所有制为基础的经济。如我国农村中的乡、村集体经济,供销社和城市中的各种合作经济,都是集体经济的形式。股份合作制经济中以劳动者的劳动联合和劳动者的资本联合为主的,也属于集体经济范畴。集体经济的生产计划、经营管理方式、收益分配均由集体经济组织自行决定。是社会主义经济的重要组成部分……城乡各种形式集体经济的发展,对于发挥公有制经济的主体作用有重大意义。"①

梳理当下关于农村集体经济问题的研究现状,可发现学术界对其科学内涵进行界定研究的成果并不多。关于新型农村集体经济的研究主要有如下几种观点。一种观点认为,它是"以集体所有、股份合作为核心特征,通过劳动者的劳动联合和资本联合,推动集体产权在集体与个人中的公平分配,实现激发动力与提升能力的良性互动、社会主义原则与市场经济机制的有机平衡以及农村经营的统分结合"②的经济形式。另一种观点认为,它"是指按照归属清晰、权责明确、保护严格、流转顺畅的现代产权制度要求,以成员自愿合作与联合为原则,通过劳动者的劳动联合或劳动者的资本联合实现共同发展的一种经济组织形态"③。还有学者认为目前其内涵难以确定,但是,其五个基本特征:一是突出集体财产为成员联合所有,所有权关系更为明晰,承认和保护每个成员的所有者权益;二是突出各自独立成员的意愿,所有者成员主体更为清晰、成员身份有着清晰界定;三是突出所有者成员权利与责任对等,组织治理更为民主;四是突出各种资源的整合和优化配置,分配制度更为灵活,注重按劳分配与按股分配相结合;五是突出依规依法自主经营,自负盈亏,市场主体地位更为明显④。目前在研究中经常被提到的一种比较权威的观点是,2016年12月中共中央、国务院印发的《关于稳步推进农村集体产权制度改革的意见》指出,"农村集体经济是集体成员利用集体所有的资源要素,通过合作与联合实现共同发展的一种经济形态,是社会主义公有制经济的重要形式"⑤。

"新"是相对于以往计划经济体制下的传统集体经济的"旧制度安排"而言的,新形势下发展集体经济应以优化资源配置、实现共建共享发展为目的⑥;"新型"是新时代集体经济所表现出的时代特征和所具有的时代特质。我们更应从新时代的历史方位赋予农村集体经济新的历史使命,从其在乡村振兴战略实施背景下应然的基本特征来认知、把握其

---

① 《辞海》,上海辞书出版社2010年版,第1764页。
② 李天姿、王宏波:《农村新型集体经济:现实旨趣、核心特征与实践模式》,《马克思主义与现实》2019年第2期。
③ 苑鹏、刘同山:《发展农村新型集体经济的路径和政策建议——基于我国部分村庄的调查》,《毛泽东邓小平理论研究》2016年第10期。
④ 龚晨:《新型农村集体经济发展与乡村振兴战略实施的关联探析》,《改革与战略》2020年第1期。
⑤ 《中共中央 国务院关于稳步推进农村集体产权制度改革的意见》,《人民日报》2016年12月30日。
⑥ 苑鹏、刘同山:《发展农村新型集体经济的路径和政策建议——基于我国部分村庄的调查》,《毛泽东邓小平理论研究》2016年第10期。

科学内涵。有学者研究认为,"集体所有与股份合作是农村新型集体经济的核心特征"①。

党的十九届四中全会指出:"健全党组织领导的自治、法治、德治相结合的城乡基层治理体系,健全社区管理和服务机制,推行网格化管理和服务,发挥群团组织、社会组织作用,发挥行业协会商会自律功能,实现政府治理和社会调节、居民自治良性互动,夯实基层社会治理基础。"②

我们认为,新型农村集体经济,是以优化资源配置、实现共享发展为目的,以生产资料公有制为基础,以多种合作经济和利益共融为实现方式,以产业发展为抓手,坚持自主发展、内生发展和治理发展的一种公有制经济实现形式。

利益共融的缺失是造成农村集体经济发展困境的一个重要原因,那么如何来实现利益共融也成为发展壮大新型农村集体经济的关键所在。马克思主义政治经济学的研究对象是生产关系,也就是一种利益关系,而生产力决定了生产关系,生产关系也会对生产力产生反作用力。要想实现和谐共融的利益关系或者说生产关系,不仅需要促进生产力的发展,包括生产力内部各要素的融合,也要对相关生产关系进行调整和优化,以此来适应并促进生产力的发展。从生产力发展的维度来看,需要引进相关资本、技术和先进生产工具,需要大力发展农村相关产业,逐步发展合作化经营,形成农民、各种新型经营主体、村集体、城市工商资本的利益融合。从生产关系发展的维度来看,需要加强农村治理体系建设,深化集体产权制度改革,尊重农业农村发展规律,以此来为新型农村集体经济的发展提供一个良好的内外部环境。

(二)农业农村农民现代化背景下发展新型农村集体经济的路径研究

习近平总书记在主持中共中央政治局就实施乡村振兴战略进行第八次集体学习时强调,"要把好乡村振兴战略的政治方向,坚持农村土地集体所有制性质,发展新型集体经济,走共同富裕道路"③。要想实现乡村振兴和农业农村现代化必须要大力发展新型农村集体经济。

首先,加强农村治理体系建设,提高基层党组织的集体经济管理能力。农村集体经济的发展壮大,离不开一套力量过硬的领导班子与精英式的"领头人",需要"培养造就一支懂农业、爱农村、爱农民的'三农'工作队伍"④。第一,发挥村支部书记、村民委员会主任等干部的先锋模范作用,加强对干部的技能培训与教育,提升对农村集体经济的领导能力;第二,把农村集体经济纳入干部业绩考核中,对农村集体经济发展效果显著、村级领导有力的给予奖励;第三,采取优惠政策,吸引优秀的毕业生、人才返乡回乡创业,

---

① 李天姿、王宏波:《农村新型集体经济:现实旨趣、核心特征与实践模式》,《马克思主义与现实》2019年第2期。
② 《中国共产党第十九届中央委员会第四次全体会议文件汇编》,人民出版社2019年版,第59页。
③ 中共中央党史和文献研究院编:《习近平关于"三农"工作论述摘编》,中央文献出版社2019年版,第194页。
④ 习近平:《决胜全面建成小康社会 夺取新时代中国特色社会主义伟大胜利——在中国共产党第十九次全国代表大会上的报告》,人民出版社2017年版,第32页。

引导资本下乡,获取资金、技术等方面的支持;第四,在盘活农村集体资产、土地确权并对土地进行统一规划等方面,要发挥基层党组织的战斗堡垒作用,维护农村土地集体所有制性质,特别是在与"龙头企业"合作过程中,维护广大农民的根本利益,带领广大人民群众走向共同富裕的道路。

其次,以产业发展为抓手,创新农村集体经济发展方式,实现相关利益主体的利益共融。党的十九大报告首次提出乡村振兴战略,为农村集体经济的发展指明了方向并提供了良好的发展环境。农村集体经济的发展可围绕乡村振兴战略的总要求,"探索以生态优先、绿色发展为导向的高质量发展新路子"[1]。创新农业经济发展方式,促进一二三产业融合发展,壮大农村集体经济。基于农业的自然资源禀赋特性,各地在探索农业现代化发展模式时,要因地制宜地选择相应的运营模式,可以结合本地实际打造"一村一品"的特色产业,加强"互联网+三农"的实施路径。一方面,通过集体土地向股份合作经济流转,形成规模效应,根据本村实际打造一个特色产业,以村股份合作经济牵头开展企业商贸、融资、技术培训等经济活动。另一方面,通过"互联网+",发展农村副业,让农民的小微业态走向市场。乡村振兴战略要为农村集体经济保驾护航,国家可通过对有发展前景的农村集体经济发展项目或者方式进行财政支持,加大对农村基础设施的投入,补齐农村基础设施短板,不断发展壮大农村集体经济。

再次,深化集体产权制度改革,提升农村集体经济发展活力。农村集体经济的发展需要深化农村土地制度改革,落实"三权"分置,稳定农村土地经营权。"保持土地承包关系稳定并长久不变,第二轮土地承包到期后再延长三十年"[2],其目的不是为了继续保持包干到户的分散经营模式,而是为了农民手中的"集体土地承包权证"得到长期保障,在保障农民财产权益的同时,通过土地流转实现农业现代化所需要的规模土地。提倡农户的土地流转首先向村股份合作经济集中整体流转,以"政府+企业"的建设模式,"保障农民财产权益,壮大集体经济"[3]。避免21世纪初部分农村在探索合作经济道路时,由于农民自发地零散地向企业流转承包地而出现的"资本话语权"垄断问题。因此,必须积极推动农村集体产权改革,实现资源变资产、资金变股金、农民变股东,发展多种形式的股份合作,培育新型农业经营主体,鼓励通过多种方式实现适度规模,发展壮大农村集体经济,促进农业现代化的实现。

最后,尊重农业农村发展规律,适时实现农村集体经济飞跃。农村集体经济的发展,一方面,要遵循生产关系一定要适应生产力发展水平的这一客观规律。正如马克思在1847年《哲学的贫困》中进一步指出的:"随着新生产力的获得,人们改变自己的生产方式,

---

[1] 习近平:《论坚持人与自然和谐共生》,中央文献出版社2022年版,第227页。
[2] 习近平:《决胜全面建成小康社会 夺取新时代中国特色社会主义伟大胜利——在中国共产党第十九次全国代表大会上的报告》,人民出版社2017年版,第32页。
[3] 习近平:《决胜全面建成小康社会 夺取新时代中国特色社会主义伟大胜利——在中国共产党第十九次全国代表大会上的报告》,人民出版社2017年版,第32页。

随着生产方式的即保证自己生活的方式的改变,人们也就会改变自己的一切社会关系。"①
"生产关系对生产力的发展起着巨大的反作用。当生产关系适合生产力性质的时候,它就能促进生产力的发展;当生产关系不适合生产力性质的时候,它就会阻碍生产力的发展。"② 切忌贪大求快,坚持量力而为、量力而行,切忌脱离农村发展实际,搞形式主义与"形象工程"。另一方面,必须尊重广大人民群众的意愿,发挥亿万农民在农村集体经济发展过程中的主体作用,让广大农民有更多切实的获得感、幸福感与安全感。"不要勉强,不要一股风。如果农民还没有提出这个问题,就不要着急。条件成熟了,农民自愿,也不要去阻碍"③,适时推动实现"第二次"飞跃。

第四节　乡村振兴与中国特色社会主义农业农村农民现代化

党的十九大报告指出,"实施乡村振兴战略。农业农村农民问题是关系国计民生的根本性问题,必须始终把解决好'三农'问题作为全党工作的重中之重"④。实施乡村振兴战略的总目标是农业农村现代化,总方针是坚持农业农村优先发展,总要求是产业兴旺、生态宜居、乡风文明、治理有效、生活富裕。2021 年 11 月召开的党的十九届六中全会审议通过的《中共中央关于党的百年奋斗重大成就和历史经验的决议》中又进一步强调了乡村振兴战略的重要性。党的十九大之所以提出实施乡村振兴战略,就是要正视农业农村发展的阶段性特征和面临的突出问题,对新时代"三农"政策适时进行调整和完善,加快推进农业农村农民现代化,让农业成为有奔头的产业,让农民成为有吸引力的职业,让农村成为安居乐业的美丽家园。

一　产业兴旺与中国特色社会主义农业农村农民现代化:农业发展视角

农业兴、百业旺,乡村才会有活力。产业兴旺是解决农村一切问题的前提、物质保障和生产力基础,是实现农业农村现代化的根本出路。没有产业支撑,农业农村农民现代化就是一句空话。此外,中国是有 14 亿多人口的大国,中国人的饭碗任何时候都要牢牢端在自己手上,粮食安全问题一直是国家重大战略。解决粮食安全的根本出路,除了节流,也需要开源,即大力发展现代农业,着力提高农业生产力水平,提高农业综合效益和竞争力。

需要适应农业主要矛盾的变化,加快农业转型升级,不断延伸农业产业链、价值链,

---

① 《马克思恩格斯文集》第 1 卷,人民出版社 2009 年版,第 602 页。
② 许涤新主编:《政治经济学辞典》,人民出版社 1980 年版,第 138 页。
③ 中共中央文献研究室编:《邓小平年谱》(下),中央文献出版社 2004 年版,第 1349 页。
④ 习近平:《决胜全面建成小康社会　夺取新时代中国特色社会主义伟大胜利——在中国共产党第十九次全国代表大会上的报告》,人民出版社 2017 年版,第 25、26 页。

促进一二三产业融合发展，培育农业农村发展新动能。具体来看，有以下几点。一是坚持高质量发展。推进农业供给侧结构性改革，主攻方向是推动农业由增产导向转向提质导向。速水佑次郎等强调，科学技术在农业现代化中的关键作用，提出农业现代化的实质是从"以资源为基础"的农业转向"以科学为基础"的农业。所谓"以资源为基础"的农业指的是，以植物营养的循环为基础，依靠土壤的自然肥力。与此相对的是"以科学为基础"的农业指的是"借助于科学知识和工业投入突破土壤自然肥力的制约从而提高农业土地生产率的方法"①。深入推进农业绿色化、优质化、特色化、品牌化，调整优化农业生产力布局。推进特色农产品优势区创建，建设现代农业产业园、农业科技园，从而逐步改变目前农业处于弱势产业的地位。二是坚持融合发展。瞄准城乡居民消费需求的新变化，以休闲农业、乡村旅游、农村电商、现代食品产业等新产业新业态为引领，着力构建现代农业产业体系、生产体系、经营体系，促进农村一二三产业融合发展，使农村产业体系全面振兴。三是坚持效率优先。今天的农业处于一个高度开放的环境，我们能不能抵御住外国农产品的冲击，关键要看我们农业的效率和竞争力。解决农业效率问题，需要两条腿走路，一条腿是加快农业科技进步，提高农业全要素生产率，另一条腿则是发展农业适度规模经营。四是注重粮食安全。2021年11月召开的党的十九届六中全会审议通过的《中共中央关于党的百年奋斗重大成就和历史经验的决议》中指出："实施乡村振兴战略，加快推进农业农村现代化，坚持藏粮于地、藏粮于技，实行最严格的耕地保护制度，推动种业科技自立自强、种源自主可控，确保把中国人的饭碗牢牢端在自己手中。"②

二 生态宜居、乡风文明、治理有效与中国特色社会主义农业农村农民现代化：农村发展视角

在此，把生态宜居、乡风文明、治理有效看作乡村振兴战略中直接影响农业农村农民现代化中的农村发展维度进行分析。

（一）生态宜居与中国特色社会主义农业农村农民现代化：重新评估与认识乡村的价值

长时间以来，传统的乡村聚落是人与自然和谐共处的物质见证，其自身的运行系统具有可持续发展的内在要求。2000年日本经济学家祖田修在《农学原论》中，将农业的价值分为"生产的农学"与经济价值、"生命和环境的农学"与生态环境价值、"生活的农学、社会农学与生活价值、空间的农学"与综合价值等几方面，提出著名的"三生农业"理论，即认为农业具有生产、生活、生态三方面的功能，不能将农业的价值仅仅局限于农产品生产。1998年3月，联合国经济合作与发展组织（OECD）在农业部长会议公报中指出，农业除提供农产品以外还具有其他更广泛的功能，并对农业的多功能性给出了一个指

---

① [日]速水佑次郎、[日]神门善久：《发展经济学——从贫困到富裕》（第三版），李周译，社会科学文献出版社2009年版，第79页。

② 习近平：《中共中央关于党的百年奋斗重大成就和历史经验的决议》，人民出版社2021年版，第42页。

导性的定义:"农业活动要超越提供食物和纤维这一基本功能,形成一种景观,为国土保护以及可再生自然资源的可持续管理、生物多样化保护等提供有利的环境。"① 2007年,《中共中央、国务院关于积极发展现代农业 扎实推进社会主义新农村建设的若干意见》指出:"农业不仅具有食品保障功能,而且具有原料供给、就业增收、生态保护、观光休闲、文化传承等功能。"农业的多功能性是农村一二三产业融合发展的内在动力之一②。

随着工业化和城市化的发展,农业多功能性日益重要和凸显,农业生活、生态、文化的经济价值日益提升。归结起来,传统的乡村至少具有生产、生态、生活、社会、文化、教化六个方面的价值③。在市场需求的刺激下,农业的文化、生态、生活功能不断被开发出来,衍生出多种新产业、新业态和新商业模式。从生态价值来看,农村本身就是生态系统的重要组成部分。传统的村庄具有"天人合一"的生态理念,村庄选址遵从自然特征、农业生产依赖自然环境、农村生活利用自然过程,传统村庄的生产、生活系统维持着天然的有机循环。从生活价值来看,日出而作、日落而归,春生夏长、秋收冬藏,本身就顺应自然的规律。同时,相较于城市,乡村似乎更具宜居的环境,如新鲜的空气、慢节奏的生产方式、就近采摘的新鲜作物等,天然有利于人的身心健康。传统乡村也具有对人的教化功能,农业生产本身暗含着尊重自然、爱护自然、珍惜劳动成果的意义,而在乡村熟人社会和特定公共空间中的人际交往过程中,礼仪尊卑、民俗节日、乡规民约等意识,是潜移默化的教化过程。乡村的文化也由此通过村庄中标志性的建筑如祠堂、庙宇、学校,以及家庭、家族、民俗,甚至一棵老树得以传承。这些文化的存续,可能是有形的,也可能是无形的。

上述传统乡村的价值体系创造了村落,也影响和规范着人的行为。但随着工业化、城镇化的演进和冲击,中国乡村一度呈现衰败的景象。农村劳动力的大量外出,导致农村青壮年劳动力人口数量的减少甚至出现"空心化"问题,村庄资源的透支或环境的侵蚀及人居环境的不断恶化。中国乡村是中华五千年文明之根,蕴含中华民族文化传承之基因,由此决定了中国所走的现代化之路,必须是传承中华文明的有根的现代化之路。

(二)乡风文明与中国特色社会主义农业农村农民现代化:经济基础发展后的上层建筑的完善

上层建筑是指建立在一定经济基础上的社会意识形态以及与之相适应的政治法律制度和设施等的总和。乡风作为一种社会思想,是上层建筑的一个重要构成。正如马克思、恩格斯在《德意志意识形态》中首次使用了"上层建筑"这个词语时所指出的那样:"真正的市民社会只是随同资产阶级发展起来的;但是市民社会这一名称始终标志着直接从生产和交往中发展起来的社会组织,这种社会组织在一切时代都构成国家的基础以及任何其他

---

① 转引自曹阳《当代中国农业生产组织现代化研究》,中国社会科学出版社2015年版,第22页。
② 另一个主要动力是科技创新与进步。但是,这两种动力都是潜在的动力,要转变为现实的动力,需要经过市场主体的逐利动机和逐利行为,特别是资本的逐利行为。
③ 朱启臻:《把根留住:基于乡村价值的乡村振兴》,中国农业大学出版社2019年版,第2页。

的观念的上层建筑的基础。"① 上层建筑与经济基础对立统一，经济基础决定上层建筑，但是上层建筑可以对经济基础产生反作用力。所以，乡风可以对农业农村现代化过程中的生产力和生产关系产生重要的影响。良好的乡风可以助力农业农村现代化的实现。

从当前的现实情况来看，乡风文明是乡村振兴的紧迫任务。正如《明史·叶伯巨传》中所言的："求治之道，莫先于正风俗。"乡村振兴，既要富口袋，也要富脑袋，坚持物质文明和精神文明一起抓。新的历史时期，抓好乡风文明建设，就是要以社会主义核心价值观为引领，大力保护和传承农村优秀传统文化。具体来看，一是要强化农村经济文化建设，为农村文化建设提供产业支撑，因为经济基础决定了上层建筑的方向和水平；二是要加强农村公共文化建设，开展移风易俗行动，培育文明乡风、良好家风、淳朴民风，改善农民精神风貌，提高乡村社会文明程度，焕发乡村文明新气象。

（三）治理有效与中国特色社会主义农业农村农民现代化：健全三维融合的乡村治理体系

治理有效是乡村振兴的重要保障。治理有效的农村可以为产业发展提供良好的外部环境，也可以为农民提供安居之所。乡村治理是不是有效，一方面要看这个体系是否有利于发挥中国特色社会主义制度尤其是政治制度的优势；另一方面要看这个体系是否充分考虑了农村的实际和特点，是否充分考虑了几千年农耕文化的影响。正是基于这一考虑，党的十九届四中全会指出，健全党组织领导的自治、法治、德治相结合的城乡基层治理体系。

具体来看，需要做好如下几点。一是要加强党的领导。乡村治理要在党的有力领导下，加强基层政权建设，对为害一方的村霸、黑恶势力坚决打击，保证党员干部队伍的纯洁性。二是要加强和保证村民自治。乡村村民自治是宪法规定的内容，是乡村治理的主要形式，要切实加强工作指导和制度保障，规范村民自治的形式和内容。健全社区管理和服务机制，推行网格化管理和服务，激发村民踊跃参与，发挥群团组织、社会组织作用，发挥行业协会商会自律功能，增强乡村工作的透明度和村民的参与度。三是要依法推进治理。在全面推进依法治国的进程中，村民自治必须在法治的框架内进行，通过法治规范自治和乡风民俗，通过法治制约违法违规行为。四是要进一步加强德治。加强乡村治理，必须培育良好的乡风，鼓励开展村规民约等形式的自我规范。五是要建立监督体系。再好的治理方案，没有有效的监督作为保障，也很难有所作为。开展乡村治理，必须建立和完善监督制约机制，以法律、纪律为坚强后盾。

三 生活富裕与中国特色社会主义农业农村农民现代化：农民发展视角

生活富裕是乡村振兴的主要目的，也是农业农村现代化的关键衡量指标，更是实现全体人民共同富裕的必然要求。党的十九大报告一开篇，号召全党要"永远把人民对美好生活的向往作为奋斗目标"。生活富裕是当前阶段实现共同富裕的基本形式，它与消除贫困、

---

① 《马克思恩格斯选集》第1卷，人民出版社2012年版，第243页。

改善民生、不断满足人民日益增长的美好生活需要一起，充分体现了中国处于社会主义初级阶段的基本国情和主要矛盾。2021年全国居民消费支出的恩格尔系数为29.8%，已经进入跨越联合国划分的20%—30%的富足标准，说明了中国近些年的发展，显著地提高了居民的生活水平。但是全国农村居民消费支出的恩格尔系数为32.7%，刚刚跨入到富足的标准，还需要不断地提升其富足水平。从长期来看，我们需要把它提升到20%以内的极其富裕水平，不断地提高居民的生活满意度和幸福感。此外，城乡恩格尔系数还有4个百分点的差距（城市地区为28.6），考虑到城乡的收入水平，这一差距可能会更大，这也要求我们应不断提升农民的富裕程度，进一步缩小城乡收入差距，进而实现共同富裕。

实现"生活富裕"，最重要的是要努力保持农民收入较快增长势头，不断缩小城乡收入差距。为此必须打破城乡二元结构，消除农民增收的体制机制障碍；加大政策支持力度，挖掘现有增收渠道潜力；加大对农业的支持和保护，增加农民家庭经营收入；加大对农民工就业创业的支持，增加农民工资性收入；加快推进农村资源要素市场化，赋予农民充分的财产权利，增加农民财产性收入；创新收入二次分配机制，提高农村社会保障水平，增加农民转移性收入。此外，这种富裕，既要富口袋，也要富脑袋，坚持物质文明和精神文明一起抓。

四 乡村振兴与中国特色社会主义农业农村农民现代化：内部协同与外部联动

乡村振兴与中国特色农业农村现代化之间既存在着内部协同，也存在着外部联动。从内部协同来看，乡村振兴战略的五个总体要求之间存在着内部协同关系，农业农村现代化内部的农业、农村和农民问题依旧存在着内部协同关系。乡村振兴的总体要求是产业兴旺、生态宜居、乡风文明、治理有效、生活富裕。产业兴旺是解决农村一切问题的前提，是农业农村现代化的根本出路，为生态宜居、乡风文明、治理有效、生活富裕的实现提供生产力基础。生态宜居、乡风文明、治理有效可以形成一个良好的农村生产生活环境，助力农业产业发展和农民富裕生活。生活富裕是农业农村现代化的主要目的，也是农业农村现代化的关键衡量指标。只有农民在生活富裕以后，农村才能留得下来人才，才能为农业产业发展提供人力资本，才能解决农村"空心化"问题。农业农村现代化的总体要求是农业强、农村美、农民富。农业、农村、农民之间存在着内在的既相互区别又相互依存的三位一体关系，要实现农业的可持续发展就必须正确地认识和处理这种三位一体关系，坚持和贯彻促使农业、农村、农民三者之间协调优化、三位一体可持续发展的原则。农业是农村的主要产业，农村生产和经济发展的主要方式，是农民的主要收入来源。农村是农业生产和农民居住生活的主要空间。农民是农业生产的主要劳动力，是农村建设的主体力量。其中农民问题是"三农"问题的根本。

从外部联动来看，乡村振兴战略有助于推动农业农村现代化的实现。党的十九大报告指出："要坚持农业农村优先发展，按照产业兴旺、生态宜居、乡风文明、治理有效、生活富裕的总要求,建立健全城乡融合发展体制机制和政策体系,加快推进农业农村现代化。"① 这段话是对乡村振兴战略内涵的高度概括。其中,"加快推进农业农村现代化"是实施乡村振兴战略的目标。具体来看,产业兴旺才能让农业强起来,生态宜居、乡风文明、治理有效才能让农村美起来,生活富裕才能让农民富起来。

乡村振兴战略事关全面小康的目标达成,事关共同富裕的承诺兑现,事关现代化强国的蓝图实现。进入新时代,面对新要求,只有坚持农业农村优先发展,切实落实好乡村振兴战略,全方位缩小城乡差距,让城市和乡村实现各美其美、美美与共,才能实现农民群众对美好生活的新期待,才能让农民群众与全国人民一起共享伟大梦想的荣光。

五 以乡村振兴为抓手推进中国特色社会主义农业农村农民现代化的政策着力点

乡村振兴与中国特色社会主义农业农村农民现代化的实现具有紧密的联系,那么如何通过乡村振兴来实现中国特色社会主义农业农村农民现代化和农业强国建设成为一个重大的现实问题。党的二十大报告明确指出,"加快建设农业强国,扎实推动乡村产业、人才、文化、生态、组织振兴"②。这为我们以乡村振兴为抓手推进中国特色社会主义农业农村农民现代化提供了政策着力点。

(一)乡村产业振兴与中国特色社会主义农业农村农民现代化

在乡村振兴所包含的"五个振兴"中,推动产业振兴是首要任务,是覆盖范围最大、惠及带动人口最多、可持续性最强的方式,是乡村振兴能否实现的关键。通过多年的脱贫攻坚的努力,全面小康已经得到实现,但是城乡二元分化的问题仍然存在,农民收入依然较低、"三农"现代化水平不高,返贫风险依然存在,农业农村农民持续发展动力不足。造成这一现象的根本原因是,相对于城市产业的"奇迹式"发展与结构方面的协调优化,乡村产业的发展则处于发展较为滞后、结构不甚合理的境遇之中,农民被囿于较为不发达的、附加值较低的第一产业当中,难以实现有效增收进而农民的物质生活水平无法得到提升。推动实现产业振兴的过程也就是农村产业现代化的不断实现的过程,不实现产业振兴,"三农"现代化就无从谈起。要推进乡村产业振兴,必须要在脱贫攻坚和乡村振兴有效衔接中,以产业链延伸增值、产业融合、农业功能拓展为途径,挖掘整合资源禀赋和区位优势,优化协调并充分利用市场和政府的力量,最大限度发挥农户、龙头企业、农村经济合作等组织的主体性,实现城乡要素合理、双向流动,最后实现农村产业升级、拓展与结构优化,带动农民增收与城乡融合发展,建立起现代化的农业生产体系,为实现中国特色社会主义农业农村现代化提供坚实的物质基础。

---

① 习近平:《决胜全面建成小康社会 夺取新时代中国特色社会主义伟大胜利——在中国共产党第十九次全国代表大会上的报告》,人民出版社2017年版,第32页。
② 习近平:《高举中国特色社会主义伟大旗帜 为全面建设社会主义现代化国家而团结奋斗——在中国共产党第二十次全国代表大会上的报告》,人民出版社2022年版,第31页。

（二）乡村人才振兴与中国特色社会主义农业农村农民现代化

人才是第一资源，对于亟待发展的农村而言更是如此。没有人才资源作为支撑，产业、组织振兴等目标就无从谈起。在乡村产业发展和农业现代化的过程中，科学技术的不断迭代创新和利用与组织管理体系的不断变化革新是主要的动力来源。一方面，乡村人才振兴能够"培养造就一支懂农业、爱农村、爱农民的'三农'工作队伍"[①]，使得乡村资源通过人才引领及其构成的组织机构实现有效整合，推动扎根乡村的科学技术人才进行服务农业农村农民和产业发展需要的研究与发明及转化普及，为农业农村产业现代化筑立生产力基础。另一方面，具有现代思维和高效管理能力乡村领导的人才队伍能够主动去构建能推动和适于农业农村农民现代化的生产与经营体系，促进生产关系的不断调整，从而实现农业生产体系现代化、农业经营体系现代化。此外，对于现代化的农业农村，需要乡村人才振兴来提供能够适于现代化农业生产和生活的具有现代农业知识和技能的高素质劳动力队伍。乡村高素质劳动力是构建农业现代化生产与经营体系的主体，是农村发展最为关键的要素，从生产力的构成要素来看，劳动者始终是最为活跃的要素。要以乡村人才振兴为抓手，通过政策和制度建设使农村人力资源培育、开发科学化、规范化，构建优化农村人才吸引与充分利用机制，使得农业农村中人力资源水平不断提高、生产力不断发展，为实现农业农村农民现代化提供永不枯竭的动力。

（三）乡村文化振兴与中国特色社会主义农业农村农民现代化

长期以来，随着城乡发展两极分化，乡村文化也落入边缘化和发展停滞的境遇。但是当城市化和工业化持续推进，人们越来越认识到乡村文化尤其是传统乡村文化中所蕴含的巨大价值，认识到乡村文化本身就是其在发展过程中所拥有的独特资源，能够为农村及其产业发展带来无可取代的竞争优势，认识到传统文化发展对于乡村共同体的塑造与国民精神塑造的巨大作用。历史地看，对于后发国家，其传统的乡村文化常常在现代化过程中被全盘视为腐朽的阻碍发展的文化，但在后城市化时代其又往往认识到文化衰落带来的巨大负面影响，日本的"造村运动"、韩国的"新村运动"都是为了挽救和复兴乡村文化而推行的。中国已经进入城市反哺农村的新阶段，文化振兴作为乡村振兴战略的重要方面为持续式微的乡村传统文化提供了前所未有的复兴发展的机会，也为乡村文化赋予新的政治、社会与经济的时代内涵，通过农民主体文化素质的不断提高，实现农村居民思想观念现代化，为乡村治理与发展提供内生的持续动力。只有在乡村文化层面实现振兴，推动传统文化与优秀伦理与现代化的法治、理性原则相结合，才能推陈出新形成适于社会主义农业农村现代化的文化与道德思想。这既是促进农业农村治理实现现代化转型的必要条件，更是农业农村农民现代化的题中应有之义。

（四）乡村生态振兴与中国特色社会主义农业农村农民现代化

在各国的工业化历史中都不可避免地出现以牺牲环境来实现短期经济发展的过程。一段时间以来，中国在经济发展中秉持经济发展是唯一的金山银山的理念，造成愈发突出的

[①] 全国扶贫宣传教育中心编：《中国脱贫攻坚：双江故事》，人民出版社2022年版，第54页。

污染和生态失衡问题。但正如历史中其他国家所发生过的一样，这些自然与人和谐交换关系的破坏与失衡不但会限制经济进一步发展的潜力，还会直接对人类产生负面影响。乡村生态振兴是在"绿水青山就是金山银山"理念的指导下，通过科学的调节人与自然、经济发展与生态保护的关系，可持续地利用生态资源，不但解决了经济发展与生态保护发展之间的"二择一"矛盾，更实现了"绿水青山"与"金山银山"之间的相互转化与协调发展。以推进乡村生态振兴为抓手，推动乡村产业转向为作为现代化产业的内在要求的绿色、生态友好型发展，推动农村生态环境不断优化为现代化的绿色、宜居的高生活质量乡村建设奠定坚实基础。

(五) 乡村组织振兴与中国特色社会主义农业农村农民现代化

在"五个振兴"当中，组织振兴是基础性的工程，要求基层组织自身建设不断增强，进而构建更有力的治理体系，最终完成治理能力增强的过程。农村的基层组织处于农业农村发展的最前线，与农村基础民众直接接触并有着紧密的联系，也是中央意志与政策的最终实现与执行者，其组织力的高低直接影响着政策的落实度与执行结果。组织振兴是实现农业农村农民现代化发展的重要力量，缺乏组织能力的乡村，人才、技术、资金等要素都无法实现有效集合，乡村发展的各方面无法实现有效统筹。组织振兴作为乡村振兴的"第一工程"，在培育起一批能够真正深入于农村基层的拥有现代治理观念的组织工作者的基础上，不断推进组织层面的优化调整，建立起立足于农村实际与现代农业农村发展的更加有效科学的农村治理新机制，促进农业农村治理能力的现代化，从而实现社会经济、政治、文化之间的相互促进的协调发展。

第七章 供给侧结构性改革与需求侧管理

供给与需求是国民经济运行的两个基本方面，供给与需求的匹配状态直接关系着宏观经济运行的平稳性以及发展质量的跃升。当前，供给与需求错位引发供给与需求在总量和结构两个层面上不匹配的现象日益显著，中国正着力通过供给侧结构性改革以及需求侧管理解决这一影响宏观经济健康持续稳定发展的重大关键性问题。供给侧结构性改革更加侧重生产端的优化，着力提高供给能力，增加有效供给，提升供给质量。需求侧管理主要围绕扩大内需战略的推进，以创造新需求、挖掘需求潜力、充分释放需求为导向，采用经济政策促进消费提质扩容。在经济发展的新阶段，供给侧结构性改革与需求侧管理的有机融合由中国经济社会发展的理论逻辑、历史逻辑与现实逻辑所决定，这有利于消解供给与需求失衡对以国内大循环为主体、国内国际双循环相互促进的新发展格局构建以及现代化经济体系建设和高质量发展的制约。

第一节 马克思的供给与需求理论

马克思的供给与需求理论集中体现在《〈政治经济学批判〉序言》关于社会再生产四个环节（生产、分配、交换和消费）之间关系的论述中。实质上，供给是商品或服务的生产，需求是商品或服务的消费（生产性消费和生活性消费）。从这个意义上说，供给和需求的辩证关系就是生产和消费的辩证关系。所以，供给与需求的同一性、需求决定供给、供给创造需求也等同于生产与消费的同一性、消费决定生产、生产创造消费。

一 供给与需求的同一性

供给与需求的同一性直观地体现了供给与需求的辩证统一关系，即供给是需求，需求是供给，二者相互依存，相辅相成。供给与需求的同一性具体表现如下。

首先，供给是需求，需求是供给。从本质上考察，马克思将其称为"直接的同一性：生产是消费；消费是生产"[①]。在商品生产过程中，存在着两种消费：一方面，作为主体

[①] 《马克思恩格斯文集》第8卷，人民出版社2009年版，第16页。

的个人支出和消耗自身的劳动能力;另一方面,燃料、原材料、生产工具等作为客体物质的价值伴随着活劳动转移至新产品的同时也被消耗掉了。"因此,生产行为本身就它的一切要素来说也是消费行为。"① 就消费是生产而言,马克思指出:"吃喝是消费形式之一,人吃喝就生产自己的身体……而对于以这种或那种形式从某一方面来生产人的其他任何消费形式也都可以这样说……这种与消费同一的生产是第二种生产,是靠消灭第一种生产的产品引起的。在第一种生产中,生产者物化,在第二种生产中,生产者所创造的物人化。"② 现实中也的确如此。"新产品或者可以作为生活资料进入个人消费领域,或者可以作为生产资料进入新的劳动过程……个人消费的产物是消费者本身,生产消费的结果是与消费者不同的产品。"③ 人们在向社会提供种类繁多的商品与服务的同时,也需要通过物质产品消费与文化产品等精神消费,满足不同层次、不同类别的需求,促进劳动力再生产,提高劳动者自身的素质,而后进入再生产过程中创造更多财富,实现生产目的与再生产的结合。

此外,供给与需求相互依存、互不可缺。国民经济的平稳运行实际上是供给与需求或商品、服务的生产与消费的市场均衡运动过程,缺少供给与需求中的任何一者,社会化大生产都将难以持续,再生产循环的链条也将随之崩裂。作为宏观经济运行的两个基本方面,"每一方都为对方提供对象,生产为消费提供外在的对象,消费为生产提供想象的对象;两者的每一方不仅直接就是对方,不仅中介着对方,而且,两者的每一方由于自己的实现才创造对方,每一方是把自己当做对方创造出来"④。因而,某种程度上可以认为,"没有消费,也就没有生产,因为如果没有消费,生产就没有目的"⑤。总的来说,供给与需求二者缺一不可。

二 需求决定供给

需求决定供给也就是消费决定生产。马克思明确指出:"没有消费,也就没有生产,因为如果这样,生产就没有目的。"⑥ 这可以从如下两方面加以理解。

一方面,消费使生产得以顺利进行。按照商品二重性理论,劳动产品成为商品一个必不可缺的环节是进入消费领域,寻找到对应的主体,否则内在于使用价值内的价值难以实现,生产的目的与意义难以体现。马克思认为:"产品不同于单纯的自然对象,它在消费中才证实自己是产品,才成为产品。消费是在把产品消灭的时候才使产品最后完成,因为

---

① 《马克思恩格斯文集》第 8 卷,人民出版社 2009 年版,第 14 页。
② 《马克思恩格斯文集》第 8 卷,人民出版社 2009 年版,第 14—15 页。
③ 《资本论》第 1 卷,人民出版社 2004 年版,第 214 页。
④ 《马克思恩格斯文集》第 8 卷,人民出版社 2009 年版,第 17 页。
⑤ 《马克思恩格斯文集》第 8 卷,人民出版社 2009 年版,第 15 页。
⑥ 《马克思恩格斯文集》第 8 卷,人民出版社 2009 年版,第 15 页。

产品之所以是产品，不在于它是物化了的活动，而只是在于它是活动着的主体的对象。"①

另一方面，消费能够创造出新的生产需求，促进生产往复循环。"消费在观念上提出生产的对象，把它作为内心的图像、作为需要、作为动力和目的提出来。消费创造出还是在主观形式上的生产对象。没有需要，就没有生产。而消费则把需要再生产出来。"② 由此可知，需求是生产进行的前提，满足主体需求是生产的目的。如果没有消费，生产也就失去了意义，人们就不会去从事各种生产活动。商品或服务被人们消费时证明了自身的价值，主体的需求也得到满足，同时也产生了新的需求，为新一轮的生产提供了内在动力。

三 供给创造需求

与需求决定供给相对应，供给也能够创造需求。本质地看，供给创造需求意味着生产创造了消费。这可从如下三个方面理解。

首先，生产创造了供社会消费的具体对象。任何一种不是天然存在的物质财富要素，总是必须通过某种专门的、使特殊的自然物质适合于特殊的人类需要的、有目的的生产活动创造出来③。可以认为，生产提供了有形的或无形的消费材料或对象，为主体创造了具体的使用价值，使得消费需求得以满足。消费而无对象，不称其为消费；因而，生产在这方面创造出、生产出消费④。

其次，生产决定消费的方式。生产不仅仅创造消费对象或消费需求，而且也创造了消费工具或消费手段，最终形成特定的消费方式。例如，随着机器在商品生产中的运用，相对较少数量的工人便可以创造更多的物质财富，"一方面产生出新的奢侈要求，另一方面又产生出满足这些要求的新手段"⑤。任何社会形态下，"饥饿总是饥饿，但是用刀叉吃熟肉来解除的饥饿不同于用手、指甲和牙齿啃生肉来解除的饥饿"⑥。

最后，生产为消费对象生产了消费主体。消费本身作为动力是靠对象作媒介的⑦。生产者生产出的产品，为消费者的知觉所感知，在主体身上引发需要，形成消费动力。正如马克思所说的："商品可能是一种新的劳动方式的产品，它声称要去满足一种新产生的需要，或者想靠它自己唤起一种需要。"⑧ 因此，生产不仅为主体生产对象，而且也为对象生产主体⑨。

综上可知，马克思的供给与需求理论对中国的供给侧结构性改革与需求侧管理有重要

---

① 《马克思恩格斯文集》第 8 卷，人民出版社 2009 年版，第 15 页。
② 《马克思恩格斯文集》第 8 卷，人民出版社 2009 年版，第 15 页。
③ 《资本论》第 1 卷，人民出版社 2004 年版，第 56 页。
④ 《马克思恩格斯文集》第 8 卷，人民出版社 2009 年版，第 15 页。
⑤ 《资本论》第 1 卷，人民出版社 2004 年版，第 512 页。
⑥ 《马克思恩格斯文集》第 8 卷，人民出版社 2009 年版，第 16 页。
⑦ 《马克思恩格斯文集》第 8 卷，人民出版社 2009 年版，第 15—16 页。
⑧ 《资本论》第 1 卷，人民出版社 2004 年版，第 127 页。
⑨ 《马克思恩格斯文集》第 8 卷，人民出版社 2009 年版，第 16 页。

指导价值。一是供给与需求是宏观经济运行的两端，二者相互依存、互为起始，供给侧的改革离不开需求侧管理。二是需求决定供给、引导供给，供给侧结构性改革要以匹配需求为导向，实现供给侧结构性改革与需求侧管理有机融合。三是供给创造需求、满足需求，有必要以供给端的变革为抓手解决需求不足问题和供需结构性失衡矛盾。

第二节 供给侧结构性改革

2015年11月10日，习近平总书记在中央财经领导小组第十一次会议上强调，"在适度扩大总需求的同时，着力加强供给侧结构性改革，着力提高供给体系质量和效率，增强经济持续增长动力"[①]。此后，供给侧结构性改革迅速成为社会各界的焦点议题。这里着重从学理角度厘清中国供给侧结构性改革与西方供给学派的差异，详细阐述供给侧结构性改革的科学内涵，分析供给侧结构性改革的关键环节。

一 与西方供给学派的多维度比较

基于进入经济发展新常态的实际国情，党中央以马克思的供给与需求理论为基础，适时提出了供给侧结构性改革。中国提出的供给侧结构性改革有着厚重的马克思主义特色，与西方供给学派存在显著的不同，二者之间的差异主要体现在制度基础、市政关系、经济背景以及政策路径四个方面。

（一）制度基础不同

西方供给学派的形成是以资本主义生产资料私有制为基础，根本目的是强化这一基本经济制度，促进私有经济发展。而中国供给侧结构性改革的提出则是以社会主义生产资料公有制为基础的，根本目的是优化以公有制为主体的制度设计，提升要素资源的配置效率，挖掘新增长点，提高经济社会的福利水平。

资本主义私有制下无序的社会化大生产带来了生产相对过剩与政府支出扩大、扩张的货币政策导致了通货膨胀共同诱发"滞涨"，由此孕育产生了供给学派。在西方供给学派的实践案例中，最具代表性的是"撒切尔主义"和"里根主义"，其主要目的是从供给端优化私有经济结构，夯实资本主义的发展根基。面对20世纪七八十年代资本主义世界出现的滞涨现象，时任英国首相的撒切尔夫人在能源、钢铁、交通等制造业领域开展了大刀阔斧的私有化运动，进一步巩固私有制地位。美国总统里根尤其注重减税、降低政府干预对微观经济主体的影响。里根时代，美国个人与企业所得税边际税率分别降至28%和33%，一定程度上增加了个人可支配收入和企业利润总量，刺激了劳动供给意愿与投资意愿，加快了私有经济的恢复与发展。

[①] 中共中央文献研究室编：《习近平关于全面建成小康社会论述摘编》，中央文献出版社2016年版，第44页。

中国政府为应对最近的两次金融危机，果断地推行了双扩张的宏观经济刺激政策，以公有制占主体地位的、关联性与传导性较强的基础设施建设领域为突破口，迅速加大投资，避免了实体经济的硬着陆，但也带来了钢铁、煤炭、水泥与电解铝等行业的产能过剩。面对生产领域的结构性过剩问题，供给侧结构性改革应运而生。理论上，中国的供给侧结构性改革包括要素端与生产端，主要通过优化制度设计提升土地、劳动力、资本与技术等要素资源配置效率，实施减税与优惠政策激发私企、国企生产的积极性与创新活力，采取PPP模式引导社会资本参与国有企业经营、提高国企效率等重点领域和关键环节改革的方式，实现经济社会的持续健康发展。由此可知，供给侧结构性改革必然涉及不同所有制企业的改革，关停并转与扶植支持的优胜劣汰并存，但在整个过程中，鼓励、支持、引导非公有制经济发展，同时公有制主体地位与国有经济主导作用不能动摇[①]。

(二) 政市关系不同

政府与市场在经济发展过程中的角色定位一直是市场经济关注的问题。西方国家更倾向于反对政府干预的自由市场，中国则主张在尊重市场机制的决定性作用，充分发挥政府的经济调控职能。

西方供给学派强调自由主义，认为市场机制下经济能够自我调节至均衡稳态状态，政府只需充当"守夜人"的角色。以英国与美国两大老牌资本主义国家为例，英国的撒切尔夫人执政时期尤其信奉哈耶克的自由主义，崇尚市场经济，其一方面采用紧缩的货币政策，控制通货膨胀；另一方面大刀阔斧地推进完全私有化运动，加快私有经济发展；在美国，里根政府实施了与凯恩斯主义需求侧管理有本质差异的若干供给侧管理政策，除了减少货币供给以控制财政扩张带来的通胀问题，还推进了美国历史上最大幅度的整体降税法案的实施，同时特别强调减少政府对市场的干预，实现微观经济效率的改善，以解决供需失衡带来的短期经济增长难题。

中国的供给侧结构性改革主张承认市场机制的基础地位，注重市场机制的调节功能，但是不能忽视政府调控经济的作用。市场经济自亚当·斯密提出以来的发展历程表明："现代市场经济中，不可能没有政府的作用，问题的关键是政府发挥什么样的作用，以及如何发挥作用。"[②] 党的十八大报告明确指出："经济体制改革的核心问题是处理好政府和市场的关系，必须更加尊重市场规律，更好发挥政府作用。"[③] 党的十八届三中全会进一步强调："经济体制改革是全面深化改革的重点，核心问题是处理好政府和市场的关系，使市场在资源配置中起决定性作用和更好发挥政府作用。"[④] 可以预见，市场的作用由以往的"基础性"上升为"决定性"，将促进供给侧结构性改革过程中中国的生产力得到进一步解放；同时，"更好地发挥市场作用"也强调政府的经济管理职能不能偏废，政府与

---

① 逄锦聚：《经济发展新常态中的主要矛盾和供给侧结构性改革》，《政治经济学评论》2016年第2期。
② 刘世锦：《"新常态"下如何处理好政府与市场的关系》，《求是》2014年第18期。
③ 《坚定不移沿着中国特色社会主义道路前进 为全面建成小康社会而奋斗——在中国共产党第十八次全国代表大会上的报告》，人民出版社2012年版，第20页。
④ 《中共中央关于全面深化改革若干重大问题的决定》，人民出版社2013年版，第5页。

市场共同发挥改革作用。这表明市场经济在中国已由最初的经济管理方法、调节机制或资源配置手段转变为基本经济制度，政府与市场的关系并未割裂，反而在发展实践过程中得到了有机结合与辩证统一。

（三）经济背景不同

从经济现象来看，与20世纪七八十年代的英国、美国等资本主义国家相似，中国也出现了经济增长停滞不前、宏观经济政策效果不明显、产能过剩以及国有企业效率不高等经济发展事实。但必须强调，表面的相似难以掩盖内在逻辑的迥异。

英国与美国当年面临的是经济增长停滞与通货膨胀并存的"滞胀"现象。"滞胀"的出现主要与脱离生产力发展基础而盲目超前建设福利型国家、源自石油这一燃料动力资源引发的供给冲击、过度推进企业国有化等多重政治经济社会因素有关。从货币演进史与发行史的角度看，"无论何时，通货膨胀都仅仅是一种货币现象"。所以，侧重于需求侧管理的财政政策与货币政策很难同时实现经济高速增长与低通货膨胀率的双重经济目标。理论上，在更综合、更本质的层面上讲，经济增长率为零、甚至为负的根源不在于有效需求不足，而在于劳动、资本、土地、技术、制度、服务等供给不充分、有效供给不足。英国的撒切尔与美国的里根以萨伊定律与拉弗曲线为理论基础而推行的国有企业私有化、降低税率与减少政府干预等供给领域的改革政策，一定程度上破除了经济增长的藩篱，重塑了增长动力，控制了通货膨胀，实现了宏观经济的逐步复苏。

中国的宏观经济大环境是增长速度由"高速转向中高速"的经济发展新常态，并没有出现"滞涨"现象。一方面，经济体确实出现了结构性的产能过剩。为应对2008年爆发的国际金融危机，确保经济增长与就业稳定，国家果断实施了双扩张的需求调控政策，实现经济增长软着陆的同时，在一定程度上也引发了低端与传统产品供给的相对过剩，而高端与新兴产品则出现有效供给不足现象。另一方面，中国不仅没有出现通货膨胀，反而有明显的通货紧缩迹象。2016年，中国人民银行发布的《2016年4月份金融市场运行情况》显示，4月M2的同比增速为12.8%，较上月低0.6个百分点，季节调整后的M2环比增速也由3月的0.9%下滑至4月的0.7%；新增人民币贷款5556亿元，较3月的1.37万亿元有显著回落，其中，非金融企业及机关团体贷款仅增加1415亿元，中长期贷款减少430亿元。这表明，供给侧结构性改革背景下，金融市场的货币供应规模有所趋缓，银行信贷资金或有所收紧，再加上大规模的外汇占款，实体企业外部融资的成本提升与难度加大。此外，统计数据显示，当月社会融资的规模出现大幅下滑，但是地方政府债发行创下历史新高达到1.06万亿元，超出前四个月总和的50%，其中，地方债置换的规模占比约为88.8%，说明尽管中国总体的财政赤字水平整体可控，但地方政府债务风险压力不容忽视。

（四）政策路径不同

不同的制度基础致使西方供给学派与中国供给侧结构性改革的政策路径有着必然的差异。西方供给学派的改革主要是遵循"恪守资本主义私有制，加快经济总量提升"的政策路径。例如，针对企业与个人的减税政策，针对减少市场干预的缩减政府财政开支、去监管化与私有化等举措，无疑是有利于富人，给整个资产阶级松绑，强化资产阶级力量；同时，坚持削弱工会力量，最大限度降低资本主义生产恢复的阻力，刺激经济加快繁荣。

中国的供给侧结构性改革则是明确遵循"坚持社会主义基本经济制度，提高供给体系质量和效率"的政策路径。比如，为确保经济平稳运行，充分尊重市场机制配置资源的决定性作用，减少行政审批的同时，政府也加大了区间调控、定向调控与微调控的力度；为推动结构优化，坚持调整存量与做优增量相结合，积极推动要素投入方式转变；为刺激微观主体的生产积极性，由结构性减税转向大规模减税，同时坚决推进国有企业股权多元化改革；为加快输出创新性制度产品，坚定推进金融、财税、土地以及价格体制机制改革；为促进产品质量提升，强化安全监督管理，加强高质量的私人产品与公共产品供给。

二 供给侧结构性改革的内涵释义

自 2015 年供给侧结构性改革被提出以来，中共中央在多次会议与多个文件中对供给侧结构性改革的相关内容及重要作用进行了阐释。2017 年，党的十九大报告明确指出："建设现代化经济体系，必须把发展经济的着力点放在实体经济上，把提高供给体系质量作为主攻方向，显著增强我国经济质量优势。"[①] 2020 年，党的十九届五中全会进一步强调："坚定不移贯彻创新、协调、绿色、开放、共享的新发展理念，坚持稳中求进工作总基调，以推动高质量发展为主题，以深化供给侧结构性改革为主线，以改革创新为根本动力，以满足人民日益增长的美好生活需要为根本目的，统筹发展和安全，加快建设现代化经济体系，加快构建以国内大循环为主体、国内国际双循环相互促进的新发展格局。"[②]由此可见，社会主义经济发展新阶段下，供给侧结构性改革起着十分关键的作用，因而客观地明确供给侧结构性改革的科学内涵、核心本质、关键环节与其重要意义极为必要。

（一）科学内涵

依循马克思的供给与需求理论，供给侧结构性改革是中国经济由高速增长转向高质量发展的新阶段，在制度革新、创新驱动、要素矫正以及资源环境倒逼等机制作用下，通过要素配置效率的提升和经济结构的深度优化，不断提升全要素生产率，推动生产环节变革与有效供给增加，促进供给端与需求端"新稳态"形成，最终达到总供给与总需求在规模与结构两个层面上相对均衡的经济体内生化革新过程。

1. 基本内容

2015 年 12 月 18 日召开的中央经济工作会议提出了供给侧结构性改革，并将供给侧结构性改革的基本内容描述为"去产能、去库存、去杠杆、降成本、补短板"，也即社会各

[①] 习近平：《决胜全面建成小康社会 夺取新时代中国特色社会主义伟大胜利——在中国共产党第十九次全国代表大会上的报告》，人民出版社 2017 年版，第 30 页。
[②] 《中共中央关于制定国民经济和社会发展第十四个五年规划和二〇三五年远景目标的建议》，人民出版社 2020 年版，第 6 页。

界频繁讨论的"三去、一降、一补"。

一是去产能。受经济发展模式、经济发展阶段、体制机制、国内需求减缓以及世界经济环境等因素的影响，中国部分行业表现出供给与需求不匹配矛盾，如钢铁、水泥、玻璃化工等高耗能、高排放、高污染的传统制造行业的供需错位问题尤为突出。为避免产品供给大于需求引发的负面冲击，积极稳妥化解产能过剩成为破解新常态阶段下经济平稳运行难题的关键抓手。具体地讲，遵循市场经济规律化解过剩产能的同时，需兼顾社会稳定和结构性改革，既要坚决依法推进破产，也要更多运用资本市场手段兼并重组"僵尸企业"，并辅以财政政策与税收政策支持不良资产处置、失业人员再就业和生活保障等工作；妥善处理落后产能化解与新动能培育之间的关系，要严格控制既有产能增量，着力防止新的产能过剩，积极培育新动能填补落后产能腾挪的空间。

二是去库存。马克思社会总资本再生产理论表明，国民财富能否稳定增加取决于生产的产品是否能够顺利销售进入消费领域。经济新常态下，部分行业出现的产品滞销、存货持续增加的现象说明产业资本循环不再畅通，国民经济运行出现阻滞。为消除产品积压对经济增长的制约，选择产品库存大、关联性强的行业予以突破是可行之举。由此，国家通过稳步化解房地产库存带动过剩行业乃至整个经济体的库存消减。从房地产供给的角度看，一方面，政府适度放缓房地产开发土地指标的供应，并增加公租房供给；另一方面，鼓励房地产开发企业顺应市场规律，适度降低商品房价格，并鼓励有条件的房地产企业兼并重组，提升商品房开发实力。从房地产需求的角度看，一方面，主动促进户籍人口城镇化率提升、推动城镇城市化、加快农民工市民化等，扩大房地产的有效需求；另一方面，积极落实户籍制度改革和深化住房制度改革，提升新市民与非户籍人口购房、长期租房的需求，逐步扩大公租房的适用对象人群，鼓励有条件的自然人、法人和机构投资者购房投资或用于租赁。

三是去杠杆。"杠杆"在经济学领域中通常指微观主体以自有资产或信用为基础，运用直接融资或间接融资途径借入更多资金，以更快地扩大生产、投资或消费规模。国家统计局数据显示，包括居民部门、非金融企业部门和政府部门的中国宏观杠杆率在2009年已超过200%，2018年约为244%，这在全球主要国家和地区中处于中等偏上水平。世界经济发展史表明，合理的加杠杆行为有利于经济发展，过高的、畸形的杠杆率会加大微观主体还贷压力，可能引发金融风险甚至系统性风险，制约经济发展。因而，在中国经济增长进程中合理适度加杠杆、及时防范化解金融风险对宏观经济平稳运行有重要意义。首先，应顺应市场经济规律，依法、合规、坚决地处置微观主体信用违约问题；其次，把握新经济发展阶段的现实情况，主动改善债务结构，继续推动债转股，增加权益资本占比，有序、可控地降低杠杆率；再次，沿着有效化解地方政府债务风险的思路，规范审批地方政府债券发行，优化地方政府债券发行办法，按照可控节奏逐步减少城投债比重以及稳妥推进地方政府存量债务置换工作；最后，严格各类债务监管，谨防发生系统性和区域性风险。

四是降成本。成本是微观主体开展经济活动、进行经济预测与决策的重要参考指标，也是影响企业自我积累及存续期限的关键变量。当前，中国的企业经营主要面临着较高的制度性交易成本、税收和费用成本、财务成本、要素成本以及物流成本等。高企的运营成本不利于微观经济与宏观经济持续健康发展，降成本已成为中国以供给侧结构性改革促进经济转向高质量发展而必须解决的关键问题之一。从降低制度性交易成本的角度看，深化"放管服"改革，继续推进服务型政府建设，加大简政放权力度，完善"一站式"办理的便民服务和清理规范第三方中介服务。从降低税费负担的视角看，循着正税清费、营造公平税负环境的思路，进一步减少不合时宜的收费，切实降低微观主体增值税税负，着力落实"五险一金"归并工作。从降低财务成本的角度看，以金融支持实体为导向，明确要求正规金融和民间金融主动为各类企业提供规范的资金融通服务，继续推动金融部门遵循市场化原则打造利率正常化的环境，鼓励降低信贷资金成本。此外，还应加快要素市场化改革和流通体制改革，推动电力、煤炭、原材料等生产资料价格下降，通过有序减少高速收费、完善物流体系建设等着力降低物流成本。

五是补短板。按照木桶原理或短板理论，中国现代化经济体系的建设面临着城乡发展差距大、区域发展不平衡、经济结构不协调、软硬基础设施水平提升空间大等诸多制约。在去产能、去库存、去杠杆、降成本的供给侧结构性改革过程中，通过补短板增加有效供给也是不可或缺的，这是促进经济社会发展质量跃升的基础。从城乡融合发展角度看，在打赢脱贫攻坚战、全面建成小康社会基础上，贯彻落实乡村振兴战略，补齐乡村发展短板，缩小城市与农村的发展差距。从区域发展不平衡角度看，培育增长极的同时，注重释放"涓滴效应"，补齐落后区域的发展短板，以区域性增长极辐射带动不发达地区加快发展。从经济结构不协调角度看，要弥补现代农业发展短板，促进三大产业协调；推动传统产业技改升级的同时，培育发展新产业，补齐新动能发展短板，促进新旧动能顺利转换；丰富金融产品供给，解决金融发展与实体经济脱钩矛盾，促进金融与实体经济协同发展。从软硬基础设施角度看，着力补齐城市与农村道路、管网、绿地等物质基础设施以及公共服务和基本公共服务等社会性设施建设短板，提升城市与农村居民开展生产生活的软硬基础设施支撑水平；补齐创新驱动发展短板，解决创新活力不足、创新能力不强、创新投入不高、创新成果转化效率较低等问题，夯实高质量发展的创新基础；补齐人才队伍建设短板，化解人力资源政策滞后、人才管理体制机制与人才队伍建设不匹配、拔尖优秀人才相对匮乏、各类人才待遇偏低等问题，筑牢现代化发展的人才基础保障。

2. 进一步理解

基于供给侧结构性改革"三去、一降、一补"的基本要义，可以从四个方面深入把握供给侧结构性改革的科学内涵。

第一，供给侧结构性改革不是只侧重供给端，而是两侧兼顾，着力于形成供给与需求的新稳态。供给与需求协调与否关系到社会再生产能够良性循环。进入 21 世纪，受凯恩斯主义的影响，中国的"黄金增长十年"以需求侧管理为主的特点尤为显著，对供给端管理的重视程度稍显不足，致使经济快速增长所掩盖的结构性问题在经济新常态阶段全面显化，影响可持续发展。中共中央基于多年积累的经验，顺应经济发展阶段与改革大势适时提出供给侧结构性改革，是注重加强供给端管理，优化供给结构以更好地适应需求侧，"注重需求调节与供给调节的功能互补，采取需求调节与供给调节相结合的定向调控思路"①，以"双侧新稳态"提升经济发展质量。这充分体现了马克思主义政治经济学原理的实践指导特色。

第二，供给侧结构性改革不仅要求经济体内部总供给与总需求总量均衡，更加要求二者达到横向与纵向的结构平衡。马克思从抽象层面提出的生产与消费同一理论暗示，供给与需求是有机整体，不能将二者割裂来看。具体到宏观经济运行层面，实体经济既要保持总供给与总需求的总量平衡，还应达到横、纵向的结构平衡状态。改革开放之初至中国加入世界贸易组织的时期内，中国的商品与服务供给相对不足，处于总供给小于总需求阶段。2001年后，中国侧重需求总量管理的政策受到空前的重视，货币供给规模快速提升，有力地支持了物质产品和服务的供给，宏观总供给逐步超过了总需求的同时，出现传统商品供给过剩、中高端及新兴产品供给不足等结构失衡现象，这在2008年国际金融危机，特别是2011年以来表现得极为突出。所以，中国当前推进的供给侧结构性改革既是总量层面的结构性变革，又是产业、行业内部与外部之间相协调的结构性变革。

第三，供给侧结构性改革注重矫正要素扭曲机制，盘活生产要素，提升要素配置效率。经济增长归根结底由要素投入推动，市场经济条件下要素配置机制的运行与经济增长的持续性显著相关。20世纪90年代至21世纪初中国经济快速增长时期，形成了以价格与供需为基础的生产要素配置机制，有效地释放了要素配置红利。然而，要素扭曲矫正机制的缺乏致使土地、自然资源、资本、劳动等要素大量向传统制造业、建筑业等已然过剩行业转移，反而降低了要素配置的结构效率，拉低潜在经济增长能力。在经济新常态背景下，供给侧结构性改革依然尊重市场配置资源的基础性地位，借助政府矫正要素扭曲配置机制的能力，着力改革健全要素配置机制，增强结构化要素配置作用，引导生产要素由过剩的、"三高与三低"行业向供给不足的且具备高利润率、高效率、高市场认可的行业配置。

第四，供给侧结构性改革不再过度偏倚传统生产要素规模性投入的效应，而是重视发挥其他结构性因素的作用。国家或地区的经济增长不仅源于生产要素投入的规模效应，更依赖结构调整效应。在资源环境承载能力较强、市场广阔、物质产品紧缺的经济起飞发展阶段，以资本、劳动为代表的传统生产要素大规模的投入能有效促进经济增长。但是，此种模式不再适用于资源与环境约束日益趋紧、大量行业出现相对过剩的发展阶段，只能向其他的结构性因素要红利。在中国处于上中等收入重要关口与高质量发展阶段的当下，供给侧结构性改革正是重视提升制度变革、科技创新与人力资本高级化等结构性因素的增长贡献，以结构调整红利保障经济新常态阶段下经济长期稳定增长的一种变革。

如上所述，中国的供给侧结构性改革兼顾了供给与需求、总量与结构的双重均衡，不仅重视市场配置要素的基础作用，而且充分发挥了政府矫正市场扭曲机制的能力，既注重

---

① 丁任重、李标：《供给侧结构性改革的马克思主义政治经济学分析》，《中国经济问题》2017年第1期。

生产要素规模的增长效应,也强调根据经济发展阶段与需要适时调整要素投入结构、寻求结构调整红利的重要性。它不仅是对凯恩斯主义的扬弃,更是对西方供给学派注重供给端单侧管理的否定。在中国特色社会主义现代化建设进程中,供给侧结构性改革充分体现了马克思主义否定之否定的辩证思维逻辑以及社会主义经济发展理论逻辑与现实逻辑的统一。

(二)核心本质

生产力决定生产关系、生产关系反作用于生产力是经济发展的基本规律。供给侧结构性改革正是顺应这一经济规律通过生产领域以及非生产领域的变革协调生产力与生产关系,实现要素配置与经济结构优化,从而提升经济增长的可持续性,改善经济增长质量。

改革开放以来(1978—2020年),中国经济能够以年均约9.2%的速度(以1978年的价格水平为准)高速增长得益于生产关系领域的变革。中国要建成富强民主文明和谐美丽的社会主义现代化强国更离不开生产力与生产关系"双重解放"的支撑。伴随资本与劳动等传统生产要素对经济增长贡献的日益下降,维持持续的中高速经济增长则需要全要素生产率或全劳动生产率的提升。前文已指出提升全要素生产率或全劳动生产率要求改善生产环节。这既是抽象的生产,也是具体的生产。生产环节的优化不仅仅包括要素投入,也包含生产关系的优化。

由生产力的构成要素入手分析,除了西方经济学基本的资本、劳动、土地及其蕴含的资源,还包括人力资本、科技创新、管理、制度因素。结合物质资本存量的大量积累、人口老龄化背景下劳动力供给增加的难度较大、土地与自然资源有限性以及生态环境承载力约束的趋强,中国建设社会主义现代化强国时期的着力点在优化基本投入要素的同时,更多地偏向其他生产力要素。这些要素并不像基本要素对经济增长有较快的刺激作用,而是一种缓慢释放积极效应的"慢效药",具备持续改善经济增长潜力的功效。

从生产关系的角度看,中国高质量发展阶段,迈向社会主义现代化强国之际不仅需要关注"人与物"之间的关系,更需要关注"人与人"之间的关系。实际上,中国实体经济增速下滑背后深层次的原因是生产力与生产关系的不协调。人与物的关系在过去高速经济增长阶段已经体现得淋漓尽致且有恶化倾向。现阶段则要求加以改善,应更多地依靠人力资本(劳动质量)与科技创新,而非延续增加资本与劳动投入提升生产力的模式。对于人与人之间的关系来说,不论是微观层面的管理,还是宏观层面的制度设计对尽早达成第二个百年奋斗目标均十分必要。易言之,供给侧的结构性改革亟须增加制度供给优化生产关系,提高其与高质量发展阶段生产力需要的匹配度,以进一步解放、释放生产力。

(三)根本目标

对人口众多的发展中国家来说,做大经济体量是中国全面建成小康社会与建设社会主义现代化强国的必然要求。目前来看,改革开放以来,中国已经成为世界第二大经济体,保障了2020年全面建成小康社会目标的顺利实现。必须强调,既有经济增长模式下使得经济高速增长难以为继,威胁第二个百年奋斗目标的实现,这就要求经济增长具备持续性。从时间跨度看,这里的持续性不是二三十年,而是五十年甚至一个世纪。

供给侧结构性改革注重改善生产要素及最终产品的供给，通过健全要素配置机制引导基本生产要素跨行业、跨部门流动，充分发挥科技创新、高级人力资本与制度变革等结构性因素的作用，更加重视物质产品或服务供给与需求的结构性均衡。对生产要素供给及其再配置的变革将对全要素生产率或全劳动生产率产生积极影响，从而使得潜在经济增长趋势拉升成为可能。在供给与需求结构性均衡方面的努力将有利于优化要素配置，促进社会再生产良性循环，为经济持续增长提供动力。由此可见，供给侧结构性改革正是围绕提升潜在经济增长能力，改变旧有的经济增长趋势而开展的自我革命，以增强经济增长的持续性。

三　供给侧结构性改革的关键环节

进入新常态以来，中国生产领域存在五个主要问题：经济增速下滑，供给能力下降；部分行业产能过剩；创新驱动不足；发展方式和产业结构不合理；生产和投入效率不高[1]。在宏观经济运行中，这些供给侧的矛盾直接表现为总产出增长缓慢甚至停滞，但内在的根源性表现则是经济结构问题。党的十八届三中全会提出，要创新和完善宏观调控方式，在区间调控基础上加大定向调控力度。这表明中国目前的宏观调控将从总量调控转向结构调控，促进经济结构优化升级成为供给侧结构性改革的核心问题与关键环节。从结构经济学视角出发，供给侧结构性改革以优化经济结构为关键的原因主要是供需结构性失衡特征突出、产业结构优化空间较大、产品匹配市场能力不足、监管制度供给相对滞后[2]。

（一）供需结构性失衡特征突出

就供需结构而言，中国商品服务市场形势出现较为复杂的局面，呈现供需结构性失衡特征——总需求不足与需求转移外溢并存、有效供给不足与相对过剩并存，既存在供需间的不对称，也存在供需内部的不对称。从需求端来看，中国目前一直强调需求不足，但实际上更多的是需求结构性问题，即存在总需求不足的问题，更存在需求转移外溢。以出境游为例，每年有大量中国人赴国外旅游，并在国外大量购物。2015年7月28日，《经济参考报》和Visa联合在北京发布的《中国跨境消费年度指数报告》显示，2014年中国出境旅游规模达1.07亿人次，中国居民境外旅游消费达到10127亿元，增长率达27%，略高于2013年24%的水平，这表明国内的部分消费需求转移外溢到海外市场。按照供给需求的辩证统一关系，需求的结构问题本质上还是生产结构、供给结构的问题。从供给端来看，经过改革开放以来的几十年快速发展，中国市场形势已经发生了根本性的变化，已由全面商品短缺转变为相对市场过剩。2001年底，加入世界贸易组织以后，中国商品市场结构性过剩与有效供给不足的特点逐渐显现。近几年，传统产业的快速萎靡与新兴产业发展

---

[1] 逄锦聚：《经济发展新常态中的主要矛盾和供给侧结构性改革》，《政治经济学评论》2016年第2期。
[2] 丁任重：《高度重视供给侧结构性改革》，《经济日报》（理论版）2015年11月19日；丁任重、李标：《供给侧结构性改革的马克思主义政治经济学分析》，《中国经济问题》2017年第1期。

滞后、低层次产品的积压过剩与高端产品和新兴产品供给不足共存的现象表现得尤为突出。

(二) 产业结构优化空间较大

从产业结构层面考察，中国的三次产业结构有所优化，但改善的空间依然较大。一方面，服务业占GDP比重的提升空间较为充足。国家统计局的数据显示，中国2015年的三次产业结构为9.0：40.5：50.5，第三产业占GDP比重较2011年的44.3%高出了6.2个百分点，成功跨越了生产型经济向服务型经济转变的分界点，2022年的第三产业占GDP比重上升至52.8%。但是，中国的服务业占GDP比重与高收入国家的服务业比重（70%以上）还有较大差距，表明完全转型为服务型经济、消费型经济所需要的时间仍较长。另一方面，传统产业行业过剩的问题严重。中国已经形成了比较完整的工业体系，但是传统工业比重大，战略性新兴产业有所增长，但难以弥补传统工业的快速萎靡，加剧了产业内部矛盾。具体行业中，由于房地产行业的不景气迅速向钢铁、水泥、玻璃、电解铝等关联行业传导，导致这些行业出现大面积过剩。

(三) 产品匹配市场能力不足

从具体产品分析，传统产品供给相对过剩，而以市场为导向，以需求为核心，精益求精的新兴产品供给明显不足。受外部经济环境影响，一些传统轻工业产品，例如服装、鞋、帽、玩具等出现销售困难，如汽车、造船等传统制造业产品也出现了销售量急剧下滑的现象，传统产品去库存压力较大。相对地，新兴产品则表现出供给不足的特征。以手机为例，苹果手机的最大销售市场在中国，每一代苹果手机的上市均引起国人在全球的疯抢，说明当前中国在特定产品上的创新能力与供给能力不高。再如养老服务，中国仍以家庭养老为主，面临日益加重的老龄化问题，社会养老、社区养老、智能养老等模式处于起步发展阶段，短时间内难以形成有效的和安全可靠的供给，加剧了这一领域的供需矛盾。

(四) 监管制度供给相对滞后

从制度设计角度看，中国供给端质量安全监督制度建设的滞后进一步加剧了供需不均衡的矛盾。近年来，在国内供给的奶粉、皮包、钟表、马桶盖等产品领域出现了火爆的"代购潮""海淘热"现象，反映出中国生产环节管理制度相对缺失。不健全的质量安全监督机制导致了诸如"地沟油""塑化剂"等较为严重的产品质量安全问题，大大降低了国人对国内供给的产品信任度，加剧了有效供给不足的问题。

改革开放以来，中国经济保持了较快的发展，发展成效显著。中国不仅在2010年超越日本成为世界第二大经济体，而且按照2011年世界银行的标准于2014年进入了中等偏上收入国家行列。但是，必须清醒地看到，长期以来的粗放式、外延式发展模式促进了中国供给能力快速提升，但同时引发了突出的结构性过剩问题。在整个国民经济的行业中，严重过剩的产业主要是传统产业，如冶金、煤炭、化工、造船等，相对环境保护、科技创新、公共服务、社会保障等若干领域的产品及其相关制度还存在着供给相对不足的现象。因此，在供给侧结构性改革的深入推进阶段，关键是要破解经济发展中的结构性问题，着力方向是优化经济结构，加快转型升级。

第三节 需求侧管理

充分把握日益复杂的国内外经济形势，与前期深入推进的供给侧结构性改革相互呼应，2020年12月召开的中央经济工作会议适时调整了顶层战略设计，首次提出"注重需求侧管理"。这是党中央将马克思的供给与需求理论辩证地运用于社会主义经济发展，创新和完善社会主义宏观经济管理理论的具体体现。此处着重阐释中国的需求侧管理对西方凯恩斯主义的具体超越、需求侧管理的主要目标以及基本内容。

一 超越凯恩斯主义的表征

为解决中国经济面临的外需萎靡、内需不足、需求外溢等高质量发展制约，在持续深入推进供给侧结构性改革的同时，党中央适时提出了需求侧管理，以期在新的经济发展阶段成功构建新发展格局，实现供给与需求在更高水平上的相对均衡。中国的需求侧管理虽然表面上与为摆脱经济危机而兴起的凯恩斯主义在需求调控方面的诸多主张有着相似之处，但实质上二者却有显著不同。这集中地表现为中国的需求侧管理在制度之基、管理方式、目标取向和适用环境四个方面实现了对凯恩斯主义需求调控的超越。

（一）制度之基的超越

为从1929—1933年大萧条中复苏，以有效需求理论为内核的凯恩斯主义逐步为各国所接受。基于此而制定的经济政策确实有效促进了第二次世界大战后二十年的经济繁荣，但也为其后出现的"滞涨"现象埋下了伏笔。经济危机与"滞涨"时而发生的经济事实说明市场经济条件下，忽略制度与社会经济关系的政策修补与完善难以从根源上消除生产资料资本主义私人所有与生产社会化之间的矛盾。相对地，中国在建立社会主义市场经济体制机制的转型过程中，始终坚持着"公有制为主体、多种所有制经济共同发展"的宏观"混合型"所有制结构，并匹配了"按劳分配为主、多种分配方式并存"的"融合型"收入分配制度，确保社会性质不变与生产力充分释放的同时，有效促进了基本经济制度与社会化生产的协调。党中央正是基于中国社会主义特有的制度优势并精准把握经济发展的具体实践情况提出了需求侧管理，从制度根本上实现了对凯恩斯主义社会总需求管理思想的超越。中国的实际发展成就也为此提供了有力佐证。

（二）管理方式的超越

中国需求侧的管理方式相对于凯恩斯主义有着显著的优越性，更适合于市场经济下的社会化大生产，这主要体现在需求侧管理的总体思路和政策工具两个方面。就需求侧管理的总体思路而言，凯恩斯主义主张的是偏重社会需求总量的宏观均衡管理思路。这种思路下极易形成单一化的需求侧管理模式，虽然能够促进经济增长，但也可能引发更加剧烈的经济波动。相对地，中国设计的社会需求调控思路则更加强调"总量与结构管理并重、需求与供给管理有机融合",即在主动对社会需求总量进行调控的同时,更加强调结构性调控、定向调控、区间调控、预调控和微调控等。这种思路模式下使得国家对需求侧的调控更加精准,有利于供给与需求在总量与结构层面上实现更高水平的相对均衡,既能满足经济增长的需要,也能匹配经济发展在扩大就业、物价稳定、结构升级以及环境保护等领域的要求。就需求侧管理的政策工具而言,凯恩斯主义主张实施总量财政政策和货币政策管理社会总需求,对经济进行逆周期调节,更显被动性,且难以解决经济结构问题。中国的需求侧管理在总量财政政策和货币政策基础上,主动发挥其与产业政策、价格政策、消费政策等协调互补的作用;需求调控政策已通过工具的创新由被动型向主动型以及由数量型向价格型转变,例如财政政策领域相机抉择稳定器的工具发展和货币政策领域创新设计了适用于宏观审慎监管原则的新型短期与中期调控工具(SLO、CBS、TLF、PSL、TMLF、CRA、SLF 和 MLF 等)。

(三)目标取向的超越

中国的需求侧管理在目标取向维度上明显优于凯恩斯主义,这可从如下两方面看出。一方面,凯恩斯主义管理社会有效需求规模的落脚点是短期经济增长,忽视了经济增长潜力的挖掘,难以动态分析长期经济增长问题。与之不同,中国需求侧管理主要是为了与供给侧结构性改革匹配,不再注重短期的经济增速,而是强调借助新消费等需求潜力的挖掘,塑造经济增长的新动力、新动能,从而牵引国民经济走向长期的高质量发展道路。另一方面,由于凯恩斯主义的有效需求理论主动规避了资本主义经济危机的制度根源,以此为据制定扩大或收缩社会有效需求的政策在短期内能引导经济复苏乃至走向繁荣,也确实为居民提供了就业机会以及福利改善,但其依然从属于资本、服务于资本收益最大化,资本与劳动在分配领域的两极分化并没有出现本质性变化。相对地,中国基于"以人民为中心的发展思想"提出了需求侧管理,其最终取向是以调控、管理有效需求为主要抓手,锚定经济社会发展的长期目标,尤为强调发展依靠人民、发展为了人民,全体人民共享发展成果,着力不断缩小内部发展差距,努力实现全体人民的福利共同增进。

(四)适用环境的超越

历史地看,凯恩斯主义的社会总需求管理理论是英国经济学家凯恩斯在资本主义国家面临经济大萧条时对奉行自由主义与"萨伊定律"(供给自动创造需求)的新古典经济理论的批判性反思,认为政府应该运用财政政策和货币政策干预市场,通过刺激消费与增加投资以确保有效需求规模足够大,实现就业增加和经济增长。所以,凯恩斯主义的需求侧管理更适合复苏经济以及追求短期高速增长的经济环境。在中国,需求侧管理思想适用的经济情境比凯恩斯主义更丰富、更广泛,既适用于凯恩斯提及的经济情境,也适用于一般意义的经济发展与经济转型的实践情境。中国的需求侧管理既注重通过数量型、主动型的财政政策与货币政策调控内需规模,匹配社会总供给能力,积极防范内需不正常波动导致经济危机或者经济过热的情形;也强调发挥结构型、市场型宏观经济政策的作用,运用短期、中期和长期政策工具开展定向调控、区间调控、预调控、微调控,持续稳定促进产业升级、结构调整、发展系统协调,以更好地推进经济发展与经济转型。

二 需求侧管理的目标解析

需求侧管理并不是随意编纂的新名词，也不是仅为对冲负面冲击的短期调控行为，而是基于马克思主义的供给与需求理论，在深度把握与预测世界经济发展形势，并结合国内经济发展实践与远景目标而提出的兼顾短期、中期与长期经济发展的战略型需求管理思想。中国的需求侧管理有着明确目标指向，可分为总体目标和具体目标。

（一）总体目标

供给与需求是国民经济的两个基本面，供需错位已成为中国经济发展质量迈向更高水平以及实现第二个百年奋斗目标的显著制约。供给与需求之间矛盾的解决需要在深入推进供给侧结构性改革的同时，加强需求侧管理。立足宏观经济视角，需求侧管理的总体目标是牢牢把握新发展阶段下扩大内需的战略基点，紧紧扭住供给侧结构性改革，协调、审慎运用宏观经济政策引导有效需求充分释放，加快构建以国内大循环为主、国内国际双循环相互促进的新发展格局，在总量与结构层面上形成需求牵引供给、供给匹配需求的更高水平动态均衡，塑造国民经济健康持续发展动力，促进高速增长模式平稳地转型为高质量发展模式。

（二）具体目标

需求侧管理的总体目标需要依托一系列经济任务的推进，通过各项具体目标的协同予以实现。具体目标综合反映了国家关于需求调控的战略要求，是需求侧管理方向、任务与重点的切实体现。需求侧管理的具体目标可以概括为促进发展质量跃升、扩大社会需求规模、引导就业有效改善、牵引经济结构升级等。

第一，促进发展质量跃升。中国特色社会主义经济发展涵盖了经济、政治、文化、社会和生态五大方面建设，经济发展质量的改善不仅要求经济规模（GDP）持续扩张，还要求经济结构不断优化以及生态文明建设、文化事业发展、公共治理等水平不断提升。新时代中国特色社会主义发展阶段，国内居民的需要不再局限于基本的生存方面，对更高品质的商品与服务、更优美的生态环境、更完善的公共服务、更丰富的文化产品以及更公正的法治环境等方面的需要日益增多。通过需求侧管理持续放大这些不断涌现的新需求，能够形成供给规模扩张与供给结构升级同步向前的动力，在促进经济领域繁荣的同时，推动非经济领域取得长足的、较快的发展，实现社会主义经济社会在更高质量层面上发展。

第二，扩大社会需求规模。马克思指出："市场上出现的对商品的需要，即需求，和实际的社会需要存在着数量上的差别。"[①] 此时，商品要顺利实现市场价值要求商品的市场供给量要与实际的社会需要适应，"同有支付能力的社会需要的量相适应"[②]。这也意味着，市场经济条件下，通过有效消费需求的充分显示与释放有利于消除市场供求失衡、重

[①] 《资本论》第3卷，人民出版社2004年版，第210页。
[②] 《资本论》第3卷，人民出版社2004年版，第214页。

现价格甄别功能、引导劳动等资源配置回归理性，促进经济健康永续增长。借鉴拉动经济增长的"三驾马车"经典原理分析，通过以补贴等政策工具提升居民消费比例为抓手改变长期不协调的投资与消费关系、适度减少政府与国企在竞争性领域投资的同时，提高在新基建与公共领域的投资、促进初次分配更公平与中等收入群体壮大并重、融合外贸政策与宏观经济调控政策不断扩大外需等需求侧管理手段能有效扩张实际的社会需求总量。

第三，引导就业有效改善。马克思主义政治经济学原理表明，价值与财富的创造源于劳动，社会总资本的再生产、价值与财富的实现及其总量的增加实质上是"活劳动"和"死劳动"等资源的配置与再配置、有效供给与有效需求协调匹配的动态过程。在现实经济发展进程中，"活劳动"要素在不同部门、不同产业之间的分配表现为就业规模变化以及就业结构调整。社会主义市场经济条件下，通过实施总量型、结构型的财政政策、税收政策、货币政策、收入政策等宏观经济政策，并结合运用行政规制、立法监管等行政调控手段，沿着需求的演变规律与变迁趋势对社会需求加以管理，有利于促进实际生产力发展、供给侧结构性改革的深化及其成果巩固、实现供给与需求的相对均衡，引导劳动要素在不同地域、不同生产领域之间流动，总体上顺应经济发展质量上升的方向增加就业规模，优化就业结构。

第四，牵引经济结构升级。多年来，中国经济结构转型升级的侧重点是供给端，注重通过创新驱动生产环节变革、通过高投资推动资本存量实现快速积累、通过"两头在外"的发展模式促进扩张了外需，实现了产业结构调整与生产力发展。同时，需求端则表现出不协调现象，制约了经济转型发展。一方面，消费需求增长慢于投资需求和国外净需求增速，需求内部结构不协调特征明显；另一方面，消费需求扩张与国内需求外溢并存、需求外溢增速较高，说明消费规模扩张与结构升级有足够的购买力支撑，但国内供给与有效需求出现了结构性错位。此外，消费市场建设以及消费质量监管的相对滞后也限制了经济结构的优化。在供给侧结构性改革处于"巩固、增强、提升、畅通"阶段的当前，解决需求环节显现的主要问题已成为促进经济结构升级的关键。以匹配需求结构升级为导向促进生产结构调整、以畅通再生产四环节为导向加快建设现代流通体系、以释放消费潜力为导向增加居民可支配收入、以确保消费安全为导向完善市场监管等有机融合诸多方面的需求侧管理，有利于牵引供给更好地匹配需求以及投资结构、产业结构、分配结构、需求结构的升级演进，促进支撑中国发展质量跃升的经济结构持续优化。

三 需求侧管理的基本内容

需求侧管理是一种与供给侧结构性改革相适应、温和型的需求侧改革。需求侧管理的提出表明了新发展阶段下中央更加注重供需动态协调，坚持稳中求进的经济管理思路。对需求侧管理的理解可从总体导向、关键任务和着力对象三个方面加以把握。

（一）总体导向

宏观经济持续平稳发展、国民经济体系整体效能充分释放的关键是形成需求与供给高水平的动态平衡，畅通产业、市场以及经济社会等领域的循环。在坚持供给侧结构性改革主线的同时，注重加强需求侧管理，打通影响社会再生产四环节顺利循环的堵点是应对日益复杂的国内外经济形势、促进经济发展方式成功转型、提升国民经济整体效能、呼应新发展格局构建的必要之举。

2020年5月6日召开的中央政治局常委会会议首次明确要"构建国内国际双循环相互促进的新发展格局"。随后，习近平总书记强调"逐步形成以国内大循环为主体、国内国际双循环相互促进的新发展格局"[①]。在党的十九届五中全会上，"加快构建以国内大循环为主体、国内国际双循环相互促进的新发展格局"被纳入《中共中央关于制定国民经济和社会发展第十四个五年规划和二〇三五年远景目标的建议》。毋庸置疑，构建新发展格局将是未来较长时期内中国社会主义经济发展的重要任务。

需求侧管理的根本目的是扩大有效需求规模，畅通社会再生产四环节的循环，在最大限度消化结构性过剩的生产力，释放生产潜力，外溢生产可能性边界，牵引更高供给体系质量形成，最终实现供给与需求更高水平上的动态均衡。立足中国社会主义当前阶段的经济发展实践分析，扩大有效需求包括了内需的扩大和外需的扩大两个方面。其实现首要的是充分发挥超大规模的国内市场优势，以扩张新基建投资和提升居民最终消费促进国内需求增长及其结构跃升；此外，要以"中国智造"支撑更多产品与服务走出国门与更高水平的开放环境吸引更多国外产品与服务，在统筹联动国内国外两个市场的发展进程中提升外需规模与质量。由此可见，需求侧管理蕴含了国内大循环为主体、国内国际双循环相互促进新发展格局的要义，适应了新发展格局的内在规定，是新发展阶段下，践行新发展理念，以新发展格局为根本导向的新型需求管理模式。

(二) 关键任务

借助就业、制度、收入、投资、生产、流通等直接或间接影响需求的杠杆，调控需求有着自洽的理论逻辑与坚实的实践支撑。沿着需求侧管理根本出发点的进路分析，新时期需求侧管理面临的主要问题是如何促进有效需求稳定扩张。理论与实践表明，解决这一重要问题的关键性突破口在于扩大内需和改革开放。

坚持不断扩大内需是需求侧管理的关键任务之一。近年来，受供给侧结构性过剩、逆全球化、中美贸易摩擦以及新冠疫情等事件的冲击，净出口与投资支撑经济增长的能力均出现不同程度地下降，尤其是外需的增长贡献率下滑较大，千方百计扩大内需合乎逻辑地成为社会主义经济高质量发展的关键支撑。新发展阶段下，这也是需求侧管理必须始终坚持的战略性着力点。从流通环节看，需求侧管理要着力充分发挥超大国内市场规模的优势，加快构建现代物流体系，形成现代流通体系，打破产品市场、要素市场的区域性障碍，促进统一、高效、有序的国内强大市场加速形成。从内需构成看，需求侧管理既要着力增强投资后劲，发挥在创造新产品、满足新需求方面的关键作用，也要注重调整投资结构，积极向外溢性强、撬动能力大、社会效益高的领域投资，并加大关乎产业升级、抢占

---

① 习近平：《习近平谈治国理政》第4卷，外文出版社2022年版，第174页。

产业发展制高点的重要基础设施、核心技术、关键设备等方面的投资力度；此外，需求侧管理要立足远期视角努力扩大消费，通过有效的经济制度安排着力提升居民短期消费规模，也要以稳定的高质量就业、牢固的社会保障提高居民消费规模长期增长的潜力，还要着力适度增加公共部门消费，提高政府公共支出的效率和效能。

全面推进改革开放是需求侧管理的另一重要任务。中国有效需求持续扩张的主要制约因素是经济制度，既有制度安排与发展阶段、所处环境的不适应导致了供给与需求错位以及投资结构性失衡、内需扩张减缓、外需增长乏力等问题。新时代的需求侧管理要跳出狭义的需求调控思路，努力创新制度设计，推进改革开放，夯实内部需求和外部需求持续扩大的制度基础。需求侧管理进程中，要不断推进有利于畅通社会再生产循环的市场经济体制机制变革，健全供给更好匹配需求、有效需求持续扩大的市场决定资源配置的微观机制与宏观经济治理机制；加快推进国企混合所有制改革与现代公司治理机制的完善，着力建设市场化、法治化、国际化的营商环境，构建统一、公平、竞争、有序的社会主义现代化市场竞争机制；努力健全初次分配、再分配以及第三次分配的制度变革，促进收入分配更加有效、更加公平，支撑有效需求稳定扩大；进一步创新开放发展的体制机制，有序扩大国内市场准入范围，加快推进共建"一带一路"，促进外贸规模与质量同步提升。

（三）着力对象

由国民经济核算的视角分析，一个国家的经济增长主要依靠投资、消费与净出口。在这三者中，投资和消费构成了国家的内需，出口则对应着该国的外需。中国在社会主义新发展阶段所强调的扩大有效需求便是指投资、消费和出口三个方面。因此，将投资、消费和出口视为需求侧管理的着力对象合乎逻辑。

1. 投资

按照马克思《资本论》的分析逻辑，投资是货币资本化的过程，是企业等微观经济主体为向市场创造并供给新产品、新服务，运用持有的货币购买开展生产活动所需的生产要素，包括劳动力与非劳动力要素。在现代经济学和统计学分析中，投资并不包括劳动力要素，而是特指货币购买有形的物质产品，也即全社会固定资产投资，其是驱动现代经济增长的一个关键因素。

为更好地支持政策制定，提高投融资政策实施效果，清晰固定资产投资分类是极为必要的。依据不同划分标准，中国的固定资产投资有不同的类别。按照主体类型划分，固定资产投资可分为政府投资、企业投资、农户投资和个体投资。按照产业类型划分，固定资产投资可分为第一产业投资、第二产业投资和第三产业投资。按照资金来源划分，固定资产投资可分为自有资金投资、财政资金投资和信贷资金投资。按照所有制性质划分，固定资产投资可分为国有企业投资、民营企业投资和外商直接投资。

现代市场经济中固定资产投资日益重要，对经济发展有着积极和消极双重影响。固定资产投资的积极影响主要表现为增长效应、结构升级效应和技术进步效应。由增长的效应分析，通过新增固定资产投资能加速资本形成总额规模扩张，壮大资本存量，直接拉动经济规模上升；特别的，经济危机发生后，借助物质资本更新能有效带动经济由萧条走向复苏。由结构升级效应分析，沿着发展朝阳产业、战略性新兴产业，调整产业结构的思路，重点投资发展前景好、效益好、战略意义重大以及需求旺盛且供给短缺的产业，在促进经济增长的同时，也能提升经济增长潜力及其稳定性。由技术进步效应分析，加强技术创新所需的人力资本和物质资本投资有利于保持创新活动的连续性，加速创新成果的市场化、产业化，改善全要素生产率，外延增长可能性边界，提升增长能力和水平。需要注意，固定资产投资对经济增长也存在着消极影响，主要表现为投资惯性的存在可能导致经济主体在面临结构性过剩时依然延续既有的粗放模式增加投资，以获取短期的增长成绩。这种不同地区、不同个体短期行为的叠加累积无形中加深了整体的结构性矛盾，制约结构性转型和高质量发展。

2. 消费

马克思主义政治经济学认为，经劳动加工的物质产品之所以被称为商品是因为它能够满足人们的某种需要。从耗费客观物质对象的角度看，有两种消费：一种是生产性消费，即劳动者在生产过程中通过消耗生产资料和劳动力创造出各类产品；另一种是生活性消费，即人们为了满足自身物质生活和精神生活的需要而消耗或享用生产过程创造出来的各种产品（包括物品和劳务）。经济学及其他各门社会科学研究中所说的消费均是指生活性消费，马克思将生活消费视为"原来意义上的消费"[1]。需要注意，消费不同于需要。消费的目的是满足某种特定的需要，是需要得以满足的外在表现形式；需要则是消费活动的内在实质，为消费提供了根本动机。此外，市场上的消费与需要在绝对数量上具有不一致性。如马克思所说的："市场上出现的对商品的需要，即需求，和实际的社会需要存在着数量上的差别。"[2] 此时，商品要按市场价值出售，顺利实现自身价值要求商品的市场供给量"就必须同这种商品的实际的社会需要的量相适应，即同有支付能力的社会需要的量相适应"[3]。从某种意义上可以认为，消费是有支付能力的需要，是有效的社会需求。

区分消费的类型有助于在把握消费整体情况的同时，认识消费的结构变化，挖掘消费结构的升级规律。按照不同的标准，消费有如下类型。第一，从消费动机看，居民消费可分为生存型消费、发展型消费和享受型消费三类。居民消费的动机有三类：满足自身生存的需要；满足自身发展的需要；满足自身享受的需要。居民购买商品用以保障吃、穿、住、行等基本生存需要的消费行为属于生存型消费；居民为提升自身综合素质与实现充分发展而购买教育、医疗、体育等领域的商品或服务的消费行为是发展型消费；享受型消费是居民基于既有的物质基础，满足享受美好生活需要而进行的高端物质消费与精神消费，如高端的日用品消费、康养消费、文化消费以及旅游消费等。第二，从消费对象看，消费可分为实物消费和服务消费两类。区别实物消费与服务消费的关键是看消费对象是否存在实体。消费者用购买有形商品的行为是实物消费，消费者用货币交换无形的劳务或服务的

---

[1]《马克思恩格斯全集》第30卷，人民出版社1995年版，第31页。
[2]《资本论》第3卷，人民出版社2004年版，第210页。
[3]《资本论》第3卷，人民出版社2004年版，第214页。

行为则是服务消费。第三，从消费形式看，消费可分为线上消费和线下消费两类。线上消费与线下消费的本质区别在于交易行为是否出现时间与空间的分离。线下消费属于传统型消费，是买卖双方在有形的场所进行面对面交易，采取一手交钱、一手交货的交易形式。线上消费是建立在互联网技术之上、交易出现时空分离的新型消费模式，即消费者在互联网消费平台上订购商品，并采用线上支付或货到付款的交易形式。第四，从消费范围看，消费可分为国内消费和国外消费两类。国内消费与国外消费的不同之处较为明显，主要是基于商品原产地与消费行为所在地加以区分。国内消费侧重在国内消费品市场上购买本国生产产品的行为；国外消费强调的是本国居民购买他国的商品，这一消费行为不一定必须在国外，在国内亦可以借助线上消费的模式实现。第五，由消费主体看，消费可分为生活消费、生产消费和公共消费。生活消费是指居民家庭为满足生活需要而购买商品与服务的行为；生产消费是指企业等微观生产主体为向市场提供商品与服务而购买基本生产要素、中间品以及相关服务的行为；公共消费是指政府职能部门因开展公共管理、提供公共服务等所进行的商品与服务采购活动。需要指出，在现代经济学的增长理论中，消费多是指居民家庭的消费行为。

消费属于最终需求，是中国经济稳定向前的根本抓手。消费在促进经济发展方面至少有四大功能，分别是启动功能、修复功能、融合功能以及激励功能。具体地讲，消费是畅通社会生产循环的启动器，其启动功能可界定为基于微观主体消费能力的提升，促进总体消费规模扩大，最终实现消除经济运行阻滞、摆脱短期停摆与重新启动经济发展目标的作用。这一功能作用的发挥主要表现在两个方面。一方面，消费说明了产品的存在意义，为生产提供了动机。"产品不同于单纯的自然对象，它在消费中才证实自己是产品，才成为产品。"[1] 当产品被消费者消费时，企业继续生产产品的动力也被生产出来。所以，"消费创造出新的生产的需要，也就是创造出生产的观念上的内在动机，后者是生产的前提"[2]。另一方面，消费规模的增加能有效促进生产规模、经济规模的扩张。如西斯蒙第所言的，"绝对的消费决定一种相等的或者更高的再生产"[3]，"只有消费的增加才能决定再生产的扩大"[4]。

消费是社会主义市场经济的调节器，其修复功能是指通过活跃消费，释放有效需求，牵引供给，实现供给与需求相对均衡，促进经济平稳运行的作用。马克思强调，"市场上出现的对商品的需要，即需求，和实际的社会需要存在着数量上的差别"[5]。此时，商品要顺利实现市场价值要求商品的市场供给量要与实际的社会需要适应，"同有支付能力的社会需要的量相适应"[6]。这也意味着，市场经济条件下，通过有效消费需求的充分显示

---

[1] 《马克思恩格斯选集》第2卷，人民出版社2012年版，第691页。
[2] 《马克思恩格斯选集》第2卷，人民出版社2012年版，第691页。
[3] ［瑞士］西斯蒙第：《政治经济学新原理》，何钦译，商务印书馆2020年版，第77页。
[4] ［瑞士］西斯蒙第：《政治经济学新原理》，何钦译，商务印书馆2020年版，第84页。
[5] 《资本论》第3卷，人民出版社2004年版，第210页。
[6] 《资本论》第3卷，人民出版社2004年版，第214页。

与释放有利于消除市场供求失衡、重现价格甄别功能、引导劳动力等资源配置回归理性，促进经济发展。由此，消费的修复功能得以体现。

消费是塑造现代生产体系的加速器，其融合功能是指市场经济条件下的消费能够通过互为直接或间接需要的关联，将表面上看似孤立存在的各产业部门、各生产环节、各价值节点加以融合，形成价值联系紧密的供应体系。从消费形成价值纽带的角度看，现代生产体系的塑成、稳固与演化是以消费为基础的，社会消费力越强，现代生产体系构建得越迅速。其背后深层次的原因是多元化、规模化与高级化的消费需求加速细化了劳动的社会分工，不断催生新产业部门，引导产业结构升级演化，促进现代生产体系加速构建。

消费是强化经济创新发展的推进器，其激励功能主要表现为消费能够引导生产环节以及流通环节的变革，进而驱动经济发展走向创新引领。从生产环节变革看，一方面，消费需求规模会出现绝对扩张，从而刺激企业加强创新，提高劳动生产率，以更具竞争力的价格与质量满足市场需求的同时，获取更高的市场占有率和更多的超额利润；另一方面，低端化、物质化、同一化的消费结构向"品质化、服务化、个性化"的升级转型，"要求生产出新的需要，发现和创造出新的使用价值"[1]，推动生产者按照市场导向、用户导向围绕商品生产链条开展创新。从流通环节变革看，基于依托互联网"虚拟市场平台"产生的"线上交换"新模式较好地匹配了消费规模扩张与结构升级。此模式下，商品交换由狭小的固定场所和有限的销售区域拓宽至全球，同时辅以现代化物流体系，有效地"缩短了商品生产的社会必要劳动时间，便利了商品价值的实现，极大地提高了商品周转速度和货币流通速度"[2]，最大限度满足了社会需求，提高了消费效率。所以，消费借助激励生产环节与流通环节创新，对创新引领发展模式的形成有着重要的推动作用。

3. 出口

在对外贸易中，出口是指一个国家内部常住或非常住单位向他国出售或无偿转让的商品与服务的经济行为。出口商品与服务的价值额为出口额，这是反映对外贸易发展水平以及国家或地区之间经济联系紧密性的重要经济指标，也是本国供给的产品或服务被国外市场认可程度以及本国外需状况的直接反映。现代经济发展始终处于开放的大环境，出口已成为国家或地区促进经济增长不可或缺的经济活动。

明晰出口类别有利于挖掘比较优势，把握出口现状，制定差异化的对外贸易政策，促进货物与服务出口的扩大。第一，按照贸易方式划分，出口可分为一般贸易出口、加工贸易出口以及其他贸易出口。一般贸易出口是指国家境内有进出口经营资质的企业将货物或服务销往国外的经济活动；加工贸易出口是指外贸型生产主体进口全部或部分原材料、半成品、辅料、零配件等生产要素，经加工或组装后形成最终产品，并将制成品销往国外的生产经营活动；其他贸易出口是除一般贸易出口和加工贸易出口以外的方式，包括补偿贸易出口、协定贸易出口、双边贸易出口、多边贸易出口等。第二，按照企业性质划分，出

---

[1] 《马克思恩格斯选集》第2卷，人民出版社2004年版，第714页。
[2] 谢富胜、吴越、王生升：《平台经济全球化的政治经济学分析》，《中国社会科学》2019年第12期。

口可分为国有企业出口、外商投资企业出口以及其他企业出口。国有企业出口是指国有独资、国有控股型企业将商品或服务销往国外的经济活动；外商投资企业出口是指中国香港、澳门、台湾地区以及其他国家在中国境内投资设立独资、合资型外贸企业开展生产经营活动，并将最终制成品销往国外的对外贸易行为；其他企业出口主要是指民营企业等经济组织开展商品与服务换取外汇的经济活动。第三，按照商品类型划分，出口可分为服务出口和货物出口，货物出口又可细分为农产品出口、一般工业制成品出口以及高新技术产品出口。服务出口指某个国家或地区向境外的经济主体提供服务，获取外汇收入的过程。货物出口指某个国家或地区向境外的经济主体销售农产品、一般工业制成品与高新技术产品等实物商品，赚取外汇的经济活动。

历经多年的经济全球化，出口已成为国家或地区的重要经济活动，对当地的经济发展有着重要影响。从积极影响看，通过出口能够丰富各国市场的产品供给，最大限度满足国内经济主体的需求，使得本国市场的供求更容易达到相对均衡；能够充分发挥不同要素的比较优势，提升全要素生产率，调节产业构成，促进经济结构优化；能够丰富国家的财政收入来源，提升国民整体的福利水平。从消极影响看，出口受世界经济发展环境影响较大，当诸如经济危机、新冠疫情等外部冲击发生时，外需将出现快速回落，由此引发国家的宏观经济出现较大波动，更有甚者可能出现"硬着陆"，致使本国居民的福利受损；过度倚重出口的国家或地区可能形成经济发展的依赖惯性，不利于产业结构的优化升级，使得外向型经济国家或地区在国际分工与产业链、价值链上的位置出现固化，难以真正实现国民收入水平与国家综合竞争力的跃升。

第四节 以供给侧结构性改革扩大有效需求

扩大有效需求是建设以国内大循环为主体、国内国际双循环相互促进的新发展格局的着力点，是引导经济加快由高速增长转向高质量发展阶段的有力抓手。习近平总书记明确强调，"放弃需求侧谈供给侧或放弃供给侧谈需求侧都是片面的，二者不是非此即彼、一去一存的替代关系，而是要相互配合、协调推进"[1]。从国民经济运行的供需两端看，中国经济发展面临的供给与需求失衡现象突出。这一结构性错位问题的出现确实存在投资、消费与出口增长乏力导致社会需求不足的因素，但更为深层次的原因在于有效供给不足，既有供给难以匹配有效需求。因而，发挥需求牵引经济、提升发展质量的作用要求把握社会再生产四环节的内在联系与互动，协调供给侧结构性改革与需求侧管理，在供给侧结构性改革深化过程中，促进有效需求提质扩容。

---

[1] 习近平：《习近平谈治国理政》第2卷，外文出版社2017年版，第253页。

一 筑牢有效需求扩大的"两柱"

整体上，社会有效需求的扩大有两个基本性限制：一是既有的供给体系能否提供市场需要的商品与服务；二是微观主体的收入水平是否能支撑当期的意愿消费。建立现代经济体系过程中，扩大有效需求应首先突破以上两个关键性的限制，塑造有效需求提质扩容的两大支撑。从供给侧结构性改革角度出发，一要优化供给能力，形成高质量的生产体系支柱；二要加强收入分配制度改革，形成合理的分配结构支柱。

第一个限制实质上是"有没有"的问题，对应着商品与服务的生产环节。这里的"有没有"一方面是指市场上该商品与服务的绝对供给量能否匹配有支付能力的绝对需求量；另一方面强调供需的结构性适应，即对某种商品与服务的更高质量的需求能否得到充分满足。以居民消费为例，随着经济发展与生活条件的日益改善，中国居民消费正从生存型消费向享受型消费升级，从传统型消费向品质型消费升级，从物质型消费向服务型消费升级。从供给角度看，尽管中国具有全门类的制造供应体系，但部分行业存在核心技术、关键环节、重要节点被国外"卡脖子"的现象，精细化、高端化产品的市场占有率较低；而且，服务业发展相对滞后，特别是康养、文旅、绿色、信息等新消费热点的产品服务供应不足。由此可见，导致中国消费需求不足的主要原因可能来源于经济的供给面，而非需求面[1]。所以，新经济发展时代下，社会再生产循环内在规定了要优化供给能力，改善供给质量，也即要建立高质量的生产体系。在这一转型优化过程中，新基础设施、新技术等投入将带动投资需求增加，新消费、中高端产品与服务的增加将释放居民需求，国外市场对国内产品的认可与需求也将出现显著上升，从而社会总体的有效需求扩大得以实现。

第二个限制是"能不能"的问题，对应着分配环节。理论上，真实的市场需求是有支付能力的消费，"这种消费是因预期到收入会到手而进行的，而消费量也要按照通常的或估计的收入的一定比例来计算"[2]。由收入形成的需求表明消费者的收入水平与个人及社会消费能力、消费规模直接关联。马克思强调："社会消费力既不是取决于绝对的生产力，也不是取决于绝对的消费力，而是取决于以对抗性的分配关系为基础的消费力；这种分配关系使社会上大多数人的消费缩小到只能在相当狭小的界限以内变动的最低限度。"[3] 可以认为，对社会消费力及消费需求起决定性作用的是收入背后的分配关系、分配状况、分配结构。收入分配联结了有效供给与有效需求，是有效供给与有效需求相互制约、相互推动的循环往复运动的支撑[4]。从中国居民家庭的实际情况看，高收入家庭的储蓄率远高于中低收入家庭，相对地，中低收入组的边际消费倾向明显大于高收入组，且收入差距的扩

---

[1] 陈斌开、杨汝岱：《土地供给、住房价格与中国城镇居民储蓄》，《经济研究》2013 年第 1 期。
[2] 《资本论》第 2 卷，人民出版社 2004 年版，第 468 页。
[3] 《资本论》第 3 卷，人民出版社 2004 年版，第 273 页。
[4] 龚志民、陈笑：《收入分配"合理性"与消费需求》，《消费经济》2019 年第 5 期。

大降低了社会平均边际消费倾向①。因而，有必要在坚持社会主义性质不变的前提下，深化收入分配制度改革，促进按劳分配与按要素分配更加公平，逐步提升劳动报酬份额的同时，注重发挥再分配、第三次分配的作用，以科学完善的收入分配制度不断壮大中等收入群体，加快形成"合理的收入分配结构"，更好地支撑社会有效需求稳定持续扩大。

二 塑造有效需求扩大的"双梁"

交换是联结要素与生产、生产与消费的中间桥梁。从社会再生产循环的角度看，交换效率越高越有利于生产时间的相对增加，有利于商品市场价值的形成与实现，有利于社会需要的快速满足。通过要素市场与产品市场的结构性改革能够形成高效的要素供给与多元的产品供给支撑格局，有效改善交换效率，更好地适应有效需求提质扩容的需要。

生产要素能够实现跨地区、跨部门自由流动配置是高效要素市场的内在特质。按照马克思的价值转型原理，等量资本获得等量利润，竞争机制驱动生产要素由利润率低的部门向利润率高的部门配置，要素流入部门的商品供给增加、市场价格下降、利润减少，要素流出部门则呈现相反的变动，从而各个部门的利润率趋于平均、供给和需求趋于一致。但是，利润平均化和供需均衡化过程的实现隐含着要素自由流动的要求。以资本与劳动两个基本的生产要素为例，"1. 资本有更大的活动性，更容易从一个部门和一个地点转移到另一个部门和另一个地点；2. 劳动力能够更迅速地从一个部门转移到另一个部门，从一个生产地点转移到另一个生产地点"②。此外，要素的自由流动也意味着能以较低的成本获得所需要素，迅速扩大生产规模，增加短缺使用价值的供给，满足市场需求。然而，现实经济运行过程中总是存在垄断、信用不发达、人口流动受限、劳动复杂程度不一、职业偏见等妨碍生产要素自由流动的因素，一定程度上限制了有效需求的扩大。所以，在新发展格局的建设背景下，有效需求的提质扩容要以完善的要素配置机制与高效的要素供给为基础。

纵观世界各国经济史可以发现，有效需求规模的扩大及结构的升级转型是经济社会发展进程中的普遍现象。一方面，这是与生产力发展相适应的，基于改善劳动生产率生产相对剩余价值"要求把现有的消费推广到更大的范围来造成新的需要"③；另一方面，市场范围的空间延伸与拓宽发挥了改进产品质量与丰富产品类别的作用，正如马克思所说的："大工业造成的新的世界市场关系也引起产品的精致与多样化。不仅有更多的外国消费品同本国的产品相交换，而且还有更多的外国原料、材料、半成品等作为生产资料进入本国工业。"④ 可见，需求领域的这一规律要以产品市场范围的不断扩大为前置条件。当前，

---

① 甘犁、赵乃宝、孙永智：《收入不平等、流动性约束与中国家庭储蓄率》，《经济研究》2018年第12期。
② 《资本论》第3卷，人民出版社2004年版，第218页。
③ 《马克思恩格斯选集》第2卷，人民出版社2012年版，第714页。
④ 《资本论》第1卷，人民出版社2004年版，第512页。

中国正处于需求升级转型并牵引供给质量改善的关键阶段，地理上分散且范围有限的传统实体商品市场在较大程度上限制了可供选择的消费集，增加了微观经济主体搜寻甄别合意商品与服务的成本，难以适应低价格、高品质、个性化的现代市场需求。因此，从流通范围促进供给增加与需求扩大的作用来看，应着力打造"国内国际互动、线上线下共生、品质分类清晰"的多元产品供给格局，加速形成广阔的现代化市场。

三 夯实有效需求扩大的"三基"

中国特色社会主义经济发展新阶段，有效需求的扩大不仅意味着规模层面上需求数量的增加，更规定了需求在效率和质量层面有效改善。在国民经济核算的三大需求中，出口表示了他国企业或居民对本国商品与服务的需求，可归结为消费领域；对投资来说，虽然经济主体的投资行为具有自发性，但根本上是基于市场供求及其价格信号进行决策，有效率、高质量的投资与消费需求的牵引紧密关联。进一步，结合马克思的社会再生产四环节循环理论可以认为，消费规模扩大、效率提高与质量改善对有效需求的扩大最为关键。提高消费效率要求消费品到达消费者手中的时间尽量短、成本尽可能低；扩大消费规模则要以居民家庭"敢消费"为前提；改善消费质量要求适应市场经济的监管从严规制。因而，消费的提质扩容要以高效的流通体系、完善的社会保障体系和严格的消费监管体系为基础，这也是新发展阶段下扩大有效需求的重要基础。

现代经济中，流通是连接供给端与消费端的基础环节，高效流通体系能够在更大范围把生产和消费联系起来，对消费效率有重要影响。马克思指出："在产品从一个生产场所运到另一个生产场所以后，接着还有完成的产品从生产领域运到消费领域。产品只有完成这个运动，才是现成的消费品。"[①] 这一过程耗费的时间越短，社会再生产循环速度越快，社会需要越能够较快得到满足，从而促进消费效率提升。高效的流通体系一般要求具备较高的劳动生产力。"在一定距离内运输商品所需要的劳动量——死劳动量和活劳动量——越小，劳动生产力就越大；反之亦然。"[②] 因而，以交通运输条件为代表的现代流通体系改善，切实提高了流通领域的劳动生产力，将推动商品流通规模扩大，单个商品上所附加的流通费用也因之下降，从而降低个体的消费成本，改善消费效率。总之，高效的流通体系能够提前消费行为的开始时间、降低商品价格中追加的流通成本，有利于消费提质扩容。

消费的提质扩容取决于既定收入水平下居民家庭的消费意愿。马克思主义政治经济学原理的经典观点认为，"劳动力的价值可归结为一定量生活资料的价值。因此，它也随着这些生活资料的价值即生产这些生活资料所需要的劳动时间量的改变而改变"[③]。市场经

---

① 《资本论》第2卷，人民出版社2004年版，第168页。
② 《资本论》第2卷，人民出版社2004年版，第168页。
③ 《资本论》第1卷，人民出版社2004年版，第200页。

济条件下，劳动力的价值进一步表现为劳动者的名义工资或劳动报酬。实际上，消费规模的扩张并不取决于名义工资，而是取决于剔除价格因素的实际工资。而且，实际工资扣除维持劳动力再生产以及劳动力发展所需的教育、健康等费用以后的余额越大，消费规模快速提升的可能性则越大。中国当前名义工资提升滞后于通货膨胀以及劳动力发展所需商品或服务价格水平的上涨，致使家庭消费的预算约束趋紧，降低了居民的消费意愿，压缩了消费规模扩张的潜力。理论上，在稳步提高劳动报酬、稳定物价的同时，致力于收入再分配的社会保障有益于减少劳动者在教育、医疗卫生、住房等领域的开支占比，改善居民家庭消费的收入预算，降低个体的预防性储蓄意愿，让居民"敢消费"。所以，完善的社会保障体系一定程度上能够消除劳动力再生产及其发展高成本对家庭消费的挤压，促进消费需求稳定释放，持续增加的消费将进一步带动投资需求扩大，从而推动社会总需求有效扩张。

  提供高质量的实物或服务消费是现代消费体系的内涵特质与本质要求，这需要严格的消费监管体系，打造安全的消费环境予以保障。消费安全隐忧冲击了人们的消费预期，限制了中国内需与外需的进一步扩大。此问题背后深层次的原因是社会信用体系建设滞后，消费监管制度难以适应人民群众日益升级的消费需求。因而，从满足社会消费质量需求的角度分析，以严格化、规范化、标准化、国际化的消费监管体系为抓手，健全负面清单制度与征信制度，推动社会主义市场经济信用体系建设，有利于向国内外市场供给更高质量的商品与服务，实现需求规模扩张、效率提升与质量改善的多重目标，加速有效需求提质扩容。

第八章 中国特色社会主义宏观经济运行与调控

社会主义宏观经济运行涉及在市场经济条件下社会总供给和总需求的矛盾运行，以及如何实现总供给和总需求在数量上和结构上的平衡，进而实现经济增长、物价稳定、充分就业和国际收支平衡四大目标。要实现宏观经济的平稳健康运行，需要进行科学的宏观调控，包括综合利用货币政策和财政政策等对经济进行相机调控。在一个开放经济体系中，一国不仅要实现国内宏观经济政策的协调，而且需要通过国际宏观经济政策的协调来保障经济运行的平稳性。中国特色的宏观经济运行和调控体系，既具有一般性的特征，又具有中国特色，因此中国特色社会主义市场经济运行和调控必然是基本理论和中国实践结合的产物。

第一节 宏观经济的运行目标与调控机制

宏观经济是一个国家和地区全部经济的总和，它的运行和调控超越了个体的调控范围，具有其独特性。马克思在《资本论》中考虑了一个社会的宏观经济运行，主要是考虑了一国的社会总资本的扩大再生产过程中的总量平衡和结构平衡问题。马克思主义社会再生产理论是我们认识和总结宏观经济运行特征和规律的理论基础。同时，宏观经济运行和调控也要借鉴现代经济学的理论和方法，结合中国实际形成符合中国国情的宏观经济调控机制。

一 马克思主义宏观经济学与社会再生产

在新古典经济学中，均衡是经济变量自发作用的结果，是一种"稳态状态"。在马克思主义经济学中，均衡只是一种偶然现象，即"在这种再生产的自发形式中，平衡本身就是一种偶然现象"[1]。马克思宏观经济学研究社会总产品和社会总资本再生产问题，注重社会总供给和总需求的总量平衡和结构平衡问题，也注重从生产力和生产关系的辩证关系的角度来研究社会再生产。

---

[1] 《马克思恩格斯全集》第45卷，人民出版社2003年版，第557页。

社会再生产是任何一个社会得以运转的基础。在马克思主义经济学中,社会再生产的内容既包括物质资料的再生产,也包括生产关系的再生产。物质资料的再生产包括生产、分配、交换和消费四个相互影响和相互促进的环节。生产关系的再生产是在物质资料再生产过程中形成的社会生产关系的再生产。

一个社会要实现健康和平稳运行,必须要进行社会总资本的再生产。社会总产品是考察社会总资本的再生产的基础。社会总产品是指各个物质资料生产部门的劳动者在一定时期内创造的全部物质资料的总和,它们的价值也就是社会总产值。考察社会资本运动的核心问题就是社会总产品的实现问题,即价值补偿和实物补偿问题。价值补偿是指社会总产品各个部分的价值能够以商品形式出售后实现价值,换回货币。实物补偿是指社会总产品的各个部分转化为货币以后,能够买回再生产所需要的生产资料和生活资料等。只有顺利解决了社会总产品的实现问题,才能实现社会总资产再生产的连续性问题。

考察社会资本总资本再生产问题需要把握两个理论前提。一是从使用价值或实物形态,根据社会总产品的最终用途不同,可以将社会总产品分为生产资料和消费资料两大类。二是从价值形态考虑,社会总产品包含了不变资本C、可变资本V和剩余价值M三部分。两大部类的划分,有利于揭示社会总产品的基本用途和实现条件,而把社会总产品的价值构成划分为三个组成部分,有利于揭示社会总价值各个组成部分的性质和价值实现路径。

社会总产品的实现需要两大部类的供给能够满足整个社会对每一部类产品的需求。从社会总资本简单再生产过程中来看,第一部类的生产资料供给为Ⅰ(C+V+M),两大部类对生产资料的需求为Ⅰ(C)+Ⅱ(C),全社会实现生产资料供求平衡的条件是Ⅰ(C+V+M)=Ⅰ(C)+Ⅱ(C);第二部类的消费资料供给为Ⅱ(C+V+M),两大部类对消费资料的需求为Ⅰ(V+M)+Ⅱ(V+M),全社会实现消费资料供求平衡的条件是Ⅱ(C+V+M)=Ⅰ(V+M)+Ⅱ(V+M)。经过化简以后,以上两个条件均为Ⅰ(V+M)=Ⅱ(C)。从以上简单再生产的关系式可以看出,只有两大部类实现了数量平衡和结构平衡才能顺利实现社会总资本的简单再生产。

从社会总资本扩大再生产过程中来看,两大部类扩大再生产都需要以资本积累为前提,资本积累形成的追加资本主要用来追加不变资本和可变资本。社会总资本扩大再生产的前提条件是第一部类生产的生产资料和第二部类生产的消费资料均需要有剩余,用来满足两大部类追加生产资料和消费资料的需要,即满足Ⅰ(C+V+M)>Ⅰ(C)+Ⅱ(C)和Ⅱ(C+V+M)>Ⅰ(V+M/X)+Ⅱ(V+M/X),其中M/X表示剩余价值中用来资本家消费的部分,则M-M/X表示剩余价值中用于资本积累的部分。社会总资本扩大再生产中,两大部类之间互为条件和互相依存,需要保持一定的比例关系。具体来讲,第一部类生产的生产资料要满足两大部类扩大再生产时对追加的生产资料的需要,即Ⅰ(C+V+M)=Ⅰ(C+△C)+Ⅱ(C+△C);第二部类生产的消费资料要满足两大部类扩大再生产时对追求的消费资料的需要,即Ⅱ(C+V+M)=Ⅰ(V+△V+M/X)+Ⅱ(V+△V+M/X)。综合来看,只有实现了两大部类之间的数量平衡和结构平衡,才能顺利实现社会总资本扩大再生产。否则，就可能出现生产过剩或需求不足的问题。

二 宏观经济运行

（一）总供给与总需求

社会产品的总供给和总需求的平衡是确保国家宏观经济平稳的必要条件。总供给与总需求总是在不断波动，因而二者间的平衡状态是相对的，而不平衡状态则是绝对的，故政府对于宏观经济的调控就是必要的。再者，总供求这一对变量能够反映出其他宏观经济变量，如消费指数、价格、货币供应量以及就业率等的变化，同时也能影响着相关变量的变化，进而对宏观经济运行造成影响。一言以蔽之，总供求对于宏观经济运行不可或缺，对于总供求的平衡关系研究必不可少。

1. 总供给与总需求

对于总供给与总需求的平衡关系的研究，明确二者的内涵以及影响因素是必要前提。

社会总供给是指一个国家在一定时期内（通常为1年）向社会提供的最终劳务和产品的总量。社会总供给从数量上来看，表现为价值的量和物质的量两个方面。究其价值形态来看，社会总供给是指进入市场可供购买的最终劳务和产品的价值总量，由国内供给和国外供给两个方面组成。进一步，从价值形态来解读这两个部分，国内供给是指国内生产总值减去不可分配的部分，这里不可分配部分指的是在国内生产总值中当年不能进行分配的部分；国外供给是指海关统计的进口总值。

社会总需求由投资需求和消费需求两个部分构成。投资需求是指整个社会在一定时间内（一般指1年）货币资金形成的对生产资料和投资品的需求，具体可化为固定资产和流动资产的投资需求。消费需求是指整个社会在一定时期（一般指1年）通过货币资金的支出对消费资料或者是消费品的需求，可以划分为个人消费需求和公共消费需求。此外，在开放条件下，国外需求也是社会需求的一部分。依据不同的消费主体，社会总需求也可分为居民消费、投资、政府支出以及净出口四个部分。

总供给与总需求总是在不断运动和变化中，总供求的平衡是相对的，而影响总供给和总需求变动的因素成为左右总供求平衡状态的关键。其一，总需求的规模、一定时期的资源可提供量和资源的利用效率、物价水平、政府及其政策等，都是影响总供给的因素，进而对总供求平衡状态造成影响。其二，对于总需求而言，居民消费、投资、政府支出、净出口的变化都能对其产生影响。具体来看，居民消费主要是受工资水平、税率、对劳动者的补贴等影响，投资主要是受企业发展需求、未来预期和信贷难易程度等影响，政府支出受宏观经济政策目标、财政收入规模等影响，净出口的变化主要是受汇率、本国经济增长、国外经济增长、技术垄断和能源价格等影响。

2. 供求的数量与结构平衡

社会的总供求的平衡是指社会的总供给和总需求处于一种基本平衡的状态。而这种基本平衡主要包括两个方面：一是总供求在数量上的平衡，具体是指在实物形态和价值形态两方面，总供给和总需求在总量上的平衡；二是总供求在结构上的平衡，具体是指在实物形态和价值形态两个方面，总供给和总需求在结构上的平衡。

社会总供求总量上的平衡侧重于对总需求的管理，具体是通过减少或者是增加需求总量，以达到促进经济增长、增加就业之目的。当总需求小于总供给时，就会出现价格水平低落、就业增长缓慢、经济增长速度放缓等一系列问题，这时政府可以通过减少税收抑或是增加政府支出来刺激企业和家庭的消费需求。此外，也可以通过增加货币供给来刺激投资需求。若是总需求大于总供给，政府就需要采取与之相反的措施以减少社会总需求。使社会总供求达到基本平衡的态势。

社会总供求结构上的平衡主要是优化总需求和总供给的结构，尤其是对于总供给结构的优化，进行供给侧结构性改革，解决当前产能过剩这一问题，更好地优化资源配置。其一，需求结构的优化，通过对需求结构的调整以解决因需求波动而导致的供求失衡的问题。中国对于需求端的调整是具有中国特色社会主义特色的，在社会主义市场经济、中国特色社会主义经济制度和分配制度基础上的宏观调控手段，主要是通过调整国民收入分配以达到改变居民消费需求、投资需求、政府消费需求以及进出口需求的目的，进一步，实现总供求在结构上的平衡。其二，总供给结构调整是通过对供给侧的调整而实现宏观经济平衡。与总需求的数量和结构调整不同，中国总供给结构的调整是通过对个别部门的供给调整，以达到国民经济长远的发展，是国家宏观调控的重要创新。立足于中国特色社会主义市场经济之上，中国政府通过指定产业政策，破除投资障碍，引导企业更长远地发展，确保国民经济发展的持久性。

（二）价格机制

宏观经济的运行必须依靠及时充分的价格信息来作出决策。所以在市场经济中，价格信息是非常重要的资源。价格信息包括总体价格信息、行业价格信息和个体价格信息。最常用的总体价格信息主要是消费者价格指数和生产者价格指数。消费者价格指数可以反映居民家庭一般所购买的消费品和服务项目价格水平变动情况。生产者价格指数是用来衡量工业企业产品出厂价格变动趋势和变动程度的指数，可以反映某一时期生产领域价格变动情况的重要经济指标，也是制定有关经济政策和国民经济核算的重要依据。行业价格信息是与某一个行业相关的价格信息，例如石油行业的价格信息及其衍生出来的以价格为标的的各类金融产品的信息等。个体价格信息主要是指单个商品或厂商的定价信息等。在市场经济中，价格是最重要的指示器，能够较好地反映市场中的供求关系。建立完善的宏观经济运行机制，关键是要理顺价格机制，使得价格能够真正反映产品质量和市场供求信息等。

价格机制是市场经济中最为重要的运行机制，价格的变动会引起商品供求关系的变动，而供求关系的变动又会反过来影响价格的变动。在市场经济中，价格机制可以调节生产，使得资源被配置到最有生产效率的企业中。同时，价格机制也可以调节消费，价格总水平的变动会影响社会总需求的变动，价格体系的结构性变动会引导消费需求的方向和结构等发生变动。在一个国家和地区中，价格总水平的变动是政府采取宏观调控政策的重要依据，同时价格机制也会推动社会总供给和总需求实现动态平衡。

一个国家和地区价格总水平的变动主要包括两类：通货膨胀和通货紧缩。通货膨胀是指一国经济中物价总水平的持续上涨，一般使用消费者价格指数来反映一国的通货膨胀水平。导致通货膨胀的原因有很多，按照其产生的原因可以将通货膨胀分为需求拉动型通货膨胀、成本推动型通货膨胀和结构型通货膨胀。需求拉动型通货膨胀是指需求过快扩张导致物价总水平的过快上涨。成本推动型通货膨胀是指由于要素和商品价格的持续上涨而导致的通货膨胀。结构型通货膨胀是指经济结构变动中，一些部门的物价上涨而引起物价总水平的上涨。

通货紧缩是指一国或地区物价总水平的持续下降的经济现象。社会中总供给和总需求的关系失衡是导致通货紧缩的根本原因。一般来讲，总需求不足、货币供给减少、技术进步型的供给增加等都会导致物价水平的下降。通货紧缩往往和经济衰退联系在一起。社会总需求减少、物价总水平持续下降、失业人口增加等问题往往是经济衰退的表现，因此要非常重视对通货紧缩预期的管理，防止发生经济衰退。

三　宏观经济的运行目标

中国宏观经济运行的目标带有中国特色社会主义的气息。从本质上来看，中国宏观经济运行目标是大力解放和发展生产力，极大限度解决发展不充分和不平衡的问题，并且实现全体人民自由全面的发展和共同富裕。但就具体而言，国家宏观经济运行主要包括经济增长、增加就业、物价稳定以及国际收支平衡四个目标。

（一）经济增长

经济增长是社会总体财富的增长，主要表现为国民经济发展的速度，通常用 GDP、GNP 等一些指标体现，是生产力发展的直接体现。经济增长是经济发展的物质基础，任何国家都要寻求经济增长，只有实现经济的平稳增长才能进一步实现经济发展和社会的进步。若是一个国家没有稳定的经济增长速度，社会则很难实现长足的进步和发展，人民的生活水平也很难得到极大改善，社会主义制度的巩固与发展也会受到影响。不同的国家经济增长的方式和途径都不尽相同，同时影响经济增长的因素也有很多。政府通过宏观调控不仅要使经济增长保持合理的速度，经济增长的效率也应该得到很好的保证，通过对影响经济增长因素的调控，防止经济出现过热或者是衰退的迹象。此外，其他目标也和经济增长有关，比如就业增加就受到经济增长的影响，当经济增长速度加快，质量较高时，就会给社会带来更多的就业机会。

（二）充分就业

充分就业体现了在一定的工资水平下，社会所有具有劳动能力并愿意就业的人都能找到工作。一方面，充分就业使得劳动创造财富能充分地实现；另一方面，其保障了劳动者的权益，是实现收入分配公平的基础。但是充分就业也不是社会所有的人都实现了就业，仍存在摩擦性失业和资源性失业。当前国内外经济发展情况不景气，中国作为一个劳动力大国，确保劳动者的就业是非常必要的。目前失业问题也比较突出，若是不能很好地解决这一问题，就有可能导致人力资源的浪费、失业人员无法获得工资性收入、人民的生活水平受到影响、收入差距不断扩大，甚至对经济结构和经济的高质量发展产生影响。因此，减少社会失业，实现社会的充分就业是调控宏观经济运行的重要目标。

（三）物价稳定

物价稳定是指物价的总体水平保持基本稳定。具体而言，物价的变动应保持在居民能够承受的范围内，并且要能确保经济的平稳运行，既不发生严重的通货紧缩，也不发生严重的通货膨胀。另外，价值规律是市场经济运行的基本规律，那么价值规律作用的发挥就要求价格体系必须要保持相对的稳定性。货币作为价格体现的核心要素，其价值尺度和流通手段要求其购买力不能受到巨大的波动，也就是说在现代货币体系下，必须要保证物价的相对稳定，才能使得货币的功能得到体现。同时物价的稳定还关系着总供求的平衡、社会劳动生产率等。因此，维持物价水平在合理范围内的稳定必不可少。

（四）国际收支平衡

国际收支是指一个国家在一定时间内与其他国家的收入和支出的总和。随着经济全球化的不断深化，国与国之间的交往日益密切，国际收支情况在国民经济发展中扮演的角色愈加重要。积极吸引外资，引进国外先进技术，大力发展对外贸易，确实可以缓解国内资金、技术的不足，有利于国家经济发展，但是借入外资也需要还本付息，需要创汇进行弥补，过度借入外资也不利于经济发展。过度的国际收支逆差和顺差都不利于本国经济的发展，一方面，过度的收支逆差不仅对物价稳定造成影响，同时也会使得本国的外汇储备减少，抵御金融风险的能力降低，有可能出现金融危机，对本国经济的发展造成严重损害；另一方面，过度顺差有可能会造成国际贸易摩擦和争端，也意味着本国将承担更多的国际金融风险，因而对本国经济发展同样是不利的。因此，在国际贸易中要避免出现长期的国际收支不平衡，不管是逆差还是顺差都不利于本国经济的长期稳定发展，政府应该采取相应的宏观调控政策以调节商品和服务的进出口，确保国际收支长期基本稳定。

四　宏观经济的调控手段

自党的十九大以来，随着中国主要矛盾的转化、经济发展的不断深化、国际局势的变化，中国经济发展面临新的挑战，宏观经济调控的思路与手段也应该与时俱进，不断创新。目前中国宏观调控手段主要由经济发展规划、财政政策、货币政策、产业政策、区域政策、对外经济政策等组成，通过各调控要素间的联系与作用，以确保宏观经济平稳运行，国民经济平稳发展。

（一）经济发展规划

经济发展规划是宏观经济调控最重要的组成部分，是宏观经济调控的中枢。经济发展的规划就如黏合剂，将市场机制内部要素结合起来，有目的、有方向地运行，因此经济发展规划可以说是宏观经济调控的排头兵，通过计划的下达，使得各政策之间形成新的联系与作用，从而使得国民经济有计划地实现。

(二) 财政政策

财政政策是为了实现宏观经济发展目标而运用财政手段进行调节使得宏观经济总量发生改变的一系列原则与举措。其是以国家为主体的调节分配的一种政策，分为财政收入政策和财政支出政策，通过调节财政收支的数量、范围以及结构对国民经济产生显著的影响。国家运用财政政策调节国民经济的手段主要有税收政策、赤字政策、财政补贴政策和财政投资政策等。税收政策是一种经济杠杆政策，通过调整税收的高低、品种可以调节经济的变量关系和资源配置状况；赤字政策是一种调节财政资金的分配手段；财政补贴政策是一种政府调节市场供求的特殊举措，由生活性补贴和生产性补贴组成；财政投资政策是政府直接减少或增加财政支出以影响总需求的手段。

(三) 货币政策

货币政策是政府通过中央银行为了实现特定的目标而对货币供应量及其结构进行调控和管理的原则和举措。货币政策的传导机制是中央银行通过对货币数量和结构的调节，进而影响信贷规模、利率以及汇率等，最终达到实现经济平稳增长、调控宏观经济以及稳定币值等目的。货币政策的主要工具有利率、再贴现率、法定存款准备金率和公开市场业务等。利率是调节资金总量的重要手段，也是信贷政策和货币政策的重要杠杆，是施行货币政策的重要工具；再贴现率是中央银行用以调控商业银行借款成本的重要手段，通过降低或提高再贴现率可以调节商业银行的借款规模，从而达到调节货币供应量之目的；法定存款准备金率是中央银行通过改变商业银行存款上缴比例，进而控制货币供应量的重要工具；公开市场业务是中央银行通过在市场上买卖政府债券，进而调节货币供应量的重要工具。

(四) 产业政策

产业政策是指为了满足国民经济发展的内在要求，对产业的组织和结构进行调整，进而提高供给总量的增速，同时供给的结构也得到调整，以达到适应需求结构要求的一系列政策措施。产业政策以调节社会的总供给为核心，以实现社会资源在各个产业部门的优化配置为目的。产业政策的实施不是依靠一种政策手段就能实现的，其需要多个政策手段和工具联合使用，才能充分发挥产业政策之效果。此外，产业政策的实施不宜依靠政府强制性的指令性计划，而要发挥市场机制的作用。在市场经济运行机制在国民经济发展中扮演愈加重要角色的今天，市场机制在产业政策中发挥的作用愈加凸显。政府通过实施产业政策，以市场运行机制为载体，进而作用于微观主体，从而改变供给总量与结构。

(五) 区域政策

区域政策指的是以政府为主体，旨在协调区域经济发展和弥补资源在空间范围内资源配置失灵。其主要包括区域经济政策、区域文化政策、区域政治政策、区域社会政策和区域环境政策等。区域政策是国家宏观调控的重要手段之一。当前，区域间的发展不平衡不充分是中国发展不平衡不充分的主要表现之一，区域政策的实施有助于发挥区域的比较优势，增强区域发展的协调性和可持续性，激发区域发展的活力，确保区域经济持续、健康和高质量发展。

（六）对外经济政策

中国的对外经济政策也是国家宏观调控的手段之一。近年来，经济全球化为中国的发展带来了机遇，但同时其也带来了巨大的挑战，尤其是国际经济发展动力疲乏，国际局势风云变幻，尤其是西方国家贸易保护主义苗头的复燃，使得中国对外经济发展困难重重。因此，对外经济政策的调整之于本国经济的发展是非常有必要的。通过调节对外经济政策的内容与重心以适应全球局势的变幻，有利于对外贸易活动持续且平稳进行。对外贸易是国民经济发展的途径之一。面对国际局势变革，没有一个国家可以独善其身，因此只有调整对外经济政策，才能在复杂多变的国际大环境中得以生存，进而为国内经济发展注入动力。

第二节　财政政策和货币政策

党的二十大报告提出："健全宏观经济治理体系，发挥国家发展规划的战略导向作用，加强财政政策和货币政策协调配合，着力扩大内需，增强消费对经济发展的基础性作用和投资对优化供给结构的关键作用。"[①] 科学高效的宏观经济治理是实现国家治理体系和治理能力现代化的客观要求，也是构建高水平社会主义市场经济体制的重要组成部分。党的十九大报告提出："创新和完善宏观调控，发挥国家发展规划的战略导向作用。"[②] 从"宏观调控"到"宏观经济治理"，重心从"调控"转移到"治理"上，宏观经济治理体系特征日益清晰。就目标体系而言，宏观经济治理体系不仅兼顾了传统宏观调控关注的经济增长与经济结构等基本目标，而且囊括了民生保障与生态治理等重点内容；就治理方式而言，宏观经济治理体系要求从全局出发、从系统出发，在多重治理目标中寻求动态平衡。党的十八大以来，中国不断创新完善宏观经济治理能力，取得了宝贵经验，形成了政府和市场结合、短期和中长期结合、跨周期和逆周期结合、总量和结构结合、国内和国际统筹、改革和发展协调的完备的宏观治理体系。推动经济实现质的有效提升和量的合理增长，需要进一步推动有效市场和有为政府更好结合，着力提升宏观经济治理的现代化水平。

宏观经济治理的目的是保持经济快速、健康发展，推动经济和社会全面进步，社会主义市场经济必须有健全的宏观经济治理体系，以保障国民经济健康运行。市场机制负面效应需要加强宏观经济治理，这是因为市场机制自发调节经济存在缺陷：第一，市场调节是

[①] 习近平：《高举中国特色社会主义伟大旗帜　为全面建设社会主义现代化国家而团结奋斗——在中国共产党第二十次全国代表大会上的报告》，人民出版社2022年版，第29页。

[②] 习近平：《决胜全面建成小康社会　夺取新时代中国特色社会主义伟大胜利——在中国共产党第十九次全国代表大会上的报告》，人民出版社2017年版，第34页。

一种事后调节，它是在供求关系已经发生变化以后才来进行的调节，此时经济失衡已经给社会造成了巨大的损失；第二，这种调节带有盲目性，市场机制调节供求关系主要依据市场的价格信号，生产者依据价格信号决定自己的生产行为，不可避免地带有盲目性；第三，这种调节适应短期性调节，市场机制只有在生产适应需求变化的时间比较短的条件下才能发挥好的作用，从长期看生产与需求不均衡是常态，在此条件下市场机制很难发挥作用；第四，市场机制在某些领域"失效"，无法起到调控作用，例如公共基础设施建设中，市场机制的作用难以发挥，教育、医疗、社保等领域不能搞市场机制调节。

党的二十大报告指出，"充分发挥市场在资源配置中的决定性作用，更好发挥政府作用"[1]。这是对市场与政府关系的基本定位。高质量发展是全面建设社会主义现代化国家的首要任务，如何认识市场、政府在高质量发展进程中的作用，实现有效市场与有为政府良性互动，是高质量发展进程中需要回答的理论和实践问题。现代市场经济中政府对总体经济运行的调节，是在市场机制作用的基础上进行的。政府对经济宏观治理的目标是实现充分就业、价格稳定、经济持续增长和国际收支平衡。政府调节经济的主要手段是经济手段、法律手段，同时结合运用行政手段以及实行经济指导计划。在政府调节经济运行的经济手段中最主要的是财政政策、货币政策、产业政策、收入分配政策和社会保险政策等。财政政策，即政府为影响宏观总量均衡关系对财政和财政支出水平所作的决策即相应的财政支出、税收和国债规模所进行的选择。货币政策，是政府通过中央银行调整利率和货币供给量，进而影响经济发展和宏观总量的决策。产业政策，是一种调节供给的政策。收入分配政策，是政府为了控制总需求，调节经济运行，对个人收入的总量和结构进行调节的政策。社会保险政策是国家和政府制定的旨在保障劳动者因年老、疾病、伤残、生育、死亡、失业等风险事故或永久失去劳动能力，从而在收入发生中断、减少甚至丧失的情况下，仍能享有基本生活权利的社会保障政策，社会保险政策是社会保障政策体系的支柱与核心。

一 财政政策的理论基础

财政政策是政府为影响宏观总量均衡关系对财政和财政支出水平所作的决策，即相应的财政支出、税收和国债规模所进行的选择，包括扩张性财政政策和紧缩性财政政策。财政政策当局根据一定时期政治、经济、社会发展的任务而制定财政政策目标，通过财政支出与税收的变动来影响和调节总需求，进而影响就业和国民收入。财政政策工具包括政府支出和政府收入。政府支出可以分为政府购买和政府转移支付。政府收入中最主要的部分是税收，当政府税收不足以弥补政府支出时会发行公债（包括中央政府的债务和地方政府的债务），因此公债也是政府财政收入的又一组成部分。

---

[1] 习近平：《高举中国特色社会主义伟大旗帜　为全面建设社会主义现代化国家而团结奋斗——在中国共产党第二十次全国代表大会上的报告》，人民出版社2022年版，第29页。

财政政策的传导机制,指贯彻执行财政政策、实现财政政策意图的过程中,财政工具通过一系列媒介、体制机制等因素影响相关经济主体及其经济行为和利益,从而达到宏观调控目标的运转路径与机理。财政政策的传导机制直接依赖于财政政策工具发挥作用的宏观经济学理论基础。长期以来,凯恩斯主义者普遍认为财政政策可以影响总需求,进而影响总的价格水平和经济增长。然而,世界各国的长期实践经验发现,财政政策也存在着非凯恩斯经济效应。

(一) 凯恩斯效应

财政政策系统性的理论基础来自凯恩斯于 1936 年在其《就业、利息和货币通论》中提出有效需求理论[1]。凯恩斯强调在市场失灵的情况下,政府应该突出财政政策调控经济总量的作用。总体来说,凯恩斯的财政理论与政策主张主要体现为以下几点:一是从财政支出角度来看,政府投资性支出对经济总量具有倍数扩张效应;二是从财政税收角度来看,税收政策对经济运行具有调节作用,主要是通过重新分配家庭收入和改变私人部门需求两种手段;三是从财政政策的宏观经济效应视角来看,凯恩斯重点强调了需求管理的思想,系统地论证了财政赤字的合理性。

(二) 李嘉图等价

19 世纪初期,大卫·李嘉图在《政治经济学及赋税原理》提出公债就是延迟的税收,认为从理性消费者角度来看二者是等价的,由此推论政府发行公债既不能造成名义利率的提升,也不能挤出私人投资[2]。罗伯特·巴罗在 1974 年发表的《政府债券是净财富吗?》一文中重新对李嘉图等价定理进行了完善,即在跨期新古典增长模型中,如果消费者存在理性预期,那么政府无论是采用债券融资还是利用税收融资均不会影响经济系统中的主要变量,这就是著名的巴罗—李嘉图等价定理[3]。

(三) 挤出效应和挤入效应

财政政策的挤出效应是指扩张性财政政策所带来的不良后果,例如政府购买支出的增加将会造成私人投资的下降,进而影响总产出和价格水平。其主要是从以下三个角度出发:IS-LM 模型中的挤出效应、国债对私人资本积累的影响,以及财政支出对私人消费的影响。财政政策的挤入效应则是指扩张性财政政策能够刺激居民投资和消费增长,进而对总量造成影响。其主要体现在两个方面:对私人投资的挤入、对资本市场的挤入。

(四) 价格水平决定的财政理论

价格水平决定的财政理论认为,通货膨胀不仅仅是一种货币现象,也是一种财政现象。Woodford 研究发现,如果财政政策是李嘉图范式,则价格变化的财富效应不存在,通货膨胀是一种货币现象;如果财政政策是非李嘉图范式的,则通货膨胀就是一

---

[1] [英] 凯恩斯:《就业利息和货币通论》,徐毓枬译,商务印书馆 1983 年版。
[2] [英] 大卫·李嘉图:《政治经济学及赋税原理》,郭大力、王亚南译,商务印书馆 1962 年版。
[3] Robert J. Barro, 1974, "Are Government Bonds Net Wealth?", *Journal of Political Economy*, 82 (6): 1095-1117.

种财政现象①。

二 货币政策的理论基础

货币政策即政府通过中央银行调整利率和货币供给量，进而影响经济发展和宏观总量的决策，包括扩张性货币政策和紧缩性货币政策。货币政策当局即中央银行为实现既定的目标，运用政策工具调节货币供应量以调节市场利率，通过利率的变化来影响私人部门的投资和消费支出，进而影响总需求来影响宏观经济运行的各种政策措施。

（一）一般性的货币政策工具

中央银行主要运用以下货币政策工具对经济进行调控：再贷款与再贴现政策工具、存款准备金政策工具以及公开市场操作工具。这些政策工具能够对货币供求进行一般性调节或者总量调节，也称为一般性的货币政策工具。

存款准备金政策指中央银行可以通过调整商业银行缴存中央银行的存款准备金比率来刺激经济扩张或者收缩的手段。再贷款与贴现政策指中央银行对金融机构发放贷款、制定或者调整对合格票据的贴现利率的手段。中央银行可通过提高再贷款—再贴现比使市场利率上升、通过降低再贷款—再贴现比使市场利率下降，以此来对经济进行调节。公开市场操作是指中央银行在公开市场上买进或者卖出有价证券、投放或者回笼基础货币的政策工具，是各国央行最常使用的货币政策工具。

（二）货币政策的中介目标

货币政策工具并不能够直接对实体经济产生影响，需要通过某些中间变量才能将货币政策意图传导至实体经济，这些中间变量被称为货币政策中介目标。从各国的实践来看，货币政策中介目标主要有数量型指标与价格型指标。前者以各层次的货币总量指标为代表，货币主义学派主张将其作为货币政策的中介目标。后者主要以利率指标为代表，凯恩斯主义认为利率是能够对总需求产生影响的关键变量，货币政策工具对利率产生影响，通过利率的变化对经济进行调控，利率是货币政策的中介目标。此外，股票价格、汇率、基础货币等指标也被认为可以被用来作为中介目标。

（三）货币政策的传导渠道目标

货币政策中介目标对宏观经济产生作用，主要有以下几个传导渠道：以利率渠道为代表的价格型的传导渠道、以货币供应量为代表的数量型渠道，以及依赖于通货膨胀对预期影响的预期渠道。

第一，利率传导渠道。凯恩斯主义货币理论以价格黏性为基础，认为名义利率的变化会引起实际利率的变化，实际利率的变化会引起消费支出与投资支出的变化，从而引起总需求与总产出的变化。其可以表示为：货币政策工具→利率→投资→总收入。

---

① Woodford M., 1995, "Price-level Determinacy without Control of a Monetary Aggregate", Carnegie-Rochester Conference Series on Public Policy, 43: 1–46.

第二，货币传导渠道。货币传导渠道的理论认为，中央银行改变名义货币供应量，会引起实际货币供应量的变化，从而引起包括短期利率在内的各种资产的实际价格发生变化，从而引起资产的预期价格发生改变，从而对实际经济产生影响。其表示为：货币政策工具→货币供应量→支出→总收入。

第三，预期传导渠道。根据附加预期的菲利普斯曲线中预期通货膨胀方式的不同假定，可以产生两种截然不同的货币政策实施方法，一是中央银行可以尝试利用短期内通货膨胀率与失业率之间的替代关系，通过临时性通货膨胀政策来提高收入；二是为稳定导向型的中央银行提供了保持低通货膨胀率的重要机制。

（四）货币政策规则

货币政策规则的研究最早可追溯到米尔顿·弗里德曼[1]，他提出了单一货币增长率规则，这是最经典的货币政策理论之一，随后 McCallum[2] 在 Friedman[3] 研究基础上提出基础货币供给规则。而自 20 世纪 80 年代以来，英国、美国、德国等陆续出现以货币供给量为中介目标的数量型货币政策与经济发展最终目标之间的相关性大幅减弱的现象，且货币供给量的可测性和可控性大幅下降，使得这些政府的货币政策规则经历了从数量型规则向价格型规则转变的过程。Taylor 的研究表明，名义利率的可测性和可操作性较强，应将其作为价格型货币政策工具，并给出针对通货膨胀和产出缺口的利率规则，即"泰勒规则"，为价格型货币政策规则的研究奠定了基础[4]。随后，国内学界对泰勒规则的使用和拓展逐渐盛行起来。

三 财政政策与货币政策协调配合的理论依据

党的二十大报告强调要"健全宏观经济治理体系，发挥国家发展规划的战略导向作用，加强财政政策和货币政策协调配合"[5]。党的十九届五中全会提出："健全以国家发展规划为战略导向，以财政政策和货币政策为主要手段，就业、产业、投资、消费、环保、区域等政策紧密配合，目标优化、分工合理、高效协同的宏观经济治理体系。"[6] 财政政策和货币政策作为现代市场经济条件下宏观调控经济的主要手段，在实际的操作和运用中，二者既可以相互替代又可以相互补充。财政政策和货币政策是政府宏观调控经济的两

---

[1] Friedman, M., 1960, *A Program for Monetary Stability*, No. 3, Ravenio Books.

[2] McCallum, B. T., 1988, "Robustness Properties of a Rule for Monetary Policy", Carnegie-Rochester Conference Series on Public Policy, 29: 173-203.

[3] Friedman, M., 1960, *A Program for Monetary Stability*, No. 3, Ravenio Books.

[4] Taylor J. B., 1993, "Discretion Versus Policy Rules in Practice", Carnegie-Rochester Conference Series on Public Policy, 39: 195-214.

[5] 习近平：《高举中国特色社会主义伟大旗帜　为全面建设社会主义现代化国家而团结奋斗——在中国共产党第二十次全国代表大会上的报告》，人民出版社 2022 年版，第 29 页。

[6] 《中共中央关于制定国民经济和社会发展第十四个五年规划和二〇三五年远景目标的建议》，人民出版社 2020 年版，第 18 页。

大需求管理政策，财政政策主要是政府通过政府支出、税收、财政补贴等形式的工具来进行调控以促进经济发展的手段，而货币政策则是央行通过控制和调节货币供应量来调控宏观经济的行为。两大政策之间既存在类似特性，又有着各自的区别。

（一）财政政策与货币政策的一致性

第一，两大政策最终目标都与宏观调控目标一致。两大政策的目标都是促进经济增长、维护物价稳定、实现充分就业、维护国际收支平衡等，区别仅在于各自侧重和实现目标的优先级不同，所以两大政策的最终目标与宏观调控目标一致。

第二，两大政策都会通过资金传导影响经济。两大政策通过各自传导机制都会影响经济主体及其经济行为、生产资料和生产要素流动等，从而影响投资和消费、生产与分配、经济总量与结构、总需求和总供给的变化。

第三，两大政策总体上都可分为扩张性、紧缩性、中性的政策类型。在中国的实践中，扩张性财政政策和扩张性货币政策一般表现为积极的财政政策和积极的或宽松的、适度宽松的货币政策；紧缩性财政政策和紧缩性货币政策表现为从紧或适度从紧的财政政策和货币政策；中性的财政政策和中性的货币政策一般表现为稳健的财政政策和稳健的货币政策。

（二）财政政策与货币政策的差异性

第一，除了政策工具与传导机制不同，两大政策的侧重点也不同。稳定物价、促进经济增长、保障就业及维持国际收支平衡是宏观经济调控的主要目标。作为实现上述宏观经济目标而采取的政策，两大政策的关注重点不尽相同，财政政策的目标则更加侧重于增加产出和扩大就业方面，而货币政策的目标常位于稳定物价层面。在各国的实践中，为维护货币政策独立性，通常两大政策工具分属两个政策当局，由此为优化宏观调控的效果，财政政策和货币政策的协调配合显得尤为必要。

第二，两大政策对总量与结构的调节优势不同。财政政策对结构的影响更直接、更有优势，因为财政收支的变动直接作用于经济主体并影响其经济行为和利益。货币政策对结构影响相对间接，因为货币政策需通过货币供应量和利率工具影响商业银行体系、政策性金融体系，再影响经济主体及其行为，传导过程相对财政政策更为间接。货币政策对总量影响更具优势，因为中央银行管理货币供应总量，所有国民收入都以货币来计量，而财政收支所集中的资金份额只占国民收入部分比例。

（三）两大政策的目标不一致

财政的核心体现为财政收支的变动，财政政策更优先关注收入分配、公共服务、产业发展等。货币政策的优先目标在各国不同阶段有所不同。根据《马斯特里赫特条约》，欧洲中央银行体系首要目标是保持物价稳定。英国、加拿大、新西兰等国家的中央银行也以物价稳定为优先目标，在此基础上再追求其他目标。美联储以物价稳定和充分就业为双重目标，但这两个目标的权重会有所变化。1995年，《中华人民共和国中国人民银行法》从法律上确定了中国货币政策的首要目标是稳定币值。中国当前阶段货币政策坚持多重目标：低通胀、促进经济增长、促进就业和维持国际收支平衡。

(四) 二者决策与执行时滞不同

决策时滞上，财政政策的决策程序需经立法机关审议通过，而货币政策不需经立法机关审批而直接由货币政策决策机构和相关委员决策，因此财政政策的决策时滞相对较长，货币政策的决策时滞相对较短。在执行时滞上，财政政策可直接安排支出给相关经济主体并影响其经济行为，因此财政政策执行时滞相对较短；货币政策通过间接手段运用工具影响商业金融体系，再影响经济主体及其经济行为，因此货币政策执行时滞相对较长。

四 货币政策与财政政策的协调配合

党的二十大报告指出，"健全宏观经济治理体系，发挥国家发展规划的战略导向作用，加强财政政策和货币政策协调配合，着力扩大内需，增强消费对经济发展的基础性作用和投资对优化供给结构的关键作用"[1]。总的来说，两大政策具有各自的优势，必须在市场经济条件下，根据经济的动态变化实现货币政策与财政政策的最优组合，及时建立和完善二者协调配合的体制机制，充分发挥两大政策体系在总量平衡和结构优化中的合力作用。

(一) 促进经济总量基本平衡，实现宏观经济稳定增长

货币政策与财政政策都属于总需求管理政策，因此，促进经济总量平衡、实现稳定增长是二者协调配合的一个基本的目标和内容。尽管货币政策和财政政策的调控目标一致，但是当实施宏观调控时，二者面对的情况和产生的作用方向有时并不一致。当货币政策推动经济增长时，随之而来的通胀增加将使财政政策不得不予以回应，以期实现低通胀和保障就业的目的。同时，财政政策还需要适时调节，配合货币政策将资金引导到准备发展的行业和产业中去。因此，在政策目标上两大政策应当实现有效配合与平衡。

(二) 促进经济结构调整，提高经济体系的潜在产出水平

从促进经济结构调整层面来看，财政政策在这方面的作用更为明显，既可以通过直接投资，直接参与经济结构调整，又可以通过政策支持，引导资金流向，从而促进经济结构调整；货币政策在这方面的主要工具是信贷政策，例如通过加大对高新技术产业、经济薄弱环节、弱势群体等信贷支持力度，以优化经济结构。在改善总需求方面，财政政策应注重增加公共产品支出，同时货币政策应注重改善企业和消费者的融资环境。在改善国民收入分配结构方面，财政当局进行个人税制等改革，而这时货币政策也应努力促使物价水平维持在一个合理水平上。在促进产业结构调整方面，财政部门采取措施支持部分产业发展，也要求相应地建立促进相关产业发展的信贷政策。在综合运用各种财政措施时，还应当及时完善有关金融体制，降低金融风险，并及时加大信贷支持力度，提供良好的金融支持和融资环境。

---

[1] 习近平：《高举中国特色社会主义伟大旗帜 为全面建设社会主义现代化国家而团结奋斗——在中国共产党第二十次全国代表大会上的报告》，人民出版社2022年版，第29页。

(三) 重点领域和结合点上加强两大政策的协调配合

改革财政政策，防止财政赤字过高是防范金融危机的一个关键之处。同时，为了维护金融稳定、推进金融业改革而实施的对于有问题金融机构的救助、不良资产处置、商业银行改革等，都需要中央银行与财政当局进行适当的协调配合。

第三节　宏观经济治理政策的工具创新

宏观经济治理主要手段有经济手段、行政手段和法律手段。经济手段是政府利用经济政策和计划调节总体经济活动的行为，是宏观经济治理的重要基础。中国宏观经济治理的主要任务是保持总供给与总需求的基本平衡，弥补市场调节的不足，从而促进经济增长，增加就业，稳定物价，保持国际收支平衡。2022年中央经济工作会议要求，2023年要坚持稳字当头、稳中求进，继续实施积极的财政政策和稳健的货币政策，加大宏观政策调控力度，加强各类政策协调配合，形成共促高质量发展合力。财政政策与货币政策是两大重要的宏观经济政策，财政政策工具和货币政策工具构成了宏观调控政策的主要工具。财政政策与货币政策以实现宏观调控目标为导向，二者的实施应协调配合，处理好权衡取舍，在短期上维持宏观经济稳定，长期上持续促进经济增长。

一　短期中以需求侧管理维护经济稳定和金融稳定

需求侧管理是宏观经济学中政府干预理论的主要内容，也是中国促进经济增长"三驾马车"的重要理论依据。适宜的宏观经济政策工具配合，有利于实现宏观调控目标。财政政策与货币政策分别有松、紧和中性三种分类，这使得政策有多种松紧搭配方式，分别应用于不同形势下的具体政策目标。理论和实践证明，需求侧管理在必要时发挥了促进经济增长的巨大积极作用，但它并不能无限度使用。原因有二。首先，经济的总量增长归根结底依赖于要素投入和生产率，以需求侧管理为目标的政策工具不可能直接创造经济增长，而应在追求宏观调控目标的前提下创造经济稳定性，为经济增长提供保障。其次，财政政策和货币政策从需求侧熨平经济波动的思想，隐含着传统凯恩斯主义稳定经济的政策目标，依赖相机决策方式的政策干预，在理论和实践上的应用早已不再像从前一样广泛，其效果也只是在短期经济大幅下滑、市场自发调整力量不足时较好。同时，当前的宏观调控目标更为复杂，除了传统的经济总量稳定，还要注重防范和化解重大金融风险，在维护经济稳定的同时确保金融稳定，这需要更为复杂的预期管理、提前布局以及多政策互相协调。

二　长期中以结构性供给侧手段促进经济持续增长

在市场尚不足以维持经济基本稳定时，财政政策和货币政策可适度进行需求侧管理，减缓经济偏离稳态增长，为各个市场营造稳定环境。在实现经济基本稳定的基础上，两大政策还需促进经济结构调整，结构性地从供给侧推动经济增长，激励市场活动，推进经济转型升级，保证经济优质增长。财政政策和货币政策通过各自的传导机制，通过影响相关主体的经济行为，进而对经济结构产生影响。相对而言，财政政策更具有供给侧结构性调整优势，因为财政手段可以直接将公共资源投向需要促进的部门；货币政策工具在传统上具有总量调节的优势，但其具体方式、工具和手段适宜于创新和加强。

三　兼顾短期宏观稳定与长期经济增长的逆周期调节政策

自2007年中国"双支柱"调控框架建设进入实质性操作阶段后，研究和实践中形成的共识是该框架能有效促进短期宏观经济和金融的共同稳定，其中政策协调搭配的主次之分与具体工具应该视冲击来源和性质而定。党的十九大以来，货币政策和宏观审慎政策双支柱调控框架不断健全完善，逆周期调节在宏观经济和金融稳定方面发挥了整体效能，但仍需防止短期冲击演变为趋势性变化，避免不合意的短期逆周期调节引发中长期问题。党的二十大报告指出，要"深化金融体制改革，建设现代中央银行制度，加强和完善现代金融监管，强化金融稳定保障体系，依法将各类金融活动全部纳入监管，守住不发生系统性风险底线"[1]。

党的二十大报告提出"健全宏观经济治理体系"，体现了中国宏观调控的制度建设由点到面逐步扩展、一脉相承并不断完善的改革路线。当前，中国经济发展已由高速增长阶段转向高质量发展阶段，宏观经济治理思路不仅要关注经济增长与经济结构，也要关注系统性金融风险、民生保障、环境治理等方面，更具系统性与全局性思维。未来中国将加快构建新发展格局，宏观经济治理体系将以推动高质量发展为主题，深入贯彻新发展理念，突出国家中长期发展规划这一战略导向，把实施扩大内需战略同深化供给侧结构性改革有机结合起来，加强财政政策和货币政策协调配合，做好跨周期政策设计与逆周期调节，注重兼顾内外部均衡，强化底线思维与风险意识，同时也要重视宏观经济治理数据库与评估评价制度的基础性支撑作用。完善宏观调控跨周期设计和调节，在战略定位层面是对传统逆周期调节政策框架的升级，要求政策设计在关注短期经济波动性问题的同时，关注长期经济增长的趋势性变化。一些研究也论证了宏观调控跨周期设计的必要性，面对逆周期调节提出了方向性的政策建议。

四　中国宏观调控政策工具的历史沿革

中国宏观调控长期以来植根于凯恩斯式"相机决策"的需求侧管理政策，经历数次危

---

[1] 习近平：《高举中国特色社会主义伟大旗帜　为全面建设社会主义现代化国家而团结奋斗——在中国共产党第二十次全国代表大会上的报告》，人民出版社2022年版，第29、30页。

机考验后,其在实践中不断创新,积累了中国经验,也拓展了宏观经济政策的内涵和外延。中国财政政策与货币政策协调配合历史主要划分为三个时期。第一个时期是计划经济时期（1949—1978年）,政策的搭配致力于实现财政信贷综合平衡,促进社会再生产顺利进行,其中财政是资金配置的主渠道,整体格局是"大财政、小银行"。第二个时期是有计划的商品经济时期（1979—1992年）,是改革开放从计划经济向市场经济转变的过渡时期,市场机制逐步发挥基础性作用,宏观经济管理逐步向宏观调节、宏观调控方式转型,调控方式逐步从直接调控转向间接调控,体现为"大银行、小财政"格局。第三个时期是社会主义市场经济时期（1993年至今）,市场机制作用不断增强,宏观调控以财政政策和货币政策作为两大主要政策,以各自的工具通过间接调控方式进行调控。这一时期经历了五个阶段。

第一,从双松到双紧的财政政策与货币政策协调配合（1993—1997年）。1992年邓小平南方谈话后,经济体制改革取得重大突破和进展,国民经济迅猛增长。面对经济体制改革浪潮,1993—1994年实行了双宽松的财政政策和货币政策,经济迅猛增长；1995—1997年双适度从紧的财政政策与货币政策,实现经济"软着陆"。

第二,从双松转向双紧的财政政策和货币政策（1998—2004年）。亚洲金融危机爆发后,中国对外贸易严重受挫,国内消费与投资动力不足。面对内外经济压力,宏观调控采取积极的财政政策和稳健的货币政策相配合,主要从需求侧促进投资、消费和出口,重点以加强基础设施建设投资提高国内需求。

第三,双稳健的财政政策与货币政策协调配合（2005—2008年）。经济再次步入快速上升通道,部分行业和地区投资开始增长过快,国际收支经常项目和资本项目双顺差,外汇储备增长迅猛,通货膨胀压力抬头,需求总量总体较旺,经济结构有待调整。2004年底中央经济工作会议决定,2005年宏观调控开始实行稳健的财政政策和稳健的货币政策。

第四,积极财政政策与适度宽松货币政策协调配合（2008—2011年）。为应对国际金融危机带来的冲击,2008年11月起,中国开始实施积极的财政政策和适度宽松的货币政策,调控要点是"保增长""调结构""转方式""促民生",主要包括"4万亿"、提高城乡居民收入、扩大消费等措施。

第五,积极的财政政策与稳健的货币政策协调配合（2011年至今）。在经济进入新常态的背景下,收入受经济下行和结构性主动减税等影响,下滑压力较大,支出结构不断优化。这一时期努力践行积极的财政政策,既对基层财力和公共服务给予保障,又大力支持结构性改革,积极发挥财政资金引导作用,提高财政资金使用效率,赤字在可控范围内阶段性提高。稳健的货币政策统筹把握稳增长、控通胀、调结构、惠民生、促改革、防风险,通过创新和优化组合货币政策工具,综合运用货币政策工具调整货币供应量,运用利率引导信贷和总体融资规模,推进金融改革,为促进经济总量稳步发展、经济结构优化营造货币金融环境。

改革开放以来,中国政府针对不同时期特定的宏观经济运行情况,选择相适应的宏观调控目标,并及时、灵活地调整宏观调控政策,使中国宏观经济在总体运行上保持了增长速度合理、就业形势良好、物价水平温和可控、对外贸易稳中向好的基本态势,但长期发展中仍存在着问题,在一定程度上制约了中国经济的健康活力和发展潜力。

五 传统宏观调控工具面对的问题及现状

一是以宏观政策着重作用于总量,结构性政策及其效果缺乏。中国当前宏观经济运行中的矛盾主要以结构性、体制性、机制性矛盾为主,但在实施政策时往往利用传统理论中的总量性需求侧政策进行调控。总量政策虽然在短期内可有效解决供求错配问题,实现供需动态平衡,但会加深经济结构性改革的阻力和困难。因此,将宏观调控的一个重要目标落在经济结构的平衡优化上意义重大。

二是相机决策的宏观政策组合带来的扭曲效应。当前中国正面临深刻的经济社会转型,原有经济增长模式的弊端越来越充分地暴露出来,产能过剩、结构失调、债务率畸高以及成本上升等问题在不同领域中出现,系统性金融风险压力也有所出现。不同的政策当局在政策制定时的统筹考虑不够,各自相机决策式的政策模式容易带来冲突,令原有政策效果缩水、打折甚至产生扭曲。因此,有必要构建考虑多个政策目标之间的权衡和取舍,将预期和结构性政策考虑到逆周期调节的宏观调控政策中去,确保宏观调控能够兼顾总量与结构、质量与效应的动态平衡,如此才能真正实现中国经济的提质增效。

三是地方政府融资平台企业占据大量信贷等经济资源,不仅对民营企业产生"资源挤出效应",而且产生了巨额的隐性债务,积聚财政金融风险。地方国有企业的非主业扩张、地方国有"僵尸企业",降低了国有经济资源的配置效率。地方引导基金的过度扩张,导致了资源配置效率降低,干扰了市场在资源配置中发挥决定性作用。

四是地方普遍存在财政资金浪费和闲置情况,使用效率有待提升。部分地方财政资金闲置,跟前期准备工作不扎实、预算编制不够科学合理等有关,解决这一问题需要地方扎实做好前期准备工作,做好项目储备,强化预算管理,增强预算编制科学性、精准性。加大违法违规举债查处力度,完善问责闭环管理和集中公开机制。加强地方政府融资平台公司治理,打破政府兜底预期。

六 货币政策与宏观审慎政策的"双支柱"调控框架

自2008年国际金融危机爆发以来,防范系统性金融风险已成为各国金融监管机构密切关注的焦点。党的二十大报告提出,"加强和完善现代金融监管,强化金融稳定保障体系,依法将各类金融活动全部纳入监管,守住不发生系统性风险底线"[1]。必须按照党中央决策部署,深化金融体制改革,推进金融安全网建设,持续强化金融风险防控能力。目

---

[1] 习近平:《高举中国特色社会主义伟大旗帜 为全面建设社会主义现代化国家而团结奋斗——在中国共产党第二十次全国代表大会上的报告》,人民出版社2022年版,第29、30页。

前学界和政策当局都认同货币政策与宏观审慎政策"双支柱"调控框架在抵御金融风险方面的有效性。就政策目标而言，货币政策主要是维护价格稳定，有时也承担经济增长、充分就业、稳定利率汇率和国际收支平衡的责任。而宏观审慎政策维护金融稳定，严守不发生系统性金融风险的底线。就政策效果来说，研究表明货币政策与宏观审慎政策之间可以有效互补，而且仅运用货币政策不利于金融稳定，二者的有效协调才能实现金融稳定目标。持续完善现代金融监管需要建立高效的监管决策协调沟通机制，健全宏观审慎、微观审慎、行为监管三大支柱，构建权威高效的风险处置制度安排。

在以往对宏观审慎政策的研究中，国内学者主要将注意力投向银行及其信贷渠道。近年来政府对金融稳定的重视，使学界的目光聚焦到对系统性金融风险原因和形成机制的分析上，学界广泛认为系统性金融风险有三大源头：影子银行、房地产、地方债务。房地产问题和地方债务问题是近年来的热点问题，影子银行则起到对金融系统顺周期波动和跨市场的风险传播的作用，对于金融市场稳定性是巨大的威胁和挑战。

中国早在2009年就开始宏观审慎政策框架的建设，2011年中国人民银行将差别准备金动态调整制度纳入宏观审慎监管指标当中，2015年又建立了宏观审慎评估体系（MPA），同时将外汇流动性和跨境资金流动纳入宏观审慎管理的范畴，这为中国货币政策与宏观审慎政策相互协调配合的"双支柱"框架的实施奠定了良好的理论和实践基础。2017年11月，国务院成立金融稳定发展委员会，这一举措标志着中国货币政策与宏观审慎政策"双支柱"调控框架建设进入实质性操作阶段。党的十九大报告中进一步明确提出"健全货币政策和宏观审慎政策双支柱调控框架"，将"守住不发生系统性金融风险"提升到政府战略。这些政策措施表明，中国高度重视货币政策与宏观审慎政策"双支柱"调控框架建设，并积极采取行动和措施应对当前严峻的金融风险压力。

货币政策聚焦于总体物价稳定以及促进经济增长，是对宏观经济的总量管理；宏观审慎政策聚焦于金融稳定，可直接作用于金融系统本身，应对跨市场、跨周期的系统性风险。深入探究货币政策与宏观审慎政策的内在关联性、政策目标权衡以及政策协调机制，可以为"双支柱"调控框架顺利调控物价、稳定金融市场作好理论支持。

首先，两种政策的协调立足于发挥各自政策的优势，完成各自的政策目标，货币政策对价格稳定负责，宏观审慎政策对金融稳定负责。政策具体实施方向和力度取决于金融周期与经济周期是否一致，当二者一致时，仅需协调实施过程中的政策力度，避免政策叠加和政策对冲；当二者不一致时，此时情况比较复杂，政策可能会伴随严重的外溢效应，造成十分严重的后果，需要政策当局相机决策，防止政策冲突，削弱政策的有效性。货币政策对经济周期和金融周期具有更广泛的影响，当经济周期与金融周期相背离时，可以采取以货币政策为主，以宏观审慎政策为辅的调控组合。

其次，应该考虑与其他各种政策相协调，并按照一定的规则行事，更好地解决系统性风险。使用不同政策类型的工具需要与当时的宏观经济和金融稳定情况相一致，特别是如果当前经济处于衰退阶段。与货币政策类似，宏观审慎政策的有效性也是不对称的。在经济下行周期中，也不能将遏制经济下滑并防范系统性风险的责任完全寄希望于单独的宏观审慎政策。宏观审慎政策应基于盯住具体目标的具体政策原则,并与货币政策和财政政策等其他监管措施相协调。

七 宏观调控工具的创新

中国经济发展进入新时代,基本特征就是经济已由高速增长阶段转向高质量发展阶段。推动高质量发展,是保持经济持续健康发展的必然要求,是适应中国社会主要矛盾变化和全面建成小康社会、全面建设社会主义现代化国家的必然要求,是遵循经济规律发展的必然要求。推动高质量发展,需要创新和完善宏观调控,建立与高质量发展要求相适应的宏观调控体系,创新宏观调控方式。传统的短期逆周期总量调控方式很难适应对慢变量进行调节的要求,应围绕破解深层次结构性矛盾,更多运用改革创新的办法,在总量调控基础上实施微调控、预调控和区间调控。

(一) 微调控

宏观经济治理的大转向需要慎重。政策要有连续性,不要市场主体的正常预期,以免经济中出现大的波动。一般说来,宏观经济调控不宜大升大降,大紧大松,大起大落。否则,要么会促成经济中出现众多泡沫,要么经济中的泡沫会突然破裂,对经济运行十分不利。对宏观决策部门来说,如果发现经济运行中出现了运行不正常的预兆,应当及时采用微调措施。采用微调的前提是,有关部门应当有预见性,并建立预警机制,以便防患于未然。

微调措施包括了结构性的调整和细节性的调整。也就是说,为了不至于在宏观经济调控过程中出现过松过紧现象,结构性的调整和细节性的调整有助于避免出现较大的偏差,也有助于防止出现较大的后遗症。在这方面,不应当急于求成。要让经济恢复正常,仍以微调为上,稳中求进要比急于求成好得多。宏观经济调控重在微调,正是为了实现稳中求进和结构调整相结合的方针。主要经验在于,如果采取大松大紧、大起大落的做法,只可能使得经济摆脱不了时而扩张过度、时而紧缩的不良循环老路,即导致宏观决策部门时时刻刻处于紧张状态,忙于处理应急事件,顾不上考虑如何实现战略性任务,这样,又会导致国民经济因大松大紧、大起大落而发生剧烈动荡,或引发较剧烈的通货膨胀,或造成较高的失业率,居民收入难以提高。

政府也不是万能的,宏观经济调控在任何情况下都带有局限性。一是政府总是在不完全信息的条件下作出决策的。二是政府只有一个,而生产者投资者消费者却有千千万万,他们每个人都是根据自己的预期来选择对策,从而部分抵消了政府政策的效果。三是在具体实施中宏观调控措施往往容易力度过大、矫枉过正,从而造成"一管就死,一放就乱"的局面。所以宏观调控应重在微调,尽可能少采取总量调控措施,而要以结构性调控措施为主。与总量调控措施相比,结构性调控措施所引起的震荡较小,效果会更显著。微调控不仅能有效应对经济下行压力,还能为未来宏观政策预留空间,增强政策的可持续性。强刺激虽然效果显著,但也会使政策空间迅速收窄,导致政策可持续性大大减弱。

（二）预调控

宏观经济治理除了重在微调，还应当采取预调措施。因为宏观调控起始时机的选择十分重要。过去，宏观调控起始时机往往滞后，宏观调控结束时机更可能滞后。这两种滞后都会给国民经济造成损失，也会给后续一段时间的经济运行增加困难。所以在今后的宏观调控中，政府应尽可能掌握经济中的真实情况，做到预调控和微调控并重。

提高调控政策的前瞻性，加大对经济的预调控。经济运行是动态的，作为平抑经济波动的宏观经济政策也应该是动态的。因此经济政策的制定和执行不仅要看经济运行的过去轨迹，更要着眼于未来，着眼于经济发展的趋势。只有这样，政策实施才可能达到"削峰平谷"，熨平经济波动的目的。否则，政策实施就可能不是熨平而是加剧了经济波动，产生政策失灵，造成更大的损失。

预期引导是指政府相关部门通过信息沟通改变市场进行预期时所依据的信息，从而影响市场预期，以更好地实现宏观调控目标。党的十八大以来，中国对预期引导更加重视。"十三五"规划纲要明确提出，"改善与市场的沟通，增强可预期性和透明度"。2014年、2015年、2016年的中央经济工作会议都强调要更加注重引导社会预期。2016年，中国对部分热点城市房价泡沫风险的预期引导就是一个典型案例，2016年7月和10月的中央政治局会议都明确提出要"抑制资产泡沫"，银监会等相关部门随即采取了加强宏观审慎管理等有针对性的措施。

中国人民银行的货币政策预期引导尚处于起步阶段，应尽快解决几个问题。其一，拓宽央行与市场沟通的途径，丰富沟通的内容，从而提高货币政策的透明度。其二，适当加快货币政策由数量型调控向价格型调控转变的步伐，充分发挥利率对预期的引导作用。其三，提高研究和预见能力。只有央行比市场掌握更多的经济运行信息、对未来经济走势有更强的判断力，才能更有效地与市场沟通，进而提高预期引导的效率。

（三）区间调控

党的十八大以来，中国不再偏重保某一特定目标值，而是提出要对经济增长进行区间调控。所谓区间调控，即在合理的区间内实现增长、物价、就业、收入、环保多重目标的协调发展，明确经济增长合理区间的上下限，有效缓解经济下行压力，从而给市场主体明确的预期区间，有利于稳定市场信心。区间调控要求坚持底线思维，把稳中求进作为宏观调控的总基调。区间调控的新思路告别了简单设置绝对数的做法，可以给市场和社会更稳定的预期，也使得稳增长更有弹性，有利于经济结构的平稳调整。区间调控不是简单地确定一个绝对数，而是在一定的区间之内可以适当调整，它有底线，也有上限，既要考虑上限又要考虑下限，在上下之间进行定向调控。

区间调控将宏观调控的目标界定为一个合理区间：当经济运行接近区间下限时，调控的主要着力点是稳增长；当经济运行接近区间上限时，调控的主要着力点是防通胀；当经济运行处于中间状态时，则专注于深化改革和调整经济结构。区间调控意味着，只要经济运行处于合理区间，宏观调控政策就不需要有大动作；只有当经济偏离合理区间时，才需要实施刺激或紧缩政策。按照区间调控的思路来调控经济，就能够在保持经济平稳增长的同时，有效推进制度创新和结构调整。

宏观经济运行的合理区间是指，根据宏观经济运行相关影响因素的综合判断，确定宏观经济的主要指标处在一个合理的区间内，并将其作为政府进行科学宏观调控的目标取向和宏观调控政策运用的主要依据与要求。宏观经济运行的合理区间包括三方面的内涵：一是宏观经济主要指标处于上限和下限之间所形成的一个区间；二是对宏观经济主要指标确定一个上限指标，形成一个向下变动的区间；三是对宏观经济主要指标确定一个下限指标，形成一个向上变动的区间。确定宏观经济的合理区间，是中国经济发展进入新常态的一个重要标志，也是宏观调控方式适应新常态、引领新常态的创新和提升。

宏观经济的区间调控理念，为中国进行科学的宏观调控提供了基础和条件。首先，为市场对资源配置起决定性作用提供了体制保证，只要主要宏观经济指标在合理区间内就不需要政府时时调控市场，从而给市场合理有效配置资源留出更多的作用空间。其次，为政府干预经济设置了"识别区"，只有当宏观经济运行超出宏观经济的合理区间，政府才可以实施紧缩或刺激的宏观调控政策，而在宏观经济的合理区间内，政府不再随时出手，如果确有需要也只是采取定向的微刺激。最后，由于为政府干预经济划出了边界，就有助于各级政府简政放权、转变职能，实现政府治理现代化。

近年来，中国在宏观调控方面实施了诸多创新，提升了调控的能力和水平，但仍不能有效解决有关问题。因此，迫切需要加快宏观调控工具创新，出台结构性政策和改革措施，加强宏观经济政策间的协调，提升宏观调控水平。从国际上看，各国在实施两大政策时有两大特点。首先，会注重履行好各自基本职能。财政政策着重于公共产品和公共服务，包括在医疗、教育、基础设施等方面持续投入，货币政策始终坚持稳定物价、稳定通货膨胀及金融体系；二者根据形势变化通过不同松紧搭配，统筹需求管理和供给管理，兼顾长短期目标，维持经济基本稳定。其次，在稳定经济总量的过程中也注意到结构调整。财政政策对必要的产业加以支持，货币政策提供良好的流动性，共同引导促进实体经济发展。财政政策与货币政策关系密切、相互影响。两大政策应以相互影响的政策工具为连接枢纽，加大市场化协调配合力度，提高两大政策资金效率，促进两大政策各自目标和宏观调控总目标的高效实现。这比只依赖任一政策自身工具的成本低、效率高，能起到事半功倍的作用。

总体而言，党的十八大以来，面对新情况、新变化，宏观调控站在新高度、寻找新定位、拓展新内涵，坚持不搞"大水漫灌"式强刺激，保持宏观政策连续性稳定性，党的二十大报告提出："推动经济实现质的有效提升和量的合理增长。"[1] 这充分体现了中国共产党推动高质量发展的坚定决心，为今后一个时期经济发展指明了方向。在区间调控基础上加强定向、相机调控，主动预调控、微调控，有力助推中国经济巨轮平稳前行。

---

[1] 习近平：《高举中国特色社会主义伟大旗帜　为全面建设社会主义现代化国家而团结奋斗——在中国共产党第二十次全国代表大会上的报告》，人民出版社2022年版，第28、29页。

第四节　宏观调控政策的国内协调与国际协调

现代市场经济中，一国的宏观经济政策必须具有协调性，主要包括货币政策和财政政策的协调等。同时，在开放型的经济体系中，各国之间也要实现宏观经济政策的协调性，以达到互惠互利和维持世界经济健康平稳增长的目的。当然，宏观经济政策国际协调需要不断创新协调机制，增加各国政策的互相适应性。

一　宏观调控政策的国内协调

（一）财政政策与货币政策的协调

财政政策是通过政府投资、税率变动等来调控经济的政策。其可以分为三类。一是扩张性财政政策，目的在于通过财政政策推动政府投资和撬动社会投资实现经济复苏，解决全社会有效需求不足的问题，降低失业率，防止经济增速快速下滑。例如，2008年国际金融危机发生后，为了防止危机对中国经济增速产生巨大的负向冲击，政府施行了"四万亿"政策来实现稳增长和保就业。二是紧缩性财政政策，目的是通过减少政府支出，提高税率等方式来"踩刹车"，防止经济过快增长带来通货膨胀等问题。20世纪90年代初，由于经济过热，通货膨胀快速上涨，为了遏制通货膨胀，中国政府采取了紧缩性的财政政策，逐渐控制了通货膨胀问题。三是中性的财政政策。在物价稳定、经济结构科学合理和市场运行良好的情况下，一般采取中性的财政政策，让市场在资源配置中起决定性作用，以保障经济的平稳运行。货币政策是指中央银行通过各类政策工具调控货币供应量和信用量的各种政策措施。货币政策也可以分为三类。一是扩张性货币政策。在经济萧条或处于经济周期的衰退阶段时，中央银行通过降低存款准备金率、基准利率、再贴现率等政策措施来增加社会流动性，进而促进经济企稳回升。二是紧缩性货币政策。当经济过热，全社会出现流动性过剩时，中央银行通过提高存款准备金率，提高基准利率和再贴现率等方式来减少社会流动性，保持物价稳定和经济增长等。三是稳健中性的货币政策。当全社会的总供给和总需求基本一致，物价水平比较稳定时，中央银行会采取与经济社会发展相互适应的稳健货币政策，保持经济增长处于合理区间，抑制通货膨胀，使得经济社会发展处于相对稳健的状态。

一国的财政政策和货币政策一般要根据国际国内经济形势的发展变化进行搭配使用。当一国经济受到内外冲击，经济增速下滑，投资需求、消费需求和国外需求开始出现萎缩迹象时，可以搭配使用扩张性财政政策和扩张性货币政策。通过政府投资、减税降费等财政政策可以进一步扩大有效需求，实现经济的企稳回升。通过降低存款准备金率、降低基准利率或再贴现率等货币政策可以释放更多的社会流动性，降低存贷款利率，刺激投资和消费。当一国经济需求比较旺盛，出现过快的通货膨胀趋势时，说明经济过热，可以采取将紧缩性财政政策和紧缩性货币政策进行搭配使用。即通过延迟政府和缩减政府投资,加强税费征管等措施逐渐让过快的经济增速降下来。同时可以采取提高存款准备金率、提高基准利率或再贴现率等方式逐渐降低全社会的流动性,防止因为货币问题引发通货膨胀问题。当一国经济增速放缓,有效需求不足,但是又想抑制通货膨胀时,可以采取扩张性财政政策和紧缩性货币政策,既可以维持经济增速,又可以保持低的通货膨胀水平。当一国想维持总体价格水平短期保持不变时,可以先通过扩张性货币政策增加社会流动性,提高部分价格水平,后可以通过紧缩性的财政政策抑制社会总需求,进而将价格水平保持在原来的水平。当然,在宏观调控实践中,除了应对经济危机,稳健中性的货币政策是经济学者长期推崇的。

(二)其他政策之间的协调

除了财政政策和货币政策之间的协调,汇率政策与货币政策之间、财政政策与收入分配政策之间、财政政策与产业政策之间等也需要一定的协调。在实施有管理的浮动汇率和资本项目管制的国家,汇率是由汇率市场决定的,但是由于实施的是管理的浮动汇率,并且对资本项目实施管制,本国出口企业出口获得的美元等外币都必须经过中央银行进行兑换,这必然导致中央银行被动地提供社会流动性。为了保持汇率稳定和降低通货膨胀率,就需要汇率政策和财政政策协同使用。收入分配政策是解决消费者收入获得和调整收入差距的重要手段,通过降低税率等方式可以增加居民的可支配收入,进而刺激消费。所以在面对经济危机或稳定经济增长时一般需要通过财政政策来扩大政府有效需求,通过收入分配政策来稳定消费需求。财政政策和产业政策之间也需要较好的协调。一国为了支持高新技术和重点产业发展,需要制定产业政策加以引导和支持,而减税降费等财政政策往往是落实和支持重点产业和新兴产业发展的有效手段。

二 宏观调控政策的国际协调

习近平主席在博鳌亚洲论坛2022年年会开幕式上发表主旨演讲时强调,要坚持建设开放型世界经济,加强宏观政策协调,维护全球产业链供应链稳定,促进全球平衡、协调、包容发展[①]。国际宏观经济政策的协调是指各国在制定和执行本国经济政策时,主动通过国家之间,以及国际组织内部的沟通机制进行政策协调,以达到互惠互利的目的,或者一国主动适应国际经济形势变化,采取相关政策措施对冲外部冲击对本国经济的影响。国家宏观经济政策的协调主要包括几个方面。一是国与国之间的信息交换,使得各国能够准确理解对方国家的经济政策信息,以便本国更加有效地制定本国的经济决策。二是协调部分中介目标,存在密切经济联系的国家之间会由于对方国家的经济政策而对本国经济产生溢出效应,这时候就需要国家之间对中介目标进行协调,如对利率、汇率的协调。三是

---

① 习近平:《携手迎接挑战 合作开创未来——在博鳌亚洲论坛2022年年会开幕式上的主旨演讲》,人民出版社2022年版,第4页。

对危机的共同管理。对于世界范围内突然出现的重大经济危机、社会危机和政治危机等，具有密切联系的国家之间需要进行政策协同，共同管理危机，防止危机蔓延到其他国家。例如，2007年美国次债危机引发国际金融危机，世界上主要国家之间加大了政策协调力度，防止危机蔓延。又例如，由国际金融危机引发的葡萄牙、希腊等国的主权国家债务危机，影响了欧盟其他经济体的健康发展，所以欧盟等采取了协调性的经济政策和统一性救助措施帮助发生主权债务危机的国家渡过难关。

当今世界，各国之间的经济联系不断加强，通过对外贸易、国际投资、金融市场和外汇市场等渠道，主要经济体的经济政策会对其他国家产生重大影响，进而会干扰或削弱一国宏观经济政策的作用，产生所谓的政策"溢出效应"。如果各国之间不能很好地协调宏观经济政策，往往会产生政策协调失灵和政策预期转向的问题。在经济全球化时代，中国作为世界第二大开放经济体，其宏观调控政策会对主要国家和地区的经济发展产生一定的影响，同时美国、欧盟等主要国家和地区的宏观经济政策调整也会对中国经济政策产生一定的影响。

在现实中，宏观经济政策的国际协调涉及财政政策协调、货币政策协调和汇率政策协调等内容。财政政策协调主要是指经济联系密切的国家之间，采取步调一致的扩张性或紧缩性财政政策解决地区和世界范围内的经济增长问题等。例如，2008年国际金融危机后，世界主要经济体为了度过危机和恢复经济增长，通过联合国、G20峰会和OECD峰会等国际组织进行财政政策协调，通过扩张性的财政政策来实现全球经济复苏。货币政策协调是最常用的国际宏观政策协调工具，主要是指一国中央银行实施的基准利率、货币供给政策等对地区和全球金融市场和外汇市场等产生重大影响时，其他国家需要采取相关的货币政策对冲其产生的负向影响。2008年国际金融危机后，美国、日本和欧盟等为了实现经济复苏，开始实行了量化宽松货币政策，这种政策在降低货币发行国的存贷款利率的同时，会通过溢出效应影响其他国家的货币政策。在这样的背景下，就需要通过国际组织加强各国之间的货币政策协调，同时受到影响的国家也要采取对冲性政策来降低他国量化宽松货币政策对其产生的不利影响。汇率政策协调是指在开放经济体中，具有地区影响力和全球影响力的国家的汇率政策的变动会对相关国家产生影响，通过汇率政策的协调可以实现国家之间的互利共赢。当然，在竞争性国际市场中，各国的汇率政策一般具有竞争性，所以汇率政策的协调一般是被动协调，即受影响国主动调整汇率政策来应对相关的外部冲击。

第九章 新发展理念与经济发展

中国特色社会主义进入新时代，面临新的发展问题、新的发展要求、新的发展目标，需要新的发展理念引导行动。以创新发展、协调发展、绿色发展、开放发展、共享发展为内核的新发展理念符合中国社会主义初级阶段的基本国情，响应了新时代的发展要求，是中国共产党认识把握经济社会发展规律新高度的集中体现。新发展理念是马克思主义经济社会发展理论的新突破、新实践，对推动中国特色社会主义发展经济学、中国特色社会主义政治经济学的建立与完善，对解决发展难题、培育发展动能与厚植发展优势有着重要的指导价值。

第一节 新发展理念的时代背景

新发展理念是以适应经济发展的新阶段、新需要与新目标为出发点，在深刻把握经济社会发展规律、突破传统经济社会发展模式的路径依赖基础上，反复凝练升华形成的。历史地看，中国先后经历了"站起来"的时代和"富起来"的时代，现在正处于"强起来"的新时代。中国特色社会主义进入新时代在不同领域、不同方面有着突出的特点，如社会主义初级阶段的经济发展进入新常态、社会主要矛盾出现新变化、社会主义建设有了新任务等。总的来说，中国正是基于进入新时代，顺应鲜明的时代要求而提出了新发展理念。

一 经济发展阶段进入新常态

1978—2007年，中国经济总量以年均约9.6%的速度增长，创造了"中国奇迹"，举世瞩目。2008年国际金融危机使得世界经济发展环境恶化，冲击了中国长期的高速增长趋势。为避免实体经济"硬着陆"对经济社会发展的不利影响，中国果断地实施了"双扩张"货币政策与财政政策，以通过需求管理的加强稳定国内经济运行。受扩张型宏观调控政策的刺激，中国的经济增长在短暂下跌后，快速反弹。2010年，中国的实际GDP增速（以1978年的价格为基准）恢复至10.6%，2011年的实际经济增速也约为10%，但此后的经济增长速度开始放缓。

2012年开始的国民经济增长速度放缓，被称为经济发展新常态。"新常态"一词由习近平总书记在2013年的中央经济工作会议上首次提出。2014年11月9日，习近平主席在亚太经合组织（APEC）工商领导人峰会上的主旨发言中总结了中国经济发展新常态的三个主要特征："一是从高速增长转为中高速增长。二是经济结构不断优化升级，第三产业、消费需求逐步成为主体，城乡区域差距逐步缩小，居民收入占比上升，发展成果惠及更广大群众。三是从要素驱动、投资驱动转向创新驱动。"① "把握经济发展新常态要注意克服几种倾向。其一，新常态不是一个事件，不要用好或坏来判断。新常态是一个客观状态，是一种内在必然性，并没有好坏之分，要因势而谋、因势而动、因势而进。其二，新常态不是一个筐子，不要什么都往里面装。新常态主要表现在经济领域，不要滥用新常态概念，甚至把一些不好的现象都归入新常态。其三，新常态不是一个避风港，不要把不好做或难做的工作都归结于新常态，新常态不是不干事，不是不要发展，不是不要国内生产总值增长，而是要更好发挥主观能动性、更有创造精神地推动发展。"②

经济发展新常态是遵循世界经济发展规律，经济增速换挡的发展阶段。在这一阶段，有诸多重要的问题需要解决：方式转变与结构调整的迫切要求下，发展动力如何选择；收敛效果不佳下，如何破解区域经济发展的不平衡；资源环境约束日益趋紧下，如何维系发展的可持续；世界经济发展趋势低迷下，如何联动内外发展；经济发展成果丰硕的情况下，如何缩小不同群体的发展差距。对于这些新常态阶段面临的结构性难题，国家着力从宏观层面上变革经济发展的理念进行突破。

党的十八届五中全会通过的《中共中央关于制定国民经济和社会发展第十三个五年规划的建议》首次提出了全新的五大发展理念，即"创新发展、协调发展、绿色发展、开放发展、共享发展理念"。党的十九大进一步将五大发展理念凝练为"新发展理念"，囊括创新、协调、绿色、开放与共享。新发展理念的五大方面可谓各有侧重，创新注重的是解决发展动力问题，协调注重的是解决发展不平衡问题，绿色注重的是解决人与自然和谐问题，开放注重的是解决发展内外联动问题，共享注重的是解决社会公平正义问题③。总之，新发展理念的适时提出有利于应对萎靡的世界经济发展环境，解决中国发展进程中面临的关键问题与重大挑战，是对经济发展新常态阶段背景的有力呼应。

二 社会主要矛盾出现新变化

社会主要矛盾是社会基本矛盾在一定社会各种具体矛盾中居于支配地位、起着规定或影响其他矛盾的矛盾。社会主要矛盾具有明显的历史阶段性特征，决定着不同时期发展的方向与发展的重点。社会主要矛盾的变化必然要求新的发展理念引导经济发展。

改革开放以来，中国的社会主要矛盾是人民日益增长的物质文化需要与落后的社会生

---

① 中共中央文献研究室编：《习近平关于社会主义经济建设论述摘编》，中央文献出版社2017年版，第74页。
② 中共中央宣传部编：《习近平总书记系列重要讲话读本》，学习出版社、人民出版社2016年版，第144页。
③ 中共中央宣传部编：《习近平总书记系列重要讲话读本》，学习出版社、人民出版社2016年版，第131—132页。

产之间的矛盾。在这一阶段，中国经济工作的核心是发展生产力，加速经济增长，以不断满足广大人民群众的物质文化需求。经过多年的不懈努力，2010年中国的经济总量超越日本成为世界第二大经济体，2014年人均国民收入也迈过了中等偏上收入国家的门槛；产品短缺已成为历史，部分产品领域出现了产品过剩现象，部分产业的产量和技术水平已领先世界。在经济发展不断向好与人民生活水平不断向好的同时，人民群众的物质文化需要得到充分满足后，对民主、法治、公平、正义、安全、环境等方面又有许多新期待。因而，"日益增长的物质文化需要"与"落后的社会生产"的判断不再合乎时宜。

为适应新时代经济发展的新变化，更好地顺应人民群众向往美好生活的现实需求，进一步明确发展方向和发展目的，党中央依据中国特色社会主义进入新时代的发展实际，及时作出重大决断，对社会主要矛盾的内容进行了适当调整，即"我国社会主要矛盾已经转化为人民日益增长的美好生活需要和不平衡不充分的发展之间的矛盾"。新时代社会主要矛盾的主要方面是"不平衡不充分的发展"。当前，经济发展的不平衡不充分主要表现为以下方面[1]。一是创新发展不平衡不充分。中国一直致力于建设创新型国家，也创造出了一批有影响的科技成果，但总体上中国原始创新、基础创新仍然落后于发达国家。二是协调发展不平衡不充分。区域发展差距、城乡发展差距、产业发展差距等仍然较大。三是绿色发展不平衡不充分。习近平总书记阐述的"既要绿水青山，也要金山银山。宁要绿水青山，不要金山银山，而且绿水青山就是金山银山"[2]的"两山论"已经深入人心，但中国局部地区的环境污染现象仍然比较严重，干净的水、清新的空气、优美的生态环境仍是奢侈品。四是开放发展不平衡不充分。党的十八大以来，中国的对外开放步伐加快，如"一带一路"倡议持续推进，建立亚洲基础设施投资银行和丝路基金以及人民币"入篮"等，但中国参与全球经济治理的制度话语权仍需提升，在重要国际组织中投票权不多，在国际市场上重要商品定价的分量不够，等等。五是共享发展不充分。如收入分配差距大，精准扶贫、精准脱贫任务虽已完成但仍需巩固。

顺应新时代社会主要矛盾的新变化，尽可能满足人民日益增长的新需要，党中央主动提出新发展理念。新发展理念把实现人民幸福作为发展的目的和归宿，做到发展为了人民、发展依靠人民、发展成果由人民共享，真正解决了为什么人、由谁享有这个根本问题，充分体现了"以人民为中心的发展思想"。新发展理念是致力于解决发展中的突出矛盾和问题的一种新发展观，集中反映了中国共产党对经济社会发展规律的新认识。

三 社会主义建设有了新任务

党的十八大报告提出"两个一百年"奋斗目标：第一个百年奋斗目标，是在中国共产

---

[1] 丁任重：《深刻领会和把握新时代我国社会主要矛盾的变化与完善我国发展模式》，《经济学家》2017年第12期。

[2] 中共中央宣传部、中华人民共和国生态环境部编：《习近平生态文明思想学习纲要》，学习出版社、人民出版社2022年版，第27页。

党成立一百年时全面建成小康社会；第二个百年奋斗目标，是在新中国成立一百年时建成富强民主文明和谐的社会主义现代化国家。

党的十九大报告明确了新时代中国特色社会主义的总任务和实现第二个百年奋斗目标的阶段任务："新时代中国特色社会主义思想，明确坚持和发展中国特色社会主义，总任务是实现社会主义现代化和中华民族伟大复兴，在全面建成小康社会的基础上，分两步走在本世纪中叶建成富强民主文明和谐美丽的社会主义现代化强国……从二〇二〇年到本世纪中叶可分为两个阶段来安排。第一个阶段，从二〇二〇年到二〇三五年，在全面建成小康社会的基础上，再奋斗十五年，基本社会主义实现现代化……第二个阶段，从二〇三五年到本世纪中叶，在基本实现现代化的基础上，再奋斗十五年，把我国建成富强民主文明和谐美丽的社会主义现代化强国。"①

进一步，党的二十大报告创新性地提出："从现在起，中国共产党的中心任务就是团结带领全国各族人民全面建成社会主义现代化强国、实现第二个百年奋斗目标，以中国式现代化全面推进中华民族伟大复兴。在新中国成立特别是改革开放以来长期探索和实践基础上，经过十八大以来在理论和实践上的创新突破，我们党成功推进和拓展了中国式现代化……中国式现代化的本质要求是：坚持中国共产党领导，坚持中国特色社会主义，实现高质量发展，发展全过程人民民主，丰富人民精神世界，实现全体人民共同富裕，促进人与自然和谐共生，推动构建人类命运共同体，创造人类文明新形态。"②

新时代，中国特色社会主义的新任务、新目标是中国共产党基于改革开放以来中国经济社会发展取得的巨大成就而作出的科学判断与重大战略安排。从经济发展的角度分析，既有的经济财富体量、经济增长速度以及精准扶贫工作的扎实推进，足以支撑中国成功实现第一个百年奋斗目标。正如党的二十大报告所述的："我们经过接续奋斗，实现了小康这个中华民族的千年梦想，我国发展站在了更高历史起点上。"③ 要实现第二个百年奋斗目标，在 2020 年全面建成小康社会的基础上仍需要加大努力破除经济发展的诸多制约。例如，结构性"痼疾"引发的增长动力不足问题、关键技术与关键生产环节遭遇"卡脖子"的现象、居民收入增长乏力不利于跨越"中等收入陷阱"、环境污染严重与节能减排的压力较大并存、逆全球化冲击了国内与国外联动局面等。进入新时代，综合国际形势和中国发展现实衍生而来的新发展理念有利于改变既有经济增速持续下滑的趋势，提升经济发展质量，呼应了新任务与新目标映射的新要求，为社会主义现代化强国的建立打下坚实基础。

总之，新发展理念不是凭空得来的，是基于深刻把握国内外发展形势、总结社会

---

① 习近平：《决胜全面建成小康社会　夺取新时代中国特色社会主义伟大胜利——在中国共产党第十九次全国代表大会上的报告》，人民出版社 2017 年版，第 19、28、29 页。

② 习近平：《高举中国特色社会主义伟大旗帜　为全面建设社会主义现代化国家而团结奋斗——在中国共产党第二十次全国代表大会上的报告》，人民出版社 2022 年版，第 21—24 页。

③ 习近平：《高举中国特色社会主义伟大旗帜　为全面建设社会主义现代化国家而团结奋斗——在中国共产党第二十次全国代表大会上的报告》，人民出版社 2022 年版，第 7 页。

主义经济发展实践经验而形成的,是顺应经济发展新常态、社会主要矛盾新变化与社会主义建设新任务的时代要求而提出的。新发展理念描绘了一条"更高质量、更有效率、更加公平、更加可持续"的发展之路,对加快实现社会主义现代化有着重要指导意义。

第二节 新发展理念的科学内涵

总的来说,新发展理念是一种遵循经济规律、自然规律和社会规律的全新发展观,是中国经济发展理论与经济发展实践领域的一场深刻变革。毋庸置疑,新发展理念将引导中国未来较长一个时期经济社会的发展思路、发展方向与发展重点。准确认识、深入理解、科学把握新发展理念的科学内涵既是中国特色社会主义经济发展理论所需,也是中国特色社会主义经济发展实践的必然要求。

一 新发展理念的基本内容

经济新常态后,中国经济增长速度放缓的现实显示,过去依靠生产要素投入的规模性扩张而驱动增长的模式难以为继,这要求我们变革传统的发展模式。党的十八届五中全会通过的《中共中央关于制定国民经济和社会发展第十三个五年规划的建议》明确指出:"破解发展难题,厚植发展优势,必须牢固树立创新、协调、绿色、开放、共享的发展理念。"[1] 这五个方面是新时代中国特色社会主义新发展理念的基本构成。

(一)创新发展

循着历史唯物主义的分析进路可以发现,创新始终是一个国家、一个民族不断向前发展的动力源泉。在中国式现代化建设全局中,创新更是居于核心地位。创新是微观经济个体基于过去的实践与发现,运用脑力劳动与实践活动形成新思想、新理论、新技术、新工艺、新模式、新制度、新文化等新智慧成果的行为,包括理论创新、制度创新、科技创新、管理创新和文化创新等。习近平总书记指出:"抓住了创新,就抓住了牵动经济社会发展的'牛鼻子'。"[2] 创新发展是将创新视为驱动经济社会向前发展的第一要素,把理论、制度、科技与文化等领域的创新成果充分运用于经济活动,重新配置组合既有生产要素,逐步提升劳动生产率,改善发展质量与效益的新发展模式。为加快实现创新发展模式,党的二十大报告明确提出:"加快实施创新驱动发展战略。"[3] 这要求我们坚定此顶层

---

[1] 《中共中央关于制定国民经济和社会发展第十三个五年规划的建议》,人民出版社2015年版,第8页。
[2] 中共中央文献研究室编:《十八大以来重要文献选编》(下),中央文献出版社2018年版,第157页。
[3] 习近平:《高举中国特色社会主义伟大旗帜 为全面建设社会主义现代化国家而团结奋斗——在中国共产党第二十次全国代表大会上的报告》,人民出版社2022年版,第35页。

安排，以"四个面向"① 为指引，在创新方向、创新目标、创新主体、创新环境等方面着手努力。就创新方向而言，应沿着国家战略需求方向，优化配置创新资源、科学设立创新项目、积极开展创新活动。就创新目标而言，并不能简单地为了创新而开展创新，而应瞄准实现国家、区域以及个体综合创新能力的高水平提升。就创新主体而言，坚持有效市场原则，以微观经济主体为核心，着力激发创新热情、实施创新行为、筑牢创新支撑。就创新环境而言，坚持有为政府原则，完善财税、金融、投资、成果转化等体制机制，着力优化创新领域的综合服务，形成政府引导支持、企业支撑、全民参与的创新生态网络。

在创新系统的诸多因子中，科技创新是决定创新发展的核心要素。马克思、恩格斯特别强调了智力因素特别是自然科学的发展推动生产力的作用。习近平总书记强调："谁能在创新上下先手棋，谁就能掌握主动。我国经济发展要突破瓶颈、解决深层次矛盾和问题，根本出路在于创新，关键要靠科技力量。"② 党的二十大报告指出要"完善科技创新体系"③。这在顶层设计中再次巩固了科技创新的核心地位，也明确了下一步深入推动科技创新的要求与抓手。具体来说，应在科技创新相关的体制机制、平台支撑、氛围环境等方面多加着力。就体制机制而言，一方面应坚持党对科技工作的统一领导，筑牢新型举国创新体制，以稳固的国家战略科技力量夯实科技安全；另一方面，需要健全科技创新投入机制、评价机制、成果市场转化机制、知识产权保护机制和创新人才梯队保障机制等。就平台支撑而言，应着力加快建设相互联通共享、多层次的科创中心和科创实验室，加快全国统筹的创新链形成，提升科创的基础支撑力，促进科创综合效能加快释放。就氛围环境而言，创新教育培养内容，将科学家精神内生于家校社三元融合的育人体系中；积极开展科创合作，构筑国内国际相互促进的科创合作格局，加快建立良好的科创新生态。当前阶段，全球正处于新一轮技术革命与产业革命的关键窗口期，新技术与新产业不断迅速涌现且蓬勃发展的阶段。然而，中国面临着关键核心技术受制于人，创造新产业、引领未来发展的科学技术基础还相对薄弱，全球价值链中低端产业的比重依然较大等突出的现实问题，因而，有必要加快建立以科技创新为核心的全面创新体系，加快塑造新时代中国经济发展的新动力，加速形成创新驱动发展的新模式、新格局。

（二）协调发展

协调发展是遵循经济由均衡到非均衡再到均衡的"否定之否定"的辩证发展规律，通过发挥市场机制调节与宏观调控引导的作用，优化要素资源配置，促进国民经济不同部门、不同产业、不同区域、不同领域等内部各构成单元比例得当、结构合理的新发展模式。协调发展的根本目标在于着眼新时代中国特色社会主义经济社会发展的全局，提升国

---

① "四个面向"指党的二十大报告提出的"面向世界科技前沿、面向经济主战场、面向国家重大需求、面向人民生命健康"。

② 中共中央文献研究室编：《习近平关于社会主义经济建设论述摘编》，中央文献出版社 2017 年版，第 125—183 页。

③ 习近平：《高举中国特色社会主义伟大旗帜 为全面建设社会主义现代化国家而团结奋斗——在中国共产党第二十次全国代表大会上的报告》，人民出版社 2022 年版，第 35 页。

家经济发展的整体实力。对于协调发展，需要从多个方面、多个角度加以把握。

首先，协调发展既是发展导向，也是发展目标，还是发展水平的重要参考。其次，协调发展内蕴了两点论与重点论的思想精髓，内在规定了破解难题、补齐短板与厚植优势、挖掘潜力要统一于新常态的经济社会发展实践中。再次，协调发展不是简单地依靠行政力量强行推动的，而是主张发挥市场机制配置资源的决定性作用，同时辅以适度的宏观经济政策、区域经济政策、产业经济政策等适度的政策体系共同合力推进。最后，协调发展的内涵丰富，外延较为广泛。党的二十大报告提出"加快建设现代化经济体系……着力提升产业链供应链韧性和安全水平，着力推进城乡融合和区域协调发展，推动经济实现质的有效提升和量的合理增长"[1]。这表明协调发展既要求两大部类之间与三次产业之间的发展协调，也强调新兴高端产业与传统产业之间的发展协调，也注重城市与乡村之间、不同大区之间、不同增长极之间的区域发展协调，还要求经济领域与其他非经济领域之间的发展协调。

（三）绿色发展

绿色发展是顺应工业文明转向生态文明的历史趋势，以人与自然和谐共生为导向，通过加强环境污染治理与生态环境保护，集约使用资源，减少污染物排放，推行绿色低碳循环的生产生活方式，不断创造、积聚生态财富，筑牢生态本底的新发展模式。

在《资本论》中，马克思明确了自然条件是生产力发展的重要影响因素，并引用威廉·配第的"劳动是财富之父，土地是财富之母"论点，进一步说明了自然条件是社会财富的主要来源之一。习近平总书记明确指出，"绿水青山就是金山银山"，"保护生态环境就是保护生产力、改善生态环境就是发展生产力"。党的二十大报告强调，"大自然是人类赖以生存发展的基本条件。尊重自然、顺应自然、保护自然，是全面建设现代化国家的内在要求。必须牢固树立和践行绿水青山就是金山银山的理念，站在人与自然和谐共生的高度谋划发展"[2]。由此可见，绿色发展的基本目标是保护和发展生产力，提高新时代中国特色社会主义经济发展的内生潜力，为中国式现代化建设提供长久的支撑力。

从财富创造角度看，绿色发展丰富了马克思主义的财富观，将生态环境与物质产品共同视为社会财富。树立新发展理念要求节约资源与保护环境并重，坚持资源节约型和环境友好型的建设方向，走生产发展、生活富裕、生态良好的文明发展道路，加快形成人与自然和谐发展的新格局。绿色发展既着眼当前的环境污染及其治理问题，也要及时弥补过去粗放发展遗留的"生态欠账"，加快推进发展方式绿色转型；既要集约利用自然资源，也要加强污染防控与环境保护；不仅注重生产生活水平的不断提升，还要求这一改善过程、方式立足"碳达峰碳中和"战略，实现发展结果绿色化，持续支撑发展"绿色含量"提

---

[1] 习近平：《高举中国特色社会主义伟大旗帜　为全面建设社会主义现代化国家而团结奋斗——在中国共产党第二十次全国代表大会上的报告》，人民出版社2022年版，第28、29页。

[2] 习近平：《高举中国特色社会主义伟大旗帜　为全面建设社会主义现代化国家而团结奋斗——在中国共产党第二十次全国代表大会上的报告》，人民出版社2022年版，第49、50页。

升；不仅要筑牢生态本底，还要科学挖掘、科学利用生态财富，在提升生态系统多样性、稳定性、持续性的同时，生产满足人民群众美好生活需要的高质量生态产品。

（四）开放发展

开放发展是充分利用国内与国外生产要素，统筹国内与国外两个市场，加速高质量财富创造与实现的新发展模式。立足于四十多年的改革开放基础，新时代发展阶段下的开放发展试图实现更高层次、更高质量、更广领域、更大范围上的开放型经济。相较于前期的对外开放，中国目前面临的国际国内形势已出现明显改变，有利因素与风险挑战同时浮现，这要求我们深入把握理解开放发展的内涵，以更好地推进高水平对外开放。

首先，新时代的开放发展站位更高，力图在构建人类命运共同体的高度上推进互惠互利、合作共赢的更高层次的开放型经济。其次，与过去侧重外需、侧重出口与侧重引资不同，新时代的开放发展更加注重平衡导向，强调形成"内需与外需协调、进口与出口平衡、'引进来'与'走出去'并重、引资与引技引智并举"的更高质量的开放型经济。再次，新时代的开放发展更加主动拓宽开放领域，在过去以工业领域开放为主的基础上，除了关系国家安全与国计民生的领域，各产业、各行业已几乎全面向外资开放，推进更广领域的开放型经济发展。最后，与过去依托沿海的经济特区推进的对外开放有所不同，新时代支撑开放发展的空间范围更大，通过发起"一带一路"倡议、在全国范围内设立多个自由贸易区等方式，推动了东向西向南向联动开放，形成了内陆沿海沿边深度开放格局，促进了经贸往来对象多元化，贸易国涵盖了众多发达国家与发展中国家。

（五）共享发展

共享发展是在鼓励共同奋斗创造美好生活，充分调动微观主体的积极性、主动性、创造性做大经济总量的基础上，坚持在发展中保障和改善民生，以科学的分配制度与分配机制为保障，公平合理地分配发展成果，不断提升经济社会发展参与者的实际获得感，逐步实现共同富裕的新发展模式。可从四个方面理解共享发展。

第一，价值导向方面，共享发展以全民共享为根本目标。共享发展坚持"发展为了人民、发展依靠人民、发展成果由人民共享"的总体思路，主张发展成果"人人享有、各得其所，不是少数人共享、一部分人共享"，要惠及各地区、各民族与各阶层的人民，充分体现了社会主义本质要求。第二，共享对象方面，共享发展以全面共享为基本内容。中国的发展是经济、政治、文化、社会与生态"五位一体"的全面发展，新时代老百姓的需要也由经济领域向非经济领域拓展，非经济领域的需要迅速增长，共享发展便是要全面保障人民在各方面的合法权益，充分满足人民日益增长的多层次、多元化需要。第三，共享基础方面，共享发展以共建共享为基本条件。共享发展是与中国特色社会主义分配制度相匹配的发展模式，这内在隐含着全民共享以人人参与、共同建设为前置条件。共建发挥了每一个体的作用，为个体参与共享提供了基础，"只有共建才能共享"；同时，个体共建才能彼此共享，融合于财富的创造，"共建的过程也是共享的过程"。第四，共享方式方面，共享发展以渐进共享为主要实现方式。习近平总书记指出："共享发展必将有一个从低级到高级、从不均衡到均衡的过程,即使达到很高的水平也会有差别。"① 全民共享、全面共享、共建共享在实践上的确很难一蹴而就,有着明显的阶段性。这要求经济发展要抓住不同时期的主要矛盾和矛盾的主要方面,清晰把握发展的重点与难点,主动避免一步到位的简单平均主义,稳步有序地推进经济社会发展及相应成果的共享。

二 新发展理念的主要特征

新发展理念作为新时代中国特色社会主义的全新发展观,具有鲜明的内在特质。新发展理念主要的突出特征有四个,分别是唯物辩证特征、系统整体特征、全面综合特征以及指向明确特征。

(一) 唯物辩证特征突出

长期以来,中国共产党坚持使用马克思主义唯物辩证法指导社会主义事业的探索,新发展理念的提出与实践均表征出鲜明的唯物辩证法特点。新发展理念始终坚持以人民为中心的发展思想,既强调人民群众是推动经济社会发展的主体,也明确了发展为人民、发展成果由全体人民共享的价值取向,是马克思主义唯物史观的具体实践。新发展理念的提出是基于改革开放以来中国经济体量已足够大、物质基础日益雄厚的现实,顺应了社会主要矛盾的新变化,充分把握了不平衡不充分发展的新时代社会主要矛盾的主要方面,实现了两点论与重点论的统一。正如习近平总书记所说的:"新发展理念的提出,是对辩证法的运用;新发展理念的实施,离不开辩证法的指导。"②

(二) 系统整体特征突出

经济社会是由各部门、各领域构成的有机系统,经济社会的发展是各构成部分的协调、同步、整体发展。新发展理念是党中央在新时期运用唯物辩证法对经济社会发展思路、目标、方向以及价值取向等进行的整体统筹规划设计,继承革新升级了传统的发展模式。新发展理念由创新、协调、绿色、开放和共享构成了不可分割的有机整体,这五个维度紧密关联、相互促进,缺一不可。其中,"创新是引领发展的第一动力,协调是持续健康发展的内在要求,绿色是永续发展的必要条件和人民对美好生活追求的重要体现,开放是国家繁荣发展的必由之路,共享是中国特色社会主义的本质要求"③。与新发展理念的系统性相适应,中国特色社会主义的经济社会发展要求整体协同、共同发力、统筹推进,以更好、更快、更有效地实现发展的统一性,增进发展的整体效能。由此可见,新发展理念凸显了经济社会发展的系统性与整体性。

(三) 全面综合特征突出

发展是一个复杂的问题,涉及面较广,既包括经济领域,也涵盖非经济领域,需要全

---

① 习近平:《习近平谈治国理政》第 2 卷,外文出版社 2017 年版,第 216 页。
② 习近平:《习近平谈治国理政》第 2 卷,外文出版社 2017 年版,第 221 页。
③ 本书编写组:《中华人民共和国简史》,人民出版社、中共党史出版社 2021 年版,第 343 页。

面考虑。世界经济发展史表明，许多偏重经济维度的国家或地区尽管在经济增长方面取得了不错的成绩，但也产生了种族歧视、收入差距难以缩小、地区发展差距固化、环境污染严重等诸多扰乱经济社会前进的矛盾问题，降低了经济社会发展实际成效。基于"五位一体"的总体布局，中国的新发展理念既发现了经济发展的有利条件，也审慎分析了发展面临的挑战与风险；既看到了经济增长带来的益处，也考虑了增长过程中出现的日益严峻的突出矛盾，如经济增长乏力、区域发展差距较大、资源浪费、环境污染等。新发展理念注重在发展中全方位解决影响经济社会向前的问题，实施创新驱动战略培育新动能，实施区域协调发展战略促进区域发展收敛，通过推进绿色发展与共享发展提升发展的永续性与包容性。简而言之，新发展理念是全面综合的经济社会发展观。

（四）指向明确特征突出

发展是错综复杂的系统，清晰把握各构成部分、各组成环节有着特定的功能与作用，有利于促进经济社会的稳定发展。新发展理念囊括了创新、协调、绿色、开放、共享五个部分，围绕发展质量与效益的改进，每一方面注重解决的矛盾不同，有着明确的问题导向。例如，创新侧重解决发展的动力问题，只有把发展着力点放在创新上，设计激发创新的体制机制，才能形成创新驱动力，引领经济社会发展；协调侧重解决发展的不平衡不充分问题，只有坚持不同区域、不同产业行业、经济领域与非经济领域的协同并重，才能在不断弥补短板的同时拓展发展空间，增强发展后劲；绿色侧重解决发展的可持续性问题，只有将人与自然和谐的思想深度融入生产生活过程中，加强污染治理与环境保护，才能增进生态本底，促进代际公平，增进发展的永续性；开放侧重解决发展的国内外联动问题，只有不断丰富对外开放的内涵，提高对外开放水平，协同推进战略互信、经贸合作、人才交流，才能开创对外开放的新局面，形成深度融合的互利合作的开放发展格局；共享侧重解决发展的公平正义问题，只有确保发展机会均等、分配均等、人人共享发展成果，才能广泛充分调动不同民族、不同个体的积极性与创造性，体现社会主义制度的优越性。

三 新发展理念的内在关系

新发展理念遵循了生产力决定生产关系、生产关系反作用于生产力和经济基础决定上层建筑、上层建筑反作用于经济基础的基本经济规律。创新、协调、绿色、开放、共享五个子系统在新发展理念整体系统中并不是彼此独立、简单并列的关系，虽然创新发展侧重引领导向、协调发展侧重平稳导向、绿色发展侧重永续导向、开放发展侧重联动导向、共享发展侧重公平导向，但这五大方面也是相互联系、相互作用，有着严谨的逻辑联系。

（一）创新发展突出引领导向

纵观世界经济发展史可知，某一国家或地区的飞跃均离不开创新的推动。对于中国这样一个由高速增长转向高质量发展的发展中大国来说，创新驱动发展模式的塑造至关重要。在新发展理念的五大部分构成中，创新处于首要位置，具有显著的带动引领作用。通过创新在提升全要素生产率、培育新动能、形成新动力的同时，我们推动的创新以缩小不同地区、不同产业、不同领域发展差距为导向，助力不平衡不充分问题的解决，促进协调发展；创新以提高永续性为导向，创新成果要能增进发展的"绿色含金量"，支撑绿色发展加速推进；创新以全球视野为导向，充分利用全球的资源服务于国内创新，引进来与自主研发并重，提升外贸的技术含量，支撑更高层次的开放发展；创新坚持发展为了人民的价值取向，创新是依靠微观个体智慧推动的，要能确保创新行为能促进发展机会公平，确保创新成果能惠及全体人民且分配公平，促进共享发展水平提高。

（二）协调发展突出平稳导向

理论上，一个国家或地区保持经济发展长期向好的趋势需要坚持遵循"螺旋上升"的发展规律，及时解决内部不同方面、不同层次发展差距较大的矛盾是持续稳定向前发展的内在规定与重要前提。由中华人民共和国成立以来的经济发展实践分析，透过这一演进历程能够清晰地挖掘与捕捉到"均衡→非均衡→相对均衡→……"的内在发展演进规律。新发展理念中的协调离不开创新，要以创新为基础，通过创新形成坚实的物质与技术条件，促进形成更高层面以及更高技术水平上的协调发展。新发展理念中的协调以生态环境为约束，是能够实现人与自然以及物质文明、精神文明与生态文明和谐统一的绿色化的协调。新发展理念中的协调要求能够充分利用国内外的要素资源，统筹国内与国外两个市场，在不断促进各方面发展协调的同时，形成有利于全面对外开放的支撑条件。新发展理念中的协调也蕴含着丰富的共享含义与要求，城乡区域发展和不同群体收入水平之间的差距缩小是重要内容之一，从而协调发展应有利于加速共享、优化共享。

（三）绿色发展突出永续导向

世界经济发展实践表明，经济社会发展与自然环境状况有显著关联，资源浪费与环境恶化通常会压缩发展空间，节约资源、加大污染治理与环境保护力度以及加快生态文明建设往往能够提升国家或地区经济社会发展的可持续能力。绿色发展的实现需要依靠各种创新形成绿色的技术体系、绿色的产品供给体系、绿色的流通体系以及绿色的生活模式，不能片面强调生态环境保护而抑制创新。推进绿色发展应把协调作为重要的参考标准，不能为了环境质量达标而停止发展，而应在发展的过程中增进生态本底，特别需要注重统筹处理不同地区、不同行业绿色发展的冲突关系，促进协调发展。由于生态环境是全球性的问题，绿色发展还应立足全球视角进行考虑，加强环境保护与污染治理领域的国际合作，为全球的生态文明建设作出贡献、提供经验与方案，推动开放发展水平提升。绿色发展的推动有利于生态环境的优化与生态型产品的供给，进一步满足人们在生态文明方面的需要，促进共享发展；而且绿色发展既关注当前的资源环境承载，更强调子孙后代的生态发展空间，兼顾发展机会、发展成果以及发展能力的代际公平。

（四）开放发展突出联动导向

当今的世界是"你中有我、我中有你"的世界，封闭发展与脱钩发展既不可能，也不现实。历史地看，一个国家要发展壮大，必须主动顺应经济全球化潮流，坚持对外开放。以开放加速促进国家繁荣发展已为实践所证实。新发展理念中的开放是技术水平基础与要求更高的开放，是在充分利用人类社会创造的先进科学技术成果和有益管理经验基础上，能够有利于加快推动自主创新的开放。新发展理念中的开放是协调特色突出的开放，是合作共赢、内需与外需相对均衡、"引进来"与"走出去"并重、自主创新研发与引资引技引智同步、内陆与沿海协同布局的开放，是有利于中国经济社会发展协调水平提升的开放。新发展理念中的开放是绿色导向的开放，要求引进的国外技术是能够提高资源利用率与投入产出率的技术，引进的国外产业是"三低一高"（低能耗、低污染、低排放、高附加值）的产业，同时中国出口的也应是绿色化的技术、产业与商品，从而新时代的开放理论上应有助于绿色发展。新发展理念中的开放是共享取向的开放，中国既从全球化大潮中寻求发展机遇，也向世界输送高质量的产品与服务，与他国主动分享中国的系列发展成果、治理经验以及道路模式。

（五）共享发展突出公平导向

发展是一个多维的命题，既有丰富的内容，也有明确的价值取向，仅片面坚持经济中心主义的发展不可取、难以为继。在新发展理念的五个方面中，共享发展规定着发展的内容与发展的终极目的，对其他方面有着约束作用和导向功能。新时代推进的共享不是简单的平均主义运用，而是有利于激发微观主体创新积极性的共享，是依靠各种创新实现的创新成果惠及全体人民的共享。新时代推进的共享为解决不协调不充分发展问题提供了动力与目的，是在推进不同区域之间、城乡之间、不同群体之间、不同领域之间发展差距缩小过程中渐进实现的共享，不能为了共享，而忽视合理差距内生的积极性，片面主观地拉平差距。新时代推进的共享不仅包括经济、政治、社会发展成果的共享，还包括生态文明的共享，这需要通过绿色发展满足当代人与子孙后代对美好生态环境的需要，发展进程中不能为了短期的经济利益而造成更多的资源浪费与更大的环境损害。新时代推进的共享是基于更宽领域的对外开放在更广阔空间上实现的共享，既有充分利用国内外要素创造财富促进国内民众迈向共同富裕之意，也内含了其他国家分享中国开放发展成果的要义，从而推动中国更高水平的开放型经济与人类命运共同体建设。

总而言之，新发展理念的提出遵循了生产力决定生产关系、生产关系反作用于生产力与经济基础决定上层建筑、上层建筑反作用于经济基础的马克思主义政治经济学的基本经济规律，紧密结合了当前世界经济形势和新时代中国经济发展的主要特点、主要矛盾和实践中的突出问题。新发展理念是由创新、协调、绿色、开放、共享五个部分构成的有机系统，具有突出的唯物辩证性、系统整体性、全面综合性和指向明确性的特征。新时代，首先必须清晰地认识到新发展理念是一个全新的、与时俱进的、遵循经济社会发展规律的发展观，不能简单地、形而上地认为它只是"旧鞋新穿""换汤不换药"的提法，而应及时革新思维，深入理解认识新发展理念；其次，不能割裂孤立地对待"创新、协调、绿色、开放、共享"五个子系统，应使用历史唯物主义与辩证唯物主义的分析方法，充分把握创新、协调、绿色、开放、共享彼此之间的逻辑关系，要能从理论层面阐述清楚这五大维度之间复杂关联的各个方面的内容；最后，新发展理念全面坚持了以人民为中心的发展思想，是关系中国社会主义事业发展全局的深刻变革，应将新发展理念全面融入新时代中国各领域、各方面的发展进程中。

第三节 新发展理念的重要价值

新发展理念是习近平经济思想的重要理论内容，是新时代中国特色社会主义经济发展的科学指引纲领。新发展理念既是构建与完善中国特色社会主义发展经济学、中国特色社会主义政治经济学的理论依循，也是新时代中国深入推进供给侧结构性改革、实现高质量发展、建立现代化经济体系的行动指南，还是实现以中国式现代化全面推进中华民族伟大复兴的重要举措。

一 新发展理念的理论价值

新发展理念是在全面把握世界经济发展总体形势，深入总结中国社会主义探索实践经验基础上，遵循经济社会发展的基本规律提出的，是与新时代中国特色社会主义要求相契合的马克思主义发展观。用发展的眼光考察，新发展理念有着显著的理论贡献。

（一）新发展理念是马克思主义经济社会发展理论的深化与创新

历史地看，发展始终是不同时期的理论焦点议题。马克思、恩格斯使用历史唯物主义与唯物辩证主义的科学分析方法，挖掘了人类社会演进的基本规律，也即生产力与生产关系的对立统一关系。马克思、恩格斯认为，生产力决定生产关系、生产关系反作用于生产力，当生产力与生产关系相互适应时，人类社会的历史车轮将向前滚动；当二者不相适应时，经济社会发展将受到不同程度的阻碍。由此可见，为解放和发展生产力，人们必然会对特定社会的生产关系加以革新。总的来说，生产关系的变革有两种方式：一是采用暴力的手段推翻旧制度赖以存在的上层建筑和经济基础，使用进步的新制度进行代替；二是确保核心的、基本的、根本的社会制度与经济制度不变，变革特定历史阶段下的经济体制，深入改革社会经济运行的具体制度。对于生产力，马克思明确指出："劳动生产力是由多种情况决定的，其中包括工人的平均熟练程度、科学的发展水平和它在工艺上的应用的程度，生产过程的社会结合，生产资料的规模和效能，以及自然条件。"[①] 进一步，马克思又提出了劳动价值论、货币理论、社会再生产理论、资本积累理论、经济危机理论、社会主义演进理论等对社会主义经济社会发展有重要指引的理论成果。

中华人民共和国成立后，中国共产党在毛泽东思想的指引下开启了社会主义建设的探索之路，形成了许多关于经济社会发展的理念。例如，在《论十大关系》的报告中，毛泽东坚持马克思主义的唯物辩证法与普遍联系的观点，阐述了农轻重、沿海与内地、经济建设与国防建设、中央与地方政府等十个方面的关系，总结了社会主义建设要根据国情走适合自己道路的规律；在《关于正确处理人民内部矛盾的问题》一文中，毛泽东进一步提出了

[①] 《资本论》第1卷，人民出版社2004年版，第53页。

"统筹兼顾、适当安排"的方针;在《矛盾论》中,毛泽东更是强调了面对复杂的发展过程,要区分主要矛盾与次要矛盾,抓住主要矛盾和主要矛盾的主要方面。这些思想为中国不同阶段社会主义建设理论的形成提供了较好的参照。改革开放以来,中国进入"富起来"的快车道。邓小平立足发展实际,实事求是地给出"社会主义的本质是解放生产力、发展生产力,消灭剥削,消除两极分化,最终达到共同富裕"的科学论断,并围绕经济社会的发展,提出了"以经济建设为中心""两手抓两手都要硬""现代化建设的任务是多方面的,各个方面需要综合平衡,不能单打一""科学技术是第一生产力"等重要战略方针。江泽民指出,在推进社会主义现代化建设过程中必须处理好12个带有全局性的重大关系。胡锦涛提出了坚持以人为本,全面、协调、可持续的科学发展。

2012年,中国特色社会主义进入"强起来"的新时代。以习近平同志为核心的党中央坚持马克思主义的方法论,运用唯物主义辩证法分析新时代的新问题新情况,在深刻总结中国发展实践经验基础上,针对新时代的中国特色社会主义事业建设提出了"五位一体"的总体布局、"四个全面"战略布局、新发展理念等战略思想,最终创立了习近平新时代中国特色社会主义思想。其中,新发展理念是习近平新时代中国特色社会主义思想的重要构成内容。新发展理念不仅继承了马克思主义实事求是的精髓,而且践行了中国共产党与时俱进的理论品格。由整体设计的视角考察可知,新发展理念坚持了系统整体性与普遍联系的观点,充分运用了重点论与两点论,既考虑了经济社会发展动力的问题,也强调了经济社会发展过程的问题,更是明确了经济社会发展的最终目的。就发展动力而言,依靠要素粗放投入推动经济增长的模式已难以持续,而且创新不足、大而不强的问题紧迫,所以新发展理念先明确了创新引领和驱动发展的重要性;就发展过程而言,要实现平稳健康可持续的发展,必须认真对待国家内部各方面、各领域、各层次的发展相对均衡问题,认真对待经济发展与生态环境、人与自然和谐的问题,认真对待国内国外联动、逆全球化与全面对外开放有所冲突的问题,这需要深入推进协调发展、绿色发展与开放发展加以保障;就发展目的而言,新发展理念更是明确了国内人民共享发展成果实现共同富裕,其他国家共享中国的发展成果实现互惠互利、合作共赢。由此可见,新发展理念是唯物辩证法深度运用、逻辑链条严谨的马克思主义发展观,体现出中国共产党对马克思主义经济社会发展理论认识的不断深化,并在中国特色社会主义事业的探索中进行了继承性的创新。

(二)新发展理念是构建中国特色社会主义发展经济学的催化器

历史唯物主义表明,理论是历史发展的产物,在不同时代具有完全不同的形式,不同的本质内容。实践中可见,不同历史阶段有不同的发展问题,这需要依据新形势、新情况发展理论,并反过来用来指导实践,解决发展进程中遇到的问题。改革开放以来,中国的经济高速增长,取得了举世瞩目的中国奇迹,西方经济学及其分支发展经济学的相关理论只能在附加特定假设部分进行解释。特别的,中国特色社会主义经济社会发展进入新时代以来遇到的新问题、新矛盾、新任务等按照西方经济学及发展经济学的传统理论难以给出有效的解决方案,充分暴露出这些理论的历史局限性与现实适应性的不足。顺应历史时代需要而形成的新发展理念,为解决中国发展的重大理论问题,突破发展障碍提供了实践指导，更是为构建适合中国国情的新时代中国特色社会主义发展经济学提供了催化剂与现实动力。

就发展因素而言，既有的发展经济学是嫁接在西方经济学理论基础上形成的，在研究不发达国家发展问题时未能有效考虑国家的特殊性与异质性，尤其是忽略了中国特有的制度对经济社会发展的推动作用。对于中国改革开放以来的高速增长事实，国内外许多经济学家从投资、外贸、消费等角度进行了阐释。虽然这些成果有一定的合理性，但不容否认的是，它们或主观地或受客观因素（研究技术水平不高、难以刻画度量等）限制忽视了中国特有的制度因素，尤其是市场经济条件下的举国体制优势以及渐进改革优势所释放的增长红利。实际上，中国特色社会主义经济社会发展成功的最主要的原因在于制度与改革。基于中国特色社会主义实践总结而来的新发展理念，遵循了改革发展的客观规律，充分体现了中国的制度特色。因而，有必要建立以新发展理念为主线的凸显中国特色制度优势的发展经济学。

就发展阶段而言，经典的发展经济学理论主要是根据部分不发达国家所处的低收入发展阶段，设定完美的假设（如劳动力无限供给等）而创立的，并尝试给出进入高收入发展阶段的理论解决方案。这些理论具有特定历史阶段的适应性，一定程度上指导了发展中国家的实践探索。然而，自第二次世界大战以来鲜有发展中国家成功进入高收入国家序列以及一些发展中国家陷入中等收入陷阱的经济事实毫无疑问反驳了发展经济学的理论。相对地，中国的发展为发展经济学的创新提供了现实样本。目前，中国已经进入中等偏上收入国家序列，据多个研究成果预测，2025年前后中国的人均国民收入将超过高收入国家的门槛值。当前阶段，中国也面临着许多矛盾，已有的发展经济学理论难以提供有效的破解办法，以习近平同志为核心的党中央给出了以新发展理念为抓手的理论指导，国内的理论工作者需要以此为契机推动中国特色社会主义发展经济学的构建。因而，立足中国经济社会发展所处的新阶段以及遇到的新问题，有必要建立以新发展理念为主线的凸显中国发展阶段特征的发展经济学。

就发展道路而言，大多数发展经济学家基于发达国家的发展经验和发展经济学经典理论为欠发达国家迈向发达国家开出的"主药方"是传统工业化道路，即通过推进工业化，逐步消除城乡二元结构，充分发挥比较优势与后发优势，进而实现现代化发展道路。改革开放初期，中国也按照发展经济学的固有思路推进工业化，依据禀赋基础发展了有比较优势以及出口导向型产业，经济增长方面确实取得了不错的成绩，但也确实出现了如城乡经济社会二元结构较为明显、环境污染严重、产业层次不高、居民收入差距较大等问题。这表明工业文明时代的发展道路难以适应工业经济、信息经济、技术经济以及知识经济交叉重叠环境，有必要重构发展经济学理论体系。中国的新发展理念特别强调培育新动能，改造提升传统动能，加快形成先进生产力，建立现代化经济体系；坚持新型工业化、信息化、城镇化与农业现代化的同步发展；坚持区域协调发展，乡村振兴与城乡融合发展等。这为广大发展中国家明确自身发展道路问题提供了样本参照。所以，为了更好地与他国分享中国发展的成功经验，有必要建立以新发展理念为主线的体现中国特色发展道路的发展经济学。

就发展问题而言，传统发展经济学研究的不发达国家的问题对中国的发展有一定的借鉴意义，但并不能直接照搬套用。比如，针对技术创新问题，传统发展经济学主张通过学习引进技术，进行模仿式创新，但却忽视了关键核心技术难以获得，可能会掉入技术引进的恶性循环，成为发达国家的技术梯度国家，难以实现真正的技术赶超与跨越发展；针对区域发展问题，传统发展经济学基于小国得出的结论难以匹配中国这样的发展中大国，不能有效应对中国内部不同区域发展解决不协调走向协调的问题；针对生态环境问题，虽然传统发展经济学也注重生态环境保护与环境污染治理防控，但依据比较优势一些国家或地区应该发展资源禀赋型产业，这只会加大该国或该地区发展的资源环境约束，并没有从根本上认识到生态环境也是生产力的本质内涵；针对开放发展问题，按照传统发展经济学的发展思路，发展中国家可能会永远成为发达国家的附庸、原材料或初级产品供应地、最终产品的销售市场，这与中国坚持并实践的互惠共赢的开放发展理念是矛盾的；针对个体发展差距问题，传统的发展经济学多是从劳动力再生产（如教育、健康等）、劳动力的外在特征、公共服务等角度进行分析，却忽视了发展的价值取向带来的影响。对于上述发展问题，中国的新发展理念在理论层面上进行了详尽的阐释，实践操作层面上也明确了应对着力方向。所以，有必要建立以新发展理念为主线的体现中国有效破解发展问题方案的发展经济学。

（三）新发展理念是创新中国特色社会主义政治经济学的推动器

马克思、恩格斯根据辩证唯物主义和历史唯物主义的世界观和方法论，批判继承历史上经济学特别是英国古典政治经济学的思想成果，通过对人类经济活动的深入研究，创立了马克思主义政治经济学，无产阶级政党的全部理论来自对政治经济学的研究①。马克思、恩格斯在揭示人类社会特别是资本主义社会经济运动规律的基础上，对社会主义社会和共产主义社会的发展给出了纲领性的描绘。中华人民共和国成立以来，中国共产党将马克思主义政治经济学的基本原理运用于社会主义事业的建设探索，为政治经济学的发展提供了鲜活的土壤。

马克思主义政治经济学的理论是发展着的理论。囿于所处时代等客观因素的影响，马克思主义经典作家并没有深入涉及中国社会主义发展进程中遇到的问题，更难以看到改革开放以来中国社会主义的发展实践，及在此基础上形成的诸多理论。这些理论成果构成了符合当代中国国情和时代特点的政治经济学，也即中国特色社会主义政治经济学。进入新时代，中国特色社会主义发展实践蕴生了中国特色社会主义政治经济学的最新成果。这一最新的理论结晶便是以新发展理念为核心内容的习近平经济思想，其基本内容为："我们坚持加强党对经济工作的集中统一领导，保证我国经济沿着正确方向发展；坚持以人民为中心的发展思想，贯穿到统筹推进'五位一体'总体布局和协调推进'四个全面'战略布局之中；坚持适应把握引领经济发展新常态，立足大局，把握规律；坚持使市场在资源

---

① 习近平：《不断开拓当代中国马克思主义政治经济学新境界》，《求是》2020年第16期。

配置中起决定性作用,更好发挥政府作用,坚决扫除经济发展的体制机制障碍;坚持适应我国经济发展主要矛盾变化完善宏观调控,相机抉择,开准药方,把推进供给侧结构性改革作为经济工作的主线;坚持问题导向部署经济发展新战略,对我国经济社会发展变革产生深远影响;坚持正确工作策略和方法,稳中求进,保持战略定力、坚持底线思维,一步一个脚印向前迈进。"①

新发展理念是对中国社会主义经济社会发展实践的科学总结,是新时代中国特色社会主义的最新理论成果,勾勒了一个较为系统完整的理论体系架构,有利于推动中国特色社会主义政治经济学的建立与创新。

构建以新发展理念为主线的中国特色社会主义政治经济学理论体系需要充分运用普遍联系与永恒发展的唯物辩证法研究我们遇到的新问题、新现象、新矛盾。首先新时代的中国特色社会主义政治经济学理论研究需要在一个系统、整体、统领性的分析框架下进行,有必要加强体现新发展理念本质特征的基本经济制度、根本经济制度、收入分配制度等经济社会制度研究,有必要加强改善经济运行效率与发展效益的市场经济体制、要素配置市场化体制机制、宏观调控机制等经济运行制度研究,有必要加强新发展理念与经济发展模式转型以及现代化经济体系关系的研究。此外,新发展理念直观上是由创新、协调、绿色、开放、共享五大理念组成的整体,每一构成部分都是政治经济学需要重点研究的课题。具体有如下方面。创新发展方面需要研究如何搭建高效创新体系,生成创新引领和驱动发展模式;研究如何以科技创新为核心形成全面创新格局,推动全面创新型国家建设;研究如何通过创新促进产业升级与发展效益提升;研究如何通过创新实现五位一体的统筹目标;等等。协调发展方面需要研究协调的内容、范围及其与持续健康发展的关系;研究如何促进发展机会公平、资源配置均衡的问题;研究如何统筹兼顾经济领域与非经济领域和谐发展的问题;研究"新四化"的同步发展问题;研究城乡融合发展、大区域相对均衡发展、重点区域一体化发展问题;等等。绿色发展方面需要研究绿色发展、生态文明建设与经济社会发展的深层次理论关联问题;研究如何运用技术创新以及生产生活方式变革实现资源节约与生态环境保护;研究如何通过考核制度、生态补偿制度、产权交易制度等推进绿色发展;等等。开放发展方面需要研究全面对外开放的理论逻辑与实践逻辑;研究如何建立全面开放体系以及更高层次的开放型经济;研究如何协调"引进来"与"走出去"以及全面融入国际产业链与价值链的问题;等等。共享发展方面需要研究共享的理论起源、丰富内涵、重要作用;研究如何通过创新制度安排规定共享、保障共享、促进共享;研究如何协调共享与发展的关系;等等。

总的来看,新发展理念的提出与实践为中国特色社会主义政治经济学研究提供了丰富的现实素材,突出了中国特色社会主义政治经济学研究对象内容的问题导向性,也规定了中国特色社会主义政治经济学研究的理论导向性与制度导向性。新发展理念不仅开辟了中国共产党发展理论的新境界,而且实现了中国特色社会主义发展理论的新飞跃,更书写了

---

① 《中央经济工作会议在北京举行》,《人民日报》2017年12月21日。

中国特色社会主义政治经济学研究的新篇章。

二 新发展理念的实践价值

新发展理念是新时代中国特色社会主义经济社会发展的先导，明确了经济社会发展的总体思路、前进方向、突破口与着力点，系统性、全局性、长远性特征显著，对实现经济社会的提质扩容与持续高质量发展有着重要的指导意义。整体上，落实新发展理念有利于深入推进供给侧结构性改革，有利于加速实现高质量发展，有利于现代化经济体系的成功构建，有利于加速推动全面开放新格局的顺利打造。

（一）准确全面贯彻新发展理念有利于深化供给侧结构性改革

供给侧结构性改革是为了应对新常态发展阶段下供给与需求结构性失衡导致的潜在增速持续下滑、工业产能过剩严重、系统性风险较大等问题而提出的，基本内容是"三去一降一补"。从政治经济学的角度看，供给侧结构性改革的根本，是使中国供给能力更好满足广大人民日益增长、不断升级和个性化的物质文化和生态环境需要，从而实现社会主义生产目的；供给侧结构性改革的重点，是解放和发展社会生产力，用改革的办法推进结构调整，减少无效和低端供给，扩大有效和中高端供给，增强供给结构对需求的适应性和灵活性，提高全要素生产率[①]。

新发展理念的全面落实是深化供给侧结构性改革的有力抓手，从五个角度推动着供给侧结构性改革。创新发展的推进加速了新技术的研发应用，有利于改造升级供给能力，向市场供应质量更高的产品与服务；同时以科技创新为核心撬动各领域、各环节的全面创新，能够有效提升全要素生产率，形成经济发展的新动能，扭转潜在经济增速放缓的趋势。协调发展的推进有利于消除不同区域的发展差距，促进区域发展收敛，提高整体发展潜力；有利于消除传统行业萎缩与新兴行业跟进不足的矛盾，释放调整红利；有利于促进实体经济与虚拟经济协同，推动金融更好地服务经济社会发展。绿色发展的推进变革了微观主体狭隘的财富观，深度拓宽了生产力的提升空间，有利于经济社会发展适应绿色消费、绿色需求能力的改善。开放发展的推进进一步统筹了国内与国外的生产要素与产品市场，在提高自身创造高质量财富能力的同时，丰富了要素、产品与服务供给的内容，有利于促进有效需求与有效供给相互适应。共享发展的推进明确了发展的对象性与目的性，以合理、公平的分配制度等激发微观主体开展生产的创造性与积极性，为经济社会发展提供原动力。

总体上，在新发展理念引领下形成的经济社会发展模式与供给侧结构性改革具有逻辑上的匹配性、适应性。新发展理念充分体现了社会主义生产的目的与要求，从发展动力、发展过程、发展目的三个方面实践着供给侧结构性改革的题中应有之义，是成功完成供给侧结构性改革设定"去产能、去库存、去杠杆、降成本、补短板"五大任务的现实路径。

---

① 中共中央宣传部编：《习近平总书记系列重要讲话读本》，学习出版社、人民出版社2016年版，第156页。

（二）准确全面贯彻新发展理念有利于加速实现高质量发展

中国特色社会主义进入新时代，中国的经济社会发展也进入新时代。在新时代的阶段背景下，中国经济社会发展的总体特征是由高速增长阶段转向高质量发展阶段。"高质量发展，就是能够很好满足人民日益增长的美好生活需要的发展，是体现新发展理念的发展，是创新成为第一动力、协调成为内生特点、绿色成为普遍形态、开放成为必由之路、共享成为根本目的的发展。"①

从发展模式看，经济高速增长时期形成的是要素粗放投入推动模式，而高质量发展则强调形成创新驱动模式，这需要推进以"理论创新、制度创新、科技创新与文化创新"为内核的创新发展，塑造内生动力，形成新引擎，以创新经济的新动能引领高质量发展。从发展标尺看，高质量发展更加强调区域间、城乡间、行业间的相对均衡发展，积极改变过去多年由于历史因素、自然禀赋、基础条件以及政策因素导致的较大发展差距，因而要充分利用数据等新生产要素、共享等新经济模式推进大协作的协调发展，消除各领域、各地区、各环节的发展位差，推动高质量发展。从发展底色看，高速增长消耗了大量的化石能源，使得黑色本底特征明显，而高质量发展则要求塑造生态绿色本底，增强发展的可持续性。这需要推进绿色发展，打造由绿色制度、绿色产业、绿色生活构成的"三位一体"绿色体系，增进发展的绿色含量，促进高质量发展。从发展空间范围看，中国四十多年的对外开放丰富了生产要素来源、拓宽了产品市场，中国已深度融入全球经济，高质量发展要求更高层次、更高水平的开放，这要求我们推进主动开放、双向开放、公平开放、共赢开放的开放发展。从发展目的看，以全民共享、全面共享、共建共享、渐进共享为核心特征的共享发展明确了高质量发展的价值取向与评价标准。

总而言之，新发展理念与高质量发展具有理论与实践层面的内在统一性。某种程度上可以认为，高质量发展是新时代中国特色社会主义经济社会发展的整体目标，而新发展理念则是实践导向。因而，新发展理念是高质量发展的重要指引与具体方式，全面推进新发展理念有利于高质量发展的加速实现。

（三）准确全面贯彻新发展理念有利于构建现代化经济体系

建设现代化经济体系是适应新时代中国社会主要矛盾新变化，促进发展质量提升，跨越发展方式转变、经济结构优化、增长动力转变与治理能力提升关口，实现社会主义现代化强国目标的迫切要求。"现代化经济体系，是由社会经济活动各个环节、各个层面、各个领域的相互关系和内在联系构成的一个有机整体。"② 现代化经济体系的构建是一项系统性工程，从发展的角度看需要通过推进新发展理念予以实现。

建设现代化经济体系要打造创新引领、协同发展的产业体系。这需要坚持实施创新驱动发展战略，形成以科技创新为核心的全面创新体系，凝聚诸多创新要素塑造引领发展的新动能，形成依靠技术与价值紧密衔接的产业关联体系，支撑现代化经济体系建设。建设

---

① 习近平：《习近平谈治国理政》第3卷，外文出版社2020年版，第238页。
② 习近平：《习近平谈治国理政》第3卷，外文出版社2020年版，第240、241页。

现代化经济体系要打造彰显优势、协调联动的城乡区域发展体系。这需要坚持实施协调发展与乡村振兴战略，缩小发展落差，弥补发展短板，消除薄弱环节，进而拓宽发展的空间，以相对均衡的空间布局支撑现代化经济体系建设。建设现代化经济体系要打造资源节约、环境友好的绿色发展体系。这需要坚持生态文明建设与绿色发展战略，将生态文明深度融入于经济社会发展进程中，构建生态、生产、生活的和谐统一新格局，支撑现代化经济体系建设。建设现代化经济体系要打造多元平衡、安全高效的开放体系。这需要更加坚定地推进开放发展，更好地利用全球资源和市场，积极推进合作、共赢、共享的国际合作，发展更高水平的开放型经济，以提高现代化经济体系的国际竞争力。建设现代化经济体系要形成体现效率、促进公平的收入分配体系。这需要坚持共享发展，将效率提升与公平正义融合，生成效率与公平相互促进的良好局面，在发展中实现收入分配差距缩小与基本公共服务均等，从分配环节为现代化经济体系建设提供支撑力。建设现代化经济体系要形成统一开放、竞争有序的市场体系和充分发挥市场作用、更好发挥政府作用的经济体制。这要求切实落实新发展理念时要将改革思维贯穿始终，着力打造规则型、制度型的市场体系，形成竞争有序、统一高效的商品和要素市场，完善社会主义市场经济体制机制改革，促进市场调节与宏观调控良性互动，形成支撑现代化经济体系建设的制度创新保障体系。

建设现代化经济体系既是一个重大理论命题，更是一个重大实践课题。理论层面上，新发展理念与现代化经济体系的逻辑自洽，二者实现了理论上的统一。实践层面上，新发展理念呼应了现代化经济体系建设的需要，二者体现了实践上的相辅相成。一言以蔽之，全面落实新发展理念有利于现代化经济体系的成功构建。

（四）准确全面贯彻新发展理念有利于打造全面开放新格局

习近平总书记明确强调："在新时代，中国人民将继续扩大开放、加强合作，坚定不移奉行互利共赢的开放战略，坚持引进来和走出去并重，推动形成陆海内外联动、东西双向互济的开放格局。中国坚持对外开放的基本国策，坚持打开国门搞建设。"[①]"中国对外开放是全方位、全领域的，正在加快推动全面开放新格局。"[②]改革开放四十多年的实践经验表明，中国经济增长奇迹与开放因素紧密相关，新时代阶段下由高速增长向高质量发展的成功转型更需要在更高层次的开放格局下进行。立足发展的视角，全面开放新格局的形成需要深入贯彻新发展理念。

塑造全面开放新格局要坚持以创新为核心驱动，促进对外开放水平跃升。这需要不断推动制度创新，加大体制机制改革力度，努力优化营商环境，形成保障全面开放新格局形成的制度体系；着力推动理论创新，以习近平新时代中国特色社会主义思想为依循，构建凸显中国特色的社会主义开放经济学，指导全面开放新格局稳定建设；切实加强科学技术

---

① 习近平：《开放共创繁荣　创新引领未来——在博鳌亚洲论坛2018年年会开幕式上的主旨演讲》，人民出版社2018年版，第10页。
② 习近平：《习近平谈治国理政》第3卷，外文出版社2020年版，第211页。

创新，提升中国制造产品及服务的核心竞争力，促进进口与出口质量跃升，为打造更高质量全面开放新格局提供支撑；坚定文化创新，充分挖掘中华民族优秀的文化基因，创新新时代对外开放文化思维，筑牢全面开放新格局所需的文化要素基础。塑造全面开放新格局要坚持以协调为策动，形成对外开放水平上台阶的空间支撑。这要求中国要加快自由贸易区以及自由贸易港的建设，在大胆闯、大胆试的基础上凝练总结可复制的经验推广至其他地区，加速国内不同地区对外开放水平平衡；要立足全国"一盘棋"，将京津冀协同发展、长江经济带发展、长三角区域一体化发展、粤港澳大湾区建设、黄河流域生态保护和高质量发展主动与"一带一路"建设以及人类命运共同体建设衔接，加速释放对外开放的联动协同效应。塑造全面开放新格局要坚持以绿色为策动，形成对外开放水平稳定提升的持续能力。这要求中国加快生态文明建设，大力治理环境污染，加强环境保护，为全面开放新格局建设提供生态保障力；要加快绿色技术的研发与使用，建立绿色循环生产体系，向世界各国输送高质量的绿色产品，不断增进对外贸易"绿色含金量"；要加快形成高要求的符合生态文明建设以及绿色发展的能耗标准、技术标准、产品标准以及低碳制度体系，为国际低碳经济发展的制度建设贡献"中国标准"。塑造全面开放新格局要以共享为取向，形成合作、共赢的对外开放新局面。这要求中国始终顺应并推动经济全球化向前发展，坚持共建原则，加快"一带一路"建设，与他国共同做大世界"经济蛋糕"，为全球共享提供物质基础；始终坚持不搞保护主义、单边主义，坚决在全球范围内推动知识、技术和人才要素自由流动，贸易和投资自由便利化，推动世界经济向更开放、更包容、更普惠、更平衡的方向发展；稳步推动国内市场开放，以进口和出口联动以及双边贸易和双向投资协同等为抓手，形成国内与国际市场协调互动、发展机会与发展成果共享的对外开放新格局。

  打造全面开放新格局是中国经济发展迈向更高质量台阶的主要抓手之一，是新时代中国特色社会主义经济发展理论的重要组成部分。开放发展是新发展理念中的一个子系统，与创新、协调、绿色和共享有着紧密的逻辑联系，五者协同促进对外开放水平持续提升。全面贯彻落实新发展理念能够有效推动全面开放新格局的成功塑造。

第十章　构建新发展格局与经济高质量发展

第一节　构建新发展格局

构建以国内大循环为主体、国内国际双循环相互促进的新发展格局,是立足实现第二个百年奋斗目标、统筹发展和安全作出的战略决策,是把握未来发展主动权的战略部署,具有重大现实意义。新发展格局理论是习近平新时代中国特色社会主义经济思想的重要内容,是马克思主义政治经济学创造性运用与创新性发展的理论成果,具有重大的理论意义。

一　构建新发展格局的时代背景

改革开放以前,中国经济以国内循环为主,进出口占国民经济比重小。改革开放以来,中国逐渐扩大对外贸易和吸引外资并深度参与国际分工,融入国际大循环,形成市场和资源"两头在外、大进大出"的发展格局。2008年国际金融危机之后,国际大循环的动能逐渐减弱、风险不断增加,构建新发展格局的重要性日益凸显[1]。总的来看,"构建以国内大循环为主体、国内国际双循环相互促进的新发展格局,是根据我国发展阶段、环境、条件变化,特别是基于我国比较优势变化,审时度势作出的重大决策"[2]。

第一,构建新发展格局是立足新发展阶段的基本要求。经济发展的不同阶段具有不同的发展目标和战略选择。改革开放以来,中国创造了经济高速增长和社会长期稳定的两大奇迹。随着工业化与城市化进程的持续推进,在经济全球化深入发展和国际产业转移的重大机遇下,中国积极融入国际经济大循环,从国外引进资本、先进技术和管理为国内经济注入活力,并依托国内丰富劳动力等要素的低成本优势,充分参与国际分工,积极拓展出口市场,推动经济实力提高,促进人民生活改善[3]。经过不懈奋斗,中国已经全面建成小

---

[1] 国家发展改革委:《加快构建新发展格局　牢牢把握发展主动权》,《求是》2022年第17期。
[2] 中共中央党史和文献研究院编:《十九大以来重要文献选编》(中),中央文献出版社2021年版,第825页。
[3] 刘鹤:《加快构建以国内大循环为主体、国内国际双循环相互促进的新发展格局》,《人民日报》2020年11月15日。

康社会、完成了第一个百年奋斗目标,并开始全面建设社会主义现代化国家、向第二个百年奋斗目标进军。目前,中国经济由高速增长转向高质量发展,传统发展方式面临诸多挑战,人口老龄化加深,技术"卡脖子"问题突出,资源环境承载能力受到较大压力,区域差距、城乡差距仍然较大,亟须构建新发展格局来适应新阶段的变化,推动从"数量追赶"到"质量追赶"的发展方式转变,提高全要素生产率,增强我国经济发展的质量优势[1]。

第二,构建新发展格局是应对国际环境深刻变化的有力措施。当前世界正处于百年未有之大变局,新一轮科技革命和产业变革构成影响这一变局的重要变量,对全球产业链供应链形成巨大冲击,引起国际贸易和分工格局的重大调整,国际力量对比发生深刻变化,全球贫富差距持续扩大。2008年国际金融危机之后,全球市场收缩,世界经济持续低迷,部分发达国家保护主义、单边主义盛行,不惜发动贸易战、科技战试图遏制新兴发展中国家崛起,经济全球化遭遇逆流。2020年新冠疫情暴发,一度给世界经济按下了暂停键,各国进一步推动产业链区域化、本地化,国际环境更加复杂严峻,不确定性和不稳定性明显增加。面临国际大循环动能减弱、风险增加的深刻变化,中国必须乘势而为,调整经济发展战略,采取有力的政策措施,抓住各类资源在全球范围重组的机会,坚定不移实现对外开放,在更高层次上参与全球产业分工和创新分工,在积极融入国际循环的同时,进一步畅通国内大循环,在多个领域集成全球资源优势,提高技术的自主性,提升经济发展可持续性和韧性,保持经济平稳健康发展。

第三,构建新发展阶段是适应中国发展条件变化的主动选择。当前全球产业链供应链发生深度调整,中国制造业面临发达国家与发展中国家"双向挤压"的严峻挑战,许多制造业有流出中国的趋势[2]。一方面,2008年国际金融危机之后,许多发达国家认识到去工业化、金融化的危害与风险,纷纷实施再工业化战略,鼓励引导制造业回流国内。数字技术快速发展带来劳动力成本在收入中的贡献度下降,也增强了发达国家吸引制造业回流的可行性[3]。另一方面,许多新兴发展中国家积极融入世界经济、参与国际分工,以更低的成本优势与中国竞争。同时,中国发展的要素禀赋已经变化,劳动力、土地等传统要素的成本优势逐渐渐弱,石油、淡水等自然资源短缺突出,资本成为最富裕要素[4]。面对全球产业链调整和国内要素禀赋变化的现状,中国生产体系内部循环不畅和供求脱节的情况显现,人民日益增长的美好生活需要和不平衡不充分的发展之间的矛盾突出,结构转换复杂性上升,亟须创造竞争与合作的新优势,利用已有的物质基础,构建新发展格局,优化内

---

[1] 王一鸣:《百年大变局、高质量发展与构建新发展格局》,《管理世界》2020年第12期。
[2] 《中国制造2025》,人民出版社2015年版,第4页。
[3] Bertulfo D. J., Gentile E., Vries G., 2019, "The Employment Effects of Technological Innovation, Consumption, and Participation in Global Value Chains: Evidence from Developing Asia", Asian Development Bank Economics Working Paper Series, 572.
[4] 江小涓、孟丽君:《内循环为主、外循环赋能与更高水平双循环——国际经验与中国实践》,《管理世界》2021年第1期。

需结构并扩大消费比例，从而释放出持久而巨大的发展动能，推动经济稳步复苏与增长。

二　构建新发展格局的科学内涵

准确把握构建新发展格局的科学内涵至关重要。马克思的再生产理论是正确认识构建新发展格局科学内涵的基础。社会再生产过程中不断经历的生产、分配、交换、消费四个环节构成了周而复始的经济循环运动。在社会主义市场经济条件下，社会再生产同样要经历生产、分配、交换、消费四个环节，当四个环节在国内进行时，构成国内大循环，当经济循环的部分环节越出国界时，就涉及了国际大循环。改革开放以来，中国深度融入国际大循环，为国内大循环注入活力和动力，实现经济实力的快速提升。随着国际大循环动能减弱、风险增加，国内大循环运行不畅和供求脱节问题凸显，迫切需要构建新发展格局。一方面，要以国内大循环为主体，更好地发挥中国超大规模经济体的内在优势，持续激发市场潜力，使得生产、分配、交换、消费四个环节能更多依托国内市场。另一方面，要推进国内国际双循环相互促进，国内循环越顺畅，越能形成对全球资源要素的强大引力场；国际循环越顺畅，越能发挥中国国际竞争新优势，形成国际国内在技术创新、产业链供应链、产品和劳务等多方面的互通有无、互相促进[1]。

构建新发展格局的关键是确保经济循环各个阶段的畅通无阻。现阶段中国经济循环存在明显堵点。在生产阶段，供需结构错配问题突出，目前国内普遍采用的大规模生产技术方式使用的是单一功能的专用机器设备，只能低成本、大批量地生产标准化产品，无法迅速转换生产线满足个性化多样化的需求[2]。同时，关键核心技术与资源能源遭遇"卡脖子"问题，大多数企业仍处于全球生产网络的外围，从技术引进中通过自主开发获得的技术创新十分有限，许多重要的中间品和资源能源高度依赖进口，面临较大安全风险。在分配阶段，主要体现为国内居民收入差距较大和国际分配不公平。一方面，国内居民收入差距仍然较大。国家统计局的数据显示，中国的城乡收入差距长期处于高位运行，城乡居民人均收入比由1978年的2.57变为2022年的2.08。城乡财富不平等问题更加严重，显著高于城乡收入不平等状况[3]。农村居民的城市权利长期受到限制，在医疗、养老、教育等方面的社会保障仍处于较低水平，城乡居民公共服务和社会福利水平不均等。另一方面，国际分配不公平问题仍然突出。在全球化体系中，发达国家凭借资本、技术方面的垄断地位获得大部分收益，而中国长期从事技术含量低的零部件生产或终端产品组装，产业仍然处于全球价值链中低端，获取利润低，还会造成严重的环境污染和资源浪费。在交换阶段，需求发生结构性变化，造成多方位产能相对过剩，交换不平衡问题日益突出。从外需方面来看，2008年国际金融危机使世界市场收缩，中国出口增速放缓，国内下游加工企业

---

[1] 逢锦聚：《深化理解加快构建新发展格局》，《经济学动态》2020年第10期。
[2] 谢富胜、匡晓璐：《以问题为导向构建新发展格局》，《中国社会科学》2022年第6期。
[3] 李实：《共同富裕的目标和实现路径选择》，《经济研究》2021年第11期。

产能过剩，并通过产业关联效应传导至上游企业，供应链产能过剩加剧。从内需方面来看，国内不同收入水平群体出现分层化现象，形成了标准化需求与个性化需求并存的动态需求结构，国内中低端供给难以满足个性化、多层次需求。在消费阶段，改革开放以来中国消费水平实现跨越式增长、消费结构发生根本性转变，全国消费层次基于收入水平差异、区域发展差异和消费群体差异而产生分化，呈现出高收入高消费、低收入低消费的消费分级，消费矛盾凸显并不断复杂化，不断扩大的消费差距阻碍消费对经济的拉动效应。

基于此，构建新发展格局、推动高质量发展，必须抓住主要矛盾，着力打通现有堵点，畅通生产、分配、交换、消费各环节，从而提高国民经济循环效率，增强经济发展的内生动力。要明确构建新发展格局并不是构建封闭的国内循环，而是开放的国内国际双循环。不能只讲国内大循环，而忽视了国内国际双循环；或者只重视国内国际双循环，而忽视国内大循环要占据主体地位。以国内大循环为主体，意味着需要具备强大的国内经济循环体系和稳固的基本盘，能应对持续高水平对外开放可能面临的风险与挑战，并通过发挥中国超大规模经济体优势，提供巨大国内市场，充分释放内需潜力，为世界各国创造需求，使得世界各国共享发展机遇，实现互利共赢，为世界人民谋福利。强调国内国际双循环，才能更好更充分地利用国内国际两个市场、两种资源，以增强整体经济联动效应，为实现更强劲且可持续的经济发展提供重要动力。此外，需要强调的是，要以全国统一大市场为基础畅通国内大循环，并非构建局限于各地或各区域的自我小循环，不能搞"小而全"，更不能以"内循环"的名义搞地区封锁。中国各地、各区域经济具有不同特点，因地制宜发展特色产业，有利于形成优势互补、分工合作的产业空间结构，促成国内循环更加高效，从而更好地吸引全球资源要素，进而推动国内国际双循环，开创国际经济合作和竞争的新局面。

三 构建新发展格局的现实路径

构建新发展格局的关键在于畅通经济循环。既是要通过打通生产、分配、交换、消费各环节的堵点，畅通国内大循环，推进城乡、区域协调发展以扩大国内大循环的覆盖范围，又要通过持续推进高水平对外开放，为国内国际双循环提供不竭动力和活力。

第一，打通社会再生产各环节的堵点，畅通国内大循环。首先，生产环节的有效畅通至关重要。"在我国发展现阶段，畅通经济循环最主要的任务是供给侧有效畅通，有效供给能力强可以穿透循环堵点、消除瓶颈制约，可以创造就业和提供收入，从而形成需求能力。"[①] 当前中国居民需求结构呈现出个性化需求与标准化需求并存的特征，而供给侧大多提供的是中低端的标准化产品，难以满足现有的需求层次结构。因此，需要继续推动供给侧结构性改革，着力提升供给体系对国内需求的适配性。同时，还要加大科技创新力度，改变中国关键核心技术受制于人的局面，为"卡脖子"环节在国内找到替代厂商，以

---

① 习近平：《习近平谈治国理政》第4卷，外文出版社2022年版，第176页。

免经济循环被中断。其次，尽快形成完整内需体系。内需主要包含消费需求和投资需求①。为提振消费需求，应当"使居民有稳定收入能消费、没有后顾之忧敢消费、消费环境优获得感强愿消费"②。一是坚持共同富裕方向，改善收入分配格局，提高低收入群体的收入，扩大中等收入群体的范围。坚定实施就业优先战略，充分发挥就业保障消费的基础性作用。二是扩大公共消费，包括教育、医疗、健康、养老等，解除居民消费的后顾之忧。三是优化流通环节，营造规范的市场秩序，建设发达的流通体系，有助于增强居民消费意愿。充分发挥投资对优化供给结构、创造就业、增加收入等方面的作用。因此，需要把扩大内需战略同深化供给侧结构性改革有机结合起来，供需两端同时发力、协调配合，形成需求牵引供给、供给创造需求的更高水平动态平衡，实现国民经济良性循环。

第二，推进城乡、区域协调发展，扩大国内大循环的覆盖范围。只有实现了城乡、区域协调发展，国内大循环的空间才能更广阔、成色才能更足。针对城乡发展不平衡，要改变过去"重城轻乡"的政策取向以及对乡村文明的长期忽视，逐步破除各类资源和要素在城乡间流动的制度阻碍，推动农业生产方式持续转变，带来农业生产率提高以及农业收益增长，因时因地发展特色产业，促成乡村经济多样化发展，以弥合城乡生产力发展差距，同时积极引导优质教育、医疗、文化资源进入乡村，完善村庄基础设施建设，提高乡村治理效能，推进农业农村现代化，促成城乡融合发展新格局。针对区域发展不平衡，需着力消除阻碍产品、要素和资源跨区域流动的行政分割和地方保护，真正形成全国统一大市场。在全国范围内优化生产力布局，推动东中西部地区形成优势互补的产业空间结构，实现协调互动、统筹发展的区域发展格局③。

第三，实现高水平对外开放，增强国内国际双循环的动力和活力。以国内大循环为主体，并非要搞封闭的内循环，而是通过消除国内经济循环堵点促成国内经济高质量发展，形成强大统一、协调通畅、运行有序的国内市场，吸引国际优质要素和资源涌入国内市场，实现内外循环在更高水平上的相互融合、相互促进。一方面，高水平"引进来"，充分利用国际资源能源与高科技产品。中国始终坚持对外开放与交流，在重点领域以超大规模市场为吸引力，加强与发达国家的科技合作，以实现科技自立自强目标，解决关键核心技术自主可控问题④。同时，不断加强与"一带一路"共建国家和地区在人才、资金、技术以及基础设施建设等方面的合作，引进共建国家和地区丰富的资源能源。另一方面，高质量"走出去"，推动中国自主创新的民族品牌走向世界。充分发挥中国完整工业体系与先进科技领域的优势作用，构建安全互惠的产业链供应链体系，对标世界标准提高中国制造品质，通过自主创新来提升中国品牌的核心竞争力，使得中国产品在国际竞争中赢得更多市场份额。通过顺畅国内国际双循环，推动建设开放型世界经济，构建人类命运共同

---

① 洪银兴、王辉龙、耿智：《从供给和需求两侧夯实新发展格局的根基》，《经济学动态》2023年第6期。
② 习近平：《加快构建新发展格局 把握未来发展主动权》，《求是》2023年第8期。
③ 鲁保林、王朝科：《畅通国民经济循环：基于政治经济学的分析》，《经济学家》2021年第1期。
④ 中共中央党史和文献研究院编：《十九大以来重要文献选编》（中），中央文献出版社2021年版，第497页。

体，形成更加紧密稳定的全球经济循环体系，各国都能共享全球化深入发展的机遇和成果①。

第二节 经济高质量发展

党的十九大报告中指出的"我国经济已由高速增长阶段转向高质量发展阶段，正处于转变发展方式、优化经济结构、转换增长动力的攻关期，建设现代化经济体系是跨越关口的迫切要求和我国发展的战略目标"②是中国特色社会主义进入新时代的重要内涵。而推动经济高质量发展，加速构建现代化经济体系，打造现代化经济强国是新时代经济发展的本质特征③。经济高质量发展是党和国家立足于发展实际，针对具体发展情况所提出的未来长期发展趋势，具有深厚的现实背景与理论背景。

一 经济高质量发展的现实背景

改革开放以来，中国经济增长持续保持高位增长。1978—2022年，中国国内生产总值从3679亿元跃升到121万亿元，在世界经济的比重由1.8%提升到了18.06%，为世界第二大经济体，人均GDP从156美元提升到12819美元，从低收入国家上升为中等偏上收入国家。此外，中国在其他方面也取得了显著成就。从主要产品来看，2022年中国钢材产量达到了13.4亿吨，粮食总产量为6.87亿吨，煤炭、粗钢、水泥、茶叶、花生、肉类、谷物等产量居世界首位；从科技创新来看，2022年中国科研经费投入为30782.9亿元，申请专利总量为161.9万件，在量子科学、高性能计算机、超级杂交水稻等领域取得了重大创新性成果；从基础设施来看，2022年中国铁路建设总里程为15.49万公里，其中高铁里程为4.2万公里，超过了世界高速铁路总量的一半；从人民生活来看，恩格尔系数从64%下降至30%，医疗卫生机构已经达到100多万个，国内旅游人数达到了25.3亿人次，基本实现了电视节目全覆盖。以此来看，从改革开放以来，中国经济发展取得了突破性、飞跃式发展，为后续高质量发展奠定了坚实基础。

近年来，随着中国经济总量处于高位，经济发展呈现新常态的特征。第一，从经济增长速度来看，已由高速增长向中高速增长发生转变。2022年中国经济增长速度为3.0%，进入中高速增长阶段，这种情况是符合大多数国家经济发展规律的。虽然增长速度放缓，但是中国的经济体量仍处于世界前列，2022年，中国GDP突破121万亿元，是世界第二

---

① 刘鹤：《加快构建以国内大循环为主体、国内国际双循环相互促进的新发展格局》，《人民日报》2020年11月15日。
② 习近平：《决胜全面建成小康社会 夺取新时代中国特色社会主义伟大胜利——在中国共产党第十九次全国代表大会上的报告》，人民出版社2017年版，第30页。
③ 王永昌、尹江燕：《论经济高质量发展的基本内涵及趋向》，《浙江学刊》2019年第1期。

大经济体,对世界经济增长的贡献率超过 1/3,是推动世界经济增长的主要动力来源。随着国内经济发展情况和国际经济形势的变化,从高速增长转为中高速增长已经是客观规律与必然现象,我们需要注意的是如何在中高速增长中追求发展的质量。第二,从经济发展结构来看,中国经济发展结构持续优化升级。2022 年,第一、第二、第三产业增加值为 88345 亿元、483164 亿元、638698 亿元,比上年分别增长 4.1%、3.8%、2.3%,三次产业占比分别为 7.3%、39.9%和 52.8%。经济结构优化能促进资源的合理配置,实现新旧动能的相互转换,从而推进经济高质量发展。第三,从经济发展动力来看,正从投资驱动、要素驱动向创新驱动转移。2022 年全社会研发经费投入强度从 2.1%提高到 2.5%以上,科技进步贡献率提高到 60%以上,说明了科技创新在经济发展中的作用愈加重要。随着劳动、资本、土地等传统要素的边际收益逐渐递减,经济发展动力向创新驱动转变势在必行,如果不能向创新驱动转型,那么经济发展就有可能会面临经济发展不可持续与长期下降的问题①。随着经济发展进入新常态,以创新驱动的经济发展模式成为必然。

二 经济高质量发展的理论背景

党的十九大报告指出:"经过长期努力,中国特色社会主义进入了新时代,这是我国发展新的历史方位。"② 这一重大论断为我们深刻把握经济发展新阶段、科学制定方针政策和发展方向,提供了基本依据和时代坐标,为中国发展的目标任务和理论遵循赋予了时代内涵。从这一论断来看,中国经济发展正从量变向质变转化,对中国经济发展产生了全面而深刻的影响。在社会主要矛盾方面,中国的社会主要矛盾已由人民日益增长的物质文化需求同落后的社会生产之间的矛盾,转化为人民日益增长的美好生活需求和不平衡不充分的发展之间的矛盾。中国执政方略和执政方针具有重大创新,经济发展的理论创新实现了巨大飞跃,发展条件和发展环境发生了显著变化,发展理念和发展方式也实现重大转变。

习近平新时代中国特色社会主义思想对中国各方面发展作出了全新的战略指引与理论概括,包含了新时代坚持与发展中国特色社会主义的总体布局、战略布局、总任务、总目标、战略步骤、发展动力、发展方式、发展方向、政治保证、外部条件等基本问题,是中国特色社会主义理论体系的重要组成部分。习近平新时代中国特色社会主义思想反映了党中央对中国特色社会主义发展的规律性认识,体现了理论与实际相结合、方法论与认识论相统一的鲜明特征。其中,创新、协调、绿色、开放、共享的新发展理论是习近平新时代中国特色社会主义思想的重要构成,也是对经济高质量发展的全新解读。

---

① 高培勇主编:《经济高质量发展理论大纲》,人民出版社 2020 年版,第 10 页。
② 习近平:《决胜全面建成小康社会 夺取新时代中国特色社会主义伟大胜利——在中国共产党第十九次全国代表大会上的报告》,人民出版社 2017 年版,第 10 页。

三 经济高质量发展的内涵与具体维度

经济高质量发展作为今后很长一段时间内国家发展的重要战略方向,具有丰富的内涵特征,可以从不同维度对经济高质量发展的内涵特征进行解读。

(一) 新发展理念维度

从新发展理念来看,高质量发展就是要体现创新、协调、绿色、开放、共享五大新发展理念[1],其中,创新成为第一动力,协调成为内生特质,绿色成为发展常态,开放成为必由之路,共享成为最终目的。

一是创新成为第一动力[2]。随着经济发展步入深水区,中国科技创新能力不断增强,成果不断推陈出新,已经成为中国经济迅猛发展的重要支撑。改革开放以来,人才强国、科教兴国战略深入实施,培养了大批科技创新人才,使得科技创新队伍不断壮大。国家在科技基础设施建设、基础科学研究、科技成果转化、高科技研究等方面实施了一系列发展举措,对中国科技跨域式提升具有重要意义。科技创新在经济结构调整、经济增长质量提升、民生改善、社会发展等方面发挥了重要作用,同时,在气候变化、传染病防治、节能减排等方面具有深刻影响。尤其是党的十八大以来,中国科技创新能力稳步提升,对经济社会发展的推动作用愈加明显。科技创新对新动能培育、产品供给优化、产业转型升级等方面的支撑作用显著增强,成为经济高质量发展的动力源泉。

二是协调成为内生特质。习近平总书记指出,"协调既是发展手段又是发展目标,同时还是评价发展的标准和尺度"[3]。改革开放以来,协调发展就在不断地深化之中。就产业结构来看,三次产业结构在不断优化,其中,服务业已经成为国民经济发展的第一大产业,工业向中高端迈进,农业基础性地位正在不断巩固;就需求结构来看,党和政府高度重视扩大内需,出台一系列政策举措,外需与内需、消费与投资的失衡状况改善明显;就区域结构来看,中部崛起、西部大开发、东北振兴等区域协调战略不断深化实施,充分发挥不同地区的比较优势;就城乡发展来看,先后实施了城乡统筹发展、一体化发展以及乡村振兴战略等,使得城乡关系得以改善,推动城乡协调发展[4]。总的来看,中国产业结构、需求结构、区域结构、城乡结构不断优化调整,经济发展的可持续性与协调性不断增强,为经济高质量发展奠定了坚实基础,协调发展已经成为经济高质量发展的内生特质。

三是绿色成为发展常态。环境保护始终是我们高度重视的目标。党和国家大力推进生态文明建设和环境保护工作,坚持保护环境和节约资源,实施可持续发展战略。党的十八大以来,绿色发展理念持续深化,美丽中国建设行动不断提速升级。树立和践行"绿水青

---

[1] 安淑新:《促进经济高质量发展的路径研究:一个文献综述》,《当代经济管理》2018年第9期。
[2] 何小钢、张宁:《中国经济增长转型动力之谜:技术、效率还是要素成本》,《世界经济》2015年第1期。
[3] 《习近平经济思想学习纲要》,人民出版社、学习出版社2002年版,第43页。
[4] 何立峰:《大力推动高质量发展 积极建设现代化经济体系》,《宏观经济管理》2018年第7期。

山就是金山银山"的新发展理念,并制定多项环境保护制度,监管执法力度和改善生态环境持续加大,环境改善成效突出①。从生态环境建设来看,重大生态修复与保护工作进展顺畅,节能减排取得重大进展,主体功能区制度不断完善,生态文明制度体系加速构建,生态环境治理显著加强。党的十九大报告提出的人与自然和谐共生,是社会主义生态文明建设的新阶段,中国坚持"绿水青山就是金山银山"的发展战略,把经济与生态协调发展纳入中国特色社会主义事业整体框架内,不断深化绿色发展理念。绿色发展已经成为经济高质量发展的常态。

四是开放成为必由之路。改革开放的实践证明,对外开放是支撑中国经济高速发展的重要力量,中国开放的大门永远不会关闭,只会越开越大。当前对外开放格局是以共建"一带一路"为重点,两手抓"引进来"与"走出去",强化创新能力开放合作,遵循共建共商共享原则。四十多年来的对外开放,中国实现了从封闭经济向开放型全球经济大国的转变,在全球经济贸易中已经占据了重要位置,成为引领全球经济发展的关键性力量。随着对外开放发展步入高质量轨道,要通过培育新模式、形成新格局、构建新体制,推动高质量开放型经济发展,让其成为高质量发展的必由之路②。

五是共享成为最终目的。党的十八届五中全会提出,"坚持共享发展,必须坚持发展为了人民、发展依靠人民、发展成果由人民共享,作出更有效的制度安排,使全体人民在共建共享中有更多获得感,增强发展动力,增进人民团结,朝着共同富裕方向稳步前进"。实现共同富裕是经济高质量发展的最终落脚点③,党的十八大以来,以习近平同志为核心的党中央将"为群众谋福利,为人民谋幸福"作为工作核心,坚持以人民为中心的发展思想,将共享发展推向了全新的高度。从实践来看,人民生活水平极大提升,社会基本公共服务质量稳步提升,社会保障水平不断提高,从基本小康到全面实现脱贫,进入真正小康社会,再到全面现代化建设时期,共享发展取得了重大进展,是经济高质量发展的最终目的。

(二)宏中微观维度

经济高质量发展也可以从宏观、中观与微观的视角来解读。宏观层面,主要体现在国家经济发展的效率和整体质量上,一般使用全要素生产率来进行衡量,表现为资源能耗使用的递减性、技术结构的升级化、劳动力结构的适应性以及三次产业结构的高级化。中观层面,经济高质量发展主要体现在区域和产业发展质量两个方面,表现为科技创新、人力资源、实体经济、现代金融协同发展、相互促进的产业体系,也表现为区域经济发展的包容性、整体性、协同性与开放性。微观层面,高质量发展主要体现为产品与服务质量两个方面,是指以产品高质量发展为核心的生产发展。

---

① 洪银兴等:《"习近平新时代中国特色社会主义经济思想"笔谈》,《中国社会科学》2018年第9期。
② 任保平:《以新发展理念引领我国经济高质量发展》,《红旗文稿》2019年第19期。
③ 洪功翔、洪阳:《新时代推动高质量发展的理论思考》,《上海经济研究》2018年第11期。

（三）供求与投入产出维度

经济高质量发展也可以从供求与投入产出视角进行诠释。高质量发展，意味着高质量的投入产出、高质量的配置、高质量的需求、高质量的供给、高质量的经济循环、高质量的收入分配[1]。新时代，中国经济向高质量发展前行，势必会对供给与需求有着更高的要求，对于供给来说，就是要实现高质量的供给，具体体现在商品和服务的供给质量要提高，提升供给端的产品与服务的质量和水平、企业活力以及产业素质，不断适应需求端消费升级趋势；对于需求端来说，就是要实现高质量的需求，要以消费升级带动供给体系全面升级，同时要打破资源由低效率部门向高效率部门流通的壁垒，提升资源在部门间的配置效率，实现高质量的配置[2]。高质量发展也对投入产出提出了新要求。实现高质量的投入产出，简单来说，就是用有限的资源创造出更大的收益，投入少、产出多、效益好，具体包含劳动的效率、资源的效率、资本的效率、环境的效率、能源的效率。高质量的收入分配体现为形成更为合理的初次分配和更为公平的再分配。高质量的经济循环体现为重点解决经济发展中的突出性失衡，确保经济健康可持续发展。

四 经济高质量发展的动力与内在机制

近年来，随着新一轮科技革命持续深化，以互联网、大数据、云计算等数字技术为核心的数字经济迅猛发展，对经济社会进行了全面而深刻的改造，引发了经济高质量发展的动力变革、效率变革与质量变革，成为经济高质量发展的新动能。数字经济驱动经济高质量发展的内在机制具体表现为以下几个方面。

一是微观层面。数字经济在微观层面通过生产的范围经济和规模经济，进而满足消费者多样化的消费需求，并通过精准化的匹配机制，从而实现供求的复杂、多元、动态均衡。从范围经济来看，数字经济在企业中的应用，降低了产品的关联性，例如植入的广告与产品本身不存在关联性，就使得范围经济的应用范围极大拓展。同时，这种范围经济又是在网络效应和规模经济的基础上建立的，用户数量和市场占有率是实现范围经济的基础[3]。以海量用户群体为基础，数字平台企业可以更加快速地拓展经验范围，除了满足大众需求的产品，还可以通过私人定制的形式，形成"长尾效应"。从规模经济来看，企业生产成本在数字经济背景下呈现出新的特征，一方面，体现为高固定成本，其主要来源于基础设施建设、企业研发投入以及消费者的补贴，另一方面，体现为低边际成本，指的是一旦产品被生产出来，就可以进行零成本的无限复制[4]。由于低边际成本效应存在，生产商可以不断扩大生产规模，从而使得平均生产成本降低，带来生产上的规模经济。同时，

---

[1] 王锋、王瑞琦：《中国经济高质量发展研究进展》，《当代经济管理》2021年第2期。
[2] 国家发展改革委经济研究所课题组：《推动经济高质量发展研究》，《宏观经济研究》2019年第2期。
[3] 杨新铭：《数字经济：传统经济深度转型的经济学逻辑》，《深圳大学学报（人文社会科学版）》2017年第4期。
[4] 荆文君、孙宝文：《数字经济促进经济高质量发展：一个理论分析框架》，《经济学家》2019年第2期。

数字技术应用也能实现消费者的规模经济，从而形成产销之间的良性互动，进一步降低供需双方成本。

二是中观层面。数字经济不仅实现了数字技术的产业化发展，还通过与传统产业相融合，推动传统产业的网络化、数字化、智能化转型，从而形成新业态、新产业、新模式。从数字技术产业化发展来看，当前，人工智能、云计算、大数据等数字技术有着明显的高外溢性、高创新活跃度以及高生产率，是未来产业升级的方向。在数字技术产业化应用和扩散的过程中，供需两侧又不断地倒逼数字技术产业化升级发展。从产业融合发展效应来看，数字技术具有高渗透性与通用性的特点，与实体经济具有天然融合性，随着数字经济深入发展，已从消费领域向生产领域渗透，产销融合、跨界融合、协调创新成为产业融合的新趋势[1]。数字经济与实体经济融合主要集中在手工业或制造业领域，催生出了网络化协同、个性化定制、智能制造模式，使得工业生产部门的经济效率大幅提升。在工业领域之外，数字经济已经向交通、农业、能源等其他领域进行嵌入与渗透，实现产业的高技术、高效率、高质量发展。

三是宏观层面。数字经济通过影响生产投入与产出的效率进而推动经济高质量发展，表现为要素配置效率提升、投入产出增加、技术外溢以及技术创新所带来的全要素生产率提升。一方面，数字经济发展，互联网技术的不断创新与深化应用，数据成为新的核心生产要素，由于数据具有非损耗性、零边界成本、易复制性的特点[2]，能够克服传统要素的排他性和稀缺性，破除传统资源约束和增长极限，投入生产过程中能显著提升全要素生产率，数据也可以与劳动、资本、土地等传统生产要素相结合，改变生产过程中要素的投入配比，优化生产要素配置，从而提升传统要素的全要素生产率。另一方面，随着前期 ICT 资本积累和基础设施投入到达一定程度，ICT 生产部门的技术创新效应逐渐显露，不仅使得生产可能性边界向外扩展，而且创新可能性边界也得以延伸，通过将技术创新扩散应用到经济生活各个方面，能显著地提升该部门的生产率，实现更高质量的产出。

五　经济高质量发展面临的主要问题

高质量发展是中国经济发展的关键目标和战略指向，是为破解中国经济发展中出现的不平衡不充分、重速度轻效益问题提出来的，因此高质量发展首要是指经济的高质量发展[3]。除了效率和质量，经济高质量发展更是"创新、协调、绿色、开放、共享"的发展。尽管中国经济早已从高速增长阶段转向了高质量发展阶段，但目前中国经济还并未完全实现高质量发展。中国经济高质量发展还存在如下问题。

一是在创新发展方面。首先，当前中国面临着研发投入迅猛增长而全要素生产率提升

---

[1] 丁志帆：《数字经济驱动经济高质量发展的机制研究：一个理论分析框架》，《现代经济探讨》2020年第1期。
[2] 胡晓鹏、徐群利：《大数据驱动与经济发展：理论机制与规制思路》，《学术月刊》2023年第6期。
[3] 刘凤义：《在经济规律体系中深入理解和把握高质量发展》，《马克思主义研究》2023年第7期。

滞缓的"科技创新困境"[1]。其次，中国知识产权的有效度和关键性欠缺显著[2]，中国知识产权使用费接收额与支付额的差额常年以来为负额，2022年中国知识产权有效度为-31.16亿美元，这表明中国的知识产权需要其他国家的鼎力支持，同时也反映出中国经济发展所需要的部分关键核心技术受制于其他国家。最后，建设与经济高质量发展相匹配的现代产业体系遭受重重障碍，产业体系面临着业态层次低、体系协调差、效率提升弱等问题[3]，产业体系的创新和转型升级刻不容缓。

二是在协调发展方面。中国城乡、区域、经济社会发展仍不协调，其差距拉大了不同阶层的群体收入，造成经济结构不合理，经济发展方式粗放，经济质量增长不高。中国虽实施了西部大开发、东北振兴、促进中部崛起等重大战略决策，对扭转全国区域不协调起到了一定作用，但当前各区域协同发展仍存在问题。此外，城乡发展不平衡主要体现在城乡要素长期以来单向流动、城乡产业发展水平差距较大、城乡公共服务不均等、农村基础设施落后等方面。究其原因，主要是中国当前的发展机制仍不够完善，政府偏向出台一些具有差异化的政策，以便先富带后富，发挥示范作用。但是对于设计区域协同发展基础制度层面的改革，包括中央与地方的关系、城市与乡村的关系、财政转移支付制度等，其推进力度不够[4]。

三是在绿色发展方面。绿色发展理念有助推中国基本经济体系和绿色生态经济体系协同发展的重要作用。然而，目前中国的绿色生态环境问题是中国经济高质量发展的突出短板。一方面，中国生态资源体制不完善，自然资源资产产权、资源总量管理和节约、资源有偿使用和补偿等还存在很多深层次的利益冲突、制度缺陷和体制机制障碍。另一方面，资源短缺与能效不高等问题限制着中国经济高质量发展。众所周知，中国是世界上最大的能源消费国，中国工业的快速生产离不开能源，中国的部分能源和矿产资源对外依存度也较高。综上，生态环境保护与绿色能源发展迫在眉睫，绿水青山就是金山银山，走绿色发展道路才能实现经济增长和生态环境保护双赢。

四是在开放发展方面。在长期实践中，中国开放型经济在赶超发达国家的过程中发挥了关键作用。但是也面临一些问题。一是由于中国高质量发展阶段的主要矛盾是结构性问题，矛盾的主要方面是在供给侧。然而中国产业供给能力有限，供不应求，导致需求外溢。外加由跨国公司主导的加工贸易出口占中国出口总额的比重较高，导致中国出现较为严重的贸易顺差。二是当前阶段中国的出口商品仍然以低附加值产品为主，导致中国在世界价值链分工中始终处于劣势地位，无法有效支撑中国产业转型升级。尤其在服务业和新兴产业方面，中国还有很多领域未开放，有些领域受到的政府保护依旧较多，需要在新一轮开放中扩大开放程度。

---

[1] 叶初升、孙薇：《中国"科技创新困境"再审视：技术创新质量的新视角》，《世界经济》2023年第8期。
[2] 数据来源于世界银行网站（https：//data.worldbank.org.cn/indicator/BM.GSR.ROYL.CD? view=chart）。
[3] 高培勇主编：《经济高质量发展理论大纲》，人民出版社2020年版，第101—112页。
[4] 张军扩、侯永志、刘培林等：《高质量发展的目标要求和战略路径》，《管理世界》2019年第7期。

五是在共享发展方面。共享发展理念是对共同富裕思想的新发展,落实好共享理念,关乎全体人民的利益。实现共享也是中国经济高质量发展的动力,但当前中国还存在一些问题阻碍了全体人民实现共享的步伐。首先,发展成果分享机制不完善,中国长期实施"效率优先,兼顾公平"的分配原则,导致社会收入分配和财富结构失衡,可能会引发一系列因社会差距拉大所致的社会矛盾。其次,区域和城乡之间的基本公共服务均等化任重而道远,教育、医疗、养老等社会保障和公共服务的标准相对较低,地区和城乡之间差距较大。如在教育领域中,区域、城乡以及学校之间硬件设施和师资水平存在较大差距,部分群体特别是农民工随迁子女受教育权利未得到充分保障。最后,人们的共建共享观念缺乏,在现实生活中,人们倾向于追逐权力、财富和声望等社会资源,但这些社会资源具有垄断性,易造成社会阶层的分化,不利于共建共享观念的传播,更不利于共享社会的构建。

六 推动中国经济高质量发展的对策

一是创新是引领发展的第一动力。要把创新放在首位,加快建设创新型国家,同时补齐基础研究、关键技术、体制机制、创新氛围方面的短板[①]。第一,提高全要素生产率,走出"科技创新困境"。一方面要加大基础科研和原创性研究的投入,要建立以企业为主体、市场为导向、产学研深度融合的技术创新体系。另一方面要力促科研成果转化为现实生产力、加速科技成果的产业化。第二,构建知识产权保护体系,掌握关键核心技术。知识产权制度及在其保护下的技术创新日益成为综合国力竞争的决定性因素[②]。政府应提高知识产权保护执法力度,提升企业创新能力,缓解中国核心技术受制于人的困境。同时以科技创新驱动供给侧结构性改革,助推产业结构转型升级。第三,助力产业升级,推动协同创新。既要统筹好各个创新主体的关系,发挥好传统产业与新兴产业之间的协同作用,又要协调好企业与高校、科研机构的对接与合作,将关键核心技术引入生产中来,最终推动协同创新,实现经济高质量发展[③]。

二是协调发展是可持续发展的内在要求。第一,区域协调发展,助力共同富裕。首先,充分协调好城市群、都市圈的虹吸效应和辐射效应,推动整体区域经济高质量发展。其次,县域经济的高质量发展是推进区域和城乡协调发展的重要着力点。县域经济具有激发经济活力和潜力、扩大内需的重要作用。最后,充分发挥数字经济对区域协调发展的支撑作用。数字经济可突破地理条件限制,拉近区域和城乡的时空距离,提高要素双向流动效率,助力区域协调发展。第二,破除城乡二元结构,推动城乡融合发展。首先要构建新

---

① 高培勇主编:《经济高质量发展理论大纲》,人民出版社 2020 年版,第 20 页。
② 吴超鹏、唐菂:《知识产权保护执法力度、技术创新与企业绩效——来自中国上市公司的证据》,《经济研究》2016 年第 11 期。
③ 郭春丽、易信、何明洋:《推动高质量发展面临的难题及破解之策》,《宏观经济管理》2019 年第 1 期。

业态，推动城乡要素资源"双向奔赴"。其次要强化县域治理，推动城乡融合迈入现代化。县域作为城市与乡村的接合点，起到支撑经济稳健发展、推进城乡融合的作用①。最后，要深入实施乡村振兴战略，提高农民收入，壮大集体经济，实现农民农村共同富裕。

三是绿色是永续发展的必要条件和人民对美好生活追求的重要体现。推动经济社会朝着绿色低碳方向转变是实现高质量发展的关键环节。推动绿色发展一方面需要从源头入手，转变传统的经济发展方式，建设资源节约、环境友好的绿色发展体系②；另一方面还应建立和完善促进全面绿色转型的制度体系。首先，深化能源体制机制改革，对当前高污染高耗能的行业进行绿色改造，并通过设置碳排放权交易和排污权交易等方式，激励市场主体在生产过程中主动减少污染排放③。其次，建立健全绿色低碳循环发展经济体系，坚持降碳、减污、扩绿、增长协同推进，大力发展绿色循环经济，如打造具有特色优势的新能源产业链、大宗固体废物资源化利用产业链等。最后，要深化绿色生态环境监管体制改革，完善绿色生态环境监管法律法规，建立健全生态环境保护的评价、考核、奖惩制度，同时要引导全社会做好生态环境保护工作，打造人人参与生态环境保护的良好局面。

四是开放是中国现代化建设和推进高质量发展的必由之路。《全球治理指数2022报告》显示，2013—2021年，中国对世界经济增长的平均贡献率达到38.6%，是推动世界经济增长的第一动力。可见，对外开放政策是提升中国经济发展水平的关键。因此，我们要继续把握机遇扩大开放，抓住"一带一路"建设带来的新机遇，推动形成全面开放新格局和新优势④。第一，进一步深化供给侧结构性改革，要巩固"三去一降一补"成果；要增强微观经济主体活力；要提升产业链水平，利用技术创新和规模效应形成新的竞争优势⑤。第二，须统筹把握国内国际两个大局，利用好国际国内两个市场、两种资源，加快建设更高水平开放型经济新体制。第三，进一步提升对外开放层次和水平，不仅要扩大服务业和高端制造业开放，还要大力发展数字贸易，将数字技术转变为新兴产业、将传统产业进行数字化改造升级。

五是共享是中国特色社会主义的本质要求。要坚持以人民为中心的发展思想，顺应人们对美好生活的新期盼，实现社会和谐共享发展。第一，坚持按劳分配为主体、多种分配方式并存，以及完善各类生产要素按贡献参与收入分配的体制机制。依法保护各类生产要素的产权，保障市场经济机制中根据对产出和效益的贡献分配收入⑥。第二，不断提高经济发展的包容性和共享性。我们要在重视经济发展效益的基础上，努力推动经济发展成果

---

① 张学良、周泽林、汤新云：《推动我国县域经济高质量发展的几个理论问题》，《财贸研究》2023年第6期。
② 任保平、李禹墨：《新时代我国高质量发展评判体系的构建及其转型路径》，《陕西师范大学学报》（哲学社会科学版）2018年第3期。
③ 何立峰：《大力推动高质量发展　积极建设现代化经济体系》，《宏观经济管理》2018年第7期。
④ 高培勇主编：《经济高质量发展理论大纲》，人民出版社2020年版，第20页。
⑤ 高培勇主编：《经济高质量发展理论大纲》，人民出版社2020年版，第21—22页。
⑥ 张道根：《全面深化新时代中国经济制度体系改革——新中国成立以来经济制度创新的历史路径和实践逻辑（4）》，《上海经济研究》2022年第11期。

共创共享，推动社会各方面事业协调发展。第三，以城乡一体化补齐农村短板，形成以城带乡、城乡互动的良好局面，同时以数字化赋能公共物品的供给，用数字技术填补区域之间、城乡之间公共资源的鸿沟。第四，实现共享发展，要激活全体人民的热情和创造精神，推动经济社会持续发展。要强化社会主义核心价值观引领作用、要传承中华优秀传统文化、要大力建设文化产业和文化事业，弘扬和发展共享理念，推动共同富裕。

第十一章 社会主义现代化与现代化经济体系

中国特色社会主义政治经济学以生产力为研究对象，同时离不开对生产关系的分析。中国人民从站起来到富起来再到强起来，经济发展是基础保障与重要支撑。经济发展也即发展生产力。分析某个经济体的经济发展问题就是对其从落后状态向现代化状态的研究。长期以来，中华民族对建成富强民主文明和谐美丽的社会主义现代化强国这一宏伟目标孜孜以求、不懈奋斗，并且探索出了一条适合中国国情的社会主义现代化道路，拓展了发展中国家走向现代化的理论与实践途径。建设现代化经济体系是新时代开启社会主义现代化建设新征程的具体行动。

第一节 现代化的概念演变

现代化是指18世纪工业革命以来人类文明的一种深刻变化，它包括从传统政治向现代政治、传统经济向现代经济、传统社会向现代社会、传统文化向现代文化转变的历史过程及其变化；它既发生在先行国家，也存在于后进国家追赶世界先进水平的过程中。概括地说，现代化是现代文明的形成、发展、转型和国际互动的复合过程，是文明要素的创新、选择、传播和退出交互进行的复合过程，是追赶、达到和保持世界先进水平的国际竞争。

现代化的三种阶段，是指第一、第二、第三现代化。迄今为止，已经历了两类现代化：第一现代化，即前工业化，其核心价值观是政治与军事；第二现代化，即后工业化，其核心价值观是经济与财富。这两类现代化是西方"分析"文明的产物。两次现代化的结果是不同的，文明共性和传统性持续存在并发生作用。第一次现代化的结果是第一现代性、特色性、多样性和副作用的形成，在不同领域有不同特点。第二次现代化的结果是第二现代性、特色性、多样性和副作用的形成，在不同领域有不同表现。同时，国际体系、国家状态和国家地位也会发生变化。

走向未来，将开始新的现代化——第三现代化，即信息化数字化，其核心价值观是文化与精神。第三现代化是全球"综合"文明的产物。经济全球化，是第二现代化从巅峰走向终结的历史进程。21世纪中后期，经济全球化将向"综合全球化"转型，将拉开第三现代化序幕。

一 第一次现代化

第一现代化,指前工业社会,即早期西方现代化。第一现代化,以牛顿经典力学、瓦特蒸汽机诞生为标志,科学向数理化天地生分类演变,物质生产力进入前工业化。权力、宗教、财富相分离,使古代综合知识向专业化分离、家族式一体化生产向社会分工分离,人类文明从古代"综合"文明走向近代"分析"文明——资本主义文明。马克思指出,资本主义文明为人类文明的发展作出了巨大贡献。第一现代化,体现了资本主义对奴隶制、封建制的空前进步性与巨大优势。以主权国家为现代化实体,政治经济活动也以主权国家为基本单位。科学技术尚在初级阶段,生产力以"体力型"为主要形式。人类对自然资源与生存环境的破坏相对较小,现代化风险虽然已露端倪,但仍属于风险有限、风险可控的现代化。

第一现代化,出现了欧洲文艺复兴式的西方理想及马克思主义的共产主义理想,产生了资本主义与社会主义两大阵营,两极制衡的"冷战对峙"成为世界基本格局。第一现代化的核心价值观是政治与军事。

二 第二次现代化

第二现代化,指后工业社会,当代西方现代化,以普朗克量子力学、电子计算机的诞生为标志,科学向多学科综合演变,出现了大量横断学科或边缘学科。电子计算机的微型化及互联网出现,生产力进入"脑力型"阶段,标志着近代"分析"文明开始向未来"综合"文明的转变。以西方后工业化为动力,以世界市场为平台,成为国际资本利益最大化的发动机以及现代资本意识形态的理论基础。资本扩张与科学技术,就像经济全球化的两个翅膀,煽动着全球的信息网络化、企业跨国化、资本国际化、贸易全球化和经济社会金融化,拉动着全球性经济增长、推进着全人类科技进步、调整着区域性联合发展,也拉开了世界性文明冲突的序幕。现代资本创造了迄今全世界最大功率的经济发动机,最激烈的贸易争夺战、最失谐的发展偏心论和最严重的资源毁灭战。同时,创造着人类迄今最辉煌的科学技术文明。在创造资本主义兴盛的同时,也成就了社会主义的辉煌。东方社会主义阵营的出现,成就了马克思主义与东方社会相结合的伟大创举;西北欧的"莱茵模式",注入了马克思经典社会主义的因素;拉美新社会主义因素的出现,很可能成为东西文明综合的试验田。未来三种社会主义因素的综合,是全球向共产主义迈进的伟大前奏。

第二现代化,使经济全球化超越了任何时代,潮水般推动着现代资本以前所未有的规模和速度向全世界涌流,反衬出发展中国家的贫困与落后,考验着东方古老文明的尊严与自信。冲击着第一现代化的传统体制,整个发展中世界,在人口、经济等多重压力下,出现了向第二现代化模式"转型"的全球性试验,强化着后冷战时代全球性西方化的大浪潮。第二现代化的核心价值观是经济与财富。

三 第三次现代化

第三现代化是第二现代化之后的新型现代化,是未来人类"综合"文明的发展模式。它以中国传统文明为基础,以社会主义文明为方向,以现代科技文明为动力,这是第三现代化的三个文明组成部分。它将汲取第二现代化的优势,克服第二现代化的弊端,以"东西文明,殊途同归"的未来"综合"文明展现给人类历史。第三现代化之路,就是通向共产主义之路。第三现代化的核心价值观是文化与精神。第三现代化宣言中,将写下两句话:未来综合文明的发展理念——第三现代化发展观;未来综合文明的发展目标——共产主义提前实现。

第三现代化的五个综合理念。其一,是第一、第二现代化的再综合。第一、第二现代化两个概念,产生于西方"分析"文明,其中渗透着大量资本与生俱来的弊端。第三现代化是东西方"综合"文明的全新概念,其主旨是第一、第二现代化中的可取部分与马克思主义发展观的综合,是人类与大自然的综合,是经济增长与社会发展的综合,是价值观上物质财富与精神富有的综合,是经济社会和谐发展与人的全面发展的综合。某些西方学者谈论"第一现代化"时,往往用"过时"与完全否定的态度。在谈论"第二现代化"时,往往用"现代"与完全肯定的态度。这两种理念,都是西方"分析"思维的表现,是单一、线性思维的现代版。当我们谈论第三现代化的时候,不能简单以"正确"或"错误"对待问题,也不能简单用"经济""财富""金融""贸易""GDP""WTO"这些"纯经济概念"来讨论问题。第三现代化概念要复杂得多,其核心概念是"综合":第一现代化与第二现代化的综合,过去、现代与未来的综合,东方与西方的综合,经济与社会的综合,增长与发展的综合,动荡与和谐的综合,人类与自然的综合,物质与精神的综合,等等。这些综合,随着时间、空间与条件的变化而变化。第三现代化不是第一、第二、第三台阶式的空间罗列,也不是19、20、21世纪钟表式的时间罗列,三个现代化之间不是物理性的简单替代关系,而是化学性的复杂综合关系。就像"单一、线性"是"复合、多线"的组成部分一样,第一、第二现代化中的"良性因素"都是第三现代化的组成部分,它们将有机地"综合"在一起。

其二,是古今、东西文明的再综合。第三现代化的发展观必须具备未来文明的三个组成条件。第三现代化的发展观最有希望产生并完善于东方。因为东方具备比西方国家更多的第三现代化文明元素:具备了未来文明基础——东方传统文明的全部,具备了未来文明方向——社会主义的东方部分,具备了西方科技文明的东方部分。

其三,是精神富有与物质需求的再综合。第三现代化将改变第二现代化以"物质财富"为核心的幸福观,建立"精神富有为主,物质需求均衡"的幸福观。第三现代化的出发点,是"以人为本",以实现全人类的幸福观为本。与第一、第二现代化提倡的"人本主义"不同,不是把"人"异化、物化、资本化、生产力化,"以人为本"的核心是"以人为目的"。必须尊重人的生存环境、必须实现对人的社会公正,一切都要以大多数人的"幸福"为前提——人的全面自由发展。

其四，是物质生产力与综合生产力的再综合。第三现代化的发展观，是"综合发展观"，是把"综合发展力"与大自然共同构成"和谐、持续、公正、平衡"的发展观。重视物质生产力，同样重视自然生产力、人口生产力、精神生产力的综合作用。真正达到人类与宇宙的和谐生存及均衡发展。

其五，是社会主义与现代文明的再综合。第三现代化以社会主义为方向，社会主义的灵魂是以人为本，核心是公平正义，目标是人的全面自由发展。第三现代化将不断推进社会主义全球化，最终目标是共产主义。

从 18 世纪到 21 世纪末，世界现代化过程可以大致分为两大阶段：第一次现代化指从农业时代向工业时代、农业经济向工业经济、农业社会向工业社会、农业文化向工业文化的转变过程和深刻变化；第二次现代化指从工业时代向知识时代、工业经济向知识经济、工业社会向知识社会、工业文化向知识文化的转变过程和深刻变化。第二次现代化不是人类历史的终结，将来还有新的发展，即第三次现代化。

第二节 新中国的奋斗目标与现代化演变

实现现代化是人类社会发展的必由之路，是世界各国共同追求的目标。中华人民共和国成立开启了中国现代化的进程。这一时期，我们已经提出了"把我国建设成一个社会主义的现代化的强国"的奋斗目标，并形成了"四个现代化"的具体路径，为改革开放以来社会主义现代化格局的构建奠定了坚实基础。

一 新中国奋斗目标的提出

中华人民共和国成立之初，为了充分彰显社会主义的优越性而使社会主义最终战胜资本主义，中国开始思考和谋划走什么样的发展道路以及选择怎样的实现路径问题，并认识到现代化是社会主义最终战胜资本主义的物质基础。早在 1945 年，毛泽东在党的七大会议上提出，"解放后要将中国建设成为一个独立、自由、民主、统一和富强的新国家"[①]。1954 年，毛泽东提出，我们的总目标，是为建设一个伟大的社会主义国家而奋斗。1964 年 12 月，毛泽东在审阅第三届全国人民代表大会第一次会议的《政府工作报告》时指出，我们不能走世界各国技术发展的老路，跟在别人后面一步一步地爬行。我们必须打破常规，尽量采用先进技术，在一个不太长的时期内，把我国建设成一个社会主义的现代化的强国[②]。根据毛泽东的指示，周恩来在第三届全国人民代表大会第一次会议上作的《政府

[①] 《毛泽东选集》第 3 卷，人民出版社 1953 年版，第 979 页。
[②] 许涤新主编：《政治经济学辞典》（上），人民出版社 1980 年版，第 31 页。

工作报告》中，首次提出了实现"四个现代化"，即现代工业、现代农业、现代国防、现代科学技术①。

二 "四个现代化"的演变

中华人民共和国成立之初，"四个现代化"的提出并不是一帆风顺的，而是经历了艰难摸索的过程，其内涵也根据实际状况几经调整和完善，并且形成了具体实施安排与部署。

（一）确立"一化"

中华人民共和国成立初期，我国社会生产力极度落后，工业基础十分薄弱，只有采矿业、纺织业和简单加工业，大量工业产品依赖进口，无法生产汽车、飞机、坦克等工业产品。"现在我们能造什么？能造桌子椅子，能造茶碗茶壶，能种粮食，还能磨成面粉，还能造纸，但是，一辆汽车、一架飞机、一辆坦克、一辆拖拉机都不能造。"② 1952年国民经济恢复后，现代工业在中国工农业总产值中的比重只有26.6%，重工业在工业总产值中的比重也仅有35.5%③。在这种历史条件下，党和国家开始了优先发展工业化尤其是重工业化的战略考量。

早在1944年5月，毛泽东在中共中央办公厅为陕甘宁边区工厂厂长及职工代表会议举行的招待会上讲话时提出，要中国的民族独立有巩固的保障，就必须工业化。我们共产党是要努力于中国的工业化的。1953年元旦，《人民日报》发表社论："开始执行国家建设的第一个五年计划""工业化——这是我国人民百年来梦寐以求的理想，这是我国人民不再受帝国主义欺侮不再过穷困生活的基本保证，因此这是全国人民的最高利益。"④ 1953年6月15日，毛泽东在中央政治局扩大会议上首次提出党在过渡时期"一化三改"的总路线。"一化"即实现"国家工业化"，"三改"即国家对农业、对手工业和对资本主义工商业的社会主义改造，"三改"是"一化"的必然要求。1954年2月，党的七届四中全会通过决议，正式批准了这条总路线。到1956年，全国绝大部分地区基本上完成了对生产资料私有制的社会主义改造，社会主义基本制度初步确立。此后，通过156个重点工业项目、"三线"建设布局以及两次大规模技术引进，中国基本建成了独立的、比较完整的工业体系。1953—1977年，中国工业总产值年均增长11.3%，初步工业化的探索实践为改革开放后的加速工业化奠定了基础。

（二）从"一化"到"两化"

在确立"一化"的基础上，中国又进一步提出"两化"，将"国家工业化"改为"社

---

① 中共中央宣传部理论局编：《新中国发展面对面》，学习出版社、人民出版社2019年版，第179页。
② 张翼、董蓓：《第一个五年计划：工业化建设扬帆起》，《光明日报》2021年2月24日。
③ 《毛泽东选集》第5卷，人民出版社1977年版，第130页。
④ 中共中央党史研究室：《中国共产党的七十年》，中共党史出版社1991年版，第304页。

会主义工业化",另外加上了"农业社会主义化、机械化"。1954年,毛泽东在明确提出"建设一个伟大的社会主义国家"总目标的同时,强调了"实现社会主义工业化""实现农业的社会主义化、机械化"的总任务。中华人民共和国成立初期,我国农业占国内生产总值比重最高,1952年达到50.5%。在农业恢复方面,根据当时经济状况和抗美援朝的需要,中国先从根治淮河入手,同时在全国各地大搞兴修水利工程,初步解决了淮河、长江和永定河流域问题。因为当时无论是工业化还是农业现代化起步都严重缺乏资本,只能在落后的农业基础上进行工业化。中国当时通过工农产品的价格"剪刀差"为工业化发展积累资本,有些农村地区引入加工业而获得发展,但是多数农村地区却继续凋敝。

(三)从"一化"到"两化"再到"四化"

1954年9月,周恩来在一届全国人大第一次会议《政府工作报告》中首次提出"四个现代化":"我国的经济原来是很落后的。如果我们不建设起强大的现代化的工业、现代化的农业、现代化的交通运输业和现代化的国防,我们就不能摆脱落后和贫穷,我们的革命就不能达到目的。"[①] 1956年党的八大通过的党章又把"四个现代化"写进了总纲中:"使中国具有强大的现代化的工业、现代化的农业、现代化的交通运输业和现代化的国防。"之后,中国依据认识和形势变化调整"四化"内容,最终形成了这"四个现代化"——农业现代化、工业现代化、国防现代化、科学技术现代化。

一是把"交通运输业的现代化"归到工业现代化里面。交通运输业不仅仅是修建公路、铁路、航道、机场等基础设施,还有很多是属于工业的范畴,如修建基础设施的工具,制造运输工具汽车、火车、船舶、飞机等。周恩来在1957年8月对这一问题进行了说明:工业是包括交通运输业在内的,交通运输业是要先行的,但要全面安排。从此,交通运输业现代化就不再单独列出。

二是把"国防现代化"先移出后恢复。面对世界形势向更加和平的方向发展,为了集中力量发展经济,周恩来提出要把国防工业放慢一些,于是在之后几年时间里,也暂时不提国防现代化,只提工业、农业和科学文化这三个现代化。到1959年,毛泽东提出仍要加上"国防现代化"。1959年12月24日,周恩来在黑龙江省干部会议上作报告时指出,"使我们的国家更快地成为具有现代工业、现代农业、现代科学文化和现代国防的社会主义强国"。1960年3月18日,毛泽东在谈话中又重申了四个现代化的提法。他指出:"使我们可以建设我们国家现代化的工业、现代化的农业、现代化的科学文化和现代化的国防。"[②]

三是增加了"科学文化现代化",同时将其又改为"科学技术现代化"。中华人民共和国成立初期,我国教育基础薄弱,科学技术水平落后。1949年,全国普通中学4045所,在校学生数103.9万人;从事科研的专门机构仅有三十多个,科技人员不足5万人。毛泽东于1957年在《关于正确处理人民内部矛盾的问题》中指出:"将我国建设成为一个具有现

---

① 《周恩来选集》下卷,人民出版社1984年版,第148页。
② 《毛泽东文集》第8卷,人民出版社1999年版,第176页。

代工业、现代农业和现代科学文化的社会主义国家。"① 后来党和国家认识到现代科学技术的重要性和对工业农业和国防现代化的重大影响，又把"科学文化现代化"表述为"科学技术现代化"。

（四）"四个现代化"分"两步走"的战略设想

1964年12月，周恩来在第三届全国人民代表大会第一次会议上所作的《政府工作报告》中，提出了"四个现代化"分"两步走"的战略设想，即"从第三个五年计划开始"，我国的国民经济发展，可以按两步来考虑："第一步，建立一个独立的比较完整的工业体系和国民经济体系；第二步，全面实现农业、工业、国防和科学技术现代化，使我国经济走在世界的前列。"② 1975年，周恩来在四届全国人大一次会议上所作的《政府工作报告》中进一步明确了分"两步走"的具体步骤，"遵照毛主席的指示，三届人大的政府工作报告曾经提出，从第三个五年计划开始，我国国民经济的发展，可以按两步来设想：第一步，用十五年时间，即在一九八〇年以前，建成一个独立的比较完整的工业体系和国民经济体系；第二步，在本世纪内，全面实现农业、工业、国防和科学技术的现代化，使我国国民经济走在世界的前列。今后的十年，是实现上述两步设想的关键的十年。在这个时期内，我们不仅要建成一个独立的比较完整的工业体系和国民经济体系，而且要向实现第二步设想的宏伟目标前进"③。这个设想得到了全国人民的拥护和全党的一致认同，但出于历史原因，没有得到有效实施。

综上所述，中华人民共和国成立至改革开放初期，中国现代化建设的理论与实践成果，集中体现为"四个现代化"的范式和内涵，即工业、农业、国防、科技的现代化。这一范式具有以下特征。一是它是在中国生产力极度落后、积贫积弱、人口数量居世界之最、完全是传统农业社会的面貌下探索实施的。二是本质上属于物质文明的一维现代化，或者说是"器物现代化"，是与当时的历史条件和经济发展水平直接相关。三是党和国家已经意识到现代化具有全面性、系统性和综合性，涉及的方面很多，需要统筹谋划，不是只顾哪一个方面或者哪几个方面就能实现。这正如邓小平在改革开放之初指出的那样："为了建设现代化的社会主义强国，任务很多，需要做的事情很多，各种任务之间又有相互依存的关系，如像经济与教育、科学，经济与政治、法律等等，都有相互依存的关系，不能顾此失彼。"④

第三节 社会主义现代化的变迁历程

建成富强民主文明和谐美丽的社会主义现代化强国，没有捷径可走，不可能一蹴而

---

① 《马克思主义历史理论经典著作导读》，人民出版社2013年版，第309页。
② 《周恩来选集》下卷，人民出版社1984年版，第439页。
③ 中共中央文献研究室编：《周恩来年谱（1949—1976）》下卷，中央文献出版社1997年版，第691页。
④ 《邓小平文选》第2卷，人民出版社1994年版，第249、250页。

就。改革开放真正开启了社会主义现代化建设进程。党和国家把社会主义现代化建设作为工作重点，根据人民意愿和社会生产力发展水平，不断制定和调整富有感召力的奋斗目标和战略部署。中国社会主义现代化的变迁历程孕育着中国现代化特性的形成，同时也体现了中国对现代化的理论与实践创新。

一　社会主义现代化的变迁历程

中国分别以 2000 年、2020 年、2035 年、2050 年为时间节点，一脉相承地形成了社会主义现代化建设的小康社会、全面小康社会、基本实现现代化和全面实现现代化四个阶段，对社会主义现代化建设规律和奋斗目标的认识越来越成熟、越来越全面、越来越丰富（见图 11—1）。

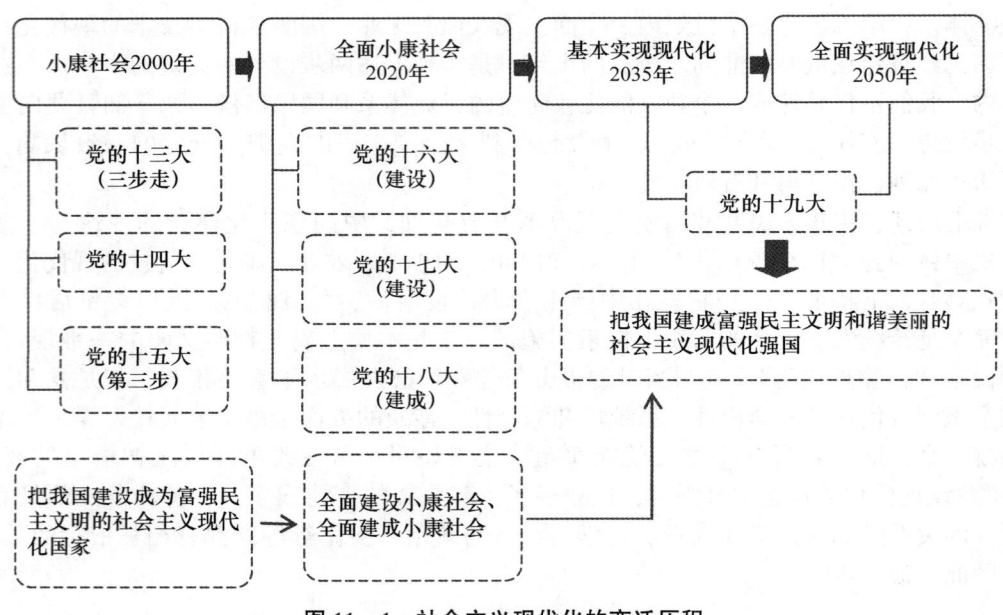

图 11—1　社会主义现代化的变迁历程

（一）改革开放初期至党的十五大："小康社会"奋斗目标的提出及战略部署

改革开放初期，面对人民日益增长的物质文化需要同落后的社会生产之间的矛盾，党的十一届三中全会作出了全党把工作重点转移到社会主义现代化建设上来的重大决策。邓小平对实现"四个现代化"的内涵标准和发展步骤进行了调整，提出了"中国式的现代化"命题和"小康社会"的具体目标。1979 年 12 月，邓小平在会见外宾时指出，我们要实现的四个现代化，是中国式的四个现代化。我们的四个现代化的概念，不是像你们那样的现代化的概念，而是"小康之家"。

关于中国现代化发展阶段，邓小平在"两步走"战略步骤的基础上提出了"三步走"的战略构想，"本世纪走两步，达到温饱和小康，下个世纪用三十年到五十年时间再走一步，达到中等发达国家的水平"①。按照这一构想，党的十三大报告明确提出把中国建设成为富强民主文明的社会主义现代化国家，并对"三步走"战略作出安排：第一步，从1981年到1990年实现国民生产总值比1980年翻一番，解决人民的温饱问题；第二步，从1991年到20世纪末，国民生产总值比1980年翻两番，人民生活达到小康水平；第三步，到21世纪中叶，人均国民生产总值达到中等发达国家水平，人民生活比较富裕，基本实现现代化。党的十五大将第三步战略进一步细化，提出了"新三步走"的战略部署：第一步，到2010年实现国民生产总值比2000年翻一番，使人民的小康生活更加宽裕，形成比较完善的社会主义市场经济体制；第二步，到建党一百年时，使国民经济更加发展，各项制度更加完善；第三步，到中华人民共和国成立一百年时，基本实现现代化，建成富强民主文明的社会主义国家。这为21世纪我国社会主义现代化建设规划了蓝图。

（二）党的十六大至十八大："全面小康社会"奋斗目标的提出及战略部署

党的十六大报告在继续坚持十三大确定的奋斗目标的基础上，提出要在21世纪前二十年全面建设惠及十几亿人口的更高水平的小康社会，即全面建设小康社会。党的十七大报告在十六大确立的全面建设小康社会目标的基础上，提出要增强发展协调性，在优化结构、提高效益、降低能耗、保护环境的基础上，实现人均国内生产总值到2020年比2000年翻两番。党的十八大报告在中国社会主义现代化建设"三步走"战略目标基础上，提出了向实现"两个一百年"奋斗目标进军的号召，即到中国共产党成立一百年时全面建成小康社会，到新中国成立一百年时建成富强民主文明和谐的社会主义现代化国家。其中，党的十八大将"全面建设小康社会"提升为"全面建成小康社会"，并在党的十六大、十七大确立的全面建设小康社会目标的基础上，提出经济持续健康发展、人民民主不断扩大、文化软实力显著增强、人民生活水平全面提高、资源节约型环境友好型社会建设取得重大进展等新的要求，并提出在发展平衡性、协调性、可持续性明显增强的基础上，实现国内生产总值和城乡居民收入人均收入2020年比2010年翻一番。

（三）党的十八大以来："基本实现现代化"和"全面实现现代化"奋斗目标的提出及战略部署

目前，中国提前实现解决人民温饱问题、人民生活总体上达到小康水平这两个目标。党的十八大以来，以习近平同志为核心的党中央坚持以人民为中心的发展思想，综合分析国际国内形势和中国发展条件，对新时代推进社会主义现代化建设作出新的顶层设计。党的十九大报告指出，新时代我国社会主要矛盾是人民日益增长的美好生活需要和不平衡不充分的发展之间的矛盾，提出要把中国建成富强民主文明和谐美丽的社会主义现代化强国。这一表述在"富强民主文明和谐"的基础上增加了"美丽"、将原先的"社会主义现代化国家"表述为"社会主义现代化强国"，对中国现代化建设提出了更高要求。同时，

---

① 《邓小平文选》第3卷，人民出版社1993年版，第251页。

党的十九大报告提出从2020年到21世纪中叶，在全面建成小康社会的基础上，分两步走全面建成社会主义现代化强国。党的二十大报告提出，从2020年到2035年基本实现社会主义现代化，从2035年到本世纪中叶把我国建成富强民主文明和谐美丽的社会主义现代化强国。从全面建成小康社会到基本实现现代化，再到全面建成社会主义现代化强国，是新时代中国特色社会主义发展的战略安排。

第一个阶段，从2020年到2035年，在全面建成小康社会的基础上，再奋斗十五年，基本实现社会主义现代化。到那时，我国经济实力、科技实力将大幅跃升，跻身创新型国家前列；人民平等参与、平等发展权利得到充分保障，法治国家、法治政府、法治社会基本建成，各方面制度更加完善，国家治理体系和治理能力现代化基本实现；社会文明程度达到新的高度，国家文化软实力显著增强，中华文化影响更加广泛；人民生活更为宽裕，中等收入群体比例明显提高，城乡区域发展差距和居民生活水平差距显著缩小，基本公共服务均等化基本实现，全体人民共同富裕迈出坚实步伐；现代社会治理格局基本形成，社会充满活力又和谐有序；生态环境根本好转，美丽中国目标基本实现。

第二阶段，从2035年到21世纪中叶，在基本实现现代化的基础上，再奋斗十五年，把我国建成富强民主文明和谐美丽的社会主义现代化强国。到那时，我国物质文明、政治文明、精神文明、社会文明、生态文明将全面提升，实现国家治理体系和治理能力现代化，成为综合国力和国际影响力领先的国家，全体人民共同富裕基本实现，我国人民将享有更加幸福安康的生活，中华民族将以更加昂扬的姿态屹立于世界民族之林。

二 中国特色社会主义现代化的特性

中国的现代化起步远远落后于西方发达国家。正因为有国外发达国家的他山之石，中国在社会主义现代化建设中逐步形成了一些区别于国外发达国家的重要特性，也体现了对现代化的理论与实践的重要创新。

（一）人口规模巨大的现代化

人口规模巨大的现代化意味着中国走的是推进14多亿人口整体迈入现代化社会的道路，强调人口数量之多、范围覆盖之广。第七次全国人口普查数据显示，中国人口总数约14.12亿，远超全世界已经实现现代化的国家和地区的人口总和。相比于西欧国家现代化所承载的千万人口级别、美国现代化所承载的亿级人口，中国推进的十亿人口以上的现代化无疑将对世界产生无可估量的影响。人口规模的差距不仅体现了中国现代化道路的独特性，更内含着任务的艰巨性和复杂性。十亿级规模的人口现代化必然要求政治、经济、文化、社会、生态各个领域实现现代化水平的提高。同时，在巨大的人口规模背后，必然存在人民对于美好生活更加多元、更高层次的需求。唯其艰难，更显伟大。

（二）全体人民共同富裕的现代化

共同富裕是中国特色社会主义的本质要求，也是一个长期的历史过程。马克思主义认为，在未来的理想社会中，"生产将以所有人的富裕为目的"①，"所有人共同享受大家创造出来的福利"②。以中国式现代化全面推进中华民族伟大复兴，必须坚持人民至上，把实现人民对美好生活的向往作为现代化建设的出发点和落脚点，着力维护和促进社会公平正义，着力促进全体人民共同富裕，坚决防止两极分化。当然，共同富裕并不等同于所有人都同时富裕，也不是所有地区同时达到一个富裕水准，不同人群不仅实现富裕的程度有高有低，时间上也会有先有后，不同地区富裕程度还会存在一定差异，不可能齐头并进，而是一个在动态中向前发展的过程。因此，既要统筹协调以缩小差距，坚决防止两极分化，又要循序渐进以逐次推开，不搞整齐划一的平均主义。

（三）物质文明和精神文明相协调的现代化

物质富足、精神富有是社会主义现代化的根本要求。区别于西方物质主义膨胀的现代化，中国式现代化不仅要求物质生活水平提高、家家仓廪实衣食足，而且要求精神文化生活丰富、人人知礼节明荣辱，是物质文明和精神文明相协调的现代化。物质文明发展是精神文明进步的基础，是实现人民美好生活的保障，体现了中国式现代化符合人类现代化规律的一般性；先进的精神文明能够为物质文明发展提供动力支持，是为现代化建设凝心聚力的精神力量。因此，中国式现代化必须坚持系统观念，统筹推进"五位一体"总体布局，不断厚植现代化的物质基础，不断夯实人民幸福生活的物质条件，同时大力发展社会主义先进文化，加强理想信念教育，传承中华文明，促进物的全面丰富和人的全面发展。

（四）人与自然和谐共生的现代化

发达国家的现代化发生在工业文明时代，主要依靠物质资源投入驱动，而中国的现代化发生在新时代生态文明时代，不能仅依靠物质资源投入，而是要探索与生态文明时代相适应的道路。党的二十大报告指出："人与自然是生命共同体，无止境地向自然索取甚至破坏自然必然会遭到大自然的报复。"③ 我们要走出一条生产发展、生活富裕、生态良好，新型工业化、信息化、城镇化、农业现代化和绿色化协同推进，发展与保护双赢的绿色循环低碳发展之路，以最少的资源消耗和最小的环境代价建成富强民主文明和谐美丽的社会主义现代化强国。

（五）走和平发展道路的现代化

西方国家的现代化过程，往往充满了"血与火"的征战和对其他国家和民族的资源掠夺与经济剥削。在实现了现代化后，仍以其传统优势地位和超强霸权实力对世界其他发展中地区进行控制和利用，维持着养尊处优的发达国家优越地位。邓小平明确指出，中国将"走出一条中国式的现代化道路"，这将是一条和平发展之路。"十四五"规划中从九个方面勾画了2035年基本实现社会主义现代化图景，所依托的都是中国的内生动力和人民自

---

① 《马克思恩格斯全集》第46卷下，人民出版社1980年版，第222页。
② 《马克思恩格斯选集》第1卷，人民出版社2012年版，308页。
③ 习近平：《高举中国特色社会主义伟大旗帜　为全面建设社会主义现代化国家而团结奋斗——在中国共产党第二十次全国代表大会上的报告》，人民出版社2022年版，第13页。

强奋斗，没有一项计划是要对外进行扩张，更没有以其他国家和人民的利益为代价来实现自身利益和提升自己实力。可以肯定地说，在未来三十年，中国将通过和平发展，完全依靠自身努力来完成现代化的进程。在现代化过程中，中国将是世界和平的建设者、全球经济发展的贡献者、国际秩序的维护者。中国实现现代化，拓展人类实现现代化的新途径，将给世界和平与发展带来新的机遇与动力。

（六）新时代"四化同步"的现代化

中国的现代化是"四化同步"的现代化。党的十八大报告将"四化同步"作为新时期现代化发展的主要思路，党的二十大报告进一步将基本实现新型工业化、信息化、城镇化、农业现代化作为到2035年我国基本实现社会主义现代化的总体目标之一。"四化"是现代化的基本内容和关键所在，"四化同步"是中国式现代化的必然要求。坚持走中国特色新型工业化、信息化、城镇化、农业现代化道路，推动信息化和工业化深度融合、工业化和城镇化良性互动、城镇化和农业现代化相互协调，促进工业化、信息化、城镇化、农业现代化同步发展。"四化同步"抓住了中国经济发展的特点，"四化"中任何一个成为短板都将对全面建设社会主义现代化国家不利。中华人民共和国成立以来，中国工业化、信息化、城镇化和农业现代化既见证了辉煌的岁月，也经历了波折起伏，"四化同步"趋势逐步加深加快。中国工业由小到大、由弱到强，信息通信技术新应用广泛普及，工业化信息化深度融合，制造强国和网络强国建设迈出历史性步伐。加快推进新型工业化城镇化，促进产城人融合发展，工业化城镇化稳定融合。以"互联网+"现代工业为抓手，推动信息化与农业现代化全面深度融合，有力引领和驱动农业现代化加快发展。

（七）推进国家治理体制和治理能力现代化

当今世界正经历百年未有之大变局，中国正处于实现中华民族伟大复兴关键时期。顺应时代潮流，适应社会主要矛盾转化，不断满足人民对美好生活新期待，战胜社会主义现代化建设前进道路上的各种风险挑战，必须在坚持和完善中国特色社会主义制度、推进国家治理体系和治理能力现代化上下更大功夫。中华人民共和国成立以来的实践证明，中国特色社会主义制度和国家治理体系是具有强大生命力和巨大优越性的制度和治理体系，是能够确保中华民族实现"两个一百年"奋斗目标进而实现伟大复兴的制度和治理体系。推进国家治理体系和治理能力现代化，要在坚持以经济建设为中心的同时，全面推进经济建设、政治建设、文化建设、社会建设、生态文明建设，促进现代化建设各个环节、各个方面协调发展，为全面建成社会主义现代化强国提供有力保障。

三 中国式现代化的现实底色[①]

习近平总书记在党的二十大报告中宣告："从现在起，中国共产党的中心任务就是团结带领全国各族人民全面建成社会主义现代化强国、实现第二个百年奋斗目标，以中国式

---

① 本部分主要引自丁任重、徐志向《中国式现代化的现实底色》，《经济学家》2022年第12期。

现代化全面推进中华民族伟大复兴。在新中国成立特别是改革开放以来长期探索和实践基础上，经过十八大以来在理论和实践上的创新突破，我们党成功推进和拓展了中国式现代化。"[1] 可以说，中国式现代化是中国共产党把马克思主义与中国特色社会主义建设相结合而提出的一个重大科学论断，是马克思主义中国化时代化的一项重要内容。

现代化是世界各国发展的一般规律，是各国从不发达走向发达、从贫穷走向富裕、从蒙昧走向文明的发展过程。具体来说，现代化包括多方面内容，工业革命以来人类社会所发生的深刻变化，包括从传统经济向现代经济、从传统社会向现代社会、从传统政治向现代政治、从传统文明向现代文明等各方面的转变。中国式现代化的提出和中国式现代化道路的形成表明，中国在追求现代化的过程中，既遵循世界现代化的一般规律，又有中国自己的特色和内容，这就是中国式现代化的现实底色。

第一，中国式现代化是基于中国国情的现代化。马克思、恩格斯设想的社会主义社会，是生产资料公有制社会，能够适应和促进社会生产力的发展。社会主义生产目的是不断满足人民群众物质和精神生活需求，不断提高人民群众生活水平。"通过社会生产，不仅可能保证一切社会成员有富足的和一天比一天充裕的物质生活，而且还可能保证他们的体力和智力获得充分的自由的发展和运用。"[2] 但是，不断提高人民群众生活水平的现实途径，只能是不断发展社会生产力。因此，马克思、恩格斯在《共产党宣言》中指出，无产阶级革命斗争胜利后，首要任务就是发展生产力："无产阶级将利用自己的政治统治，一步一步地夺取资产阶级的全部资本，把一切生产工具集中在国家即组织成为统治阶级的无产阶级手里，并且尽可能快地增加生产力的总量。"[3] 通过扩大再生产，达到不断提高人民群众生活水平的目的。"在共产主义社会里，已经积累起来的劳动只是扩大、丰富和提高工人的生活的一种手段。"[4]

中华人民共和国成立后，中国共产党把加快经济建设作为首要任务。改革开放以后，党提出社会主义处于初级阶段是最大的国情。基于对人口多、底子薄、欠发达具体国情的认识，邓小平认为，"坚持社会主义，首先要摆脱贫穷落后状态"[5]，要加快经济发展。他提出，贫穷不是社会主义，发展太慢不是社会主义，社会主义本质就是解放生产力，发展生产力。邓小平还把发展生产力称作为社会主义的"根本任务""主要任务""第一个任务"。邓小平还明确把建设中国特色社会主义路线称为"中国的发展路线"[6]。

1992年10月，江泽民在党的十四大报告中指出，中国共产党"在社会主义的发展阶段问题上，作出了我国还处在社会主义初级阶段的科学论断，强调这是一个至少上百年的

---

[1] 习近平：《高举中国特色社会主义伟大旗帜　为全面建设社会主义现代化国家而团结奋斗——在中国共产党第二十次全国代表大会上的报告》，人民出版社2022年版，第21、22页。
[2] 《马克思恩格斯选集》第3卷，人民出版社1972年版，第332页。
[3] 《马克思恩格斯选集》第1卷，人民出版社1972年版，第272页。
[4] 《邓小平文选》第3卷，人民出版社1993年版，第266页。
[5] 《邓小平文选》第3卷，人民出版社1993年版，第223页。
[6] 《邓小平文选》第3卷，人民出版社1993年版，第62—66页。

很长的历史阶段，制定一切方针政策都必须以这个基本国情为依据，不能脱离实际，超越阶段"①。在社会主义的根本任务上，"必须把发展生产力摆首要位置，以经济建设为中心，推动社会全面进步"②。江泽民还强调："我国经济能不能加快发展，不仅是重大的经济问题，而且是重大的政治问题。"③

2007年10月，胡锦涛在党的十七大报告中全面论述了科学发展观，"科学发展观，第一要义是发展，核心是以人为本，基本要求是全面协调可持续，根本方法是统筹兼顾。必须坚持把发展作为党执政兴国的第一要务。发展，对于全面建设小康社会、加快推进社会主义现代化具有决定性意义。要牢牢扭住经济建设这个中心，坚持聚精会神搞建设、一心一意谋发展，不断解放和发展社会生产力"④。

党的十八大以后，中国共产党创立了以新发展阶段、新发展理念、新发展格局为核心内容的习近平新时代中国特色社会主义思想。党的二十大报告全面论述了高质量发展理念，"高质量发展是全面建设社会主义现代化国家的首要任务。发展是党执政兴国的第一要务。没有坚实的物质技术基础，就不可能全面建成社会主义现代化强国。必须完整、准确、全面贯彻新发展理念，坚持社会主义市场经济改革方向，坚持高水平对外开放，加快构建以国内大循环为体、国内国际双循环相互促进的新发展格局。我们要坚持以推动高质量发展为主题、把实施扩大内需战略同深化供给侧结构性改革有机结合起来，增强国内大循环内生动力和可靠性，提升国际循环质量和水平，加快建设现代化经济体系，着力提高全要素生产率，着力提升产业链供应链韧性和安全水平，着力推进城乡融合和区域协调发展、推动经济实现质的有效提升和量的合理增长"⑤。

第二，中国式现代化是立足于中国道路的现代化。中华人民共和国成立以来，特别是改革开放以来，中国共产党把推动经济发展作为社会主义现代化建设的主要内容，而经济发展的主题就是实现四个现代化。

中华人民共和国成立后，中国共产党就着手加快经济建设，具体体现在"四个现代化"的提出。1954年全国人民代表大会明确提出，我国社会主义建设要实现工业、农业、交通运输业和国防四个现代化的任务。1964年底召开的第三届全国人民代表大会第一次会议，周恩来同志在《政府工作报告》中又进一步提出："调整国民经济的任务已经基本完成，今后发展国民经济的主要任务，是要在不太长的历史时期内，把我国建设成为一个具有现代农业、现代工业、现代国防和现代科学技术的社会主义强国。"⑥

改革开放后，邓小平基于以经济建设为中心的思想，又重申了四个现代化目标，并提

---

① 《中国共产党第十四次全国代表大会文件汇编》，人民出版社1992年版，第12页。
② 《中国共产党第十四次全国代表大会文件汇编》，人民出版社1992年版，第13页。
③ 《中国共产党第十四次全国代表大会文件汇编》，人民出版社1992年版，第19页。
④ 《中国共产党第十七次全国代表大会文件汇编》，人民出版社2007年版，第14、15页。
⑤ 习近平：《高举中国特色社会主义伟大旗帜　为全面建设社会主义现代化国家而团结奋斗——在中国共产党第二十次全国代表大会上的报告》，人民出版社2022年版，第28、29页。
⑥ 《周恩来选集》下，人民出版社1984年版，第439页。

第十一章　社会主义现代化与现代化经济体系

出了"中国式现代化"的概念。1979年3月21日，邓小平会见英中文化协会执委会代表团，他对客人说："我们定的目标是在本世纪末实现四个现代化。我们的概念与西方不同，我姑且用个新说法，叫做中国式的四个现代化。"① 两天以后，在中央政治局会议上，邓小平正式提出"中国式的现代化"概念。邓小平指出："过去搞民主革命，要适合中国情况，走毛泽东同志开辟的农村包围城市的道路。现在搞建设，也要适合中国情况，走出一条中国式的现代化道路。"② 1979年3月30日，在党的理论工作务虚会上，邓小平又明确提出，"社会主义现代化建设是我们当前最大的政治""能否实现四个现代化，决定着我们国家的命运、民族的命运"③。他还再一次论述"中国式的现代化"，他提出"中国式的现代化，必须从中国的特点出发"④，从人口多、耕地少、底子薄这个现实的国情出发。

随着中国经济不断发展，社会主义建设各项事业不断取得新成就，中国共产党又提出"新四化"的概念。2012年11月，党的十八大报告提出："坚持走中国特色新型工业化、信息化、城镇化、农业现代化道路，推动信息化和工业化深度融合、工业化和城镇化良性互动、城镇化与农业现代化相互协调，促进工业化、信息化、城镇化、农业现代化同步发展。"⑤

改革开放以后，中国共产党不仅确立了四个现代化的目标，而且还不断完善现代化建设的路径与步骤。根据邓小平的构想，1987年10月党的十三大制定了"三步走"发展战略。第一步，实现国民生产总值比1980年翻一番，解决人民的温饱问题。这个任务已基本实现。第二步，到本世纪末，使国民生产总值再增长一倍，人民生活达到小康水平。第三步，到下个世纪中叶，人均国民生产总值达到中等发达国家水平，人民生活比较富裕，基本实现现代化。

进入21世纪后，随着中国经济的快速发展，中国现代化的第一步任务，即人民温饱问题得到有效解决，第二步的任务也基本完成。2002年11月，党的十六大报告指出："经过全党和全国各族人民的共同努力，我们胜利实现了现代化建设'三步走'战略的第一步、第二步目标，人民生活总体上达到小康水平。"并提出"经过这个阶段的建设，再继续奋斗几十年，到本世纪中叶基本实现现代化"⑥。

2012年11月，党的十八大提出了两个"百年奋斗目标"，即在中国共产党成立一百年时全面建成小康社会，在新中国成立一百年时建成富强民主文明和谐的社会主义现代化国家。2017年10月，党的十九大绘就了社会主义现代化建设的蓝图，把我国社会主义现代划分为两个阶段。第一阶段，从2020年到2035年，在全面建成小康社会的基础上，再

---

① 《邓小平年谱（1975—1997）》上卷，中央文献出版社2004年版，第496页。
② 《邓小平文选》第2卷，人民出版社1993年版，第163页。
③ 《邓小平文选》第2卷，人民出版社1993年版，第162页。
④ 《邓小平文选》第2卷，人民出版社1993年版，第163—164页。
⑤ 胡锦涛：《坚定不移沿着中国特色社会主义道路前进　为全面建成小康社会而奋斗——在中国共产党第十八次全国代表大会上的报告》，人民出版社2012年版，第20页。
⑥ 《中国共产党第十六次全国代表大会文件汇编》，人民出版社2002年版，第17、18页。

奋斗十五年，基本实现社会主义现代化。第二阶段，从 2035 年到本世纪中叶，在基本实现现代化的基础上，再奋斗十五年，把我国建成富强民主文明和谐美丽的社会主义现代化强国。2021 年 7 月，习近平总书记在庆祝中国共产党成立一百周年大会上庄严宣告，"经过全党全国各族人民持续奋斗，我们实现了第一个百年奋斗目标，在中华大地上全面建成小康社会，历史性地解决了绝对贫困问题，正在意气风发向着全面建成社会主义现代化强国的第二个百年奋斗目标迈进"①。

第三，中国式现代化是彰显中国方案的现代化。世界各国的现代化过程既有共性，也有一般发展规律，但由于国情的不同，世界各国的现代化也有自己的特殊性。中国在历史过程、政治制度、资源环境、经济发展、文化传统等方面，有自己的发展演进过程，所以中国的现代化过程也与世界各国相比有自己的特性。习近平总书记在党的二十大和纪念毛泽东同志诞辰 130 周年座谈会上全面、深刻地阐述了中国式现代化的内容。

一是内容丰富的现代化。中国式的现代化是人口规模巨大的现代化、全体人民共同富裕的现代化、物质文明与精神文明相协调的现代化、人与自然和谐共生的现代化、走和平发展道路的现代化。

二是以人民为中心的现代化。马克思主义的中心思想是资本主义制度必然消亡后，建立社会主义公有制社会，在公有制基础上让人民群众过上日益美满的生活。这就决定了社会主义现代化是摒弃了资本主义社会一部分人剥削广大群众的现代化，是平等致富的现代化；是不断满足人民群众需要的现代化，不仅满足人民群众物质和文化需要，还要满足人民在经济、政治、文化、社会、生态等方面日益增长的需要；是抛弃资本主义社会阶级分化、财富两极分化的现代化，追求人民群众共同富裕的现代化。而且，在推进社会主义现代化过程中，我们尤其应最大程度充分发挥人民群众的主观能动性，促进人民群众有益的创新精神转化为财富，实现劳动创新、创造与富裕目标的有机统一。如习近平总书记在纪念毛泽东同志诞辰 130 周年座谈会上所说的，"中国式现代化是全体中国人民的事业，必须紧紧依靠人民，汇聚蕴藏在人民中的无穷智慧和力量，才能不断创造新的历史伟业"②。

三是在中国共产党领导下实现的现代化。党的二十大报告提出："中国式现代化，是中国共产党领导的社会主义现代化。"③ 中国共产党以马克思主义为指导，践行为人民服务的宗旨，建立了社会主义制度。这有利于确保中国社会主义经济社会发展宗旨、大局、方向和目标不变；这有利于端正经济发展目标，实现社会主义生产目的；这有利于集中力量办大事，确保国民经济的协调性和全国经济一盘棋；这有利于政府各项政策综合施策，保持经济增长的可持续性；这有利于协调整体利益和内部利益、长期利益和短期利益、全国利益和地方利益，以人民利益为最高准则。

---

① 习近平：《在庆祝中国共产党成立 100 周年大会上的讲话》，人民出版社 2021 年版，第 2 页。
② 习近平：《在纪念毛泽东同志诞辰 130 周年座谈会的讲话》，《人民日报》2023 年 12 月 27 日第 2 版。
③ 习近平：《高举中国特色社会主义伟大旗帜　为全面建设社会主义现代化国家而团结奋斗——在中国共产党第二十次全国代表大会上的报告》，人民出版社 2022 年版，第 22 页。

四是追求合作共赢、建立人类命运共同体的现代化。习近平总书记强调,"改革开放是当代中国大踏步赶上时代的重要法宝,是决定中国式现代化成败的关键一招""中国式现代化是走和平发展道路的现代化,既造福中国人民,又促进世界各国现代化"①。西方资本主义国家实现现代化的过程,是凭借政治、经济垄断地位,用超经济手段剥削不发达国家的现代化;是用战争掠夺殖民地的现代化;是用实力排斥其他国家、瓜分世界市场的现代化。中国的现代化,是站在人类文明进步的一边,高举和平、发展、合作、共赢旗帜,推动构建人类命运共同体的现代化。

中国式现代化创造了人类文明新形态。党的二十大报告提出:"科学社会主义在二十一世纪的中国焕发出新的蓬勃生机,中国式现代化为人类实现现代化提供了新的选择,中国共产党和中国人民为解决人类面临的共同问题提供更多更好的中国智慧、中国方案、中国力量,为人类和平与发展崇高事业作出新的更大的贡献。"②

第四节　社会主义现代化经济体系的内容

中国在全面建成小康社会后,紧接着进入全面建设社会主义现代化强国阶段。在此背景下,中国经济已由高速增长阶段转向高质量发展阶段,正处于转变经济发展方式、优化经济结构、转换增长动力的攻关期,建设现代化经济体系是跨越关口的迫切要求与战略目标,也是依据新发展理念建立的现代化理论。现代化经济体系是由社会经济活动各个环节、各个层面、各个领域的相互关系和内在联系构成的一个有机整体(见图11—2)。

一　建设创新引领、协同发展的产业体系

创新引领、协同发展的产业体系,是指把创新作为第一动力,通过技术、资本、劳动等生产要素同实体经济发展紧密结合,着力提高要素质量、优化要素结构、实现要素合理配置,使科技创新在实体经济发展中的贡献份额不断提高、现代金融服务实体经济的能力不断增强、人力资源支撑实体经济发展的作用不断优化,从而推动经济发展质量变革、效率变革、动力变革,提高全要素生产率和科技进步贡献率,不断增强中国经济创新力和竞争力。

为此,要努力实现实体经济、科技创新、现代金融、人力资源协同发展。着力振兴实体经济,大力发展先进制造业和培育壮大战略性新兴产业,加快制造业前沿领域创新布局,深入推动制造业智能化发展。全面推动科技创新,着力提升科技创新的质量效率,突

---

① 《中共中央举行纪念毛泽东同志诞辰130周年座谈会》,《人民日报》2023年12月27日第1版。
② 习近平:《高举中国特色社会主义伟大旗帜　为全面建设社会主义现代化国家而团结奋斗——在中国共产党第二十次全国代表大会上的报告》,人民出版社2022年版,第16页。

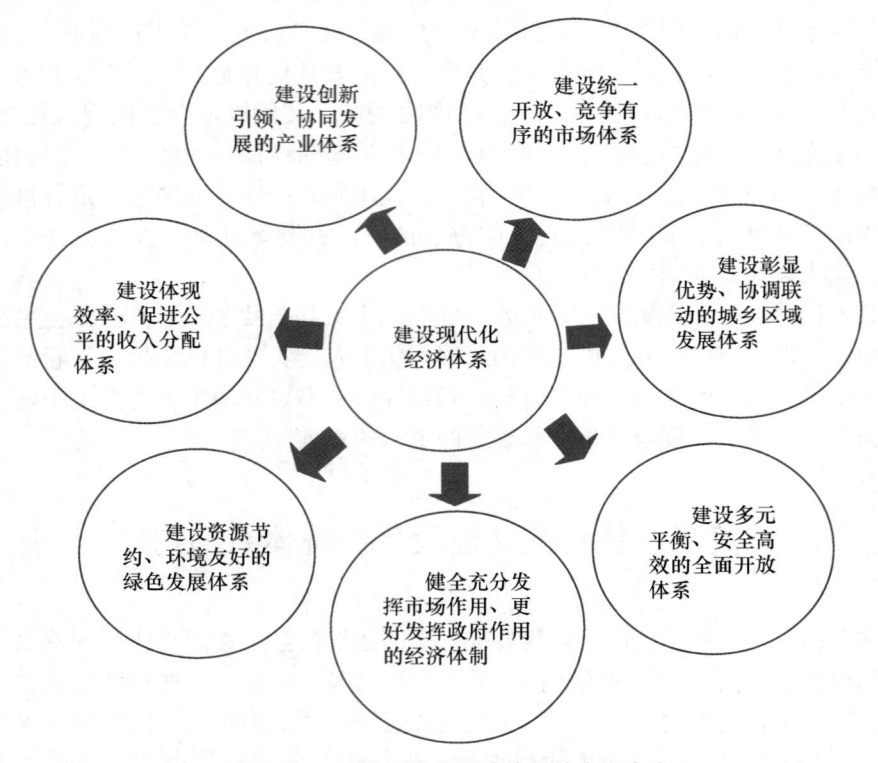

图 11—2　建设现代化经济体系的主要内容

出企业创新主体地位，提升产业创新能力，努力打造区域创新高地，深入实施促进科技成果转移转化行动，加强知识产权行政执法和司法保护衔接。发展完善现代金融，以服从服务于经济社会发展为目标，完善金融市场、金融机构、金融产品体系，提高防范化解金融风险能力。强化人力资源支撑，扎实开展职业技能培训，优化就业服务，着力改善劳动者就业条件，培养造就一大批具有国际水平的战略科技人才、科技领军人才、青年科技人才和高水平创新团队。

二　建设统一开放、竞争有序的市场体系

建设统一开放、竞争有序的市场体系，是指实现市场准入通畅、市场开放有序、市场竞争充分、市场秩序规范，形成企业自主经营公平竞争、消费者自由选择自主消费、商品和要素自由流动平等交换的现代市场体系。

为此，要以完善产权制度和要素市场化配置为重点，通过改革完善市场体系的功能，健全市场和价格机制，优化监管体系，充分发挥市场在资源配置中的决定性作用。一方面，要优化商品及服务市场结构，加强多元化市场主体培育，打破市场地域分割和行业垄

断,推进商品及服务市场秩序;另一方面,要着力推进要素市场体系建设,健全金融要素市场定价机制,构建统一平衡的劳动力市场,建立统一平等的土地市场,提升产权市场服务经济的功能,形成技术市场支撑经济创新发展的体制机制。

三 建设体现效率、促进公平的收入分配体系

体现效率、促进公平的收入分配体系,是指为实现收入分配合理有序,既适应社会主义市场经济体制、体现资源配置效率,又能够促进社会公平正义的一系列收入分配法律法规和制度政策,核心是要坚持按劳分配原则,完善按要素分配的体制机制,履行好政府再分配调节职能,促进收入分配更合理、更有序。

为此,要着力完善初次分配制度,坚持按劳分配原则,探索完善促进居民增收的政策举措,完善多劳多得、技高者多得的技能人才收入分配政策,完善资本、知识、技术、管理等要素按贡献参与分配的体制机制。要履行好政府再分配调节职能,合理降低企业税费负担,继续扩大行政事业性收费免征范围,清理规范涉企收费;强化税收对收入分配的调节功能,加大财政转移支付力度,针对落后地区、重点人群,通过社会政策托底、保护弱势群体等方式加大保障基本民生力度。要加快推进基本公共服务均等化,完善以涵盖教育、卫生、劳动就业、社会保障、社会服务等领域的基本公共服务清单为核心的国家基本公共服务制度。

四 建设彰显优势、协调联动的城乡区域发展体系

彰显优势、协调联动的城乡区域发展体系,是指城乡区域发展贯彻新发展理念,适应推动高质量发展的要求,紧扣人民日益增长的美好生活需要,各自的比较优势得到深度挖掘、精准培育和有效发挥,城乡之间、区域之间优势互补、良性互动。

为此,要按照客观经济规律调整完善城乡区域政策体系,发挥各自比较优势,按照宜工则工、宜商则商、宜农则农、宜粮则粮、宜山则山、宜水则水原则,科学合理确定不同区域的主要发展任务。实施乡村振兴战略,坚持农业农村优先发展,加快推进农业农村现代化。坚持以人为核心推进新型城镇化,扎实推进县城城镇化补短板强弱项工作。要根据各地区条件,促进各类要素合理流动和高效集聚,增强创新发展动力,加快推动高质量发展的动力系统,形成几个能够带动全国高质量发展的新动力源,特别是京津冀、长三角、珠三角三大地区,以及一些重要城市群。增强这些经济发展优势区域的经济和人口承载能力,增强其他地区在保障粮食安全、生态安全、边疆安全等方面的功能,走合理分工、优化发展的路子,形成优势互补、高质量发展的城乡区域经济布局,实现城乡区域要素配置合理化、基本公共服务均等化、基础设施通达程度比较均衡、人民生活水平大体相当,塑造城乡融合、区域协调发展新格局。

五 建设资源节约、环境友好的绿色发展体系

资源节约、环境友好的绿色发展体系，是指实现绿色低碳发展、人与自然和谐共生，牢固树立和践行"绿水青山就是金山银山"的理念，形成人与自然和谐发展新格局。

为此，要加快推进绿色技术创新，强化企业的绿色技术创新主体地位，建设一批绿色技术创新公共平台。要建设绿色金融体系，完善有关绿色信贷、绿色债券、绿色基金、绿色保险的政策，出台各项配套政策支持体系。要推进能源生产和消费革命，继续深化重点领域节能，实施工业能效赶超行动，在重点能耗行业全面推进能效对标，积极推进能源结构调整和优化。要推进资源节约和循环利用，构建绿色经济产业链条，推行生产者责任延伸制度，建立再生产品和再生原料推广使用制度。要以壮大节能环保、清洁生产、清洁能源以及绿色生态农林产业为抓手，持续培育绿色发展新动能。要着力解决突出环境问题，持续加强大气、水、土壤污染防治。要增大生态系统保护力度，推进山水林田湖草沙整体保护和系统监管，实施重要生态系统保护和修复重大工程，开展新时期大规模国土绿化行动，完善天然林保护制度，严格保护耕地，建立市场化、多元化生态保护补偿机制。

六 建设多元平衡、安全高效的全面开放体系

多元平衡、安全高效的全面开放体系，是指顺应国际国内环境和条件深刻变化，做到"引进来"与"走出去"更好结合、沿海开放与内陆沿边开放更好结合、制造业开放与服务业开放更好结合、向发达经济体开放与向发展中国家开放更好结合、多边开放与区域开放更好结合、开放与安全更好结合。

为此，要适应国际政治经济格局新变化和中国经济发展进入新时代的要求，推动由商品和要素流动型开放向规则等制度型开放转变。扎实推进共建"一带一路"，努力实现政策沟通、设施联通、贸易畅通、资金融通、民心相通，打造国际合作新平台。积极推进贸易强国建设，加快货物贸易优化升级，促进服务贸易创新发展，培育外贸新业态新模式。要改善外商投资环境实现高水平"引进来"，创新对外投资方式实现高质量"走出去"，稳步扩大金融对外开放，优化区域开放布局，促进贸易投资自由化、便利化。要加快从低要素成本优势向综合竞争优势转变，从区域开放不协调向协调转变，从优惠政策为主向制度规范为主转变，加快培育国际合作和竞争新优势，更加积极地促进内需和外需平衡、引进外资和对外投资平衡，发展更高层次开放型经济。

七 健全充分发挥市场作用、更好发挥政府作用的经济体制

充分发挥市场作用、更好发挥政府作用的经济体制，是指凡是市场机制能够发挥决定性作用的领域，都要坚持在市场机制下由市场微观经济主体按照自身利益最大化的目标来

配置资源，大幅度减少政府对资源的直接配置，推动资源配置依据市场规则、市场价格、市场竞争实现效益最大化和效率最优化。

为此，要坚持和完善中国社会主义基本经济制度，毫不动摇巩固和发展公有制经济，毫不动摇鼓励、支持、引导非公有制经济发展。持续深化国资国企改革，完善各类国有资产管理体制，加快国有经济布局优化、结构调整、战略性重组，积极稳妥推进混合所有制改革。持续推进垄断行业改革，着力支持民营企业健康发展，加快健全归属清晰、权责明确、保护严格、流转流畅的现代产权制度。要加快转变政府职能，持续深入推进简政放权、放管结合、优化服务，着力打造市场化、法治化、国际化的一流营商环境。要创新和完善宏观调控体制机制，加强宏观经济政策协调，加强能力建设，加快建立现代财政制度，深化金融体制改革，使市场在资源配置中起决定性作用，更好发挥政府作用，为建设现代化经济体系提供强有力的制度保障。

第五节 社会主义现代化经济体系的逻辑与路径

一 社会主义现代化经济体系的理论逻辑

经济体系是由社会经济活动各个环节、各个层面、各个领域的相互关系和内在联系构成的一个有机整体，强调了经济的整体性和系统性。建设现代化经济体系并不是从无到有建设一个全新的经济体系。改革开放以来，中国社会经济活动各个环节、各个层面、各个领域已经形成了一系列相互关系和内在联系的经济体系。为便于对比，我们统括称为"传统经济体系"。传统经济体系对应于已经结束的高速增长时期，不能适应高质量发展的要求。建设现代化经济体系可以理解为经济体系转换的过程，即从传统经济体系转换到现代化经济体系。

建设现代化经济体系可以理解为经济体系转换的过程，即从传统经济体系转换到现代化经济体系，具体包括"四个转向"——社会主要矛盾、资源配置方式、产业体系、增长阶段四个方面的特征性变化。这"四个转向"不是孤立的，而是相互关联、相互作用的。这种相互作用反映了经济体系的运转机制。

第一，社会主要矛盾的范围扩展和层次提升。范围扩展（横向维度）：人民美好生活需要日益广泛，除了物质文化生活，在民主、法治、公平、正义、安全、环境等方面的需要日益增长，对健康、教育等更加关注。层次提升（纵向维度）：更加关注产品和服务的质量，美好生活需要呈现出多样性、个性化的特征。第二，资源配置方式从政府主导转向市场主导，从简单方式（增长型政府、基础性的市场机制）转向复杂方式（公共服务型政府、起决定性作用的市场机制）。第三，产业体系从工业主导转向服务业主导，各产业内部结构高级化（从低端主导转向中高端主导）。第四，增长阶段从高速增长转向可持续增长，从低质量发展转向高质量发展。

由于当前中国经济正处在转变发展方式、优化经济结构、转换增长动力的攻关期，建设现代化经济体系就成为跨越关口的迫切要求和中国发展的战略目标。同时，当今世界正处于大发展、大变革、大调整时期，世界多极化、经济全球化、社会信息化、文化多样化深入发展，全球治理体系和国际秩序变革加速推进，各国相互联系和依存日益加深，世界经济增长动能不足。在这种情况下，要建设中国特色社会主义现代化强国，特别是建设中国特色社会主义现代化经济强国，没有现代化经济体系的建设是根本不可能的。

二　建设社会主义现代化经济体系的重大意义

（一）建设现代化经济体系是开启全面建设社会主义现代化强国新征程的重大任务

20世纪80年代，党中央提出我国社会主义现代化建设分三步走的战略目标。党的十八大报告强调实现"两个一百年"奋斗目标。实现宏伟愿景，必须牢牢扭住经济建设这个中心，加快建设现代化经济体系，推动新型工业化、信息化、城镇化、农业现代化同步发展，显著提高发展质量，不断壮大中国经济实力和综合国力。

（二）建设现代化经济体系是紧扣中国社会主要矛盾转化推进经济建设的客观要求

长期以来，中国社会主要矛盾是人民日益增长的物质文化需要同落后的社会生产之间的矛盾。改革开放极大地解放和发展了中国社会生产力。必须坚持创新、协调、绿色、开放、共享的发展理念，统筹推进"五位一体"总体布局，协调推进"四个全面"战略布局，这正是持续推进现代化经济体系建设的题中应有之义。

（三）建设现代化经济体系是适应中国经济已由高速增长阶段转向高质量发展阶段的必然要求

从国内看，中国经济发展进入新常态，呈现增速转轨、结构转型、动能转换的特点。建设现代化经济体系，是中国发展的战略目标，更是我们跨越关口的迫切要求。必须坚定不移推进供给侧结构性改革，实现供需动态平衡，大力推动科技创新和体制创新，爬坡过坎，攻坚克难，努力实现更高质量、更有效率、更加公平、更可持续的发展。

三　建设现代化经济体系的路径

（一）全面深化经济体制改革，适应和引领现代化经济体系的新常态

建设现代化经济体系是推动经济发展质量变革、效率变革、动力变革，解决新时代社会主要矛盾的重要手段。党的十九大报告指出："经过长期努力，中国特色社会主义进入了新时代，这是我国发展新的历史方位。中国特色社会主义进入新时代，我国社会主要矛盾已经转化为人民日益增长的美好生活需要和不平衡不充分的发展之间的矛盾。"[1] 解决

---

[1] 习近平：《决胜全面建成小康社会　夺取新时代中国特色社会主义伟大胜利——在中国共产党第十九次全国代表大会上的报告》，人民出版社2017年版，第60页。

这一主要矛盾将成为新时代党和国家各项工作的出发点和立足点,而要解决这一主要矛盾,最根本的就是要通过实现质量变革、效率变革、动力变革,促进中国经济由高速增长转向高质量发展。建设现代化经济体系与实现经济发展的质量变革、效率变革、动力变革二者是相互渗透和相互促进的。所谓二者相互渗透,就是"三大变革"是建设现代化经济体系的重要内容和基本目标,而建设现代化经济体系又是实现"三大变革"的基础、支撑和重要手段。所谓二者相互促进,就是建设现代化经济体系有利于加快实现"三大变革","三大变革"又能不断为建设和完善现代化经济体系提出要求,指明方向和目标。

所谓质量变革,至少包括三个方面的含义:一是要提高整个国民经济发展的质量,由过去的高速增长转向高质量发展,不断改善 GDP 的质量和结构;二是要提高经济发展的技术水平,不断提升技术要素对经济增长的贡献率;三是要提高各种产品和服务的技术含量和性能。所谓效率变革,就是要不断提升经济发展的效率,以一定的投入获取最大的产出,或者获取一定的产出,使得投入最少。一句话,就是要不断提高全要素生产率。特别是要大力发展清洁生产和循环经济,减少单位 GDP 中的能源消耗,减少排放,减少污染。所谓动力变革,就是要改变经济发展的动力机制,以创新驱动为引领经济发展的第一动力。这里需要指出的是,以创新驱动为引领经济发展的第一动力,并不是不要传统的要素驱动。创新驱动与要素驱动不是一个层面的问题。创新驱动是一切动力的源泉,创新驱动最终还是要通过要素创新才能作用于经济活动中,经济增长仍然是三大需求拉动的结果。只是在创新驱动下,创新要渗透到三大需求的各个领域各个方面。

在"三大变革"中,质量变革是主题,效率变革是主线,动力变革是基础,它们相互渗透,密不可分,共同对建设现代化经济体系提出具体要求,而建设现代化经济体系又成为实现"三大变革"的基础和基本手段。

建设现代化经济体系是促进中国产业迈向全球价值链中高端,提升中国经济国际竞争力的必由之路。建设中国特色社会主义现代化经济强国,必须不断提升中国经济的国际竞争力。当今的国际经济竞争已由传统的发挥比较优势的进出口竞争,转化为利用核心技术和先进管理扩大对外投资,提升资源整合能力的竞争。而资源整合能力的提升又必须通过提升价值链、优化供应链、完善产业链来实现。这就要求中国经济必须不断提升技术创新优势和质量优势,加快建设制造强国,加快发展先进制造业,推动互联网、大数据、人工智能和实体经济深度融合,在中高端消费、创新引领、绿色低碳、共享经济、现代供应链、人力资本服务等领域培育新增长点、形成新动能。要加快传统产业优化升级,大力发展现代服务业,瞄准国际标准提高水平。促进中国产业迈向全球价值链中高端,培育若干世界级先进制造业集群。要积极促进共建"一带一路"国际合作,在合作中不断提升中国经济的竞争能力和资源整合能力。而这些都只有通过建设现代化经济体系才能实现。

(二)统筹国内国际两个大局,扎实办好自己的事,是做好现代化经济体系的着力点

统筹两个大局,就必须充分认识这两个大局的发展大势和基本特征。"十四五"时期,中国将进入新发展阶段,发展环境呈现出"变"与"不变"的辩证统一。新冠疫情加速了世界百年未有之大变局的演化,世界进入动荡变革期;国内发展环境深刻变化,中国已

转向高质量发展阶段，正处在转变发展方式、优化经济结构、转换增长动力的攻关期。同时，中国制度优势显著、物质基础雄厚、发展韧性强大、社会大局稳定，继续发展具有的多方面优势和条件并没有改变，经济长期向好的态势并没有改变。

统筹两个大局，必须加快形成现代化经济体系。因势而谋、应势而动、顺势而为，构建以国内大循环为主体、国内国际双循环相互促进的新发展格局，是在"变"与"不变"的辩证统一中必须办好的自己的事，是我们的主动作为、不是被动应对，是我们的长期战略、不是权宜之计。

构建新发展格局，强调的是国内国际双循环，国内循环也是建立在国内统一大市场基础上的大循环。这就意味着，在现代化经济体系的具体工作中，坚定不移贯彻新发展理念是方向。催生新发展动能、实现内涵型增长，离不开创新驱动；应对产业链供应链的重塑挑战，畅通生产、分配、流通、消费各个环节，要深入推动协调发展；将生态作为重要资本，提升综合竞争力，绿色发展是关键；推动与各国的分工合作、互利共赢，使国内市场和国际市场更好联通，依靠的是更高水平对外开放；保障和改善民生，挖掘内需潜力，要在共享发展上下功夫。理念是行动的先导，只有以新理念引领新实践，我们才能在统筹发展和安全中御风前行。

（三）旗帜鲜明讲政治，坚持和加强党的集中统一领导，是建好现代化经济体系的根本政治保证

旗帜鲜明讲政治是中国共产党作为马克思主义政党的根本要求，是党不断发展壮大、从胜利走向胜利的重要保证。党的十八大以来，以习近平同志为核心的党中央把党的政治建设摆在更加突出位置，从党和国家事业全局出发，站在统揽推进伟大斗争、伟大工程、伟大事业、伟大梦想的战略高度，对加强党的政治建设作出一系列重大决策部署，在实践中取得了明显成效。

一个国家、一个政党，领导核心至关重要。坚决维护习近平总书记党中央的核心、全党的核心地位，形成思想和行动高度统一的整体，这是一个成熟的马克思主义政党的必然要求，对维护党中央权威和集中统一领导具有十分重大而深远的意义。没有党中央的核心、全党的核心，就难以维护党中央权威和集中统一领导，全党就没有凝聚力、向心力、战斗力。坚决维护习近平总书记党中央的核心、全党的核心地位，是党和国家前途命运所系，是全国各族人民根本利益所在，也是建设现代化经济体系的根本保障。

（四）坚持正确的工作策略和方法，突出问题导向目标导向结果导向，是建设现代经济体系的重要方法论

坚持问题导向、目标导向、结果导向，是2019年经济工作会议上党中央提出的一个重要方针。导向是行动的指引和方向。坚持问题导向，就是以解决问题为指引，集中全部力量和有效资源攻坚克难，全力化解工作中的突出矛盾和问题；坚持目标导向，就是以实现目标为方向，持之以恒、一步一步地朝着既定目标奋斗前行；坚持结果导向，就是以工作成效为标准，以实实在在业绩接受检验、评判工作。做好现代经济体系建设工作必须坚持这"三个导向"。

第十一章 社会主义现代化与现代化经济体系

坚持问题导向，实质上是一个及时发现问题、科学分析问题、着力解决问题的过程。党的十九大报告作出"我国社会主要矛盾已经转化为人民日益增长的美好生活需要和不平衡不充分的发展之间的矛盾"的重大判断。这就要求我们的经济工作关注发展不平衡不充分这一更加突出的矛盾，更加聚焦满足人民日益增长的美好生活需要。中央经济工作会议审时度势，清醒地认识到中国正处在转变发展方式、优化经济结构、转换增长动力的攻关期，结构性、体制性、周期性问题相互交织，"三期叠加"影响持续深化，经济下行压力加大；从更大范围看，世界经济增长持续放缓，仍处在国际金融危机后的深度调整期，世界大变局加速演变的特征更趋明显，全球动荡源和风险点显著增多。当前改革发展稳定中许多矛盾和问题都源自此。坚持问题导向，就要谋势而动，顺势而为，应势而变，切实做好工作预案。坚持问题导向，关键是要着力解决问题，要求领导干部自觉把发现问题、分析问题、解决问题作为做好一切工作的基本要求，切实增强工作的主动性和针对性。

坚持目标导向，就是要把党和人民事业发展愿景转化为具体行动，就是要用实现"两个一百年"奋斗目标为指引激发全社会创造创新创业的活力和动力。坚持目标导向，必须深刻把握目标内涵。中华人民共和国成立七十多年，中国共产党带领人民之所以能够创造世所罕见的经济快速发展奇迹和社会长期稳定奇迹，正是依靠深刻把握国情制定了一个个符合发展实际、顺应人民期待的经济社会发展阶段性目标，每个阶段性目标接续递进、梯次实现。我们的战略目标也随着社会生产力水平不断提高和国家制度、国家治理体系不断完善而日益丰富、拓展内涵。并会如期实现"十三五"规划和全面建成小康社会。在新的历史交汇点上，党的十九大报告勾画了"两个时期""两个阶段"现代化建设发展蓝图，在全面建成小康社会之后，我们将开启全面建设社会主义现代化强国新征程。确保经济实现量的合理增长和质的稳步提升目标，就是为下一步实现更宏伟的目标打下坚实基础。要坚决贯彻新发展理念。创新、协调、绿色、开放、共享的新发展理念是新时代抓发展的目标导向，是建设现代化经济体系、推动高质量发展的行动指南。各级领导干部要适应中国发展进入新阶段、社会主要矛盾发生新变化的要求，把坚持贯彻新发展理念作为衡量工作成效的一个重要标尺，紧紧扭住新发展理念设定目标、制定政策、出台措施、推动发展，把注意力集中到解决各种不平衡不充分的问题上，把更多资源用到民生保障和改善上。

坚持结果导向，就是要看我们改革发展的最终成果是不是更多更公平地惠及最广大人民群众，得到人民的认可，就是要看我们的各项政策举措是不是有利于党的兴旺发达和国家的长治久安，经得起历史的检验。坚持结果导向，做好明年经济工作，就是要确保经济实现量的合理增长和质的稳步提升，确保全面建成小康社会。

问题、目标、结果是事物发展的"一体三面"，三者相互贯通、相互承接、相辅相成，问题是出发点，目标是根本点，结果是落脚点。坚持问题导向、目标导向、结果导向这"三个导向"，是辩证统一的有机整体，是推进高质量发展的思维导图和方法路径，也是做好社会主义现代化经济体系建设工作乃至其他各方面工作的基本遵循。

第十二章　中国特色区域经济协调发展

中华人民共和国成立以来，在区域发展指导思想上逐步形成了改革开放前的区域均衡发展战略，改革开放初一个时期的区域非均衡发展战略、促进地区协调发展的西部大开发战略和统筹区域发展观，以及新时代区域协调发展战略，这些都是结合中国实际在不同发展形势下对马克思主义区域协调发展思想的深化与发展。马克思、恩格斯等马克思主义经典作家关于社会生产力的分工与合作、工业均衡布局的思想，列宁的新经济政策，斯大林的区域经济理论等一系列区域经济协调发展的理论思想。以毛泽东同志、邓小平同志、江泽民同志、胡锦涛同志、习近平同志为主要代表的中国共产党人在不同历史时期，根据国情，提出了区域经济理论思想。党的十九大以来，以公平、协调、共享为主要内容的区域经济协调发展的理念内涵与核心，丰富了区域经济协调发展的理论和思想，为中国历史性实现区域协调发展和马克思主义区域发展目标提供了根本保障。

第一节　马克思的劳动地域分工理论

一　马克思、恩格斯生产力平均布局思想

劳动分工的思想主要体现在马克思的《资本论》中。马克思指出："在商品生产者的社会里，作为独立生产者的私事而各自独立进行的各种有用劳动的这种质的区别，发展成为一个多支的体系，发展成社会分工。"[①] 不同商品生产者之间的"交换没有造成生产领域之间的差别，而是使不同的生产领域发生关系，从而使它们转化为社会总生产的多少互相依赖的部门"[②]。劳动分工出现后引发产业部门分工，特别是机器的出现对新部门产生、部门内分工细化以及大工业形成方面有重要推动作用。"机器生产用相对少的工人人数所提供的原料、半成品、劳动工具等等的数量不断增加，与此相适应，对这些原料和半成品的加工也就分成无数的部门，因而社会生产部门的多样性也就增加。"[③]

劳动的社会及产业分工伴随地域分工。"一方面，协作可以扩大劳动的空间范围，因

[①] 《资本论》第1卷，人民出版社2004年版，第56页。
[②] 《资本论》第1卷，人民出版社2004年版，第407—408页。
[③] 《资本论》第1卷，人民出版社2004年版，第512页。

此，某些劳动过程由于劳动对象空间上的联系就需要协作……另一方面，协作可以与生产规模相比相对地在空间上缩小生产领域。"① "这样一来，往往整个城市和整个地区都专门从事某种行业。"② 由此劳动地域分工产生。把特殊生产部门固定在一个国家的特殊地区的地域分工，由于利用各种特点的工场手工业生产的出现，获得了新的推动力③。机器生产进一步推动了劳动地域分工发展，其重要表现是城乡的分离和结合。"一个民族内部的分工，首先引起工商业劳动同农业劳动的分离，从而也引起城乡的分离和城乡利益的对立。"④ 马克思、恩格斯生产力平均布局的经济理念形成于对劳动分工、产业分工、地域分工以及城乡分离与结合等基本理论内容的探讨研究过程，并体现于《资本论》《反杜林论》《共产党宣言》等经典著作中⑤。

马克思、恩格斯在研究生产力布局的基础上认为，尽可能实现全国生产力平均布局有利于促进工农结合、消灭城乡分离。马克思、恩格斯在《共产党宣言》中主张："把一切生产工具集中在国家即组织成为统治阶级的无产阶级手里，并且尽可能快地增加生产力的总量。"⑥ 这要求无产阶级采取一系列措施改造自然和生产力布局等旧有社会经济关系，如"把全部运输业集中在国家手里。按照总的计划增加国家工厂和生产工具，开垦荒地和改良土壤"⑦。恩格斯在《反杜林论》中进一步指出："从大工业在全国的尽可能均衡的分布是消灭城市和乡村的分离的条件这方面来说，消灭城市和乡村的分离也不是什么空想。"⑧ 可见，他们特别强调全国范围内平均布局生产力的必要性。

马克思、恩格斯的相关论述表明劳动分工是导致社会分工、产业分工、区域分工的本源所在，也蕴含了工农结合、城乡接合以及生产力平均布局等基本经济原则。

二 效率优先的差异化发展指导思想

历史地看，基于马克思、恩格斯的生产力平均布局思想，并考虑国内外政治形势以及中华人民共和国成立初期落后的物质基础等因素，在社会主义基本制度与计划经济体制下，逐步形成了区域生产力简单平均布局的经济制度导向。在此制度安排的框架下，沿海与内陆的生产力基础与发展贡献逐步趋同，但也出现低水平平均增长与增长动力严重耗损的不利局面。改革开放以来，中国各区域的活力逐步释放，经济增长取得显著进步。审慎考究，其背后深层次的原因是区域经济制度基础导向出现变化。这表现为计划经济体制向

---

① 《资本论》第1卷，人民出版社2004年版，第381页。
② 《资本论》第1卷，人民出版社2004年版，第542页。
③ 《资本论》第1卷，人民出版社2004年版，第409页。
④ 《马克思恩格斯选集》第1卷，人民出版社1995年版，第68页。
⑤ 丁任重、李标：《马克思的劳动地域分工理论与中国的区域经济格局变迁》，《当代经济研究》2012年第11期。
⑥ 《马克思恩格斯选集》第1卷，人民出版社1995年版，第293页。
⑦ 《马克思恩格斯选集》第1卷，人民出版社1995年版，第294页。
⑧ 《马克思恩格斯选集》第3卷，人民出版社1995年版，第647页。

市场取向改革、进一步向社会主义市场经济体制转型的进程中,区域经济制度的特色由"平均色彩浓厚"转为坚持以马克思主义政治经济学基本原理、大力发展生产力基础上调适社会主义生产关系为根本指导的"效率优先"。

基于要素的空间配置视角分析,传统的计划经济体制下强有力的行政命令能够迅速在全国范围内调配资源,有助于集中力量实现战略目标,但也确实存在忽视成本和资源利用效率的"高投入—高消耗—低效率"的经济增长模式。以制度创新设计解决要素空间配置效率问题是一条有效路径,这也是中国不断推进的制度改革探索得出的可供实践检验的结论。继1978年党的十一届三中全会作出改革的决定,拉开经济体制改革、制度创新的序幕,并明确提出"工作重点转移到社会主义现代化建设上来"新的战略决策和"解放思想、实事求是、团结一致向前看"新的指导方针后,党的十三大又确立了"一个中心、两个基本点"路线,党的十四大正式确立"建立社会主义市场经济体制"目标,党的十四届三中全会首次提出与社会主义市场经济体制改革相匹配的"效率优先、兼顾公平"的收入分配原则。在一系列新的制度设计和安排下,要素空间配置的效率倾向显现,并逐渐形成了这一阶段区域经济制度"效率优先"的显著特征。

改革开放破除制度阻滞的同时也松绑了思想束缚,国外区域经济学相关思想及其最新理论研究逐步进入国内经济学界视野,其中代表性的理论有强调区域自身优势的资源优势理论[1]、侧重发挥区域异质性和"推动型"经济单位作用的极化理论[2]、主张立足区域动态均衡分析的空间二元经济结构理论[3]以及重视"极化效应"与"涓滴效应"的"核心区—边缘区"理论[4]等。对于区域经济增长走势,这些理论均认为,在区域尺度视角下,异质性、市场化以及不完全竞争等因素使得经济增长难以同步发展,为避免"恶性贫困循环陷阱"[5],通过"先富带动后富"的区域非均衡增长模式能够充分释放"区位、规模、范围、禀赋"等优势,快速提升区域资源配置效率,改善低水平的生产力发展状况。

认识到区域经济制度对区域经济增长的重要作用,中共中央坚持马克思主义的生产力布局思想的指导,创新性地吸收借鉴了发展经济学、区域经济学等学科关于区域经济增长的理论精髓,并将之付诸市场化改革乃至中国特色社会主义市场经济体制改革进程中区域经济非均衡发展的实践,形成有效促进区域内部与区域之间资源配置竞争性效率提高、充分体现要素收入空间分配效率优先特征的区域经济制度设计导向。

---

[1] 主要是古典贸易理论中大卫·李嘉图的"比较优势"理论和赫尔谢尔—俄林的"要素禀赋"理论。
[2] Perroux F., 1950, "Economic Space: Theory and Applications", *Quarterly Journal of Economics*, 64 (1): 89-104.
[3] Gunnar Myrdal, 1957, *Economic Theory and Underdeveloped Regions*, London: Duckworth.
[4] [美] 艾伯特·赫希曼等:《经济发展战略》,曹征海、潘照东译,经济科学出版社1991年版。
[5] [美] R. 讷克斯:《不发达国家的资本形成问题》,谨斋译,商务印书馆1966年版。

第二节　中国区域经济布局的变迁历程

一　区域经济平均布局战略

鸦片战争后，沦为半封建半殖民地的旧中国的经济发展一度遭到破坏，生产力水平远低于西方列强国家。以主要工业产品为例，1936年美国钢、生铁、原煤、电力的人均产量分别是中国的418倍、144倍、42倍和145倍[1]。中华人民共和国成立之初，中国依然是一个农业大国，工业化与城镇化进程均处于缓慢起步发展的阶段，经济发展滞后。中华人民共和国成立之初，中央领导人初步探索建设社会主义事业时期的区域经济发展，形成社会主义经济制度主要构成部分的区域经济制度，指导生产力区域布局。为发展经济，调动各方积极性，中共中央并未直接全面建立社会主义经济关系，而是经过三年的时间，以"新民主主义经济关系"快速恢复了国内生产。1952年，国内的工、农、商的产业发展较中华人民共和国成立之初均有明显改善。但是，在之后近三十年的实践过程中，我们对马克思主义劳动地域分工理论在区域经济增长和发展中的指导作用的理解上存在着一定程度的机械、教条式应用的问题。

二　赶超发展与重工业优先发展战略

《新中国六十年统计资料汇编》的数据显示，1949年我国工业化率约12.6%，就业城镇化率约为16.5%。与经济发展水平低下相伴而生的是区域和城乡等经济结构失衡。这主要表现为少数东部沿海城市大量布局工业、商品经济相对繁荣、城市内部收入差距大；农村地区虽然集中大量人口，但经济形式主要以自然经济为主，商品化程度极低，生产资料与消费资料匮乏，生活生产难以为继。如何摆脱经济落后的面貌成为中央重点考虑的事宜。同时，国际政治局势紧张以及落后挨打的惨痛经历，迫使中国提前结束新民主主义经济建设，进入确立社会主义经济关系的时期，以"重工业优先的国家工业化战略"推动大规模经济建设。问题的关键是如何赶超，这要落实在制度的选择与机制上[2]。从战略目标来看，能够在较短时间内实现工业化，并赶超美国、英国等老牌资本主义国家，在物质基础领域凸显社会主义制度的优越性有重要作用。历史地看，要在较低发展水平上实现此战略目标则需要强有力的资源配置机制保障，确保能够在全国较大范围内调配资源用于补偿工业化所需的生产资料和生活资料。新中国通过对农业、个体手工业和资本主义工商业实施社会主义改造，且于"一五"时期建立了计划特征突出的物资管理、生产

---

[1] 吴承明、董志凯主编：《中华人民共和国经济史（1949—1952）》，社会科学文献出版社2010年版，第41页。
[2] 周树立：《论改革开放前的中国经济发展战略》，《经济经纬》2003年第4期。

要素价格以及生产计划管理等体制机制，使得赶超型工业化的实践探索与制度要求具备了逻辑一致性。

1953—1957 年，中央借助计划经济体制机制内生的强大资源配置和动员能力，围绕苏联为中国设计并援建的 156 个项目大规模推动经济建设，并以生产力平均布局为基本指导，向内地倾斜工业投资，在全国范围内建立社会主义工业化所需的初步工业基础，助力中国突破"贫困陷阱"。1957 年底，经过十五年实现"赶超英美"的战略口号正式被提出。1958 年 5 月召开的党的八大二次会议明确了"鼓足干劲、力争上游、多快好省地建设社会主义"的社会主义建设总路线。具体是通过在"二五"时期建立"一大二公"的人民公社体制发动群众运动践行赶超发展战略，其是实现共产主义赶超资本主义的代表性制度安排。此后，赶超战略和国家工业化战略又经过"三五""四五"时期的"以阶级斗争为纲"以及"以战备为纲"逐步持续到 20 世纪 70 年代中后期。

全国一盘棋的赶超发展战略，是党的第一代中央领导集体基于旧中国摆脱三座大山压迫后生产力水平低下、人民生活窘迫与经济结构落后等现实，并结合国际政治形势与共产主义运动现状，在中国土壤上进行第二阶段的马克思主义中国化探索，表现出党的第一代中央领导集体对新中国实现现代化的战略眼光。尽管党中央对经济规律的认识不够深入，但是在诸多复杂因素影响下，新中国依然建立了比较完备的工业体系，产业结构和人民生活水平较新中国成立之初有显著改善。此外，在劳动地域分工理论和生产力平均布局的思想指导下，以沿海与内陆为代表的生产力布局基本形成。需要强调的是，由此也开启了新中国区域经济增长和发展制度设计安排的篇章，区域经济制度基于马克思、恩格斯的生产力平均布局的理论基础延续至今。

三　沿海与内陆地区的均分发展格局

整体来看，以重工业优先发展的赶超发展战略基于中华人民共和国成立初期生产力布局不均衡的现实，快速调整生产力空间聚集于东南沿海的"一头沉"状态，以适应国家工业化，突出国有经济地位的社会主义生产关系发展的需要。赶超发展战略主要涉及两个方面的内容：一是建立独立的地区工业体系；二是全力平衡沿海和内地的工业布局，集中资源建设内地[①]。由此，空间层面上产生的结果是沿海与内陆生产力趋于平均化的格局，以国有经济为主的重工业企业"同一的分配制度"下沿海与内陆均等化的分配结果，使得沿海与内陆发展差距有所缩小。立足空间视角，沿海与内陆生产力布局平均化格局是渐次形成的。为契合全国范围内建立独立的地区工业体系，实现内陆与沿海生产力布局的均衡需要，中共中央采用了"经济协作区"的空间组织架构进行过渡（见表 12—1）。

---

① 权衡：《中国区域经济发展战略理论研究述评》，《中国社会科学》1997 年第 6 期。

表 12—1　　　　　　　1949—1978 年中国经济协作区调整历程

时间与会议	主要指导文件	区域经济布局政策的调整
1954 年 中央政治局扩大会议	《关于撤销大区一级行政机构和合并若干省、市建制的决定》	中华人民共和国成立初期相继成立，又于 1954 年撤销东北、华北、西北、华东、中南、西南六大行政区，同时也具有经济区的功能，其职能之一是促进各行政区内各省区市的分工与协作
1958 年	《关于加强协作区工作的决定》	成立了七大经济协作区，即东北经济协作区、华北经济协作区、华东经济协作区、华中经济协作区、华南经济协作区、西北经济协作区以及西南经济协作区，各协作区都成立了协作区委员会及经济计划办公厅
1961 年 党的八届九中全会	《中国共产党第八届中央委员会第九次全体会议公报》	恢复成立了华北、东北、华东、中南、西南和西北六个区党的中央局，以加强对建立比较完整的区域性经济体系工作的领导，从而把 1958 年成立的七大经济协作区调整为华北、东北、华东、中南、西南和西北六大经济协作区
1970 年 全国计划会议	《第四个五年计划纲要（草案）》	"四五"计划决定以大军区为依托，将全国划分为西南区、西北区、中原区、华南区、华北区、东北区、华东区、闽赣区、山东区、新疆区十个经济协作区
1978 年 五届全国人大一次会议	《1976 年到 1985 年发展国民经济十年规划纲要（草案）》	提出了在全国建立独立的、比较完整的工业体系和国民经济体系的基础上，基本建成西南、西北、中南、华东、华北和东北六个大区的经济体系，并把内地建成强大的战略后方基地。要求每个经济协作区应建立"不同水平、各有特点、各自为战、大力协作，农轻重比较协调发展的经济体系"

资料来源：根据多个"五年计划"及网络资料整理所得。

1958 年 6 月 1 日，中共中央印发《关于加强协作区工作的决定》，把全国划分为东北、华北、华东、华中、华南、西南和西北七个协作区，要求各协作区成立协作区委员会，作为各个协作区的领导机构，并依据自身的资源条件尽快建立大型工业骨干企业和经济中心，形成若干个具有比较完整工业体系的经济区域[1]。这也是中央向地方下放行政管

---

[1] 丁任重、孔祥杰：《我国区域经济合作：发展与组织转型》，《中国经济问题》2012 年第 3 期。

理权限的一次尝试，在一定程度上有利于调动地方发展经济的积极性，但是由于权力下放仅限于中央与地方的分权，经济协作区协作的积极性有所提升，但权力下放仍未至企业层面，因而对调动企业生产积极性的作用不大。

继经济协作区架构的初步建立，"三五"和"四五"时期中共中央在"以战备为纲"的指导方针下，又推出"三线建设"（见表12—2）与经济协作区相结合的区域发展战略。1964年中央政治局工作会议指出："要搞三线工业基地的建设，一、二线也要搞点军事工业。各省都要有军事工业。"[1] 苏联援建的156个项目大部分向二、三线地区内迁转移。

表12—2　　　　　　　　　　　　"三线地区"的划分情况

概念	主要包括的省（直辖市、自治区）
"一线地区"指位于沿边沿海的前线地区	北京、上海、天津、黑龙江、吉林、辽宁、内蒙古、山东、江苏、浙江、福建、广东、新疆、西藏
"二线地区"指介于一、三线之间的中间地带	一线地区与京广铁路之间的地区，含安徽、江西，以及河北、河南、湖北、湖南4省的东半部
"三线地区"指长城以南、广东韶关以北、京广铁路以西、甘肃乌鞘岭以东的广大地区	四川（含重庆）、贵州、云南、陕西、甘肃、宁夏、青海7个省（直辖区、自治区）及山西、河北、河南、湖南、湖北、广西6省（自治区）的腹地部分，共涉及13个省（直辖市、自治区）

需要说明的是，赶超发展战略的后半段时期，战备与区域经济发展相结合的政治策略一方面在内陆建立了相对完整的工业经济体系，从而改变了工业布局沿海"一头沉"的失衡格局，为改革开放以来区域经济的梯度推移发展战略的实施及中西部地区工业化的进程奠定了历史性的基础；另一方面，原有计划经济体制下，条块分割、各自为政、大而全、小而全以及"山、散、洞"的工业发展布局模式也耗费了大量的人、财、物，资源利用效率和发展水平呈现出"双低"特征。

1949—1978年，为解决中华人民共和国成立之初的区域经济发展失衡问题，基于马克思主义生产力平均布局的思想内核，党的第一代中央领导集体以工业布局结构调整为突破口，向内陆地区倾斜配置资源，改善内地工业发展基础，有效推动了内地工业发展。这种特殊时期的处理有效缩小了内陆与沿海地区的经济发展差距，促进社会主义生产关系下的空间层面均等化分配结果的产生。

首先，区域经济发展均等化的主要表现是投资向内地倾斜。以"一五"时期的投资为

---

[1] 罗平汉、何莲：《中华人民共和国史（1956—1965）》，人民出版社2010年版，第351页。

例。在此时期，动工兴建的限额以上的694个工业建设项目中，有68%分布在内地①。包括工业在内的基本建设投资总额中，中西部地区占46.8%，沿海地区占36.9%。在中西部地区建设中，80%以上的资金投放在湖北、内蒙古、甘肃、陕西、山西、河南、黑龙江、吉林和四川9个省（自治区）。集中建设了武汉、包头、兰州、西安、太原、郑州、洛阳、哈尔滨、长春、吉林和成都等主要工业基地。中西部地区工业总产值平均每年增长20.5%，比沿海地区高3.7个百分点。中西部地区工业总产值占全国工业总产值的比重由30.6%提高到34.1%。在全国基本建设投资总额中，沿海与内地投资之比为0.79∶1②。

其次，内陆地区的交通设施条件有较大改善。以1965年为时间起点看，先后建成了川黔、贵昆、湘黔等10条干线，加上支线和专线，共计新增铁路里程8046千米，占全国新增里程数的55%；三线地区的铁路里程占全国铁路总里程的比重由1964年的19.2%提高到34.7%，货物周转量增长4倍多，占全国的1/3；公路建设方面，同期内陆地区新增里程数占全国新增里程数的55%③。内陆地区交通设施水平的快速提升，改变了内陆地区交通闭塞的状况，在为内陆地区的经济发展铺垫了良好的交通基础的同时，也缩小了与沿海地区的交通水平差距。

再次，内陆地区迅速搭建了独立于沿海地区的完备的工业体系。一是机械工业、能源工业、原材料工业的重点企业和基地快速建成。1965—1975年，三线地区共建成124个机械工业化大中项目。其中，湖北第二汽车制造厂、陕西汽车制造厂和四川汽车制造厂生产的汽车，占当时全国年产量的1/3。东方电机厂、东方汽轮机厂和东方锅炉厂形成了内地电机工业的主要体系。能源工业建设方面，三线地区充分利用自身优势大力发展水电和火电，1975年三线地区煤炭产量从1964年的8467万吨增加到2.12亿吨，占全国同期煤炭产量增加额的47.9%；年发电量从1964年的149亿度增加到635亿度。原材料工业建设方面，三线地区共建成钢铁企业984个，工业总产值比1964年增长4.5倍；建成有色金属企业945个，占全国的41%。二是内陆地区的国防工业快速发展，拓展了国家战略纵深，打造了战略大后方。比如，贵州、陕西、四川、湖北等地的航空工业基地建成了125个项目，1975年占全国生产能力的2/3。这也不是沿海地区能望其项背的。三是内陆地区的电子工业取得快速发展。1969年全国地方电子工业企业仅有1600多个，三线建设恢复后，1970年快速增加至5200多个，建成了贵州、四川、陕西、甘肃、安徽、江苏、湖南、湖北等一批内陆电子基地④。

最后，工业布局的调整使得内陆地区的经济发展和人民生活水平有显著的改善，尤其是催生了攀枝花、六盘水、绵阳、十堰、西昌等几十个内陆地区的新兴重工业城市，带动了不发达地区和老少边穷民族地区的经济发展，加快缩小了与沿海地区经济发展差距，形

---

① 李自如、文先明、贺正楚：《从均衡到非均衡——我国区域经济发展历程回顾》，《中国国情国力》2002年第5期。
② 魏后凯、邬晓霞：《新中国区域政策的演变历程》，《中国老区建设》2012年第5期。
③ 郑有贵主编：《中华人民共和国经济史（1949—2012）》，当代中国出版社2016年版，第112—113页。
④ 郑有贵主编：《中华人民共和国经济史（1949—2012）》，当代中国出版社2016年版，第112—113页。

成区域经济绩效的平均化趋势。

四 梯度发展与三沿、四沿发展战略

重点推进的竞相化发展战略,是鼓励不同区域依据自身的优势相互竞争,在特定发展时期,侧重于推动某一区域或领域率先发展、其他区域或领域竞相跟进,以激发区域经济发展活力,提高要素配置效率与生产力水平为目标的战略。虽然这种战略与改革开放前全国一盘棋的赶超发展战略均以马克思主义的生产力布局思想为基本指导,但也有着显著不同。其具体表现为四点。一是纲领路线差异。前者虽然以马克思、恩格斯的生产力平均布局为指导,但"阶级斗争"为纲的主线贯穿其间;后者则侧重以经济建设为中心,坚持解放思想与实事求是。二是经济运行体制迥异。前者基于计划经济体制,推进区域经济发展,后者则以市场取向和社会主义市场经济体制为主发展区域经济。三是要素配置方式不同。前者主要依靠行政命令与计划指标的调配,后者则逐步转变为以市场配置要素资源的方式。四是国际形势变化显著。前期主要是社会主义与资本主义两大阵营对抗背景下不稳定的国际政治经济形势,后者则是冷战结束、国际形势趋于缓和,和平与发展逐渐成为主旋律。

重点推进的竞相化发展战略在 1978—2012 年的区域经济发展实践中有诸多表现,代表性的有梯度发展战略、反梯度发展战略以及"三沿发展战略"和"四沿发展战略"。梯度发展战略主张基于既有的生产力布局基础,正确认识一国范围内的资源禀赋、技术条件、人力资源等显著存在的区域异质性,在区域尺度上实施不同的发展策略。这在"七五"发展计划中体现得尤为明显:"我国地区经济的发展,要正确处理东部沿海、中部、西部三个经济地带的关系。'七五'期间以至九十年代,要加速东部沿海地带的发展,同时把能源、原材料的建设重点放在中部,并积极做好开发西部地带的准备。把东部沿海发展同中、西部的开发很好地结合起来,做到互相支持、互相促进。"[①]

反梯度发展战略则主张落后的地区基于自身禀赋优势,并结合创造的技术优势与人力资本洼地,主动调整产业结构而非被动接收产业与技术转移,最终可以实现"后来者居上"的赶超发展。中央也意识到了这种可能,于 2000 年 10 月召开的党的十五届五中全会明确了"西部大开发战略",2006 年原则上通过西部大开发"十一五"规划正式实施此战略。实际上,梯度发展战略和反梯度发展战略均突出了效率,并结合计划与市场手段,推进区域经济发展,只是各自的侧重点有所不同。

在梯度发展战略与反梯度发展战略实施的同时,20 世纪 90 年代也出现了进一步凸显重点推进特色的区域发展战略,以"三沿发展战略"和"四沿发展战略"最为典型。"三沿发展战略"即沿海、沿边、沿江地区同时开发的战略,主张在沿海地区选择有条件的地区建设改革开放的桥头堡,长江沿线则依托重要港口推进水路开放带建设,内陆边境地区

---

① 《中华人民共和国国民经济和社会发展第七个五年计划(1986—1990)》,人民出版社 1986 年版,第 91 页。

着力打造边贸开放带,从而形成重点突出、特色鲜明、分工明确的区域经济发展新格局。然而,"三沿发展战略"依然有各自为政的特点,沿海与内陆的联系尚不紧密。有鉴于此,在"三沿发展战略"基础上,中国形成了充分利用"陇海兰新"交通动脉线路,打造贯穿东、中、西部的对外开放经济带,进一步加强沿海与内陆开放口岸联系的"四沿发展战略"。

整体来看,上述四种具有代表性的区域经济发展战略是在正确认识区域经济非均衡发展事实的基础上,马克思主义关于生产力与生产关系的基本原理及其规律在区域经济领域探索的一个具体体现,是立足空间视角发挥市场机制调节生产要素配置作用、以"一部分人和地区先富起来"的政策导向激发经济活力的中国特色社会主义经济发展实践。这一区域经济发展战略在重点推进的过程中,逐步表现出效率优先、竞争发展特色。

五 三大地带与四大板块的异化发展

改革开放前以三线建设与大区协作为具体展现的区域生产力分布格局,"虽然顾及了生产力均衡布局的公平,但这种公平背景下的效率代价是巨大的"①。因此,改革开放以后立足既有的生产力布局现实,结合各区域的产业基础和禀赋条件,在效率优先、差异化、重点化和竞争化区域经济发展导向下,区域经济制度优化调整阶段的空间结构特征主要表现为经济地理版图上的梯度推移,由沿海与内陆的"二分格局"向东、中、西部的"三大经济带"和东、中、西、东北"四分格局"演化。同时,在"非均衡"倾向显著的区域经济制度安排下,该时间窗口内区域经济发展呈现异化的特征,不同区域的主要经济指标走势日益发散,区域差距不断扩大。

(一)三大地带的演化

中国东、中、西三大地带经济格局萌芽于"三五"时期的"三线建设",经过"六五"和"七五"时期"经济特区、协作区、沿海沿江沿边开放区"等经济格局的发展变化,成形于"八五"时期(见表12—3、表12—4)。"六五"时期(1981—1985年),中国在建设六大经济协作区的同时把全国从宏观层面粗略划分为沿海、内陆和沿边少数民族三大经济地区,为发挥不同区域的优势、加强区域分工与联系、建立不同水平和各具特色的区域经济体系打下了基础,更是在1980年正式设立深圳、珠海、汕头、厦门4个经济特区之后于1984年开放沿海14个港口城市和海南岛,1985年进一步决定将海南岛建制海南省,办成全国最大的经济特区;"七五"时期(1986—1990年),中央依据同质性和集聚性勾勒了东、中、西三大地带,并将六大经济协作区扩充为十大经济协作区以充分显示区域发展的异质性,1990年4月更是确立开发和开放上海浦东新区的划时代战略决策;"八五"时期(1991—1995年),依据地理位置和经济发展水平,中央将我国明确划分为

---

① 丁任重、李标:《马克思的劳动地域分工理论与中国的区域经济格局变迁》,《当代经济研究》2012年第11期。

东、中、西三大中观经济区,史称"老三区",即东部地区包括12个省份、中部地区为9个省份、西部地区为10个省份,至此东、中、西部三大地带的经济格局成形;"九五"时期(1996—2000年),在东、中、西部三大经济地带基础上,为进一步促进区域分工与协作,中央把我国划分为七大协作区,由此形成了大区协作与东、中、西三分地带共存的局面。

表12—3　　　　　　　　　　　三大经济地带范围

区域	包含的省(自治区、直辖市)
东部地区	辽宁、北京、天津、上海、河北、山东、江苏、浙江、福建、广东、海南(11个)
中部地区	吉林、山西、安徽、河南、湖北、湖南、广西、江西(8个)
西部地区	黑龙江、内蒙古、重庆、四川、云南、贵州、陕西、甘肃、青海、宁夏、西藏、新疆(12个)

注:此为东部11省、中部8省和西部12省的"新三区"。

表12—4　　　　改革开放到"十一五"时期中国区域划分发展历程

时间与会议	主要指导文件	区域经济布局政策的调整
1982年五届全国人大五次会议	《中华人民共和国国民经济和社会发展第六个五年计划(1981—1985)》	"六五"计划将全国划分为沿海地区和内陆地区,并分别提出了主要任务
1986年六届全国人大四次会议	《中华人民共和国国民经济和社会发展第七个五年计划(摘要)(1986—1990)》	"七五"计划将全国划分为东部、中部和西部三大地带,并对每个带的发展方向提出了要求
1991年七届全国人大四次会议	《关于国民经济和社会发展十年规划和第八个五年计划纲要的报告》	"八五"计划又采用了沿海与内地的划分,也分别提出了发展要求
1996年党的十四届五中全会	《中共中央关于制定国民经济和社会发展"九五"计划和2010年远景目标的建议》	"九五"计划在划分东部与中西部地区的同时,又划分了长江三角洲及长江沿江地区、环渤海地区、东南沿海地区、西南和华南部分省区、东北地区、中部五省、西北地区七大经济区
2001年九届全国人大四次会议	《中华人民共和国国民经济和社会发展第十个五年计划纲要》	"十五"计划又将全国分成东部、中部和西部地区,并分别提出了发展重点

续表

时间与会议	主要指导文件	区域经济布局政策的调整
2006年 十届全国人大 四次会议	《中华人民共和国国民经济和社会发展第十一个五年规划纲要》	"十一五"时期将内地划分为东部、中部、西部、东北四大板块，并可将四个板块进一步划分为东北综合经济区、北部沿海综合经济区、东部沿海综合经济区、南部沿海经济区、黄河中游综合经济区、长江中游综合经济区、大西南综合经济区、大西北综合经济区八大综合经济区

资料来源：根据多个"五年计划"及官方网站资料整理所得。

以开发西部、缩小西部与东部差异为目标的东、中、西三大地带中观经济格局的划分，是马克思主义劳动地域分工理论结合改革开放实践的变化在中国区域经济发展实践上的重大突破，其由萌芽到成形的变迁历程凸显了不同区域劳动分工的特点、变化及其复杂性。另外，东、中、西三大经济地带的经济格局与东南沿海、环渤海等七大经济协作区共存的局面，说明了中国的劳动地域分工随着区域经济发展也在不断地变化，同时劳动地域分工发展引致的区域变化不断冲击和瓦解东、中、西三大地带中观经济格局，反过来又影响着区域发展战略的调整和转变[①]。

（二）四大板块的建构

为进一步体现区域经济发展的异质性，在市场竞争中实现区域经济发展的新跨越，缩小东北三省出现衰退、中西部地区发展滞后的区域发展差距，中共中央立足全局提出"东部率先发展、东北振兴、中部崛起、西部大开发"的区域经济发展战略，推动三大经济地带细分为东、中、西和东北四大板块。"十五"时期（2001—2005年），传统的东、中、西三大地带的经济格局被分为东部、东北、中部、西部四个区域经济格局，其中东部为10个省、东北为3个省、中部为6个省、西部为12个省，四大板块的形成进一步发挥了劳动地域分工推动区域发展的作用；"十一五"时期（2006—2010年），中央在东、中、西部以及东北四大宏观经济格局的基础上将国土空间划分为优化、重点、限制、禁止开发区四类主体功能区，每个区域均需按照自身的特点布局生产力，以形成各具特色的劳动地域分工，促进区域间的分工协作[②]。

可以看出，生产力与生产关系、经济基础与上层建筑之间的相互作用主导了该阶段的区域空间结构由三大经济地带向四分格局的变迁，是马克思主义劳动地域分工理论在中国区域经济发展实践层面的一大突破，说明区域经济发展制度已经由过去偏重政治目标取向

---

① 丁任重、李标：《马克思的劳动地域分工理论与中国的区域经济格局变迁》，《当代经济研究》2012年第11期。

② 丁任重、李标：《马克思的劳动地域分工理论与中国的区域经济格局变迁》，《当代经济研究》2012年第11期。

转变为经济与政治目标并重取向。国家在以战略形式引导区域生产力布局体现计划调控功能的同时，也鼓励各区域充分发挥市场作用，利用比较优势发展适合自身的产业，并积极创造新优势，发展具备战略意义的产业，这契合了中国特色社会主义市场经济体制改革的题中应有之义，也从区域发展角度反映出社会主义经济制度体系创造物质财富的能力。

需要强调的是，从同质性、经济联系性和分工协作角度来看，中部地区并不是一个完整的整体，西部地区、东部地区的内部差异性也很大，只有东北地区可以看作一个完整的区域[①]。国家层面上分类指导的区域经济布局在中央与地方财政分权、"分灶吃饭"的体制下，市场机制作用下的效率优先与竞相发展双重导向，致使不同区域、不同省份基于本位主义的逐底竞争日益激烈，产业发展有同构化倾向，弱化了区域经济发展战略效应。

（三）区域经济发展差距的扩大

基于前文的分析可知，该时间窗口内的区域经济制度有显著的"非均衡"发展倾向，由此使得区域经济发展呈现异化的特征，不同区域的GDP、投资、贸易等主要经济指标走势日益发散，区域经济发展差距不断扩大，尤其是东部沿海地区凭借区位优势、政策优势以及资源集聚优势等内外部条件的高速增长令中西部地区难以望其项背[②]。非均衡发展的区域经济发展导向的一大特点是"让一部分人、一部分地区先富起来"。国家首先选择集中力量发展区位优势突出，有利于集聚国内外资源的沿海沿边地区，主要表现为投资政策、对外开放政策等区域经济政策向这些地区明显倾斜。

在对沿海地区的投资倾斜方面，沿海地区在全国基本建设投资中所占比重持续提高。与"三五"时期相比，"四五"时期沿海在全国基本建设投资总额中所占的比重上升了近10个百分点，而内地则下降了10.3个百分点；到了"六五"时期，沿海在全国基本建设投资总额中所占比重首次超过内地，高出1.2个百分点。从人均基本建设投资来看，1990年，东部地区达到184.7元，而西部和中部地区分别仅相当于东部地区的66.9%和52.7%。同时，国家还给予了东部地区如财政、税收、信贷、投资等方面的政策优惠[③]。这些都形成了拉开东部沿海地区与中西部地区经济发展差距的重要基础。

此外，在对外开放方面，率先在东部沿海地区实行对外开放，并给予开放地区种种优惠政策，不断加大对外开放步伐。1980年，中国正式对外宣布设立深圳、珠海、汕头、厦门4个经济特区；1984年国务院进一步开放沿海14个港口城市和海南岛；1985年决定将原隶属于广东省的海南岛建制海南省，办成全国最大的经济特区；1990年4月作出开发和开放上海浦东新区的战略决策，之后在天津、上海、广州、江苏等地区设立保税区；等等。从出口数据来看，1985—1990年，全国出口额增长了1.1倍，其中东部地区增长了2.5倍，其占全国总出口的比重由1985年的74.2%上升到1990年的80.8%；中、西部地

---

① 魏后凯：《改革开放30年中国区域经济的变迁——从不平衡发展到相对均衡发展》，《经济学动态》2008年第5期。
② 尽管存在个别省份的逆梯度跨越发展，但这依赖于所在区域其他地市的被动支持。
③ 段娟：《改革开放初期至90年代中期我国区域发展战略转变的历史考察》，《党史文苑》2009年第12期。

第十二章 中国特色区域经济协调发展

区则分别增长了 2.1 倍和 3.1 倍①。这些制度性的优惠安排，使得东部地区取得了中西部地区难以比拟的发展优势，东部沿海地区经济获得了快速发展，中国经济发展的重心开始东移，区域经济格局在较短的时间内已经实现了重大的变化。

经过改革开放二十多年的发展，全国各大区域 GDP 和人均 GDP 都在迅速上升，除了少数年份，东部 11 省（自治区、直辖市）在此过程中 GDP 增长速度都要快于中西部地区。1982—2022 年，东部地区 GDP 平均增速为 14.99%，比中部高出 0.77 个百分点，比西部高出 0.15 个百分点；从总量上看，东部 GDP 高于中西部 GDP 的总和，2000 年东部 GDP 已经超出中西部 GDP 总和的 36.46%，在区域协调发展战略支持下，2022 年，东部 GDP 超出中西部 GDP 总和达 25.61%（见图 12—1）。另外，东部人均 GDP 高出中西部人均 GDP 的幅度呈现出先扩大后缩小的趋势。1981 年东部地区的人均 GDP 是中部地区的 2.32 倍，是西部地区的 2.08 倍。随着时间的推移，效率优先、差异发展、重点推进的竞争效应开始显现，2000 年，东部地区人均 GDP 分别是中部和西部的 2.78 倍、2.42 倍。而在西部大开发、区域协调发展等战略指引下，2022 年，东部地区人均 GDP 分别是中部和西部的 1.36 倍、1.47 倍。

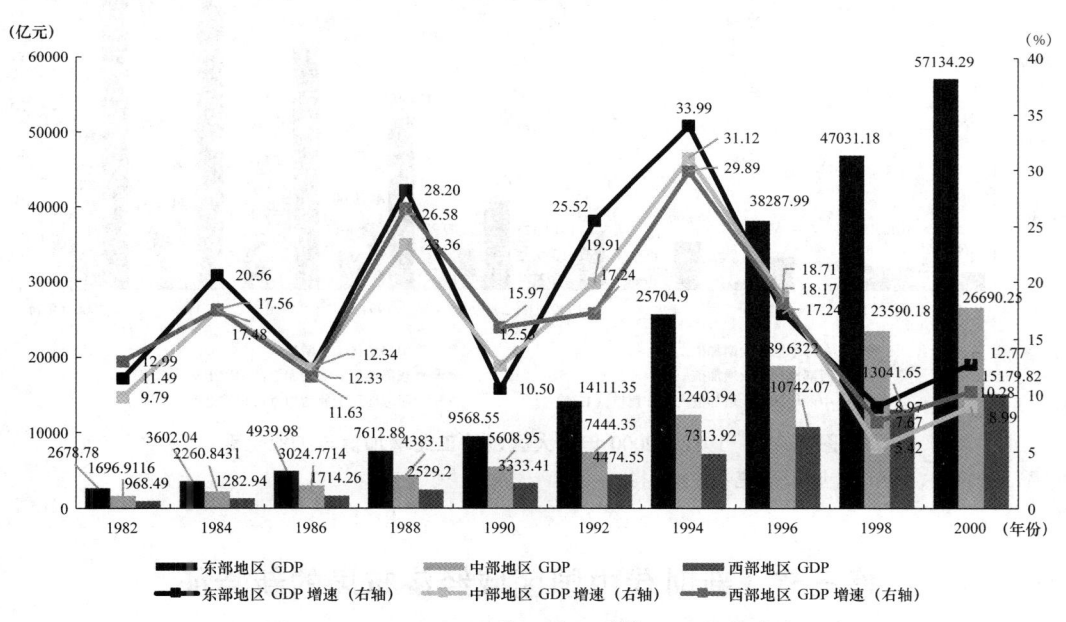

图 12—1　1982—2000 年三大区域的 GDP 及其增速

资料来源：《中国统计年鉴》，笔者整理所得。

从工业增加值来看（见图 12—2），东部明显领先于中西部，1981 年东部工业增加值

---

① 田书华：《中国区域经济的发展历程及发展趋势》，新浪网，2014 年 4 月 17 日。

为 1179.97 亿元，比中西部总和高出 36.99%，到 2022 年这一数值增加到 220473.80 亿元，比中西部总和高出 33.48%。从工业增加值占 GDP 比重来看，东部地区比重最大，1982—2022 年平均值为 42.02%，中部次之，平均值为 38.99%，西部最低，为 33.62%，同时三大区域这一数值的波动都比较平稳，说明三个区域的经济增长对其工业的依赖程度比较平稳，并且差距不大。东、中、西部的发展差距扩大也鲜明地表现在工业化进程上。图 12—2 的数据显示，依据世界工业化发展经验，东部地区始终处于工业化中期，中西部地区的工业化进程则相对滞后，2022 年中部和西部的工业化率分别落后于东部 0.54 个百分点和 2.79 个百分点。

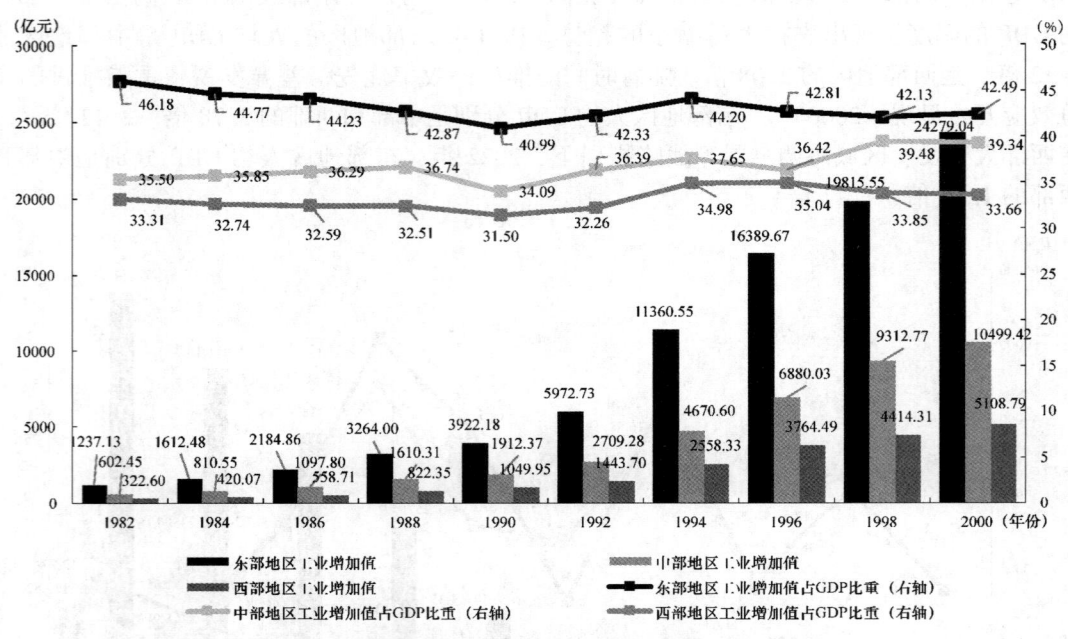

图 12—2 1982—2000 年三大区域的工业增加值与工业化率

资料来源：《中国统计年鉴》，笔者整理所得。

第三节 新时代中国区域经济布局的新特征

区域经济制度的设计侧重效率优先的理论导向和重点推进的竞相化发展战略。受此影响，区域生产力布局整体呈现由东向西的梯度推移态势，区域经济发展显著异化。这与社会主义经济制度条件下，区域经济发展收敛的"空间共同富裕"特质相悖。为矫正这一不协调的格局，中共中央基于中国经济社会转型发展的新历史阶段，勇于探索，不断创新区域经济制度设计，着力推动区域经济协调发展。本节致力于分析 2012 年后中国特色社会主义进入新时代的区域经济制度演进，依循理论指导、发展战略、空间发展格局的逻辑架构寻找这一时期区域经济制度的阶段特色。

一 注重公平的均衡化发展指导思想

改革开放以来，效率优先和允许一部分人、一部分地区先富起来的政策导向，有效改善了中国的生产力水平，区域经济也得以迅速发展。然而，效率优先理论导向下的区域经济制度设计更偏重于效率，区际发展公平没有得到充分体现，致使部分东部沿海、沿江的发达地区集聚生产要素的能力空前，各大区域的产业基础、结构以及增长潜力等的差距日益扩大。为扭转有失公平的区域经济发展格局，党中央尝试在新时代经济发展新的条件下（如基本建立社会主义市场经济体制、已成为世界第二大经济体）基于区域均衡化发展思想与理论设计注重公平的区域经济制度。最具代表性的均衡理论有三个：纳克斯的贫困恶性循环和平衡增长理论、诺斯的出口基地理论和"完善的"平衡增长理论。

美国经济学家罗纳格·纳克斯（Ragnar Nurkse）在《不发达国家的资本形成》一书中提出贫困恶性循环理论。纳克斯认为，不发达国家或地区存在需求和供给两个恶性循环。从需求角度看，不发达国家或地区的人均收入水平较低，从而导致低购买力，低购买力引致了低投资，投资不足使生产率难以提高，如此反复形成一个恶性循环；从供给角度看，不发达国家或地区的人均收入水平较低，从而导致低储蓄能力，低储蓄降低了资本形成能力，投资形成不足则不利于生产率的提高，如此反复形成另一个恶性循环。这两个循环彼此交替，经济状况不断恶化，经济难以实现增长。纳克斯认为不发达国家或地区要破除这一恶性循环，需要对多区域和多部门进行大规模投资，不断扩大市场容量，不断提高经济增长率和人均收入水平，最终打破恶性循环实现不同地区和不同产业的均衡增长。

美国经济学家诺斯（North）提出出口基地理论，后经蒂博特（Tiebout）、罗曼斯（Romans）、博尔顿（Bolton）等人的发展而逐步完善。该理论基于静态比较分析的思想阐述了对外贸易对经济增长的重要性，认为一个区域的经济增长主要取决于输出产生的增长，不断扩大的区域外部需求是区域经济实现内生增长的主要原动力，并且如果每个地区都集中力量发挥自己的优势，自由贸易可使得不同区域间的资本、劳动力、技术等要素以及利息、工资等要素价格趋于均衡，从而逐步缩小区域差距[①]。

发展经济学家斯特里顿在其发表的《不平衡增长》中，综合大推进理论、贫困恶性循环和平衡增长理论的优点，提出了均衡增长理论，被称为"完善的"平衡增长理论。斯特里顿一方面强调扩大投资规模对于克服供给方面的不可分性与需求方面的互补性的重要作用，也强调各经济部门之间平衡增长的重要性；另一方面他既主张国民经济各部门按不同比例全面发展，实现平衡增长，也主张在达到平衡增长的过程中，可以依据各个部门产品的需求收入弹性来安排不同的投资率和增长比例，通过个别部门的优先发展

---

① 转引自陈华、尹苑生《区域经济增长理论与经济非均衡发展》，《中外企业家》2006年第3期。

和快速增长来解决经济发展中的梗阻问题，最终实现国民经济各部门按适当的比例平衡增长①。

从理论层面考察，这一时期中国的区域经济制度坚持社会主义初级阶段的基本经济制度和马克思、恩格斯的生产力布局思想指导，更多地吸收借鉴了发展经济学和区域经济学的均衡增长理论。实践上，充分注意和考虑了中国社会主义经济制度的一般性和特殊性，将市场配置资源的决定性作用与区域异质性、区域政策引导以及空间层面上的分配公平原则相结合，推动注重公平与效率并重的区域均衡协调发展制度的建立。需要强调的是，此处的区域均衡发展并不是完全的均等化或平均化发展，也不是各区域发展水平的一致，而是承认区域经济发展差异基础上的区域经济收敛而非发散的协调发展趋势。

二 全面协调可持续的区域发展战略

如前所述，上一阶段在效率优先指导思想下形成的区域竞相化发展战略在促进区域经济发展迈向新台阶的同时，也加剧了区域经济发展的不平衡、不协调。中华人民共和国成立之初，东部沿海地区"一头沉"的现象在中国区域经济发展达到更高水平上再次出现。这极不利于整体小康、区域小康的实现。为稳妥推进全面建成小康社会，党的十八大后，以习近平同志为核心的党中央从诸多方面予以指导，区域经济发展战略凸显全面协调可持续特色是其中较为重要的一笔。

党的十八届二中全会明确指出，"继续实施区域发展总体战略和主体功能区战略"；党的十八届三中全会审议通过的《中共中央关于全面深化改革若干重大问题的决定》强调"加快自由贸易区建设"和"扩大内陆沿边开放，推进'一带一路'建设"；党的十八届五中全会审议通过的《中共中央关于制定国民经济和社会发展第十三个五年规划的建议》进一步明确了"拓展区域发展空间"的重要性，并要求"推动区域协调发展。塑造要素有序自由流动、主体功能约束有效、基本公共服务均等、资源环境可承载的区域协调发展新格局"。由此可见，新时代发展阶段，国家层面上的区域协调可持续发展战略基本形成，并在2017年10月党的十九大会议上被鲜明地确立。党的十九大报告有如下描述："实施区域协调发展战略。加大力度支持革命老区、民族地区、边疆地区、贫困地区加快发展，强化举措推进西部大开发形成新格局，深化改革加快东北等老工业基地振兴，发挥优势推动中部地区崛起，创新引领率先实现东部地区优化发展，建立更加有效的区域协调发展新机制。以城市群为主体构建大中小城市和小城镇协调发展的城镇格局，加快农业转移人口市民化。以疏解北京非首都功能为'牛鼻子'推动京津冀协同发展，高起点规划、高标准建设雄安新区。以共抓大保护、不搞大开发为导向推动长江经济带发展。支持资源型地区经济转型发展。加快边疆发展，确保边疆巩固、边境安全。坚持陆海统筹，加

---

① Streeten P., 1959, "Unbalanced Growth", *Oxford Economic Papers*, 11 (2): 167-190.

快建设海洋强国。"[①]

可以看出，全面协调可持续的区域发展战略，既体现了马克思主义生产力均衡布局和发展经济学、区域经济学相关理论的思想，同时也是中央致力于从空间角度解决中国当前社会主要矛盾的区域经济发展制度的又一次创新。首先，这一战略更加强调通过上层建筑作用于空间协调机制以促进区域协调发展。其次，进一步凸显了区域发展的异质性，区域经济发展政策向落后地区尤其是内陆沿边沿江地区、革命老区和民族地区倾斜，试图缩小区域间的发展差距，以空间协调助力全面建成小康社会目标的实现。再次，特别注重城市空间的协调和陆海空间的统筹开发。最后，融入生态文明理念，全力落实主体功能区战略，促进区域经济增长收敛模式的可持续。

三 多点多极与内外联动的协调发展

自改革开放以来，以体现地域同质性和经济联系性为特征的中观经济区主导了中国经济格局的演进，城市群、开发区、国家级新区、经济带等中观布局冲击着旧有的区域经济格局，引导着区域分工协作和空间格局的变迁[②]。自2012年党的十八大以来，国家根据当前社会生产力发展的阶段状况，着力推进区域协调发展，形成了"三+四"的区域发展总体格局：以共建"一带一路"、京津冀协同发展、长江经济带发展"三大政策"为引领，统筹推进西部大开发、东北振兴、中部崛起和东部率先"四大板块"发展。从空间结构上看，这一时期中国区域经济空间凸显了多点多极协同与国内外联动的结构特征。从区域发展绩效的空间表现看，不同区域间的发展有收敛态势已现。

（一）多点多极与内外联动的空间格局

由多点多极角度分析，除了上一阶段不同区域设立的一些开发区、国家级新区，区域经济发展进程中的多点多极更多的是由城市群体现的，城市群也成为区域经济发展的主动力。整体上，19大城市群（见表12—5）以占全国25%左右的面积、70%左右的人口，创造了全国85%左右的GDP；可以说，中国未来的区域经济发展和规划将主要集中在这19个城市群中[③]。这说明19大城市群在聚集人口、产业等经济要素方面发挥了巨大的作用，是中国区域发展进程中不可忽视的重要因素。

以代表性的长三角、珠三角和京津冀城市群为例。长三角城市群经济实力强，已逐渐形成多核心网络化格局。2014年，长三角地区GDP高达12.9万亿元，占全国比重由2001年的17.70%上升到2014年的20.25%，高于珠三角和京津冀地区；从人均GDP来看，

[①] 习近平：《决胜全面建成小康社会 夺取新时代中国特色社会主义伟大胜利——在中国共产党第十九次全国代表大会上的报告》，人民出版社2017年版，第32、33页。
[②] 丁任重、李标：《马克思的劳动地域分工理论与中国的区域经济格局变迁》，《当代经济研究》2012年第11期。
[③] 丁任重、许渤胤、张航：《城市群能带动区域经济增长吗？——基于7个国家级城市群的实证分析》，《经济地理》2021年第5期。

2014 年长三角地区人均 GDP 为 81055 元，比珠三角地区高 28.2%，比京津冀地区高 103.4%[①]。京津冀地区生产总值逐年提升，但增长率呈下降趋势，尤以河北省最为显著，资源短缺、产能过剩的困境致使 2014 年河北省 GDP 仅比上年增长 3.34%[②]。珠三角城市群凭借毗邻港澳的优势，已成为重要的增长极和对外贸易往来的重要阵地，是中国市场化程度最高、最具活力的地区之一。2014 年珠三角实际外商直接投资额为 248.61 亿美元，占全国比重 20.79%，进出口总额 10291.54 亿美元，占全国比重 23.92%[③]。

表 12—5　　　　　　　　　　中国 19 大城市群划分

城市群	主要城市
长三角城市群	上海、南京、苏州、无锡、常州、苏州、南通、盐城、扬州、镇江、泰州、杭州、宁波、嘉兴、湖州、绍兴、金华、舟山、台州、合肥、芜湖、马鞍山、铜陵、安庆、滁州、池州、宣城
珠三角城市群（粤港澳大湾区）	广州、香港、澳门、深圳、珠海、惠州、东莞、清远、肇庆、佛山、中山、江门、云浮、阳江、河源、汕尾
京津冀城市群	北京、天津、石家庄、唐山、保定、秦皇岛、廊坊、沧州、承德、张家口
长江中游城市群	武汉、黄石、鄂州、黄冈、孝感、咸宁、仙桃、潜江、天门、襄阳、宜昌、荆州、荆门、长沙、株洲、湘潭、岳阳、益阳、常德、衡阳、娄底、南昌、九江、景德镇、鹰潭、新余、宜春、萍乡、上饶、抚州、吉安
成渝城市群	成都、重庆、自贡、泸州、德阳、绵阳、遂宁、内江、乐山、南充、眉山、宜宾、广安、达州、雅安、资阳
中原城市群	郑州、洛阳、开封、南阳、安阳、商丘、新乡、平顶山、许昌、焦作、周口、信阳、驻马店、鹤壁、濮阳、漯河、三门峡、济源、长治、晋城、运城、聊城、菏泽、宿州、淮北、阜阳、蚌埠、亳州、邢台、邯郸
关中平原城市群	西安、铜川、咸阳、宝鸡、渭南、商洛、天水
粤闽浙城市群	泉州、福州、温州、厦门等
北部湾城市群	南宁、北海、钦州、防城港、玉林、崇左、湛江、茂名、阳江、海口、儋州、东方、澄迈、临高、昌江
哈长城市群	哈尔滨、大庆、绥化、长春、吉林、四平、松原、辽源
辽中南城市群	沈阳、大连、鞍山、抚顺、本溪、丹东、辽阳、营口、盘锦
滇中城市群	昆明市、曲靖市、玉溪市、蒙自市、个旧市、建水县、开远市、弥勒市、泸西县、石屏县

---

① 姚士谋等：《中国城市群新论》，科学出版社 2016 年版，第 186—187 页。
② 姚士谋等：《中国城市群新论》，科学出版社 2016 年版，第 227 页。
③ 姚士谋等：《中国城市群新论》，科学出版社 2016 年版，第 254—255 页。

续表

城市群	主要城市
呼包银榆城市群	呼和浩特、包头、鄂尔多斯、巴彦淖尔、乌海、阿拉善、银川、榆林、石嘴山、吴忠
黔中	贵阳市、遵义市、毕节市、安顺市、黔东南州、黔南州、贵安新区
兰州—西宁	甘肃省兰州市，白银市白银区、平川区、靖远县、景泰县，定西市安定区、陇西县、渭源县、临洮县，临夏回族自治州临夏市、东乡族自治县、永靖县、积石山保安族东乡族撒拉族自治县，海东市，海北藏族自治州海晏县，海南藏族自治州共和县、贵德县、贵南县，黄南藏族自治州同仁县、尖扎县
山西中部	太原、晋中、忻州、阳泉、吕梁
宁夏沿黄	银川、石嘴山、吴忠、中卫、平罗、青铜峡、灵武、贺兰、永宁和中宁
天山北坡城市群	乌鲁木齐市、昌吉市、米泉市、阜康市、呼图壁县、玛纳斯县、石河子市、沙湾县、乌苏市、奎屯市、克拉玛依市
山东半岛城市群	济南、青岛、烟台、潍坊、淄博、东营、威海、日照

资料来源：根据各个城市群规划整理所得。

国内外联动的区域经济发展空间结构特征主要通过国家级新区、自由贸易试验区、"一带一路"倡议和大湾区等描绘。国家级新区是中国新一轮开发开放和改革的新区，总体发展目标、发展定位等由国务院统一进行规划和审批，相关特殊优惠政策和权限由国务院直接批复，在辖区内实行更加开放和优惠的特殊政策，鼓励新区进行各项制度改革与创新的探索工作。截至2023年，中国国家级新区总数共有19个，此外，还有武汉长江新区、合肥滨湖新区、郑州郑东新区、南宁五象新区等地区在申报中。

自由贸易试验区则是国家致力于打造经济"升级版"的重要尝试，其力度和意义堪与20世纪80年代建立深圳特区和90年代开发浦东两大事件相比肩，尤其是内陆地区设立自由贸易区更是国家深入推动内陆开放，助力东、中、西部和东北彼此协同与国内外联动的重要举措（见表12—6）。其核心是营造一个符合国际惯例的，对内外资的投资都要具有国际竞争力的国际商业环境。自由贸易试验区的成立是中央探索中国对外开放的新路径和新模式，推动加快转变政府职能和行政体制改革，促进转变经济增长方式和优化经济结构，实现以开放促发展、促改革、促创新，形成可复制、可推广的经验，服务全国的发展的区域实践[1]。这对培育中国面向全球的竞争新优势，构建与各国合作发展的新平台，拓展区域经济发展新空间有极为重要的意义。

另外，"一带一路"倡议和"粤港澳大湾区"的建设推进正成为中国打造全面对外开

---

[1] 《关于促进国家级新区健康发展的指导意见》，中华人民共和国国家发展和改革委员会网站，http://www.ndrc.gov.cn/zcfb/zcfbtz/201504/t20150423_689064.html，2015年4月23日。

放格局的新引领。这是中共中央立足区域视角，统筹陆海空间，拓展内外发展空间，汇聚利用全球要素，为内陆地区广西、云南、四川等省份和新疆等沿边省份开放升级发展提供新平台的创新探索，正逐步形成以全方位、多层次的开放态势促进区域协调发展的机制和新格局。

此阶段，全面协调可持续的区域发展战略导向，使得区域空间格局由稍显"粗线条"的东、中、西部三大经济带或东、中、西部和东北四大板块向真正意义上的"中观化"转变。这是具体经济制度领域中观层面的改革通过上层建筑反作用于经济基础、经由生产关系作用于生产力，进而以满足区域协调发展新要求的创新，特别是更小空间尺度上的协同（多点多极）与更大空间尺度上的联动（国内国外）相结合，加快了中国区域经济平衡结构和整体协调性的形成，有利于改善不断扩大的区域发展差距。

表12—6　　　　　　　　　中国自由贸易试验区及其成立时间

成立时间	试验区
2013年9月27日	成立中国（上海）自由贸易试验区
2015年4月20日	扩展中国（天津）自由贸易试验区实施范围
2015年4月20日	成立中国（广东）自由贸易试验区、中国（天津）自由贸易试验区、中国（福建）自由贸易试验区
2017年3月31日	成立中国（辽宁）自由贸易试验区、中国（浙江）自由贸易试验区、中国（河南）自由贸易试验区、中国（湖北）自由贸易试验区、中国（重庆）自由贸易试验区、中国（四川）自由贸易试验区、中国（陕西）自由贸易试验区7个自由贸易试验区
2018年4月13日	支持海南全岛建设自由贸易试验区，支持海南逐步探索、稳步推进中国特色自由贸易港建设
2019年8月2日	成立中国（山东）自由贸易试验区、中国（江苏）自由贸易试验区、中国（广西）自由贸易试验区、中国（河北）自由贸易试验区、中国（云南）自由贸易试验区、中国（黑龙江）自由贸易试验区
2020年9月21日	成立中国（北京）自由贸易试验区、中国（湖南）自由贸易试验区、中国（安徽）自由贸易试验区，扩展中国（浙江）自由贸易试验区
2023年10月21日	国务院印发《中国（新疆）自由贸易试验区总体方案》，设立中国（新疆）自由贸易试验区

资料来源：依据官方资料笔者自行整理所得。

（二）区域经济发展差距有所收敛

新时代发展阶段背景下，更加注重区际公平的全面协调可持续发展战略的区域经济发展绩效趋于优化。全国范围内多个增长极及新的开放平台对国民经济贡献突出，尽管某些地区极化效应仍然很强，但扩散效应也越发明显，发达地区开始逐步带动欠发达地区发展。总之，党的十八大以来，契合中国特色社会主义事业需要的区域经济制度新探索有效抑制了区域经济发展差距扩大的趋势，主要表现为四大区域发展有所收敛，"三大战略"成效有所显现。

东、中、西和东北四大区域经济发展有收敛迹象。2012—2022 年，除了东北地区增长缓慢，全国其他地区生产力水平都有了较大幅度的提升，相比 2012 年，2022 年东部地区 GDP 增长了 110.23%，中部 128.81%，西部 125.57%，东北仅 14.8%（见图 12—3）。从总量上看，2022 年东部 GDP 为 622018.2 亿元，高出其他地区总和 6.98%，表明东部率先发展成效显著。将这一数据与 2000 年东部地区超出中西部 GDP 总和 36.46% 相比较，可知区域间的差距已经明显缩小，区域经济发展收敛趋势有所显现。这也与中部地区全力落实崛起跨越战略、西部地区着力深入大开发战略和东北地区奋力推进振兴战略有较大关联。

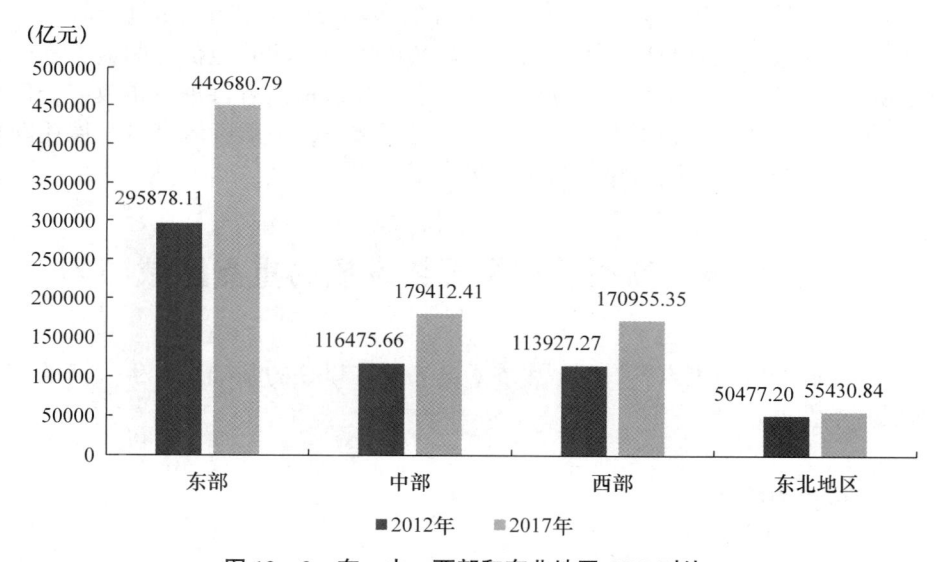

图 12—3　东、中、西部和东北地区 GDP 对比

资料来源：根据多个统计年鉴和公布整理和计算所得。

共建"一带一路"、京津冀协同发展和长江经济带发展"三大政策"的实施有所成效，拓展了区域经济发展空间，促进区域经济协调可持续发展。2013 年以来，中国与共建"一带一路"国家货物贸易额累计超过 5 万亿美元，对外直接投资超过 800 亿美元，中欧班列累计开行数量达到万列，亚洲基础设施投资银行成员达到 87 个，在 13 个成员方开展了 28 个基础设施建设项目，贷款总额超过 53 亿美元，丝路基金已签约 19 个项目，承诺投资金额 70 亿美元，共建"一带一路"从无到有、由点扩面，为中国实现全方位对外开放新格局,实现战略对接、优势互补,统筹国内国际两个市场开辟了新的天地。京津冀协同发展,区域总体经济实力不断增强。2022年京津冀地区生产总值达到100272.6亿元,近五年间年均增长6.64%;一般公共预算收入达到11617亿元,近五年间年均增长1.32%;城镇化率达到69.74%,比2017年提高了4.74个百分点;京津冀第三产业比重为65.61%,比第二产业高36个百分点,比2017年提高7个百分点。经济增长保持中高速,经济总量稳步提升。2022年,长江经济带地区生产总值达到559766.4亿元,近5年间年均增长7.99%。长江经济带发展取得新成效[①]。

在脱贫攻坚方面,党的十八大以来,农村贫困人口全部脱贫,脱贫攻坚战取得了全面胜利。2013—2020年,全国农村贫困人口累计减少9899万人,年均减贫1237万人,贫困发生率年均下降1.3个百分点[②]。2013—2017年,中央财政专项扶贫资金投入2787亿元,年均增加22.7%,2020年,中央财政专项扶贫资金达1461亿元,在2016—2020年连续5年每年新增200亿元[③]。

注重公平均衡化发展的区域经济政策使得中国各个地区能更好地发挥自己的比较优势,进一步解放和发展生产力,除了按劳分配外的多种分配方式也不断得到发展和完善,之前长期形成的收入分配差距也在不断减小。虽然中国地区间差距仍然明显,部分缺乏比较优势的地区,尤其是老少边穷地区的生产力和人民收入仍然有待进一步改善,但是在新的理论指导下,新的政策引领下以及新的空间结构框架下,中国区域经济发展逐渐显现出收敛趋势,意味着中国向共同富裕的目标又迈进了一步。

第四节 新时代中国经济发展的重点区域

从新时代中国经济的重点发展区域来看,其布局在以往的基础上发生了新的变化,表现出了新的基本特征。

一 重点区域和特征

首先,东部率先发展、中部地区崛起、西部大开发和东北全面振兴的总体发展战略以及主体功能区规划是中国经济发展的宏观政策重点。这四个区域的发展和主体功能区规划是国家的主体战略部署,要在全国整体层面把握大区域的布局,是中国区域经济发展的主

[①] 国家统计局:《经济结构不断优化 协调发展成效显著》,http://www.stats.gov.cn/sj/sjjd/202302/t20230202_1896687.html,2022年9月28日。

[②] 国家统计局:《脱贫攻坚战取得全面胜利 脱贫地区农民生活持续改善》,中国政府网,https://www.gov.cn/xinwen/2022-10/11/content_5717712.htm,2022年10月11日。

[③] 国务院新闻办:《国务院新闻办发布会:介绍财税支持脱贫攻坚有关情况》,中国政府网,https://www.gov.cn/xinwen/2020-12/02/content_5566482.htm,2020年12月2日。

要内容。一是随着跨区域的建设，行政区将会与经济区适度分离，以市场为基础形成更强的规模效益和集聚效益，促进国家整体经济增长。二是在全国空间视角下，总体战略建设与城乡融合、区域协调发展战略相结合有利于解决区域差距，如京津冀城市群协同发展通过带动北方发展，有利于改善南北差距和促进南北经济圈融合，而长三角城市群建设有利于促进东西产业融合与对接。三是空间视角下，通过主体功能区和大区域结构的优化可解决当前大城市病与中小城镇功能性萎缩难题，促进城乡融合，实现资本、信息、劳动力的合理配置。因此，总体区域战略是兼顾经济发展与区域协同的重要支撑。

其次，革命老区、民族地区、边疆地区、贫困地区、生态脆弱地区、农村和城乡接合部、老工业基地等区域开发弱势国土空间，是新时代改进不平衡不充分发展的着力点，需要政府和市场重点关注。可以说以老少边穷和萎缩地区为代表的区域是中国现代化进程中的弱势群体，是在中国经济增长过程中形成的短板。这既是中国社会主义质量不高的反映，也是中国经济增长不均衡、社会利益分配失衡的表现。非均衡的思想导致经济发展不均衡使得区域经济动力不足，集聚能力没有完全发挥，局部地区的经济常年呈现负增长。中国中部的湖北、湖南、河南部分区域发展的速度特别慢，与之相似的还有西南部分的山区、东南沿海的山区等区域。区域经济的不均衡加速了落后地区与发达地区的差距的拉大。黄河流域作为中国重要的生态屏障和经济地带，是打赢脱贫攻坚战的重要区域，但是黄河上中游7省（自治区）是发展不充分的地区，同东部地区及长江流域相比存在明显差距，其传统产业转型升级步伐滞后，内生动力不足，对外开放程度低，全国14个集中连片特困地区有5个涉及黄河流域。解决好流域人民群众特别是少数民族群众关心的防洪安全、饮水安全、生态安全等问题，对维护社会稳定、促进民族团结具有重要意义。

再次，京津冀、雄安新区、成都天府新区、长三角、粤港澳和长江经济带等重大城市群区域具有大尺度和跨区域的典型特征，肩负多重重大使命，为区域经济的未来发展提供空间，是区域经济的增长引擎。但国内城市群在形成和发展过程中存在诸如产业结构趋同、地方保护主义严重、城市之间定位不准等问题。关于国内外城市群和特大城市的比较研究表明，中国目前的城市群在地区和国民经济中的集聚效应和规模效应远远不足。第一，城市群对区域的辐射带动作用不充分。成渝城市群中成都和重庆对周边的"虹吸"效应较大，挤占了城市群外围区域的经济发展空间；西部城市群如关中城市群等还处于要素集聚阶段，城市群发展能级不高，对周边区域统筹不足。第二，城市群跨行政区域协作机制不畅。行政思维严重，城市群协调机制并未常态化。"行政区"制度性桎梏难以解决。行政区主导的城市群经济制约了人口、资本等要素向"非本行政区城镇"流动，阻碍了技术外溢、基础设施互联互通和生态环境一体化保护。第三，城市群区域建设的融资渠道单一。融资渠道基本以政府债和财政拨款为主，民间的资金运用手段不熟悉，市场的基础性作用太弱，存量固定资产流通太慢，难以满足区域发展和拓展民间投资渠道的需要。

最后，对外开放和海洋经济可以更好地利用国内国际两个市场和两种资源，是释放区域经济红利的有力支撑。在对外开放和市场化导向的国内改革共同作用下，东部沿海地区积累了以外向型经济集聚要素和市场化改革优化环境带动经济快速起飞的成功经验，差别性的区域政策为东部沿海培育经济增长极提供了政策环境，成为区域非均衡战略的重点地区。

二 重点区域的发展路径

在"4+X"的宏观重点区域情境下，新时代中国人口红利、土地红利面临消退风险，需要释放改革红利和创新红利，建立区域经济组织新模式，重视技术革命、国内消费需求和生态环境对区域经济的影响，在发挥地区比较优势的基础上优化区域经济布局，实现区域经济向高质量发展方式的转变。通过合理配置国土空间资源和供给侧结构性改革，从优化东、中、西和东北区域经济布局中充分发挥中国特色社会主义制度在经济建设领域的优势。以跨省区域经济优势互补为基础，构建基础研究、应用创新、生产制造的创新产业链，实现区域经济互补，进而形成以主体功能区为主导的重大生产力空间布局体系。其中，东部沿海应建成以前沿技术国际竞争为主要导向的战略竞争区，西部沿边应建成以扩大贸易为主要导向的战略开放区，中西部腹地应建成以保障国家安全为主要导向的战略保障区，东北应该成为国家军事工业和重工业战略重点区域。

以西部大开发为重点，加快中国欠发达地区经济现代化的步伐。把青藏高原和西北干旱区构成的大西北地区高质量开发作为国家重点战略，部署相对贫困地区致富发展的持久战。充分发挥可再生能源和矿产资源、生物资源、自然和文化景观等比较优势，提高可再生能源开发比例，加快矿产资源绿色开采和加工技术升级改造，发展具有药物疗效或养生功效的生物医药和健康食品产业，壮大以国家公园为品牌的全域旅游产业。此外，努力激活"三线"国企创新潜能，着力发展机电、电子信息、人工智能等新型战略产业。在一方水土无法养富一方人的区域，应建立人口迁得出、能进城、会致富、留得住的新机制。培育珠江—西江经济带，延伸长江带到西藏"一江两河"，做强黄河带和兰新走廊，引导经济流在东西向的发达和欠发达地区间的流动，助推区域经济协调发展。有资源优势的区域，应建立健全绿水青山到金山银山的转换机制以及资源优势价值化后的分配体制，确保当地老百姓多收益、见实效。

接下来，以经济和人口同步集聚为准则，在进一步做强做大城市群的过程中实现区域经济协调发展。增强城市化地区吸纳经济和人口的综合承载力，扭转人口集聚滞后于经济集聚的态势，形成城镇化和人口城镇化同步集聚，在集聚中实现区域均衡。全国尺度上经济和人口向京津冀、长三角、珠三角和成渝城市群集聚，大区域和省级尺度上向城市群及其内部的都市圈集聚，地市尺度上引导经济向中心城市集聚。以都市圈和城市群为空间载体，打造强劲有力的区域经济布局引擎。继续推动全国人口和经济同步向长三角、珠三角与京津冀城市群集聚，实现人口和经济占比趋同并稳步提升，打造世界级城市群。在长三角的沪宁杭、珠三角的广深珠核心片区，加快全域城市化进程。以京津冀协同发展为核心区，整合辽东半岛和山东半岛，打造全球最大的湾区。探索首都功能在国家级中心城市优化配置的方案，助推国家级中心城市再上一个新台阶。台湾和港澳事务管理功能可考虑布局在福州、广州,金融中心向上海方向、国有企业管理功能向沈阳方向布局,共建"一带一路"相关功能和国家公园管理功能可将西部地区的西安、乌鲁木齐、西宁或成都作为备选地。在都市圈内,遵循城与乡应各具特色、城乡都让人民生活得更美好的理念,适应郊区化、逆城市化的趋势,探索城里人下乡安居乐业、农业转移人口市民化的城乡间人口双向流动的新机制,深化农村土地制度改革,鼓励新经济业态和新消费模式在城乡间灵活布局,形成城乡等值发展的区域一体化新格局。增强中心城市功能。可考虑增设直辖市。选择中国沿边地区伊犁、满洲里、丹东、崇左等城市,比照经济计划单列市的方式,设立享受副省级待遇的固疆稳边型枢纽城市。

以新型区域经济一体化为纽带,完善开放、合作、共赢的区域经济布局。着眼国内,以增强区域经济整体优势为导向,加快都市圈城乡一体化、城市群区域一体化、以创新型地域经济综合体为引领的跨省区域经济一体化的发展,继续以经济合作为纽带推进港澳台与内地(大陆)之间的深度融合。着眼全球,改变以次区域合作及地区性利益共同体为主导的国际区域一体化模式,加快推进中国主导的发达与欠发达、近程与远程、双边与多边的新型开放合作共赢的区域经济一体化进程。其主要包括同欧盟、日韩等的市场和技术合作,基于对中国经济发展模式认同、与共建"一带一路"发展中国家的全面合作,同周边国家共同开发资源的合作。

第十三章　中国特色工业化、城镇化发展

第一节　中国新型工业化道路

党的十八大以来，以习近平同志为核心的党中央高度重视工业发展，扎实推进工业转型升级和制造强国建设。中国特色新型工业化发展取得重大成就，为经济社会稳定发展和综合国力稳步提升提供了重要支撑[1]。中国必须坚持走中国特色新型工业化、信息化、城镇化、农业现代化道路，推动信息化和工业化深度融合、工业化和城镇化良性互动、城镇化和农业现代化相互协调，促进工业化、信息化、城镇化、农业现代化同步发展。

一　从工业化道路到新型工业化道路

工业化道路一般是指工业（或者制造业、第二次产业）在国民收入和劳动人口中所占的比重持续上升的过程。这是一个经济结构不断变化、人均国民收入和包括农业在内的劳动生产率不断提高、由以农业为主导的农业经济社会逐步向以工业为主导的工业经济社会转变的过程。工业化是产业结构演进的必然趋势，是绝大多数国家由贫穷落后走向发达繁荣的必由之路，是经济社会发展不可逾越的必经阶段。

但是，工业发展的特点表现为产业范式转变，同时反映出技术变革驱动下产业及企业发展规律的变化，并催生出所谓新型工业化。新型工业化的产业范式与传统工业化相比发生了根本性变化。如果说传统工业化强调依托资源和生产要素禀赋，在充分发挥低成本劳动力和其他生产要素价格优势的基础上，利用全球产业分工逐渐从价值链低端向中高端升级的话，那么，新型工业化则更加强调依靠创新和技术进步推动产业链提升和价值链升级[2]。其中，新型工业化道路强调以信息化带动工业化，以工业化促进信息化，走出一条科技含量高、经济效益好、资源消耗低、环境污染少、人力资源优势得到充分发挥的工业

---

[1] 仝宗莉、李楠桦：《十九大代表聚焦新型工业化道路：百年强国梦一朝成真》，人民网，http://sh.people.com.cn/n2/2017/1020/c138654-30845128.html，2017年10月20日。
[2] 赵昌文：《人民观察：新型工业化的三个新趋势》，《人民日报》2019年3月29日。

化道路[①]。当今，新型工业化道路的理念涵盖了包括从劳动密集型、低附加值的简单加工制造环节向设计、研发、供应链管理、营销、服务等高附加值环节延伸的价值链垂直升级方式，也包括通过先进技术应用、价值链各增值环节重构、生产系统重组来提高产业链整体效率和竞争力的价值链平行跃升方式[②]。

工业化道路是指实现工业化的原则、方式和机制，要解决的是怎样实现工业化的问题；而新型工业化道路不仅仅强调工业化本身，还强调与信息化、城镇化、农业现代化同步发展。工业化道路正确与否是决定工业化成败的关键，而新型工业化的成功与否更看是否能够与其他几化互动、协同发展。

一般而言，传统工业化道路的内容和特征主要包括如下几点。第一，产业的选择，即重点和优先发展的产业、产业结构的类型及各种不同产业之间相互关系的确定和调整。第二，技术的选择，即工业发展中技术类型的采用，是选择高新技术，还是适用一般技术、传统技术，是运用多使用劳动力的技术，还是多使用资本的技术，是只顾技术进步、实现机械化、提高劳动生产率，还是兼顾技术进步和机械化与就业问题的解决。第三，资本筹集方式的选择，即确定通过什么方式或渠道筹集工业发展所需的资本，是来源于农业剩余的转移、对内外的掠夺，还是工业自身的积累、引进国外资本，是主要靠政府投资，还是民间投资，是主要通过银行贷款筹资，还是发行股票和债券融资等。第四，发动和推进力量的选择，即确定工业化进程是靠民间力量发动和推进，还是由政府发动和推进，或者是二者相结合。第五，工业发展方式的选择，即工业发展是主要依靠粗放型的增长方式，还是主要采用集约型的增长方式；工业生产是以内涵扩大为主，还是以外延扩大为主。第六，工业空间布局的选择，即工业生产是在资源、交通、市场、技术、融资、劳动力、社会经济政治制度等更有利的地方进行，还是在不利的地方开展，是分散，还是集聚。第七，实现机制的选择，即实现工业化的任务是通过市场机制的作用去实现，还是由计划机制的作用来完成，或者是以市场为基础，结合政府的宏观调控。第八，城市化发展模式的选择，即伴随工业化发展的是适度城市化、滞后城市化，还是过度城市化，是健康城市化，还是病态城市化。第九，处理工业化与资源环境关系方式的选择，即在发展工业的同时，是过度消耗和低效使用资源、造成资源浪费、严重污染环境，或者是先污染后治理、边污染边治理，还是节约资源、高效利用资源、保护环境、边发展边防止污染。第十，国际经济联系方式的选择，即工业化过程中是实行对外开放、发展外向型经济，还是闭关锁国或者对外封锁、发展内向型经济，或者外向型与外向型相结合，是以外向型经济为主，还是以内向型经济为主，是实行出口导向或进口替代，还是二者相结合，是以外需为主，还是以内需为主。

新型工业化道路则是一条对传统工业化予以扬弃的道路，即对传统工业化批判与继承相统一的道路。走新型工业化的道路就是采取跨越式发展的思路，实现工业化目标。和传

---

① 高景海：《新型工业化道路》，《学术交流》2006年第3期。
② 赵昌文：《人民观察：新型工业化的三个新趋势》，《人民日报》2019年3月29日。

统工业化相比，新型工业化有如下一些特征。

第一，开放性。紧跟世界发展潮流，充分抓住经济全球化、新技术革命带来的发展机遇，迎接挑战，积极参与世界范围内的资源优化配置，以实现工业化的快速、高效推进。

第二，融合性。在工业化中引入信息化，实现工业化与信息化的互动，是新型工业化道路的精髓。在工业化进程中融入信息化，不仅大大丰富了工业化的内容，而且势必改变传统经济的商业模式，推动业务流程重组、生产要素重组，进而推动传统经济的转型，从根本上改变传统工业化的性质。

第三，立体性。新型工业化道路不是哪一方面的单兵突进，而是全方位、立体化、协同性推进，以避免产生新的结构失衡，保持经济实现持续快速增长和社会全面进步。新型工业化道路是融工业化、信息化、农业产业化和知识经济为一体的发展道路，是追求科技创新、农村城市化、高速增长、充分就业、劳动和要素生产率大幅度提高的全面发展途径，也是实现全面小康社会目标的核心所在。

第四，协同性。新型工业化道路要求我们必须把工业发展和农业、服务业的发展协调统一起来，使工业化同时成为农业现代化和推进现代服务业发展的基础和动力；把速度同质量、效益、结构等有机地结合和统一起来，使中国工业真正具有强大的竞争优势；把工业生产能力的提高和消费需求能力的提高协调统一起来，把工业增长建立在消费需求不断扩大的基础上；把技术进步、提高效率同实现充分就业协调统一起来，使更多的人能够分享工业化的成果和利益，并实现人的全面发展；把当前发展和未来可持续发展衔接统一起来，尊重自然规律和经济发展规律，使工业化与可持续发展战略结合起来，走文明发展之路，实现人与自然的和谐。

第五，特殊性。新型工业化道路，是充分考虑到中国人口数量大、人均资源不足、劳动力供给大于需求的矛盾突出的基本国情的基础上，提出的具有鲜明中国特色的工业化道路。中国 21 世纪将要走的新型工业化道路，是区别于传统工业化道路、具有鲜明特色的工业化道路，是反映时代特征、符合中国国情的工业化道路。

二 中国特色新型工业化道路的一般性和特殊性

中国特色新型工业化道路是世界工业化道路发展的重要组成部分，既具有历史一般性，也具有中国特殊性。人类社会自 18 世纪 30 年代开始工业化，但到目前为止，全球实现工业化的国家和地区不足 50 个，工业化道路对大多数国家而言并非都是成功而顺利的。

中国基本实现工业化，是一件对世界发展具有重大影响的大事。中国新型工业化道路的顺利推进，给占世界人口 80% 以上的尚未实现工业化的发展中国家提供了一条可供借鉴的工业化新模式。这种新模式，就是中国特色新型工业化道路发展态势对世界工业化道路发展的"中国贡献"。

世界各国工业化发展的历史表明，工业化道路不是唯一的，也不是一成不变的，会随着经济社会条件的变化而变化。不同的国家、不同的社会发展阶段，不同的经济社会制度、民族历史、文化传统、资源禀赋、自然条件、比较优势，工业化道路也往往不相同。工业化道路可以按照不同的标准划分为各种不同类型。各个国家的工业化道路都各有特色、各不相同，如果仅以国别特点为标准，可以把每一个国家的工业化道路细分为一种类型。但是，经济社会特征基本相同国家的工业化道路也类似，一般可以划为同一类型。从世界工业化的历史来看，国际上有代表性的工业化道路主要有发达国家的工业化道路和传统计划经济国家的工业化道路。

发达国家的工业化道路是已经实现工业化的发达国家以往走过的工业化道路，是一条主要由民间力量发动、科学技术革命推进、通过市场机制实现、逐步由以粗放型增长方式为主转向以集约型增长方式为主、先以轻纺工业为主导后以重工业为主导、先工业化再信息化、重机械化轻就业、资本来源多样化、工业布局基本合理、工业化与城市化基本同步、工农和城乡差别先扩大后缩小、先污染后治理、外向型发展的工业化道路。这条传统的工业化道路，虽然具有能够发挥民间力量、科学技术革命、市场机制的作用，多渠道筹措资本、利用世界市场和资源、形成适合生产要素禀赋特点的产业结构和空间布局等长处，使西方发达国家成功地实现了工业化，成为发达的工业化国家；但也存在对外掠夺、始终不能有效解决就业和贫富两极分化问题、曾经造成严重的城乡对立、"城市病"和环境污染、经济危机相伴随等严重缺陷，是一条存在严重缺陷、很难简单模仿的道路。

传统计划经济国家的工业化道路是传统计划经济国家在经济转型以前走过的工业化道路，是一条主要依靠国家力量、由政府发动和通过计划推进、优先发展重工业、相当大的程度上依靠农业提供工业资本积累、以粗放型增长方式为主、过分追求高速度、工业布局的政治因素影响大、城市化进程比较缓慢或滞后、忽视环境保护和资源节约、被迫或片面强调自力更生、实行进口替代战略的工业化道路。中国传统的工业化道路基本上也是这条道路。它虽然使计划经济国家建立起了必要的工业基础，形成了比较完整的工业体系和国民经济体系，部分计划经济国家也基本实现了工业化，但存在不能发挥市场机制作用、没有充分利用民间力量、技术进步缓慢、主要通过工农业产品剪刀差筹集资本、牺牲农业发展、造成畸形产业结构、工业布局不太合理、没有发挥比较优势和后发优势、城市化进程比较缓慢或滞后、城乡差别长期存在甚至扩大、不能有效利用世界市场和国际资源、资源消耗高、先污染后治理、经济效益差等严重的弊端，不能给一个国家带来持续繁荣的工业化。

中国特色的新型工业化道路是中国进入 21 世纪时提出的一条新的工业化道路，兼具世界工业化的一般性、计划经济时期国家主导的传统工业模式的传承性和新时代中国工业发展模式的特殊性。从目标要求和优点来说，这是"一条科技含量高、经济效益好、资源消耗低、环境污染少、人力资源优势得到充分发挥的新型工业化路子"[①]。中国梦具体到工业战线就是加快推进新型工业化。把制造业搞上去，创新驱动发展是核心。要向全社会发出明确信息：搞好经济、搞好企业、搞好国有企业，把实体经济抓上去。从主要内容和

---

① 江泽民：《全面建设小康社会，开创中国特色社会主义事业新局面》，人民出版社 2002 年版，第 14 页。

基本特征来看，这是一条以信息化带动、技术引进与自主创新相结合、以集约型增长方式为主、协调兼顾机械化与就业、通过不断调整力求产业结构优化、合理进行工业布局、资本来源多样化、与城镇化适度同步、以经济效益为中心、节约资源、保护环境、力求实现可持续发展、实行对外开放、发挥比较优势和后发优势、发展内外向结合型经济、民间和政府力量相结合、市场推动、政府导向型的工业化道路。这是经济知识化、信息化、全球化和市场化的必然要求，是适应中国国情特别是克服人口资源环境严重制约的必要选择，是落实新发展理念，实现全面、协调、可持续发展的必由之路。

中国特色的新型工业化道路在党的十九大以后取得了重大进展。工业和信息领域在创新能力、结构优化和"两化"融合方面都成绩斐然。从创新能力上看，以企业为主体、以市场为导向、产学研用相结合的创新体系在日益完善，航空航天、高端装备、高性能计算、新一代移动通信等领域都取得了突破性进展，军民深度融合发展在加快，新动能不断释放。从结构优化来看，供给侧结构性改革深入推进，特别是"三去一降一补"当中的去产能、降成本、补短板成效明显，战略性新兴产业、先进制造业的增速持续快于全部工业增速，新业态、新模式不断涌现。从"两化"融合来看，智能制造水平明显提升，基于互联网的"双创"平台在快速成长，建成全球最大规模的宽带网络，提速降费取得初步成效，5G研发在加快推进，互联网经济走在世界前列①。

以上充分说明，中国特色的新型工业化道路是党中央在中国进入全面建设小康社会、加快推进社会主义现代化新的发展阶段的重大战略决策，是中国推进工业化建设和实践新发展理念的重要抓手。党的十九大报告指出："加快建设制造强国，加快发展先进制造业，推动互联网、大数据、人工智能和实体经济深度融合，在中高端消费、创新引领、绿色低碳、共享经济、现代供应链、人力资本服务等领域培育新增长点、形成新动能。"② 当前和今后一个时期，我们必须始终坚持走新型工业化道路，牢牢把握新发展理念这条主线，遵循工业化客观规律，适应市场需求变化，根据科技进步新趋势，积极发展结构优化、技术先进、清洁安全、附加值高、吸纳就业能力强的现代产业体系③，提高工业发展质量和效益，为全面建设小康社会、加快推进社会主义现代化奠定坚实的物质基础。

三 新发展理念引领中国特色新型工业化道路发展

新发展理念指创新、协调、绿色、开放、共享的发展理念。创新发展注重的是解决发展动力问题；协调发展注重的是解决发展不平衡问题；绿色发展注重的是解决人与自然和谐问题；开放发展注重的是解决发展内外联动问题；共享发展注重的是解决社会公平正义

---

① 张燕、姚冬琴：《苗圩详解中国特色新型工业化道路》，《中国经济周刊》2017年第41期。
② 习近平：《决胜全面建成小康社会 夺取新时代中国特色社会主义伟大胜利——在中国共产党第十九次全国代表大会上的报告》，人民出版社2017年版，第24页。
③ 张燕、姚冬琴：《苗圩详解中国特色新型工业化道路》，《中国经济周刊》2017年第41期。

问题。显然，这些主题应该也必须贯彻到中国特色新型工业化道路发展过程中去。

新发展理念深刻揭示了实现更高质量、更有效率、更加公平、更可持续发展的必由之路，是针对中国经济发展进入新常态、世界经济复苏低迷形势提出的治本之策；是针对当前中国发展面临的突出问题和挑战提出来的战略指引。这反映了中国共产党对经济社会发展规律尤其是工业化发展规律认识的深化，指明了"十四五"乃至更长时期中国的工业化发展思路、发展方向和发展着力点，具有战略性、纲领性、引领性。用新发展理念引领中国特色新型工业化道路发展，可以丰富中国特色新型工业化道路的内涵。

中国特色新型工业化道路要坚持以提高发展质量和效益为中心。各国发展经验表明，工业化早期往往是经济快速增长时期，到工业化中后期增长速度会逐渐慢下来，此时需要实现比较优势转化、新旧动能转换，既存在提质增效的积极因素，也面临产业升级受阻的巨大风险。伴随中国进入工业化中后期，中国经济由高速增长转向中高速增长，正处在转变发展方式、优化经济结构、转换增长动力的攻关期。只有以新发展理念为引领，以提高发展质量和效益为中心，以供给侧结构性改革为主线，推动经济发展质量变革、效率变革、动力变革，才能显著增强经济质量优势，跨越发展关口，迈上更高质量、更有效率、更加公平、更可持续的发展新台阶[1]。

中国特色新型工业化道路要强调发挥创新引领发展的推动力作用。创新包括科技创新、理论创新、制度创新、文化创新等方面。中国特色新型工业化道路应集成科技创新、理论创新、制度创新、文化创新。推动新发展理念下的产业业态变革，发挥互联网和人工智能对工业的带动作用。党的十八届五中全会提出从国家战略的高度实施网络强国战略、"互联网+"计划、国家大数据战略、创新驱动战略等，发挥科技创新在全面创新中的引领作用，从而促进"四化"深度融合[2]。

中国特色新型工业化道路要增强发展的协调性。发展不协调是制约工业高质量发展的突出因素。工业与农业、城市与乡村等重大关系都要纳入工业协调和区域优势互补的发展格局中，形成工业全要素、多领域、高效益的深度融合发展格局。

中国特色新型工业化道路要秉持"绿水青山就是金山银山"理念，全面推动绿色发展。传统工业化道路付出了先污染后治理的代价，新型工业化道路必须秉持"绿水青山就是金山银山"的理念，大力推动绿色发展、生态建设。以工业发展推动绿色发展是保护生产力、改善生态环境的重要抓手，要坚持节约优先、保护优先、自然恢复为主的方针，坚持工业与环境的协同发展、综合平衡，形成节约资源和保护环境的工业格局、产业模式。

中国特色新型工业化道路要走开放发展的道路。在经济全球化发展的大背景要求工业开放发展，也是全球市场融合的发展需要；工业化要布局共建"一带一路"的产业需求，夯实与共建国家的工业发展合作机制。工业开放发展，还应在西部开发、东北振兴、中部崛起、东部率先发展和沿边开发开放中坚持开放原则，形成工业区域协同发展的格局，形

---

[1] 王永昌、尹江燕：《以新发展理念引领高质量发展》，《人民日报》2018年10月12日。
[2] 张晓萍、周茜：《论中国特色新型工业化道路的形成与发展》，《马克思主义学刊》2016年第4期。

成全面开放的中国特色新型工业化道路。

第二节 中国特色新型城镇化道路

中华人民共和国成立后，我国经历了世界历史上规模最大、速度最快的城镇化进程。城镇化的快速发展体现出在速度方面的"中国优势"。中国城镇化之所以取得如此的发展成就，一个重要原因是中国根据自身国情特点，成功走出了一条具有中国特色的新型城镇化道路。城镇化是现代化的必由之路，既是经济发展的结果，又是经济发展的动力。新发展理念强调以创新、协调、绿色、开放、共享的发展理念为引领，为促进中国特色新型城镇化持续健康发展提供新的思路。现阶段，贯彻落实这一重要精神，是当前推进新型城镇化的关键。

一 从城镇化道路到新型城镇化道路

城镇化或城市化（urbanization）是指第二、第三产业在城镇集聚，农村人口不断向非农产业和城镇转移，使城镇数量增加、规模扩大，城镇生产方式和生活方式向农村扩散、城镇物质文明和精神文明向农村普及的经济、社会发展过程。"urbanization"一词一般译为"城市化"，主要用于说明国外的乡村向城市转变的过程。由于"urban"包含有城市（city）和镇（town），世界上许多国家镇的人口规模比较小，有的甚至没有镇的建制，"urbanization"往往仅指人口向"city"转移和集中的过程，故称"城市化"。中国设有镇的建制，且不少镇人口规模与国外的小城市相当，人口不仅向"city"集聚，而且向"town"转移，这也可以看成是"中国特色城镇化"的一个特点。为了显示这种与外国的差别，有学者把中国的"urbanization"译为"城镇化"。这是符合中国国情的描述。

城镇化是工业化的必然伴侣，也是经济社会发生巨大变革的过程，是任何国家由贫穷落后走向发达繁荣的必由之路，实现城镇化也是发展中国家经济社会发展的主要任务之一。但只有合理、健康的城镇化才能更好地促进工业化和经济社会的发展，不合理、病态的城镇化则不利于工业化和经济社会的发展。怎样才能成功地实现合理健康的城镇化，关键在于根据各个国家的国情选择正确的城镇化道路。

城镇化道路是指实现城镇化的动力、机制、原则和方式，所要解决的是怎样实现合理健康城镇化的问题。城镇化道路决定着城镇化的发动、推进、速度、水平、状态和成败，城镇化道路的特征决定城镇化的特征，城镇化的后果得失或利弊大小，在很大程度上取决于城镇化道路的正确合理与否。具体来说，城镇化道路的内容主要包括以下几个方面的选择，也体现传统城镇化道路和新型城镇化道路的主要区别。

第一，城镇化发展模式的选择。所谓城镇化发展模式是指处理城镇化与工业化和经济发展关系的方式。城镇化与工业化和经济发展关系密切、互为因果、相互制约，如何处理二者的关系是实现合理健康城镇化的首要问题。从国际经验来看，一般存在三种情况或者说三种不同的处理方式，即过度城镇化、滞后城镇化、适度同步城镇化。前两种都是不合理的病态城镇化，只有适度同步城镇化才是合理的健康城镇化。城市化发展模式的选择，实际上就是选择过度城镇化、滞后城镇化，还是适度同步城镇化的问题。

第二，处理城乡关系方式的选择。城镇化实际上是城乡关系变化和发展的过程，能否选择恰当的方式正确处理城乡关系，直接关系到能否有效实现合理健康的城镇化。从国际经验来看，处理城乡关系大致上存在三种方式：一是偏向城市的方式；二是注重城乡协调发展的方式；三是先偏向城市后"反哺"农村的方式。处理城乡关系方式的选择，主要就是在这三种方式中的选择。传统城镇化道路往往强调单一城镇化发展，而忽略协调问题，而新型城镇化道路则必须把城乡协调问题统一到城镇化发展的大背景中。

第三，城镇规模结构的选择。城镇在规模上有大中小之分，城镇规模结构就是各种不同规模城镇的构成情况。城镇的规模结构状况是城镇化状况的重要方面，其是否合理是影响城镇化是否合理健康的重要因素。城镇规模结构不同的城镇化，存在大城镇化、小城镇化和大中小城镇结合并举城镇化三种类型，这三种不同类型的城镇化对城镇化的总体状况的影响也不相同。城镇规模结构的选择，实际上就是在这三种城镇规模结构不同的城镇化类型中的选择。传统城镇化道路容易把规模偏大的城镇当作城镇化的唯一出路；而新型城镇化则把城镇规模和国家发展的理念和阶段充分结合，选择最适合的城镇规模或搭配。

第四，城镇空间布局的选择。城镇在空间上的分布复杂而多样，城镇的空间布局是城镇化发展的重要方面，其是否合理也是影响城镇化是否合理健康的重要因素。城镇空间布局不同的城镇化，存在网络式城镇化、据点式城镇化、据点式与网络式相结合型城镇化或分散型城镇化、集中型城镇化、集中与分散相结合型城镇化等类型。这些城镇化类型具有不同的特征，适合于不同的城镇化条件，对城镇化的总体状况的影响也不相同。城镇空间布局的选择，实际上就是在这几种城镇化类型中的选择。

第五，城镇化实现机制的选择。城镇化的过程是大量农民迁移到城镇、城镇人口大幅度增加的过程，必然要消耗资源，建设更多更大的城镇，因此采用什么方式取得和使用城镇化所需的资源、通过什么途径实现农民向城市的迁移，即选择什么样的机制推进城镇化是实现城镇化的关键，也是城镇化道路的核心内容。城镇化的实现机制决定着城镇化的发动、推进速度、水平和状态。一般而言，城镇化主要有三种不同的实现机制。一是市场型实现机制，也称民间发动和推进型或自下而上型，即依靠民间力量发动及推进城镇化、通过市场机制实现人口流动并取得和配置城镇化所需资源的机制。二是计划型实现机制，也称政府发动和推进型或自上而下型，即依靠政府力量发动及推进城镇化、通过计划机制实现人口流动并取得和配置城市化所需资源的机制。三是市场与计划结合型实现机制，也称民间与政府相结合型或自下而上与自上而下相结合型，即同时依靠民间和政府力量发动及推进城镇化、在以市场机制为基础的同时注意发展计划机制作用的方式实现人口流动并取得和配置所需资源的机制。城镇化实现机制的选择，主要就是在这三种机制中的选择。

第六，城镇发展方式的选择。城镇化的过程也是城镇发展的过程，采取什么方式发展城镇、怎样建设和管理城市，直接关系到城镇化进程的快慢和成效。城镇发展方式选择主要包括城镇发展的资金来源是单靠政府投入或民间投入，还是通过政府、民间、外资等多渠道；城镇主要是搞外延式或粗放式发展，还是内涵式或集约式发展；城镇建设和运转是节约资源、优化环境，还是浪费资源、污染环境；对城镇发展是放任自流，还是严格限制，或者合理规划、积极引导支持，是急于求成，还是循序渐进；等等。

新型城镇化道路应该是城镇化与工业化和经济发展适度同步，注重城乡协调发展，城镇规模结构为大中小城镇结合并举，城镇空间布局为集中与分散相结合且尽可能形成城镇群、带、网，实现机制为市场与计划有效结合的机制，通过多渠道筹措城镇发展资金，采取内涵式和集约式发展，节约资源、优化环境、合理规划、积极引导、循序渐进的方式建设和管理城镇的道路。只有选择正确的城镇化道路才能实现合理健康城镇化。中国和世界城镇化的经验表明，正确选择城镇化道路，必须从本国的国情出发，全面准确地把握本国的人口、资源、环境、工业、农业、城乡、发展阶段、经济结构、经济体制等各方面的实际情况，遵循城镇化发展的规律。

二　中国特色新型城镇化道路的一般性和特殊性

中国城镇化是现代化的必然趋势，是扩大内需和增加就业的最大潜力，是经济结构调整优化的重要任务。早在2000年《关于制定国民经济和社会发展第十个五年计划建议的说明》中，我国就首次提出"中国的城镇化不能照搬别国的模式，必须从自己的国情出发，走有中国特色的城镇化道路"[1]；而《国家新型城镇化规划（2014—2020年）》也指出："按照走中国特色新型城镇化道路、全面提高城镇化质量的新要求，明确未来城镇化的发展路径、主要目标和战略任务，统筹相关领域制度和政策创新，是指导全国城镇化健康发展的宏观性、战略性、基础性规划。"[2] 习近平总书记指出，"城镇化是现代化的必由之路"。"下一步，关键是要凝心聚力抓落实，蹄疾步稳往前走。""新型城镇化建设一定要站在新起点、取得新进展。要坚持以创新、协调、绿色、开放、共享的发展理念为引领，以人的城镇化为核心，更加注重提高户籍人口城镇化率，更加注重城乡基本公共服务均等化，更加注重环境宜居和历史文脉传承，更加注重提升人民群众获得感和幸福感。要遵循科学规律，加强顶层设计，统筹推进相关配套改革，鼓励各地因地制宜、突出特色、大胆创新，积极引导社会资本参与，促进中国特色新型城镇化持续健康发展。"[3]

中国特色新型城镇化道路兼具一般性和特殊性。从一般性的角度看，中国特色新型城镇化道路是人类城镇化道路在中国的实践，必须也应该服从城镇化的一般规律，如城镇人

---

[1] 《关于制定国民经济和社会发展第十个五年计划建议的说明》，中国政府网，http：//www.gov.cn/gongbao/content/2000/content_60547.htm。

[2] 《国家新型城镇化规划（2014—2020年）》，中国政府网，http：//www.gov.cn/zhengce/2014-03/16/content_2640075.htm。

[3] 中共中央党史和文献研究院编：《习近平关于城市工作论述摘编》，中央文献出版社2023年版，第10页。

口的持续增加、城镇化率的提升、城乡关系的改善等。从特殊性上来说，中国特色城镇化道路应该是充分结合国情，节约土地、环境不断优化、城镇规模结构和空间布局合理、城市功能完善、工农业良性互动、城乡协调发展的道路。坚持走中国特色新型城镇化道路，必须要推进以人为核心的城镇化，推动大中小城市和小城镇协调发展、产业和城镇融合发展，促进城镇化和新农村建设协调推进；优化城市空间结构和管理格局，增强城市综合承载能力；坚定不移走工农城乡协调、布局结构合理、集约、智能、绿色、低碳的新型城镇化道路；深化户籍、就业、社会保障、土地等制度的改革，完善城镇化健康发展体制机制，积极稳妥推进城镇化的健康发展，有产业和就业支撑、服务保障，不能靠摊大饼，大、中、小城市和小城镇协调发展，东、中、西部地区因地制宜地推进，注意防止城市病和农村病。

三 新发展理念引领中国特色新型城镇化道路发展

创新、协调、绿色、开放、共享的新发展理念，是管全局、管根本、管长远的导向，具有战略性、纲领性、引领性。要坚持新发展理念，推动高质量发展，推动城镇化发展。特色小（城）镇作为中国城镇体系的重要组成，是新型城镇化与乡村振兴的重要结合点，是经济高质量发展和供给侧结构性改革的重要载体，也是贯彻落实新发展理念的重要平台。理解好其内涵本质，发挥好其积极作用，引导特色小（城）镇实现高质量发展，有利于加快释放城乡融合发展和内需增长新空间，助推经济转型升级和发展动能转换。

中国特色新型城镇化道路要以创新发展理念破解城镇化难题。破解"地""钱""房"等城镇化难题，必须依靠改革创新。以创新发展理念引领新型城镇化，应通过完善土地利用机制、创新投融资体制、完善城镇住房制度等，为新型城镇化提供科学制度保障。拿"房"的难题为例，仅靠财政投入或保障房建设肯定不能满足所有需求。为此，可以通过设立产业发展基金、发行地方债等方式筹资，强化租售结合，保障和发展并举，这样才能破解住房难题。同时，搭建好社会融资平台，引导民营资本从基础设施建设领域向智慧城市、绿色发展等领域拓展是创新中国特色新型城镇化模式的重要抓手。

中国特色新型城镇化道路要以协调发展理念实现人、城、产深度融合。治理"城市病"是推进新型城镇化的一项重要任务。"城市病"的症结很大程度上缘于人、城、产发展不协调。以协调发展理念引领新型城镇化，应坚持以人民为中心、以产兴城、人城产融合。可以依托产业聚集区建设，将相关产业的企业及其职工聚集到一起，实现产业新城与城市新区协调同步发展。

中国特色新型城镇化道路要以绿色发展理念建设绿色城市。城市建设要注重两山理论，体现绿色生态自然美，留住乡愁和历史记忆，增强宜居性，才能让城市生活更美好。以绿色发展理念引领新型城镇化，应进一步尊重自然、保护文化，让绿色成为城市的底色，把绿色发展贯穿于城市建设管理全过程。

中国特色新型城镇化道路要以开放发展解决内外联动问题。现在的问题不是要不要对外开放，而是如何提高城镇化对外开放的质量和发展的内外联动性。中国城镇对外开放水平总体上还不够高,用好国际国内两个市场、两种资源的能力还不够强,应对国际经贸摩擦、争取国际经济话语权的能力还比较弱,运用国际经贸规则的本领也不够强,需要加快弥补。

中国特色新型城镇化道路要以共享发展理念体现城镇公平。市民是城镇的主人。以共享发展理念引领新型城镇化,应让市民感受到"城镇温度"、共享城镇生活。这就要求城镇化工作处理好"面子"与"里子"、个性与共性、建设与保障的关系,让群众在城镇中生活得更舒心。中国特色新型城镇化共享发展注重的是解决社会公平正义问题。中国城镇发展的"蛋糕"不断做大,但分配不公问题比较突出,收入差距、城乡区域公共服务水平差距较大。在共享改革发展成果上,无论是实际情况,还是制度设计,都要通过城镇这个载体加以完善。

2022年,中共中央办公厅、国务院办公厅印发的《关于推进以县城为重要载体的城镇化建设的意见》指出,县城是我国城镇体系的重要组成部分,是城乡融合发展的关键支撑,对促进新型城镇化建设、构建新型工农城乡关系具有重要意义。为推进以县城为重要载体的城镇化建设,要以习近平新时代中国特色社会主义思想为指导,坚持以人为核心推进新型城镇化,尊重县城发展规律,统筹县城生产、生活、生态、安全需要,因地制宜补齐县城短板弱项,促进县城产业配套设施提质增效、市政公用设施提档升级、公共服务设施提标扩面、环境基础设施提级扩能,增强县城综合承载能力,提升县城发展质量,更好满足农民到县城就业安家需求和县城居民生产生活需要,为实施扩大内需战略、协同推进新型城镇化和乡村振兴提供有力支撑①。

第三节 中国新型工业化、城镇化"两化互动"与发展

"两化互动"的科学内涵在于:第一,坚持新型工业化和城镇化可持续、协调发展,即在发展思路上既要着力破解难题、补充短板,又要考虑巩固和厚植优势,解决彼此之间"超前"或者"滞后"的问题;第二,坚持以人为本,始终把"人"而不是"物"作为"两化互动"的出发点和落脚点,促进人的发展;第三,坚持发展理念的科学性——遵循新型工业化、城镇化发展一般规律,稳步推进"两化互动"发展。本节主要针对新型工业化和城镇化"两化互动"的作用机理进行研究,并从外部及内部环境分析推进中国新型工业化与城镇化协调发展的制约因素,给出相应的政策建议和改进措施。

一 新型工业化推动城镇化发展

(一)新型工业化为城镇化发展提供人口保障

新型工业化促进劳动力的城市集聚。相较于过去以劳动密集型产业为主导的传统工业

---

① 《中办国办印发〈关于推进以县城为重要载体的城镇化建设的意见〉》,《人民日报》2022年5月7日。

化,新型工业化依靠创新和技术进步推动产业链和价值链升级,实现从劳动密集型向设计、研发、供应链管理、营销、服务等知识密集型产业转型升级,致使工业部门对劳动力的吸纳能力显著下降。但从绝对意义上讲,城镇就业人口非但没有因此而下降,相反,城镇就业人口还增加了。原因有二。一是工业部门劳动力供给的增加和生产力的提高,势必降低工业部门劳动力工资水平,节约生产所需的劳动力成本,反过来,节约出来的资金又投入工业部门的扩大再生产;进一步地,工业生产规模的扩大,不仅吸纳更多的劳动力加入生产过程中来,还引致服务型劳动需求(如零售、餐饮、娱乐、物流等),扩大农村剩余劳动力的流动规模和城市集聚。二是高技能人才的集聚,有利于新知识、新技术在企业间流动,增强企业竞争力,扩大企业规模和劳动就业,助推城镇化发展。如此循环往复,使得过去城镇化滞后和人口流动限制制度积攒的劳动力供给"势能"得以释放。刘光岭和李晓宁指出,新型工业化能够提供更多的就业岗位,以吸纳更多的农业转移人口就业,从而加速城镇化建设[①]。国家统计局数据显示,我国城镇就业人员数从 2000 年的 23151 万人(占比 32.12%)增加到 2019 年的 44247 万人(占比 57.11%),同期乡村就业人员数由 48934 万人下降到 33224 万人。

(二)新型工业化促进产业集聚

作为工业化的基本特征,生产的集中性和连续性,要求生产过程在空间的集聚,用以降低生产成本;进一步地,工业化产品的商品性特征,要求市场在空间的集聚,用以降低交易费用,从而推动城镇化的形成和发展。

工业化早期,中国主要以轻工业等劳动密集型产业为主(如纺织、工业消费品等),推动劳动力的城镇集聚,但因为各产业部门之间的关联性、依存度较低,导致对应的城镇规模较小、城镇发展受限;紧接着,主导产业由轻工业转向重工业,如石油、机器、化工、汽车等,提高了产业间的依存度,扩大了产业空间的集聚范围和城市规模。随着第三次工业革命的到来,以新能源、新材料、生物技术等为代表的新兴技术群体性突破和协同应用为主体,以人、机器和资源间的智能互联以及产业的数字化、网络化、智能化为特征,强调工业化与信息化紧密结合,加剧了产业集聚;反过来,集聚带来的生产成本和交易成本的下降,进一步促进生产要素的流入和集中,实现生产要素在产业内和产业间的优化配置。同时,作为一种全局性的通用目的技术,信息技术的发展促进产业间的渗透、融合和产业内部的重组,造就新的成本优势和竞争优势,继而吸引更多产业和企业入驻,扩大产业集聚范围,推动城镇化发展。

(三)新型工业化提高城镇化发展质量

新型工业化驱动城镇化高质量发展。对城镇化建设来说,产业的集聚扩展了消费品种类,提高了劳动收入水平,从而吸引更多的农村劳动力进城务工;反过来,劳动力的迁入势必增加市场需求,又增强了产业的空间集聚。因此而形成的工业化和城镇化"相

[①] 刘光岭、李晓宁:《新型工业化与农村剩余劳动力转移》,《郑州大学学报》(哲学社会科学版)2007 年第 4 期。

互增强"效应，不断推动城镇化以及城镇集群的形成和发展。同时，城镇化发展质量的提高依赖于新型工业化提供的技术支撑：一方面，高新技术产业能够带动生产力提高，能够吸引更多的社会资本投资于高新技术产品研发、生产、销售等环节；另一方面，高新技术企业拥有较强的市场竞争力、较高的价值增长和长远的经济利益，节约资源、保护环境，从而为中国城镇化的发展提供不竭动力，保障高新技术产业与城镇化的高质量发展。

可以说，没有新型工业化的支撑，就没有城镇化的高质量发展。这也就要求我们，要时刻关注国际和国内市场需求变化，紧跟技术发展趋势，提高自主研发能力，以新型工业化优化各类产业布局，实现传统产业升级，提升产业竞争力，为中国特色城镇化提供有力的工业条件，促进各级城市及小城镇之间的协调发展，切实做到统筹各种要素，制定科学发展规划。

二 城镇化支撑新型工业化发展

（一）城镇化对工业发展带来规模效应

城镇的集聚而带来的生产要素的聚集，为中国新型工业化的发展提供必要条件。例如劳动力，随着城镇化进程的推进，许多拥有精湛技能的工人以及各类适合工业发展的专门劳动力，跟随城镇化的推进向城镇集中，为以高新技术为支撑的新型工业化发展，进行结构调整和产业升级提供人力资源保障；亦是说，城镇化集聚了新型工业化所需的劳动力资源，推动并承载新型工业化向前发展。此外，城镇化发展，还将带动能源、原材料、技术等生产要素的集聚，从而在微观上，为企业降低生产成本、扩大再生产，实现企业的规模经济奠定基础。进一步地，在中观上，企业规模的扩大将促进产业规模扩大，以及产业链条进一步延伸，从而扩大产业的规模效应。同时，城镇化通过利用自身的产业聚集作用，促进区域内相关企业的分工、合作与联合，推动企业的专业化和规模化，推动区域特色工业体系的形成和工业规模效益的提高，推动新型工业化的发展。

（二）城镇化发展为产业转型升级奠定空间基础

不同发展阶段城市群的空间并存与工业化进程时间上的继起性相协调，为推动工业化进程和产业升级提供弹性空间。从空间维度来看，不同区域所处工业化阶段的异质性，为中国产业转移、形成基于"新比较优势"的空间优化战略提供必然性与可能性；从时间维度来看，随着城镇化进程推进，要素、经济活动集聚度日益提高，在规模经济与溢出效应的双重作用下，城市群逐渐成为中国经济重心与创新中心的空间主体。如此一来，不仅有助于吸引外资和先进技术、提高劳动生产率和优化内部结构，加快产业化转型升级；而且，城镇化发展引致的市场竞争的加剧，对产业结构的转型升级也起到推波助澜的作用。同时，城镇化的发展也促进了产业的集中发展，为新型工业化提高管理水准和提升整体的发展质量奠定基础。因此，以城镇化为载体的新型工业化在城镇中的发展不再受制于城市规模的约束。

（三）城镇基础设施建设为新型工业化发展提供支撑

新型工业化发展进程中，城镇新型基础设施建设发挥巨大作用。相对于铁路、公路、机场、港口等传统基础设施来说，新型基础设施包括信息通信基础设施、智能交通设施、智慧医疗等基础设施，有效支撑产业的信息化、数字化、智能化水平的提升，进而推动新型工业化以及工业化、城镇化和信息化的深度融合发展；对传统城市基础设施进行数字化、网络化、智能化、绿色化升级而建成的新基建，不仅符合党中央提出的走以人为本、"四化同步"、优化布局、生态文明的中国特色新型城镇化路线，提升市民体验、提供人力资本和社会资本积累，还将极大满足新型工业化发展的基本需要，提高中国技术创新、协同创新能力，促进新型工业基础高级化水平提升。

总的来看，城镇化发挥着空间载体的功能，支撑新型工业化发展。城镇化只有不断适应工业化的发展，城市功能才能得以提高，城市才能更具吸引力，城镇化进程才能得以推进。相反，如果城市没有作出及时的转型和调整，以适应新型工业化的发展，那么城市必将在竞争中逐渐没落。因此，只有城镇化支撑新型工业化的发展，城镇化和新型工业化才可能实现互动、协同发展。

三 限制"两化互动"的因素

虽然中国城镇化和新型工业化协调发展成就巨大，但依然存在诸多不容小觑的制约因素，而且随着经济的不断发展，这些因素的影响力也越来越大。

（一）产业结构不合理

不合理的产业结构影响中国"两化互动"发展的质量。长期以来，中国工业化的发展主要依赖于增加投资和消耗资源，而忽略了依靠科技进步和劳动力素质提高等"软手段"来提升工业化发展的质量，从而引致中国核心技术受制于人，技术研发创新动力不足，产业结构落后、趋同，产业特色不明显等问题。如此一来，不仅降低了中国产业在国际上的竞争力和影响力，还导致国内企业之间的同质化竞争和恶性竞争。另外，相关法律及管理配套体系的不完善，也导致产业内部及产业之间的拉动作用欠平衡。由此可见，自主创新能力缺乏势必影响产业结构转型升级。

同时，第一、第二、第三产业发展不均衡制约新型工业化和城镇化协调发展水平。其一，薄弱的农业基础在质和量上影响着进入城镇的农业人口，并且不能为中国特色城镇化和新型工业化的发展提供有效的物质支撑。其二，工业化发展初期，协调发展所形成的集聚经济效益对工业化和城镇化产生较大的带动作用；但是，随着工业化步入高级阶段，工业化对城镇化的带动作用趋于饱和，此时，城镇化进程的主导力量将从第二产业转移至第三产业，发展滞后的第三产业使得城镇吸纳转移人口就业的能力和城镇的综合服务功能较弱，而恰恰，第三产业作为劳动密集型产业能提供大量的就业岗位，并且城镇化的水平与之正相关。显然，不合理的产业结构将对"两化互动"发展构成制约。

(二) 城乡二元体制

城乡二元体制，阻碍了生产要素在城乡之间的自由流动，影响中国"两化"甚至国民经济的协调发展。具体来看有三点。第一，二元户籍制度把农村和城市的居民分割开来——由于户籍身份差异，农民工进城的就业状况非但没有得到实质性改善，还不断遭到"同工不同酬、同工不同权"等不平等待遇，致使农民工权益得不到保障，势必限制农村劳动力的流动。第二，二元土地制度限制了农村土地不能为城镇化和工业化发展所用，使得农村的土地资源和人力资源滞留农村，而中国特色城镇化和新型工业化的发展恰恰离不开劳动力和土地资源的支持。第三，城镇和乡村之间的生产要素的流动持续受到限制，也使得乡镇企业的产业升级和资产重组等因城乡分割、工农分割现象的继续存在而受到制约；例如，一些地方搞城镇化只是盲目地跑马圈地，一些中小城市、小城镇产业发展和集聚缺乏支持，造成产业发展吸纳就业的能力不高，对城镇化发展支撑能力低下，从而使得大量城镇因不能有效吸纳就业和产业转移而荒废，造成资源浪费，进而阻滞了新型工业化、特色城镇化以及"两化互动"健康发展。

(三) 城镇化发展体制不合理

城镇资源随着城市行政等级的降低而递减。中国的城镇分为省级、副省级、地级、县级和镇级五个层级的行政体系，其管理是财政收入从下级的城镇逐级上缴，资源的分配由上级城镇逐级向下分配。因此，行政级别高的城市借助其掌控的行政资源向大城市和中心城市倾斜，推动了大城市和中心城市的快速扩张——由于大城市把握着资金及资源，发展较好，各种基础设施建设完善，因此形成的虹吸效应进一步吸引了大量人口涌向大城市；相比之下，行政级别低的中小城市与小城镇由于难以获得充足的公共资源和享有充分的公共管理职能，导致城镇功能不完善，产业发展和公共服务能力不足，也就无法吸引人口向中小城市及小城镇集中，这就造成了大城市的人口承载压力过大、中小城市及小城镇又发展不足的局面。最终，其导致大中小城市及小城镇之间发展缺乏协调性，并形成区域发展不平衡的城镇化体系。

更严重的是，大城市对下级城市及城镇的发展缺乏有效带动。理论上来说，大城市因发展较好，集聚能力强、规模大，有较强的扩展及辐射作用，而中小城市和小城镇又能为大城市的某些功能起到分担作用，从而形成以大城市为中心，以中小城市和小城镇为辅助的金字塔式的发展结构。相比之下，中国的大城市不仅对中小城市和小城镇的辐射带动性不强，而且还吸纳了周边中小城市和欠发达地区的人才、资金和其他资源，使大城市和其他中小城市和小城镇的差距不断拉大，加上，中国城市数量及城市群及城市内部结构等方面的问题，使得大城市对中小城市和小城镇的带动力不强，难以形成科学、合理的城市群。

(四) 工业化和城镇化发展不协调

中国城镇化滞后于工业化的问题依然存在。总体上，中国的城镇化水平滞后于工业化进程，因为城镇化建设方面过于注重速度及规模，往往忽略掉城镇化发展质量，以致城镇化的质量远远跟不上其速度，导致很多被城镇化的地方往往只有城而没有产业，从而导致城镇化水平与工业化发展不匹配。此外,虽说东部地区"唱主角"的格局有所改善,但中国新型工业化与城镇化协调发展依旧存在较明显的地区差异——东南沿海地区城镇化水平较高,新型工业化和城镇化协调发展较好,东北、中西部地区因发展缺乏特色,城镇化发展缺乏强有力的产业作为支撑,发展内生动力严重不足,也对地区乃至全国城镇化发展起到阻滞作用。

国家统计局数据显示,2020年全国常住人口城镇化率为63.89%,而按户籍人口标准测算的城镇化率仅为45.4%;相比之下,中国的工业化率在2010年就达到57.4%。综上所述,就常住人口的城镇化率来看,中国的城镇化率高于工业化率,但就户籍人口的城镇化率来看,中国的城镇化率低于工业化率。虽然,近年来通过出台各种政策和采取各项措施中国的城镇化有了较大的发展,也取得了一些成绩,但城镇化的发展仍然滞后于工业化,工业化对城镇化的推动力也不够强大,中国"两化"协调发展并不理想。

四 推进"两化互动"的对策

(一)优化产业结构

只有产业结构不断优化和调整,才能为中国"两化"的发展提供高质量的产业支撑。只有产业发展了,才能吸纳更多的就业人员,吸引人口在城镇聚集,进而有效推进中国城镇化建设。党的十八大报告就指出,必须以改善需求结构、优化产业结构、促进区域协调发展、推进城镇化为重点,着力解决制约经济持续健康发展的重大结构性问题。2013年,中央经济工作会议也指出,要加快产业结构的调整,提高产业的整体素质,以实现经济社会的高水平及可持续发展。因此,要提高中国城镇化与新型工业化协调发展的质量,就需要采取有力的措施调整优化产业结构:一方面,要跟随高科技发展步伐,以高新技术实现传统产业的转型升级,全方位提升产业竞争力,将战略性新兴产业做大做强,为中国特色城镇化提供有力的工业条件支撑;另一方面,在推进城镇化的进程中促进各级城市及小城镇之间的协调发展,切实做到统筹各种要素,制定科学发展规划,布局更加合理化,使城镇的各项功能得以完善,为新型工业化注入不竭动力。

(二)塑造协调发展的城镇化体系

良好的城镇发展体系能有效提升中国特色城镇化发展水平。因此,要提升中国特色城镇化发展水平,促进中国新型工业化的发展,并以此提高中国特色城镇化与新型工业化协调发展的水平,就必须从中国的实际情况出发,形成大中小城市、小城镇和城市群的科学合理体系,构筑大中小城市和小城镇协调发展的合理城镇体系和网络,将城镇的协调发展与统筹区域协调发展相结合。同时,充分发挥大城市的带动作用,将资源合理分配到各级城市并加快各级城市的发展,促进各级城市协调发展并形成各自的鲜明特色,城市间的分工合理化,以达到共同发展、和谐共生的目的。

(三)破除城乡二元体制

城乡二元体制是中国当前最大的制度障碍,因此破解城乡二元体制才能为"两化"协调发展创造良好的制度环境。首先,要树立城乡共同发展的价值观,纠正城乡割裂的思想观念,积极促进二元体制及相关的思想认识的转变;其次,不断修正和完善规章制度(如推进户籍制度改革),消除限制土地、资源、劳动力、产品在城乡之间自由流动的各种体制性、政策性障碍,尽快形成统一、开放、竞争有序的市场体系为城镇化的推进创造良好的制度环境,实现市场及政府共同引导城乡要素自由流动。这样才能为中国城镇化与新型工业化的协调发展创造良好的制度环境。

(四)推进新型工业化和城镇化协调发展

城镇化与新型工业化协调发展应以互动发展为基本路径。首先,要充分利用第三产业为农村转移人口提供大量的就业岗位,增加就业,为其提供一个安居乐业的良好环境,从而有效实现人的城镇化,推动城镇化的进程,并为新型工业化的发展提供高质量的充足的劳动力资源,最终促进新型工业化与城镇化的协调发展;其次,要加强规划统筹,用科学规划引领"两化互动"发展,加强产城统筹、区域统筹,以"两化互动"带动区域协调发展,以改善区域之间发展差距较大的现状、加强管理统筹,建立与"两化互动"相匹配的社会管理体系,为"两化互动"发展创造有利的外部环境;最后,提高城市功能——城市经济效益主要依赖于城市功能的提升,城市功能的提升有利于强化城市的集聚效应,有利于提高城市对周边的辐射能力和范围,带动周边中小城市的发展。

作为中国经济发展的两翼,新型工业化是开启城镇化的动力源泉,城镇化的发展有利于推进前者的进程,二者的良性互动及协调发展有利于提高中国现代化的水平及促进经济社会的健康发展。目前,中国正处于城镇化和新型工业化快速发展时期,在新型工业化的支撑下中国特色城镇化发展有了产业的支持,城镇化水平得到提高,新型工业化的发展也获得了良好的物质及空间载体。但是,现阶段出于历史和现实原因,在推进二者协调发展方面仍存在诸如城乡二元体制、产业结构不合理和城镇发展体系的限制等问题。因此,需要破解城乡二元体制,为二者的协调发展创造一个良好的制度环境,同时调整产业结构为二者的协调发展提供强有力的产业支撑,还要建立完善的城镇化体系为新型工业化的发展提供载体。正如习近平总书记所指出的那样:"协调是发展两点论和重点论的统一,一个国家、一个地区乃至一个行业在其特定发展时期既有发展优势、也存在制约因素,在发展思路上既要着力破解难题、补充短板,又要考虑巩固和厚植原有优势,两方面相辅相成、相得益彰,才能实现高水平发展。"[①]

---

① 习近平:《习近平谈治国理政》第 2 卷,外文出版社 2017 年版,第 206 页。

第十四章　中国特色绿色发展与生态文明

生态文明建设已经成为中国特色社会主义事业"五位一体"总体布局的重要组成部分，而如何处理经济发展和生态保护之间的关系，就成为中国特色社会主义建设的重要议题。中国仍处于并将长期处于社会主义初级阶段的基本国情没有变，这表明中国仍要大力发展和提高社会生产力。但是过去以高投入、高消耗为特征的粗放型经济发展方式对生态环境造成严重破坏，已经不能满足人民对美好生活的需要。绿色发展的提出正是将经济增长和环境保护有机统一在一起：在经济发展中保护环境，在保护环境中获得经济发展。党的十八大以来，党中央以前所未有的力度抓生态文明建设，美丽中国建设迈出重大步伐，中国生态环境保护发生历史性、转折性、全局性变化[①]。本章第一节从绿色发展的理论出发，介绍马克思生态经济理论下人与自然、自然与社会生产力、生产方式与自然的关系；第二节结合人与自然关系的历史发展演进，对中国现阶段经济发展中的资源环境问题进行剖析；第三节结合环境保护要求和经济发展现状，对绿色发展的内涵和外延进行梳理和总结，阐释构建绿色产业体系的主要内容并系统探讨经济发展方式绿色转型的要求；第四节结合环境保护要求和经济发展现状，对绿色发展的内涵和外延进行梳理和总结，系统探讨绿色产业体系的构建，并为充分发挥政府—社会—个体在绿色发展中的作用，对绿色发展和绿色产业体系构建提出实践路径。

第一节　中国特色绿色发展理论起源

中国特色绿色发展理论是以马克思生态经济理论中国化进程为起点，结合中国社会发展实际，以习近平生态文明思想为纲领，对人与自然的关系以及自然与发展的关系进行更新和改造而逐渐形成的发展理论。马克思生态经济理论中蕴含着深刻的对人—自然—社会关系的思考和构想。过去，由于中国经济发展阶段的局限，对生产中蕴含的生态关系的认识和研究相对滞后，没有适时地运用马克思生态经济理论来指导中国经济发展。面对中国经济发展面临的新形势、新问题，需要运用马克思生态经济理论重新审视人与自然的关系。马克思生态经济理论通过劳动将经济系统与生态系统联系在一起，来分析自然对社会

---

① 《中国共产党第十九届中央委员会第六次全体会议公报》，新华社，http://www.news.cn/politics/2021-11-11/c_1128055386.htm，2021年11月11日。

生产的影响，同时以资本主义生产关系为代表分析了生产方式对自然带来的影响及后果。最后，马克思生态经济理论对人—自然—社会和谐发展的路径进行了构想，即通过调节生产方式和生产关系来实现三者关系的调节。

一　自然是影响社会生产力发展的重要因素

（一）自然影响社会生产效率

自然是影响劳动生产效率的主要因素之一，其影响主要体现在两方面：一是对劳动生产力的影响；二是对劳动生产效率的影响。马克思生态经济理论认为劳动生产力是由多种因素决定的，其中包括"工人的平均熟练程度，科学的发展水平和它在工艺上应用的程度，生产过程的社会结合，生产资料的规模和效能，以及自然条件"①。自然条件都可以归结为人本身的自然（如人种等）和人的周围的自然，因此自然条件既影响自然资源的使用，也影响人的劳动过程。在其他条件保持不变的情况下，自然条件的优劣决定了劳动力的高低。特别是在以自然资源为主的生产中，如矿产业、农业等自然资源的充裕程度将决定产出的大小。生产效率是指固定投入量下，实际产出与潜在最大产出二者间的比率。而自然条件决定的生产环境将影响到生产效率水平。人作为自身自然，其劳动效率也将影响到生产效率。

从历史发展的角度看，不同阶段自然条件的影响方式和影响程度是不同的。马克思生态经济理论将人周围的自然在经济上分为两大类：一类是以维持人类基本生活为主的自然资源，如进行种植的土地和水产丰富的水域，称为生活资料的自然富源；另一类是以经济发展、劳动生产资料为代表的自然资源，如通航的河流、金属、煤矿等，称为劳动资料的自然富源。在人类发展初期，人主要是为了维持基本生存，因此，生活资料的自然富源更加重要。而随着人类社会的发展，产出的增加和社会关系的扩展，劳动资料的自然富源对人类社会发展影响更大。

（二）自然影响社会分工的形成

自然还会影响到社会生产中的分工。其会从两个方面影响社会的分工。一是自然条件差异影响社会分工的形成。以马克思生态经济理论中三种分工形式为依据：即以农业、工业、矿产业等为代表的一般的分工；以生产大类内部再细分如种植业、加工业和装备制造业等作为特殊的分工；以工厂内部的分工作为个别的分工。这三种分工形式都要受到自然条件的影响。从人类社会的发展来看，由于地区自然条件的差异，在不同的生产环境中，不同群体能够获得的生产资料和生活资料存在差别，因此，它们的生产方式、生活方式和生产的产品，也就各不相同。在交换过程中，这些不同自然环境下生产的产品逐渐转化为商品，使得差异化的产品成为社会中生产中的一部分，进而产生了分工，因此，自然条件差异形成的不同且有相互独立的生产领域通过交换就形成了社会分工。如法国的葡萄酒产

---

① 《资本论》第3卷，人民出版社2018年版，第53页。

业、澳大利亚的铁矿石业以及中东的石油产业等。二是自然资源多样性影响社会分工形式。商品上凝结的劳动与自然资源的多样性相结合体现了有用劳动的多样性,而按照多样性分类的有用劳动的总和则是社会分工的体现,并成了商品存在的前提。

所以,总体来看,自然条件影响形成的社会分工是其他分工的基础,自然环境首先影响人的生活和生产环境,使得人类的需要、能力、劳动资料和劳动方式趋于多样化,而这一过程又会随着社会关系的发展使分工进一步深化,并且与社会发展的时代相适应;反过来,分工的出现也会影响到自然参与社会分工的形式,从而形成特定生产方式下的社会分工。

(三)自然周期影响生产过程

自然还通过周期性的规律作用于社会生产。自然从两个方面对生产过程产生影响。一是自然环境周期性的变化带来的生产周期变化。生产周期又包括生产时间和生产的连续性。在生产时间的影响中,产品的生产可能受到自然环境的约束,如在农业生产中,不同的商品的生产时间就要受到不同气候和生产环境的影响。另外,自然条件也会影响到生产的连续性,这主要针对一些存在季节性的生产部门,如种植业、捕捞业,不同自然资源的生长周期将会影响到社会生产的连续性,甚至可能带来生产的中断。

二是由于自然资源的自然属性影响生产过程。这里讨论的生产过程影响不是针对生产的劳动时间,而主要指生产资料的自然属性带来的生产周期的影响。如葡萄酒的生产,工人的劳动时间相对固定,但葡萄的自然的发酵过程,能影响到葡萄酒的产品生产和产品质量。除了农业产品的自然属性,一些工业环节也会受到自然环境的影响,如陶器业,需要特定的自然条件才能发生特定的化学变化。

马克思生态经济理论分析自然对生产力、生产效率、社会分工以及生产时间的影响意在说明,在经济发展中要遵循客观自然规律,选择适合的生产方式。不恰当的生产方式将对自然资源的使用和自然环境造成影响,如资本主义下的木材的生产方式就不适合森林资源合理利用。由于林木特殊的自然周期和生长环境,其周转时间较长,过度砍伐,不尊重其生产周期和自然条件,将会导致林业发展不可持续,更会破坏当地的生态环境。所以,从短期生产的角度看,自然条件的影响将限制资源的使用规模,过度消耗会带来资源的枯竭;而从长期发展的角度看,不合理资源利用和处理将带来资源利用的不可持续和自然环境的破坏。

二 生产方式是影响自然的重要因素

自然条件和资源的多样性带来了人类需要、能力、劳动资料和劳动方式的多样性,成为影响社会分工和社会生产的重要因素,同样,人类与自然的作用方式也会影响到自然资源的利用和自然环境的保护。以马克思生态经济理论为基础,劳动是影响自然的主要手段,而劳动方式又受到生产方式的影响,在资本主义生产方式的影响下,劳动关系的异化将影响人与自然的关系,从而影响自然的发展。

（一）劳动是影响自然的主要手段

马克思以劳动为中介，将人与自然联系起来。首先劳动就是通过自身的自然力——臂和腿、头和手运动起来，为了在对自身生活有用的形式上占有自然物质，作用于自然并改造自然的过程①。这里需要厘清其中的两层含义。第一层为劳动本身就是人对自身自然力的一种运用。人作为自然中的一员，其自然力的生长需要依靠自然提供的生活资料和生活环境来实现，因此人类在劳动过程中也是对自身自然的改变。第二层为通过劳动来"中介、调整和控制人和自然之间的物质变换的过程"。这里讨论的物质变换的过程其实就是人类通过劳动利用自然资源和自然条件的过程。而劳动不是人与自然自发产生的关系，而是有目的性和主观能动性的劳动形式，其目的是满足人类自身的需求，即为了实现商品的消费与交换而开展的人对自然的作用方式。

带有主观能动性的劳动可对自然产生影响，而这种主观能动性又受到社会生产和社会关系的影响。为了实现商品的生产、分配、交换和消费，人与人之间便发生一定的联系和关系。而这些社会联系将决定人类对于商品的需求和生产，进而影响到对自然资源的利用，并对自然环境产生影响。因此，生产方式影响自然的逻辑关系便是生产方式决定着人进行有目的性的劳动，而人又通过有目的性的劳动与自然进行物质变换，因此生产方式通过劳动形式来影响自然。

（二）生产方式异化对自然的影响

生产方式可影响自然的发展，而生产方式的异化又影响人与自然的关系。马克思生态经济理论着重探讨了资本主义生产方式对自然的作用机制，特别是资本主义造成生产方式异化而对自然带来的重要影响。一方面，资本主义生产方式对自身生活有用的自然物质的需求已经异化为对利润的追求，即社会生产不是由产品的绝对量来计量，而是由剩余产品的相对量来计量②。因此，人类的需要已经不是劳动的根本目的，对于剩余产品的追求就表现为对生产资料和劳动力的无限攫取，从而造成对自然资源的无限攫取，带来的后果则是自然资源的过度利用和自然环境的破坏。

另一方面，资本主义生产方式还会扭曲人与自然的关系，将人与自然放在对立面，甚至造成人能主宰自然的错误观念。资本主义生产方式以人对自然的支配为前提，马克思引述笛卡尔③对资本主义生产形态和人与自然看法来说明资本主义生产方式对自然的僭越——"我们就可以像了解我们的手工业者的各种职业一样，清楚地了解火、水、空气、星球以及我们周围的其他一切物体的力量和作用，这样我们就能在一切适合的地方利用这些力量和作用，从而使自己成为自然的主人和占有者"，并且"促进人类生活的完善"④。这种错误定位，为人类过度利用自然资源找到了借口，也使人类更加肆无忌惮，对自然环

---

① 《资本论》第1卷，人民出版社2018年版，第208页。
② 《资本论》第1卷，人民出版社2018年版，第265页。
③ 笛卡尔在其《方法论》的书中提到实践哲学时提出这一观点。
④ 《资本论》第1卷，人民出版社2018年版，第448页。

境的破坏越发严重。总的来看，资本主义制度为了实现在不变资本上的节约，需要通过扩大对自然资源的消耗和对劳动力的利用；而"人类主宰自然"的错误观念，又导致人类在处理人与自然的关系时存在短视的问题。"人与自然是生命共同体"的重要理念，是习近平生态文明思想的重要组成部分。习近平总书记指出："自然是生命之母，人与自然是生命共同体，人类必须敬畏自然、尊重自然、顺应自然、保护自然。"[1] 这一重要理念坚持和发展了马克思主义关于人与自然关系的思想，从本体论层面超越了现代西方环境理论[2]。

三 资本主义生产方式对自然造成的严重影响

资本主义生产方式对人与自然关系的异化以及错误定位，使得资本主义下的生态系统受到严重破坏。马克思生态经济理论着重讨论了资本主义生产方式对生态系统破坏的后果，更将生态的概念进行拓展，在狭义的自然生态系统中增加了对社会生态系统的考察，不仅关注了人外自然环境的恶化与资源的消耗，也关注了人的自身自然发展条件恶化与社会结构的断裂。为构建健康的人—自然—社会关系和社会生产方式提供了反思与借鉴。

（一）资本主义生产方式对人外自然生态系统的影响

在马克思生态经济理论中，资本主义生产方式对人外自然生态系统的影响主要通过对自然资源的过度利用和自然条件的破坏来体现。正如威廉·配第所言的"劳动是财富之父，土地是财富之母"，土地在经济发展中的作用突出，土地资源具有经济性和生态性的双重作用：一方面土地资源的总量水平将影响地区的生态安全以及农业产业发展水平；另一方面土地资源将通过附着在其上的植被等影响大气环境、水资源等生态要素，对生态环境维护发挥着基础性作用。但资本主义生产方式对土地资源的破坏却十分严重。

这种破坏主要通过两种形式来体现。一是资源的过度利用带来的资源消耗。以农业发展为例，资本主义农业技术的进步在表面看来是资本的技术生产力的提高，但其中不仅包含着对劳动者技巧的进步，还包含着对自然可持续生产力的超前消费，通过技术对土地的过度开放利用，将破坏土地的肥力和自我修复能力，降低土地未来的生产力。二是资源再利用开发不足带来的资源消耗。马克思生态经济理论以资本主义生产方式下土地产出及相关废物的利用来论述这一问题。由于资本主义工业化和大土地所有制的影响，使得城市和农村出现了严重的分隔，而以土地产出为代表的商品从农村地区生产进入城市的消费环节，但城市消费后的、可以再次进入土地生产环节的农机废料却无法回归农村，使得资源再利用无法实现，造成资源的浪费。除了土地资源，其他自然资源在资本主义生产方式下也损耗严重，因为自然资源是天然的劳动对象，人类的生产和生活

---

[1] 习近平：《在纪念马克思诞辰 200 周年大会上的讲话》，人民出版社 2018 年版，第 21 页。
[2] 王鹏伟、贺兰英：《习近平生态文明思想对现代西方环境理论的超越》，《人民日报》2021 年 10 月 18 日第 9 版。

都离不开对自然资源的利用。此外，马克思生态经济理论也对木材、煤矿、铁矿等自然资源的过度利用进行了分析，分析了资源利用不合理带来的环境问题，如河流的污染、森林的减少等。

（二）资本主义生产方式对人的自身自然的影响

除了讨论资本主义生产方式对人周围的自然资源的过度利用和自然环境的破坏，马克思生态经济理论还讨论了人的自身自然在资本主义生产方式下的发展局限。这拓展了传统生态经济学对人与自然关系讨论的范畴，体现出对人类发展的终极关怀。在资本主义生产方式下，资本家对工业劳动者和农业劳动者的剥削体现在生产条件以及生活条件的恶化方面，其本质则是体现为对人的自身自然的破坏。

资本主义生产方式对人的自身自然的破坏主要体现在两个方面。一是对人类生存发展环境的破坏。资本主义对剩余价值的追求，转化为对剩余劳动的获取，在工业生产领域，这主要是通过延长劳动力的工作时间，降低劳动力的生产成本来实现的。工人的正常休息得不到保证，工作条件恶劣，生活环境污染严重，由此带来的职业病困扰劳动者，对人的自身自然带来严重损害。在农业生产领域，在土地私有化下，农民没有土地，只能受雇于地主。但地主为了增加产出，就会通过延长劳动时间增加工作强度的方式来提高农业生产力，这必然会减少农业工人的正常休息时间，其生存条件恶化。而农业产出不归农民所有，农业工人常常面临吃不饱、穿不暖的困境，其生活条件也进一步恶化。其结果就是人的自身自然受到严重破坏，身体羸弱，病痛不断。大土地所有制带来的阶级力量对比，削弱了农民抵抗不平等生产关系的力量，而在空间上的分散，也不利于他们组织起来争取自身权益，人的自身自然受到的影响也更加严重。因此，在农村中，土地肥力和农民劳动力被迅速消耗，人的自身自然和人外自然都受到严重影响。

二是资本主义生产方式不仅对个体生存条件造成毁灭性破坏，也对社会生态系统的整体性造成无法弥补的裂痕。二元结构的形成和进一步分化，导致城乡对立，这种对立不仅破坏了自然界的物质循环，更是形成城市资本家与农民之间的阶级对立，促使自然矛盾和社会矛盾尖锐化。马克思指出"资本主义生产使它汇集在各大中心的城市人口越来越占优势"，然而这种优势却是建立在城乡对立的基础上，资本主义生产方式首先将农业和工厂手工业在空间和社会阶层上进行分隔，形成了以城乡分隔为代表的阶级分隔；同时，资本主义利用城市和农村在社会生产中的不同分工，再加上资本主义对于资本家的纵容，使得城市成为资本家追逐剩余价值的主要空间，"城市则无论在什么地方都毫无例外地通过它的垄断价格，它的赋税制度，它的行会，它的直接的商业诈骗和它的高利贷在经济上剥削农村"[1]，导致城乡对立。马克思对于资本主义城乡对立的分析虽然具有一定的时代局限性，但对于我们了解资本主义生产方式对人的自身自然和社会生态系统的破坏具有一定借鉴意义。

---

[1] 《资本论》第3卷，人民出版社2018年版，第905页。

四 马克思对社会主义生产方式与生态关系的构想

以资本主义生产对生态的破坏为鉴,马克思生态经济理论对改善人与自然的关系也进行了构想,即需要通过转变资本主义生产方式才能从根本上改变人与自然日益紧张的关系。马克思生态经济理论从原理、形式以及技术层面阐述了在社会主义生产方式下人与社会、人与自然的相互作用机制:一是生产方式能影响人与自然的关系,通过和谐的生产关系可以实现协调的生态关系;二是在自然资源的利用中,也需要加强各环节的物质流动和利用;三是正确地看待和利用技术革新来改善人与自然的关系。

(一)统一协调的生态关系

在马克思生态经济理论中,劳动是人与自然之间互动的中介,而人与自然的主要作用形式则为物质变换,要修复资本主义生产方式下人与自然之间物质变换的扭曲,首先就需要摆脱剩余价值的奴役,实现人的自由发展。统一平等的社会生产关系下人与自然协调发展是社会主义生产基本生态形式,也是马克思生态经济理论的研究目标。社会主义是资本主义发展到一定阶段后的以人的全面而自由发展为基本原则的社会形式,将消除阶级和城乡对立,因为社会分工的不同,生产者也将联合起来,合理调节人与自然的关系;改变对剩余价值的追求,而是以人类的需要和人的发展本性的条件下来利用自然资源,调节自身自然,也就是人的解放与自然的统一。其中需要注意两个问题,一是首先要实现人的发展,也就是自身自然的发展,只有建立社会主义中人与人之间平等统一的生产关系才能获得平等、健康的生产生活环境;二是对自然资源的利用,需要摒弃追求剩余价值的冲动,消除由于资本主义利润最大化带来的人与自然关系的异化,取而代之的是自然包容的经济发展方式。

(二)城乡融合的物质循环

在物质变换过程中可以通过一定的方式来提高物质的利用率,如物质循环。在社会主义生产方式下,劳动作为最自由的劳动,可以通过不同的作用方式和生产资料一起回归到物质循环当中。这一点资本主义生产方式无法实现。马克思用排泄物的概念来说明资本主义生产方式对物质循环链条的破坏。他将排泄物分为两种:"生产排泄物"和"消费排泄物","我们所说的生产排泄物,是指工业和农业的废料;消费排泄物则部分地指人的自然的新陈代谢所产生的排泄物,部分地指消费品消费以后残留下来的东西"[①]。在资本主义生产方式带来的城乡对立下,部分资源无法得到有效的利用,如在农业发展中,原本能够作为生产资料的部分消费品在城市消费以后产生的排泄物无法流动到农村实现再利用,打破了物质循环的链条,造成了资源的浪费,而这种浪费主要来源于资本主义生产方式下城乡对立带来的物质循环的割裂。这一问题虽然只在当时的资本主义时期较为明显,具有一定的时代局限性,但其中说明的城乡社会割裂带来的物质流动脱节和物质资料利用率降低

---

① 《资本论》第 3 卷,人民出版社 2018 年版,第 115 页。

的问题具有普遍性。而社会主义生产方式的建立将打破这种城乡对立，使城市与农村联合起来，实现对自然的"共同控制"。

（三）超越资本主义生产方式的技术创新

技术创新是社会发展的永恒动力，是独立于时代存在又带有鲜明时代特征的人类劳动进步手段。其独立性表现在，任何一个社会阶段，都存在以劳动力的发展为表现形式的技术的革新与创造，促进生产效率的提高从而促进社会的发展。但在不同社会阶段下，技术革新的性质却不同，这一特质主要体现在技术创新的目的上，不同生产方式中技术创新的目的是不同的。如在资本主义生产方式下，技术成为资本膨胀的催化剂，促进了资本对剩余价值的追求。技术的进步不仅增加有用物质的数量和已知物质的用途，在资本的扩张下，技术也会扩张到相应领域。由于资本主义生产方式的影响，科学技术的发展加深了对人的束缚以及人对自然的错误认识。科技的运用，扩大了人在利用自然资源中的短期"力量"，如提高了劳动生产率和对自然资源的利用率，产生人可以凌驾于自然之上的"错觉"和人可以通过技术改造自然、增加可利用资源规模的"短视"。因此，没有超越资本主义生产方式的技术创新只是帮助资本进一步扩大掠夺自然的范围和程度的"催化剂"。

超越了资本主义生产方式的技术创新不仅同样行使着提高社会生产力和提高物质循环利用率的作用，而且已经脱离了追求剩余价值的束缚。在社会主义生产方式下，科技创新成为了解自然、认识自然规律的重要工具，也成为尊重自然发展，促使人类发展与之相协调的重要手段。因此，只有脱离了资本主义生产方式的技术创新才是真正为人类与自然和谐发展服务的创新模式。

第二节　绿色发展与生态文明建设的现实要求

在中国经济由高速增长阶段转向高质量发展阶段的同时，绿色发展和生态文明建设愈加重要；人的全面发展实际是在自然基础上的发展；要实现人的全面发展，需要客观看待人与自然的关系；当人与自然的关系存在不协调时，人的发展也会受到制约。在这种背景下，需要总结人与自然关系的历史演进，认清中国生态环境现状，明确绿色发展和生态文明建设是中国特色社会主义经济发展的现实要求。

一　人与自然的关系：历史演进

人与自然的关系，是人类社会与经济发展中的一个最基本的关系；如何处理人与自然的关系，也是人类社会与经济发展中的一个最基本的问题。从人类社会的历史进程来看，人与自然的关系的变化大致经历了以下几个阶段。

（一）早期的农业社会

在这一长期的历史时期中，人与自然的关系表现为人类服从自然、自然支配与统治人类。第一，由于人类的科技水平极为低下，只有粗浅的科技意识，无法解释和认识大量的自然现象，对神秘的自然界既恐惧又崇拜。第二，由于人类只有简单的劳动工具和劳动经验，生产水平极为低下，只是靠自然的恩赐，依靠自然界提供的现成食物来生活，如狩猎、捕鱼、采集自然果实等，来维持低下的生活水平。第三，由于人类的生产力和创造力极为低下，无法与自然相抗衡，只能盲目地服从自然的支配，特别是在自然灾害面前，基本上没有抵抗力。

（二）工业社会

在人类历史进程中，工业社会是人口增长最快、经济发展最迅速、物质财富积累最多、社会变动最剧烈的时期。在工业社会时期，人与自然的关系发生了巨变，即人类要控制自然、征服自然。第一，18世纪蒸汽机的发明促使人类进入工业社会，19世纪被称为"科学世纪"，科学技术的迅速发展更加快了工业革命的强劲势头。人类借助于先进的科学技术，不断地发现自然界的运动规律，探索出更多的自然界奥妙，因而也滋生了"人类中心主义"，不自觉地把自己看成自然的主宰，提出了"人定胜天"等不切实际的口号。第二，人类的消费欲望空前膨胀，刺激了社会生产力的空前发展，而科技发明又成为社会生产力发展的加速器。美国学者托夫勒在《第三次浪潮》一书中认为，工业革命在技术领域的特征，主要表现为大规模的生产和与此相适应的大规模的销售系统；工业化的核心是大型化，于是在工业社会中"大"成了"有效率"的同义词[1]。第三，在社会生产力空前发展的同时，其负面影响也日益显现和严重，产生的问题也日益多样化，如温室效应、气候变异、生态破坏、环境污染、资源危机、粮食短缺、水土流失、土地荒漠化等层出不穷。

二 可持续发展的提出与要求

在此背景下，西方社会也开始关注和反思环境问题，人们逐渐认识到"人类中心主义"思潮的弊端与危害。在此基础上，生态整体主义观念开始出现并为人们所接受。生态整体主义（Ecological Wholism）的核心思想是，把生态系统的整体利益作为最高价值而不是把人类的利益作为最高价值，把是否有利于维持和保护生态系统的完整、和谐、稳定、平衡和持续存在作为衡量一切事物的根本尺度，作为评判人类生活方式、科技进步、经济增长和社会发展的终极标准[2]。其中，不断有学者开始反思人类与自然的关系，从1798年马尔萨斯（Thomas R. Malthus）出版的《人口论》、1949年福格特（W. Voget）出版的《生存之路》再到1962年卡尔逊（Rachel Carson）出版的《寂静的春天》都描述了人与自然关系失衡后，人类发展的困境。1968年，来自美国、德国、挪威等10个国家的30多名学者在罗马集会，讨论当前和未来人类面临的困境问题，并成立了一个非正式的国际学术团体——罗马俱乐部。1972年，以丹尼斯·梅多斯（Dennis Meadows）为代表的一批俱乐

---

[1] ［美］阿尔文·托夫勒：《第三次浪潮》，黄明坚译，中信出版社2018年版。
[2] 转引自王诺《"生态整体主义"辩》，《读书》2004年第2期。

部成员，发表了第一个研究报告，即著名的《增长的极限》。该报告针对长期流行于西方的增长理论进行了深刻的反思，独树一帜地提出要关注"增长的极限"问题。该报告认为影响和决定增长的有五个主要因素，即人口增长、粮食供应、自然资源、工业生产和污染。由于人口增长引起粮食需求的增长，经济增长导致不可再生自然资源耗竭速度的加快和环境污染程度的加深，而这些都属于指数增长的性质。"增长的极限"这一问题实质是对工业化初期的经济增长模式，即高耗费、高污染、高速度模式的反思。由此，人类的发展何去何从成为学界研究的重点，并形成了均衡增长论、有机增长论、"无意外"发展论和可持续发展理论，其中可持续发展理论成为当今流传最广、认同度最高的理论。

可持续发展的思想最早可追溯到1972年联合国环境会议。来自113个国家的1300多名代表聚集在瑞典首都斯德哥尔摩，围绕着"我们应当干些什么，才能保持地球不仅成为现在适合人类生活的场所，而且将来也适合子孙后代居住"的主题，第一次广泛讨论了因发展而引起的全球环境问题，并通过了划时代的文献《人类环境宣言》。这次会议虽然没有明确提出可持续发展的概念，但其主要内容已经十分清晰。1987年，联合国通过了世界环境与发展委员会起草的文件《我们共同的未来》。在这个关系着人类社会未来发展的挑战与策略的划时代纲领性文件中，人们指出可持续发展是"既能满足当代人的需要，又不对后代人满足需要的能力构成危害的发展"，并论述了可持续发展的原则、要求、目标和策略，从而为可持续发展思想奠定了基础。1992年6月，在巴西里约热内卢召开的联合国环境与发展大会，通过了《里约宣言》和《21世纪议程》。这两个文件是将可持续发展思想和理念付诸行动的开始。它们充分肯定了可持续发展道路，把实现可持续发展作为人类共同追求的目标。至此，可持续发展思想逐渐成为影响人类文明和人类进步的基本指导原则。

可持续发展的核心内容就是和谐的自然观。世界环境与发展委员会《我们共同的未来》强调："从广义上讲，可持续发展的战略旨在促进人类之间以及人与自然之间的和谐。"①《里约宣言》第一条原则也强调："人类处于普受关注的可持续发展问题的中心，他们应享有以与自然相和谐的方式过健康而富有生产成果的生活的权利。"② 由此可见，人与自然的关系是可持续发展方式建立的基础，而人与自然的和谐是可持续发展追求的最高目标。只有实现了人与自然的和谐，才能实现人类社会的持续发展。

改革开放以来，中国经济发展取得举世瞩目的成就。但是在投资驱动和出口拉动为特色的传统发展模式推动下，中国的资源供应已日趋紧张，资源承载力在不断下降。因此，作为中国经济增长的关键环节，资源的"瓶颈"地位已凸显出来。这就需要中国在加快国民经济发展的同时，必须正确认识人与自然的关系，慎重处理经济、资源与环境的关系，着力解决资源对经济增长的制约。在解决这一难题的过程中，开源节流是常规手段，而根本的解决途径还是转变经济增长方式，即从"高消耗、高投入、高增长"

---

① 世界环境与发展委员会：《我们共同的未来》，吉林人民出版社2004年版，第80页。
② 《里约环境与发展宣言》，《环境保护》1992年第8期。

的模式转向"低消耗、高效能、高质量"的模式。这是中国经济增长不得不正视的严峻现实。

三 加强绿色发展和生态文明建设的迫切性

（一）高投入、高消耗、低收益的发展惯性造成资源消耗严重

马克思生态经济理论强调社会生产力的发展要与自然环境相互适应和协调。中华人民共和国成立之初，国家生产力薄弱，生产与生活水平极其落后。但出于历史的原因，中国实行优先发展资本密集型的重工业赶超发展战略，但其与当时国家自然和社会环境极为不符，只能通过高投入、高积累来推进生产。而技术的落后、国际的封锁以及对成本收益认识不足，又造成中国生产效益低下。改革开放以来，社会主义市场经济的确立使得中国经济发展取得长足进步，但仍未摆脱高投入、高消耗、低收益的发展惯性：经济增长通过高投入来推动，而低收益又促使更高的投入来维持增长，产生更高的消耗，落入一个以资源加速消耗为代价的发展"怪圈"。随着国家物质基础的不断累积，对资源的需求愈加扩大。1978 年中国能源消耗总量为 5.71 亿吨标准煤，1990 年为 9.87 亿吨标准煤，突破 20 亿吨标准煤经历了十四年，而突破 30 亿吨标准煤能源消费只用了短短五年。自 2009 年以来，中国已经成为全球第一大能源消耗国。但能耗产能却相对较低。2020 年，中国一次性能源消费量达到 145.46 百亿亿焦耳，排名世界第一。据测算，每产生 1 美元 GDP 消耗的一次性能源量是全球平均水平的 1.5 倍，更是美国的 2.3 倍[1]。在现有的发展方式下，资源约束日益趋紧，中国陷入资源需求越大，资源消耗越高，资源供给越少的恶性循环中。要打破这一循环只有以优化投入结构、降低消耗、提高收益等策略及其组合作为突破口，创新经济发展方式。

（二）高排放、高污染、低标准的发展形态造成环境污染严重

马克思认为，资本主义生产方式下消费排泄物是污染的主要来源，他指出"在伦敦，450 万人的粪便，就没有什么好的处理方法，只好花很多钱来污染泰晤士河"[2]。而中国高排放、高污染除了基础设施不完善带来的生活污染物，更多的是生态低标准下的工业污染与城市污染的加剧。生态低标准体现在生态环境要求的低标准以及环境监督和管理的低标准。生态低标准带来污染的低成本，最终导致污染和排放的进一步增加，生态环境进一步破坏。甚至有一个时期已经演变成土壤、水资源以及大气污染等为代表的立体的、复合污染系统。

优质土地迅速减少，土地污染严重。中国人均耕地面积呈下降趋势，由 1996 年人均耕地 1.59 亩，下降到 2017 年的 1.46 亩，明显低于世界人均耕地 2.89 亩的水平[3]。截至

---

[1]《BP 世界能源统计年鉴 2021》和 2020 年度全球 GDP 测算所得。
[2]《资本论》第 3 卷，人民出版社 2018 年版，第 115 页。
[3] 中商产业研究院数据库。

2021年，中国人均耕地面积依然维持在1.4亩左右①。2014年，环境保护部和国土资源部联合发布全国首次土壤污染状况的调查公报显示，全国土壤环境状况总体不容乐观，部分地区土壤污染较重。全国土壤总的点位超标率为16.1%，其中耕地土壤点位超标率更是高达19.4%②。在2021年全国土壤污染状况详查中，土地污染问题依然严峻，土壤重金属污染仍比较突出，超筛选值耕地安全利用和严格管控的任务依然艰巨③。水资源面临超采、污染问题。2020年，全国21个省（自治区、直辖市）存在不同程度的超采问题，个别地区甚至存在开采深层地下水问题。地下水超采区总面积达28.7万平方千米，年均超采量158亿立方米。水污染问题严重。根据《2020年中国生态环境状况公报》，以浅层地下水水质监测为主的10242个监测点中，Ⅰ—Ⅲ类水质的监测点只占22.7%，Ⅳ类占33.7%，Ⅴ类占43.6%④。黄河水资源总量不到长江的7%，人均占有量仅为全国平均水平的27%。水资源利用较为粗放，农业用水效率不高，水资源开发利用率高达80%，远超一般流域40%生态警戒线。"君不见黄河之水天上来，奔流到海不复回"曾何等壮观，如今要花费很大力气才能保持黄河不断流⑤。空气污染近几年也呈现井喷态势，以城市雾霾为首的空气污染威胁人类生命健康。环境破坏已转化为人类生存环境与自然环境同步恶化。一段时间以来，污染事故往往出现在贫困农村地区，严重危害当地人的身心健康，带来更加深重的贫困，农村环境污染问题频发对中国现有的高污染、高消耗、低标准的经济发展形态提出严峻挑战。

　　当前，中国社会主要矛盾已经转化为人民日益增长的美好生活需要和不平衡不充分的发展之间的矛盾，而优美的自然环境、健康的生活环境是人民美好生活的重要组成部分，这表明传统的发展方式已不可持续，需要在生态文明建设下走一条绿色发展道路。党的十八大以来，以习近平同志为核心的党中央以前所未有的力度抓生态文明建设，大力推进生态文明理论创新、实践创新、制度创新，创立了习近平生态文明思想。随着生态文明建设实践的不断丰富，理论研究的不断深入，制度创新的不断拓展，习近平生态文明思想的内涵在不断深化。在中国特色社会主义进入新时代背景下，要坚持全面推动绿色发展，加快形成绿色发展方式和生活方式，坚定不移走生产发展、生活富裕、生态良好的文明发展道路⑥。

---

① 《第三次全国国土调查主要数据公报》，新华社，http：//www.mnr.gov.cn/dt/ywbb/202108/t20210826_2678340.html，2021年8月26日。
② 《环境保护部和国土资源部发布全国土壤污染状况调查公报》，环境保护部，https：//www.mee.gov.cn/gkml/sthjbgw/qt/201404/t20140417_270670.htm，2014年4月17日。
③ 《生态环境部举行2022年度4月例行新闻发布会上生态环境部土壤生态环境司司长答记者问的回答》，中国青年网，http：//news.youth.cn/jsxw/202204/t20220422_13635209.htm，2022年4月22日。
④ 中华人民共和国水利部：《国新办举行〈地下水管理条例〉国务院政策例行吹风会》，http：//www.mwr.gov.cn/hd/zxft/zxzb/fbh20211122/，2021年11月22日。
⑤ 习近平：《在黄河流域生态保护和高质量发展座谈会上的讲话》，《求是》2019年第20期。
⑥ 孙金龙：《深入学习贯彻习近平生态文明思想加快建人与自然和谐共生的现代化》，《学习时报》2022年1月28日。

第三节 绿色发展理念、绿色转型与绿色产业体系构建

在马克思生态经济理论指导下,结合全球可持续发展理念的推广和中国发展方式转变的迫切要求,以习近平生态文明思想为代表的绿色发展理念逐步成型。从环境友好到生态保护,从资源节约到绿色发展,该理念已经从单纯的生产领域,向生产和生活领域扩展,形成绿色生产和绿色生活相结合的发展理念。在"五位一体"的总体布局下,绿色发展成为践行经济建设和生态文明建设的重要途径。

一 绿色发展理念的形成

党的十八大以来,绿色发展理念已成为指导中国发展的重要理念之一。2014年,党的十八届中央委员会第四次全体会议审议通过的《中共中央关于全面推进依法治国若干重大问题的决定》提出"用严格的法律制度保护生态环境,加快建立有效约束开发行为和促进绿色发展、循环发展、低碳发展的生态文明法律制度"。其将绿色发展纳入生态优化的生产范畴。2015年,在党的十八届五中全会公报中提出,"坚持绿色发展,必须坚持节约资源和保护环境的基本国策,坚持可持续发展,坚定走生产发展、生活富裕、生态良好的文明发展道路,加快建设资源节约型、环境友好型社会,形成人与自然和谐发展现代化建设新格局,推进美丽中国建设"。这表明绿色发展已经将循环、低碳发展作为整体,成为包含生产和生活方式转变的发展理念。2017年10月,党的十九大报告再次提出了"推进绿色发展;着力解决突出环境问题;加大生态系统保护力度;改革生态环境监管体制"。这明确了绿色发展的目标。

2018年5月,全国生态环境保护大会在北京召开。这是党的十八大以来,中国召开的规格最高、规模最大、意义最深远的一次生态文明建设会议。会议形成了新时代生态文明建设的根本遵循和行动指南,科学概括了生态文明的主要内涵,即新时代推进生态文明建设的"六项原则"。"六项原则"体现了人与自然和谐共生的科学自然观、坚持"绿水青山就是金山银山"的绿色发展观、良好生态环境是最普惠的民生福祉的基本民生观、山水林田湖草系统治理的整体系统观、用最严格制度最严密法治保护生态环境的严密法治观、世界携手共谋全球生态文明的共赢全球观。其中,习近平总书记提出的科学论断"绿水青山就是金山银山"形象地概括了中国特色的绿色发展观,将生态文明建设与经济建设相联系,成为中国新发展理念的价值取向。

2019年10月,党的十九届四中全会审议通过的《中共中央关于坚持和完善中国特色社会主义制度 推进国家治理体系和治理能力现代化若干重大问题的决定》,对"坚持和完善生态文明制度体系,促进人与自然和谐共生"作出系统安排,阐明了生态文明制度体

系和绿色发展在中国特色社会主义制度中的重要地位①。2020 年 10 月，中国共产党第十九届中央委员会第五次全体会议公报提出，推动绿色发展，促进人与自然和谐共生。要促进经济社会发展全面绿色转型，建设人与自然和谐共生的现代化。要加快推动绿色低碳发展，持续改善环境质量，提升生态系统质量和稳定性，全面提高资源利用效率。其将绿色发展推向了全社会参与的新高度。2021 年 11 月，党的十九届六中全会通过的《中共中央关于党的百年奋斗重大成就和历史经验的决议》提出中国特色社会主义进入了新时代，赋予了发展新的内涵，我们绝对不能走粗放发展的老路，必须坚持以人民为中心的发展思想，坚持"绿水青山就是金山银山"，全面贯彻新发展理念。这赋予绿色发展新使命。党的二十大报告更是从加快发展方式绿色转型，深入推进环境污染防治，提升生态系统多样性、稳定性、持续性和积极稳妥推进碳达峰碳中和四个方面对推动绿色发展，促进人与自然和谐共生进行了系统阐释。

中国当前正处于"三期叠加"的特定阶段，经济发展步入新常态。这也表明中国经济由高速增长阶段转向高质量发展阶段。如何贯彻新发展理念，将绿色发展融入高质量发展目标，就需要从理论和实践中厘清绿色发展、高质量发展和新发展理念三者的关系。习近平总书记指出，"绿色发展是构建高质量现代化经济体系的必然要求，是解决污染问题的根本之策"。② 必须坚持"绿水青山就是金山银山"，贯彻创新、协调、绿色、开放、共享的发展理念，加快形成节约资源和保护环境的空间格局、产业结构、生产方式、生活方式，给自然生态留下休养生息的时间和空间。这里将三者之间的关系作了有力的概述，即绿色发展是新发展理念的重要组成部分，它指明了发展与生态环境的关系，并提出了解决污染和环境优化的目标。而绿色发展同样是高质量发展的必然要求，脱离了绿色发展，高质量发展也无法实现。实现绿色发展，需要从两个方面共同发力：一是从生产角度，转变生产方式，改变传统的产业结构，创新产业形式，形成绿色产业体系；二是从生活角度，将低碳、环保理念通过文化传播、学习宣讲等方式潜移默化地传递到社会当中，引导普通民众形成资源节约、爱护环境的生活习惯，倡导社会构建低碳、绿色的生活方式，鼓励并支持民众参与环境保护和环境监督中，建设环境友好型社会。绿色发展理念对生活方式的影响需要其他要素相互配合，是更加庞大、长期的，需要经济—社会—文化相配合的系统工程。在这里将着重讨论绿色发展在经济领域的实践，即绿色产业体系的构建。

二 绿色产业体系的构建

产业是社会分工的产物，是某种同类属性的企业经济活动集合的结果。随着经济社会

---

① 李干杰：《深入学习贯彻党的十九届四中全会精神努力推动生态文明建设迈上新台阶——在中国生态文明论坛十堰年会上的讲话》，https://www.mee.gov.cn/xxgk2018/xxgk/xxgk15/201912/t20191231_753840.html，2019 年 12 月 31 日。

② 中共中央宣传部、中华人民共和国生态环境部编：《习近平生态文明思想学习纲要》，学习出版社、人民出版社 2022 年版，第 53 页。

的发展，产业越加多元化和复杂化，并构成产业体系。产业体系也是社会经济发展的产业表现。在不同的发展阶段，产业体系的结构和组织形式是不同的。按照三次产业结构划分为基础，中国的产业体系经历了由中华人民共和国成立初期以农业（第一产业）为主要产业，到改革开放以来以第二产业为经济动力，再到当前以第三产业为主导的产业体系演变。在这一过程中，产业结构虽然发生了变化，但是产业发展的组织形式仍然以粗放型的发展方式为主。而绿色产业体系则是对传统产业的生产方式进行改造，将粗放的发展向集约、环保方向转变，这一过程中也会产生新的产业形态。因此，绿色产业体系的构建需要从两个方面着手，即传统产业的改造和新产业的创造。根据国家统计局对中国行业发展的划分①，这里将采用三次产业划分方法，分类别探讨中国绿色产业体系的构建。

（一）构建以绿色农业为主体的绿色第一产业

第一产业是指农、林、牧、渔业（不含农、林、牧、渔服务业）。"十三五"时期，第一产业增加值的比重从2016年的8.1%下降到2020年的7.7%②。第一产业的经济比重虽然最小，但是作为中国粮食安全的重要体现，其是国家发展的根基。长期以来，中国农业发展的方式较为粗放：农药、化肥过量使用，环境污染突出；水土流失严重，对草地和森林资源的掠夺性利用与破坏，导致生态环境恶化严重；农业用水粗放，中国人均水资源占有量不足全球人均用量的1/3，但大量水资源用于农业灌溉，水资源的有效利用率仅为40%，且受到不同程度污染；粮食产量虽连年增长，但中国人均耕地面积不足世界水平的1/2，且由于大部分土地未进行休耕，导致耕地层变薄，耕地质量下降。再加上农业收益率低，技术落后，风险大，农民种地积极性降低③，城镇和农村收入差距巨大，农业、农村发展缓慢。

绿色农业不仅是农业绿色生产，而且是涵盖了"食物生产—加工/包装—运输—销售—消费—环境排放"环节的完整系统，其目标不仅仅是解决粮食安全问题，还要考虑资源环境代价，更要兼顾食品安全和人体健康。因此，农业绿色发展要以农业供给侧结构性改革为主线，以绿色发展为导向，以体制改革和机制创新为动力，实现产出高效、产品安全、资源节约、环境友好的现代化农业发展道路。绿色农业需要从两方面着手构建：一是传统农业的绿色发展改造；二是在绿色发展中产生的新型的农业发展业态和生产组织方式。在对传统农业的改造中，按照农业农村部规划④，从农业发展的痛点入手在全国推进农业绿色发展五大行动即畜禽粪污资源化利用、果菜茶有机肥替代化肥、东北地区秸秆处理、农膜污染治理和以长江为重点的水生生物保护等，以基础设施建设、信息实时监测、技术创新推广和制度创新支持等为辅助实现绿色发展。

---

① 三次产业划分规定参见国家统计局设管司相关规定。
② 《中华人民共和国2020年国民经济和社会发展统计公报》，国家统计局，http://www.stats.gov.cn/tjsj/zxfb/202102/t20210227_1814154.html，2021年2月28日。
③ 丁任重、何悦：《马克思的生态经济理论与我国经济发展方式的转变》，《当代经济研究》2014年第9期。
④ 《农业部关于实施农业绿色发展五大行动的通知》（农办发〔2017〕6号），中国农业农村部网站，http://www.moa.gov.cn/ztzl/nylsfz/xwbd_lsfz/201709/t20170913_5814708.htm，2017年9月13日。

在对传统农业改造的过程中，产生了一些新的业态。如在践行"绿水青山就是金山银山"过程中，农业与生态旅游业的融合，是绿色农业发展的重要的经济增长点。在推广生态养殖中，还促进了一些新技术、新产品的产生。当前，绿色农业技术的创新创造可以从农业产前、产中、产后各个环节需要研发和推广的绿色投入品、技术模式和标准规范等方面入手[①]：一是研制绿色投入品，包括高效优质多抗新品种、环保高效肥料、农业药物与生物制剂、节能低耗智能化农业装备等；二是研发绿色生产技术，包括耕地质量提升与保育技术、农业控水与雨养旱作技术、化肥农药减施增效技术、农业废弃物循环利用技术、农业面源污染治理技术、重金属污染控制与治理技术、畜禽水产品安全绿色生产技术、水生生态保护修复技术、草畜配套绿色高效生产技术等；三是发展绿色产后增值技术，包括农产品低碳减污加工贮运技术、农产品智能化精深加工技术等；四是创新绿色低碳种养结构与技术模式，包括作物绿色增产增效技术模式、种养加一体化循环技术模式等；五是绿色乡村综合发展技术与模式，包括智慧型农业技术模式、乡村人居环境治理技术模式等；六是加强农业绿色发展基础研究，主要包括重大基础科学问题研究和颠覆性前沿技术研究等；七是完善绿色标准体系，包括农业资源核算与生态功能评估技术标准、农业投入品质量安全技术标准、农业绿色生产技术标准、农产品质量安全评价与检测技术标准、农业资源与产地环境技术标准等。这些新的技术、产品和标准是绿色农业未来发展的重点。

（二）构建以环保节约为目的的绿色第二产业

第二产业是指采矿业（不含开采辅助活动），制造业（不含金属制品、机械和设备修理业），电力、热力、燃气及水生产和供应业与建筑业。"十三五"时期，其经济总量占比从2016年的39.6%下降到2020年的37.8%。工业部门经济总量虽然下降，但是工业是实体经济的主体，是国民经济的基石和国家立国之本。工业发展对中国经济增长作出了巨大贡献，但是长期依赖高投入和高能耗的经济发展方式，使得中国自然资源消耗严重，环境问题日益突出。第二产业的绿色发展也需要以化解当前生产中的环境问题为目的，对传统产业进行改造，并从中开发新的业态、技术和产品创新。

绿色产业发展要求将传统产业进行改造和创新，使其更加绿色低碳和集约高效。在这一过程中有以下因素会对绿色产业发展产生重要作用。第一，技术因素。技术是传统产业升级的重要驱动因素之一。传统产业可以利用高技术产业的溢出效益来促进产业结构的升级优化。高技术产业对传统产业的溢出方式有引导与学习、技术转让、关联效应与技术合作等。第二，制度因素。从宏观层面来看，制度创新为传统产业升级提供了坚实的运营基础。产业发展到一定阶段，政府为促进产业升级必须为这些产业内的企业制定扶持、管制和干预等政策。而政府行为中的政府补贴、法制因素对传统企业向创新型企业转型具有催化作用。第三，知识因素。随着资源经济问题越来越多地涌现，知识逐渐成为企业塑造竞争力的核心要素。企业内生的和外源性的知识都是传统产业转型升级的宝贵资源。随着竞

[①] 《农业绿色发展技术导则（2018—2030年）》，中国农业农村部网站，http://www.moa.gov.cn/gk/ghjh_1/201807/t20180706_6153629.htm，2018年7月6日。

争的升级，初级生产要素的优势会减少，而知识含量高的高级生产要素的相对比重会得到提升。另外，还有企业内生能力开发和政府引导能力等。

当前，在新发展理念推动下，绿色发展已成为高质量发展的必然要求，在政府强有力的政策引导和支持下，以工业为代表的第二产业正在进入快速转型升级期。在此背景下，中国绿色工业发展应该以传统工业绿色化改造为重点，以绿色科技创新为支撑，以法规标准制度建设为保障，实施绿色制造工程，加快构建绿色制造体系，大力发展绿色制造产业，推动绿色产品、绿色工厂、绿色园区和绿色供应链全面发展，建立健全工业绿色发展长效机制，提高绿色国际竞争力。当期绿色工业建设目标可以总结为以下几点。第一，能源利用效率显著提升。降低高耗能行业产值占比，降低部分重化工业能源消耗水平，提高主要行业单位产品能耗水平，提高绿色低碳能源消费比重。第二，资源利用水平明显提高。进一步提高大宗工业固定废物综合利用率，降低工业用水并提高再生资源回收利用率。第三，清洁生产水平提升。对高耗能、高污染行业普及先进适用清洁生产技术工艺及装备，降低污染物排放量并减少高风险污染物排放。第四，建立绿色制造体系。打造绿色制造标准体系、绿色设计与评价体系，形成绿色供应链并推广普及绿色产品。

在这一过程中，会出现新的绿色行业、产品、技术和标准。在新能源领域，如更加关注电动汽车及太阳能、风电等新能源技术装备。在清洁生产领域，会增加钢铁、有色、化工、建材、造纸等高污染行业清洁高效可循环生产工艺装备，节能环保装备、产品与服务的需求。在高耗能、高排放的领域会增加资源回收利用、清洁节能设备的需求。而在支撑绿色工业体系共性领域，绿色设计技术、环保材料、绿色工艺与装备、废旧产品回收资源化与再制造等领域会成为新的经济增长点。

（三）构建以科技创新为手段的绿色第三产业

第三产业即服务业，是指除第一、第二产业以外的其他行业。第三产业包括批发和零售业，交通运输、仓储和邮政业，住宿和餐饮业，信息传输、软件和信息技术服务业，金融业，房地产业，租赁和商务服务业，科学研究和技术服务业，水利、环境和公共设施管理业，居民服务、修理和其他服务业，教育，卫生和社会工作，文化、体育和娱乐业，公共管理、社会保障和社会组织，国际组织，以及农、林、牧、渔业中的农、林、牧、渔服务业，采矿业中的开采辅助活动，制造业中的金属制品、机械和设备修理业。"十三五"时期，第三产业比重从2016年的52.4%上升到2020年的54.5%，已经成为中国经济占比最高的产业。随着社会经济的发展，服务业的业态也愈加多元化，渗透到社会经济生活的方方面面。

为了促进产业结构调整和消费结构升级，国家统计局在2019年对生产类和生活类服务业进行了界定和分类①，其中生产性服务业包括为生产活动提供的研发设计与其他技术服务，货物运输、通用航空生产、仓储和邮政快递服务，信息服务，金融服务，节能与环

---

① 《统计局关于印发〈生产性服务业统计分类（2019）〉的通知》，中国政府网，http：//www.gov.cn/gongbao/content/2019/content_ 5425337.htm，2019年4月17日。

保服务，生产性租赁服务，商务服务，人力资源管理与职业教育培训服务，批发与贸易经纪代理服务，生产性支持服务。而生活性服务业是指满足居民最终消费需求的服务活动，其范围包括居民和家庭服务、健康服务、养老服务、旅游游览和娱乐服务、体育服务、文化服务、居民零售和互联网销售服务、居民出行服务、住宿餐饮服务、教育培训服务、居民住房服务、其他生活性服务十二大领域。但当前中国服务业发展仍然存在一些问题：生产性服务业水平总体不高，尚未形成对产业结构优化升级的有力支撑；部分生活性服务业有效供给不足，难以满足人民群众日益增长的服务需求；服务贸易长期逆差，服务贸易国际竞争力较弱；服务业人才不足，服务水平有待进一步提升，现有服务业体系对绿色发展支持力度不足；等等。需要以绿色发展为目标，促进支持绿色产业体系的绿色服务业发展。在这一过程中也同样需要考虑对现有服务业改造和新型绿色服务业创造。

针对服务业发展面临的问题，应该进一步提升生产性服务业的比重。以重点集聚区为依托，强化环境工程承包服务，大力培育环保工程技术方案设计、设备成套、施工建设、运营服务的大型工程项目承接水平。打造绿色服务支撑平台，建立绿色生产性服务业深度融合示范基地，建立制造业绿色物流服务体系和物流信息互联共享体系，协同促进绿色服务业创新链与产业链深度融合。深入推进服务业与工业在节能环保领域融合发展，重点发展专业节能服务业和先进环保服务业，创新合同能源管理运营模式，拓展新建项目和运营维护领域，培育发展节能服务机构，大力推行合同能源管理，拓展节能诊断、设计、融资、改造、运行管理等服务。

提升生活性服务业绿色供给水平。在居民和家庭服务，如洗染服务、理发及美容服务、殡葬服务等过程中采用低碳环保、无毒害的方式，增强对服务内涵的挖掘。在居民用品和设备维修服务中，通过质量和效率的提示实现资源节约和居民用品质量的提升，增强艺术和功能的结合。在健康和医疗和养老服务中要以人文关怀提升为目标，贯彻低碳环保和集约的发展思想。在其他文旅、体育和零售服务中，注意新技术、新产品的应用和推广，特别是基于互联网技术的信息沟通和管理优化，减少污染和浪费。

以绿色金融发展为动力，带动绿色生产性服务业与绿色农业和绿色工业协同发展。将生态环境保护与环境污染治理理念融入货币市场、资本市场、外汇市场、黄金市场等子市场的经济活动，对于资源节约型、环境保护型项目予以贷款优惠，对于合同能源管理、合同环境管理服务企业加大税收优惠力度，对于非资源节约型、环境破坏型项目实施不同程度的贷款限制，通过资本运作提升绿色生产性服务业的总量和质量，协助绿色工业和绿色农业发展。同时推动绿色生产性服务业与绿色工业和绿色农业协同发展，为其提供绿色发展的研发和设计服务，帮助绿色研发成果进行产业转化，为绿色经济体系运行提供知识产权保障和法律服务，并在其他方面提供引导和支持。

在这一过程中，也会产生新的服务业形态。除了对传统服务业进行改造形成绿色服务业，节能与环保服务也成为服务业的重要组成部分，主要为技能技术和产品推广、咨询提供服务。在环境污染与治理中，也可以增加环境监测、环保技术推广、污染治理和回收利用服务。在倡导绿色生活理念中，也可以衍生出新的生活性服务业态，如环保理念推广、生活用品回收与再利用、餐饮污染治理和资源节约、绿色生活性服务用品推广以及相关配套服务。

总体来看，中国绿色产业体系的构建是以资源节约、污染防治、节能高效和环境优化为目标，依托科技创新和制度创新，以绿色研发、设计和推广等生产性服务业增质增量为支撑，以绿色金融发展为助推，实现第一产业生态环境修复、资源循环利用，第二产业提质增效、节能减排，第三产业结构优化的产业组织形态。

三 推动经济发展方式绿色转型

党的二十大报告强调："加快发展方式绿色转型。推动经济社会发展绿色化、低碳化是实现高质量发展的关键环节。加快推动产业结构、能源结构、交通运输结构等调整优化。实施全面节约战略，推进各类资源节约集约利用，加快构建废弃物循环利用体系。完善支持绿色发展的财税、金融、投资、价格政策和标准体系，发展绿色低碳产业，健全资源环境要素市场化配置体系，加快节能降碳先进技术研发和推广应用，倡导绿色消费，推动形成绿色低碳的生产方式和生活方式。"①加快经济发展方式绿色转型在本质上是协调经济发展与生态保护的关系，以新发展理念为指引，以改变传统粗放式生产消费方式为目的，通过将经济活动限制在自然环境可承受范围内，逐步实现经济发展与生态保护的协调，实现人与自然的和谐共生。

（一）经济发展方式绿色转型是生产力发展的本质要求

加快经济发展方式的绿色转型，最根本的就是理顺人与自然的对立统一关系，厘清经济社会发展与环境保护的关系。"绿水青山就是金山银山。"其中，"绿水青山"是指生态环境，而"金山银山"则是代表经济发展。改善生态环境就是发展生产力，这说明生产力发展必然要以生态保护作为本质要求。而加快经济发展方式绿色转型的本质就是协调好生产力发展同生态保护的关系，将生态价值转化为生产能力。

坚持经济发展方式的绿色转型，可以减轻经济社会发展过程中人类对自然环境的破坏，实现人与自然的永续发展。就现实而言，遵循自然规律，减少对大气植被的破坏，可以遏制人类活动引起的自然灾害的发生、降低极端天气的频率，进而减少自然灾害对生产力的破坏，在尊重自然的路径下实现生产力的可持续发展。

（二）经济发展方式绿色转型是人民对美好生活向往的实质内容

在中国主要矛盾转化后的中国特色社会主义新时代，人民群众对于优良环境的要求已经融入美好生活向往的内在要求之中。习近平总书记强调："环境就是民生，青山就是美丽，蓝天也是幸福。"②良好的生态环境是最普惠的民生福祉，是人民群众对美好生活向

---

① 习近平：《高举中国特色社会主义伟大旗帜　为全面建设社会主义现代化国家而团结奋斗——在中国共产党第二十次全国代表大会上的报告》，人民出版社2022年版，第50页。
② 《习近平生态文明思想学习纲要》，学习出版社、人民出版社2022年版，第35页。

往中重要的组成部分。党的二十大报告指出:"人民健康是民族昌盛和国家强盛的重要标志。把保障人民健康放在优先发展的战略位置。"① 加快经济发展方式的绿色转型,是改善人民群众生产生活环境的最直接举措。改变"高污染、高排放、高耗能"的粗放式发展模式,可以很大程度解决中国发展过程中出现的环境污染与生态破坏问题,改善人民群众的生产生活环境,进而提升人民群众的生活质量,保障人民群众的健康。加快经济发展方式绿色转型,旨在通过解决人民群众身边的环境污染及生态破坏问题,保护人民群众的生命财产安全,满足人民群众对美好生活的向往。

(三) 经济发展方式绿色转型是高质量发展的必要组成

党的二十大报告指出,"高质量发展是全面建设社会主义现代化强国的首要任务"②。从狭义上讲,高质量发展是指经济发展过程中效率的增长和经济活力的提升。在经济发展方式绿色转型过程中,通过推动传统产业绿色升级、发展绿色低碳产业等方式,实现中国产业结构的绿色转型,提高发展质量;通过推广绿色技术创新激励政策、构建绿色技术产学研合作平台等方式,实现中国生产技术结构的绿色转型,使发展更有效率;通过提高化石能源使用效率、开发绿色能源等路径,实现中国能源结构的绿色转型,使发展更可持续;通过推动排污权交易试点、制定环境污染相关法律法规等手段,实现中国社会治理的绿色转型,使各经济主体在环境治理中更加公平。从而逐步推动中国经济实现"更高质量、更有效率、更加公平、更可持续"的高质量发展目标。

从广义上讲,高质量发展是经济建设、政治建设、文化建设、社会建设、生态文明建设"五位一体"的协调发展,是贯彻落实新发展理念的发展方式。在此背景下,加快经济发展方式绿色转型是贯彻绿色发展理念的迫切要求。坚持绿色发展理念,就必须坚持经济发展方式的绿色转型,在协调好环境与经济社会发展二者关系的前提下实现生产方式的绿色转型,在发扬绿色消费与低碳生活理念的前提下实现生活方式的绿色转型。同时,加快经济发展方式绿色转型是贯彻创新发展理念的迫切要求。科技牵引、创新引导是高质量发展的重要力量,也是经济发展方式绿色转型的重要动力。在创新引领下,将传统的劳动密集型、资源密集型产业向技术密集型产业转化,实现产业绿色化发展;将传统生产技术向绿色生产技术转型,实现技术绿色化发展;将排污转化技术、污染物治理技术应用于居民生活与环境治理中,实现居民生活与社会治理绿色化发展,进而促进中国经济的高质量发展。

(四) 经济发展方式绿色转型是构建人类命运共同体的重要环节

构建人类命运共同体是习近平总书记着眼人类发展和世界前途提出的中国理念、中国方案。而在国际新形势下各国推进经济发展方式绿色转型、保障人类赖以生存的地球环境是构建人类命运共同体的重要环节。习近平总书记明确指出:"面对生态环境挑战,人类

---

① 习近平:《高举中国特色社会主义伟大旗帜 为全面建设社会主义现代化国家而团结奋斗——在中国共产党第二十次全国代表大会上的报告》,人民出版社2022年版,第48、49页。
② 习近平:《高举中国特色社会主义伟大旗帜 为全面建设社会主义现代化国家而团结奋斗——在中国共产党第二十次全国代表大会上的报告》,人民出版社2022年版,第28页。

是一荣俱荣、一损俱损的命运共同体，没有哪个国家能独善其身。唯有携手合作，我们才能有效应对气候变化、海洋污染、生物保护等全球性环境问题。"①

加快经济发展方式绿色转型不仅是中国应对生态破坏与环境污染的重大战略选择，更是中国基于人类命运共同体理念进行战略布局的必然要求。一方面，在经济社会发展与环境保护的平衡抉择中，中国优化产业结构、推动绿色技术创新、更新能源结构、改革环境治理体制，坚实地走出了一条具有中国特色的绿色发展之路，为世界各国绿色发展提供了"中国智慧"。另一方面，推动生态环境治理与发展方式转型具有较强的国际正外部性，其治理成本需要本国承担，而治理收益却对世界各国产生正向外溢性。因此，加快经济发展方式绿色转型是中国积极承担"共同但有区别"的全球环境治理责任、展现在全球环境治理过程中"大国担当"的集中体现。

第四节 新时代中国生态文明的建设路径

绿色是生命的象征、大自然的底色，更是美好生活的基础、人民群众的期盼。中华人民共和国成立前，由于中国特殊的社会发展背景，长期的战争和社会动荡，导致人的发展受到极度压制。中华人民共和国成立后，人的发展潜力得到释放，在相对宽松的自然条件下，"人定胜天"的思想应运而生，并在前期取得一定成效。但随着中国生产力的发展，对自然的需求和破坏也在不断增加，自然条件的约束逐渐增强，资源的消耗以及环境的破坏已经威胁到人类的生存与发展。绿色发展是新发展理念的重要组成部分，与创新发展、协调发展、开放发展、共享发展相辅相成、相互作用，是全方位变革，是构建高质量现代化经济体系的必然要求，目的是改变传统的"大量生产、大量消耗、大量排放"的生产模式和消费模式，使资源、生产、消费等要素相匹配相适应，实现经济社会发展和生态环境保护协调统一、人与自然和谐共处。全面推动绿色发展②。习近平生态文明思想的提出和绿色产业体系的构建为协调人与自然关系，构建中国特色社会主义经济可持续发展指明了道路。可以从理论指导、制度保障、科技创新和社会监督等方面，全面推动绿色发展。

一 增强马克思生态经济学理论对中国绿色发展行动指导

在对马克思主义的正确理解、灵活运用、科学践行与创新发展中，中国社会发展取得了举世瞩目的成就，但由于发展阶段的限制，对马克思生态经济理论的学习和理解还不足。马克思通过对人—劳动—自然关系的辨析，论证了自然是影响社会生产力发展的重要因素，而生产方式又会对自然带来重要影响，资本主义生产方式对人与自然关系的异化以

---

① 习近平：《习近平外交演讲集》第2卷，中央文献出版社2022年版，第190、191页。
② 习近平：《推动我国生态文明建设迈上新台阶》，《求是》2019年第3期。

及错误定位，使得资本主义下的生态系统受到严重破坏。马克思不仅关注了自然环境的恶化与资源的消耗，也关注了人类发展的社会环境恶化与社会结构的断裂。相对应地，社会主义生产方式才能实现人、社会与自然的和谐发展。马克思主义从原理、形式以及技术层面阐述了在社会主义生产方式下人与社会、人与自然的相互作用机制。习近平生态文明思想强调学习马克思，就要学习和实践马克思主义关于人与自然关系的思想。马克思、恩格斯认为，"人靠自然界生活"，人类在同自然的互动中生产、生活、发展，人类善待自然，自然也会馈赠人类，但"如果说人靠科学和创造性天才征服了自然力，那么自然力也对人进行报复"①。在践行新发展理念实现绿色发展的过程中，需要加强对马克思生态经济理论的学习、理解和运用。

绿色发展是对传统增长模式的转变，是对传统产业结构的优化，实现经济的可持续发展，而本质上是对当下经济生产方式和社会生产关系的再定位与再调整。马克思认为，城市的出现之所以会破坏人与自然关系，其根源在于资本主义生产方式下人与人、人与自然关系的异化②。城市化并不必然带来环境的破坏与污染，但城市化背后选择的社会生产方式会对生态环境造成重要影响。因此要理顺人与自然的关系，关键在于对生产方式的认识和选择。实践表明，生态环境保护和经济发展是辩证统一、相辅相成的，建设生态文明、推动绿色低碳循环发展，不仅可以满足人民日益增长的优美生态环境需要，而且可以推动实现更高质量、更有效率、更加公平、更可持续、更为安全的发展，走出一条生产发展、生活富裕、生态良好的文明发展道路③。因此，在马克思生态经济理论中国化过程中，需要从理论上深化对马克思生态经济理论的认识并扩大其理论内涵，摒弃落后的征服自然、单方面利用自然的发展观。

在宏观上树立尊重自然、遵循经济发展与自然规律相协调的经济发展观。要完整、准确、全面贯彻新发展理念，保持战略定力，站在人与自然和谐共生的高度来谋划经济社会发展，坚持节约资源和保护环境的基本国策，坚持节约优先、保护优先、自然恢复为主的方针，形成节约资源和保护环境的空间格局、产业结构、生产方式、生活方式，统筹污染治理、生态保护、应对气候变化，促进生态环境持续改善，努力建设人与自然和谐共生的现代化④。

二 明确政府定位，通过系统的制度建设保障绿色发展持续推进

绿色发展重在协调人与自然、生产生活与生态环境的关系，是经济—社会—环境良性

---

① 习近平：《推动我国生态文明建设迈上新台阶》，《求是》2019年第3期。
② "资本主义生产使它汇集在各大中心的城市人口越来越占优势，这样一来，它一方面聚集着社会的历史动力；另一方面又破坏着人和土地之间的物质变换，也就是使人以衣食形式消费掉的土地的组成部分不能回归土地，从而破坏土地持久肥力的永恒的自然条件。"参见《马克思恩格斯全集》第42卷，人民出版社2016年版，第518页。
③ 习近平：《努力建设人与自然和谐共生的现代化》，《求是》2022年第11期。
④ 习近平：《努力建设人与自然和谐共生的现代化》，《求是》2022年第11期。

互动的过程，但由于外部性带来的市场失灵，单靠市场并不能带来环境保护，反而会带来环境的进一步破坏，在这里就需要明确政府在生态保护以及经济发展中的不同责任：在生态保护中，政府起主导作用；在经济运行中，市场起决定性作用，政府只是适度引导。在绿色发展中，政府则需要侧重于从生态保护和资源节约入手引导经济向节能高效、环境友好方向发展，通过完善的政策制定和保障、明确的发展规划和行动指南以及强有力的财政和营商环境支持等，促进绿色发展和绿色产业构建。

一是完善政策制定和法律保障，全面推进生态文明建设。绿色发展是一个涉及生产生活的系统工程，涵盖对产品生产—加工/包装—运输—销售—消费—环境排放等多个环节的全产业链改造，进而影响到社会和经济发展。应明确中央到地方部门责任，完善政府管理体制，为自然环境保护和个人健康发展提供法律保障和政策依据，同时支持有利于自然环境保护、资源优化开发的行为。从宏观上，需要制定引导社会绿色发展的规划和愿景；在中观上，各地区应该结合自身情况，在服务国家发展大局的前提下，用好本土自然资源，制定合乎当地发展规律的绿色发展规划和行动方案；从微观上，利用放管服、企业监督、管理和奖惩方面，引导微观主体改变生产方式。二是积极构建生态建设与经济发展相结合的实践道路，各行政部门需要对相关产业的生态环境目标进行明确并出台行动方案，如从农业农村部出台的"农业绿色发展五大行动"、工业和信息化部印发的《工业绿色发展规划（2016—2020年）》等，但这类规划主要解决前期累积的问题，还需随着中国绿色发展进程而不断制定前瞻性的发展规划和行动方案，同时在空间上落实主体功能区规划的发展政策，促进区域经济发展方式的转变。三是通过财政、价格、税收、金融政策和营商环境优化等措施为配套，为绿色发展营造良好商业环境。绿色发展要求企业加大环保投入，增加研发支出、更新环保设备和技术，而环保收益却难以在短时间体现，甚至在很长时间为负。在这种情况下，需要通过财政、价格和税收等政策对企业行为进行引导，降低企业绿色发展成本，提高绿色发展收益。同时也需要增强环保部门执法权力，公开监督和禁止破坏自然环境和资源过度消耗的行为并进一步落实处罚管理政策，逐步淘汰高消耗、低效率，生态破坏型产业。

习近平生态文明思想指出，坚持用最严格制度、最严密法治保护生态环境。保护生态环境必须依靠制度、依靠法治。要按照源头预防、过程控制、损害赔偿、责任追究的思路，构建产权清晰、多元参与、激励约束并重、系统完整的生态文明制度体系。中央环境保护督察要强化权威，加强力量配备，向纵深发展。要探索政府主导、企业和社会各界参与、市场化运作、可持续的生态产品价值实现路径，开展试点，积累经验。要健全环保信用评价、信息强制性披露、严惩重罚等制度[①]。让制度成为刚性约束和不可触碰的高压线。以完善的制度设计，保障绿色发展平稳有序推进。

---

① 习近平：《努力建设人与自然和谐共生的现代化》，《求是》2022年第11期。

三 以科技创新为着力点，推动经济发展方式转变

（一）提高尊重自然规律的科技创新能力

尊重自然规律的科技创新体现在两个方面：一是以自然界的科学规律、事物之间的联系为基础和灵感，实现特定功能的事物组织方式的传统科技创新；二是在了解自然发展规律以及自然界限的基础上，实现人类智慧与自然相融合的科技创新能力。过去往往重视第一类科技创新，而忽略了后者，虽然实现了技术的创新，但是带来了更多资源的消耗和更大的环境破坏。因此，要端正对科技创新的作用认识，在利用自然的同时更要尊重自然规律及其发展方式。深化科技管理体制、企业创新体制改革，实现自主研究、自主创新与开发。利用科学技术，对部分传统产业着重降低能耗，减少污染，提高效率，制定并严格执行产业生态标准及产业退出标准，避免对落后产业的放任和保护，并逐步淘汰高消耗、高污染、低效率的产业生产，发展节能、环保的产业生产模式。习近平生态文明思想指出，要抓住产业结构调整这个关键，推动战略性新兴产业、高技术产业、现代服务业加快发展，推动能源清洁低碳安全高效利用，持续降低碳排放强度。要解决好推进绿色低碳发展的科技支撑不足问题，加强碳捕集利用和封存技术、零碳工业流程再造技术等科技攻关，支持绿色低碳技术创新成果转化。要发展绿色金融，支持绿色技术创新①。

（二）以战略性新兴产业发展为机遇，实现科技创新重点、难点突破

战略性新兴产业是以重大技术突破和重大发展需求为基础，对经济社会全局和长远发展具有重大引领带动作用，知识技术密集、物质资源消耗少、成长潜力大、综合效益好的产业，是实现绿色发展的重要突破口。国家和地方也出台了相关政策，扶持战略性新兴产业的发展，但是随着国外新兴产品的涌入，中国战略性新兴产品在产业规模、技术水平以及相关配套产业建设方面却相对不足。需要拓宽技术创新主体范围，支持多种经济主体、社会团体参与产业建设；引进专业人才，从项目支持到生活配套全方位引入人才，留住人才；加强国际交流合作，学习国外先进研发经验和创新模式，鼓励企业引进国外先进技术；注重科学技术的市场转化能力，以市场为导向，完善相关配套产业，构建产业组织网络，实现科技创新的快速、高效转化。习近平生态文明思想指出，要正确把握生态环境保护和经济发展的关系，探索协同推进生态优先和绿色发展新路子。生态环境保护的成败归根结底取决于经济结构和经济发展方式。发展经济不能对资源和生态环境竭泽而渔，生态环境保护也不是舍弃经济发展而缘木求鱼，要坚持在发展中保护、在保护中发展，实现经济社会发展与人口、资源、环境相协调，使绿水青山产生巨大生态效益、经济效益、社会效益②。对重大经济政策和产业布局开展规划环评，优化国土空间开发布局，调整区域流域产业布局。培育壮大节能环保产业、清洁生产产业、清洁能源产业，发展高效农业、先

---

① 习近平：《努力建设人与自然和谐共生的现代化》，《求是》2022年第11期。
② 习近平：《在深入推动长江经济带发展座谈会上的讲话》，《求是》2019年第17期。

进制造业、现代服务业。推进资源全面节约和循环利用，实现生产系统和生活系统循环链接，加快形成绿色发展方式①。

四 加强社会引导，全方位推进生态文明建设

受过去传统的发展方式的影响，中国现阶段民众的生活方式和消费观念也以物质需求为主，没有形成健康、环保的消费观。而绿色发展是生产和生活共同作用的结果，除了在绿色产业上下功夫，向社会推广绿色的生活方式也十分重要，绿色生活方式涉及老百姓的衣食住行。要倡导简约适度、绿色低碳的生活方式，反对奢侈浪费和不合理消费。广泛开展节约型机关、绿色家庭、绿色学校、绿色社区创建活动，推广绿色出行，通过生活方式绿色革命，倒逼生产方式绿色转型②。

生态文明是人民群众共同参与共同建设共同享有的事业，要把建设美丽中国转化为全体人民自觉行动。每个人都是生态环境的保护者、建设者、受益者，没有哪个人是旁观者、局外人、批评家，谁也不能只说不做、置身事外。要增强全民节约意识、环保意识、生态意识，培育生态道德和行为准则，开展全民绿色行动，动员全社会以实际行动减少能源资源消耗和污染排放，为生态环境保护作出贡献③。可以利用多媒体、多渠道融合的方式向民众传播绿色生产和低碳生活理念，在学校、医院、各企事业单位和公共场所推广绿色的生活方式，在全社会范围内形成践行环保理念、监督环保行动、推广环保生活的氛围。

通过现代服务业的高质量发展来增强环保事业的社会参与性。推动绿色低碳发展是国际潮流所向、大势所趋，绿色经济已经成为全球产业竞争制高点④。中国生产和生活性服务业发展的问题在于服务供给产品质量较低，不能有效满足人民日益增长的消费需求。绿色发展可以通过创新服务供给业态，以现代服务业发展为契机，为社会提供环保的生产生活理念、服务形态、服务产品和服务配套，提升服务业产品质量。新产品及新技术的出现也能进一步引导合理消费观的形成，引导人民对精神文化消费的需求，形成健康的消费习惯和生活方式。以绿色金融、绿色旅游等为代表的绿色服务业发展为契机，积极探索推广绿水青山转化为金山银山的路径，选择具备条件的地区开展生态产品价值实现机制试点，探索政府主导、企业和社会各界参与、市场化运作、可持续的生态产品价值实现路径⑤。

五 推动绿色发展，促进人与自然和谐共生

在中国特色社会主义新时代，发展方式绿色转型、环境污染防治、生态系统保护和

---

① 习近平：《推动我国生态文明建设迈上新台阶》，《求是》2019 年第 3 期。
② 习近平：《推动我国生态文明建设迈上新台阶》，《求是》2019 年第 3 期。
③ 习近平：《推动我国生态文明建设迈上新台阶》，《求是》2019 年第 3 期。
④ 习近平：《努力建设人与自然和谐共生的现代化》，《求是》2022 年第 11 期。
⑤ 习近平：《在深入推动长江经济带发展座谈会上的讲话》，《求是》2019 年第 17 期。

"双碳"目标实现是推进美丽中国建设，促进人与自然和谐共生的路径选择。

（一）加快发展方式绿色转型

发展方式的绿色转型是生产生活方式的系统转变。在生产领域，存量上对产业结构、能源结构、交通运输结构进行优化调整；增量上健全资源环境要素市场化配置体系，加快节能降碳先进技术研发和推广应用，大力发展绿色低碳产业；重构资源利用体系，在生产全过程实行全面节约战略，创新和发展多类资源循环利用体系，推进各类资源节约集约利用；在配套建设上，完善支持绿色发展的财税、金融、投资、价格政策和标准体系，促进生产方式绿色转型。居民生活方式绿色转型离不开经济发展方式系统整体绿色转型的支持与引导。绿色产品生产是生活方式绿色化的供给基础，清洁能源供给是生活方式绿色化的必要保障，生态及环境法规制度体系是生活方式绿色化的重要约束。

（二）深入推进环境污染防治

2021年中共中央、国务院发布的《关于深入打好污染防治攻坚战的意见》明确指出，我国应"深入打好蓝天保卫战"，"深入打好碧水保卫战"，"深入打好净土保卫战"，力争实现"到2025年，生态环境持续改善，主要污染物排放总量持续下降"的主要目标。2022年发布的《减污降碳协同增效实施方案》提出，把实现减污降碳协同增效作为促进经济社会发展全面绿色转型的总抓手，强化源头防控、优化技术路径，推动减污降碳协同增效。在精准治污、科学治污、依法治污指导下，将污染防治的"整治"与"灭源"相结合。一方面，结合行政法规、利用排污权市场工具等手段，对高污染企业进行规范调整，达到"整治"的目的；另一方面，大力发展绿色产业，推动高耗能产业绿色创新技术升级，降低企业生产中的污染气体、废水废物排放，提高污染物处理率，实现废水废气废物"灭源"。

（三）提升生态系统多样性、稳定性、持续性

人与自然是生命的共同体，中国式现代化是人与自然和谐共生的现代化。在生态保护中要突出重点，明确主体，完善配套和健全保护体系。在突出重点明确主体中，要突出重点地区、重点项目，明确保护主体，以国家重点生态功能区、生态保护红线、自然保护地等为重点，纠正经济发展过程中破坏生态环境的行为，实现区域开发的绿色转型。推进以国家公园为主体的自然保护地体系建设，实施生物多样性保护重大工程，将生态保护同区域开发相结合。在完善配套措施健全保护体系中，要深化集体林权制度改革、建立生态产品价值实现机制和完善生态保护补偿制度，在利益分配层面协调生态保护同经济发展的关系。推行草原森林河流湖泊湿地休养生息，健全耕地休耕轮作制度，以价值体系构建推动生态系统多样性保护行动持续发力。加强生物安全管理，以管理体制机制创新和新兴技术的运用来防治外来物种侵害，保护国家生态系统安全，守住生态系统保护边界。

（四）积极稳妥推进碳达峰碳中和

2020年9月，习近平主席在第七十五届联合国大会一般性辩论中宣布，中国"二氧

化碳排放力争于2030年前达到峰值，努力争取2060年前实现碳中和"①。在实现碳达峰、碳中和目标过程中，产业结构绿色转型是基本保障，技术创新绿色转型是推进引擎，能源结构绿色转型是直接路径。加快产业结构绿色转型，把握新一轮产业变革机遇，大力发展战略性新兴产业，推动大数据、5G等新兴技术与绿色低碳产业深度融合，不断提高绿色低碳产业在经济总量中的比重，坚决遏制高耗能、高排放项目的盲目发展，推动碳达峰、碳中和目标实现。加快技术创新绿色转型，狠抓关键核心技术攻关，组织实施低碳零碳负碳重大项目示范，构建有利于"双碳"目标实现的科技创新体制机制。建立完善绿色低碳技术评估、交易体系，加快创新成果转化，形成推动"双碳"目标实现的绿色创新技术体系。加快能源结构绿色转型，深入推进能源革命，构建加强煤炭清洁高效利用与加大清洁能源使用比例相结合的绿色能源体系。协调水电开发与生态保护之间的关系，积极安全有序地发展核电，减轻中国对煤炭能源的依赖度，为碳达峰、碳中和目标的实现提供能源基础。

---

① 习近平：《习近平在联合国成立75周年系列高级别会议上的讲话》，人民出版社2020年版，第10页。

第十五章　中国特色社会主义城乡融合发展

党的十九大报告首次将"城乡融合"写进了党的纲领性文献。习近平总书记指出："在现代化进程中，如何处理好工农关系、城乡关系，在一定程度上决定着现代化的成败。"① 在乡村振兴中，习近平总书记指出："振兴乡村，不能就乡村论乡村，还是要强化以工补农、以城带乡，加快形成工农互促、城乡互补、协调发展、共同繁荣的新型工农城乡关系。"② 新时代，城乡融合发展就是要构建"工农互促""城乡互补""全面融合""共同繁荣"的新型工农城乡关系。其中，实施乡村振兴战略和新型城镇化战略是构建新型城乡关系的两大支撑，必须统筹推进。新时代，城乡融合发展关系着亿万农民居民的切身利益，关系着农业农村现代化的实现问题，关系着社会主义现代化强国的建设问题。

城乡融合发展是新时代全面建设社会主义现代化强国的根本要求，也是坚持"以人民为中心"的发展思想和落实新发展理念的具体体现。在中国革命、建设和改革实践的不同时期，城乡关系的理论和实践探索都是与时俱进的，是与特定阶段生产力和生产关系矛盾运动的结果相互适应的。新时代城乡融合发展是中国城乡关系阶段性演变的必然结果。新时代城乡融合发展之理论基础是马克思、恩格斯城乡融合思想，核心要义是统筹处理好工农关系、城乡关系、农民和市民的关系、农村市场和城市市场的关系，本质要求是实现工农城乡的共享发展和高质量发展。新时代，中国已经具备了初步实现城乡融合发展的物质条件、制度条件和社会条件等。要实现城乡融合发展，需要准确把握两条基本遵循，创新和探索实现城乡融合的基本路径。

第一节　中华人民共和国成立以来城乡关系演变

自中华人民共和国成立以来，我国城乡关系一直在"分离与融合"中徘徊，只是不同时期分离和融合的程度不同。在中国革命、建设和改革实践的不同时期，城乡关系的理论和实践探索都是与时俱进的，是与特定阶段生产力和生产关系矛盾运动的结果相互适应的。

按照中华人民共和国成立和建设、改革开放和新时代三个时期，以及结合每个阶段的

---

① 中共中央和文献研究院编：《习近平关于"三农"工作论述摘编》，中央文献出版社2019年版，第42页。
② 习近平：《坚持把解决好"三农"问题作为全党工作重中之重 举全党全社会之力推动乡村振兴》，《求是》2022年第7期。

生产力和生产关系的特征等可把中国城乡关系的发展阶段分为三个大的阶段，每个大的阶段里又存在"分离和融合"关系的具体演变。

一 中华人民共和国成立以后城乡关系的"短暂向好"向"城乡二元分割"的演变阶段（1949—1978年）

1949—1952年，中国经历了短暂的城乡关系向好阶段。中华人民共和国成立之初，在政治上，中国共产党领导无产阶级等推翻了压在中国人民头上的"三座大山"，建立了新民主主义国家。农民阶级是中国共产党依靠的主要力量之一。解放战争中，通过武装斗争和土地革命等，农民获得了解放，分得了土地。中华人民共和国成立之初，保障和维护农民的利益，是党的基本政策之一。在经济上，中国还是一个落后的农业国。1952年，第一、第二、第三产业占GDP的比重分别为51.0%、20.9%和28.1%①。可见，当时的经济重心实际上还在农村。在人口分布上，人口也主要集中在广大农村。1949年，全国共有5.4167亿人，其中农村人口4.8402亿，占比89.3%②。

中华人民共和国成立之初，正因为这样的城乡结构，党和政府实施了相对宽松的政策来处理城乡关系。一是实施了短暂的、相对宽松的、由政府干预的农产品供需市场制度。城市居民生活所需要的粮、棉、油、肉类等生活资料基本通过国家以市场价从农民手中征购，然后再卖给城市居民。城市居民所需要的蔬菜、家禽等其他生活资料，则可以通过自由市场在农民手中买到。二是允许农民自由迁徙，进城落户和就业，并实施"同工同酬同待遇"的工资福利政策。1949—1952年，城镇人口由5765万人增加到了7163万人，增加了1398万人③。

1953年以后，随着国际国内形势的变化，为了完成重工业优先发展所需要的积累资金，中国逐渐建立起了城乡二元的分割体制。城乡二元体制在各种制度约束下不断被强化，一直持续到1978年改革开放。

1953年，为了实现从新民主主义社会向社会主义社会的过渡，中央提出了"一化三改造"的过渡时期总路线，1956年"三大改造"基本完成，标志着社会主义制度正式建立。要实现社会主义的工业化，需要农民进城务工，但是大量农民进城后却发现找不到工作，就业压力很大。同时大量农民进城还使得城市生活资料等供应出现紧张局面。另外，通过对农业的社会主义改造以后，也需要大量的农村劳动力来从事农业生产工作。通过农业互助组、初级社、高级社和人民公社，农民被限制在了农村集体内部。1958年，《中华人民共和国户口登记条例》明确规定，"只有持有劳动部门的录用证明、学生录取证明及城市户口登记机关的准予迁入，并向常住户口登记机关申请办理迁出手续，公民才能由农村迁往城市"。至此，农民向城市自由迁徙的权利被限制了。

---

① 国家统计局国民经济统计司编：《新中国六十年统计资料汇编》，中国统计出版社2010年版，第10页。
② 国家统计局国民经济统计司编：《新中国六十年统计资料汇编》，中国统计出版社2010年版，第6页。
③ 国家统计局国民经济统计司编：《新中国六十年统计资料汇编》，中国统计出版社2010年版，第6页。

要在落后的农业国实现工业化，需要大量的积累资金。中华人民共和国成立初，外部受到了美国为首的帝国主义国家的经济封锁，国内的工业基础相对薄弱，金融业又不发达，要想筹集积累资金支持重工业的优先发展，只能通过集中农业剩余来完成社会主义工业化。通过"统购统销"制度，国家完成了对农村粮食和农副产品的绝对管控，降低了城市居民的生活成本。通过"工农业剪刀差"，实现了城乡之间工农产品的不平等交换，完成了重工业优先发展的资本积累。其中，在计划经济时代，通过"工农业剪刀差"，农业向工业贡献了 6000 亿—8000 亿元的农业剩余，有力地支持了社会主义工业化建设。1953—1978 年，工业总产值由 163.5 亿元增加到了 1607.0 亿元，增加了近 10 倍，农业总产值由 346.0 亿元增加到了 1027.5 亿元，增加不到 3 倍[①]。

除了以上两项关键性的制度安排，国家还通过控制城乡金融等要素流向，以及城市为重心的投资机制和城乡有别的福利制度和票证制度等进一步扭曲了城乡关系。

在传统计划经济时代，从理论上讲，国家实际上是非常重视"城乡兼顾"的。1956年，毛泽东在《论十大关系》中就提到了要正确处理城市和农村的关系[②]。后来，毛泽东认为，解决农业剩余劳动力问题，不仅要通过国家工业化，还需要农村人民公社工业化。如在《关于人民公社若干问题的决议》中就提到要"广泛实现国家工业化、公社工业化"。毛泽东还非常重视农村居民的教育、医疗和生活水平等问题，要求要实现与城市一样的标准。但是，在计划经济体制下，由于受到落后生产力的束缚，以及重工业优先发展战略和城乡二元户籍制度等的限制，农村与城市、农民与市民之间的隔离实际上是加深了。

二 改革开放以后城乡关系"趋于缓和"—"再度分离"—"一体化"的演变阶段（1978—2012 年）

改革开放以来，传统计划经济体制下的农产品"统购统销"和"工农业剪刀差"制度等逐渐取消，农村人口向城市流动和就业的限制也逐渐放松了。城乡关系总体出现了缓和。但是在相对缓和基础上，还是存在城乡分离的。

1978 年改革开放是从农村改革率先突破的。通过地方试验、国家肯定和《宪法》保障等，家庭联产承包责任制成为农村集体经济组织的基本制度。同时，国家逐渐废除了人民公社制度，提高了农产品的收购价格，放开了粮食市场。通过放权和让利的农村改革后，粮食产量由 1978 年的 30476.5 万吨增加到了 1984 年的 40730.5 万吨[③]。农民的年人均纯收入由 1978 年的 133.6 元增加到了 1984 年的 355.3 元[④]。随着以家庭联产承包责任制为基础的统分结合的双层经营体制的推行，农民不仅解决了吃饭问题，还可以从事农林

---

① 国家统计局国民经济统计司编：《新中国六十年统计资料汇编》，中国统计出版社 2010 年版，第 9 页。
② 《毛泽东文集》第 7 卷，人民出版社 1999 年版，第 24 页。
③ 国家统计局国民经济统计司编：《新中国六十年统计资料汇编》，中国统计出版社 2010 年版，第 37 页。
④ 国家统计局国民经济统计司编：《新中国六十年统计资料汇编》，中国统计出版社 2010 年版，第 25 页。

牧渔业的经营，以及从事工商业的经营和跨省长途贩运等。农村出现了大量的乡镇企业，大量的剩余劳动力进厂务工获得工资性收入。以乡镇企业为代表的乡村工业化，大力发展了农村生产力。国家对农村财政投入的增加也相对缩小了城乡之间的差距。其中，1978—1984年，国家对农产品的政策性补贴由11.14亿元增加到了218.34亿元①。总体来看，1978—1984年中国城乡关系趋于缓和。

1984年，《中共中央关于经济体制改革的决定》的颁布标志着改革的重心由农村改革转向了城市改革。此后，改革重点是价格改革、国企改革和市场经济体制的建立完善等。同时，中国的工业化和城市化也在大规模地推进。随着改革重心的转移，城市发展节奏很快，农村的发展相对滞后。针对城乡关系的这种变化，邓小平指出，城乡发展要"互相影响、互相促进"②。不过，当时的城乡关系中，城市处于主导地位，农村处于支持地位，资源主要由农村流向城市。这些资源中，最重要的资源之一是土地要素。由于城市和农村的土地的所有制性质不同，造成了城乡土地要素的"同地不同价"问题，这既为地方政府通过土地财政积累了发展资金，降低了成本，有力地推动了城市化和工业化的发展，但是也使得农村土地的经济价值没有转化为农民的现实经济收益，农民的土地财产权没有得到保障。另外，在信贷资金和财政资金支持农村发展方面也存在很大的扭曲。而同时，农村居民的储蓄主要流向了城市和工业领域。中央和地方政府在收取农业税和"三提五统"的同时，对农村和农业的投入却逐年下降，农村基础设施和公共服务所需要的资金主要依赖农民的集资、提留、摊派等。这就造成了农民苦、农村穷和农业危险的"三农问题"困境。当然，此阶段，农民可以进城或跨省打工，一些中小城市的落户政策也逐渐向农民开放。城市偏向的发展战略，使得城乡差距不断扩大。以年人均收入为例，1984年，城市居民的人均可支配收入为652.1元，农民居民的人均纯收入为355.3元，2003年，城市居民的人均可支配收入为8472.2元，农民居民的人均纯收入为2622.4元。二者的差距由1984年的不到2倍，扩大到了2003年的4倍左右。1984—2003年城乡关系处于再度分离阶段。

2003—2012年城乡一体化阶段。2003年，中国的人均GDP已经超过了1000美元，农业占GDP的比重却在15%以下，工农业总产值比例约为3∶1，按照国际经验，中国具备了工业反哺农业的基本条件。党和国家逐渐重视"三农"问题，注重调整城乡关系。2002年党的十六大报告提出"统筹城乡经济社会发展"。2003年党的十六届三中全会进一步将"统筹城乡发展"作为"五个统筹"的重中之重。2005年党的十六届五中全会提出"建设社会主义新农村"。2006年中央全面取消了"农业税"和"三提五统"。2007年党的十七大报告进一步提出"必须建立以工促农、以城带乡的长效机制，形成城乡一体化的新格局"。2010年在国民经济和社会发展"十二五"规划中进一步提出推进农业现代化。从2004年以来，中央一号文件均是聚焦"三农"问题的。由于国家实施了"城乡统筹"和"新农村建设"等政策，城乡关系开始了缓和，出现了城乡一体化的趋势。具体表现为，

---

① 李周：《中国农业改革与发展》，社会科学文献出版社2017年版，第38页。
② 《邓小平文选》第3卷，人民出版社1993年版，第376页。

在政府"惠农政策"下，农民的负担减少，收入开始增加，教育、医疗、卫生和社会保障等公共服务水平有所提高，户籍制度开始松动，小城镇落户限制逐渐取消，进城务工农民可以享受到更多的市民待遇。

三 新时代城乡关系趋于"融合"阶段（2012年至今）

2012年，党的十八大以来，中国特色社会主义进入了新时代。新时代，党和国家高度重视工农城乡关系。2012年，党的十八大报告明确提出"城乡发展一体化是解决'三农'问题的根本途径"。2013年党的十八届三中全会提出"形成以工促农、以城带乡、工农互惠、城乡一体的新型工农城乡关系"。2017年，党的十九大报告明确提出"建立健全城乡融合发展的体制机制和政策体系"，同时提出"乡村振兴战略"。2019年4月，党中央和国务院印发了《关于建立健全城乡融合发展体制机制和政策体系的意见》，提出"加快形成工农互促、城乡互补、全面融合、共同繁荣的新型工农城乡关系"。2020年12月28日，习近平总书记在中央农村工作会议上的讲话时进一步指出："振兴乡村，不能就乡村论乡村，还是要强化以工补农、以城带乡，加快形成工农互促、城乡互补、协调发展、共同繁荣的新型工农城乡关系。"[1] 党的二十大报告指出，要"坚持农业农村优先发展，坚持城乡融合发展，畅通城乡要素流动"[2]。

在以习近平同志为核心的党中央统筹推进"五位一体"总体布局和"四个全面"战略布局下，以新发展理念为指导，以供给侧结构性改革为主线，全面统筹推进城乡融合发展。

新时代城乡融合发展是生产力和生产关系矛盾运动的必然结果。当前，中国城市和农村生产力都取得了较大的发展，已经初步具备了城乡融合的生产力基础，但是城乡二元体制和制度等具体的生产关系还是束缚城乡融合的重要因素。按照马克思、恩格斯提出的城乡分离和融合的客观规律，以及城乡融合的基本条件，新时代城乡融合是中国城乡关系阶段性演变的必然结果。

第二节 新时代城乡融合发展的新起点和理论基础

一 新时代中国城乡融合发展站上了新起点

新时代中国城乡融合发展站上了新起点。以习近平同志为核心的党中央统筹推进"五

---

[1] 习近平：《论"三农"工作》，中央文献出版社2022年版，第16页。
[2] 习近平：《高举中国特色社会主义伟大旗帜 为全面建设社会主义现代化国家而团结奋斗——在中国共产党第二十次全国代表大会上的报告》，人民出版社2022年版，第31页。

位一体"总体布局和"四个全面"战略布局,以新发展理念为指导,以供给侧结构性改革为主线,全面统筹推进城乡融合发展。首先,加快了户籍制度改革,取消了农业户口和非农业户口的区分,实行居民户口登记制度和居住证制度,允许具备资格的农村居民在大中小城市落户。其次,加快了城乡公共服务均等化速度,重点整合了农村居民和城市居民的养老保险和医疗保险,正在探索建立城乡统一的教育、医疗和社会保障体系。再次,加快了城乡要素市场一体化改革,重点对土地、资本、人才和技术等领域进行了配套改革,促进了城乡之间要素的双向流动。最后,实施了"精准扶贫"政策,解决贫困人口的"两不愁三保障"问题,降低贫困人口的数量;同时实施了乡村振兴战略,坚持农业农村优先发展,统筹推进城乡融合发展。新时代的城乡关系出现了融合新趋势:城市落户门槛不断降低,9000多万农村居民转化为城镇居民;农村土地制度改革取得较大突破,土地利用率不断提高;城乡一体化的基础设施和基本公共服务供给体制机制不断完善,农村居民的生产生活条件极大改善;脱贫攻坚取得巨大成就,2013—2020年,贫困发生率年均下降1.3个百分点,中国减贫速度明显快于全球,贫困发生率也大大低于全球平均水平[1]。值得一提的是,城乡居民收入差距出现逐渐缩小趋势,2012年城镇居民人均可支配收入为24564.7元,农村居民人均纯收入为7916.6元,二者相差3.1倍;2020年,城镇居民人均可支配收入为43834元,农村居民人均纯收入为17131元,二者相差2.5倍,2022年,城镇居民人均可支配收入为49283元,农村居民人均纯收入为20133元,二者相差2.4倍,出现逐渐缩小趋势。

新时代城乡融合发展是生产力和生产关系矛盾运动的必然结果。当前,中国城市和农村生产力都取得了较大的发展,已经初步具备了城乡融合的生产力基础,但是城乡二元体制和制度等具体的生产关系还是束缚城乡融合的重要因素。按照马克思、恩格斯提出的城乡分离和融合的客观规律,以及城乡融合的基本条件,新时代城乡融合是中国城乡关系阶段性演变的必然趋势。

二 以马克思、恩格斯城乡融合思想指导新时代的城乡融合发展

马克思、恩格斯城乡融合思想是工业革命时期,针对以英国为代表的资本主义国家快速工业化和城市化后出现的城乡分离和对立问题,马克思、恩格斯在批判和继承英国古典政治经济学和法国空想社会主义者的城乡关系理论基础上,运用辩证唯物主义和历史唯物主义方法论分析、归纳和总结城乡关系演变规律的科学认识。新时代,与中国实际相结合,需要重点理解和把握马克思、恩格斯城乡融合思想的四点内容。

(一) 从城乡分离到城乡融合是城乡关系演变的客观规律

马克思、恩格斯一直坚持以唯物史观这一科学的方法论来研究城乡关系,并认为在人

---

[1] 国家统计局:《脱贫攻坚战取得全面胜利 脱贫地区农民生活持续改善》,中国政府网,https://www.gov.cn/xinwen/2022-10/11/content_5717712.htm,2022年10月11日。

类社会发展进程中,城乡关系经历了"一体"到"分离",以及"联系"和"融合"的历史性演进。在原始社会初期,由于不存在现代意义上的城市,城乡分割并不存在。此时,城乡关系仅仅处于"混沌一体化"阶段。后来随着交换规模的扩大,物质劳动和精神劳动分工的出现,以及以政治为中心的城市的形成,开始出现了城乡分离。正如马克思、恩格斯所言的:"物质劳动和精神劳动的最大的一次分工,就是城市和乡村的分离。城乡之间的对立是随着野蛮向文明的过渡、部落制度向国家的过渡、地域局限性向民族的过渡而开始的,它贯穿着文明的全部历史直至现在。"① 城乡分离在资本主义时期发展到了城乡对立的状态,城乡之间的矛盾越来越尖锐化。这源于资本主义的生产方式使得大量的人口和生产资料聚集在城市,而乡村却处于相对孤立的状态。正如马克思、恩格斯指出的:"城市本身表明了人口、生产工具、资本、享乐和需求的集中,而在乡村看到的却是完全相反的情况:孤立和分散。"②

同时,马克思、恩格斯认为:"城市和乡村的分离还可以看做是资本和地产的分离,看做是资本不依赖于地产的存在和发展的开始,也就是仅仅以劳动和交换为基础的所有制的开始。"③ 可见,城市和乡村的分离,不仅带来了资本和劳动的分离,还带来了城乡居民间利益的对立。而要消灭这种城乡之间的对立,需要创造更多的物质条件,这是城乡融合的首先条件。什么时候会出现城乡融合?马克思、恩格斯的设想是旧分工体系的瓦解和私有制消灭后。在未来的共产主义社会中,恩格斯指出:"城乡之间的对立也将消失。从事农业和工业的将是同一些人,而不再是两个不同的阶级,单从纯粹物质方面的原因来看,这也是共产主义联合体的必要条件。"④

(二) 实现人的自由全面发展是城乡融合的核心价值追求

城乡融合的核心价值追求是什么?恩格斯在《共产主义原理》中明确回答了个问题,指出"通过城乡融合,使社会全体成员的才能得到全面发展"⑤。可见,恩格斯认为城乡的分离与融合是与人的全面发展密切联系的。在城乡分离阶段,主要的生产资料流向了城市,并在城市形成了聚集效应,同时城市的基础设施和公共服务要远远好于农村,此时的农村变得相对孤立和凋敝。这种城乡分离带来了城市居民和农村居民的权利不平等和利益对立,破坏了农村居民实现自由全面发展的物质基础和精神基础。尤其是资本主义生产方式下,私有制使得生产资料更加集中在少数人的手中,进一步形成了城乡居民之间的利益对立。随着生产力的发展,旧的城乡分工体系被打破,城乡之间出现了融合发展趋势。城乡融合阶段,城市居民和农村居民可以享受同等的公共服务和权利。但是,马克思、恩格斯也指出,只有在未来共产主义社会消除了工农差别、城乡差别和脑力劳动与体力劳动的差别后,才能实现人们从"人的关系依赖阶段"向"物的依赖阶段",以及向"自由全面

---

① 《马克思恩格斯文集》第1卷,人民出版社2009年版,第556页。
② 《马克思恩格斯文集》第1卷,人民出版社2009年版,第556页。
③ 《马克思恩格斯文集》第1卷,人民出版社2009年版,第557页。
④ 《马克思恩格斯选集》第1卷,人民出版社2009年版,第561页。
⑤ 《马克思恩格斯文集》第5卷,人民出版社2009年版,第557页。

发展阶段"的转变。此时的自由全面发展,则是"把不同社会职能当作相互交替的活动方式的全面发展的个人"①,以及"建立在个人全面发展和他们共同的、社会的生产能力成为他们的社会财富这一基础上的自由个性"。因此,只有实现了城乡融合,才能如恩格斯所言的:"断定说人们只有在消除城乡对立后才能从他们以往历史所铸造的枷锁中完全解放出来。"②

(三)打破旧的分工和发展生产力是实现城乡融合的基本前提

在生产资料私有制的社会中,马克思、恩格斯认为,城乡对立的根源是旧的分工和私有制。他们认为"城乡之间的对立是工人屈从于分工、屈从于他被迫从事的某种活动的最鲜明的反映,这种屈从把一部分人变为受局限的城市动物,把另一部分人变为受局限的乡村动物,并且每天都重新生成二者利益之间的对立。在这里,劳动仍然是最主要的,是凌驾于个人之上的力量,只要这种力量还存在,私有制也就必然会存在下去"③。在马克思、恩格斯看来,农业和工业的分工,体力劳动和脑力劳动的分工是形成城乡分离的关键。当然,这些旧的分工体系是人类社会发展的必经阶段。旧的分工,某种意义上讲也是一个历史范畴,会随着生产力的发展而变化,可能会被瓦解。私有制,尤其资本主义私有制才是形成城乡对立的根源。在生产资料归少数资本家所有的社会制度下,私有制既可以部分发展生产力,又可能带来生产力的不充分发展。资本主义私有制会形成少数人对多数人的剥削和压迫,形成城乡之间发展的不平衡,形成城乡居民之间的利益对立。要实现城乡融合发展,不仅要以新的分工体系替代消灭旧的分工体系,还需要彻底消灭私有制。因为只有消灭私有制,建立社会主义公有制,实现土地等主要生产资料的公有,才能创造更多的物质财富和精神财富满足城乡居民的各类需要,才能为城乡融合发展奠定制度基础。

城乡融合的物质条件是实现生产力的高度发展。马克思、恩格斯指出:"消灭城乡之间的对立,是共同体的首要条件之一,这个条件又取决于许多物质前提。"④ 这里的物质前提可以理解为生产力的高度发展。马克思、恩格斯在论述城乡分离时,提出生产资料向城市的聚集和农村的孤立,主要原因之一就是生产力的空间布局问题。城市通过聚集效应和虹吸效应等,将主要的生产资料从农村吸收过来,形成了越来越强大的生产力,而农村却陷入了"生产力困境"。这样的结果必然是城乡的两极分化。要实现城乡融合发展,需要"共同地和有计划地利用生产力"⑤。这包括"把农业和工业结合起来,促使城乡对立逐步消失"⑥;包括在城市和农村合理布局和利用生产力,实现城市工业化和农村工业化的同步和互动;等等。

---

① 《马克思恩格斯文集》第 8 卷,人民出版社 2009 年版,第 52 页。
② 《马克思恩格斯选集》第 3 卷,人民出版社 2012 年版,第 264 页。
③ 《马克思恩格斯文集》第 1 卷,人民出版社 2009 年版,第 557 页。
④ 《马克思恩格斯文集》第 5 卷,人民出版社 2009 年版,第 557 页。
⑤ 陈燕妮:《马克思恩格斯城乡融合思想与我国城乡一体化发展研究》,中国社会科学出版社 2017 年版,第 125 页。
⑥ 《马克思恩格斯选集》第 1 卷,人民出版社 2012 年版,第 442 页。

(四）两个"结合"是实现城乡融合的基本途径

马克思、恩格斯关于城乡融合的实现途径，提出了两个结合：一是"把农业和工业结合起来"①；二是"把城市和农村生活方式的优点结合起来"②。

实现城乡融合的基本途径之一是把"把农业和工业结合起来"。从现实的角度讲，实行城乡融合需要把城市和农村生产方式的优点结合起来。这需要在乡村中大力发展现代农业，不断提高农村生产力。这需要发挥城市先进生产方式对农村的辐射和带动作用，实现恩格斯所说的"城市的繁荣也使农业摆脱了中世纪的最初的粗陋状态"③ 的功能。需要将代表先进生产力的大工业在"在全国的尽可能均衡的分布"④，实现农村的工业化和现代化；需要在城乡融合中发挥和利用现代科技的作用，实现"自然科学却通过工业日益在实践上进入人的生活，改造人的生活，并为人的解放做准备"的价值追求。

实现城乡融合的基本途径之二是把"把城市和农村生活方式的优点结合起来"。随着城市化的推进，现代城市越来越具有了规模效益和聚集效应。随着城市基础设施和公共服务水平的提升，越来越多的人从农村流向城市，享受着城市在生活方式上具有的优越性。尽管在工业化和城市化过程中乡村生产和生活是相对孤立的，但是乡村为城市的工业提供了大量的原料，为城市居民生产了大量的食物，乡村中还存在着广阔的空间、朴实的人、美丽的自然和沉甸甸的乡土文化。这需要重视教育，通过教育让人们了解整个社会系统、生产体系和生活系统，同时"教育将使得他们摆脱现在这种分工给每个人造成的片面性"⑤。这需要在城乡融合中实现人和自然的和谐共处，通过构建城市、农村和自然等的和谐生态链条，保持自然界新陈代谢的可持续。只有将城市的人工环境和乡村的自然环境相结合、将城市的工业文明与乡村的乡土文化相结合等，才能充分发挥城市和乡村各自的优势，形式优势互补，最终实现城乡融合发展。

综上所述，马克思、恩格斯城乡融合思想是新时代指导中国城乡融合发展的理论基础，具有重要的理论和现实指导意义。新时代，中国的城乡融合发展要遵循城乡关系演变的客观规律，逐渐实现从分离到融合的转化，不急于求成，也不因循守旧。马克思、恩格斯认为，城乡融合的核心价值追求是实现人的自由全面发展，就中国的具体国情而言，我们需要坚持"以人民为中心"的发展思想。"以人民为中心"的发展思想是"实现人的自由全面发展"的具体化，具有很强的现实指导意义。城乡融合发展需要打破旧的分工体系，尤其是打破中国传统计划经济体制下形成的城乡二元的分工体系。同时要大力发展社会生产力，尤其是农村生产力。只有生产力发展了，才可能具备实现城乡融合发展的物质基础。马克思、恩格斯认为，"两个结合"是实现城乡融合的基本途径。对于中国特色社会主义的城乡关系，需要进一步加强工农互促和城乡互补，最终实现城乡的全面融合和共

---

① 《马克思恩格斯选集》第 1 卷，人民出版社 2012 年版，第 442 页。
② 《马克思恩格斯选集》第 3 卷，人民出版社 2012 年版，第 684 页。
③ 《马克思恩格斯文集》第 2 卷，人民出版社 2009 年版，第 222 页。
④ 《马克思恩格斯选集》第 3 卷，人民出版社 2012 年版，第 684 页。
⑤ 《马克思恩格斯选集》第 1 卷，人民出版社 2012 年版，第 308 页。

同繁荣。

第三节 新时代城乡融合发展的核心要义和本质要求

一 新时代城乡融合发展的核心要义

从唯物史观的角度，马克思、恩格斯把城乡关系的发展阶段大致分为了"城乡混沌一体阶段""城乡分离对立阶段"和"城乡融合阶段"。中华人民共和国成立以来，我国的城乡关系一直在"分离—融合"中徘徊。党的十八大以来，中国城乡融合的趋势日益明显。总结历史和实践经验，城乡融合的核心要义就是要正确处理工农关系、城乡关系、农民和市民的关系、农村市场和城市市场的关系。其中，前二者是核心，后二者是重要的补充。

首先，工农关系是影响城乡融合的关键环节。农业和工业的分离，既是人类社会历次分工的结果，也是现代工业文明出现，生产力发展的必然结果。无农不稳，无工不富，工农业的互相支持和互相带动是促进一个社会和谐稳定和健康发展的基础。但是，出于历史和现实的原因，工农关系往往处于对立的状态。例如，在中国传统的计划经济体制下，为了实现以重工业优先发展的国家工业化战略，国家通过"统购统销"和"工农业剪刀差"等政策来获取农业剩余支持农业和城市发展，严重削弱了农业和农村生产力，破坏了城乡的平衡发展。

实践经验表明，只有正确处理了工农关系，实现农业和工业的均衡发展和高水平发展，才有利于城乡融合。因为，农业是农村的支柱性行业，只有农业发展好了，农村才能发展起来。只有农村富裕起来了，城乡融合才能实现。新时代，党和国家非常重视工农关系，提出了"农业农村优先发展""以工促农"和"工农互促"等指导思想，以新发展理念为指导，以农业的供给侧结构性改革为主线，稳步推进农业的高质量发展。

其次，城市与农村的关系是城乡融合的核心内容。农村和城市的区分是人类社会发展过程中，历史、经济、宗教和文化等多重因素作用的结果。农村和城市的对立与融合决定了一个社会的现代化程度。在现实中，由于生产力分布不均衡以及分工和制度等原因，农村往往被隔离，成为城市发展的附庸。城乡之间的对立，既会破坏社会生产力的发展，尤其是农村生产力的发展，也会影响一个社会的稳定，束缚人的自由全面发展。在马克思、恩格斯的论述中，城乡关系涉及经济关系、政治关系、文化关系和阶级关系等。只有处理好了这些具体关系，城乡关系才能改善。中华人民共和国成立以来，城市与农村的关系中，总体趋势是城市处于主导地位，农业支持工业发展，农村支持城市发展，这带来的结果就是城乡之间的发展差距不断扩大。新时代，党和国家高度重视城乡关系，党的十九大报告中首次将"城乡融合发展"写入了党的纲领性文献。城市与农村的关系由城市主导进入了城市和农村平等均衡发展的历史新阶段，出现了城市带动农村、城乡互促等新局面。

新时代，以城乡关系为纽带，实现城乡融合发展关键是要实现城市与农村生产力的融合、生产要素的融合、人的自由迁徙、公共资源和权利的均等化。

再次，农民和市民的关系涉及城乡融合中的主体问题。城乡融合要发挥农民的主体作用。城乡融合的目的是什么？大的方面说是实现人的自由全面发展，具体来说就是要实现农民市民化和农民权利平等化。一方面，城乡融合的过程是城市化的过程。城市化，首先是人的城市化，即农民变成市民，在城里安居乐业，享受同等的权利和福利待遇。另一方面，城乡融合的过程是农业农村现代化的过程。按照统计数据，即使中国的城镇化率像欧美发达国家一样达到70%以上，居住在农村的居民仍然在4亿人左右。这部分人口的发展是需要依托农业农村现代化的。所以说正确处理农民和市民的关系问题，是构建新型城乡关系的难点之一。

最后，农村市场和城市市场的关系涉及城乡融合中的市场空间问题。城乡二元的市场结构也是城乡分离的重要表现。其具体包括城乡二元的要素市场、商品市场和市场管理制度等。要实现城乡融合，就需要正确处理农村市场和城市市场的关系。其关键是要构建一体化的城乡要素市场和商品市场，实行城乡无差别的市场管理制度，以及让市场的供求机制和价格机制在农村要素和商品的价格形成中起决定性作用，破除行政管制和制度性障碍。只有实现了城乡市场的融合，才能进一步完善城乡融合的体制机制。

二 新时代城乡融合发展的本质要求

党的十九大报告提出："我国社会的主要矛盾已经转化为人民日益增长的美好生活需要和不平衡不充分的发展之间的矛盾。"[①] 新时代，社会主要矛盾在城乡之间的表现就是城乡之间发展不平衡、农业农村发展不充分。城乡之间的发展不平衡具体体现为农村生产力远远落后于城市生产力，农业整体上还是弱质产业，国际竞争力不强；城乡居民之间的收入差距和生活质量差距较大；城乡之间的基础设施和公共服务差距较大；等等。农业农村发展不充分具体体现为小农生产占比过高，现代化农业的生产、经营和组织系统还没建立起来；农产品质量和品牌建设滞后，除了主要粮食，农产品进口依赖度较大；一些农村出现凋敝情况，生产要素由农村向城市单向流动为主，乡村的自治、法治和德治的水平还有待提高，部分农村集体经济组织功能弱化严重；等等。

城乡之间发展不平衡和农业农村发展不充分的原因是什么？从生产力角度看，主要是城乡之间的生产力发展不均衡，这是造成城乡之间发展不平衡的首要原因。随着工业化和城市化的发展，中国的城市生产力取得了较大发展，积累了较大的物质财富和精神财富，而农村仍然存在着大量的小农经济，部分地区的农业农村还处于自然经济状态。从分工角度看，主要是旧的分工体系没有被完全打破。受城乡之间自然分工因素的影响，在传统计

---

① 习近平：《决胜全面建成小康社会 夺取新时代中国特色社会主义伟大胜利——在中国共产党第十九次全国代表大会上的报告》，人民出版社2017年版，第11页。

划经济体制下重工业优先发展战略背景下,农业农村支援工业化和城市化建设的分工体制,以及改革开放以后很长一段时间内城乡之间工农产品的分工和交换体系等,共同决定了旧的分工体系阻断了城乡之间要素的自由流动和工农产品之间的等价互换,限制了农业农村的发展空间。从制度角度看,城乡之间的二元体制阻碍了城乡之间的融合发展。无论是城乡二元的户籍制度,还是城乡二元的金融信贷、土地制度、公共服务制度和社会保障制度等,都从制度层面限制了城乡之间要素的双向流动,削弱了农业农村的吸引力。从权利平等角度看,城乡居民之间事实上享有公共权利的不平等,也使得农村居民向往城市生活,千方百计要进城务工和落户,造成了乡村人口的凋敝,破坏了农村生产力。

新时代,在实施乡村振兴和新型城镇化战略大背景下,只有通过工农互促、城乡互补和全面融合发展,才能形成互动良好和共同繁荣的新型城乡关系,解决好城乡之间发展不平衡;才能打破制约农业农村现代化发展的体制机制和政策瓶颈,解决好农业农村发展不充分的问题。城乡之间的不平衡发展和农业农村的不充分发展,本质上都是发展问题。发展的问题需要用发展眼光和办法来解决。所以,新时代,城乡融合的本质要求就是要实现工农城乡的共享发展和高质量发展。

共享发展是城乡融合的第一层次的本质要求。共享发展是马克思、恩格斯提出实现人的自由而全面发展的价值和实践基础。他们主张共享发展中的"人民主体地位",深刻阐释了共享发展中"谁来享""享什么"和"如何享"的问题。马克思、恩格斯的共享发展思想是指导新时代共享发展的思想之源。新时代,"创新、协调、绿色、开放、共享"的新发展理念是指导中国经济社会改革和发展的"指挥棒"和"红绿灯"。其中共享发展是新发展理念的出发点和落脚点。共享发展是中国特色社会主义的本质要求,坚持共享发展的目的就是"使全体人民在共建共享发展中有更多获得感,增强发展动力,增进人民团结,朝着共同富裕方向稳步前进"①。这里的全体人民包括城市居民和农村居民。在全面建成小康社会和建设现代化强国的新征程中,习近平总书记讲道"全面小康,覆盖的区域要全面,是城乡居民共同的小康"②,同时指出"中国要强,农业必须强;中国要美,农村必须美;中国要富,农民必须富"③。

由于社会主要矛盾的转化,城乡之间发展不平衡和农业农村发展不充分,实际上阻碍了农村居民像城市居民一样平等地共享经济社会发展的成果。城乡融合发展,就是要破除种种障碍,创新体制和机制,落实共建共享共治的政策措施,增强农民居民的获得感和幸福感。城乡融合发展是实现城乡居民共享发展的手段,而共享发展则是城乡融合的本质要求,更是中国特色社会主义的本质要求。

高质量发展是城乡融合的第二层次的本质要求。新时代,从短期看,高质量发展是主动适应社会主要矛盾转化和全面建成小康社会背景下实现经济健康平稳可持续发展的必然

---

① 中共中央文献研究室编:《十八大以来重要文献选编》(中),中央文献出版社2016年版,第793页。
② 习近平:《习近平谈治国理政》第2卷,外文出版社2017年版,第81页。
③ 中共中央文献研究室编:《十八大以来重要文献选编》(上),中央文献出版社2014年版,第658页。

要求。从长期看，高质量发展则是全面建设社会主义现代化强国的必然选择。高质量发展，从微观上要提高要素投入质量和劳动生产率，中观上要实现产业之间、区域之间和城乡之间的协调发展，宏观上要实现总量和结构均衡。其中，工农产业的转型升级、城乡之间的融合发展是高质量发展的重要内容。要实现农业农村现代化，提高农民的收入水平，需要通过农业的供给侧结构性改革和乡村振兴战略等实现农业农村的高质量发展。农业农村的高质量发展关键在于实现农村经济发展的活力、创新力和竞争力。城乡融合发展是缩小城乡发展差距，实现农业农村高质量发展的重要保障。反过来，高质量发展也是城乡融合发展的本质要求。只有实现了城乡融合发展，才能实现农业农村现代化，只有实现了农业农村现代化，才能实现全面建成社会主义现代化强国。正如习近平总书记指出的，"没有农业农村现代化，就没有整个国家现代化。在现代化进程中，如何处理好工农关系、城乡关系，在一定程度上决定着现代化的成败"[①]。

第四节 新时代城乡融合发展的基本条件和实现路径

一 新时代实现城乡融合的基本条件

新时代，中国已经具备了初步实现城乡融合发展的物质条件、制度条件和社会条件等。

（一）物质条件

马克思、恩格斯指出："消灭城乡之间的对立，是共同体的首要条件之一，这个条件又取决于许多物质前提。"[②] 这里的物质前提主要是指高度发达的社会生产力。从某种程度来说，城乡对立的根源主要是城乡生产力的发展水平不平衡和不充分，尤其是农村生产力发展严重滞后于城市。要初步实现城乡融合，就需要生产力发展到一定阶段，物质财富等积累到丰富阶段。

中华人民共和国成立以来，尤其是改革开放四十多年来，中国生产力获得了极大的发展，综合国力不断提升。目前，中国已经是世界上第二大经济体，中国已经成为全球第一大工业国、货物贸易国和国外储备国。党的十八大以来，中国特色社会主义进入了新时代，经济结构不断优化升级，经济增长的动力由要素驱动向创新驱动转变，供给侧结构性改革成效显著，现代化经济体系正在形成，经济高质量发展趋势明显。在农业和农村领域，随着农业现代化、精准扶贫、农业农村优先发展和乡村振兴战略等的实施，农业的基础地位更加稳固，农民的收入逐年增加，农村的发展越来越好。以人均可支配收入来看，城乡居民的收入获得了巨大增长，城镇居民的人均可支配收入从1949年的99.5元，增加

---

① 习近平：《论"三农"工作》，中央文献出版社2022年版，第274页。
② 《马克思恩格斯文集》第5卷，人民出版社2009年版，第557页。

到了 2018 年的 39251 元，增加了 394.5 倍；农村居民的人均可支配收入也从 1949 年的 44 元，增加到了 2018 年的 14617 元，增加了 332.2 倍①。近年来，城乡居民的人均收入也出现逐年缩小趋势。总之，通过不断解放和发展生产力，中国综合国力不断提升，新型城镇化和工业化的不断推进，农业强、农村美和农民富的局面正在形成，中国已经具备了城乡融合的物质条件。

（二）制度条件

城乡融合发展的制度条件包括两个方面：一个是基本制度层面；一个是体制机制层面。关于基本制度层面，马克思、恩格斯认为私有制是导致资本主义社会等私有制社会中城乡对立的根源。因为资本主义私有制既相对发展了社会生产力，最终又会束缚社会化大生产的发展。私有制会使得城市畸形发展，农村处于落后状态，同时会激化阶级矛盾，产生城乡对立。要消除城乡对立，就需要消灭私有制。对于社会主义的中国来说，中国虽已经是社会主义国家，但是中国还处在社会主义初级阶段，公有制为主体和多种所有制共同发展是中国的基本经济制度。对于马克思、恩格斯所说的消灭私有制的问题，我们要辩证地看。一方面，中国已经是社会主义公有制国家，主体是公有制；另一方面，由于中国还处于社会主义初级阶段，还存在除公有制以外的其他所有制。所以从主体看，中国作为社会主义国家，已经初步具备了马克思、恩格斯所说的破除城乡对立所需要的基本制度条件。

体制机制层面，主要是指城乡之间的体制机制障碍会阻止城乡要素流动和公共资源的配置。从城乡之间关系的演变来看，中国的城乡分离很大程度上是由于城乡二元的体制造成的。传统计划经济体制下，尽管城乡二元体制是为了实现重工业优先发展的工业化和城市化发展战略，但是客观上也造成了工农和城乡之间的发展差距。中国的城乡二元体制，是以城乡二元的户籍制度为基础的，在此之上形成了城乡二元的土地制度、住房制度、公共资源配置制度和社会福利制度等。由于制度的锁定效应，这种城乡二元体制体系在很长时间内都在发挥作用，严重阻碍了农村和城市的协同发展。要实现城乡融合发展，某种程度上就是要首先破除城乡二元体制体系。

党的十九大报告提出，要"建立健全城乡融合发展体制机制和政策体系，加快推进农业农村现代化"②。新时代，打破城乡二元体制，创新体制机制是实现城乡融合发展的关键。同时，"要把县域作为城乡融合发展的重要切入点，推进空间布局、产业发展、基础设施等县域统筹，把城乡关系摆布好处理好，一体设计、一并推进"③。目前，中国已经通过城乡户籍制度改革，逐渐放开了除特大型城市以外的大中小城市的落户政策，正在试

---

① 数据根据国家统计局 2019 年 8 月 9 日发布的《人民生活实现历史性跨越 阔步迈向全面小康——新中国成立 70 周年经济社会发展成就系列报告之十四》整理得到。

② 习近平：《决胜全面建成小康社会 夺取新时代中国特色社会主义伟大胜利——在中国共产党第十九次全国代表大会上的报告》，人民出版社 2017 年版，第 32 页。

③ 习近平：《坚持把解决好"三农"问题作为全党工作重中之重 举全党全社会之力推动乡村振兴》，《求是》2022 年第 7 期。

点城乡统一的住房制度和土地要素市场机制，加大对农村基础设施的投入力度，探索建立全国统一、城乡统一的医疗报销制度和社会制度等。新时代，随着旧的城乡二元分割体制的破除、新的城乡融合体制的创立，中国已经逐渐具备了城乡融合发展的体制机制基础。

（三）社会条件

马克思、恩格斯认为，城乡对立的主要社会条件是旧的分工体系的对立，尤其是农业和工业、城市和农村之间旧的分工体系的对立。要消除城乡对立，就需要打破农业和工业、城市和农村之间旧的分工体系。在传统计划经济体制下，中国确实形成了农业和工业、城市和农村相互独立的分工体系。农业为工业提供原料，国家通过农业剩余来支持工业发展；农村为城市提供粮食和基本生活资料等，城市处于相对中心地位，农村支持城市发展。这样旧的分工体系形成了工农和城乡之间的分离状态。改革开放初期，通过农村改革，国家放松了对农业和农村的管控，农业和农村获得了较大发展。20世纪初期，国家进一步调整了农业和农村政策，采取了"以工补农"和"以城带乡"的政策，一定程度上实现了稳定和提高粮食产量，增加农民收入的目的。但是，城乡之间的发展差距还是较大。党的十八大以来，党和国家更加重视调节工农和城乡之间的分工体系，提出工农互促、城乡互补、全面融合和共同繁荣的发展新思路，重点以乡村振兴战略、农业农村优先发展和新型城镇化等政策措施来破解城乡融合发展的难题。随着一系列政策措施的落实落细，工农和城乡之间的旧的分工体系正在被打破，工农互促、城乡互补、全面融合和共同繁荣的新分工体系正在形成。工农和城乡之间新分工体系的初步形成，为新时代城乡融合发展形成了良好的社会条件。

（四）其他条件

城乡融合，除了生产力的融合、制度的融合和分工的融合，文化融合和生态融合也是随着社会发展所出现的新的要求。农村有看得到的美景，忘不掉的乡愁，城市有丰富的现代生活和都市文化。农村人向往城市的丰富多彩，城里人向往农村的质朴美丽。只有实现了城乡之间的文化融合，才能进一步增加文化的丰富度，保留优秀的文化基因。现实中，农村多田园风光，城市多高楼大厦。只有实现了城乡之间的生态融合，才能使所有人享受到乡村美景和田园城市风光，才能实现人与自然的和谐相处。

新时代，国家越来越重视优秀传统文化的弘扬和发展，重视乡村的文化和生态价值，已经出台了一系列的政策措施来保护和传承优秀传统文化，发展乡村文化和生态旅游等。此外，国家还投入大量的物力、财力和人力丰富农村居民的精神文化生活，加强农村的生态环境保护。对于城市建设，也更加注重生态和文化的价值作用。习近平总书记指出，"城镇建设，要实事求是确定城市定位，科学规划和务实行动，避免走弯路；要体现尊重自然、顺应自然、天人合一的理念，依托现有山水脉络等独特风光，让城市融入大自然，让居民望得见山、看得见水、记得住乡愁"[①]。新时代的文化发展和生态发展为城乡融合创造了较好的文化和生态条件。

---

① 编写组：《十八大以来治国理政新成就》（上册），人民出版社2017年版，第318页。

二 新时代城乡融合的实现路径

新时代要实现城乡融合发展，需要集中力量解决城乡之间发展不平衡和农业农村发展不充分问题，需要准确把握两条基本遵循：一是要坚持党的集中统一领导，坚持走中国特色社会主义城乡融合发展之路；二是要不断解放、发展和保护农村生产力，为城乡融合打下坚持的物质基础。在此基础上，要重点把握实现城乡融合的几条路径。

第一，坚持"两个结合"，加快实现工农互促和城乡互补。工农结合和城乡结合是马克思、恩格斯提出的解决城乡分离问题的基本途径，具有很强的方法论指导意义。实践经验表明，在现代工业文明中，工农结合得好，农业才能发展得好，城乡结合得好，农村才能发展得好。新时代，中国已经确立了"工农互促""城乡互补"和"全面融合"的城乡融合发展基本思路。乡村振兴战略、农业农村优先发展和新型城镇化等政策措施都是体现以上基本思路的。要进一步提高城乡融合发展的质量，需要不断破除各类制度障碍，创新实现"工农融合、城乡融合"的体制机制。

马克思、恩格斯认为，城乡对立的根源是城乡之间生产力发展的不平衡。要实现城乡融合发展，需要"共同地和有计划地利用生产力"。只有城市生产力进一步发展了，才能带动农村生产力的发展，只有农村自身的生产力发展了，才能真正地富农富村。破解城乡融合发展的难题，重点之一是农业农村现代化和农民增收问题。"三农"问题一直是中国现代化的短板。新时代，乡村振兴的重点是农业农村生产力的发展。没有农业农村生产力的大发展，就不能形成城乡融合发展的物质基础。所以，解放生产力、发展生产力和保护生产力，同时对农业和农村"共同地和有计划的利用生产力"是实现城乡融合的重中之重。

第二，打破城乡之间的资本要素流动限制，构建城乡一体的资本要素市场。当前，要实现乡村振兴要和农业农村现代化，需要适度发挥金融资本和产业资本的作用。但是，一方面，受到城乡二元结构影响，农村居民是主要的储蓄者，但是受到农业"弱质性"产业特征和农村发展相对落后的影响，农民、农业和农村获得的金融支持，相对于城市居民和城市产业来说是比较少的。金融资本供给不足，已经成了阻碍农业、农村发展的重要瓶颈。另一方面，受制度的约束，城市产业资本进入农业领域，发展农村经济也遇到一些障碍。比如，农村集体土地制度的安排，尽管很好地解决了对农村居民的基本生存和社会保障问题，但是农业规模经营和农村产业发展所需要的土地供给受到现行农地制度的制约。农地的"三权"分置为农业规模经营和农村产业发展奠定了农地制度基础。当前，如何有效利用产业资本发展现代农业和农村，为实现乡村振兴获得大规模的资本支持，是非常关键的。从长远来看，通过确权颁证、还权赋能、用途管制，分步骤、有计划、有序地取消产业资本下乡的限制，构建城乡一体的资本要素供给市场，是实现农业农村现代化的关键一环。

第三，打破城乡之间的土地要素流动限制，构建城乡一体的土地要素市场。在现行土地管理制度下，城市土地属于国有，农村土地属于集体所有。国有土地可以直接在土地一级市场上买卖，而农村土地必须通过征收或征用等方式，变为国有土地才能够入市交易。城乡二元的土地制度，限制了土地要素的有效配置，也限制了农民土地财产权的实现。改革开放以来，城乡二元的土地制度，降低了城市化和工业化的用地成本，对促进中国经济增长起到了重要作用。如果说之前是因为资本供给不足，通过城乡二元的土地制度可以获得城市化和工业化发展的积累资金，那么现阶段中国城市化率已经达到了50%以上，工业化也已经取得了巨大成就，城乡二元的土地制度安排就需要由效率优先转变为效率和公平并重。当前，要构建城乡一体化的土地要素市场，需要探索集体建设用地直接入市、宅基地直接入市、承包地征用和有偿退出等制度，逐渐实现农村土地和城市国有土地"同地同权""同地同价"。只有形成城乡一体的土地要素市场，才能逐步实现城乡土地要素的合理流动和高效配置，打破城市化和工业化发展的用地瓶颈，更好实现农村居民的土地财产权，才能为更好解决农业农村现代化面临的土地供需矛盾奠定制度基础。

第四，打破城乡之间的人口流动限制，构建城乡一体的劳动要素市场。目前，尽管中国已经逐渐开放了城乡人口流动的限制，一些地方也已经放开了农村居民进入中小城市的限制，但是城乡之间的人口流动还是受到隐性限制。以第一代农民工为例，他们年轻时进城打工，主要从事建筑业、制造业等，但是等到他们50岁以后，又需要返回农村居住。原因之一是随着他们年老体衰，劳动力市场上对他们的需求减少，原因之二是他们没有获得在城市继续生活所需要的住房、医疗和社会保障等。要实现城乡融合发展，一是需要彻底取消城乡二元的户籍制度限制，除了一些特大城市限制人口规模的需要，对于其他城市都应该允许农民进城安居乐业，成为市民，享受市民待遇；二是鼓励一部分有理想有抱负，愿意扎根农村，发展农业和农村的人，成为职业农民，解决谁来种地和科学种地问题，使得农民成为一个职业象征，而不是社会地方和社会福利的象征；三是允许一些城市居民在农村通过合法的途径投资农业和农村产业，将资本、技术、管理等带到农村，促进农业农村现代化发展。

第五，打破城乡之间的公共服务限制，构建城乡均等的基础设施和公共服务体系。中国农村与城市的主要差距，一是经济发展差距，二是基础设施和公共服务差距。当然，城乡之间基础设施和公共服务差距既是经济发展差距导致的，也是对农村的财政投入不足导致的。从平均水平来看，农村的道路、自来水管网、电力供应、网络设备等基础设施，以及教育、医疗、就业和社会保障等公共服务的水平均远低于城市。要实现城乡融合发展，就需要通过各种渠道加大对农村基础设施的投资力度，在统一规划前提下，实现道路、网络、电力和自来水等村村通，逐步提高农村居民的教育、医疗和养老等水平，让农村居民和城市居民一样，公平享受良好的教育资源、医疗资源和社会保障资源等。

第六，以乡村振兴战略推动城乡融合发展。党的十九大报告提出要实施乡村振兴战略，强调要坚持农业农村优先发展，并且按照产业兴旺、生态宜居、乡风文明、治理有效、生活富裕的总要求，建立健全城乡融合发展体制机制和政策体系，加快推进农业农村现代化。实施乡村振兴战略是新时代党中央为解决"三农"问题作出的重大战略部署，也是实现城乡融合发展的重大战略举措。实施乡村振兴战略，政策支持是根本，制度创新是出路，人才支撑是要害，因此需要进一步完善体制机制，打好"制度组合拳"，发挥制度协同效应。实施乡村振兴战略就是要让政治建设、文化建设、社会建设、生态文明建设和党的建设"五位一体"的总体布局在农村得到贯彻和落实。通过实施乡村振兴战略，使得农村美起来、农民富起来、农业强起来，进而从根本上解决"三农"问题，实现城乡融合发展。

第十六章　经济全球化：马克思主义的视野

经济全球化是人类的经济活动发展到一定阶段后的必然产物。随着生产力的提高、分工的细化以及市场的拓展，经济活动从局部地区和部分国家拓展到更为广泛的全球领域和多个国家，在结果上就表现为经济全球化。经济全球化一般包括商品贸易的全球化、服务的全球化、生产要素的全球化以及资本的全球化等多个层次。在经济全球化早期，其更多地表现为商品贸易的全球化，其中尤其以成品贸易的全球化为主。随着分工的深入和交通通信等手段的发展，经济全球化越来越表现为资本的全球化和半成品贸易的全球化。后者的一个明显特征即全球价值链的形成，单个产品从研发设计到生产制造再到组装、销售、售后等环节，越来越表现为跨国生产的特征。这是经济全球化深入一定程度之后出现的新现象，也是经济全球化发展到一定时期后必然会出现的结果。

从马克思主义的视角来看，经济全球化并非仅仅是一个生产力层面不断发展、分工不断细化的问题，其本身也带有一定的生产关系属性。历史地看，经济全球化最初是由西方资本主义国家推动的，其中资本的力量和作用尤为凸显，所以这样一种经济全球化就不可避免地打上了资本主义的烙印，正如马克思、恩格斯在《共产党宣言》中所说的："它按照自己的面貌创造出一个世界。"[①] 资本主义国家推动的经济全球化固然有促进生产力发展的一面，但是也不可避免地将资本主义制度所固有的弊病和矛盾推广到了更为广阔的范围，因此资本主义内部所蕴含的危机也就被普遍化了。这也正是第一次经济全球化最终走向终结的原因。在第一次经济全球化之后，社会主义制度登上历史舞台。作为与资本主义互相竞争的制度，社会主义制度在其内部也进行过经济全球化的努力，因此第二次经济全球化的特点表现为两种制度下的平行展开。苏联解体之后，第三次经济全球化正式拉开序幕，以西方发达国家主导的国际经济政治秩序逐渐拓展到前社会主义阵营国家，这次经济全球化表现为资本主义自由化、市场化、金融化等特征。到2008年出现停滞的现象，演化到当下，更是出现了经济全球化"逆流"等新的变化。经济全球化在某种程度上陷入困境。因此，如何进一步改进经济全球化，使经济全球化朝着更为健康可持续的方向发展，是时代给我们提出的一个迫切需要解答的现实问题。而在回答这一问题之前，我们有必要从马克思主义的视角对经济全球化的发展历程及理论成就作一个纵向的认识和把握。

---

① 马克思、恩格斯：《共产党宣言》，人民出版社2018年版，第32页。

第一节 经济全球化的历史、特征及发展现状

对于经济全球化的分期，不同的学者有不同的划分方法。比较常见的划分方法将经济全球化分为三个阶段。不过，对于三个阶段所对应的具体历史时期，仍有些许的不同。笔者在借鉴这些观点的基础上，将经济全球化分为三个时期：第一次经济全球化，大致从大航海时代到第一次世界大战；第二次经济全球化，大致从第二次世界大战结束到苏联解体；第三次经济全球化，大致从20世纪90年代到现在。划分逻辑是，首先参照经济全球化的规模程度的演变，即生产力层面的国际分工、国际贸易等方面；其次参照经济全球化是由哪些国家主导的，即生产关系层面的制度属性，其中最明显的是第二次经济全球化中两大阵营内部平行市场的建立。在这种视角下，我们可以进一步考察经济全球化的历史、特征及现状。

一 第一次经济全球化：从大航海时代到第一次世界大战

按照学界比较普遍的观点，经济全球化肇始于大航海时代。在大航海时代之前，固然也有过经济活动跨国或跨地区的现象出现，比如古代中国通往中亚、西亚的丝绸之路以及通往东南亚、南亚和非洲的海上丝绸之路。但是囿于当时科技手段和认知，人们对世界的认识并未从全球意义的角度展开，可以说，"全球"意义上的全球化并未真正建立起来，而且当时的商业活动带有很强的政治意味，经济活动往往随着政治上的变动而受到决定性影响，真正独立的"经济"意义上的全球化也并未成熟。

从大航海时代开始，尤其以1492年哥伦布发现新大陆为标志，人类对全球的认识逐渐越来越清晰，世界的版图也逐渐完整起来。同时，更为关键的是，此时的全球化是以商业活动为主、以政治行为为辅助的全球化，全球性的贸易网络和全球市场正是以此为基础才逐渐得以建立的。早期大航海时代的探险家们固然受到欧洲王室的一些支持，但这种支持更像是一种商业投资行为，并非完全是传统中的政治版图拓展或者军事征服，经济活动在这种全球化过程中是占主体和主导地位的。也正因如此，早期殖民者在通过血淋淋的野蛮手段获取经济利益的同时，在一定程度上也使得生产力可以在更广泛的意义上得到提高。正如马克思、恩格斯所说的："美洲的发现、绕过非洲的航行，给新兴的资产阶级开辟了新天地。东印度和中国的市场、美洲的殖民化、对殖民地的贸易、交换手段和一般商品的增加，使商业、航海业和工业空前高涨。"[1]

14世纪奥斯曼帝国的兴起使得欧洲通往东方的贸易路线被阻隔。随着欧洲传统封建庄园经济的解体和城市经济的兴起，对资本原始积累的巨大驱动力使得欧洲国家不断寻求

---

[1] 《共产党宣言》，人民出版社2009年版，第28页。

新的原材料和市场。为了到达他们心目中繁荣富有的东方,以哥伦布、达·伽马为代表的一批航海家开始了海上新航路的探索。这种探索是以一系列技术条件为基础的:指南针和罗盘的使用使得远程的航海成为可能;新的地理观使得哥伦布相信,除了直接向东航行到达东方,一直往西航行也一定可以到达东方。

1492年,哥伦布在西班牙国王的资助下横跨大西洋到达了中美洲的巴哈马群岛,虽然他误以为到达的是东方的印度,但是却无意中发现了一个崭新的大陆。1498年,达·伽马受葡萄牙王室派遣,绕过非洲的好望角到达东方的印度。这两条新航线的开辟,不仅让欧洲人得以绕过奥斯曼帝国最终到达了东方,而且也让欧洲人意外地发现了广袤富饶的美洲。于是从16世纪开始,通过武力征服甚至残暴的驱赶屠杀,对美洲的原住民进行殖民统治成了欧洲新兴的资产阶级进行资本原始积累的第一滴"肮脏的血"。由于在美洲建立了大量的种植园、开采了大量的金银矿产,劳动力的缺乏使得欧洲人把眼光转移到了非洲,于是,环大西洋的"黑三角贸易"网络正式形成。

同时,东方的中国所生产的丝绸、瓷器、茶叶等商品由于在质量、品级等各个方面都明显具有国际竞争优势,使得这些产品在欧洲市场上受到广泛的欢迎和喜爱。美洲的白银运往欧洲,做短暂的停留之后,又运往中国,而中国的丝绸、瓷器、茶叶等商品则源源不断地运往欧洲,以致在十七八世纪欧洲兴起了对中国文化和中国制度无限仰慕和崇拜的"中国潮"。至此,我们可以看到,一个连接世界各大洲的全球贸易网络已见雏形:在欧洲的主导下,非洲的劳动力流向美洲,美洲的金银、烟草和稻米,亚洲的丝绸、瓷器和茶叶等商品流向欧洲。各大洲在资本主义原始积累的推动力下,正式地形成了一个有层级、有分工的经济体系:亚洲提供高质量的产品、非洲提供廉价的劳动力、美洲提供丰富的原材料和农产品、欧洲提供广阔的消费市场。

另外,我们也要看到,第一次经济全球化的形成,明显不是世界各国各地区在和平友好的基础上建立起来的一个平等互利、合作共赢的体系,而是在欧洲的主导之下通过不平等的手段甚至暴力和武力手段建立起来的一个有利于欧洲的殖民—贸易体系。这样一个体系从一开始就酝酿着必然衰败的因子。它的运转至少有以下两方面的保证:其一,欧洲各国在利益分配中能够各得其所相安无事;其二,对殖民地的压迫和统治能够长期保持下去而不会被推翻——我们看到,后来第一次经济全球化的瓦解,主要原因也正是在于这两个条件在某种程度上都已不再具备。

欧洲在征服非洲和美洲之后,最终也通过武力和贸易的方式征服了亚洲,世界经济体系也更为完善,层次和等级也更为分明,全球性的经济网络在欧洲的主导力量下高效而脆弱地运转着。在这一"西方超越东方"的过程背后,其实是现代工业资本主义对传统手工业和农业在生产方式和生产效率上取得的决定性胜利,正如马克思、恩格斯所揭示的:"蒸汽和机器引起了工业生产的革命。现代大工业代替了工场手工业;工业中的百万富翁,一支一支产业大军的首领,现代资产者,代替了工业的中间等级。"[1]

---

① 《共产党宣言》,人民出版社2009年版,第28页。

第十六章 经济全球化：马克思主义的视野

由工业革命引发的商业和社会革命，使得现代资本主义制度在西方国家最终确立起来。以国家实力为后盾，以跨国公司为先导的扩张模式使得西方彻底超越东方成为新的世界秩序的主导方，"不断扩大产品销路的需要，驱使资产阶级奔走于全球各地。它必须到处落户，到处开发，到处建立联系"①。而最先完成工业革命的英国，更是成为此一轮经济全球化的主要推动国，最具代表性的便是东印度公司在美洲和亚洲为了建立市场所进行的一系列兼具贸易和侵略性质的商业活动。这种现象反映出在早期的经济全球化过程中，国际经济秩序中并没有一个共有的协商和仲裁机制来解决可能发生的争端等问题，也意味着各个国家之间对国际利益的争夺极易陷入失序和混乱当中。

这种国际关系的失序在英国作为唯一的领先国家时尚不明显。不过，随着19世纪后半叶德国的统一和俾斯麦的改革，后起的德国迅速赶超上老牌的英法两国。德国工业资本主义的发展亟须要扩大其海外殖民地并拓展海外市场，这无疑更威胁到殖民地最多的英国的利益。面对着大部分殖民地已经被英法瓜分完的现实，德国靠着"胡萝卜加大棒"的政策，在非洲的东西海岸不断蚕食鲸吞，迅速成为仅次于英法的世界第三大殖民国家。同时，在欧洲大陆，德国在普法战争中取得了胜利，失利的法国更加提防和担忧邻国过于强大，两国之间的矛盾也逐渐加剧。

这种矛盾因德国、奥匈帝国、意大利三国组成针对俄国和法国的"同盟国"而更加深化。随着英国也分别与法国、俄国签订协约，与"同盟国"集团针锋相对的"协约国"集团也最终形成。随后，奥匈帝国皇储被刺的导火索迅速引爆了第一次世界大战，使得欧洲的"百年和平"正式终结，同时也使得第一次经济全球化迅速衰落，国际贸易和世界经济受到重大冲击，经济全球化的秩序陷入混乱并逐渐瓦解，新的世界经济秩序需要在废墟上重新建立。

需要补充说明的是，第一次经济全球化的发展除了得益于科技层面和观念层面的进步，也得益于以金本位为基础的世界货币制度。金本位为世界各国提供了通用的货币和较为稳定的汇率体系，使得国际资本和大宗商品的流动成为可能，诚如丹尼·罗德里克（Dani Rodrik）所言的："从1870年开始实施的金本位制，使得大家不再担忧汇率可能随时变动以及随之引发的其他小问题，这样资本就可以在各国间自由流动。"② 而这一制度也随着第一次经济全球化的结束正式成为历史，两次世界大战之后的第二次经济全球化，以美元为中心的"布雷顿森林体系"取代了曾经的金本位制度。

二 第二次经济全球化：从第二次世界大战结束到苏联解体

与第一次经济全球化的衰落同时出现的，是社会主义革命从一国到多国的胜利，这是具有历史性意义的伟大变革。正如上文所说的，第一次经济全球化带有鲜明的资本主义的

---

① 《共产党宣言》，人民出版社2009年版，第31页。
② [美]丹尼·罗德里克：《全球化的悖论》，廖丽华译，中国人民大学出版社2011年版，第22页。

色彩，所以才不可避免地使得资本主义的基本矛盾从国内演化到国际，并最终导致了资本主义经济全球化进程的衰落。与之相伴随的，则是社会主义革命从一国到多国的胜利。社会主义制度的建立，是开天辟地的大事件，也是资本主义矛盾积累到一定阶段的必然结果。而这一过程正是与第一次经济全球化的衰落同步发生的，这就使得第一次逆经济全球化具备了历史性的积极意义。

社会主义革命最先在资本主义生产关系较为落后的俄国取得胜利。不过，社会主义运动的起源和动力原点却在资本主义生产关系日益成熟的欧洲大陆。1848年，波及欧洲大陆的旨在推翻君主政体的政治革命使得各国工人运动也出现了一个高潮，资本主义制度下剥削的加剧使得劳资矛盾日益凸显。同年，马克思、恩格斯发表《共产党宣言》，号召"全世界无产者联合起来"。随后，联合各国国家无产阶级、旨在推翻资本主义私有制的共产主义运动组织——第一国际和第二国际，也相继成立，并领导各个国家的工人阶级展开争取自身解放的斗争。正是在这一背景下，共产主义思潮和国际工人运动得到了广范围的传播。俄国的马克思主义者列宁深刻分析了资本主义过渡到帝国主义之后，宗主国和殖民地、帝国主义列强之间的种种矛盾，创造性地提出了社会主义可以在一国首先取得胜利、在资本主义并不发达的国家取得胜利的革命理论，并领导俄国无产阶级在1917年取得了"十月革命"的胜利。

俄国社会主义革命的胜利极大地鼓舞了世界范围内的无产阶级运动，东欧、中亚和东亚一些国家先后实现了无产阶级革命的胜利，社会主义国家从一国发展到多国。其中，中国社会主义革命的成功和中华人民共和国的成立，影响和意义尤其深远。众所周知，作为一个有着上千年悠久文明和灿烂文化的国家，中国在近代的帝国主义武力扩张中遭遇到了前所未有的侵略和掠夺。在经过长期的探索和挫折之后，中国人民在中国共产党的领导下选择了社会主义道路并最终取得了革命的成功。这一方面为中华民族这一古老民族的复兴奠定了前提和基础；另一方面也有力地说明，希冀在资本主义的世界体系内部发展资本主义的道路是走不通的，资本主义所主导的经济全球化本质上是一个非公平的掠夺和剥削体系，对外围国家而言，除了打破这样的体系并建立一套新的与自身发展有利的体系，别无其他选择。作为当时占世界人口近1/4的国家，中华人民共和国的成立积极地推动了世界社会主义革命的发展，极大地改变了世界的政治经济格局，也深刻地影响了之后新的经济全球化模式的形成。

社会主义革命在世界范围内的胜利表明，资本主义经济全球化本身并非一个能够让世界各国繁荣发展的方案，而只是有利于资本主义国家和资产阶级的经济全球化，这一秩序的缺陷和带来的不公平是如此的明显以致激烈的反抗者索性将这一秩序本身纳入自身的否定对象中。

从此，在资本主义体系之外，出现了一个崭新的社会主义阵营。新生的社会主义国家与资本主义国家在本质上是异质的。两种社会制度都要求在世界范围内建立起符合自身利益的经济和政治体系。这样就出现了一个饶有兴趣的局面：资本主义世界体系要求建立一个由资本主义所主导的经济全球化，而社会主义世界则要求建立一个由社会主义所主导的经济全球化，其结果就是在世界范围内形成了两大市场体系，这两大市场体系平行并存并相互竞争，构成了从 1950 年开始的第二次经济全球化的基本特征。

第二次世界大战之后，美国为了援助西欧迅速从战争创伤中恢复过来，针对欧洲提出了一系列主要包括贷款的"马歇尔计划"。在西欧接受美国援助的情况下，为了防止东欧受此影响出现脱离苏联的倾向，1947 年，苏联外交部部长维亚切斯拉夫·莫洛托夫提出了与"马歇尔计划"针锋相对的"莫洛托夫计划"，主要目的为加强苏联与东欧的经济联系，援助东欧的经济发展。在此一计划基础上，苏联分别与保加利亚、捷克斯洛伐克、匈牙利、波兰等中东欧各国签订了一系列经济协议。此后，1949 年 1 月 5—8 日，苏联、保加利亚、匈牙利、波兰、罗马尼亚、捷克斯洛伐克 6 国政府代表在莫斯科通过会议磋商后，宣布成立经济互助委员会。同年 4 月，经济互助委员会首届会议在莫斯科召开，规定经互会的宗旨是在东欧人民民主国家和苏联之间"建立密切的经济联系"。1962 年 6 月，经济互助委员会第 16 届会议修改章程，规定非欧洲国家也可参加，经互会首次对欧洲以外的国家开放。随后，蒙古国、古巴、越南相继加入了经互会。1969 年 4 月，在经济互助委员会第 23 次特别会议上，会议提出了"社会主义经济一体化"方针，虽然没有明确提出社会主义经济全球化的概念，但这可以看作社会主义经济全球化的雏形方案。1988 年 6 月，经济互助委员会与欧洲共同体签署联合声明，双方互相承认，并正式建立关系。

这表明在冷战期间，世界经济并非只有以"布雷顿森林体系"为代表的资本主义经济全球化的实践，在社会主义阵营内部，也有经济全球化的尝试。因此，也可以说，经济全球化原本就并非只有一种方案可以选择，只不过在后来社会主义阵营解体之后，资本主义的经济全球化在竞争中取得了暂时的胜出，并随之试图通过各种手段将自身的全球化方案推广到前社会主义国家。

由于社会主义国家在冷战的后期日益陷入多方面的困境，1991 年 6 月 28 日，在布达佩斯举行的经济互助委员会第 46 次会议上，经济互助委员会正式宣布解散。而同年 12 月，欧洲共同体在马斯特里赫特首脑会议上通过了《欧洲联盟条约》。在该条约的指导下，1993 年 11 月 1 日，欧盟正式诞生。可以看出，经济互助委员会与欧洲共同体之间有着微妙又复杂的关系，而欧盟的正式诞生，也意味着经互会和欧共体其实都已经作为一段历史告别了自身的使命。从成立到其解散之前，经互会作为仅次于欧共体的区域性经济组织，对前社会主义国家各国之间的经济交流和贸易往来起到了重要的作用。

三 第三次经济全球化：20 世纪 90 年代至今

进入 20 世纪 90 年代，随着社会主义阵营的解体，第二次经济全球化宣告结束，第三次经济全球化以资本主义国家为主导在世界范围内得到迅速推广。由于此轮经济全球化是继主要资本主义国家 20 世纪 80 年代的新自由主义改革之后将自由主义面向全球的推广，所以不可避免地打上了新自由主义的烙印。

新自由主义的理论来源可以上溯到古典自由主义，其基本宗旨是推崇市场的作用，认为政府对经济的干预只会产生负面和消极的影响。新自由主义的代表人物有哈耶克、弗里德曼等。在20世纪70年代末80年代初，随着撒切尔夫人和里根的上台，新自由主义者的观点大受政客的推崇，一度成为西方国家制定内政外交的重要指南。尤其在1990年之后，一些国际组织和学者把新自由主义的理论和政策系统化，形成了"华盛顿共识"，其基本内核是市场化、自由化和私有化。在此基础上，新自由主义者的推崇者不仅在国内实施相应的政策改革，还将这样一种思想大肆推广到前社会主义国家以及拉美等发展中国家。自此之后，新自由主义改革在全球范围内广泛展开，甚至一度成为后发国家改变自身经济社会状况的不二之选。在这样一种意识形态支配下，俄罗斯、东欧、拉美等地区和国家纷纷走上了各自的改革路程。

同时，随着第三次科技革命在应用领域的广泛推广，以原子能、电子计算机基因工程等为代表的产业蓬勃兴起。新的技术变革推动了经济的发展。主要资本主义国家将新自由主义推向世界的同时，也不可避免地会将自身的技术成果和物质成果推广到全世界。随着能源动力、交通运输、物流信息等技术手段的革新，由此形成了与前两次经济全球化典型不同的形态——国际分工的进一步细化和全球产业链的形成。第三次经济全球化所塑造的一个明显结果是跨国公司的力量日益崛起。跨国公司使得生产在全球范围内进一步细化，产品的设计研发、原料采集、加工制造、组装运输、销售服务等，可以利用全球范围内各个国家和地区的优势分别在不同国家展开，这就使得经济全球化的深度和广度都得到了质的提升。全球产业链的形成使得每个国家和地区真正在经济利益上紧密地联系了起来，告别了各自为政的孤岛状态。这样一种发展也符合马克思所说的社会生产力发展的一般要求，因此从这个角度也可以说代表了历史发展的必然方向。

但是，这样一种技术和生产力层面的支撑和优势并没有弥补新自由主义经济全球化在制度层面的弊端和缺陷。新自由主义从其根本上来说是一种有利于资本而不利于劳动的政策改革。众所周知，资本的流动性要远远大于劳动的流动性，而所谓的自由，在现实层面的表现结果不过是资本的自由罢了，劳工的利益却有可能严重受损。同时，对比不同的资本形态，金融资本又在新自由主义经济全球化浪潮当中独树一帜。发达资本主义国家经济金融化特征明显。金融资本的高利润率在一定程度上挤压了产业资本的利益，也诱使部分产业资本在利润率趋于下降的情形下更有可能转向金融领域，这进一步加剧了资本和劳动之间的对立。

新自由主义经济全球化在实践领域所产生的问题已经有目共睹。俄罗斯、东欧和拉美国家，这些一度信奉新自由主义理念的国家或地区无一不陷入了发展的困境。事实上，新自由主义的理念和现实之间是有严重偏差的。按照新自由主义的理念，其目标是为了塑造以公平竞争、自由市场、反对政府干预等一系列要素为特征的自由资本主义，但是在实践操作中，国家和政府却不可避免地站在了企业和资本利益的一方，通过强制性的法律削减工会的力量，解除部分社会福利的约束，并为"大而不倒"的金融企业和私人部门所遭遇的风险买单。正如美国学者哈维指出的："国家的强制武装被用于保护企业利益，并在必要时镇压反对者。这里所说的没有一样与新自由主义理论吻合。新自由主义者担心特殊利益群体会败坏和颠覆国家,这种情况却最明显不过地在华盛顿发生了,那里的大批企业说客成功地促使立法朝有利于他们特殊利益的方向走。"① 因此,新自由全球化在实践中就不可避免地造就了以下日益严重的后果。

第一,资本/收入比长期扩大,收入不平等加剧。新自由主义政策所造就的结果首先表现在资本/收入比上,据托马斯·皮凯蒂(Thomas Piketty)的研究,20世纪70年代以来资本在发达资本主义国家中都得到了回归,私人资本与国民收入之比在1970年相当于2—3.5年的国民收入,在2010年则扩大到相当于4—7年的国民收入②。这是资本和收入对比的情况,另外,就收入差距而言,20世纪80年代以来,上层阶级的收入在国民总收入中的占比也迅速提高,以美国为例,前10%人群的收入占美国国民收入的比重从20世纪50—70年代的不足35%,逐步跃升至2000—2010年的45%—50%,其比重已达到甚至超过第二次世界大战前的份额。另外,据2015年OECD数据调查显示,如今经合组织地区,最富有的10%的人群收入已是最贫困的10%人群收入的9.6倍,明显高于20世纪80年代的差距(7.1倍),并且比2000年的比例(9.1倍)有所扩大。

第二,中心国家制造业外迁,国内产业金融化、服务业化的趋势加快,传统中产阶级的利益受损。新自由主义在放松资本和贸易管制的同时,势必会带来要素在世界范围内的流动。从时间上来看,20世纪80年代新自由主义改革之后,随着90年代两大阵营中苏联解体和东欧剧变,第二次经济全球化浪潮借助于美元在全世界的流通和第三次科技革命的深化,国际贸易分工体系也逐步得到建立和强化。在大卫·科茨(David Kotz)看来,全球化趋势和新自由主义的兴起有很大的关联性,新自由主义的目的既然是为了重建资本和公司企业的政治经济权力,那么通过跨国公司和全球产业链的建立获得超额利润和价值剥削就成了其必然选择③。中心国家通过技术和研发优势在获得产业链高附加值环节的利润的同时,也不可避免地带来了本国产业"去工业化"和"服务化"的趋势。这进一步带来了就业和收入结构的变化。中产阶级的利益在这一过程中受到了一定程度的损害,进一步引发了带有民粹色彩的保护主义和种族主义,我们在2016年美国总统大选中也可以明显看出这一点。

第三,民主制度失灵,"民主政治"愈来愈演变为"金主政治",政治政策被利益集团绑架,议会投票率普遍下降。民主和资本积累之间的矛盾,在民主制度的失灵中表现得最为明显。在哈贝马斯看来,西方民主制国家的权力已经从人民手中易手,被技术官僚所俘获④。朱安东援引Gilens和Page的研究结果指出,从1981年以来,"美国可以被认为已变成一个寡头政治的国家,国家权力集中在一小撮富人手里,他们往往拥有巨大的财富,在银行界、金融界或军事方面处于高层地位并且在政治上强势,普通民众对决策的影响力

---

① [美] 大卫·哈维:《新自由主义简史》,王钦译,上海译文出版社2016年版,第79页。
② [法] 托马斯·皮凯蒂:《21世纪资本论》,巴曙松等译,中信出版社2014年版,第175页。
③ 李其庆主编:《全球化与新自由主义》,广西师范大学出版社2003年版,第3—14页。
④ [德] 尤尔根·哈贝马斯:《欧盟的危机:关于欧洲宪法的思考》,伍慧萍、朱苗苗译,上海人民出版社2019年版,第48—54页。

微乎其微"①。这种趋势通过国家权力日益打破种种法律限制,"美国联邦最高法院在2010年取消了对公司政治捐款的限制,2014年4月又宣布取消个人对联邦候选人及政党参与竞选活动最高捐款总额的上限"②。另外,西方主要国家的议会参选率自20世纪70年代以来持续下滑,其原因并非因为民众对于一切都满意,而是因为在新自由主义转型中承受失败的低收入阶层以及社会底层无法从政府换届、执政党变更中看到任何有利于自己的希望③。

以新自由主义为主导的第三次经济全球化在2008年国际金融危机之前一直处于上升的势头,2008年之后,此轮经济全球化陷入低潮,具体表现为全球贸易量占GDP比重长期在低位徘徊。世界银行的统计数据显示,全球贸易量占GDP比重从20世纪90年代以来不断提高,从1990年的38.73%提高到2008年的顶峰(60.83%),但在2008年之后急速下跌,至今也尚未恢复至2008年的水平,呈现停滞甚至衰退的迹象。另外,《全球贸易增长报告》显示,全球国际贸易增长在1990—2007年为6.9%,在2008—2015年平均增长约为3.1%,在2016年,全球贸易的增长率不仅低于全球GDP的增长率,而且只有后者的80%。如此低迷的全球贸易增速在过去五十年里只遇到过5次,而现在则是连续四年低于3%的水平。同时,近年来,以美国为代表的发达国家率先举起贸易保护主义大旗,在国际事务中背离多边主义原则,更使得经济全球化雪上加霜,20世纪90年代以来的第三次经济全球化进程遭受重大挑战。

第二节 经典的马克思主义经济全球化理论

一 马克思、恩格斯论经济全球化:世界市场理论

伊藤诚和阿里夫·德里克等认为,马克思、恩格斯在《共产党宣言》中最早考察了经济全球化问题,虽然在术语上并未使用"经济全球化"一词,但是其"世界市场"理论已经在内容上对经济全球化作出了分析。马克思在《〈政治经济学批判〉序言》中提出一个有次序的"六册写作计划"。在这个写作计划中,马克思明确地把"世界市场"作为六册中的一册放在最后,作为收尾性质的研究对象。由此可以看出:第一,马克思对"世界市场"问题有足够的重视;第二,"世界市场"理论在马克思的写作计划中具有总结性质的意义。因此,可以毫不夸张地说,"全球化问题无疑是马克思主义理论的一个中心议题"④。

---

① 编写组:《中国经济与世界》,经济科学出版社2017年版,第61页。
② 编写组:《中国经济与世界》,经济科学出版社2017年版,第61页。
③ [德]沃尔夫冈·施特雷克:《购买时间——资本主义民主国家如何拖延危机》,常旸译,社会科学文献出版社2015年版,第83页。
④ 转引自张宇《马克思主义的全球化理论及其从经典到现代的发展》,《政治经济学评论》2004年第3期。

第十六章　经济全球化：马克思主义的视野

综合梳理马克思、恩格斯关于"世界市场"的论述，对人们认识经济全球化和逆经济全球化有极大的理论指导意义。马克思、恩格斯关于"世界市场"的理论主要有以下几方面的内容。

第一，"世界市场"是资本对利润无限追逐的空间表现之一。逐利是资本与生俱来的本性。对利润的追逐使得资本试图不断地压低生产成本，寻找更为廉价的劳动力和原材料。同时，资本需要不断地循环和周转才能保证自身的不断积累，如果循环或周转一旦停滞，那么资本积累本身就会随之陷入危机。而为了保证资本循环的不间断，社会再生产必须能顺利展开，社会再生产的顺利展开在一国之内通常是难以实现的。因为生产效率的提高要求必须有更广阔的市场来消化大量的生产，因此，"不断扩大产品销路的需要，驱使资产阶级奔走于全球各地。它必须到处落户，到处开发，到处建立联系"①。世界范围内的市场也由此而逐渐形成。资本主义生产建立在社会化大生产的基础上，资本主义生产离开了对外贸易、离开了市场由国内向国外的拓展是根本不行的。一方面，生产所需要的原材料和廉价劳动力需要从国外取得；另一方面，源源不断生产出的商品也需要新的销路和市场来消化。离开世界市场，资本积累很快就会陷入困境。

可以说，世界市场的形成和经济全球化的发展，是资本克服内在矛盾的一种途径。正是通过向世界范围内"输出"资本主义的生产方式，资本主义得以不断地克服利润实现的危机，也就得以不断地延续自己的寿命。因此，我们也要看到，这种经济全球化背后有着"资本"这一明确的主导因素和推动力量，而在这样一种推动力量下所建立起来的全球化秩序，也一定会在相当大程度上服务于资本的利益和诉求。也正是在这层意义上，可以说资本主义的经济全球化就人类历史发展的进程看有其历史进步意义，但也存在着无法从内部克服的局限。当生产力的发展要求更高层次的生产关系出现与之适应时，旧的秩序和规则就会陷入失灵的状态，这时候新的经济全球化秩序就需要重新考虑如何建立和完善起来。

第二，"世界市场"使各个生产要素得到了充分流动和有效利用，是社会生产力发展的必然要求和体现。"世界市场"的形成，不仅有资本在全球范围内谋求利润的一面，也有生产要素在世界范围内配置的一面。也就是说，按照马克思主义政治经济学的分析逻辑，任何生产力或生产关系都不是孤立地存在的，而必须借助对方来得到表达。世界市场的发展，对落后国家而言，是一个逐渐融入资本主义世界体系中的过程，也是一个本国原材料、劳动力和资本在世界范围内流动的过程，这就对落后国家的经济发展起到了一定的促进作用。虽然在这个体系中仍然摆脱不了被发达国家剥削的地位，但相比孤立封闭的状态而言，仍是有所进步和发展的。也正是在这个意义上，阿马蒂亚·森才认为虽然经济全球化并没有缩小富国和穷国之间的差距，但穷国仍有理由要融入和维持这样一种全球化的过程中②。

---

① 《马克思恩格斯文集》第 2 卷，人民出版社 2009 年版，第 35 页。
② 转引自潘建伟、王艳萍《全球化、不平等与制度改革——评阿马蒂亚·森的全球化观点》，《当代经济研究》2009 年第 7 期。

而马克思、恩格斯也说道："只有市场发展为世界市场，才使货币发展为世界货币，抽象劳动发展为社会劳动。"① 世界市场的建立，使得商品的价值有了国际价值的表现形式。国际价值不再取决于单个国家的社会必要劳动时间，而是取决于世界各国社会必要劳动时间的平均单位，价值规律在世界市场上得到体现，各国的生产要素在世界市场上得到配置，打破了生产和要素流动的地域，使得社会生产力能够得到更为充分的发展。所以，世界市场的形成既是资本主义发展的必然要求，也是资本主义发展的必然产物，同时，也将资本主义这一生产方式的历史使命置于最后的阶段。也正是因此，马克思、恩格斯指出推翻资产阶级的无产阶级革命只能是世界性的②，无产阶级只有在全世界范围内联合起来，才能取得最终的胜利。显然，在这里，世界市场是无产阶级赢得最终胜利的基础。

第三，"世界市场"的形成，不可避免地带来了国际不平等交换和依附关系。"两个国家可以根据利润规律进行交换，两国都获利，但一国总是吃亏……一国可以不断攫取另一国的一部分剩余劳动而在交换中不付任何代价。"③ 随着国际价值转化为国际价格，资本家之间的竞争规律在世界范围内得到体现，生产同等数量的同一生产价格的商品，技术水平高的国家耗费的劳动时间要低于技术水平低的国家，这样就有了国际不平等交换现象。最典型如发展中国家和发达国家的同工不同酬现象，同样的劳动强度和劳动内容，在发达国家获得的报酬要远远大于在落后国家。其中的逻辑在于，发达国家通过技术优势使得生产同样产品的社会必要劳动时间要远远低于落后国家，所以同等价格的商品发达国家所获得的利润要远高于落后国家，这样就可以提高本国范围内的要素价格，形成了国际不平等交换关系。

同时，世界市场的形成还带来了外围国家和边缘国家对中心国家的依附关系。马克思、恩格斯最早在《共产党宣言》中精准地判断并预言道："资产阶级……使未开化和半开化的国家从属于文明的国家，使农民的民族从属于资产阶级的民族，使东方从属于西方。"④ 而随着第二次世界大战之后国际经济秩序的建立，世界市场得到深化，发达国家通过金融贷款、政策引导、技术垄断等各种方式使得后发国家的发展在很大程度上体现了发达国家的意愿和需要。比如，依照发达国家指导和帮助的后发国家，产业部门大多都不健全，产业结构也多表现为发达国家产业在国际间转移的结果，这就使得后发国家越发展，对发达国家的依附程度越深。这种国际间的依附关系在后来的依附论中得到了更为深入的阐述。

可以说，经济全球化的过程，也正是世界市场形成、发展、深化的过程。就第一次经济全球化而言，世界市场尚处于早期的形成阶段，其典型特征是一方面带有暴力性；另一方面带有开拓性。早期世界市场存在制度缺位、规则缺失等方面的问题，使得经济全球化

---

① 《马克思恩格斯全集》第 35 卷，人民出版社 2013 年版，第 226 页。
② 当然，马克思后来的看法也随着形势的发展而有所调整，认为无产阶级革命可以先在落后国家实现，即存在跨越"卡夫丁峡谷"的可能。
③ 《马克思恩格斯全集》第 31 卷，人民出版社 1998 年版，第 623 页。
④ 《马克思恩格斯文集》第 2 卷，人民出版社 2009 年版，第 36 页。

出现了严重的偏离,从某种程度上成为西方国家掠夺、殖民世界其他地区和国家的工具。因此在第一次经济全球化衰落之后,从第二次世界大战之后开始的第二次经济全球化就逐渐建立起许多规范化的制度和体系设计,其中包括国家货币制度、市场开放规则、国际投资机制等一系列成型的跨国机构或超主权国家组织,其中最具代表性的就是联合国及其下属组织,这些制度创新进一步深化了经济全球化的内涵,并将其推进到一个新的高度。第三次经济全球化以来,世界市场进一步深化,以全球价值链为代表的新的国际分工合作形式普遍展开,其中起关键作用的是跨国公司,跨国公司基于自身利益逐渐建立起了超国家的利益组织,形成了一定的权力,深刻地改变着经济全球化的形态和发展趋势。

二 马克思、恩格斯"世界历史"理论中所包含的经济全球化的思想

"世界历史"理论的早期主要阐述者是黑格尔。黑格尔认为,绝对精神是世界历史的基础和本质,而绝对精神在历史中则表现为"自由意志",而"自由意志"的进展要求征服一切形式上偶然的"意志",因此也就决定了各个国家和民族不论其历史和现状如何,都必然会走向世界历史的道路[①]。显然,黑格尔的"世界历史"理论建基于其客观唯心主义辩证法之上,因而不免带有浓厚的唯心主义色彩。在黑格尔看来,不是现实实践而是绝对精神决定着世界历史的发展方向。不过,虽然黑格尔在决定力量的认识上有着严重的唯心主义倾向,但是其对历史发展方向和发展形式的认识仍然是可取的。比如,历史的发展呈现螺旋上升的特征。也就是说,历史前进的基调是基本的,但是其发展过程可能并非一帆风顺,而是要经过肯定—否定—否定之否定等阶段。这些思想都为马克思、恩格斯所继承,可以说,黑格尔提出了一个正确的命题,但是却找了个错误的基础。

马克思、恩格斯"世界历史"理论是在黑格尔基础上的扬弃。在马克思、恩格斯看来,世界各个国家和民族走向世界历史的道路是必然的,但是其原因和动力机制却不在抽象的"绝对精神"开拓的"自由意识",而是生产力不断提高和生产社会化不断深化所导致的必然结果。马克思、恩格斯世界历史理论的产生和形成经过了一个长期艰辛的探索过程。马克思本人先后做了7个编年史摘录,撰写了《1848年至1850年的法兰西阶级斗争》《路易·波拿巴的雾月十八日》等历史著作,而直接阐释世界历史理论的则是与恩格斯合作的《德意志意识形态》和《共产党宣言》。《德意志意识形态》对"世界历史"的含义作了明确界定:"各民族的原始封闭状态由于日益完善的生产方式、交往以及因交往而自然形成的不同民族之间的分工消灭得越是彻底,历史也就越是成为世界历史。"[②]《共产党宣言》运用唯物史观揭示了资本主义社会的内在矛盾,阐述共产主义必然代替资本主义的历史趋势。《共产党宣言》的发表是马克思、恩格斯世界历史理论形成的重要标志。

[①] 关立新、王博、郑磊编著:《马克思"世界历史"理论与经济全球化指向》,中央编译出版社2013年版,第112页。

[②] 《马克思恩格斯全集》第30卷,人民出版社1995年版,第534页。

之后马克思不断对其进行补充和完善，比如《资本论》就进一步阐释了共产主义代替资本主义的历史必然性。马克思晚年还留下了两部研究历史的笔记：一是《历史学笔记》，主要是对公元前1世纪到公元17世纪欧洲的历史作了批判性评述；二是《古代社会史笔记》，对公元前1世纪之前欧洲历史的主要内容作了详细的研究性摘录。这些文献里面都包含着马克思、恩格斯关于世界历史的深刻洞见和丰富阐述。

三 马克思、恩格斯"世界历史"理论内容

首先，世界历史形成的根本原因在于物质生产实践，在于生产力的不断发展以及与之相适应的交往关系的不断发展。生产力的发展使得分工从形式上不断丰富、从内容上不断细化。分工的细化和深化使得人们之间的交换和交往也不断得到发展。"交往和交换的扩大，使得商业贸易普遍繁荣起来；商业贸易的繁荣发展必然要求冲破国内市场走向世界市场；世界市场的出现，使得各个国家、民族都卷入普遍竞争，而普遍竞争既促进了大工业的发展，又使得各个国家、民族的依赖程度大大加强，由此产生了世界历史。"① 在马克思、恩格斯看来，推动历史发展的原动力，来自人类的实践活动，当生产尚处于局部和区域状态时，人类的历史表现为各个民族和各个国家的民族史、国别史，一国一民族的历史可能和其他国家和民族没有任何关系，而当生产的社会化发展的世界范围内之后，人类的生产活动也变得全球化了，各个国家的历史不再是一个一个的孤立存在，而是相互影响、相互依存，越来越表现为"世界历史"。

其次，世界历史的形成和资本主义的发展紧密结合在一起。世界历史的形成表现为在资本的推动下社会生产力和资本主义生产关系在世界范围内的不断扩张。因此，资本对剩余价值和利润的无限追逐是世界历史发展的内在驱动力，而资产阶级则在世界历史开创中起到了主体作用。对于资本的内驱力作用，马克思指出："资本一方面要力求摧毁交往即交换的一切地方限制，征服整个地球作为它的市场；另一方面它又力求用时间去消灭空间，就是说，把商品从一个地方转移到另一个地方所花费的时间缩减到最低限度。"② 可见，充当世界历史驱动力角色的是资本，在世界历史的形成中，资本具有主导性作用。以往各种形式的超越地域性的交往的形成，主要借助军事和武力手段，但这些古代的大大小小的"帝国"都没有最终将世界纳入自身的体系，而只是到了资本主义时代，通过资本这一力量，世界才真正更广泛地进入同一个体系之中，因此也可以看出"资本"的世界历史形成的驱动力是实实在在的。而也正是在这个意义上，一些左翼学者才称目前的世界政治秩序正在形成新的超越民族国家之上的"帝国"。对于资产阶级的主体作用，马克思指出："资产阶级历史时期负有为新世界创造物质基础的使命：一方面要造成以全人类互相依赖

---

① 关立新、王博、郑磊编著：《马克思"世界历史"理论与经济全球化指向》，中央编译出版社2013年版，第120页。
② 《马克思恩格斯全集》第30卷，人民出版社1995年版，第538页。

为基础的普遍交往，以及进行这种交往的工具；另一方面要发展人的生产力，把物质生产变成对自然力的科学统治。"① 因此，在世界历史的形成过程中，资产阶级起到了关键性作用，尤其是世界范围内的资本流动、市场建立、贸易往来等基本上都是在资产阶级的主导下展开的，虽然其目的是追逐超额利润，但是客观上确实起到了推动世界历史进步的效果，为新的生产关系的建立奠定了物质基础。因此，马克思才称他们"负有为新世界创造物质基础的使命"。

最后，世界历史的真正实现是通过共产主义和人类个体的解放达到的。马克思、恩格斯从与资本主义紧密联系的世界历史中看到了另一新的社会形态的诞生。资本主义所推动的世界历史的形成的确有无限攫取剩余价值的资本本性，但从辩证法的角度看，这样的结果也成了推动历史发展的不自觉的工具。资本主义生产关系全球范围内的拓展也使得资本主义的基本矛盾向世界各地延伸。也要看到，虽然资产阶级起到了开拓世界历史的主体作用，但是这种开拓的结果使得无产阶级也在世界范围内成长和壮大起来，而无产阶级队伍的"全球化"使得世界范围内工人阶级的联合成了可能。因此，当资本主义制度随着世界历史的逐步深化到了束缚和阻碍生产力发展的阶段时，资本主义制度的终结也就日渐临近，而也只有在更高级的社会形态——共产主义社会实现之后，世界历史才能够进一步得到更加充分的展开，人类个体的解放也会真正达到。

世界历史既然是建基在生产社会化不断深入的基础上，那么当世界市场的建立完善达到一定程度之后，资本的利润要求和地域性存在就会成为生产力进一步发展和生产社会化进一步深化的桎梏。这个时候就需要有新的生产关系和社会形态出现来进一步推动社会生产力的发展，也只有这个时候世界历史才能最终真正得到实现，正如马克思所说的："只有在伟大的社会革命支配了资产阶级时代的成果，支配了世界市场和现代生产力，并且使这一切都服从于最先进的民族的共同监督的时候，人类的进步才会不再像可怕的异教神怪那样，只有用被杀害者的头颅做酒杯才能喝下甜美的酒浆。"② 显然，马克思认为，资本主义经济全球化和世界历史的发展前景即是共产主义的实现和人类的解放。

第三节 马克思主义经济全球化理论在实践中的发展

一 帝国主义理论与新帝国主义论

霍布森（John Atkinson Hobson）是较早研究帝国主义经济和政治理论的思想家之一。1902年，霍布森在其《帝国主义论》中论述了其主要观点。其主要贡献和意义在于将帝国主义的经济特征凸显了出来，指出了帝国主义扩张的经济根源。在霍布森看来，帝国主

---

① 《马克思恩格斯选集》第1卷，人民出版社1995年版，第773页。
② 《马克思恩格斯选集》第1卷，人民出版社1995年版，第773页。

义之所以要不断向外扩张的原因是因为"消费不足",而消费不足则是普遍垄断的出现导致的。其逻辑大概如下:普遍垄断导致了大部分利润流入少数人手中,而这部分利润又通过储蓄转化为投资,但普遍垄断又使得国内的投资机会减少,于是大量的储蓄带来消费的不足,这就导致了一方面是资本过剩,另一方面是消费不足的局面。而为了解决这一困境,向国外输出资本是一条一举两得的途径。这就导致了各资本主义国家在19世纪至20世纪初这一时期都有向海外积极投资的动力。而进一步,这种资本输出使得各国在海外出现了领土兼并和压力,因此必须以政治手段保护本国的投资以及开拓新的投资,这就更加加剧了帝国主义国家之间的冲突。

鲁道夫·希法亭(Rudolf Hilferding)通过对"金融资本"的分析,将对"帝国主义"的研究推进到一个新的层面。学界的普遍看法是,希法亭是将"帝国主义"研究引入马克思主义分析框架中最早的学者之一。希法亭认为,在传统的自由竞争阶段的资本主义,资本被划分为产业资本、商业资本和银行资本,但是金融资本兴起之后,产业资本和银行资本越来越融为一体,商业资本的地位则变得越来越次要。在希法亭看来,金融资本是帝国主义的核心特征,"金融资本把社会生产的支配权越来越集中到少数最大的资本集团手中,生产的经营权同所有权相分离,生产社会化达到资本主义范围内所能达到的界限"①。也正是在这一认定的基础上,希法亭对无产阶级革命报以更为乐观的态度。因为金融资本越集中,越是将社会的主要产业部门控制在了自己的权力之下,那么对无产阶级而言,只要通过革命取得国家的领导权,并进一步地占有金融资本,那么也就取得了对全社会关键部门的支配权。所以在这种情况下,即便其他部门的社会化程度较低,无产阶级也可以实现对社会的有效控制。同时,金融资本在组织上的成熟也为无产阶级政治上的过渡创造了条件。

列宁在霍布森和希法亭研究的基础上,结合资本主义从自由竞争过渡到垄断的新变化,发展完善了帝国主义理论。列宁的帝国主义理论继承了马克思、恩格斯分析资本主义的基本方法,并将其运用到国际经济关系领域,进一步拓展了马克思主义经济全球化理论。

在《帝国主义是资本主义的最高阶段》一文中,列宁指出,垄断是帝国主义区别于自由竞争资本主义的主要特征,垄断资本为了获得超额利润,必然会通过全球扩张对落后国家进行资本输出,同时,资本的输出又带来国际垄断的形成,各个资本主义国家为了争夺国际市场而瓜分世界,并通过各种手段对殖民地国家进行剥削和压迫,这样一来,帝国主义就成了一个从宗主国到殖民地、从金融资本到产业资本等各个方面结构严密的剥削体系。这种剥削体系一方面使得经济全球化更加深化、国与国之间的经济依赖关系越来越紧密;另一方面也使得落后国家所受的压迫和剥削日益严重,最终将导致资本主义体系的总危机,"资本输出导致资本主义生产的国际化和资本主义生产关系向世界最远角落的延伸,而另一方面,权力集中到大的金融集团手中,财富流向寄生的食利者阶级"②。因此,列

---

① [德]希法亭:《金融资本——资本主义最新发展的研究》,福民等译,商务印书馆1994年版,第429页。
② [英]安东尼·布鲁厄:《马克思主义的帝国主义理论——一个批判性的考察》,陆俊译,重庆出版社2003年版,第125页。

宁认为，帝国主义是腐朽的、寄生的和垂死的，并且由于资本主义发展的不平衡，帝国主义为社会主义在一国取得胜利创造了条件。

"帝国主义"随着第二次世界大战之后殖民地国家的纷纷独立以及大英帝国的衰落，在西方主流话语中也有日趋衰减之势。但在21世纪初以来却出现了一种颇值得思考的回归趋势，诚如约翰·B.福斯特所言的，"在20世纪的大部分时间里，帝国主义这个概念被排斥在资本主义世界主流政治话语体系之外。如今这种情况突然改变了"，"面对美利坚帝国的这种扩张企图，知识分子和政界名流不仅重新捡回帝国主义概念，也跟从19世纪初帝国主义的鼓吹者，倡导美国肩负起推广文明的伟大使命"[1]。这种"重新发现帝国主义"的现象，其实不过是美国帝国主义行为在理论和思潮上的反映，而美国推行的帝国主义，虽然在本质上仍是一个世界性的剥削体系，但在形式和内容上已和列宁所处的殖民地时期的帝国主义有很大不同，因此大卫·哈维将其称为"新帝国主义"。

哈维的新帝国主义论产生于20世纪70年代以来美国资本主义演化的事实。在哈维看来，20世纪70年代美元与黄金的脱钩、进而美元逐渐成为世界贸易的主导货币具有重要的意义，正是美元的世界化使得美国的金融化加剧，并在新一轮的经济全球化过程中取得了金融霸权的核心地位，并通过金融霸权与军事霸权的联手，向全世界推行有利于其自身的自由化、私有化和市场化，重新将拉美、东亚、东欧等一些国家纳入为其生产国际剩余价值的剥削体系当中，成了名副其实的帝国主义国家。哈维通过用马克思主义的"内在关系辩证法"分析领土逻辑和资本逻辑之间存在的矛盾和张力，认为新帝国主义的"新"主要在于其"剥夺性积累"的核心特征。而"剥夺性积累"的根源则在于"过度积累"，或者说资本积累的过剩。过剩资本必须寻找新的吸收途径，于是，全球性统一规则市场的建立就成为其必要条件。在新自由主义政策的推动下，自由化、私有化和市场化浪潮席卷全世界，"自由贸易与开放资本市场已经成为发达资本主义国家中的垄断势力获取利益的主要手段"[2]。"剥夺性积累"通过私有化、商品化、金融化、危机的管理和操纵以及国家再分配四个方面达到其目的。但是，随着新帝国主义的深化，领土逻辑和资本逻辑之间的矛盾演化以及资本主义在空间地理上的不平衡发展会越来越激烈，"国外不受约束的发展限制了国际竞争，却堵住了进一步输出资本的机会，从而引发了由内部产生的价值丧失。于是，主要的帝国主义力量在'门户开放'（open door）、自由贸易与在封闭的帝国内部自给自足这些政策之间犹豫不决"[3]。哈维这些论断为人们认识当前逆经济全球化现象提供了重要的洞识。

可以看出，无论是列宁的帝国主义论还是哈维的新帝国主义论，都认为主要资本主义国家在经济全球化过程中充当了资本对外进行价值剥削和价值掠夺的工具，主要资本主义国家的国家性质表现得日益明显，为了维护本国资产阶级利益不惜发动战争、破坏国际规

---

[1] ［美］约翰·B.福斯特、王淑梅：《重新发现帝国主义》，《国外理论动态》2004年第1期。
[2] 田世锭：《戴维·哈维的新帝国主义理论探析》，《江海学刊》2010年第4期。
[3] ［美］大卫·哈维：《资本的限度》，张寅译，中信出版社2017年版，第664页。

则，全球意义上的资本联盟尚未形成，资本的现实形态依然表现为明显的民族国家特征，这便是帝国主义理论以及新帝国主义理论的现实基础。可以说，无论是列宁还是哈维，在与"超帝国主义"和"帝国"理论的比较中，都更能赢得实践的支持。而结合经济全球化来看，虽然第二次和第三次经济全球化少了许多第一次经济全球化过程中的暴力和血腥，但其背后的实质依然是帝国主义在不同历史背景和发展阶段下的重新表现，资本主义主导的经济全球化依然脱离不了帝国主义的实质。

二 "中心—外围"理论、依附理论与全球资本主义论等

"中心—外围"理论最早由阿根廷经济学家劳尔·普雷维什（Raul Prebisch）提出。普雷维什提出这一概念本来是为了分析拉美经济所存在的问题及困境，但后来却成为一个广为传播的分析世界经济结构的理论。自普雷维什在20世纪40年代提出"中心—外围"理论之后，依附论、世界体系理论等都明显受到该理论的影响。"中心—外围"理论的核心主旨是将世界经济看作一个有结构、有层级、非均衡的运动体系，中心国家和外围国家不仅在生产结构和经济结构方面存在巨大的差异，而且二者之间存在技术、贸易和经济剩余掠取等各方面的不平等，更为关键的是，中心和外围并非是两个孤立的个体，而是存在整体性的动态关系，从属于同一个结构，因此这就导致了外围国家几乎无法靠复制中心国家的模式取得成功①。可以说，"中心—外围"理论在分析拉美国家经济问题所产生的根源上还是比较有说服力的，这也是后来诸多学者不断追捧此理论的原因之一。

依附论在很大程度上借鉴了"中心—外围"理论的思想。不过，依附论更加强调了在发达国家主导的资本主义经济体系下落后国家的发展困境：落后国家如果要取得发展，搞孤立主义是不大可能的，由于力量弱小，经济发展程度低，只能靠加入这个体系之中取得改善，但是一旦加入其中，其发展必定是带有"依附性"的，这就为后来发展的种种问题埋下了隐患。依附论的主要代表人物特奥托尼奥·多斯桑托斯（Theotonio dos Santos）认为，历史上曾经存在殖民地依附和工业—金融依附两种依附形式，而第二次世界大战之后则出现了工业—技术依附第三种依附形式。在这种依附形式下，落后国家的工业发展严重受制于中心国家，一方面在技术方面受中心国家控制，另一方面自身的工业结构和生产结构也不得不受制于中心国家的需要而与本国的实际需要脱节，从而使得外围国家与中心国家的差距越拉越大，陷入一种依附性发展。这种发展其实也就是弗兰克提出的"不发达的发展"。弗兰克认为，只要世界资本主义体系的"中心—外围"结构不改变，外围国家除了处于依附地位别无选择，而只有通过社会主义革命，外围国家才能真正从这样一种剥削结构中脱离出来②。

---

① 吕薇洲：《"中心—外围"资本主义理论及其社会影响》，《中共云南省委党校学报》2009年第3期。
② 转引自逄锦聚、林岗、刘灿主编《现代经济学大典》（政治经济学分册），经济科学出版社2016年版，第208—211页。

第十六章 经济全球化：马克思主义的视野

和依附论所展示的静态结构和宿命观点不同，"世界体系"理论赋予了资本主义世界经济体系以更多的灵活性和演化的可能。通过将"中心—外围"的二级结构扩展为"中心—半外围—外围"的三级结构，伊曼纽尔·沃勒斯坦认为，处于最底层的生产低利润、低技术的外围国有可能上升为半外围国家，而处于中间层的兼具剥削与被剥削角色的半外围国家则也有可能上升为中心国家，同样地，生产高利润、高附加值、高技术的中心国家也有可能在竞争中落入外围国家的行列。可以看出，"世界体系"理论使得理论本身的解释力和包容力更加拓展了，能够很好地解释东亚国家的崛起以及其他一些地区和国家相对衰落的现实，从而弥补了依附论的不足。不过，"世界体系"理论虽然赋予了体系内部角色转换的灵活性，但并没有对体系本身的包容性给予过多的乐观，在沃勒斯坦看来，"资本主义世界经济体系最终将由于它彻底统治世界而失去其发展的空间，从而陷入全面的危机，而取代这一体系的将是一个新的世界体系，即社会主义世界体系政府"[1]。对于社会主义全球化，国内学者李慎明早在2006年就对其有所论述。他认为，世界社会主义运动已经从低潮走入了复兴，随着资本主义世界陷入越来越深的泥淖，社会主义的全球化有望在21世纪得到全面的复兴和实现[2]。而国外学者莱斯利·斯克莱尔（Leslie Sklair）也认为，从两极分化危机和生态的不可持续危机两方面看，资本主义正在走向失败，通过逐渐消除消费主义文化—意识形态，代之以人权文化—意识形态，可是实现从资本主义全球化向社会主义全球化的转型[3]。可以说，虽然目前世界经济体系仍处在资本主义占主导地位的阶段，但社会主义全球化的可能性已经得到中外学者的诸多研究和探索。

除了依附理论，另一种比较有影响力的观点是以威廉·I. 罗宾逊（William I. Robinson）的理论为代表的"全球资本主义论"。威廉·I. 罗宾逊认为，生产过程的全球化瓦解了民族国家的积累循环，使之整合到新的全球积累循环中，其结果便是全球阶级和跨国资本家阶级的崛起。不过罗宾逊并不认为民族国家会因此终结，而认为其会形成一种新形式的"跨国国家"。这种观点与哈特（Hardt）和奈格里（Negri）所认为的民族国家会衰落、帝国会成为新的全球的主权形式有理论上的一致性。这种情形进一步发展的结果是，资本得以冲破国界和国家权力的约束，形成一种全球性的统治联盟，世界各个地区的民族差异、国别差异、种族差异、文化差异……被资本主义生产方式一一抹平，具有民族属性的"帝国主义"逐渐过时，"帝国"得以形成，而随着资本的国别属性的消失，工人阶级的国别属性也随之逐渐消失，工人阶级的世界性联合也因此得以可能，工人运动也就成了全球性的，资本主义的消亡和共产主义的建立也就因此成了一种全球性的行动。这正是马克思、恩格斯早期所设想的共产主义运动的经典模型——其实也与福山的"历史终结论"有异曲同工之处，只不过福山仅仅指出了马克思、恩格斯预言的前半部分，至于全球资本主义形成之后会向什么方向发展，福山并没有给出答案。这种观点的核心要旨在

---

[1] 转引自张宇《马克思主义的全球化理论及其从经典到现代的发展》，《政治经济学评论》2004年第3期。
[2] 李慎明：《另一种全球化的替代：社会主义在21世纪发展前景的展望》，《马克思主义研究》2006年第1期。
[3] ［英］斯克莱尔：《资本主义全球化及其替代方案》，梁光严等译，社会科学文献出版社2012年版，第4页。

于，它们都认为随着经济全球化的深入，主权国家的权力会因为资本的全球化而被削弱。国际政治经济学（IPE）的自由主义学派也同样持这种看法，该学派认为，随着资本主义经济的拓展和区域间相互依赖关系的形成，基于全球市场和国际合作的各种国际行为主体削弱了传统的国家主权，国家力量收缩、全球资本的力量强化是不可避免的结果。加拿大学者考克斯（Robert Cox）等基于此提出了"国家国际化"的理论。他们认为，随着生产的国际化，民族国家的传统职能会削弱，其本身会逐渐成为与生产国际化相适应的更加复杂的政治结构的一个组成部分。不过"全球资本主义论"的一个鲜明不同是，在罗宾逊看来，全球阶级不仅包含全球资本家阶级，也包含全球无产阶级。他认为，"一个跨国工人阶级日益成为现实，成为自在阶级，也就是客观存在的阶级。跨国生产链或积累循环成为统治集团和从属集团跨国阶级形成的基点。那些参与全球化生产过程的某些阶段的工人被分散到全球各地，然而他们可能都是相同积累循环中的一个部分。过去，工人们参与国家生产过程并属于国家工人阶级，现在则通过一种更具组织性的方式而彼此连接在一起"[1]。他指的是当跨国公司在众多国家设立子公司或分支机构时，在不同国家雇用的工人被跨国公司统一的生产体系或生产流程联系在一起，成为跨国工人阶级。不过，相对跨国资本家阶级，跨国无产阶级在一开始还并不具有自为性，因为有民族、国家和地域的分割，其流动性要远低于资本的流动性。所以，罗宾逊也明确指出，"这一新出现的全球无产阶级并不是一个自为阶级，也就是说，它本身并不必然能够形成或组织成一个有意识的阶级"[2]。从这个意义上而言，"全球资本主义论"以及马克思、恩格斯所预言并号召的"全世界无产者联合起来"的要求也有异曲同工之妙，从非自为阶级向自为阶级的转换，正是在经济全球化进一步深化的基础上，全球工人阶级有意识联合斗争的结果，"全球资本主义论"的这一指向就和马克思主义的经典理论有了较为明晰的继承关系。

三 习近平经济思想与新型经济全球化

近年来，经济全球化步入了挑战和机遇并存的关键时期。一方面，以发达国家为主导的经济全球化遭遇到越来越多的发展困境，具体表现为世界范围内的逆全球化潮流，尤其以美国最具代表性。另一方面，作为世界第二大经济体，中国在习近平经济思想的指导下，积极推进开放共享、互利共赢的新型经济全球化进程，与各国携手共建"一带一路"，搭建新的国际合作平台，形成新的全球治理机制，为经济全球化的发展提供新的路径和理论指导。因此，经济全球化的发展困境与新的发展路径并存这一现实就构成了人们认识当前经济全球化的两个重要方面。党的十九大以来，习近平总书记多次就经济全球化发表重

---

[1] [美] 威廉·I. 罗宾逊：《全球资本主义论：跨国世界中的生产、阶级与国家》，高明秀译，社会科学文献出版社2009年版，第44页。

[2] [美] 威廉·I. 罗宾逊：《全球资本主义论：跨国世界中的生产、阶级与国家》，高明秀译，社会科学文献出版社2009年版，第44页。

要讲话，指出"当前，经济全球化遇到一些回头浪，但世界决不会退回到相互封闭、彼此分割的状态，开放合作仍然是历史潮流，互利共赢依然是人心所向"①。在第三届"一带一路"国际合作高峰论坛开幕式上，习近平主席指出，"世界现代化应该是和平发展的现代化、互利合作的现代化、共同繁荣的现代化"。同时，针对当前经济全球化发展的困境，习近平总书记指出"各国应加强创新成果共享"，"让发展成果惠及更多国家和民众"②。这些论断为正确认识经济全球化提供了有力指导。

习近平经济思想是在新的时代形势下，对马克思主义经济全球化理论的创新和发展，既继承了马克思、恩格斯"世界历史"和"世界市场"等经典理论的思想内涵，又赋予其新的与当前实践密切相关的时代特征。经济全球化的趋势不会改变。虽然目前来看经济全球化遭受了不少挫折，但这只不过是新自由主义所建构的不合理国际经济秩序的阶段性反映，是西方国家在内政治理上长期积累的弊病所致，并不会从根本上逆转世界经济的发展方向。正如习近平总书记指出的："历史地看，经济全球化是社会生产力发展的客观要求和科技进步的必然结果，不是哪些人、哪些国家人为造出来的。经济全球化为世界经济增长提供了强劲动力，促进了商品和资本流动、科技和文明进步、各国人民交往。"③ 因此，面对经济全球化受阻的现实，并不是要否定经济全球化本身，而是需要改革不合理的国际制度和规则，倡导并落实国际关系的民主化，改善国内民生，缩小贫富差距，从根本上消除和平赤字、发展赤字、治理赤字，构建开放、包容、普惠、平衡、共赢的新型经济全球化秩序，使经济全球化朝着更加健康、稳定、可持续的方向发展。

新型经济全球化的构建是基于现实发展和时代需要而对未来经济全球化发展方向的准确判断。互联网、物联网、大数据、人工智能、3D打印等新的技术手段正在把人类社会构建成一个密不可分的网络社会。你中有我、我中有你，全球产业链和全球市场使世界各地的人们越来越息息相关，"当今世界，经济全球化潮流不可逆转，任何国家都无法关起门来搞建设，中国也早已同世界经济和国际体系深度融合"④。随着新的技术手段和生产方式的普及，也一定会有与之相适应的新的生产关系出现，这为"人类命运共同体"的形成提供了现实依据和社会基础。根据习近平经济思想，未来的新型经济全球化应该具备开放、包容、普惠、平衡、共赢等基本内涵。

第一，新型经济全球化是更加开放的经济全球化。"开放"是全球化的内在基本要求。闭关锁国、保护主义与经济全球化的世界大势越来越不相符合。在全球分工日益细化、全球产业链日益复杂的今天，"开放"不仅能使一国经济融入世界经济的大浪潮中以更好发挥自身的比较优势，也能使其在更为激烈的国际竞争条件下不断提高技术水平和核心竞争力，从而使本国的经济更具活力和韧性。相反，以邻为壑的贸易保护主义在短期内似乎有

---

① 习近平：《在浦东开发开放30周年庆祝大会上的讲话》，人民出版社2020年版，第8页。
② 习近平：《开放合作 命运与共》，《人民日报》2019年11月6日。
③ 习近平：《共担时代责任，共促全球发展》，《求是》2020年第24期。
④ 习近平：《习近平在亚太经合组织第二十七次领导人非正式会议上的讲话》，人民出版社2020年版，第5页。

利于缓解本国经济的问题,但长期来看,只会造成本国和其他国家双输的结局。对此,习近平主席讲道:"中国扩大高水平开放的决心不会变,中国开放的大门只会越开越大。"① 这种要求,不仅是中国对参与经济全球化的其他国家的庄严承诺,也是未来新型经济全球化应有的基本特征。

第二,新型经济全球化是包容的经济全球化。旧有的经济全球化模式之所以会陷入困境,就在于其本身具有一定的排他性。这具体表现在,占主导地位的发达资本主义国家能够很容易地容纳与自身国情和自身制度模式相近的国家加入进来,但对于国情和制度模式跟自己不同的国家则较难容纳,甚至采取某些歧视性政策可以将这些国家排除在贸易体系之外。因此,这种经济全球化模式必然会有一定的局限性。对此,习近平主席提出,"建设包容型世界经济,夯实共赢基础。消除贫困和饥饿,推动包容和可持续发展,不仅是国际社会的道义责任,也能释放出不可估量的有效需求"②。新型经济全球化就是包容度更广的全球化,世界上各个国家,不论大小强弱,不论实行何种制度,都可以在同一个平台上进行经济合作和贸易往来。当前,全球经济多极化趋势明显,发展中国家参与经济全球化的意愿和能力不断提升,推进新型经济全球化模式发展,有利于落后国家融入世界经济体系,为实现世界各国普惠共赢夯实基础。

第三,新型经济全球化是普惠的经济全球化。所谓"普惠",就是指各国能够普遍地享受到经济全球化带来的实惠,而不是成为中心国家掠夺外围国家的工具,使富国愈富、穷国愈穷。新型经济全球化是对过去资本主义经济全球化模式的改造,也是对新自由主义思潮主导下的经济全球化模式的纠偏。在未来的新型国际经济发展格局中,应当更多地考虑和照顾弱小国家的利益,更加公平地对待发展中国家和落后国家,只有构建一个普惠的经济全球化模式,让全球化真正造福全球,才能保证经济全球化健康持续地发展。正如习近平主席在 2016 年二十国集团杭州峰会上所说的:"通过支持非洲和最不发达国家工业化、提高能源可及性、提高能效、加强清洁能源和可再生能源利用、发展普惠金融、鼓励青年创业等方式,减少全球发展不平等和不平衡,使各国人民共享世界经济增长成果。"③

第四,新型经济全球化是平衡的经济全球化。当前的经济全球化之所以陷入困境,其中一个主要原因在于各方面的"失衡":国家与国家之间利益关系的失衡,国家内部不同群体之间利益关系的失衡,经济全球化和主权国家之间关系的失衡,等等。所谓"平衡的经济全球化",就是在推进经济全球化进程时,能够平衡考虑各方的诉求和呼声,平衡国与国之间的发展,发达国家在满足自身需求的情况下能够更多地帮助落后国家取得更快更好的发展。

第五,新型经济全球化是共赢的经济全球化。新自由主义的全球化模式有着强烈的

---

① 习近平:《在庆祝中国国际贸易促进委员会建会 70 周年大会暨全球贸易投资促进峰会上的致辞》,《人民日报》2022 年 5 月 19 日。
② 习近平:《习近平外交演讲集》第 1 卷,中央文献出版社 2022 年版,第 428 页。
③ 习近平:《习近平著作选读》第 1 卷,人民出版社 2023 年版,第 508、509 页。

第十六章 经济全球化：马克思主义的视野

"中心—外围"特征，这样一种结构已经先天地决定了只要这个模式本身没有被打破，那么中心国家剥削外围国家和边缘国家的现实就不会改变。也正是出于这个原因，以往的经济全球化使一些国家不仅没有通过参与其中改善自身的状况，反而导致了本国的发展进程受阻、资源和环境条件恶化。为此，世界各地的反全球化运动层出不穷。但反全球化运动无法解决旧模式带来的不平等、不稳定、不安全的问题，经济全球化潮流亦是不可逆转的。"当前，经济全球化、区域一体化快速发展，不同国家和地区结成了你中有我、我中有你、一荣俱荣、一损俱损的关系。这就决定了我们在处理国际关系时必须摒弃过时的零和思维，不能只追求你少我多、损人利己，更不能搞你输我赢、一家通吃。只有义利兼顾才能义利兼得，只有义利平衡才能义利共赢。"① 要克服这种弊端，必须建设新型经济全球化，使各个参与国都能够赢取更多的发展成果，国与国之间应该通过共同协商、共同合作解决个别国家在参与经济全球化过程中的发展问题，要深刻地意识到只有少数国家能赢的模式是必定不可持续的，而这种不可持续反过来也会使这些少数国家陷入输局，最终的结果必然是"共输"。因此，新型经济全球化应该吸取旧有经济全球化模式的教训，努力构建成为一个具有吸引力的"共赢"平台。

以开放、包容、普惠、平衡、共赢等特征为基本内涵的新型经济全球化，是解决当前经济全球化困境的有效方案，也是应对个别发达国家贸易保护主义政策和单边主义行为的针对性措施。新型经济全球化的构建，将在当前阴云笼罩的世界经济中起到拨云见日的作用，使世界各国避免陷入以邻为壑、互立壁垒的恶性循环，维护来之不易的多边贸易体制，推动世界经济向着更健康、更积极的方向迈进。新型经济全球化的构建，主要以基础设施和大型实体经济的建设为依托，以多方参与和共商、共建、共享为路径，有利于建立起一套更加平等、更具互利性的要素流动体制，推动世界经济实现更高层次、更高质量发展。

---

① 中共中央党史和文献研究院编：《习近平关于中国特色大国外交论述摘编》，中央文献出版社 2020 年版，第210页。

第十七章　中国开放发展的历程、道路和经验

党的十九大报告指出："中国坚持对外开放的基本国策，坚持打开国门搞建设，积极促进'一带一路'国际合作，努力实现政策沟通、设施联通、贸易畅通、资金融通、民心相通，打造国际合作新平台，增添共同发展新动力。"[①] 近代以来，中华民族追求现代化的道路始终充满坎坷与挫折，但是，任何艰难困苦都不能阻挡住中国人民开拓进取和探索创新的步伐。正是在一次次伟大的历史实践中，中国逐渐触摸到了世界的脉搏，探寻到了一条开放发展之路。现在，中国不仅已经融入世界，而且正与世界荣辱与共、互相成就。

第一节　世界分工体系中的中国经济

对外开放是中国融入全球化的伟大实践。资本主义世界市场的形成以及世界分工体系的发展，既是资本积累的必然趋势，也是经济全球化的载体。因此，对经济全球化的讨论，应该建立在对资本主义世界分工体系的基本分析之上，中国的开放进程也直观地体现为中国经济参与世界分工体系的深度与广度。

本章的研究将坚持马克思主义政治经济学的基本观点和方法论，立足于全球化的时代背景，从资本主义世界分工体系切入，分析中国开放道路演进的内在根据。

一　中国经济是世界分工体系的有机部分

讨论中国开放必须尊重一个基本事实，那就是整个中国的对外开放进程是在新一轮全球化的时代背景中展开的，是全球化不可分割的重要部分。

经济开放意味着与国际市场接轨，因此中国的开放依赖于市场化改革，而改革也需要向世界开放。中国市场经济的开端是从世界市场吸引现代工业发展所需要的资本、技术以及人才等，助力中国工业走向现代化。也正是在对外开放步步深入的实践过程中，中国高效率、有节奏地将市场机制植入国民经济运行之中。一方面，改革开放初期，在国内收入处于低水平的历史条件下，正是依靠巨大的国际市场，中国成功地实施了出口替代战略，

[①] 习近平：《决胜全面建成小康社会　夺取新时代中国特色社会主义伟大胜利——在中国共产党第十九次全国代表大会上的报告》，人民出版社2017年版，第60页。

由此获得了经济高速增长；另一方面，正是中国的市场化促进了世界市场体系的形成和发展，没有14多亿人口的中国市场，就没有真正意义上的世界市场，没有中国的市场化，全球分工体系便不完整，正是在这个意义上，中国离不开世界，世界更加离不开中国。

因此，中国经济与世界分工体系相互作用的过程构成了中国开放的历史实践。对中国经济发展规律的探索，不能脱离它所依托的世界市场，只有将中国市场置于世界分工体系之中，才能把握它的来龙去脉，从而对其发展规律作出符合马克思历史唯物主义和辩证法的科学研究。

二 从全球化角度对中国开放的讨论及理论分歧

中国的对外开放既是新一轮全球化的重要推动力，也是顺应全球化发展的战略选择。因此，对中国开放问题的讨论，离不开全球化的历史背景。

（一）西方主流经济学家对世界分工体系的研究，归根到底是将"华盛顿共识"作为其理论基础

西方主流经济学范式的研究本质上崇尚新自由主义的信条，认为世界分工体系的扩张，就是以资本主义私有产权为基础的市场原则在全世界的推行。他们鼓吹全球化的目标就是通过世界市场的运作，促使发展中国家的收入水平向发达国家趋同。主流经济学家一味强调以资本主义私有制为基础的市场机制对劳动生产率的推动作用，特别是世界市场的形成，给包括中国在内的发展中国家提供了利用比较优势、推动本国经济发展的机会。但是，他们的研究并没有重视资本主义全球化带来的全球失衡和危机。

西方主流经济学家认为，中国市场化改革之所以取得了巨大的成就，根本原因就是引进了自由市场机制，发展了私有制经济；而中国经济遇到的困难，根源则在于中国还没有彻底完成以资本主义私有制为基础的新自由主义市场体制，中国实行的社会主义公有制以及政府干预阻碍了中国市场经济的发展。

（二）国外马克思主义经济学家一方面继承和发展了马克思的全球化理论；另一方面对中国开放持有不同观点

在秉承马克思政治经济学基本观点的基础上，国外马克思主义政治经济学理论在诸多领域得到了发展，比如在资本主义世界体系的演变、全球剩余价值剥削形式、金融化以及资本主义基本矛盾的表现形式等方面的研究都取得了显著的理论成就。

但是，在对待全球化的问题上，国外马克思主义经济学家存在着根本的分歧。一部分学者承认资本主义体系扩张的积极作用，认为以市场经济和雇佣劳动为基础的资本主义生产关系具有提高效率和推动生产力发展的巨大动力，并以新兴工业国经济增长的成功经验说明坚持自由贸易和融入世界市场的积极作用。因此，他们认为中国顺应世界发展的潮流加入全球分工体系，符合后发展国家的根本利益，中国应该继续保持对外开放和完善市场机制的改革道路。不过，他们在讨论中国如何在市场化改革的过程中仍然坚持社会主义道路这一问题上并没有深入。而以主张依附论为代表的另一部分学者，则对世界资本主义体

系和经济全球化采取了极端的批判态度,他们强调资本主义的剥削本质,对资本主义市场经济采取了完全否定的态度。相应地,他们认为中国的市场化改革,纳入了私有产权等资本主义的因素,中国经济目前面临的种种问题,正是资本主义因素所招致,因此,如果不改变市场经济导向的改革方向,不改变相应的所有制和阶级结构,中国必将陷入资本主义的泥潭而难以自拔。

(三)国内马克思主义经济学家基于对世界分工体系的辩证分析,支持中国以开放推动全球化

国内马克思主义经济学家认为,一方面,随着世界分工体系的形成,资本法则在全球推行无疑使居于生产方式主导地位的发达资本主义国家利用诸多优势加强了对外围后发展国家的控制和剥削,资本主义基本矛盾由此演进为全球矛盾;另一方面,资本主义体系的全球扩张的同时,也推动了发展中经济体生产力的进步和社会文明的现代化进程,因此为落后国家在占有资本主义一切文明成果的基础上完成飞跃发展提供了机会。正如马克思所说的:"从本质上来说,就是推广以资本为基础的生产或与资本相适应的生产方式。创造世界市场的趋势已经直接包含在资本的概念本身中。"①"不断扩大产品销路的需要,驱使资产阶级奔走于全球各地。""各个相互影响的活动范围在这个发展进程中愈来愈扩大,各民族的原始封闭状态由于日益完善的生产方式、交往以及因交往而自然形成的不同民族之间的分工消灭得越彻底,历史也就越是成为世界历史。"②

国内马克思主义经济学家始终把自己的理论研究与中国改革开放的实践紧密联系在一起,支持中国积极顺应全球化这一资本积累的必然趋势,促进生产力发展;同时基于对资本主义世界体系的剥削本质和固有矛盾的深刻认识,强调自主创新与和平发展。因此,如何在对外开放中,利用世界市场和资本主义的发展成果,又能尽可能地规避和克服资本主义固有矛盾及周期性危机,完成制度创新和经济发展,走出一条社会主义和市场经济有机结合的中国特色的发展道路,就成为国内马克思主义经济学家投入极大热情和信心的研究课题。由此形成对中国开放的基本共识:首先主张坚持社会主义的制度方向,在这一前提下,坚定不移对外开放融入全球化;其次强调中国必须坚持独立自主的开放战略,既要利用全球资源提高国内生产率,实现经济飞跃发展,同时提倡以"人类命运共同体"理念推动全球化,对资本主义全球化的失衡恶果形成制衡,并控制国际垄断资本的固有矛盾对中国经济发展造成的干扰和破坏。

(四)西方主流经济学家与马克思主义经济学家之间的思想碰撞反映了世界观和方法论上的对立

综上所述,关于中国开放与发展道路的讨论,马克思主义经济学家与西方主流经济学家所持的基本观点与立场是截然不同的。后者认为中国改革开放的最终目标是完成资本主义生产方式的改造,甚至由此使中国经济沦为新自由主义的又一个试验场,而马克思主义

---

① 《马克思恩格斯全集》第30卷,人民出版社1995年版,第538页。
② 《马克思恩格斯选集》第1卷,人民出版社1995年版,第88页。

经济学家则强调中国改革开放是社会主义发展道路上的探索与创新。

相较于国外马克思主义经济学家,中国学者的研究更加密切地结合中国现实,注重从中国改革开放实践的经验和教训出发,立足于全球化的大背景,试图从解决处在世界格局之中的中国经济发展所面临的问题和矛盾入手,辩证地分析中国现代化进程的发展规律及不同阶段所面临的历史任务。

第二节 资本主义世界体系的演进与中国经济的现代化历程:改革与开放

伴随中国经济现代化的是资本主义积累过程,尽管积累模式在不断演进。"100多年来,虽历经政治变革和社会动荡,但中国经济现代化一脉相承,贯穿中国近代史和现代史全过程。各个阶段的经济现代化都有其深刻的时代背景和历史继承性。"[1]

一 资本主义的殖民扩张与中国现代化启蒙(1949年之前):被动开放与传统小农经济

中华民族既有长期的璀璨文明,也在近代肩负巨大的生存和发展压力。16世纪中叶,资本主义世界体系开始形成并逐步替代封建主义体系,形成了以市场利润为目标的资本主义生产方式所主导的分工系统。无休止的资本积累是这一体系运转的基本动力,表现为基于不平等交易的中心—外围结构的动态延伸。

(一)资本主义分工体系的扩张使中国受到现代化冲击

中国经济现代化进程与资本主义全球化从来就无法割裂开来,正如保罗·斯威齐所言的:"现实的世界,是许多国家共居其中而且彼此间有着相互关联的社会。在这些国家中,有些是高度发达的资本主义社会;有些正在迅速地成为资本主义社会;有些几乎还没有接触到资本主义;还有一个社会主义社会。它们之间的相互关系,不是任意规定,也不是偶然的。"[2] 如果不把中国的现代化进程放在资本主义世界分工体系这一视野之中,甚至将世界各国各地区的政治经济历史割裂开来,就不可能深刻认识中国经济现代化问题。

从历史现象的视角,直接对中国传统小农经济及封建社会统治造成冲击的是近代以来西方帝国主义列强数次发动的侵华战争及战败后清政府被迫签订的一系列不平等条约。而战争乃是资本主义向外扩张的要求使然,其本质是通过暴力手段将外围国的劳动力、土地及资源等要素纳入资本主义剥削范围之内。因此,对于资本主义的认识是理解中国经济现代化发轫的必要条件。资本主义生产方式的运动规律便成为探究中国经济现代化进程内在

---

[1] 胡书东:《中国经济现代化透视——经验与未来》,上海人民出版社2010年版,第1页。
[2] [美]保罗·斯威齐:《资本主义发展论》,陈观烈、秦亚男译,商务印书馆2013年版,第355页。

机理的逻辑"支点"之一。

17世纪中叶资本主义生产方式的建立，使"资产阶级在它不到100年的阶级统治中所创造的生产力，比过去一切世代创造的全部生产力还要多，还要大"①。但是，随着生产力的发展，资本主义生产关系对生产力发展的制约也越来越大，从而使资本主义难以摆脱经济、金融危机的周期性打击。从1788年英国第一次生产过剩的危机爆发开始至今，资本主义世界总共发生过28次生产过剩的经济危机，平均间隔大概是十年，其中包括1929—1933年大萧条和2008年国际金融危机。资本主义缓解危机的途径被斯威齐总结为两大类：一是促进消费增长率高于生产资料增长率的力量；二是使生产资料不成比例的增长才不致经济破坏性后果的力量。前者主要是指资本主义制度的自我调整，比如凯恩斯的国家干预主义对剩余价值生产和实现之间矛盾的缓和，而后者被描述为新产业和错误的投资②。实质上就是资本积累规律作用下，资本运动形式的变化及运动空间的扩张，资本主义世界分工体系就是在资本的运动扩张中形成并不断发展演进的。

尽管在过去三百年间，资本主义世界体系几经演进，其经济基础完成了从农业资本主义向工业资本主义的转折，地域范围从欧洲扩展到全球，其内部的中心—外围结构不断转换易主。但是中国基于种种原因从一开始便远离这个体系，并且在这个体系之外"游离"了很长的时间，并逐渐沦为世界上典型的后发展国家。中华人民共和国成立之前的近代中国，经济现代化进程屡遭半封建、半殖民地社会经济制度的制约和影响。中国经济现代化进程并非传统小农经济发展的自然结果，而是在最初的起点上表现为一种"被迫"的选择。1840年鸦片战争之前，清朝政府以及士大夫阶层大多陶醉于天朝盛世的骄傲自大之中，认为无论是经济发展、社会进步和军队战斗力都远远领先于世界上其他的国家，以致沿袭过去的观念，把已经开始工业革命的欧美列强轻视为"蛮夷之邦"而故步自封。出现这样的思想认识，一方面是由于中华文明在此之前的千百年以来遥遥领先于世界的历史传统在人们心目中形成的思维定式；另外一个更为重要的方面是，中西交流不畅，中国对外联系的陆上通道受自然地理条件和战乱影响，海上通道则被政府以"禁海令"等闭关锁国政策所封闭。我们不难想见，假若没有资本主义世界体系积累扩张的需要，中国经济社会可能还要在那种"历史周期律"所辖的稳态结构中延续更长的时间。近代西方列强武力侵略的惨痛历史证明，受到外部"冲击"而打破其自身均衡，成为中国经济现代化的特殊"打开"方式。

（二）被迫开启的中国现代化使中国一开始便沦为世界分工体系的"外围"

19世纪70年代之后，欧美主要资本主义国家先后开启第二次工业革命。随着生产力的革命性进步，资本主义生产关系也不断扩展，世界上大部分的国家和地区都卷入了欧美资本主义国家主导的世界市场，中国的近邻日本也在明治维新之后选择了资本主义制度。出于控制产品销售市场和原材料产地的目的，资本主义列强掀起了瓜分世界的狂潮，正是

---

① 《共产党宣言》，人民出版社2012年版，第405页。
② ［美］保罗·斯威齐：《资本主义发展论》，陈观烈、秦亚男译，商务印书馆2013年版，第275—292页。

第十七章　中国开放发展的历程、道路和经验

在两次鸦片战争和甲午中日战争等侵略战争的刺激下，当时的中国政府不再坚持官办或者官督商办，而是被迫允许国人自由经商、修路、采矿、办企业，之前属于非法的个别官绅、华侨和买办商人尝试开办现代工矿企业的行为被逐渐放开。在这样的历史铺垫下，清末"新政"时期，中国第一次主动全面开启经济现代化进程：从政治上、制度上正式否定千百年来"重农抑商"的传统，提高民族资产阶级的政治和社会地位；废科举、办学堂，允许学习和传播来自资本主义国家的自然科学和社会政治学说；初步建立现代司法和法律体系的基础；建立现代化军队和与现代化相适应的国家行政及官僚体系；等等。到了北洋军阀统治时期，中国资本主义工商业得到了一定的发展。显然，尽管清朝末期至北洋军阀统治的这一段历史时期，中国政府的治理效率依然处于非常低下的水平，但不可否认的是，抛开第一次世界大战的爆发促使列强放松对中国的经济控制的外部因素，在相当一段时间内政府所推行的鼓励资本主义工商业发展的政策措施，以及实业救国、抵制外货、提倡国货等社会思潮的兴起都在中国现代化进程中发挥了不可忽视的推动作用。但是，军阀常年混战，对生产力造成极大破坏，不仅消耗了巨大的社会资源，也导致交通梗阻，运输成本高昂，最终阻碍了全国统一市场的形成。

1927年中国国民党在南京建立了全国性政权。此后至1949年的二十二年间，在推动工业化和现代化方面，国民党政权作出了一些努力，但是并没有处理好事关经济社会发展全局战略的关键问题。其中最为突出的就是，当时中国90%以上的人口都是农民，生活在社会最底层，生活水平极其低下，生活条件极端恶劣，改善的愿望十分强烈，但是代表官僚买办资产阶级利益的国民党政权，不仅没有重视农民问题，还加强了对广大农民的盘剥与控制。后发展国家处理好农民问题是现代化的关键之一①。由此可见，国民党政府的阶级立场注定了它不可能带领中国成功迈入现代化。此外，国民党政府治理水平低下，贪腐成风，没有正确处理政府与市场的关系，肆意破坏市场机制，扼杀民间资本活力，限制资本主义工商业的发展空间，出现了当时被广为诟病的官僚资本问题。抗战时期和战后，国民党政权滥用货币发行权，造成恶性通胀和金融体系崩溃也对经济现代化造成很大的负面影响。

纵观中国近现代波澜起伏的经济现代化历程，既有成功的经验，也有失败的教训，同时受到外部环境的深刻影响：在此期间，资本主义世界经历了多次越来越深重的经济危机及其恢复调整阶段，在这样的周期波动中，资本主义世界分工格局不断变化，由此对中国产生的显著冲击和干扰，主要是通过帝国主义转移危机所实施的对华侵略战争，及作为战争后果的不平等交易打开中国市场，这种将中国纳入中心—外围的资本主义世界分工体系的暴力、非正义方式，最终使中国难以避免地在世界分工体系中沦为绝对劣势。我们从中也能进一步领悟到，一国现代化的发动离不开政府推动措施的介入，其中推动开放是关键步骤，这一点对于后发国家尤为重要。

---

① ［澳］基姆·安德森、［日］速水佑次郎：《农业保护的政治经济学》，蔡昉等译，天津人民出版社1996年版，第133—134页。

二 外部封锁与社会主义现代化道路的艰难探索（1949—1978年）：计划经济与独立自主的工业化发展

从鸦片战争到国民党政府统治的这段中国历史证明，积贫积弱的中国要想成功实现工业化和现代化梦想，必须处理好两大方面的问题：一是如何应对资本主义全球化的扩张，这几乎是自工业革命以来后发展中国家都必然面临的基本社会历史背景；二是如何认识和把握中国基本国情，这是社会进步和经济发展所依托的现实基础。对这两个问题的处理相互联系、相辅相成，不同的国情决定了应对全球化的不同战略选择，而是否准确把握全球化带来的机遇与挑战，反过来会影响国家经济社会的发展趋势。

（一）外部封锁条件下重工业优先发展战略选择

1949年中华人民共和国成立伊始，面对全国大多数地方经历连年战争的破坏，国民经济几乎陷入瘫痪的状况，中国共产党迅速着手恢复国民经济，谋划未来经济发展的重大问题。新生政权利用对全国的军事管控修复了铁路、电力、通信等与经济社会生活密切相关的基础设施和基础产业，并着手处理遗留的物价问题，保证工业原材料和人民生活必需品的供给，社会生活和经济秩序很快就结束了混乱状态，开始走上正轨。国民党政权时期形成的官僚资本和国有资本被新生政府接管下来，形成新的国有经济，占据中华人民共和国成立初期工商业的半壁江山，并且在稳定的经济环境中得到恢复和进一步的发展。中华人民共和国成立后，在农村进行彻底的"耕者有其田"式的土地改革，到1953年春，全国大多数的地方都完成了土地改革，为农业和农村经济的恢复和发展，保证全国人民的粮食安全和原材料供应从而稳定整体经济运行奠定了坚实的基础。到1952年底，经济总量及经济运行指标都达到中华人民共和国成立前的最好水平，标志着中国已经基本上完成了国民经济的全面恢复。

经典马克思主义经济学理论指出，经济落后的社会主义国家实施赶超战略，应该优先发展重工业，以首先培育并建立生产资料的生产能力和水平，这样才能为国民经济的长足发展奠定坚实的物质技术基础，这也符合中国当时亟须解决的现实问题的国情。中华人民共和国成立之初，全国工农业总产值只有466亿元，人均收入66.1元。其中农业产值比重为70%，工业产值比重为30%，重工业产值占工农总产值的比重仅为7.9%[①]。但是，一方面，重工业是典型的资本密集型产业，发展重工业与中国当时的生产力结构显著脱节，这种结构落差也恰恰反映了中国生产力落后、经济现代化水平低的现实；另一方面，当时以美国为代表的西方国家不满意中国政权更替，实行了种种在政治和经济上孤立和封锁的措施，使中国缺乏良好的外部经济联系。1950年6月，朝鲜战争爆发，同年10月，战火烧到鸭绿江边，严重威胁中国人民生命财产安全与领土主权完整，中国不得不成立志愿军出国参战而负担战争消耗。中华人民共和国成立之初所面临的国际政治、军事、经济

---

① 中国经济年鉴编辑委员会编：《1981中国经济年鉴》（简编），经济管理出版社1982年版，第Ⅵ—4页。

格局意味着，要改变自鸦片战争以来中国屡遭列强凌辱的局面，就必须要建立国内完备成体系的工业结构，而重工业则是工业建设的核心。同时，第二次世界大战后取得政治独立走向经济建设道路的发展中国家，试图超越经济发展阶段，直接进入较高的工业化阶段，它们中的大多数选择了进口替代和重工业发展的战略路径。此外，当时占中国人口绝大多数的是处于贫困状态的农村人口，如果以轻工业或消费品为优先发展部门，必然会遇到市场狭小、需求不足等限制，从而难以在比较短的时间内取得工业化所必需的资本积累。正是基于对国内国际形势的研判，当时中国的领导人强烈意识到采取赶超战略，尽快恢复和发展经济，自立自强于世界民族之林是关乎国家和政权生死存亡的头等大事。中国经济建设的领导和专家，也从苏联的经验和中国的现实中领悟到重工业具有自我服务、自我循环的产业特征，可以避免当时农村人口占绝对优势所致的有效需求不足这一约束条件，从而选择了"超阶段"实行工业化建设。综上所述，中华人民共和国成立之初中国优先发展重工业的现代化路径是历史的必然选择。

（二）计划经济体制的建立与独立自主的工业化发展路径

重工业优先发展的战略目标与当时的资源禀赋所决定的产业结构相去甚远，由此产生了双重矛盾：一是重工业资本密集型的基本特征与资本稀缺之间的矛盾；二是重工业发展要求很强的资源动员能力与要素市场十分不发达之间的矛盾。那么如何动员资源来支持没有自生能力的重工业优先发展就成为情理之中的难题。只能靠政府以财政转移支付的方式直接补贴的重工业建设，必然要求对能够产生经济剩余的部门课以重税来支持。当时经济剩余主要来自农业，但是农业部门的经济剩余量不仅少，而且比较分散，政府在农村地区的税收管理能力很低，难以征收足够的公开税负。因此，为了实现赶超战略目标，除了需要有一整套不同于市场调节机制的宏观政策环境，还要建立一种不依赖市场机制的资源分配体制和直接的积累渠道，使资源的配置向有利于重工业发展的方向倾斜。1956年底，社会主义改造基本完成，计划经济体制很快在中国形成。于是，统购统销、人民公社和户籍制度构成了计划经济时期中国农业经济领域内制度安排的"三驾马车"①。此外，为了排斥市场机制的作用，还实施了一系列宏观经济政策。第一，低利率政策。由于重工业资本密集度高，建设周期较长，为保证其以低成本迅速增长，首要的条件就是降低资本价格，维持一个稳定的低利率水平。1949年到1950年初，中国人民银行的工业贷款利率高达144%，到1954年调至0.456%，中间小幅波动后于1971年8月压低至0.42%的水平②。第二，低汇率政策。重工业的物质基础是资本密集型的设备，在经济发展的初级阶段，这些先进的技术设备相当一部分需要从国外进口，需要支付外汇。在资本缺乏和可供出口的产品并不丰富的条件下，外汇和资本同样稀缺，那么市场决定的汇率水平将会高得使资本密集的重工业部门难以承受。因此，高估本国币值，实行低汇率政策，成为重工业赶超战略的一项重要保障措施。汇率抑制表现为，从1950年3月到1951年5月连续15次压低人

---

① 蔡昉、林毅夫：《中国经济》，中国财政经济出版社2003年版，第8—11页。
② 郑先炳：《利率导论》，中国金融出版社1991年版，第115—120页。

民币兑美元的汇率（从 420 元人民币/100 美元压到 223 元/100 美元）；1952—1972 年，中国的汇率不再挂牌，变为内部掌控，一直稳定在很低的水平上（246 元人民币/100 美元）；到 1978 年的时候，汇率为 172 元人民币折合 100 美元①。第三，低工资和能源、原材料低价政策。在国民经济发展水平普遍较低的条件下，传统经济部门比重高且剩余十分有限，因此总体社会积累水平低。由于积累率取决于利润率的高低，所以压低劳动力投入成本和能源、原材料成本是重工业实现高积累的一个重要途径。第四，农产品和其他生活必需品及服务的低价格政策。低工资降低了城镇工薪阶层的购买能力，如果让他们面对市场决定的生活必需品价格机制，会引起社会不稳定和劳动力供给的不足，故在工业集中的大城市采取低生活费用的优惠政策，而农村地区人口不享受在农产品价格、医疗、教育、住房以及城市公用设施收费等方面的优惠待遇。

（三）农业"反哺"工业以城乡失衡为代价

显然，独立自主的工业化和现代化道路选择，尤其是重工业优先发展战略，与当时中国的经济发展水平和资源禀赋存在着矛盾，因此隐含着城乡之间的强制性关系，即发展向城市倾斜的特征。这种特征是发展中经济体中普遍存在的问题，与之相对，发达的市场经济国家恰恰采取保护农业和农民的政策②。以中国当时所实行的一系列城市偏向政策为逻辑起点，逐渐形成了中国传统农业发展政策，包括国家为了低价掌握主要农副产品以保证工业和城市发展的统购统销制度；为能够直接贯彻国家的计划，切断生产要素流通渠道的人民公社体制；保证最大限度的工业化必需的积累的户籍制度；等等。这种既要农民对工业化作贡献，又缺乏相应激励机制的制度安排，尽管从逻辑上与重工业优先发展战略是一致的，却导致农业生产过程中严重缺乏激励，最终反映到宏观经济结果上：一方面，农产品供应不足，不能保证工业化和城市居民的生活需要；另一方面，城乡收入差距持续扩大，相当比例的农村居民陷入难以维持温饱的贫困状态。

固然，现代化所依托的物质基础是工业化，没有工业化便不可能实现国民经济的现代化发展，但是，中国是一个发展中的农业大国，农民占人口的绝大多数，如果仅仅是在城市建立了工业体系，促进了城市发展，广大的农村仍然处在小农经济的发展模式之中，几亿农民依然被工业化和城市化排除在外，则绝大部分区域和人口无法享受现代工业带来的效率和福利提升，这说明实现国家现代化还任重而道远。况且，虽然经过三十年的自力更生、艰苦奋斗，中国的重工业建设取得了显著的成绩，为建立现代国民工业生产体系奠定了物质技术基础，甚至在原子弹、氢弹等的研发制造上都取得了巨大突破，但是，时至 20 世纪 70 年代末 80 年代初，中国的工业发展水平总体上远远落后于世界平均水平，因此，实现国家的现代化发展，任务十分艰巨，需要更大的魄力进行开创性的探索。

---

① 马洪、孙尚清主编：《现代中国经济大事典》，中国财政经济出版社 1993 年版，第 960 页。
② [澳] 基姆·安德森、[日] 速水佑次郎：《农业保护的政治经济学》，蔡昉等译，天津人民出版社 1996 年版，第 20—30 页。

三　新一轮全球化与社会主义现代化道路的开拓（1978—2008 年）：在改革开放中融入现代工业体系

1978 年以来，中国进入了改革开放的历史时期，经济、政治、社会文化等领域都表现出具有鲜明特色的转型特征。改革开放越来越释放了生产力发展的潜力，经济获得高速增长，国民经济和人民生活水平大幅度提高，实现了中国历史上又一次伟大的历史变革。举世瞩目的"中国奇迹"充分证明改革开放的必然性和正确性。

（一）对外开放构成中国市场化改革的重要部分

市场化与全球化是相互作用、相互促进的协同过程，构成了中国改革开放的实质内容。这一时期，中国经济发展的奇迹主要得益于制度层面上的市场化改革红利以及遵循比较优势的开放红利。改革开放最大限度地激发了原有国民经济体系的内在活力，通过渐进性的制度变革和外向型经济发展模式实现了经济的迅速腾飞。下面主要从市场经济发育及中国经济与国际市场的互动进程，来分析中国市场经济的形成、变迁及其特征。

中国渐进式的市场化改革与发展主要体现在基本经济制度、经济体制和经济发展方式三个方面：基本经济制度从全民所有制、集体所有制逐步转变为公有制为主体、多种所有制经济共同发展的混合所有制经济，非公有制经济飞跃发展，推动了公有制在社会主义初级阶段的各种不同实现方式，以及国有资产管理模式的创新；经济体制从"有计划的商品经济"到"社会主义市场经济"，建立了与社会主义初级阶段相适应的市场经济，市场化进程逐步加深，实现了产品市场、货币市场、劳动力市场以及各区域市场的一体化，农村土地等的要素市场化也正在大力推进；经济发展方式从内向型向外向型转变，受惠于 20 世纪 80 年代国际产业转移的历史机遇，通过大规模地引进外资，中国成为世界最大的制造业生产基地和全球第二大经济体。

（二）中国对外开放新格局的形成（1979—2000 年）

中国的对外开放不是一蹴而就的，是一个根据国内经济发展需要及面临的国际国内情况不断调整的突进过程。中国的改革开放在起点上，适逢 20 世纪 80 年代前后欧美发达国家主导的新一轮全球化这一历史机遇，同时经历了从点到线再到面、从"引进来"到"走出去"的"试探"性过程。

第一步是创办经济特区。1979 年 7 月，党中央、国务院根据广东、福建两省靠近港澳、侨胞众多、资源丰富、便于吸引外资等有利条件，决定对两省的对外经济活动实行特殊政策和灵活措施，给地方以更多的自主权，使之发挥优越条件，紧抓当时有利的国际形势，先走一步，把经济尽快搞上去。1980 年 5 月，中央确定在深圳市、珠海市、汕头市、厦门市各规划出一定范围的区域，试点经济特区。1983 年 4 月，党中央、国务院批准了《关于加快海南岛开发建设问题讨论纪要》，决定对海南岛也实行经济特区的优惠政策。1988 年 4 月，七届人大一次会议正式通过了建立海南省和海南经济特区两项决定，海南岛成为中国最大的经济特区。创办经济特区迈出了中国对外开放的第一步。邓小平评价经济特区"是个窗口,是技术的窗口,管理的窗口,知识的窗口,也是对外政策的窗口"①。

第二步是开放沿海港口城市。1984年5月,党中央、国务院批准了《沿海部分城市座谈会纪要》,决定全部开放中国沿海港口城市,从北到南包括大连、秦皇岛、天津、烟台、青岛、连云港、南通、上海、宁波、温州、福州、广州、湛江和北海共14个沿海港口城市。1990年4月,在邓小平提议下,党中央、国务院正式公布了开发开放浦东的重大决策,要把浦东建设成为现代化上海的象征,把上海建设成为国际金融、贸易、经济中心。沿海开放城市是国内经济与世界经济的结合部,是对外开展经济贸易活动和对内进行经济协作两个辐射扇面的交点,它直接影响全国改革开放形势的发展。

第三步是建立沿海经济开放区。1985年2月,党中央、国务院批准了《长江、珠江三角洲和闽南厦漳泉三角地区座谈会纪要》,将长江三角洲、珠江三角洲和闽南三角区划为沿海经济开放区,并指出这是我国实施对内搞活经济、对外实行开放的具有重要战略意义的布局。1988年初,中央决定开放辽东半岛和山东半岛,同已经开放的大连、秦皇岛、天津、烟台、青岛等连成一片,形成环渤海开放区。中央还提出在这些经济开放区形成贸—工—农一体化的生产结构。

第四步是开放沿江及内陆和沿边城市。20世纪90年代以后,中国对外开放的步伐逐渐由沿海向沿江及内陆和沿边城市延伸。1992年6月,党中央、国务院决定开放长江沿岸的芜湖、九江、岳阳、武汉和重庆5个城市。沿江开放对于带动整个长江流域地区经济的迅速发展,对于中国全方位对外开放新格局的形成起到巨大推动作用。1996年,党中央、国务院批准了合肥、南昌、长沙、成都、郑州、太原、西安、兰州、银川、西宁、乌鲁木齐、贵阳、昆明、南宁、哈尔滨、长春、呼和浩特共17个省会为内陆开放城市。同时,中国还逐步开放内陆边境的沿边城市,从东北、西北到西南地区,有黑河、绥芬河、珲春、满洲里、二连浩特、伊宁、博乐、塔城、普兰、樟木、瑞丽、畹町、河口、凭祥、东兴等。随着西部大开发战略的实施,全方位对外开放格局基本形成:对外开放由南到北、由东到西层层推进,基本形成了"经济特区—沿海开放城市—沿海经济开放区—沿江和内陆开放城市—沿边开放城市"这样一个宽领域、多层次、有重点、点线面结合的全方位对外开放新格局。

这一时期,除了上述从空间地域范围上加快扩大对外开放,中国还进一步推进涉外经济体制改革。1992—2001年,为了建立社会主义市场经济体制框架,满足加入世界贸易组织的要求,中央不断提高外资政策透明度,并逐步与国际惯例接轨。1992—1993年,国务院先后批准出台了赋予各类企业进出口权的四个文件,随后在外贸体制和外汇体制方面进行了诸多改革,为中国扩大出口贸易创造了极其有利的条件。为了充分利用国内国际两个市场和两种资源,1998年中国实施"走出去"战略。随后的几年,国务院相关部门又分别制定了具体实施的配套措施,包括设立外贸发展基金支持中小企业开拓国际市场等,有力地促进了中国"走出去"战略的实施,成为中国扩大对外开放的转折点,也为加入世界

---

① 《邓小平文选》第3卷,人民出版社1993年版,第51、52页。

贸易组织做了铺垫。

（三）中国全方位对外开放迈向新高度（2001—2008年）

在前一阶段逐步扩大对外开放空间区域及涉外经济体制改革的基础上，在近二十年对外开放实践经验积累的前提下，为了迎合中国和世界发展的时代要求，经过艰难的谈判，中国于2001年底加入世界贸易组织（WTO）。这标志着中国对外开放迈入新的高度：由过去局限于一定的地理范围内和经济领域的开放，转变为全区域、全方位的开放，开放由政策主导转变为受法律框架指引，由中国的自我开放转变为与WTO成员方之间的相互开放。

加入WTO之后，中国进入由地域性的全方位开放走向产业全面开放的新历史阶段。首先，一般竞争性行业全面开放，允许外国商品和资本在一定的条件下进入，生产和资本国际化程度进一步提高；其次，不仅国际资本和商品更大范围地进入中国的市场，而且中国的资本也以更快的速度进入国际市场，越来越多的企业从事跨国生产和经营活动；最后，中国的金融市场改变了过去与国际金融市场割裂、封闭的状态，金融市场与世界市场的一体化程度大幅度提高。总之，"引进来"和"走出去"成为中国对外开放的两个轮子，有力地推动了中国对外开放向纵深发展。

值得强调的是，中国在加入WTO前后，根据WTO规则和所作承诺，有序地对与贸易有关的法律、行政法规、部门规章等进行了调整。不仅中国的各项规章制度进一步规范化并与国际接轨，而且，为了遵循WTO的规则，政府的宏观调控也更多地向间接调控方式靠拢。例如在加入WTO后，中国加快推进了以服务型政府建设为主要内容的行政管理体制改革，以适应加入WTO后使中国作为全球经济一体化中的一部分所必须面临的激烈竞争，因为表面上的跨国企业之间的竞争，其背后却是政府管理方式、机制、职能和效率的竞争。为此，2002年3月发布的《政府工作报告》中明确提出"切实把政府职能转到经济调节、市场监管、社会管理和公共服务上来"。党的十七大报告进一步提出了关于加快行政管理体制改革、建设服务型政府的要求。可见，为了适应对外开放新阶段的需求，中国在市场经济体制基础上进行了政府管理体制改革和职能转变，进一步理顺了政府与市场之间的关系。上述改变既是中国本身经济发展的需要，也是经济全球化发展趋势对中国提出的客观要求。

（四）中国经济发展与世界分工体系的矛盾运动

随着对外开放的不断扩大，一方面中国与世界分工体系之间的互动不断加深，使中国得以极大化地利用国际贸易的比较优势提高经济效益，由此获得经济高速增长，国民收入水平持续增加；另一方面，中国也不可避免地卷入不平衡的国际分工格局之中，不由自主地使世界资本主义经济体系的矛盾渗入中国经济运行过程之中。

美国自20世纪60年代末以来，经济陷入滞胀，而欧洲发达国家的状况并不比美国更加乐观。为了抵御利润率下降趋势，80年代以来，美国、英国等发达资本主义国家不约而同地开始实施新自由主义经济政策。在高收入与过度积累双重因素作用下，发达国家要素成本上升，产生了制造业向劳动力、土地等更便宜的新兴市场经济体转移的客观需要，最终以美国为首的资本主义国家陷入"产业空心化"状态。刚刚开放的中国凭借低廉的要素价格，在融入世界的进程中顺理成章地成为"世界工厂"。但是，欧美发达国家仍然掌握着具有核心知识的产权和技术专利，引领着技术经济的发展方向。为了凭借技术优势在国际贸易中攫取巨额垄断利润，加强对发展中国家的劳动剥削，发达国家在技术贸易中除了利用专利保护收取高昂的技术使用费，针对核心技术的转让设置重重障碍，甚至对高技术产品的出口严加限制。因此，在新一轮全球化进程中，美欧等发达国家凭借技术垄断而占据产业链和价值链的高端，而中国等发展中经济体只能依靠廉价资源和劳动力集中于国际产业链的加工制造环节，也因此处在国际价值链的中、低端。这种不平衡的产业链和价值链分工是形成国际贸易失衡的根源。制造业进口国家很容易形成贸易逆差，制造业出口国家则产生贸易顺差，前者经常账户的赤字相应地产生了对外债务的需求，而后者经常账户的盈余则转变为对外债权。根源于世界分工格局的贸易失衡及其影响很典型地折射在世界上最大的制造业国家与世界上科技最强大、消费最发达的国家——中国和美国的经济关系上，中国成为美国的净出口国，积累了巨额美元外汇，而美国是中国产品的净进口国，甚至成为中国最大的债务国。

而且，近几十年来，美欧发达国家虽然实体经济尤其是制造业日益空心化，但是金融利润却不断上升，这种矛盾的产生归因于经济金融化。过度积累使资产阶级在本国的传统投资越来越难以获得合理的利润率，资本积累的困难促使以美国、英国为代表的发达资本主义国家过渡到新自由主义模式，新自由主义政策措施的本质就是通过制度结构变革将剩余分配从劳动人民向资产阶级倾斜，其结果必然引起其国内收入差距拉大，加剧阶级矛盾。但是，金融化的作用并不限于国内，美国放松金融管制，诱发过度金融投机，一方面借助资产泡沫给投资者带来货币收入维持消费和投资；另一方面维持"以债养债"的增长模式。显然，金融化的增长模式从根本上离不开美元的过度供给。20世纪70年代布雷顿森林体系崩溃为借助过度供应美元使美国利用美元准世界货币霸权进行国际金融掠夺提供了制度基础。作为信用货币的美元，本质上是美国发行的债务，但却能在全世界流通，能从世界市场换取廉价的工业制成品。美元超发不一定会在美国国内引起通货膨胀，而且还能维持本国金融资产的价格，支持其市场需求，但一定会触发美元在外汇市场上的贬值，由此实现对其债务国的双重掠夺，这在美国经济陷入衰退周期的时候表现得更为突出。美元贬值，一方面使外围和半外围国家在外贸中用真实财富所换取的美元资产缩水；另一方面利率下降使外围和半外围国家持有的美国国债收益减少。显然，在激烈的国际贸易竞争中，外围和半外围国家本来就出口的是低附加值的工业品，在美元资产定期缩水的情况下，实际上难以避免遭受双重国际价值掠夺。

总之，国际金融垄断资本对处于世界分工体系中的外围与半外围国家所创造剩余价值的掠夺，通过两种途径实现：一是跨国公司利用国际产业链和价值链的优势地位掠夺产业垄断利润；二是利用美元霸权赚取金融投机利润。因此，虽然中国通过参与全球化而获得了高速的经济增长，人均收入水平显著提高，但是，受到不平衡的国际分工体系的制约，在很长一段时间内，中国普通劳动者的收入水平并没有与经济增长同步提高，这严重制约了中国国内消费需求的增长和消费水平的提升，构成中国内需长期乏力的原因之一，也是中国难以摆脱出口依赖型的经济增长模式的原因之一。中国的高投资一方面由不断上升的外汇储备而导致货币供给增加有关，另一方面则是由出口厂商利润所驱使，高投资导致生产能力快速增长，而过度生产被进一步的出口扩张所吸收；而美国却依靠金融泡沫，借助中美之间的不平衡贸易，维持了"借债度日"的模式，并支撑着泡沫推动型的增长模式。在这样的全球化失衡发展中，中国不仅消耗了大量的能源和原材料等宝贵资源，付出了沉重的生态环境代价，而且造成中国产业结构低端化，钢铁、煤炭等能源和原材料工业的产能迅速扩张，低附加值、模仿加工的工业扩张迅速，而技术和知识密集型的产业并没有得到及时的发展，产业升级步伐相对迟缓，传统产能过剩逐渐积累。中美之间制造业的失衡乃至于中美贸易失衡都是资本主义世界分工体系失衡的表现，根源于资本主义积累矛盾的激化和转移。

四 逆全球化与新时代中国现代化道路的创新（2008年至今）：以深化改革开放推动产业转型升级

2008年国际金融危机激发了从20世纪80年代前后兴起的新一轮全球化进程所积累的失衡。从之后十多年世界经济的表现来看，危机并没有缓解矛盾，反而参与全球化的主要国家和地区出现了愈演愈烈的逆全球化行动。

（一）美国次贷危机成为全球化的转折点

2007年7月，美国依靠金融泡沫维持繁荣的道路终于在最薄弱的环节——房地产领域被次贷危机所阻挡。众所周知，由此而一发不可收拾的美国金融危机，给中国经济带来了很大的影响。中国经济增长速度突然在10%以上的轨道失去主要动力，面临出口萎缩而引起大规模失业的风险。中国不得不实施救援式的财政政策以抵御这种外部因素引发的国内危机。虽然2008年之后，中国通过不懈的政策干预和各方面的努力，将经济增长速度和就业都维持在比较高的水平，但是，全球化的不平衡发展及其矛盾的长期累积所铸就的国际、国内失衡，却并不能在短期内得到缓解。2011年爆发的欧债危机给刚刚有所恢复的中国经济带来了又一次冲击，出口依赖型的经济模式动力急剧衰减。在世界性衰退的大背景下，国内产能过剩问题开始凸显，生态问题严峻，经济增长速度开始下降——中国经济进入新常态。

资本主义的结构性危机促使美国、英国等国开始对全球化进行"反思"。2008年国际金融危机爆发之后，奥巴马政府即提出"新经济战略"，以美国国内制造业发展为核心，强调重振美国国内实体经济。2016年夏季，英国脱欧公投，同年冬季美国总统特朗普宣布退出《巴黎协定》、《跨太平洋伙伴关系协定》（TPP）等。2018年初，美国祭出保护主义的大旗对中国发起贸易摩擦，随之制裁中兴通讯。同年6月15日，美国不顾之前两国的谈判承诺，强势宣布针对涉及500亿美元的中国对美出口商品加征25%的关税，中国当即作出对等报复性关税措施，中美之间的贸易摩擦随之升级；美国还在接下来的两年对以华为为代表的中国高科技企业实施步步紧逼的技术封锁和技术打压。美国不顾国际贸易规则，阻止中国科技进步、遏制中国发展的行动已经表明全球化遇到了最大的危机。同时美国还把大棒挥向墨西哥、印度、土耳其等，甚至波及美国的传统盟友欧盟和加拿大等国，让世界强烈地感受到了美国搅动逆全球化的巨大冲击。

（二）中国对外开放战略的调整和深化

作为一个劳动力众多的制造业大国，中国国内居民收入尚处于较低水平，因此经济的可持续增长和发展依然需要国际市场。但是，不仅金融危机和欧债危机笼罩下的发达资本主义国家短时间内难以继续为中国产能维持足够的市场需求，而且国际比较优势的改变，中国的低成本优势在逐渐消失，全球分工体系的重构已是大势所趋。因此，2008年国际金融危机实际上也意味着中国进行产业结构升级转型的关键时刻已经来临。

摆在中国发展面前的急需解决的问题是——开拓新的海外市场替补欧美需求萎缩造成的影响，致力于为技术成熟质量过关的中国工业品开拓市场，并通过促进世界经济复苏和发展为中国的对外直接投资培育更广阔的空间。正是在这样的机遇与挑战并存的背景下，2013年4月，习近平主席在博鳌论坛上宣布："中国将在更大范围、更宽领域、更深层次上提高开放型经济水平。"① 在中国构建全方位开放新格局，深度融入世界经济体系的政策背景之下，2013年9月和10月由习近平主席分别提出建设"新丝绸之路经济带"和"21世纪海上丝绸之路"的合作倡议。共建"一带一路"推动了从亚欧大陆到非洲、美洲、大洋洲各国更大范围、更高水平、更深层次的区域合作，为世界经济增长开辟了新空间。同时，将广大的发展中国家亟待现代化开发的广袤领域纳入中国对外投资的视野范围，将这些国家急待致富的人口纳入中国产品的福利范围，是中国突破欧美发达国家的市场局限，借助对外开放发掘培养潜在市场，促进国内经济发展的重要举措。一方面，这为中国制造业的优质产能带来更广阔的市场；另一方面，通过基础设施领域的投资，提升了中国自主创新的能力，提高了中国装备技术的发展水平，促进了国内产业结构和技术水平的转换和升级。这是双赢的战略。2023年是"一带一路"十周年，《共建"一带一路"：构建人类命运共同体的重大实践》白皮书发布，"阐明中国推动共建'一带一路'高质量发展、同各国一道携手构建人类命运共同体的决心和行动"②。十年来，已有150多个国家、30多个国际组织加入其中，签署200多份共建"一带一路"合作文件③。在共建"一带一路"进程中，一批标志性项目陆续建成投运，中国与28个国家和地区签署了21份自贸协定，与45个共建国家和地区签署高等教育学历学位互认协议。十年间，中国与共建国家进出口总额累计达到19.1万亿美元，年均增长6.4%。"一带一路"国际合作高峰论坛中，习近平主席指出，"通过共建'一带一路'，中国对外开放的大门越开越大，中国市场同世界市场的联系更加紧密。我们深刻认识到，只有合作共赢才能办成事、办好事、

---

① 习近平：《习近平谈治国理政》第1卷，外文出版社2018年版，第114页。
② 央视网：《〈共建"一带一路"：构建人类命运共同体的重大实践〉白皮书发布》，中国政府网，https：//www.gov.cn/yaowen/shipin/202310/content_6908237.htm，2023年10月10日。
③ 新华社：《"一带一路"发展学——全球共同发展的实践和理论探索》，中国一带一路网，https：//www.yidaiyilu.gov.cn/p/07ORQQTH.html，2023年10月19日。

办大事"①。

第三节　中国开放的历史逻辑：传承、兼容和冲突

中国特色社会主义建设取得了举世瞩目的成就。几十年走出来的中国道路是在坚持社会主义制度和市场经济体制改革这两条原则下不断探索前进的收获，它表明中国特色社会主义市场经济与西方资本主义市场经济不仅存在本质区别，而且具有独特的制度优势。基于中国改革发展的丰富历史素材研究中国道路演进的内在根据，是党的十八大报告所提出的"把我们对中国特色社会主义规律的认识提高到新的水平"的时代要求。开放是中国道路的重要元素，从开放的角度分析中国发展的规律，对中国应对全球化调整、保持稳定发展具有现实意义。

一　社会主义市场经济与资本主义分工体系之间的矛盾运动构成中国道路演进的逻辑

中国的发展道路始终贯穿着中国经济与世界分工体系之间的历史博弈。近现代中国的革命实践证明，中国要实现现代化发展和民族振兴，一方面必须与世界市场接轨，参与到资本主义分工大系统之中；另一方面必须坚持社会主义制度，解放生产力，发展生产力，消灭剥削，实现共同富裕。而这两点恰恰构成中国特色的社会主义市场经济运行中不可回避的矛盾。资本主义系统的铁的规律是以资本主义私有制为基础的资本积累规律，只要是纳入资本主义分工系统，任何国家或者地区，无论其民族经济的性质如何，都必须接受资本逻辑，只有这样才能融入世界市场，促进本国生产力的发展；但是，社会主义道路强调经济和社会发展目标必须与全体劳动人民的根本利益相一致，这与私人资本追求货币利润的目标存在的矛盾是不可回避的。

上述矛盾运动也始终构成中国开放演进的内在根据。中国市场经济与世界分工体系之间既存在相互促进的一面，又具有相互冲突的一面。这种矛盾性决定了，中国的改革开放历史，既是中国适应世界市场，求同存异，寻求自我发展机会的过程，又是保持自我特色，探索社会主义与市场经济相结合的制度创新过程。在中国改革开放的历史进程中，中国市场与世界分工体系之间的兼容或者冲突，以及它们的发展程度和特征变化分别在不同历史时点上显现为主流和基调。究竟在某个具体的历史阶段，凸显的是兼容性还是冲突性，其程度和具体表现如何，走向什么样的发展趋势，则取决于中国市场经济和世界分工体系二者各自所处的不同发展阶段及二者互动的程度，这一切都处在历史运动变化之中。

---

① 第三届"一带一路"国际合作高峰论坛官方网站：《习近平出席第三届"一带一路"国际合作高峰论坛开幕式并发表主旨演讲》，http://www.beltandroadforum.org/n101/2023/1018/c132-1190.html，2023年10月18日。

二 中国开放发展的历史是中国经济与全球化进程相互作用的动态过程

（一）社会主义市场化改革为中国开放创造了制度条件

为了实现"解放生产力，发展生产力"的社会主义目标，克服计划经济的低效率，引进市场机制，在此基础上积极推动中国经济融入世界市场，分享全球分工的效率，构成了中国市场化改革的起点和动力。

四十多年之前，中国农村自发地组织实施包产到户，其关键在于赋予了农业生产者自主经营的权利，这是向培育具有独立经济权利的市场主体迈进的关键一步。以农村改革为开端，后续在城市全面铺开的经济改革，则目标直指市场经济，并且始终是在政府参与并且主导下展开的。不仅改革开放的大政方针由政府出台，而且中央和各级地方政府在市场经济发展的不同阶段，根据国内外具体情况及时制定规划及相应的政策措施以引导和推进市场化进程。在这种"渐进式"的"自上而下"的改革中，中国凭借相对于西方国家更加高效的决策机制，和过去在计划经济时代积累的管理、调控宏观经济的经验和能力，依靠计划经济建设所获得的雄厚的国有经济及其财富实力，奠定了培育市场机制、鼓励社会主义市场经济发展的政策保障和物质基础。正因为中国有能力在改革进程中快速高效地建立并完善市场机制，才保证了中国国内市场充分、有效地与世界市场接轨、参与世界分工，借以吸收发达资本主义国家的先进技术和管理经验，促进国内劳动生产率大幅度提高，为社会主义现代化建设带来新的活力。

（二）社会主义计划经济所取得的建设成就和宝贵精神财富奠定了中国独立自主开放政策的坚实基础

改革，首要是对独立精神和改革开放意识的传承。如果没有始终鞭策和激励中国人民取得民族独立和人民解放的精神，没有在这种精神支撑下为争取中华民族的真正独立而勇于改革的努力，就不可能在后来作出改革开放这样的重大决策；如果没有屡次计划经济体制改革的探索经验，没有在对苏联社会主义计划体制开放中遭受的挫折及经验教训的批判性吸收，也就不会有后来面对西方资本主义世界市场时所保持的独立自主、安全高效的对外开放。所以，独立精神和开放意识的继承和坚持是中国市场化改革的灵魂。同时，在中华人民共和国成立之初百废待兴的历史条件下，计划经济发挥其中央调配功能，在短时间内构建了完整的国民经济体系，奠定了坚实的国有经济基础，这是中国至今仍然能够坚持市场经济的社会主义性质的强大物质后盾，加上改革开放四十多年的艰苦奋斗所取得的科学技术成就和国防安全保障，才使得中华民族真正实现了民族的独立，才能在对外开放中坚持独立自主原则。

（三）新一轮全球化为中国开放带来机遇

20世纪七八十年代，正值新一轮的资本主义全球化的开端。同时，国际分工的比较优势发生了转变，国际垄断资本需要更低成本的中国制造和更大容量的中国市场，这为中国开放提供了契机。因此，中国开放与全球化相辅相成。随着中国经济融入全球化的范围增大和程度加深,中国和世界都从中受益匪浅,并推动了2001年中国加入世界贸易组织,开启了全球化创造"双赢"的新局面。从资本主义发展的周期来看,中国改革开放的前三十年,正值资本主义扩张的长周期。20世纪80年代中期,美国摆脱了"滞胀",其间虽然经历了2000年互联网泡沫破裂引起的轻微经济衰退,但是,直到2007年次贷危机爆发,美国宏观经济波动平缓化的局面维持了二十年之久,以致西方主流经济学家一度认为美国已经摆脱了周期性困扰而进入了"大稳定"。

全球化维持了世界资本主义经济的平稳发展,也助推了中国市场经济日益繁荣。这不仅体现在中国经济的高速增长,也从中国融入世界市场的进程及程度等方面表现出来,中国制造业在全球制造业总产值中所占比重,中国货物贸易进出口、服务贸易进出口的比重以及中国吸收外商直接投资的比重等指标逐年升高,位居世界前列。

(四)中国开放推动了全球化进程

开放进程推动中国市场不断完善和发展,而日益完善成熟的中国市场经济发展成为促进世界经济繁荣的重要新生力量。改革开放不仅使中国借助世界市场实现了经济的腾飞,同时中国的发展也有力地促进了世界经济的发展和世界市场的完善。随着中国经济融入全球化的范围增大和程度加深,2001年中国加入世界贸易组织,进一步开启了全球化创造"双赢"的新局面。2008年国际金融危机之后,在全球面临结构性危机的背景下,党的十八届三中全会进一步强调市场在配置资源中的"决定性"作用,显示了中国继续深化市场经济体制的决心和信心,这不仅符合中国经济发展的内在要求,而且对重振世界经济无疑也有着举足轻重的影响力。国际金融危机爆发后,中国的贡献率更高了,这充分证明中国开放与全球化是相辅相成的。习近平主席指出:"当今世界,开放融通的潮流滚滚向前。人类社会发展的历史告诉我们,开放带来进步,封闭必然落后……综合研判世界发展大势,经济全球化是不可逆转的时代潮流。"①

(五)全球化发展失衡加剧了中国市场经济与世界分工体系的矛盾

中国经济与世界分工体系之间具有相向而行的兼容互动关系,这是中国融入全球化的总基调;但是,二者之间也存在着不和谐,矛盾的根源在于社会主义道路与资本主义道路方向的分歧。中国坚持以人民为中心的发展思想,开放是为了发展,发展追求的是创新、协调、绿色、开放、共享,这样的新发展理念随着中国现代化的步伐越来越清晰。全球化是发达资本主义国家主导的,它们凭借在世界分工体系中的中心地位,将技术落后的发展中国家作为经济依附,为攫取国际垄断利润服务。随着中国经济的发展越来越融入世界市场,以实现"共同富裕"为社会主义发展目标与国际垄断资本利益目标之间的冲突逐渐显现。

经过四十多年的开放发展,中国经济已经深度融入全球化,出口导向的发展策略使中国经济的对外依存度逐年升高,并在2006年达到67%的峰值,尽管这一指标在2008年前

---

① 习近平:《开放共创繁荣 创新引领未来——在博鳌亚洲论坛2018年年会开幕式上的主旨演讲》,人民出版社2018年版,第6、10页。

后开始趋于下降。但由此产生的中国巨额贸易顺差成为中美贸易摩擦的直接原因,这种贸易摩擦是资本主义世界体系失衡的集中反映。值得注意的是,2007年开始,受国内经济转型、内外需结构调整及国际金融危机等影响,中国经济对外依存度开始回落,2008年为60.2%,到2019年和2020年分别降至31.8%和31.6%,2021年上半年受新冠疫情因素影响上升到34.0%。

失衡是国际垄断资本积累规律运动的必然结果,不仅使全球面临衰退,而且也成为中国经济发展必须面对的挑战:一是世界市场的周期性波动对中国经济产生的影响,特别是2008年国际金融危机和后来爆发的欧洲债务危机对中国经济造成严重冲击;二是全球化发展的不平衡矛盾内化到中国经济运行之中,转化为中国现行市场体制的结构性问题对可持续发展产生的阻碍和制约,如生态危机、收入分配失衡和地区及产业结构的失衡等。

收入差距较大导致了增长的结构性问题。1978—2000年,一共有十五年消费对GDP的贡献率都超过50%,特别在改革开放初的前七年,这一数据都超过65%,甚至1981年高达93.4%。2002—2010年,中国最终消费对GDP增长的贡献率连续低于50%,而且期间绝大部分年份不到40%。2008年国际金融危机之后在政府调控、结构调整以及经济转型等因素推动下,这一数据逐渐上升,于2015年上升到59.7%,尽管随后几年有所波动,但是都维持在57%以上,在新冠疫情暴发之前的2019年为57.8%。与之相对比,1978年,全国居民人均可支配收入基尼系数为0.317,2000年之前一直没有高于0.4,2008年则上升至最高点(0.496),随后呈现波动下降态势,2020年降至0.468,累计下降0.023。虽然基尼系数和消费对GDP的贡献率都会受到其所在年份特殊经济因素的干扰,但是二者发展趋势之间存在的相关性是显而易见的,这至少说明中国经济的结构性问题与收入分配的差距之间存在着密切的关系。

究其根源,随着中国经济深度参与世界分工体系,国际垄断资本主义积累规律不可避免地作用于中国市场经济运行之中。要避免或者克服这种"由外至内"而造成的摩擦与冲突,需要坚持中国特色的社会主义发展方向,维护公有制经济的主体地位,发挥政府的引导作用,尤其要反对新自由主义。只有这样,中国经济才能在参与世界分工的过程中有效克服资本主义经济的固有矛盾,走上健康、可持续的发展道路,维护以人民为中心的发展。

三 维护国际垄断资本主导的"中心—外围"分工格局构成美国对华战略遏制的基本动机

改革开放四十多年来,中国已经在世界产业链和供应链中占据重要份额。但是,随着中国在全球生产和贸易中的地位日益上升,中国的经济、科技实力不断增强,以美国为首的发达资本主义国家感受到了竞争的压力。其提出的"美国优先"正反映了国际垄断资本对待全球化的态度,那就是坚定不移地维护其所主导的"中心—外围"的全球化固有格局,使发达国家凭借其产业链高端地位而永远高居价值链顶端,利用世界贸易规则"合法合理"地掠夺世界上绝大多数国家劳动人民创造的剩余价值。作为世界上最强大的资本主义经济体,美国不愿意看到中国实力的上升,因此极力阻止中国的科技进步和产业结构升级,试图让世界上最大的发展中经济体永远都依附于国际垄断资本的发展利益。可见,垄断资本的逻辑是中国受到美国打压和遏制的根本原因。

迄今为止,美国发起的单边主义行为,貌似反对全球化进程,实际上国际垄断资本很清楚,其高额垄断利润的源泉在世界市场,所以美国不可能真正"退出"全球化,而是借题发挥,推行一套"以美国利益优先"的新的全球化游戏规则。面对中国经济迅速发展的事实,美国不愿意让中国等新兴国家获取更多的全球化收益。但是国际垄断资本又绝不会放弃在世界市场上的任何一块利润边界,因此,美国借助各种手段和工具要求中国对美国全面放开市场,却公然针对中国等贸易伙伴实行市场保护及技术限制。美国对中国实行贸易制裁,对中兴、华为等中国高科技公司发起芯片禁售等一系列霸权行动,甚至不惜牺牲一部分农业资本及高端制造企业的短期利益,纠结其盟国对华展开"围堵"战略,这暴露出美国"醉翁之意不在酒"的态度,表面上是扭转中美贸易逆差,但其根本目标则在于两点:一是继续维护其技术垄断,从战略上阻止中国的技术升级和产业转型,遏制中国发展;二是利用贸易摩擦打开中国过去没有完全开放的金融保险等高端服务市场,为美国金融垄断资本谋求中国市场的最大利益边界。

第四节 构建高水平开放格局推动全球化平衡发展

进入新时代,中国既要应对复杂严峻的国际、国内矛盾带来的挑战,又要面临中国经济转型升级实现经济高质量发展的时代责任,因此需要更大的魄力作出科学、精准的战略抉择。如何保持定力、减少内外摩擦,促进国内经济可持续发展,同时求同存异以更高水平的开放引领全球化,推动世界市场稳定繁荣,是中国作为发展中大国的时代担当。

一 全球化是国际垄断资本主义发展的必然趋势

"世界上的有识之士都认识到,经济全球化是不可逆转的历史大势,为世界经济发展提供了强劲动力。说其是历史大势,就是其发展是不依人的意志为转移的。人类可以认识、顺应、运用历史规律,但无法阻止历史规律发生作用。历史大势必将浩荡前行。"[1]虽然人类社会已经进入信息化时代,社会生产力高度发达,但是人类社会发展总体上仍然处在资本主义发展的历史阶段,因此资本积累规律支配全球经济运行。国际垄断资本主导的全球化并没有消除或者减弱资本积累的矛盾,反而使之从资本主义国家内部延伸传播到

---

[1] 习近平:《共建创新包容的开放型世界经济:在首届中国国际进口博览会开幕式上的主旨演讲》,人民出版社2018年版,第3页。

全球，集中体现为全球经济发展越来越不平衡，发达国家与欠发达国家的鸿沟甚至在扩大，全球人口中的收入差距也正在拉大，财富越来越集中在极少数人手中。总之，资本主义生产方式是现阶段人类社会生产组织的主流形式，世界经济受资本主义生产力与生产关系的矛盾运动统领，构成世界经济陷入结构性危机的根源，也导致了地区之间、国家之间、民族之间的冲突不断，严重影响世界的稳定和发展。但是，剩余价值生产与实现的矛盾还将继续推动资本主义的边际渗透和扩张，因此，全球化仍然符合国际垄断资本扩大积累空间的内在要求。

世界上目前只有少数国家和人口实现了高收入，摆在世界上一切欠发达地区及发展中经济体的首要任务仍然是发展生产力。落后国家为了提高收入水平，改善人民生活水平，必须要参与世界分工才能发挥比较优势促进生产效率；也只有积极融入世界分工体系，才能学习、引进资本主义现代化发展的成就，通过技术追赶快速提升本国的生产力水平。以跨国公司为代表的垄断资本掌握着最先进的科学技术，承载着最先进的生产力，作为全球化的直接推动力，国际垄断资本要求纳入一切要素资源进行积累的内在驱动符合生产力水平落后国家和民族发展生产力的客观需要。

鉴于以上分析，供给和需求两方面的情况都证明全球化发展的经济基础并没有改变，全球化进程中出现的挫折和困难只是对前一阶段失衡的必要调整，全球化仍然符合世界生产力进步的方向。因此，面对美国等发达国家的打压，中国应该更加自信地坚持对外开放推动全球化进程：依靠国内完善的工业生产体系和高质量的加工制造技术，包括超大规模的中国市场，一方面吸引外资，另一方面扩大对外直接投资，既为推动中国经济高质量发展创造良好条件，也为推动全球化作出应有贡献。

二　坚持互惠合作推动全球化平衡发展

资本主义的基本矛盾不仅制约全球化的发展格局和演进趋势，而且也必然浸入所有参与世界分工体系的经济体之中。中国是全球化进程的重要力量，但是，中国的制度改革以及经济社会发展实践都以坚持社会主义基本经济制度为基本原则。以上两种因素决定了，中国对外开放的进程中无法绕开社会主义和资本主义这两种制度基因之间的对立。由此引起的矛盾随着中国对外开放的步伐而日益凸显，最终使中国不得不面临一系列内部和外部失衡，并且对中国市场经济的健康可持续发展产生越来越明显的阻碍。

因此，进入新时代，中国必须从参与全球化中所面临的新问题着手，认识内外矛盾发生的根源机理。首先对中国市场经济内部体制机制与世界市场运行规律的耦合关系进行辩证分析，其次深刻认识中国开放发展的目标与国际垄断资本扩张动机之间互动的历史规律及其演进趋势，如此才能结合当前全球化中的挑战与机遇，开拓一条既顺应生产力发展规律，又能最大限度克服全球化失衡矛盾的高质量开放发展之路。

基于对中国经济与全球化之间互动关系的客观把握，为了更高质量地参与世界分工，中国坚持两手抓。一方面，中国重视对国内市场体制机制的改革和完善。党的十八届三中全会再一次强调"推进市场化改革",特别指出"经济体制改革是全面深化改革的重点,核心问题是处理好政府和市场的关系,使市场在资源配置中起决定性作用和更好发挥政府作用","科学的宏观调控,有效的政府治理,是发挥社会主义市场经济体制优势的内在要求"。这充分说明,社会主义市场经济的建设,必须以市场机制为基础,同时依靠政府的科学治理,既实现国内、国际市场之间的高效率联通,又能够有效弥补市场固有的误区和盲区,克服资本主义市场经济体制的根本缺陷。另一方面,在对外开放领域以"构建人类命运共同体"为理想目标,贯彻"互惠共赢"的合作理念,追求平等互利,使发展成果惠及更多人,克服以国际垄断资本利益为核心的全球化所必然引起的两极分化及剩余价值生产与实现的矛盾,这种新型发展理念代表的是促进世界平衡发展、人类共同进步的美好未来。"中国将秉持开放、合作、团结、共赢的信念,坚定不移全面扩大开放,将更有效率地实现内外市场联通、要素资源共享,让中国市场成为世界的市场、共享的市场、大家的市场,为国际社会注入更多正能量。"①

三 构建高水平对外开放新格局

2020年新冠疫情的全球暴发加速了世界的动荡变革,国际环境日趋复杂,显著增强的不稳定性和不确定性使中国开放进程遇到前所未有的困难和挑战,尤其是美国步步紧逼不断提升对华战略遏制措施,引起国际社会对中美关系乃至于经济全球化前景越来越多的担忧。在这样险峻的历史时刻,进退选择事关今后很长一个时期中国发展的前途命运。值此关键之际,中国共产党在马克思辩证唯物主义和历史唯物主义方法论的指导下,基于对国际垄断资本主义运动规律的认识和对中国特色社会主义建设规律的把握,对全球化进程作出了科学研判,并根据中国改革发展的客观需要审时度势,不仅坚定不移地对外开放,而且开启了中国开放的新阶段——构建高水平对外开放新格局。

2019年4月,在第二届"一带一路"国际合作高峰论坛上,习近平主席宣布,"中国将采取一系列重大改革开放举措,加强制度性、结构性安排,促进更高水平对外开放"②。具体推出的政策措施包括,更广领域扩大外资市场准入,更大力度加强知识产权保护国际合作,更大规模增加商品和服务进口,更加有效实施国际宏观经济政策协调,更加重视对外开放政策贯彻落实。2020年8月,习近平总书记主持召开经济社会领域专家座谈会,会上强调对外开放是基本国策,要以高水平对外开放打造国际合作和竞争新优势③。这个战略决策符合马克思主义政治经济学基本原理,它基于一个基本判断,那就是资本积累规律支配的全球化趋势不可抗拒,中国需要获得世界分工效率,因此开放仍然是中国经济持续快速发展的重要动力。但是,事物在其内部矛盾运动的推动下总是发展变化的。与过去相

---

① 习近平:《在第三届中国国际进口博览会开幕式上的主旨演讲》,人民出版社2020年版,第7页。
② 习近平:《习近平外交演讲集》第2卷,中央文献出版社2022年版,第185页。
③ 习近平:《在经济社会领域专家座谈会上的讲话》,人民出版社2020年版,第8页。

比，不仅中国对世界市场的需求已经发生了结构性变化，而且全球经济的平衡稳定发展也对中国提出了更高的要求。中国拥有14亿人口和4亿中产阶级构成的超大规模市场，中国人均收入已经超过1万美元而迈入中等收入行列，在美国主导的国际竞争遏制战略下，中国的技术进步和产业升级只能更多地依靠自主创新能力，因此，出口导向型经济模式已经不能满足中国经济高质量发展的要求；而全球化亟须纠正失衡恶果，世界迫切要求一个更加公平合理的国际经济治理体系，中国这个世界上最大的发展中国家责无旁贷应该积极参与全球治理体系的改革。正是在这样的内外需求结构变化的条件下，习近平总书记强调，"以畅通国民经济循环为主构建新发展格局"[①]。高水平开放是对推动形成以国内大循环为主体、国内国际双循环相互促进的新发展格局的战略呼应。其不仅有利于促进经济高质量发展，也有利于世界和平、稳定、发展，是重塑中国国际合作和竞争新优势的战略性抉择。

---

① 习近平：《习近平著作选读》第2卷，人民出版社2023年版，第329页。

第十八章 全球经济治理的中国方案：人类命运共同体理念与"一带一路"倡议

当前，面对复杂多变的国际经济形势和全球经济治理失灵问题，各国纷纷探索全球经济治理的解决方案。作为全球经济治理的推动者，与个别国家只顾及一己私利、背信弃义的狭隘方案不同，中国站在全人类整体利益的高度，提出了构建人类命运共同体的重大倡议——人类命运共同体理念提供了一种人类优先的整体主义而非单边主义的方法论，即观照他国和人类整体利益，提倡可持续和包容性增长的理念；同时，中国将"一带一路"倡议与全球经济治理相结合，最终达到发展和完善全球经济治理体系的目的。

第一节 人类命运共同体理念与全球经济治理理论

当前，单边主义、贸易保护主义抬头，逆全球化思潮涌现，以及金融危机、霸权主义、恐怖主义等一系列全球性问题，导致全球经济治理陷入困境。基于此，以习近平同志为核心的党中央提出了构建人类命运共同体的重大倡议，为维护世界和平与发展和全球经济治理提供了中国方案。

一 人类命运共同体理念的提出

人类命运共同体理念既是对中国外交思想的一脉相承，又是以习近平同志为核心的党中央对当今国际社会深入观察而提出的新方略，更是对人类社会发展走向深刻反思而作出的时代性预判、对人类追求美好社会生活的时代构想。2012年11月，党的十八大报告指出："合作共赢，就是要倡导人类命运共同体意识……增进人类共同利益。"[①] 这深刻表达了各国在发展自己的同时，要强调兼顾别国利益，倡导树立合作共赢、共同发展、权责共担的理念，以共同促进人类社会的文明进步。紧接着，2012年12月，习近平主席在与国内工作的外国专家代表座谈会上指出，"我们的事业是同世界各国合作共赢的事业。国际社会日益成为一个你中有我、我中有你的命运共同体"[②]。第一次对世界形势的发展变化

[①] 《党的十八大反腐倡廉精神辅导读本》，人民出版社2012年版，第46页。
[②] 《习近平关于全面深化改革论述摘编》，中央文献出版社2014年版，第128页。

作出了科学的判断,深刻阐述了当今国际社会在各方面相互依存的事实。2013年3月24日,在莫斯科国际学院的演讲中,习近平主席指出,"这个世界,各国相互联系、相互依存的程度空前加深,人类生活在同一个地球村里"①。第一次向世界传递了人类相互联系、相互依存、命运与共的时代判断。

2013年4月7日,在博鳌亚洲论坛年会上,习近平主席再次强调,"我们生活在同一个地球村,应该牢固树立命运共同体意识"②。这表达了对人类相互依存的时代判断更加坚定,对人类树立命运一体的意识更加急切和期盼。之后的几年时间里,习近平主席在诸多场合数百次提到人类命运共同体理念,并在世界范围内得到广泛关注和响应。无数的历史事件见证了这一事实:2017年2月10日,构建人类命运共同体首次被写入联合国决议,3月17日首次被载入联合国安理会决议,3月23日首次被载入人权理事会决议。人类命运共同体理念经过几年的孕育发展,内涵不断丰富,价值不断彰显,并体现出极强的生命力。2017年,人类命运共同体理念被写入党的十九大报告和新修改的党章,成为中国特色社会主义新时代的行动指南和参与全球经济治理的指导方针。正如党的十九大报告指出的:"构建人类命运共同体,建设持久和平、普遍安全、共同繁荣、开放包容、清洁美丽的世界。"③

二 人类命运共同体理念的科学内涵

最早提出"共同体"概念的是让-雅克·卢梭。他明确"共同体"是指社会中存在的、基于主观上或客观上的共同特征(如种族、地位等)而组成的各种层次的团体、组织,既包括小规模的社区自发组织,也可指更高层次上的政治组织,如民族与国家④。后来,随着经济的发展和人类认知的不断提高,对共同体也有了新的理解。习近平主席明确指出:"人类命运共同体,顾名思义,就是每个民族、每个国家的前途命运都紧紧联系在一起,应该风雨同舟、荣辱与共,努力把我们生于斯、长于斯的这个星球建成一个和睦的大家庭。"⑤ 从最早的柏拉图、亚里士多德所构建的"城邦"共同体,到中世纪的"教会共同体",再到近代以来对国家"共同体"的构建,以及现当代社会学对"共同体"(社区、社群)的研究,"共同体"概念不断演化深入,但这些"共同体"都存在共同的安全观、共同的生态观、共同的利益观等丰富科学内涵。

其一,共同的安全观。当今世界,虽然和平与发展是时代的主题,但威胁世界安全的

---

① 习近平:《习近平谈治国理政》第1卷,外文出版社2018年版,第272页。
② 习近平:《习近平谈治国理政》第1卷,外文出版社2018年版,第330页。
③ 习近平:《决胜全面建成小康社会 夺取新时代中国特色社会主义伟大胜利——在中国共产党第十九次全国代表大会上的报告》,人民出版社2017年版,第58、59页。
④ [法]卢梭:《社会契约论》,何兆武译,商务印书馆1980年版,第23页。
⑤ 习近平:《携手建设更加美好的世界——在中国共产党与世界政党高层对话会上的主旨讲话》,人民出版社2017年版,第4页。

第十八章　全球经济治理的中国方案：人类命运共同体理念与"一带一路"倡议

问题仍然此起彼伏。这其中，既包含敏感问题（恐怖主义、跨国犯罪等），也包含生态问题（能源危机、环境危机、重大自然灾害等），而且这些问题越来越表现出其全球性的、关乎全人类安全的一面。言外之意，面对这些问题，没有哪一个国家能够独善其身——既没有完全脱离世界安全的自身安全，也没有建立在其他国家不安全基础上的安全。这也反映出，世界性的安全不应是单方面的、不对等的，而应该是"普遍的、平等的、包容的"，任何一方都享有安全的权利，同时也有维护安全的责任。在安全问题上，各国应该以包容的心态尊重差异，在不侵犯别国根本利益的基础上加强合作，共同维护世界安全与和平。

其二，共同的生态观。当今世界，生态问题日益凸显，并成为人类生存发展的又一挑战。一方面，生态环境没有国界、没有阶级，也就是说，任何一个国家都是整个生态系统的一部分，任何一个国家都不能独善其身，更不能转嫁危机，抱以"占便宜，少责任"的心态；另一方面，生态环境是一个循环的系统，具有整体性，作为生态系统的一部分，任何国家乃至个人破坏了生态系统，就是在损害自身利益。因此，首先，人类必须树立正确的生态观，正确处理好生产生活中人与自然的关系，坚持生态优先的原则。正如习近平总书记所说的那样："我们既要绿水青山，也要金山银山。宁要绿水青山，不要金山银山，而且绿水青山就是金山银山。"[①]　其次，全人类必须携起手来，达成科学合理的生态保护协议和生态治理方案，遵守生态环境的客观规律，共同应对生态危机，构建生态共同体。

其三，共同的利益观。利益是人类交往的前提和动力，是一切社会关系的基础。从国际关系角度看，利益是国与国之间关系的核心要素——传统狭隘的国家利益观是以"排他利己"的原则，片面追求自身利益，试图从掠夺、征服他国来发展自己的。然而两次世界大战的惨痛教训告诉人们："零和博弈""你输我赢"的思维并不是推动全人类社会发展的最佳或次优选择，相反，只会带来世界经济的倒退。因此，人类在争取自身利益的同时，必须兼顾他方利益。恰恰，人类命运共同体理念倡导世界各国在全球性问题上，要多从国际社会的整体利益出发，构建利益共同体，正如习近平总书记所说的："各国要树立命运共同体意识，真正认清'一荣俱荣、一损俱损'的连带效应，在竞争中合作，在合作中共赢。"[②]　要共同搭台子，而不是相互拆台，限制他国发展。因此，人类命运共同体理念要求国际社会积极寻找人类共同利益的交汇点，实现合作共赢。

三　人类命运共同体理念的理论特征

与其他"共同体"概念相比，人类命运共同体理念具有鲜明的包容性、创新性和实践性特征，彰显了其核心价值观和发展理念。

[①] 中共中央宣传部、中华人民共和国生态环境部编：《习近平生态文明思想学习纲要》，学习出版社、人民出版社2022年版，第27页。

[②] 习近平：《习近平谈治国理政》，外文出版社2014年版，第336页。

453

（一）包容性

作为人类命运共同体理念的主要特点之一，包容性顺应了世界和平发展趋势与要求。包容性主要体现在三个方面。政治上，呼吁人类实现包容性发展，责任共担，坚持走和平崛起之路，以共筑持久和平和永续发展为目标，大国扶持小国，富国援助穷国，合作而不结盟，建立长期的、稳定的伙伴关系；也就是说，世界各国在平等的基础上彼此理解，彼此包容，倡导推动互惠互利的合作共享模式，扩大彼此利益的交汇点，共享发展成果，共建新型国际关系。经济上，世界各国命运与共，中国欢迎世界各国搭乘中国发展的列车，坚持包容性发展，以协调联动发挥各自优势特长，以自身发展带动他国的经济发展与进步，努力推动世界经济发展。文化上，在多种文明并存、交流、包容、共处的多元化时代，人类命运共同体理念承认文化的多样性、差异性，化文明冲突为文明融合，海纳百川、兼收并蓄、和而不同，为世界经济发展注入动力与活力。

（二）创新性

第一，构建人类命运共同体是对中国古代和谐理念的创新和超越。中国优秀的传统文化是人类命运共同体理念的文化内核：一是人类命运共同体理念包含着中国传统文化中"协和万邦""天下大同"的政治理念，也是民族精神的承载与表现，是民族根基之所在；二是"独乐乐不如众乐乐""天下为公"等这些核心精神理念始终贯穿其中，彰显了中国人上下五千年来坚持的人生观与价值观；三是构建人类命运共同体超越和发扬了"和"理念——"和"是和而不同，求同存异，追求内在和谐统一，也是一种"共享"理念，带有鲜明的中国印记和中国特色，符合时代发展要求和全人类的利益需要，彰显了中国共产党为解决事关全人类前途命运等重大问题的责任意识。总之，将中国传统文化与时代潮流中多变的国际形势相融合，是一种创造性的、为构建新型国际关系和参与全球治理贡献的中国智慧。

第二，构建人类命运共同体是对马克思"真正共同体"思想的继承与创新。马克思"真正共同体"思想立足于社会现实和社会发展规律，旨在实现全人类的自由和解放，实现自由人的自由联合。面对当代世界经济发展格局和全球治理体系失灵，中国共产党提出的人类命运共同体理念立足于马克思"真正共同体"思想，把握时代发展趋势，维护人类整体利益，为解决国际社会的治理赤字、和平赤字、发展赤字等问题提出的中国方案和措施。同时，人类命运共同体理念是对马克思主义理论中关于人类社会由低级到高级逐步发展的理论继承，是中国对马克思主义思想创造性地运用和发展——人类命运共同体理念立足于当前人类生存发展的条件，关注全人类的发展前途和命运，是从理论到实践、从"零和博弈"到共生共赢、从个人联合到国家联合、从人的自由全面发展到全球治理等方面对马克思思想进行创新和超越而构建的一种新的理想的社会关系结构、理想的生存方式和新型世界秩序，为当今复杂的社会关系中陷入迷茫的发展中国家指明了发展与前进的方向，为世界繁荣与发展提供了中国方案。

（三）实践性

构建人类命运共同体并非空谈，而是为解决世界经济治理难题而提出的。中国始终坚持走和平发展道路，积极开展全方位外交，以维护世界和平与发展为宗旨，与其他国家建立睦邻友好关系，推动构建新型国际政治经济新秩序。同时，构建人类命运共同体，创造性地将中华民族伟大复兴的中国梦和全球经济治理联系起来，立足于人类持续生存与发展，积极应对全球性挑战，履行大国义务。为此，中国精准把握世界发展的新机遇、新挑战和新形势，创造性地提出"一带一路"倡议，倡导成立亚洲基础设施投资银行、开展世界党政高层对话、建设丝路基金、参与建立新开发银行等。

第二节　全球经济治理：历史、现状及其困境

全球经济治理，是全球治理的重要组成部分，是指以国家、国家集团、跨国公司等为行为主体的，并在一系列公认的法规、制度为界限的范围内，进行的全球经济领域范围内的交流与合作，目的在于平衡国际公共资源和物品的利用，保障全球经济安全、健康运行。

一　全球经济治理的历史

（一）经济全球化

经济全球化是全球经济治理的客观原因。早在19世纪，马克思、恩格斯就谈及了世界贸易等问题，散见于《德意志意识形态》《资本论》等著作中。正如马克思、恩格斯在《共产党宣言》中指出的那样："资产阶级，由于开拓了世界市场，使一切国家的生产和消费都成为世界性的了。"[①] 在利益的驱使下，18世纪中后期到19世纪中期，西方国家开始了巧取豪夺的战争，并将触角伸向世界的各个角落，旨在获取廉价的劳动力、原材料和开拓世界市场。直至20世纪初期，经济全球化被两次世界大战所打断。1929—1933年经济大萧条，全球经济治理失败；1939—1945年第二次世界大战，导致国际政治失衡。另外，经济全球化也带来了南北发展失衡、收入不平等、贫困人口、全球性金融风险的传播等一系列全球问题。

然而，这些问题的解决，仅靠某一个国家的力量，是不可能加以控制和解决的，需要各国政府、国际组织、跨国公司等经济主体携起手来，构建全球经济秩序，维护世界经济健康发展。

（二）全球经济秩序的建立

第二次世界大战后，以美国为主导的全球经济秩序得以建立，奠定了全球经济治理的制度基础，成为维护和平与发展这一国际环境的制度保证。其具体表现为相继成立了全球性国际金融机构，主要包括世界银行——旨在通过提供和组织长期贷款与投资，解决成员

[①]《马克思恩格斯选集》第1卷，人民出版社1995年版，第276页。

国战后恢复和发展经济的资金困难;国际货币基金组织(IMF)——旨在帮助成员国平衡国际收支,稳定汇率,促进国际贸易发展;关税及贸易总协定(GATT)——为确保无歧视、程序透明、解决纠纷以及关于不发达国家参与国际贸易的一整套规则,主要是将成员的关税限定在某一个水平来促进贸易的开展;世界贸易组织(WTO)——世界贸易组织的前身是关税及贸易总协定,是全球唯一处理成员之间贸易规则的国际组织,是多边贸易体制的法律基础和组织基础,规定成员的义务,决定各成员如何制定和执行贸易法律法规,充当各成员方进行贸易谈判和解决贸易争端的场所。

近年来,作为最大的国际组织,联合国的成员方具备最广泛的普遍性,其工作范围之广也是其他国际组织无法比拟的。其中,面对全球化带来的挑战,联合国的首要任务已由过去的维护世界和平转变为如今充当全球治理的首要力量。

二 全球经济治理的现状

全球经济治理体系有着两大核心体制——多边贸易体制和国际货币体制。总体来说,作为促进世界经济发展的核心力量,两大体制发挥着积极作用,但是绝不是完美无瑕。2008年国际金融危机暴露出现有经济治理体系的内部缺陷,并不断被放大——作为全球经济治理的两大核心机构,原有的八国集团(G8)和国际货币基金组织在危机前后都未能有效发挥应有的作用,致使全球经济一落千丈,时至今日,世界经济依旧没有走出金融危机的阴霾;随后的二十国部长级会议被升级为首脑峰会,才有了更强大的综合力量来调解全球经济政策。但是,由于全球经济治理体系的缺陷日趋暴露,导致世界各国利益冲突不断,其中,发达国家和发展中国家主导的全球经济治理方案的较量愈演愈烈。

这在前期主要表现为,以《跨太平洋伙伴关系协定》(TPP)、欧盟(EU)、亚太经合组织(APEC)等为代表的集团组织进一步补充和完善了全球经济治理体系。但实践历程也绝非一帆风顺。例如TPP,2009年11月,美国总统奥巴马在亚洲之行中,正式宣布美国将加入TPP谈判,并强调要建立一个标准高、涵盖范围广的亚太一体化合作协定,旨在排斥和孤立中国;之后,秘鲁、越南和澳大利亚也宣布加入TPP谈判,并呈现亚太地区参与国家进一步扩大的趋势;2015年10月,美国、日本及加拿大等12个国家达成TPP;2017年,美国总统特朗普签署行政令,正式宣布美国退出TPP。

目前,全球治理路径大致分为四条:一是美国基于双边谈判的"公平贸易"——虽然美国选择保护主义自有其道理,但是双边谈判难以避免地会给自由贸易体系带来巨大伤害;二是日本推动没有美国的TPP——日本想抓住TPP这根救命稻草,争当亚太老大,并力推美国重返TPP;三是欧盟维护传统自由贸易秩序,提出"有效的多边主义",希望掌握主导权,但却表现得心有余而力不足——国际金融危机以来经济衰退、难民危机、恐袭不断和英国脱欧等一直困扰着欧盟经济;四是中国倡导和建立的有别于西方民主下的"一带一路"倡议和亚太自贸区新格局,是唯一有实际效果的路径尝试,但是受到西方国家的排挤。此外,还包括俄罗斯、印度、拉美等倡导的其他非主流方案。正如王天韵所指出的那样:2008年国际金融危机以来,越来越多的国家以合作态度参与到国际事务的决策过程中,全球治理方兴未艾①。

三 全球经济治理的困境

从全球经济治理实践历程来看,实然和应然的全球经济治理仍存在较大偏差。面对经济全球化的负面效应及其影响的不公平、非均衡性等问题,世界各国应该通过建立以规则为基础的全球经济共治系统。然而,实际上,很多国家尤其是发达国家试图通过采取保护主义、利己主义、封闭主义等方式来阻断经济全球化带来的风险,阻碍新兴经济体崛起。而现实问题是,以往以美国主导的、以世界贸易组织等为代表的多边机制为中心的全球治理体系,已不能满足全球经济发展和治理的需要,一度导致逆全球化思潮暗流涌动,致使全球经济治理陷入困境。其具体表现如下。

第一,世界主义式微,利己主义抬头。按道理来讲,先发展的国家应给予后发展国家必要的支持和帮助,起到积极的示范效应和带动作用。但实际相去甚远,以美国为代表的霸权治理非但没有树立好榜样,正相反,美国违背以善治为目标的全球经济治理理念,完全漠视全球正义和发展中国家利益诉求,排斥不同国家间利益的融合和对发展中国家的保护与倾斜,乃至在经济上实施制裁,并企图仰仗过去积累的经济和军事优势,大搞强权政治,奉行"美国优先"的行为准则,在对外关系中恣意妄为,频频"撕破脸""甩锅"和"退群",欺凌和压迫落后的国家和民族。其中,特朗普政府公然宣布退出《联合国气候变化框架公约》以及退出世界卫生组织就是十分典型的例子。这本质上就是全球经济治理理念的一种倒退,是行不通的。这也就意味着,全球经济不能指望发达国家通过"善意"的行动实现全球公平正义。

第二,单边主义思潮涌现。"在治理主体上,传统美国霸权主导的多边制度'权力—社会目标'利益包容性下降,偏离了多边合作与协调共治的轨道,全球经济治理陷入困境。"② 2008年国际金融危机以来,美国霸权走向衰落,发展中国家迅速崛起,世界经济的引擎和权力结构也因此发生变化,全球经济治理体系不断向新兴经济体倾斜,符合多边主义理念——不同国家都能更加平等地参与全球经济治理。但是,自特朗普政府上台以来,美国希望维护自己的霸权地位,但拒绝承担霸权责任,而走向单边主义。这就使得全球治理机制脱离于美国主导的霸权稳定体系,使得各方不得不寻求新的双边或区域合作关系,致使全球经济治理制度的碎片化不断加重,多边主义受到严峻挑战,并不断侵蚀治理的合法性根基,导致全球经济治理面临失治的危险。因此,在可以遇见的未来,世界各国

---

① 王天韵:《霸权秩序的终结与全球治理的兴起》,《新视野》2010年第4期。
② 陈伟光、刘彬:《理性认知经济全球化与全球经济治理——基于人类命运共同体理念的分析框架》,《社会科学》2020年第7期。

对全球治理改革的需求将前所未有的强烈。

第三，逆全球化和保护主义。经济全球化促进了世界经济一体化，加深了国家之间的依存度，但也出现了新的矛盾和困扰，使得国际上出现了各种质疑和反对的声音。导致与经济全球化的一项重要原则即贸易自由化相对立的保护主义思潮再度抬头，对世界经济秩序造成很大冲击，最典型的例子，就是美国借助关税手段挑起与中国及其他国家的贸易摩擦。事实证明，以"美国优先"为代表的新一轮贸易保护主义思潮，严重破坏了经济全球化的正常进程，不仅无助于美国经济发展，还会导致全球贸易萎缩，拖累全球经济复苏，并可能成为触发危机的导火索。

第四，虽然以世界贸易组织、国际货币基金组织和世界银行集团为核心，逐渐形成了较为完善的全球经济治理体系，着实推进了世界经济的发展，但是这一体系距离公正、合理的多边机制要求还有很大差距，尤其在美国单一霸权相对衰退、单边主义回潮的情况下，治理体系碎片化严重，并存在失灵、失效的风险，治理机制的功能难以得到有效保障，多边治理机制改革和完善难以推进。例如，WTO面临重大挑战，围绕以WTO为核心的国际贸易多边机制改革难以达成共识，WTO争端解决机制濒临瘫痪；世界银行面临机构臃肿、效率低下、援助效果式微的困境。

第五，全球经济治理与国家治理协调性不够。在全球经济治理中，大国国内政策影响往往具有整体的连带性，迫使小国进行跟随性调整，致使国家间不可避免地相互影响，甚至产生利益冲突乃至诱使贸易保卫战。此外，无论是权力配置还是治理能力，国家都远高于非国家治理主体，这种非对称的全球治理结构是目前全球治理的现实格局[①]。这意味着要解决经济全球化带来的负面效应，需要全球经济治理和国家治理协调解决，也就是说，国家治理不可能在全球经济治理的过程中缺席。这就要求：一方面，在国内层面，国家需要通过提高国家能力，实现政府治理、社会治理与市场治理的良性互动；另一方面，在国际层面，国家还要考虑到与全球经济治理联动，注重效率与公平的协调。因此，全球经济的治理，需要国家统筹国内市场与全球市场、国内社会与国际社会，对国家治理和全球经济治理加以协调，在经济全球化的过程中发挥自主性，增强对风险的预判，管控全球社会和全球市场给国内带来的压力和危机。

综上所述，目前的世界格局，正如漆彤指出的那样：由美欧等发达国家主导的全球金融治理体系的固有缺陷和不足日益暴露——该体系不能充分反映各国经济实力的增长变化，发展中国家群体话语权严重缺失，只能陷入任人宰割的被动局面[②]。显而易见的是，传统的全球经济治理体系已无法满足当前世界经济发展的需要，这也倒逼全球经济治理体系改革走向十字路口。

---

① 陈伟光：《全球治理与全球经济治理：若干问题的思考》，《教学与研究》2014年第2期。
② 漆彤：《论亚投行对全球金融治理体系的完善》，《法学杂志》2016年第6期。

第三节　人类命运共同体理念与全球经济治理理念

当前国际关系中出现的这样那样的一些保护主义和极端主义思潮，以及资本主义的深层危机，迫切要求世界经济治理体系适应经济发展新挑战、体现经济力量新变化和凸显各方利益新诉求，迫切需要一个替代方案要解决这些问题。作为崛起的、负责任的大国，"中国积极参与全球治理体系改革和建设，践行共商共建共享的全球治理观，坚持真正的多边主义，推进国际关系民主化，推动全球治理朝着更加公正合理的方向发展。坚定维护以联合国为核心的国际体系、以国际法为基础的国际秩序、以联合国宪章宗旨和原则为基础的国际关系基本准则，反对一切形式的单边主义，反对搞针对特定国家的阵营化和排他性小圈子"[①]。为此，中国提出了全球经济治理的新方案——构建人类命运共同体。

一　人类命运共同体理念下的全球经济治理前提

要构建人类命运共同体，首先，要承认当今国际社会中差异和矛盾的客观存在，因为尊重差异、承认矛盾是实现联合的前提；其次，要强调"合作共赢"的价值追求，树立共识、共存、共赢、共患、共治、共享的价值理念和价值追求。

（一）承认差异和矛盾的客观存在

从哲学上来讲，"差异"是表征事物的外在差别与内在差异，表示的是一种未激化状态的对立趋势；"矛盾"是指反映事物内部斗争又同一的关系哲学——同一性是指事物对立面之间内在的、不可分割的联系，体现着对立面之间相互吸引、相互包含、相互转化的趋势，斗争性是指矛盾双方相互排斥的性质，体现着矛盾双方相互分离的趋势。可知，矛盾首先体现在差异上，差异既是矛盾的一种特殊表现形式，又是矛盾的同一性和斗争性的前提性条件，无论是相互依存的对立面，还是相互分离的对立面，都以对立面之间的差异性为前提。

人类命运共同体理念充分承认差异和矛盾的客观存在。世界历史的深入发展，使得各主体在经济、文化、生活、生态等各领域彼此依存、相互渗透，使得世界各国、各地区连为一体。但由于各方主体发展的历史、水平、程度不尽相同，所以我们首先应该承认并尊重各国发展的差异性。虽然这一差异性好比一把"双刃剑"，一面必然深化各方利益冲突，另一面则是推动人类社会历史进步的动力，但在处理方式上我们应倡导摒弃传统的"零和"思维，以对话协商的方式把对立矛盾转化为合作共赢的基础。2017年，习近平主席在德国主流媒体发表题为《为了一个更加美好的世界》的文章，强调："通过平等对话和

[①] 习近平：《高举中国特色社会主义伟大旗帜　为全面建设社会主义现代化国家而团结奋斗——在中国共产党第二十次全国代表大会上的报告》，人民出版社2022年版，第62页。

友好协商妥善处理分歧,在涉及彼此核心利益和重大关切问题上相互理解和支持。"① 这正是对差异矛盾作为共同合作的基础的最好诠释。由此可见,人类命运共同体理念是建立在各主体之间差异和矛盾的客观存在基础上的。

(二) 强调合作共赢的价值追求

人类命运共同体理念以"合作共赢"理念为核心。"合作共赢"强调多元主体在价值目标上寻求最大的公约数,寻求利益交汇点。这一理念主要表现在两个方面。其一,共识、共存、共赢。当今时代,随着全球化的深入发展,世界格局发生深刻变化,各个国家联系日益紧密、相互依存、相互渗透、相互融合,成为命运与共的整体。因此,在处理国际关系,推动人类文明进步,谋求人类幸福生活上,各方需要摒弃传统弱肉强食的思维,尊重差异,需要寻求最大的共同利益,加强合作,实现共赢。其二,共患、共治、共享。虽然当今时代,旧的殖民体系已经彻底瓦解,一批新兴市场国家和发展中国家走上发展的快车道,但威胁人类生存发展的风险和不确定性因素依然存在;面对风险和不确定性,无论是发达国家还是发展中国家,无论是资本主义国家还是社会主义国家,没有谁能够独善其身,也没有谁可以将自身的经济发展长期建立在别国经济的不发展基础上。显然,在全球经济产业链中,不同的国家虽在国际产业分工中扮演着不同角色,但共处一条利益链上,唇亡则齿寒。因此,只有坚持追求合作共赢,才能为实现各国共同繁荣提供现实基础。

因此,必须树立共患难、共治理的意识,加强对话协商,共谋治理之策,共享优良的国际环境。正如习近平总书记指出的那样:"各国要同心协力,妥善应对各种问题和挑战。越是面临全球性挑战,越要合作应对。"② 亦是说,把人类面临发展的压力变为发展的动力,把人类面临的危机发展成为生机,同时把寻找合作而不是相互推诿,作为人类生存发展面临的问题的解决之道。因此,必须要树立"共识、共存、共赢、共患、共治、共享"的理念,共同应对人类生存发展面临的挑战,共同构建人类美好生活。

二 人类命运共同体理念在全球经济治理中的作用

经济全球化发展是必然的、不可逆的。经济全球化不仅实现了商品贸易全球化、比较统一的要素市场和高度分工的全球产业链,而且借助现代通信技术和物流能力,也加快了货物、信息、技术在全球传播和扩散的速度。经济全球化使资源在全球范围内得到配置,是实现效益最大化,将共同利益这一"蛋糕"做大的过程。而且,频繁的跨国经济活动使得全球各国越来越成为一个整体世界,不同国家、地域的人与人之间相互依存性不断强化,家庭、企业和政府作为经济主体,以消费者、生产者和调控者的身份参与全球经济的合作、交流和互动。

---

① 习近平:《为了一个更加美好的世界》,《人民日报》2017年7月5日。
② 习近平:《习近平谈治国理政》第1卷,外文出版社2018年版,第273页。

第十八章　全球经济治理的中国方案：人类命运共同体理念与"一带一路"倡议

然而，经济全球化也是一把"双刃剑"。一方面，其带来了世界的发展机遇，促进国家的发展，促进世界经济的繁荣；另一方面，不同国家间存在不同的矛盾和冲突，致使治理赤字、信任赤字、发展赤字等全球性问题日益突出，如粮食短缺、资源不足、气候变暖、环境污染等挑战层出不穷，不公平现象、霸权欺压、局部挑衅依然存在，威胁着人类生存和发展。可见，在全球性问题面前，各个国家唇齿相依，一荣俱荣、一损俱损——任何国家都不可能逃离经济全球化，不可能脱离世界市场，一国的危机亦可以波动多国，甚至引起连锁反应，危及世界经济，而且一国的独立发展也解决不了世界性难题，更无法实现人民对理想社会的追求。因此，要想在残酷多变的国际环境下发展本国经济、减少危机的产生，就需要世界各国相互合作，追求共同利益的最大化，共同构建人类命运共同体。

中国共产党提出的人类命运共同体理念，既是对中国人民和世界人民负责的重要表现，也是维护世界和平与发展的重要选择。人类命运共同体理念主张各国摒弃"各扫门前雪"的自私行为，同舟共济，将协调合作、互利共赢奉为处理国际关系的共同原则与方式，各国利益休戚与共，最大限度地减少矛盾和避免冲突，创造一个和谐的交往关系和生活环境，更好地为世界人民谋福利；同时，构建人类命运共同体需要各国抓住当前世界新形势和新变化，顺应全球化的时代发展要求，立足实践，迎接挑战，抓住机遇，坚持共商、共建、共享，坚持正确利益观、安全观，构建新型国际关系，促进世界经济的增长，维护世界和平。

三　人类命运共同体理念下的全球经济治理

全球经济治理需要共同的价值理念。奥兰·扬认为，治理不仅限于建立和运行制度，还包括共同的价值体系、社会规范以及社会观念等，即通常所说的共同体观念[1]。恰恰，人类命运共同体本身就是共同价值理念的表达。这具体表现为以下几个方面。

第一，在理念上，构建人类命运共同体从人类整体出发，基于全球市场，以"共商、共建、共享"为原则，优化全人类生存和发展状况；在世界经济平衡发展问题上，更侧重发展中国家的利益诉求，形成全球经济的均衡发展以及良性互动；同时，在互利共赢的背景下寻找合作契机，深化利益的结合点，实现共同发展。可见，人类命运共同体理念观照下的全球经济治理立足于全球多边主义基本立场，体现了公平正义、协调可持续、合作共赢等共同的价值理念。

第二，遵守义利分配原则，以正确的利益观推动全球经济治理改革。全球经济治理应该也必须兼顾效率与公平。全球经济发展极度不平衡和不公，而且不平衡与不公还互相推动，形成恶性循环，进一步加剧了这一极化趋势。因此，要解决不同国家发展不平衡等问题，就必须要构建人类命运共同体，"各国在努力追求本国利益的同时要兼顾到他国的合

---

[1] [美] 奥兰·扬：《世界事务中的治理》，陈玉刚、薄燕译，上海人民出版社2007年版，中文版前言Ⅱ。

理关切，在寻求本国发展的同时促进世界各国的发展"①，必须"坚持正确义利观，做到义利兼顾，要讲信义、重情义、扬正义、树道义"②，"摒弃过时的零和思维，不能只追求你少我多、损人利己，更不能搞你输我赢、一家通吃"③，让做大的"蛋糕"更合理地分配，而不是片面追求自身利益的最大化。显然，人类命运共同体理念下的全球经济治理能平衡义与利之间的关系，寻找彼此利益交汇点，扩大全球经济合作的基础，共享经济全球化红利，促成共同体的身份认同，实现全球层面的共同治理。

第三，在治理主体上，国家仍是构建人类命运共同体的重要主体。国家的治理范围是全方位的，能力是综合性的。这也就要求国家必须通过国际合作承担全球经济治理的主要责任，发挥经济治理的优势，在国际制度规范下，解决好不同国家利益冲突与矛盾，协调好不同国家利益与人类共同利益之间的关系。在发挥国家的治理优势和能力的同时，我们也要充分发挥除国家之外的行为主体的作用，协同各类国际经济组织、国际论坛、跨国公司以及行业协会等多元行为体，发挥各自独特的功能和作用。总而言之，这种多元共治理念是与各种行为体能力相符、义利明辨、权责匹配的治理，同时也具有更大的利益包容性、更广泛的参与度以及更好的国家间治理的协调性。

第四，在治理机制上，人类命运共同体理念观照下的全球经济治理，要求各国不能走单边主义，而应该"坚持多边主义，谋求共商共建共享，建立紧密伙伴关系，构建人类命运共同体"④。"尽管单边主义、贸易保护主义、逆全球化思潮不断有新的表现，但'地球村'的世界决定了各国日益利益交融，命运与共，合作共赢是大势所趋。"⑤ 亦是说，多边主义制度符合人类文明发展趋势，也是人类命运共同体理念观照下的全球经济治理的必然要求。吉尔平就强调，自由国际经济的确立、维持和成功运行需要一个政治领导，而在霸权之后，世界经济秩序则需要多边领导和政策协调⑥，尤其是在大国贸易摩擦、服务贸易、数字经济等新的变化因素冲击下，为保证全球经济平稳发展，人类命运共同体理念观照下的多边治理机制应该在联合国框架内，继续建立完善政策协调机制，聚焦全球经济治理的长效机制建设，保证机制的开放性和包容性。

第五，在导向上强调共同发展、合作发展、联动发展。发展是社会稳定有序的基础，推动经济全球化发展及其治理是构建人类命运共同体的基本方式；其中，以共建"一带一路"为代表的全球化是践行共同发展的国际合作倡议，是以发展为导向的新型经济全球

---

① 习近平：《携手构建合作共赢新伙伴 同心打造人类命运共同体——在第七十届联合国大会一般性辩论时的讲话》，《人民日报》2015年9月28日。
② 中共中央党史和文献研究院编：《习近平关于中国特色大国外交论述摘编》，中央文献出版社2020年版，第131页。
③ 中共中央党史和文献研究院编：《习近平关于中国特色大国外交论述摘编》，中央文献出版社2020年版，第210页。
④ 中共中央党史和文献研究院编：《习近平关于中国特色大国外交论述摘编》，中央文献出版社2020年版，第241页。
⑤ 习近平：《习近平谈治国理政》第3卷，外文出版社2020年版，第440页。
⑥ ［美］罗伯特·吉尔平：《国际关系政治经济学》，杨宇光等译，上海人民出版社2011年版，第336—337页。

化，也是人类命运共同体理念支配下的全球经济治理重要实践，为构建人类命运共同体注入强劲动力。

综上所述，人类命运共同体是以全人类作为整体的"共同体"，在其之外不存在更大外延，具有普遍性和终极性的特点。在经济全球化进程中，人类命运共同体理念提供了一种人类整体主义的方法论，给当前经济全球化过程中全球经济问题的解决提供了新的思路。虽然通过长期艰苦的努力，中国经济和社会发展已经取得重大进展，但与发达国家相比，中国人均可支配收入、产业结构、综合国力等各方面都还存在明显的差距和不足，总体上仍处于发展中国家的行列，而且，在对外关系和国际交往中的国际话语权还不够强，构建人类命运共同体这一行动所受的限制和制约仍较多。此外，人类命运共同体理念的身份和价值共识仍是脆弱的，还没有一个政治过程和机制保障这一理念的实践。因此，要进一步推动构建人类命运共同体，就要求中国必须推动自身改革、促进经济发展，不断增强综合国力。

第四节 "一带一路"倡议与全球经济治理实践

人类命运共同体理念已经成为实践中行之有效的治理方针，具有很强的政策生命力和实践可行性。其中，"一带一路"倡议的提出，就是这一表征的重要体现。作为全球经济发展的新模式，无论是目标还是实践，"一带一路"倡议与人类命运共同体理念要求的多边合作是一致的，是一个更加开放的、包容的区域经济合作机制，是完善全球发展模式和全球治理、推进经济全球化健康发展的重要途径。

一 "一带一路"倡议的提出

（一）"一带一路"倡议提出的时代背景

综观世界格局，国际体系及秩序在发生深层次的调整。受2008年国际金融危机的影响，世界各国经济复苏的速度较慢，国际投资的贸易格局暗流涌动，多边投资的贸易规则也在发生改变，各个国家在发展方面都面临着严峻考验。为了应对这一世界经济局势变动，中国提出了"一带一路"倡议。

"一带一路"是"丝绸之路经济带"和"21世纪海上丝绸之路"的简称。丝绸之路经济带从中国一路向西，途径亚洲各国及俄罗斯等国，到达欧洲；21世纪海上丝绸之路则从中国沿海港口出发，跨越南海抵达印度洋及南太平洋，最终与丝绸之路经济带汇合，形成一个完整的闭环。亦是说，"一带一路"倡议借助的是中国与共建国家现有的双多边机制，利用现存且有效的区域合作平台，借用历史上中国同欧洲各国交流的古代丝绸之路的符号，将共建各国再次联系在一起，积极寻求利益交汇点，发展经济合作伙伴关系。

2013年，习近平主席在出访东盟国家时，首次提出了共建21世纪海上丝绸之路的战略构想。2015年，国家发改委等3部委联合发布了《推动共建丝绸之路经济带和21世纪海上丝绸之路的愿景与行动》。2017年5月，在"一带一路"国际合作高峰论坛开幕式上，习近平主席强调："我们要打造开放型合作平台，维护和发展开放型世界经济，共同创造有利于开放发展的环境，推动构建公正、合理、透明的国际经贸投资规则体系，促进生产要素有序流动、资源高效配置、市场深度融合。"[1]

目前，"一带一路"倡议受到了大多数国家的认可和支持。2019年，在北京举办的第二届"一带一路"国际合作高峰论坛中，包括中国在内的38个国家的元首和政府首脑、联合国秘书长、国际货币基金组织总裁等40位领导人，以及来自150个国家、92个国际组织的6000余名外宾参加了论坛[2]。

（二）"一带一路"倡议的内容与特征

"一带一路"倡议的目标是促进共建各国在发展自身的同时，实现共同发展、共同进步。"一带一路"倡议内容基本可以概括为，以"和平、合作、发展、共赢"为核心理念，通过政策沟通、设施联通、贸易畅通、资金融通、民心相通五个方面的重点合作，实现打造利益共同体、命运共同体、责任共同体的合作目标。"一带一路"倡议的主旨是"和平合作、开放包容、互学互鉴、互利共赢"。"一带一路"倡议坚持"共同发展"的原则，希望通过调动共建国家在经济、政策、文化等多方面的积极性，实现各个国家互惠互利、合作共赢。倡议将务实合作作为基础，根据共建各国的经济状况及自身条件，坚持取长补短的合作原则，充分尊重国家和地区自身的发展方式。

"一带一路"倡议的特征主要表现为以下三个方面。其一，"一带一路"倡议强调互利共赢。历史上的重大国际合作倡议都对当时的国际形势有着深远的影响，它们能够推动国际格局的改变，但在另一方面它们都存在着倡议主导者更注重自己利益的结构性问题。以"华盛顿共识"为例，其强调推行西方国家模式，要求达成共识的国家遵守相同的规则和统一的制度，以致被迫改变自身价值观，接受主流价值观。相比较而言，与过去完全不同的是，"一带一路"倡议更强调兼顾各方利益和关切，寻求利益契合点和交汇点，各施所长，各尽所能，把各方优势和潜力充分发挥出来，打造利益共同体；强调务实合作，打造政治互信、文化包容的命运共同体和责任共同体；强调不同国家自主对话，和平解决利益争端。

其二，"一带一路"倡议具有较好的引领作用。在"一带一路"倡议之初，中国便坚持用实际行动作出表率，积极分享经验，努力引领各方共同建设"一带一路"。为此，中国推动并成立了亚洲基础设施投资银行，设立了"丝路基金"等多个此类的专项合作基金。以亚洲基础设施投资银行为例，通过对基础建设以及其他生产性领域的投资，促进亚

---

[1] 习近平：《习近平谈治国理政》第2卷，外文出版社2017年版，第512—513页。
[2] 《新起点 新愿景 新征程——王毅谈第二届"一带一路"国际合作高峰论坛成果》，新华网，http://www.xinhuanet.com/world/2019-04/29/c_1124429961.htm，2019年4月29日。

洲经济增长，帮助各国实现利益的平衡和发展，推进区域合作，共同应对挑战①。这些措施都强有力地促进了"一带一路"倡议的实施。

其三，"一带一路"倡议内容充实。"一带一路"倡议的重点在于五个方面的相互作用。第一，政策沟通是"一带一路"倡议实现的重要保障，如果政策沟通不通畅，再好的倡议和战略也无法实现②；第二，设施联通为"一带一路"倡议奠定了基础，只有加强基础建设，才能更好地实现"一带一路"倡议；第三，贸易畅通是"一带一路"倡议的实践方式，当今社会，各国之间实现互惠合作的关键领域已经转变到国际投资和国际贸易等领域，消除贸易壁垒，积极推动贸易自由化已经成为国际社会需要面对的关键问题，因此没有贸易畅通，"一带一路"倡议也只能是一纸空谈；第四，资金融通是实现"一带一路"倡议的基础，打造多方面、创新性高的金融平台，加强不同国家间的金融合作，是建设长期稳定的金融保障体系的基础；第五，民心相通是"一带一路"倡议的根本，各国人民之间的交流逐渐增多，人民群众相互了解、相互信任，国家关系才能向着和平友好的方向发展。

二　"一带一路"建设与全球经济治理的内在关联

（一）"一带一路"的经济影响

"一带一路"倡议不仅是中国经济长期保持快速增长的客观反映，也是当下世界经济发展所需要的。一方面，"一带一路"倡议为共建各国经济提供新的发展路径，促进国际经济均衡发展。"一带一路"共建国家中大部分为发展中国家——作为新兴经济体过于注重工业化尤其是重工业化和城市化的发展，产业结构不合理，基础设施不够完善，经济发展水平不够高，但具有很大的发展空间。相比之下，发达经济体工业增长速度减慢，部分产业出现空心化现象。面对这一世界经济发展的不均衡，"一带一路"倡议的作用就在于，将经济活动频繁的地区国家与经济发展不发达的地区国家联系在一起，充分发挥自身优势，积极开展合作，增加国际贸易往来。而且，随着交通建设的不断完善，沿途城镇将会迅速发展，深藏在大陆腹地的丰富资源能够得到全面的开发，经济依赖沿海地区的局面也将产生巨大改变。

另一方面，"一带一路"倡议创造了全新的区域经济发展模式。21世纪，经济全球化以及区域经济一体化成为大势所趋，以美国为例，美国相继推出《跨太平洋伙伴关系协定》（TPP）和跨大西洋贸易与投资伙伴协议（TTIP）谈判，旨在掌控下一轮国际贸易规则的制定权和主导权中抢占先机，这也就意味着TPP和TTIP谈判具有很强的排他性，尤其对新兴经济体的排斥。与之不同的是，从理念上来看，"一带一路"倡议，坚持平等互

---

① 《亚洲基础设施投资银行协定》，中华人民共和国外交部，https://www.fmprc.gov.cn/web/ziliao_674904/tytj_674911/tyfg_674913/t1341813.shtml，2016年2月19日。
② 霍建国：《"一路一带"战略构想意义深远》，《人民论坛》2014年第15期。

利原则，尊重相关各国的自主权，不带有任何的条件和限制，接受所有愿意参加的国家和经济体，倡导不同发展水平的国家和经济体之间相互合作与交流，形成包容、开放的国际合作模式，也就是说，"一带一路"倡议为中国以及共建国家提供了公平、包容的平台[①]；从性质上看，"一带一路"倡议并非一体化合作组织，而是在现有的区域经济框架下发展起来的经济合作关系，不会形成具有排他性的关税同盟，同时，"一带一路"倡议通过和共建国家进行战略对接，保证了合作能够自主平等地进行下去。

也就是说，"一带一路"倡议不仅能够帮助建设合作国家的基础设施，合理配置生产要素，推动区域经济的发展，也能加快各个国家之间的文化交流和贸易互通，在推动合作国家发展的同时，加快全球发展的脚步[②]。

(二)"一带一路"倡议的政治影响

"一带一路"倡议秉持"和平交流、理解包容"的原则，坚持维护世界和平与发展，尊重主权和领土完整，通过合作投资的方式推动共建国家的经济发展和文化交流，从而加强各国政治交流，减少矛盾和摩擦。第一，"一带一路"倡议强调共建国家和地区之间的互联互通，而且不仅仅局限于亚洲，而是将亚洲、欧洲、非洲以及南太平洋等区域联系起来，在原有的区域合作机制基础上，加快各个国家之间经济要素的流动和资源的高效配置，推动共建各国经济政策的协调发展、交流与合作，组建更为合理的国际秩序。第二，"一带一路"倡议是对国家关系发展的一种创新——坚持构建均衡自由的发展模式，实现共建国家共同进步、共同发展的新型国际关系。第三，"一带一路"倡议提倡尊重各个国家的意愿，在相互平等、互不干涉的前提下，采取政治沟通等方式，促使各个国家之间发展战略以及规划的相互联系和沟通，将彼此资源进行整合，取长补短、互惠互利。

"一带一路"倡议在"共商、共建、共享、共赢"原则的基础上，致力共建国家互惠互利、共谋发展。虽然"一带一路"倡议是习近平主席出访东盟国家时提出的"中国倡议"，但是"一带一路"倡议的目标不是一味地只追求自身发展，而是希望在自身发展的同时，实现同共建国家以及国际社会的共同发展。这是中国对本国发展模式的提升，也为国际发展提供了一种全新的模式。总而言之，"一带一路"倡议提出用政策沟通解决矛盾，坚持"求同存异"的思想，根据各个国家自身情况进行对话，相互借鉴、共同发展；"一带一路"倡议提倡创造公平良好的合作环境，鼓励周边国家和地区彼此开放、相互学习、共同进步；"一带一路"倡议的目标是建立政治、经济、文化等方面都相互信任、相互包容的利益、责任以及命运共同体，强调相互尊重、和平发展、共同繁荣，反对"冷战思维和零和博弈"。

(三)"一带一路"倡议与世界格局

当下的世界需要中国方案、中国创造、中国态度。实践证明，西方国家掌控一切的时代一去不复返——现在的"七国财长会议"(G7会议)和"金砖国家峰会"(BRICS)才

---

① 金玲：《"一带一路"：中国的马歇尔计划？》，《国际问题研究》2015年第1期。
② 闫丹：《我国"一带一路"倡议及对中欧关系的新影响》，硕士学位论文，燕山大学，2016年。

是发达国家和发展中国家对话、交流以及谈判的平台,这也就要求原有的国际秩序必须作出改变,建立一个更为公平、公正、科学、有效的国际秩序。基于此,"一带一路"倡议应运而生,"一带一路"倡议不是要挑战现有的国际经济秩序,重建新的秩序,而是在原有区域合作框架基础上,不附加任何的政治条件,不缔结"集团"或"结盟",对国际经济秩序的改进、优化和升级。"一带一路"倡议对所有愿意参与的国家开放,为共建各国提供平等包容的发展平台,各国齐心协力发展,互帮互助、互惠互利。"一带一路"建设不是中国一家的独奏,而是共建国家的合唱。"一带一路"建设不是要替代现有地区合作机制和倡议,而是要在已有基础上,推动共建国家实现发展战略相互对接、优势互补。

"一带一路"倡议是中国参与国际事务、同世界分享中国智慧的一种方式,也展示了中国为全球经济发展与治理承担责任的一种态度①。"一带一路"倡议为破解经济复苏缓慢等全球难题提供了具有价值的解决方案,改变了发达国家主导全球治理的格局,通过"合作共赢"精神为全球治理、区域经济发展及全球经济复苏提供了新思路。

三 "一带一路"实践的成果与展望

"一带一路"倡议实施以来,取得了一系列丰硕成果,已成为当今国际合作和分享治理经验的重要平台,是促进共建国家尤其是发展中国家经济繁荣、社会开放的有效机制。其中,基础设施建设合作、金融合作和科技合作是"一带一路"合作成果中最突出的领域。然而,"一带一路"建设并非没有挑战——政治风险、意识形态风险和金融风险将是影响"一带一路"倡议发展的主要因素。

(一)实践成果

"一带一路"建设成果丰硕。2020年,在全国两会上,外交部部长王毅指出,"一带一路"倡议提出七年来,中国已同138个国家签订了"一带一路"合作文件,合作项目超过2000个,中国与共建国家贸易累计总额超过了7.8万亿美元,对共建国家直接投资超过了1100亿美元。早在2017年3月17日,联合国安理会通过决议,支持中国的"一带一路"倡议的内容,肯定"一带一路"建设对加强区域经济合作、维护地区稳定发展的作用,这是联合国首次以决议的形式明确支持中国提出的"一带一路"倡议②。2023年是中国提出共建"一带一路"倡议10周年,10年来,"一带一路"合作从亚欧大陆延伸到非洲和拉美,150多个国家、30多个国际组织签署共建"一带一路"合作文件,成立了20多个专业领域多边合作平台,"一带一路"成为探索远亲近邻共同发展的新办法,开拓造福各国、惠及世界的"幸福路"。其具体表现在以下几个方面。

---

① 王晓易:《"一带一路"承载中国智慧与大国责任》,新华网,2017年5月12日。
② 赵可金:《打造"一带一路"升级版从顶层设计到国际共识》,清华大学全球共同发展研究院,2017年5月12日。

1. "一带一路"基础设施建设成果丰硕

首先,交通运输建设是"一带一路"建设中成就最显著的领域。在"六廊六路多国多港"的框架下,一批标志性的交通建设项目取得了实质性的进展。其中包括中巴经济走廊,中老、中泰、匈塞铁路,亚湾高铁部分路段,蒙内铁路,内马铁路一期,亚吉铁路,马尔代夫中马友谊大桥,阿布扎比码头,泛亚铁路东线,巴基斯坦一号铁路干线升级改造,中吉乌铁路、中塔乌铁路等,都极大地改善了当地基础设施条件,赢得了当地民众好评。在第三届"一带一路"国际合作高峰论坛上,习近平主席宣布构建"一带一路"立体互联互通网络是中国支持高质量共建"一带一路"的八项行动之一。通过加快推进中欧班列高质量发展,参与跨里海国际运输走廊建设,办好中欧班列国际合作论坛等,积极推进"丝路海运"港航贸一体化发展,加快陆海新通道、空中丝绸之路建设。"要想富先修路,道路通百业兴",共建"一带一路"所带来的"交通之变"正重塑世界经济地理空间,带来强劲、均衡、联动发展的新希望。

其次,在电力工程建设方面,一些"一带一路"共建国家电力缺口较大,可再生能源占比低,电力设备普遍严重老化,每年都有大量基础设备需要更新、改造。因此,利用当地的发电基础资源,改善共建国家的电力供应状况、造福民生是中国在"一带一路"基建中达成的重大成就。截至2019年,中国已成功投资和运营巴西、葡萄牙、意大利、希腊等国骨干能源网,在老挝、巴基斯坦、印度尼西亚、阿联酋、土耳其等多个国家参与电力工程建设项目。例如,中国南方电网公司承建的230千伏老挝北部电网工程帮助老挝形成了全国统一高电压等级骨干电网;中国帮助厄瓜多尔建设的辛克雷水电站使该国从电力进口国转为电力出口国;中国承建的巴基斯坦恰希玛核电站三号机组及其他光伏、风电项目并网发电使该国城乡日均用电状况大大改善;国家能源集团南苏发电项目几乎全部雇用印度尼西亚籍员工,多次在印度尼西亚获得"最佳创新电力企业"称号。

2. "一带一路"金融合作渐成体系

中国与"一带一路"共建国家和机构开展了多种形式的金融合作。在实施"一带一路"倡议的过程中,中方金融机构与国际性商业机构、国际金融中心、多边开发机构等各方合作,本着"惠民生"的基本原则,拓宽低收入国家融资渠道,向最需要融资支持的国家提供了资金,为其经济建设作出了卓越贡献。

首先,金融合作方面,跨境金融合作发展势头良好,相关金融资源整合度提高。这主要表现为资金支持体系不断健全,融资日益市场化、多元化,金融机构和金融服务网络化布局成效显著,中外银行合作增多,为企业开展产能合作提供了有力支撑。同时,倡导金融"走出去"和"引进来",截至2023年6月末,13家中资银行在50个共建国家设立了145家一级机构,6家中资保险机构在8个共建国家设立了15家境外分支机构[①]。未来,"一带一路"建设也将进一步推动贸易金融、供应链金融、银团贷款等多种跨境金融业务

---

① 国家金融监督管理总局:《中国银行业保险业支持共建"一带一路"走深走实》,中国一带一路网,https://www.yidaiyilu.gov.cn/p/0IG8HDOC.html,2023年10月19日。

合作。

其次,"一带一路"建设中,融资机制的拓展和创新是一个亮点,它为企业的产能合作提供了更为多样化的选择。随着金融合作的不断推进,"一带一路"专项债券、产能合作基金等新型金融平台与金融产品纷纷涌现,提高了融资效率和透明度。开放性、政策性金融机构和丝路基金等双多边合作基金的融资功能为"一带一路"建设提供了有力保障,企业在融资方面有多种选择。投融资模式的多样化使各国投融资机构更积极地参与到项目建设中来,中哈产能合作基金、中英"绿色金融"合作、"中国—阿拉伯国家银行联合体"构想、中拉产能合作基金等都是实例典范。2019年,在第二届"一带一路"国际合作高峰论坛上,中国与柬埔寨、白俄罗斯、斯里兰卡等国签署了融资类项目合作协议;与哈萨克斯坦等国签署了17项投资合作框架协议与项目清单;同年,亚洲金融合作协会"一带一路"金融合作委员会也正式成立,金融合作有望再上新台阶,助力实体经济发展。中国第三届"一带一路"国际合作高峰论坛多边合作成果达89项,务实合作项目共七类369项,2023年10月17日,中国与塞尔维亚签订《中华人民共和国政府和塞尔维亚共和国政府自由贸易协定》。这是中国与中东欧国家签署的第一个自贸协定,也是中国签署的第22个自贸协定,塞尔维亚成为中国第29个自贸伙伴。

3. "一带一路"科技合作水平达到新高度

"一带一路"共建项目实施过程中,中国与共建国家的科技合作与交流在两方面体现得尤为突出。一是在联合研发方面,主要以加强科技人文交流、共建科研平台和科技园区为抓手:在人才交流方面,中国与共建国家科技人才的交流沟通大大增加,2019年的"一带一路"科技人文交流青年论坛以及由科技部发起的"发展中国家杰出青年科学家来华工作计划"等活动得到各国科技工作者的一致好评;在科研平台与科技园区建设方面,联合研究中心的分布日益朝密集化和网络化方向发展,科技合作的形式日益多样化,参与主体日益多元化。截至2019年,中国已建成国家国际科技合作基地700多家,实现了创新资源的高水平交流和技术的有效对接。截至2021年4月,中国科技部共支持与共建"一带一路"国家联合研究项目1118项;在30个共建国家启动建设了33家"一带一路"联合实验室;与共建国家联合建立了31个双边或多边国际技术转移中心[①]。

二是在技术转移方面。"一带一路"倡议提出以来,中国与东盟国家、南亚国家、中亚国家、中东欧等国,构建的5个区域性技术转移平台,促进了双向技术转移转化,帮助共建国家解决了实际问题,也带动了中资企业技术和标准"走出去",进一步推动了国际产能合作。比如,中方工程师还帮助马尔代夫政府解决了多年淡水紧缺的难题,建成当地最大并且唯一的水电联产基地,惠及马尔代夫2/3的人口;又如,中国金融科技更有效地推动以互联网、手机银行等为载体的金融服务,蚂蚁金服等创新型支付机构成功向泰国等"一带一路"共建国家和地区输出包括技术、标准和经验在内的"中国方案",此外,微信支付已覆盖泰国全境,带动当地普惠金融发展和数字经济转型。习近平主席在第三届

---

① 赵磊:《"一带一路":"硬联通""软联通""心联通"齐头并进》,《光明日报》2022年3月18日第12版。

"一带一路"国际合作高峰论坛开幕式中宣布,中方将继续实施"一带一路"科技创新行动计划,举办首届"一带一路"科技交流大会,未来5年把同各方共建的联合实验室扩大到100家,支持各国青年科学家来华短期工作。从平台建设、硬件支持、人才培养多个方面促进"一带一路"科技合作更上台阶。

(二) 比较与展望

"一带一路"倡议是在共同发展的基础上,接受容纳国家之间存在的差异并帮助其发展,最终建立平等互助的多边合作平台,尤其是推动各国政府、企业、社会机构、民间团体开展多个方面的互利合作,共同打造"一带一路"共建国家和地区多主体、全方位、跨领域的互利合作新平台。从合作的资源来看,"一带一路"建设不仅吸收了来自官方的援助,同时结合企业和民间资本的投资,整合援助、投资和贷款等多渠道投融资模式,实现资金多源性和合作多元化;从发展的主动性来看,超越了以援助国主导的非对等合作模式,发挥受援国的主动性,实现互惠合作,增强双方的积极性;从机制建设来看,"一带一路"倡议通过六大经济走廊连接众多发展中国家,并建立亚洲基础设施投资银行、丝路基金等新的投融资渠道。

在未来的发展中,"一带一路"倡议势必会成为全球化发展的关键。不仅仅是因为"一带一路"倡议代表的和平、稳定、共赢的理念正是国际贸易和国际经济发展所需要的,还因为"一带一路"倡议为参与国家所带来的贸易经济及设施方面的发展,也会吸引越来越多的国家和国际组织参与其中。当然,"一带一路"建设绝非一帆风顺,一方面,"一带一路"共建国家体制差异较大、政局动荡,文化、宗教冲突不断;另一方面,还面临西方发达国家的歧视和偏见;加之,2020年新冠疫情发生以来,进一步加剧了政治和经济局势动荡,加剧了逆全球化趋势,加速了全球价值链的重构,也使得"一带一路"倡议的后续发展面临新的挑战。在这一背景下,总结"一带一路"倡议提出以来的发展进程与国际反响,并在此基础上对机遇与挑战进行评析,对明确"一带一路"倡议的发展前景有重要意义。

全球经济治理要义在于倡导多元主体共同治理,建立公平、效率、协调的多边机制,规避全球化风险和化解全球问题,谋求公共福利最大化。然而,在实践中,这些主张和愿景并没有得到很好响应和实施。以美国为主导的全球经济治理机制在利益包容性、价值公平性和机制民主性上的缺陷,在国际政治经济权力结构变迁过程中日趋暴露,全球经济治理面临制度失灵、失效和改革动力不足的困境。实践结果也表明:美国采取单边主义、保护主义的逆全球化政策,甚至发起全球性的贸易摩擦,是非理性的,更有悖于基于规则的全球经济治理,加剧了国家间的摩擦与冲突。可以说,全球经济治理实践与理念的偏离,在于日益增强的人类命运共同体的现实和个体(国家)与相对获益以及对权力地位追求的固有观念之间的矛盾。这一矛盾集中表现为全球经济治理制度僵化而无法适应权力变迁。这也意味着全球经济治理理念在很长时期都将无法跳出既有理论和实践的框架,全球经济治理机制改革仍然任重道远。

人类命运共同体理念观照下的全球经济治理是正确认识和应对这些问题和挑战的重要

第十八章 全球经济治理的中国方案：人类命运共同体理念与"一带一路"倡议

途径和必然选择。这一理念从人类整体合作的高度，强化了国家主体间日趋复杂的相互依赖，以整体主义的视角去理解世界经济的发展。同时，人类命运共同体理念观照下的全球经济治理，倡导公平、包容、普惠的经济全球化，主张改革和完善现有的治理机制，维护多边制度秩序，体现了全球经济治理的题中应有之义，践行了"共商、共建、共享"的原则，弘扬了正确的义利观。作为推动人类命运共同体构建的重要抓手，"一带一路"建设进入深耕细作的新阶段。这就要求中国及共建国家：要深化贸易投资合作，推动双向开放；继续把互联互通作为重点，打破共建和有关国家发展瓶颈；加强创新能力开放合作，促进共建和有关国家创新能力的共同提升；加强全球经济治理合作，参与国际经贸规则制定，争取全球经济治理制度性权力；要求中国与共建"一带一路"的合作伙伴共同努力，共克时艰，以实现高标准、惠民生、可持续的目标，推动"一带一路"国际合作不断取得新成果，打造构建全球经济治理的新样板、新模式。

第十九章　构建开放发展新格局和开放型经济新体制

马克思主义政治经济学认为，人类社会最终将从各民族的历史走向世界历史。经济全球化是生产力发展的必然要求。对外开放是建设中国特色社会主义的一项基本国策。党的十一届三中全会以来，中国始终坚持对外开放的基本国策，不断拓展对外开放的广度和深度，实现了从封闭半封闭到全方位开放的伟大历史转折。对外开放为中国经济社会发展注入了新的动力和活力，推动了社会主义市场经济体制的建立和完善，提升了中国的综合国力、国际竞争力和国际影响力，也促进了中国与世界各国的共同发展。当今，中国同世界的联系空前紧密，中国经济对世界经济的影响力、世界经济对中国经济的影响力都是前所未有的。在经济全球化深入发展的条件下，中国不可能关起门来搞建设，而是要善于统筹国内国际两个大局，利用好国际国内两个市场、两种资源。要顺应中国经济深度融入世界经济的趋势，发展更高层次的开放型经济，积极参与全球经济治理，促进国际经济秩序朝着平等公正、合作共赢的方向发展。同时，中国也要坚决维护国家发展利益，积极防范各种风险，确保国家经济安全[1]。

党的十九届六中全会审议通过的《中共中央关于党的百年奋斗重大成就和历史经验的决议》深刻指出，"开放带来进步，封闭必然落后；我国发展要赢得优势、赢得主动、赢得未来，必须顺应经济全球化，依托我国超大规模市场优势，实行更加积极主动的开放战略"。2021年底召开的中央经济工作会议强调，要扩大高水平对外开放，推动制度型开放；以高水平开放促进深层次改革、推动高质量发展。构建以国内大循环为主体、国内国际双循环相互促进的新发展格局，是以习近平同志为核心的党中央审时度势作出的重大决策部署，是新时代全面深化改革开放的重大战略任务，生动体现了党中央实施更加积极主动开放战略的坚定信念。面向未来，我们要站在历史正确的一边，坚定不移推动高水平对外开放，为构建新发展格局提供强大动力[2]。

---

[1] 习近平：《不断开拓当代中国马克思主义政治经济学新境界》，《求是》2020年第16期。
[2] 王文涛：《以高水平对外开放推动构建新发展格局》，《中国外资》2022年第3期。

第十九章 构建开放发展新格局和开放型经济新体制

第一节 构建开放发展新格局的重要意义

一 正确把握对外开放新形势

（一）世界经贸格局正在发生重大变化

2008年国际金融危机后，不少发达国家深陷债务危机的沼泽，经济复苏艰难曲折，发展中国家成为拉动世界经济增长的重要力量，一批新兴经济体快速崛起，金砖国家占全球经济总量的比重超过20%，全球经济格局"东升西降"更加明显。联合国贸发会议统计数据显示，2019—2020年，发展中国家进、出口总额分别增长28%、35%，明显高于发达国家的增速（25%、19%）。全球需求结构深刻调整，要求中国在巩固传统市场的同时，加快开拓前景广阔的新兴市场。

（二）国际产业竞争与合作的态势正在发生重大变化

从全球范围看，国际产业分工与合作仍在深化，但出现一些值得关注的新动向。受新兴经济体综合制造成本上涨的影响，劳动密集型产业特别是低端制造环节加速向低收入国家转移；在发达国家"再工业化"政策的牵引下，一些中高端制造业向发达国家回流；服务外包和服务投资成为国际经贸合作新热点，为新兴经济体提升在全球价值链中的地位带来了机遇；新能源、云计算、3D制造、基因诊断与修复等新技术革命取得新突破，各国均对新兴产业发展寄予厚望，抢占产业制高点的竞争日趋激烈。

（三）中国参与经济全球化的基础和条件正在发生重大变化

目前，中国经济总量居世界第二位，成为第一大出口国、第二大进口国、第二大吸收外资国、第三大对外投资国、第一大外汇储备国。这为中国进一步扩大开放提供了坚实的物质基础。同时，广阔的国内市场、充足的资金、日趋完备的基础设施、强大的产业配套能力，以及不断增强的企业创新能力和国际化经营能力，也为中国参与经济全球化提供了有利条件。但随着中国迈入中等收入国家行列，劳动力、土地等各类要素成本进入集中上升期，低成本制造的传统优势受到削弱，能源资源和生态环境约束强化。如何巩固传统优势、增创新优势，是摆在中国面前的重大课题。

（四）国际社会对中国的认知和期待正在发生重大变化

随着综合国力提升，中国在国际经济治理体系中的话语权和影响力不断增加，各方在重大国际和地区问题上更加关注中国的立场，更加注重与中国的合作。同时，中国被加速推向国际事务前台，一些发达国家在全球经济再平衡、应对气候变化、人民币汇率、知识产权保护、市场开放等方面对中国的要求越来越高，一些发展中国家对中国的期待也越来越大。但中国仍处于并将长期处于社会主义初级阶段的基本国情没有变，作为世界最大发展中国家的国际地位没有变。外界认知同中国实际情况的落差，给中国参与国际经济合作带来复杂影响①。

二 经济全球化背景下中国经济发展的机遇与挑战

经济全球化是指世界经济活动超越国界，通过对外贸易、资本流动、技术转移、提供服务、相互依存、相互联系而形成的全球范围的有机经济整体的过程。

2001年加入世界贸易组织后，中国的对外开放事业逐渐迈入新的发展阶段。继续扩大对外开放，积极参与经济全球化进程符合生产力的社会化发展要求，也符合中国的国家利益。同时，也必须清醒地认识到，经济全球化也是社会经济关系在全球范围内的一体化过程，它使得资本主义国家的矛盾问题在全球范围内得以转移。因此，从生产力和生产关系的二重性角度看，资本主义生产方式在世界范围内的扩张过程，就是经济全球化的过程，它是一把"双刃剑"②，即推动了生产的社会化，促进了生产力的向前发展，给中国经济发展带来了新机遇；同时也导致了许多新矛盾的产生，给中国经济提出了诸多新的挑战。

经济全球化是生产社会化发展的更高阶段，是生产社会化发展的必然趋势，对于生产力的发展有着巨大的推动作用。经济全球化促进了国际分工在广度和深度上的发展，加速了商品、资金、信息和劳动力在全球范围内的流动，加快了知识和技术传播与扩散的速度，密切了各国和各民族之间的相互联系和相互依赖，提高了全世界资源配置的效率，促致了社会财富的日益增长。基于此，经济全球化可以帮助中国在充分利用国外资金、技术、资源和市场的基础上，发挥后发优势，促进经济增长方式的转变；可以加速中国对外开放的步伐，有利于中国更好地利用自身优势，开拓国际市场，发展对外经济贸易等；有助于促进中国特色社会主义市场经济体制的建立。世界贸易组织等国际经济组织的规则建立在市场机制的基础上，中国可以借助外力扫除市场化改革中的障碍，通过引入竞争机制和淘汰机制等，不断健全和完善社会主义市场经济体制。对于经济全球化的进程如能加以正确引导和驾驭，可以促进中国的经济和社会发展，也有利于世界经济的发展和国际社会的稳定。

值得注意的是，当今世界的经济全球化是由西方发达国家主导的，是资本主义的全球化，也是资本积累的全球化过程。马克思指出："各国人民日益被卷入世界市场网，从而资本主义制度日益具有国际的性质。"③ 随着全球贸易和全球生产体系的迅速发展，以及跨国公司及其资本的不断扩张，使中国的民族经济面临越来越大的压力和冲击。反观发达的资本主义国家，它们垄断着资金、技术等资源，并在制定国际经济的"游戏规则"中发挥着主导作用，因而成了支配的一方，在全球化中获益最大。

经济的全球化是与经济的自由化和放松国家对本国市场的调控相联系的，因此其带

---

① 汪洋：《构建开放型经济新体制》，《人民日报》2013年11月22日。
② 张宇等：《中国特色社会主义政治经济学》，中国人民大学出版社2016年版，第294页。
③ 《资本论》第1卷，人民出版社2018年版，第874页。

给发展中国家的最大问题或者说最大威胁是，它们的国家主权受到冲击和削弱，国家经济安全受到挑战。由于世界经济的规则主要是由发达国家制定的，主要的国际经济组织也主要由发达国家控制，跨国公司建立的全球性经济网络也日益突破国界的限制，把资源和财富日益集中在自己手里。这就会严重制约和削弱发展中国家的自主发展能力。

随着资本主义全球化的不断发展，世界性经济危机也在不断深化。经济全球化把生产与消费、个别企业的有组织性与整个社会生产的无组织性的矛盾推向了一个更高的阶段和更广的范围。这样就产生了越来越大的失调的可能性，从而导致了世界性经济危机的爆发，对发展中国家经济形成严重冲击。

全球市场的发展还使得人类生态环境问题更加尖锐。以利润为导向的经济增长方式在创造巨大物质财富的同时，也引发了地球变暖，臭氧层变薄，森林过度砍伐和土地沙漠化，许多种类植物群和动物群灭绝或濒临灭绝，空气、水、土壤被严重污染等一系列危及人类生存的全球性问题。

当今世界的经济全球化是一种不对称的全球化，即货物和资本市场倾向于被全球化，而劳动力市场却被分割成许多板块；一方面是越来越全球化的经济，另一方面是不同主权国家和政治社会的继续存在。经济全球化的不对称性导致和加剧了世界经济发展的进一步不平衡，南北差距不断扩大，发展中国家更加落后于发达国家，尤其是那些处于最底层的发展中国家更加贫穷落后。

在机遇与挑战并存的现实背景下，中国一方面需要继续扩大对外开放程度，以积极融入经济全球化进程，共享经济全球化和世界经济增长成果；另一方面也需要时刻保持谨慎的态度，掌握开放的主动权——对外开放绝不是无条件的完全开放，对外开放的步调也必须是中国人民自己的选择，绝不能是其他国家干预的结果。

三　构建开放发展新格局是新时代中国经济发展转型的内在要求

开放带来进步，封闭必然落后。中国开放的大门不会关闭，只会越开越大。1978年党的十一届三中全会以后，中国确立了对外开放的基本国策。历经多年的发展，在开放型经济高速度发展的推动下，中国国内GDP总量从2010年开始就稳居世界第二位，货物和服务贸易进出口总额均居世界第二位，对外投资和吸引外资规模也位于世界第二和第三；制造业增加值连续七年居世界第一位。中国巨大的生产力水平和巨大的市场规模，为世界经济发展作出了巨大贡献，成为世界经济稳定增长的压舱石。

改革开放所取得的成绩来之不易。必须清醒认识到，过去的开放经济发展更多的是依靠量的扩张和规模扩大，依靠低成本优势和本土市场规模，依靠沿海城市的优惠政策和招商引资新模式等路径实现；而当下，中国经济已经由高速增长阶段转向高质量发展阶段，正处在转变发展方式、优化经济结构、转换增长动力的攻关期。提高开放经济的质量、效率和效益，是新时代中国开放经济发展转型升级的内在要求和战略抉择。

(一) 形成全面开放新格局是贯彻新发展理念的重要内容

中国特色社会主义进入了新时代，这是中国发展新的历史方位。在新时代提升对外开放水平，推动形成全面开放新格局，对于实现第二个一百年奋斗目标、实现中华民族伟大复兴的中国梦、推动构建人类命运共同体具有重大意义。以习近平同志为核心的党中央，把"开放"确立为新发展理念之一，将开放在发展中的作用、地位提升到了全新的层次和水平。贯彻落实开放发展理念，要求中国准确把握国际国内发展大势，明确新时代的开放布局、开放方式、开放重点，加强发展的内外联动，实施更加积极主动的开放战略，坚定不移提高开放型经济水平，坚定不移完善对外开放体制机制，增强发展活力、拓展发展空间。

推动形成全面开放新格局，是与全面深化改革和建设现代化经济体系紧密联系在一起的。贯彻新发展理念，建设现代化经济体系，既充分反映了中国经济内外一盘棋、整体推进的基本思路，也彰显了中国经济发展在世界经济发展中的重要影响力。一方面，中国经济发展为世界经济发展注入新动能。当前，中国对外开放的广度和深度都达到了一定程度，中国经济发展和外部经济发展高度融合、紧密相连。中国越来越离不开世界，世界也越来越离不开中国。另一方面，中国强调的"现代化经济体系"，应该是现代的、开放的经济体系。作为世界第二大经济体，中国经济体系和全球经济体系密切相关，发展的视角也应该是全球化的。因此，中国现在谈企业效益、产品质量、竞争优势，不应仅针对国内市场，而应针对全球市场。经济发展的参照系应该从单纯的国内市场变成国际市场。形成面向全球的贸易、投融资、生产、服务网络，加快培育国际经济合作和竞争新优势。

(二) 形成全面开放新格局是满足人民日益增长的美好生活需要的客观要求

中国社会主要矛盾已经转化为"人民日益增长的美好生活需要和不平衡不充分的发展之间的矛盾"。这是关系全局的历史性变化，对新时代扩大开放提出了新要求。当前，中国部分中低端产品过剩和中高端产品供给不足并存，服务短板现象突出。这就要求中国扩大服务业对外开放，优化服务供给，提高服务质量；增加高品质消费品和优质服务进口，丰富国内消费品市场，更好地满足人民群众个性化、多元化、差异化需求。

(三) 形成全面开放新格局是建设开放型世界经济的主动作为

近年来，世界经济发展动力不足，保护主义和内顾倾向抬头，经济全球化遇到挑战。经济全球化是不可逆转的时代潮流，但形式和内容上面临新的调整。这就要求中国维护多边贸易体制主渠道地位，坚持开放的区域主义，努力打造平等协商、广泛参与、普遍受益的区域合作框架；促进自由贸易区建设，提升贸易投资自由化便利化水平；主动参与和推动经济全球化进程，引导经济全球化朝着更加开放、包容、普惠、平衡、共赢的方向发展，为建设开放型世界经济增添动力。

(四) 形成全面开放新格局是构建人类命运共同体的重大贡献

当前全球发展失衡、治理困境、数字鸿沟、公平赤字等问题突出。中国日益走近世界舞台中央，如何在加快自身发展的同时，应对全球挑战、谋求共同发展，是新时代扩大对外开放的重要课题。这就要求中国更好统筹国内国际两个大局，奉行互利共赢的开放战略，鼓励和支持其他国家搭乘中国发展的"顺风车"，帮助广大发展中国家参与并融入全球价值链，促进包容性增长和共享型发展，为构建人类命运共同体作出中国贡献[①]。

总之，推动形成全面开放新格局，不仅惠及中国人民，而且造福世界人民。未来，中国将坚定不移贯彻新发展理念，坚持对外开放基本国策，奉行互利共赢开放战略，以"一带一路"建设为重点，谋求开放创新、包容互惠的发展前景，坚持推动构建人类命运共同体，为世界发展贡献中国智慧和中国力量。

第二节 构建开放型经济新体制：初步政策框架

改革开放以来，中国涉外经济体制改革迈出坚实步伐。经过多年努力，已初步建立了符合自身国情和世界贸易组织规则的开放型经济体制。但进入新时代以后，中国开放型经济体制建设不平衡、不协调、不可持续的问题越发突出，有些体制已不适应国内外形势和开放型经济自身发展的需要。相较而言，外贸体制改革更深入一些，利用外资和对外投资体制改革相对滞后；沿海地区开放型经济体制比较成熟，内陆地区相对滞后；企业改革步伐较快，政府职能转变和中介组织建设相对滞后[②]。基于此，为适应经济全球化新形势，推动对内对外开放，坚持"引进来"和"走出去"更好结合，促进国际国内要素有序自由流动、资源高效配置、市场深度融合，2013年11月12日中国共产党第十八届中央委员会第三次会议通过了《中共中央关于全面深化改革若干重大问题的决定》（以下简称《决定》）。《决定》明确了构建开放型经济新体制的主攻方向，也提出了不少重要举措。

一 放宽外商投资市场准入

外商投资准入负面清单是中国实行准入前国民待遇加负面清单管理制度的基本依据。负面清单以外的外商投资，按照内外资一致原则管理，给予国民待遇。各地区、各部门不得在负面清单之外的领域单独针对外资设置准入限制。逐步放宽外商投资市场准入标准不仅是顺应经济全球化趋势的必然要求，还是中国不断扩大对外开放力度，充分利用外资所搭载的技术创新能力和先进的管理经验，帮助中国实现产业结构调整和经济转型的重要举措。

改革开放以来，虽然中国制造业的整体竞争力得到极大的提升，但中国服务业开放程度低，竞争力弱，仍是经济发展中的一块"短板"。基于此，壮大和发展服务业就需要进一步深化改革、扩大开放。以推进金融、教育、文化、医疗等服务业领域有序开放为重点，逐步放开育幼养老、建筑设计、会计审计、商贸物流、电子商务等服务业领域的外资

[①] 钟山：《新时代推动形成全面开放新格局》，《求是》2018年第1期。
[②] 汪洋：《构建开放型经济新体制》，《人民日报》2013年11月22日。

准入限制。

　　围绕这些关键领域，中国不断缩减准入负面清单条目。自 2013 年第一版外资准入负面清单——中国（上海）自贸试验区外资准入负面清单出台以来，外资准入负面清单共进行过 6 次修订，特别管理措施从第一版的 190 条缩减至 2020 年版全国清单 33 条、自贸试验区清单 30 条，形成了制造业已基本开放、农业服务业稳步持续开放的格局，对于中国实现引进外资的持续增长发挥了积极作用。具体来看，2020 年版外资准入负面清单加快了服务业重点领域的开放进程，如金融领域取消了证券公司、证券投资基金管理公司、期货公司等外资股比的限制；又如基础设施领域，取消了 50 万人口以上城市供排水管网的建设经营须由中方控股的规定。放宽了制造业、农业准入条件，如在制造业领域，放开了商用车制造外资股比的限制等；又如在农业领域，将小麦新品种选育和种子生产必须由中方控股放宽为中方股比不低于 34%。在自贸试验区中，进一步放宽了医药领域（如取消禁止外商投资中药饮片的规定）和教育领域（允许外商独资设立学制类职业教育机构）的限制。

　　此外，在大幅缩减准入负面清单条目的基础上，中国还陆续新增了鼓励外商投资的领域。同样以 2020 年数据为例，《鼓励外商投资产业目录（2020 年版）》总条目 1235 条，其中，全国鼓励外商投资产业目录（以下简称"全国目录"）480 条，中西部地区外商投资优势产业目录（以下简称"中西部目录"）755 条。主要变化包括以下三个方面。一是进一步发挥外资在产业链供应链中积极作用。全国目录继续将制造业作为鼓励外商投资的重点方向，根据"引资补链""引资强链""引资扩链"导向增加了相关内容。在原材料领域，新增或修改高纯电子级氢氟酸、氟化氢、特种玻璃纤维、偏光片基膜、扩散膜、掩膜版、多乙烯多胺、高性能纤维等条目。在零部件领域，新增或修改高压真空元件、特种阀门、特种轴承、特种玻璃、轮速传感器等条目。在终端产品领域，新增或修改集成电路测试设备、L3/L4/L5 自动驾驶硬件、激光投影设备、超高清电视、呼吸机、ECMO、人工智能辅助医疗设备等条目。二是进一步鼓励外资投向生产性服务业。全国目录将促进服务业和制造业融合发展作为此次修订的重点之一，在扩大开放中发展新业态和新型基础设施建设。在研发设计领域，新增或修改第五代移动通信技术研发、区块链技术开发、污水处理设施设计等条目。在商务服务领域，新增高端装备维修、数字化生产线改造与集成等条目。在现代物流领域，新增或修改跨境电子商务零售、大宗商品进出口分拨中心、社区连锁配送等条目。在信息服务领域，新增在线教育、在线医疗、在线办公等条目。三是进一步鼓励外资投向中西部地区。中西部目录根据相关省份意见，适当增加条目，助推区域开放型经济发展和外向型产业集群。在黑龙江、云南等省份新增农产品加工、旅游开发等条目。在河南、陕西、广西等省份新增医疗器械、防疫防护用品、原料药生产等条目。在湖北、四川、重庆等省份新增半导体材料、石墨烯、工业陶瓷等条目。在辽宁、安徽、湖南等省份新增职业院校条目。在海南新增商贸、航运、金融、旅游等相关条目，支持海南自由贸易港建设。

二 加快自由贸易区建设

与多边贸易体系的开放相比，自由贸易区有对象可选、进程可控的特点，可以起到以局部带动整体的开放效果。加快自由贸易区的建设已经成为顺应全球自由贸易区快速发展的新形势。第一，全球自由贸易协定大量涌现。WTO数据显示，2021年全球自由贸易协定的数量已经超过350个，2022年全球新签署了13个自由贸易协定。第二，发达国家在自由贸易区中力推国际经贸新规则，抢占未来竞争和发展的制高点，重塑全球贸易投资规则体系。由于自由贸易区具有贸易创造和贸易转移的效应，必然形成谁参加谁受益、谁不参加谁被边缘化的结果，因此，全球自由贸易区发展浪潮正在深刻影响世界政治经济格局，中国加快自由贸易区建设的形势十分紧迫。

此外，加快自由贸易区的建设也是增强中国深化改革开放动力的重要途径之一。第一，有利于推动中国改革开放向纵深发展。自由贸易区的开放是一种以局部带整体、安全而高效的开放。通过加快自由贸易区建设，在货物贸易、服务贸易、投资等领域，适当提高自由化标准，可倒逼破除体制机制障碍，以竞争带动产业健康发展。第二，有利于拓宽经济发展空间。选择有关国家发展自由贸易区，在互惠互利基础上相互开放市场，可以更好地承接国际产业转移，推动企业加快"走出去"步伐。第三，有利于保障战略资源供应。2022年，中国从阿拉伯国家进口原油占中国同期进口总量的53%，66%的进口铁矿石来自澳大利亚，82.1%的铬矿来自南非。同这些资源丰富的国家商建自由贸易区，可以建立起多元稳定的重要资源海外供应渠道。第四，有利于改善国际环境特别是大周边环境。建立自由贸易区，可将中国市场吸引力和经济辐射力转化为国际影响力，为中国和平发展创造更好的外部环境[1]。

基于此，《决定》强调要"加快自由贸易区建设"，"形成面向全球的高标准自由贸易区网络"。这是扩大对外开放的现实途径，是以开放促改革的重要方式。截至2022年，中国陆续同全球26个国家和地区签署了19个自由贸易协定，覆盖亚洲、大洋洲、拉丁美洲、欧洲、非洲[2]。今后应继续维护多边贸易体制在全球贸易发展中的主导地位，同时要加快实施自由贸易区战略，形成以周边为基础、面向全球的高标准自由贸易区网络，拓展改革开放和国民经济发展空间。要抓紧打造中国—东盟自由贸易区升级版，进一步提升区内贸易投资自由化便利化水平；积极推进中韩、中日韩、中澳（大利亚）等自由贸易协定谈判，推动亚太经济一体化进程；适时启动与其他经贸伙伴的自由贸易协定谈判；扩大对香港特别行政区、澳门特别行政区和台湾地区开放合作。最后，还需要改革市场准入、海

---

[1] 《解读：如何认识加快自由贸易区建设的紧迫性》，新华社，http://www.gov.cn/jrzg/2014-01/06/content_2560322.htm，2014年1月6日。

[2] 人民日报：《2022年中国高水平开放不止步》，中国政府网，https://www.gov.cn/xinwen/2022-12/27/content_5733670.htm，2022年12月27日。

关监管、检验检疫等管理体制，加快环境保护、投资保护、政府采购、电子商务等新议题谈判，形成面向全球的高标准自由贸易区网络。

三 扩大内陆地区对外开放，加快沿边开放步伐

内陆开放是中国新一轮对外开放的最大潜力和动力所在，是拓展开放型经济广度和深度的关键所在。改革开放以来，中国通过开放引领改革、开放促进发展，迅速成为全球第二大经济体、第一制造大国和对外贸易大国。中国对外开放从建立沿海经济特区到沿边、沿江、内陆地区由东及西渐次展开。在成就珠三角、长三角、环渤海三大经济区的同时，其也导致东部沿海和内陆地区出现了明显的差距。可以说，现阶段中国发展的不平衡，主要体现为区域发展的不平衡；开放程度的不协调，更多体现为内陆和沿海开放的不协调。因此，要创新内陆开放模式，激发广袤内陆地区的开放活力，形成对外开放的战略腹地和新的经济增长点，为中国全方位开放注入更为持久的动力。

当前，中国内陆地区开放型经济发展面临历史性机遇，但由于既不靠海也不沿边，存在开放口岸少、物流费用高、区域转关难等诸多亟待破解的制约因素。扩大内陆开放是一项系统性工程，要从体制机制、政策环境等方面下功夫，全面夯实内陆开放型经济发展的基础。针对内陆地区加工贸易和沿海地区在物流运输成本和时效上的重大差异，要创新内陆加工贸易模式，推进整机生产、零部件、原材料配套和研发结算在内地全流程、一体化集群发展，使内陆地区成为沿海加工制造贸易升级版的承接地。针对内陆与沿海外资利用水平的落差，要推进内陆地区全方位、宽领域、多渠道利用外资，使内陆地区成为新的外资集聚地。具体来看，要统筹推进内陆地区国际贸易大通道建设，更好发挥渝新欧、郑新欧国际铁路联运大通道战略性、功能性作用，加快建设向东南亚、中亚、俄罗斯、欧洲等方位的国际物流大通道，支持内陆城市增开国际客货运航线，发展江海、铁海、路航等多式联运，形成横贯东中西、连接南北方的对外经济走廊。针对内陆与沿海地区在开放口岸数量上的差异性问题，要加强内陆地区口岸布局与建设，支持有条件的内陆中心城市建设铁路、航运、航空等国际口岸，发展内陆口岸经济。加大内陆口岸基础设施建设力度，根据货物进出口流向和产业转型升级方向，赋予内陆地区更多口岸功能。针对内陆与沿海地区口岸管理部门林立、通关环节众多、执法平台封闭运行等问题，要推动内陆同沿海沿边通关协作，实现内陆海关和沿海海关信息互换、监管互认、执法互助，确保企业进出口货物一次申报、一次查验、一次放行，提高货物通关效率，降低企业运行成本。加快调整口岸管理体制，整合口岸管理相关职能，实现口岸货物监管一口对外。针对内陆地区出入境窗口较少等问题，要改革边防管理模式，有序扩大多次往返和落地签证试点范围，促进内陆地区出入境便利化。针对内陆地区金融开放程度较低问题，要扩大内陆地区金融领域对外开放，支持内陆中心城市建立辐射东盟和中亚的区域性金融中心，积极发展金融结算、金融后台服务等特色金融，形成多层次、开放性、均衡布局的涉外金融新格局，带动周边地区扩大对外开放。鼓励内陆地区金融机构稳健拓展国际业务，建立与国际贸易大通道相

适应的对外金融服务体系。鼓励国内外金融机构设立产业发展基金，形成多层次的股权投资体系，支持内陆地区先进制造业和现代服务业发展[①]。

除了要扩大内陆地区对外开放，还需要加快沿边开放步伐。中国同14个国家毗邻，陆路边境总长2.28万千米，沿边139个县级行政区国土面积合计约200万平方千米，居住着45个少数民族。加快沿边开放，对优化对外开放格局、促进区域协调发展、建设繁荣稳定的边疆具有重大战略意义。第一，扩大沿边开放有利于优化开放空间布局、促进区域协调发展；有利于增强沿边地区自我发展能力，把区位优势转化为开放的优势和发展的优势，缩小同沿海和内陆地区发展的差距；有利于促进开放空间逐步从沿海向沿边延伸，打造东西呼应、海陆并进的空间开放格局，促进沿海、内陆、沿边区域协调发展。第二，扩大沿边开放有利于构建和谐周边环境。沿边地区民族社情复杂，周边局势内外关联，发展上的差距容易触发民族宗教和边疆稳定问题，或为境外敌对势力所利用。国际金融危机推动世界政治经济格局加速调整，战略重心加快东移。扩大沿边开放既有利于中国同周边国家拉紧利益纽带，增强战略互信，实现互利共赢，也有利于促进民族团结、稳边兴边。第三，扩大沿边开放有利于拓展能源资源战略通道。中国周边国家资源丰富，14个毗邻国家和伊朗的石油储量占全球的20%、天然气储量占42%、铁占34%、铜占23%、镍占23%、钨占27%，是大国竞相争夺的新兴能源基地和重要战略地区。推进沿边地区开放开发、加快建设周边国际大通道，合作开发周边国家的能源资源，有利于缓解日益增长的国内资源紧缺，降低中国对远洋资源来源地和运输通道的依赖风险，实现中国能源资源战略通道的多元化，保障国家经济安全。

目前，扩大沿边开放具备诸多有利条件。从1992年开始，国务院先后批准丹东等14个城市为边境开放城市，设立了黑河等15个边境经济合作区，开放了120多个口岸和临时过货点，其中陆路一类口岸60多个，铁路、公路、航空、水运、光纤电缆以及管道运输等基础设施互联互通的立体开放格局正在加快形成。西部大开发、振兴东北等老工业基地、兴边富民行动规划等涉及沿边地区扩大开放的一系列重大发展战略深入实施，有效带动了沿边地区的经济社会发展，沿边地区综合经济实力显著增强，基础设施不断完善，对外经贸合作规模持续扩大，教育、文化、社会事业快速发展。边境贸易、周边投资合作等成为沿边地区开放型经济的重要组成部分。沿边地区经济社会的快速发展，为加快沿边地区开放奠定了较好的基础，此其一。其二，沿边地区发展潜力巨大。中国陆路边境线总长居世界第二位，陆地毗邻国最多，辐射区域大，开放空间广阔。广西是东盟合作高地，云南、西藏是向西南开放的重要桥头堡，新疆、甘肃是向西开放基地，东北三省和内蒙古是东北亚开放重要枢纽。周边国家有的能源资源富集，有的市场潜力巨大，大都处于经济社会较快发展的上升期，同中国合作发展的愿望十分强烈。中国坚持与邻为善、以邻为伴，坚持互利共赢，同周边国家共同搭建的合作平台和机制日益完善。中国沿边地区同周边国

[①] 《怎样认识内陆开放在新一轮对外开放中的战略地位》，新华社，http://www.gov.cn/jrzg/2014-01/07/content_2560977.htm，2014年1月7日。

家地缘相近、经济互补,深化互利务实合作具备先天条件。另外,当前中国支撑沿边扩大开放的能力显著提升。中国的综合国力和国际地位不断上升,为扩大沿边开放提供强大支撑。沿海地区对外开放的成功实践,为沿边地区扩大开放提供了宝贵经验①。

四 其他

"十五"时期中国出口年均增速高达25%,"十一五"时期降至15.7%,"十二五"时期进一步降至10%,"十三五"时期虽然有所回升,但也只达到17.2%。这既是国际市场需求不振的结果,更是中国经济传统竞争优势逐步弱化的反映,充分说明单纯依靠廉价资源和廉价劳动力支撑的开放型经济发展模式终究是不可持续的,也是不可能建成经济强国的。《决定》的提出就是要进一步发挥开放对技术创新和产业升级的引领作用,推动开放型经济从规模扩张向质量效益提升转变,从成本优势向以人才、资本、技术、服务、品牌为核心的综合竞争优势转变,努力提高在国际产业分工中的地位。

中国海关总署发布的数据显示,2022年,中国中西部地区进出口总额为3.56万亿元,较去年同期增长11.5%,较同期全国外贸整体增速高2.1个百分点,占全国外贸进出口比重的18%,同比提高0.3个百分点。其中,河南、湖北等省份进出口同比增长超过了三成。这是各种因素综合作用的结果,也凸显中国开放型经济的发展后劲。中国扩大对外开放的巨大潜力和回旋余地在中西部地区,拓展开放型经济广度和深度的重要方向在中西部地区。中西部地区开放型经济已经驶入快车道,展现十分广阔的发展前景。《决定》的提出有利于扩大内陆和沿边开放,创新内陆开放和沿边开放模式,因势利导、顺势而为,挖掘广大中西部地区的开放潜力,激发开放活力,加快形成海陆统筹、东西互济的开放新格局。

营商环境是一个国家参与国际经济合作与竞争的重要依托,是经济软实力的重要体现。中国特色社会主义市场经济体制初步建立并不断完善,但政府职能转变不到位,市场中介组织不发达,社会信用体系建设滞后,大幅增加了企业的营商成本。《决定》提出,深化行政体制改革,统一内外资法律法规,统一市场准入制度,统一市场监管,建立公开透明的市场规则,就是要积极对接国际先进理念和通行规则,大力营造竞争有序的市场环境、透明高效的政务环境、公平正义的法制环境,保证各类所有制经济依法平等使用生产要素、公开公平公正参与市场竞争、同等受到法律保护,增强各类企业长期投资中国的信心。

规则和标准的竞争是最高层次的竞争。中国加入世界贸易组织,进入重大经贸问题谈判的核心圈,在全球经济治理中发挥着越来越重要的作用。但是中国作为现行国际经贸规则适应者、遵循者的角色没有根本改变。《决定》提出,坚持世界贸易体制规则,坚持双

---

① 《解读:如何认识扩大沿边开放的战略意义》,新华社,http://www.gov.cn/jrzg/2014-01/08/content_2562107.htm,2014年1月8日。

边、多边、区域次区域开放合作，加快环境保护、投资保护、政府采购、电子商务等国际经贸新议题谈判，扩大同各国各地区利益汇合点，就是要以更加积极、自信、负责的姿态，参与国际体系变革和国际规则制定，参与全球性问题治理，增强中国在国际经贸规则和标准制定中的话语权，推动国际经济秩序朝着更加公正合理的方向发展，更好地维护中国的根本利益和人类的共同利益[①]。

第三节 构建开放型经济新体制：总体目标与基本内容

改革开放以来，中国以对外开放为基本国策，牢牢把握经济全球化带来的重大机遇，通过融入经济全球化和国际生产体系，充分利用两个市场、两种资源，经济发展水平和国际竞争力快速提升，成为国际贸易投资体系中的大国，也是全球价值链三大重要枢纽之一。党的十八大以来，中国进一步扩大对外开放：从东部沿海开放到东西双向开放，加快构建全面开放新格局；从要素开放转向制度型开放，全面提升开放水平；从履行加入世界贸易组织承诺转向主动开放，确立了以开放的主动赢得经济发展主动和国际竞争主动的新理念。党的十九届四中全会提出"构建更高水平开放型经济新体制"。2020年，中共中央、国务院发布的《关于新时代加快完善社会主义市场经济体系的意见》。这既是全面深化改革、推动中国经济高质量发展的需要，也是迎接外部环境深刻变化、维护开放型世界经济的需要[②]。

习近平总书记指出："我们从来不排斥任何有利于中国发展进步的他国国家治理经验，而是坚持以我为主、为我所用，去其糟粕、取其精华。"[③] 站在新的历史起点上，实现第二个一百年奋斗目标、实现中华民族伟大复兴的中国梦，必须适应经济全球化新趋势、准确判断国际形势新变化、深刻把握国内改革发展新要求，以更加积极有为的行动，推进更高水平的对外开放，加快实施自由贸易区战略，主动参与和影响全球经济治理，加快构建开放型经济新体制，以对外开放的主动赢得经济发展的主动、赢得国际竞争的主动。

一 构建开放型经济新体制总体目标

加快培育国际合作和竞争新优势，更加积极地促进内需和外需平衡、进口和出口平衡、引进外资和对外投资平衡，逐步实现国际收支基本平衡，形成全方位开放新格局，实现开放型经济治理体系和治理能力现代化，在扩大开放中树立正确义利观，切实维护国家利益，保障国家安全，推动中国与世界各国共同发展，构建互利共赢、多元平衡、安全高

[①] 汪洋：《构建开放型经济新体制》，《人民日报》2013年11月22日。
[②] 徐绍史：《坚持以四个坚定不移为指导全面构建开放型经济新体制》，《中国产经》2015年第10期。
[③] 习近平：《坚持和完善中国特色社会主义制度推进国家治理体系和治理能力现代化》，《求是》2020年第1期。

效的开放型经济新体制。

第一，建立市场配置资源新机制。促进国际国内要素有序自由流动、资源全球高效配置、国际国内市场深度融合，加快推进与开放型经济相关的体制机制改革，建立公平开放、竞争有序的现代市场体系。

第二，形成经济运行管理新模式。按照国际化、法治化的要求，营造良好法治环境，依法管理开放，建立与国际高标准投资和贸易规则相适应的管理方式，形成参与国际宏观经济政策协调的机制，推动国际经济治理结构不断完善。推进政府行为法治化、经济行为市场化，建立健全企业履行主体责任、政府依法监管和社会广泛参与的管理机制，健全对外开放中有效维护国家利益和安全的体制机制。

第三，形成全方位开放新格局。坚持自主开放与对等开放，加强"走出去"战略谋划，实施更加主动的自由贸易区战略，拓展开放型经济发展新空间。继续实施西部开发、东北振兴、中部崛起、东部率先的区域发展总体战略，重点实施"一带一路"倡议、京津冀协同发展战略和长江经济带战略，推动东西双向开放，促进基础设施互联互通，扩大沿边开发开放，形成全方位开放新格局。

第四，形成国际合作和竞争新优势。巩固和拓展传统优势，加快培育竞争新优势。以创新驱动为导向，以质量效益为核心，大力营造竞争有序的市场环境、透明高效的政务环境、公平正义的法治环境和合作共赢的人文环境，加速培育产业、区位、营商环境和规则标准等综合竞争优势，不断增强创新能力，全面提升在全球价值链中的地位，促进产业转型升级。

二　构建开放型经济新体制主要内容

2015年，《中共中央、国务院关于构建开放型经济新体制的若干意见》指出："对外开放是我国的基本国策。当前，世界多极化、经济全球化进一步发展，国际政治经济环境深刻变化，创新引领发展的趋势更加明显。我国改革开放正站在新的起点上，经济结构深度调整，各项改革全面推进，经济发展进入新常态。面对新形势新挑战新任务，要统筹开放型经济顶层设计，加快构建开放型经济新体制，进一步破除体制机制障碍，使对内对外开放相互促进，引进来与走出去更好结合，以对外开放的主动赢得经济发展和国际竞争的主动，以开放促改革、促发展、促创新，建设开放型经济强国，为实现'两个一百年'奋斗目标和中华民族伟大复兴的中国梦打下坚实基础。"

（一）创新外商投资管理体制

当前全球区域经济一体化格局正在发生变化，创新引领发展的趋势更加明显，而中国经济进入转型期和换挡期，中国制造的传统低成本优势正在被削弱。在这样的背景下，创新外商投资管理体制，提高引进外资质量，稳定外商投资规模和速度，变得尤为迫切。改善投资环境，扩大服务业市场准入，进一步开放制造业，稳定外商投资规模和速度，提高引进外资质量。改革外商投资审批和产业指导的管理方式，向准入前国民待遇加负面清单的管理模式转变,促进开发区体制机制创新和转型升级发展。

第一,统一内外资法律法规。修订中外合资经营企业法、中外合作经营企业法和外资企业法,制定新的外资基础性法律,将规范和引导境外投资者及其投资行为的内容纳入外资基础性法律。对于外资企业组织形式、经营活动等一般内容,可由统一适用于各类市场主体法律法规加以规范的,按照内外资一致的原则,适用统一的法律法规。保持外资政策稳定、透明、可预期,营造规范的制度环境和稳定的市场环境。

第二,推进准入前国民待遇加负面清单的管理模式。完善外商投资市场准入制度,探索对外商投资实行准入前国民待遇加负面清单的管理模式。在做好风险评估的基础上,分层次、有重点放开服务业领域外资准入限制,推进金融、教育、文化、医疗等服务业领域有序开放,放开育幼养老、建筑设计、会计审计、商贸物流、电子商务等服务业领域外资准入限制,进一步放开一般制造业。在维护国家安全的前提下,对于交通、电信等基础设施以及矿业等相关领域逐步减少对外资的限制。

第三,完善外商投资监管体系。按照扩大开放与加强监管同步的要求,加强事中事后监管,建立外商投资信息报告制度和外商投资信息公示平台,充分发挥企业信用信息公示系统的平台作用,形成各政府部门信息共享、协同监管、社会公众参与监督的外商投资全程监管体系,提升外商投资监管的科学性、规范性和透明度,防止一放就乱。

第四,推动开发区转型升级和创新发展。加强国家级经济技术开发区、高新技术产业开发区、海关特殊监管区域以及省级开发区等各类开发区规划指导、创新发展。发挥开发区的引领和带动作用,大力发展先进制造业、生产性服务业和科技服务业,推动区内产业升级,建设协同创新平台,实现产业结构、产品附加值、质量、品牌、技术水平、创新能力的全面提升。推动开发区绿色、低碳、循环发展,继续深化节能环保国际合作。不断改善投资环境,进一步规范行政管理制度,完善决策、执行、监督和考核评价体系,避免同质竞争,努力把开发区建设成为带动地区经济发展和实施区域发展战略的重要载体、构建开放型经济新体制和培育吸引外资新优势的排头兵、科技创新驱动和绿色集约发展的示范区。

(二)建立促进"走出去"战略的新体制

实施"走出去"国家战略,加强统筹谋划和指导。确立企业和个人对外投资主体地位,努力提高对外投资质量和效率,促进基础设施互联互通,推动优势产业"走出去",开展先进技术合作,增强中国企业国际化经营能力,避免恶性竞争,维护境外投资权益。

第一,确立并实施新时期"走出去"战略。根据国民经济和社会发展总体规划以及对外开放总体战略,完善境外投资中长期发展规划,加强对"走出去"的统筹谋划和指导,提供政策支持和投资促进。鼓励企业制定中长期国际化发展战略,兼顾当前和长远利益,在境外依法经营。督促企业履行社会责任,树立良好形象。

第二,推进境外投资便利化。研究制定境外投资法规。贯彻企业投资自主决策、自负盈亏原则,放宽境外投资限制,简化境外投资管理,除了少数有特殊规定,境外投资项目一律实行备案制。加快建立合格境内个人投资者制度。加强境外投资合作信息平台建设。

第三，创新对外投资合作方式。允许企业和个人发挥自身优势到境外开展投资合作，允许自担风险到各国各地区承揽工程和劳务合作项目，允许创新方式"走出去"开展绿地投资、并购投资、证券投资、联合投资等。鼓励有实力的企业采取多种方式开展境外基础设施投资和能源资源合作。促进高铁、核电、航空、机械、电力、电信、冶金、建材、轻工、纺织等优势行业"走出去"，提升互联网信息服务等现代服务业国际化水平，推动电子商务"走出去"。积极稳妥推进境外农业投资合作。支持中国重大技术标准"走出去"。创新境外经贸合作区发展模式，支持国内投资主体自主建设和管理。

第四，健全"走出去"服务保障体系。加快同有关国家和地区商签投资协定，完善领事保护制度，提供权益保障、投资促进、风险预警等更多服务，推进对外投资合作便利化。保障中国境外人员人身和财产安全。发挥中介机构作用，培育一批国际化的设计咨询、资产评估、信用评级、法律服务等中介机构。

第五，"引进来"和"走出去"有机结合。推进引进外资与对外投资有机结合、相互配合，推动与各国各地区互利共赢的产业投资合作。发挥中国优势和条件促进其他国家和地区共同发展。鼓励企业开展科技创新、项目对接、信息交流、人力资源开发等多方面国际合作。支持地方和企业作好引资、引智、引技等工作，并积极开拓国际市场。通过各类投资合作机制，分享中国"引进来"的成功经验，推动有关国家营造良好投资环境。

（三）构建外贸可持续发展新机制

保持外贸传统优势，加快培育外贸竞争新优势，着力破解制约外贸持续发展和转型升级的突出问题。全面提升外贸竞争力，提高贸易便利化水平，完善进出口促进体系，健全贸易摩擦应对机制，大力发展服务贸易，促进外贸提质增效升级。

第一，提高贸易便利化水平。强化大通关协作机制，实现口岸管理相关部门信息互换、监管互认、执法互助。加快国际贸易"单一窗口"建设，全面推行口岸管理相关部门"联合查验、一次放行"等通关新模式。依托电子口岸平台，推动口岸管理相关部门各作业系统横向互联，建立信息共享共用机制。探索开展口岸查验机制创新和口岸管理相关部门综合执法试点。加快海关特殊监管区域整合优化。加快一体化通关改革，推进通关作业无纸化。与主要贸易伙伴开展检验检疫、认证认可和技术标准等方面的交流合作与互认。加强口岸检验检疫综合能力建设，完善产品质量安全风险预警和快速反应体系。整合和规范进出口环节经营性服务和收费。

第二，培育外贸竞争新优势。优化市场布局和贸易结构。稳定传统优势产品出口，进一步推进以质取胜战略，提升出口产品质量、档次和创新要素比重，扩大大型成套设备和技术出口。加强外贸诚信体系建设，规范进出口秩序。鼓励企业开展科技创新和商业模式创新，加快培育以技术、品牌、质量、服务为核心的外贸竞争新优势。鼓励发展跨境电子商务、市场采购贸易等新型贸易方式。积极解决电子商务在境内外发展的技术、政策问题，在标准、支付、物流、通关、检验检疫、税收等方面加强国际协调，参与相关规则制定，创新跨境电子商务合作方式，融入国外零售体系，化解相关贸易摩擦。优化进口商品结构，鼓励先进技术、关键设备和零部件进口，稳定资源性产品进口，合理增加一般消费品进口。培育国际大宗商品交易平台。提高一般贸易和服务贸易比重，推动加工贸易转型升级，提升产业层次，提高加工贸易的质量和附加值，延长加工贸易产业链，提高加工贸易增值率。

第三，建立健全服务贸易促进体系。提升服务贸易战略地位，着力扩大服务贸易规模，推进服务贸易便利化和自由化。鼓励发展生产性服务贸易。依托大数据、云计算、物联网、移动互联网等新技术，推动服务业转型，培育服务新业态。创新服务贸易金融服务体系，建立与服务贸易相适应的口岸管理和通关协作模式。提高货物贸易中的服务附加值，促进制造业与服务业、货物贸易与服务贸易协调发展。推进国内服务市场健全制度、标准、规范和监管体系，为专业人才和专业服务跨境流动提供便利。制定与国际接轨的服务业标准化体系，加强与服务贸易相关的人才培养、资格互认、标准制定等方面的国际合作。促进服务外包升级，提升服务跨境交付能力，建设好服务外包示范城市。

第四，实施质量效益导向型的外贸政策。支持技术含量高、附加值大、资源和能源消耗低、环境污染小、产业关联度强的对外贸易活动，实现外贸绿色低碳可持续发展。进一步完善出口退税制度，优化出口退税流程。健全出口信用保险体系。加强贸易风险、汇率风险监测分析，适时公布有关风险提示，引导企业有效规避出口风险。

第五，健全贸易摩擦应对机制。强化中央、地方、行业协会商会、企业四体联动的综合应对机制，指导企业做好贸易摩擦预警、咨询、对话、磋商、诉讼等工作。有理有节、化解分歧、争取双赢，以协商方式妥善解决贸易争端，对滥用贸易保护措施和歧视性做法，善于运用规则进行交涉和制衡。依法开展贸易救济调查，维护国内产业企业合法权益。

（四）优化对外开放区域布局

建设自由贸易园区，立足东中西协调、陆海统筹，扩大对港澳台开放合作，推动形成全方位的区域开放新格局，以区域开放的提质增效带动经济的协调发展。

第一，建设若干自由贸易试验园区。深化中国（上海）自由贸易试验区改革开放，扩大服务业和先进制造业对外开放，形成促进投资和创新的政策支持体系，并将部分开放措施辐射到浦东新区，及时总结改革试点经验，在全国复制推广。依托现有新区、园区，推动广东、天津、福建自由贸易试验区总体方案全面实施，以中国（上海）自由贸易试验区试点内容为主体，结合地方特点，充实新的试点内容，未来结合国家发展战略需要逐步向其他地方扩展，推动实施新一轮高水平对外开放。

第二，完善内陆开放新机制。抓住全球产业重新布局机遇，以内陆中心城市和城市群为依托，以开发区和产业聚集区为平台，积极探索承接产业转移新路径，创新加工贸易模式，以加工贸易梯度转移重点承接地为依托，稳妥推进有条件的企业将整机生产、零部件、原材料配套和研发、结算等向内陆地区转移，形成产业集群，支持在内陆中心城市建立先进制造业中心。鼓励区域合作共建产业园区，促进内陆贸易、投资、技术创新协调发展。支持内陆城市增开国际客货运航线，发展江海联运，以及铁水、陆航等多式联运，形成横贯东中西、连接南北方的对外经济走廊。

第三，培育沿边开放新支点。将沿边重点开发开放试验区、边境经济合作区建成中国与周边国家合作的重要平台，加快沿边开放步伐。允许沿边重点口岸、边境城市、边境经济合作区在人员往来、加工物流、旅游等方面实行特殊方式和政策。按有关规定有序进行边境经济合作区新设、调区和扩区工作。稳步发展跨境经济合作区，有条件的可结合规划先行启动中方区域基础设施建设。建设能源资源进口加工基地，开展面向周边市场的产业合作。鼓励边境地区与毗邻国地方政府加强务实合作。

第四，打造沿海开放新高地。发挥长三角、珠三角、环渤海地区对外开放门户的作用，建设若干服务全国、面向世界的国际化大都市和城市群，建成具有更强国际影响力的沿海经济带。推动京津冀协同发展。支持沿海地区发展高端产业、加强科技研发，加快从全球加工装配基地向研发、先进制造基地转变，推进服务业开放先行先试。依托长江黄金水道，推动长江经济带发展，打造中国经济新支撑带，建设陆海双向对外开放新走廊。

第五，扩大对香港、澳门和台湾地区开放。发挥港澳地区的开放平台与示范作用，深化内地与港澳更紧密经贸关系安排，加快实现与港澳服务贸易自由化。建设好深圳前海现代服务业示范区、珠海横琴新区、广州南沙新区。鼓励内地企业与港澳企业联合"走出去"。支持内地企业赴港融资，将境外产业投资与香港金融资本有机结合。鼓励内地企业与港澳企业联合成立投资基金，通过多种方式开展投资合作。促进澳门经济适度多元。促进海峡两岸经济关系正常化、制度化、自由化，逐步健全两岸经济合作机制。加强两岸产业合作、双向贸易投资及便利化方面的合作。充分发挥海峡西岸经济区、平潭综合实验区、昆山深化两岸产业合作试验区等的先行先试作用。深化和拓展与港澳台地区高校、科研院所、企业间科技研发和创新创业方面的合作。

（五）加快实施"一带一路"倡议

实施"一带一路"倡议，以政策沟通、设施联通、贸易畅通、资金融通、民心相通为主要内容，全方位推进与共建国家合作，构建利益共同体、命运共同体和责任共同体，深化与共建国家多层次经贸合作，带动中国沿边、内陆地区发展。

第一，推进基础设施互联互通。加快形成国际大通道，构建联通内外、安全通畅的综合交通运输网络，完善交通合作平台与机制。巩固和扩大电力输送、光缆通信等合作。深化能源资源开发与通道建设合作。

第二，深化与共建国家经贸合作。相互扩大市场开放，深化海关、检验检疫、标准、认证、过境运输等全方位合作，培育壮大特色优势产业，推动中国大型成套设备、技术、标准与共建国家合作。加大非资源类产品进口力度，促进贸易平衡。推动企业在共建国家设立仓储物流基地和分拨中心，完善区域营销网络。加强与共建国家的产业投资合作，共建一批经贸合作园区，带动共建国家增加就业、改善民生。鼓励发展面向共建国家的电子商务，倡导电子商务多边合作。

第三，密切科技人文交流。扩大与共建国家互派留学规模，鼓励有实力的高校"走出去"办学，开展境外教育合作。推进国际卫生合作。加强与共建国家科技合作，采取多种方式联合开展重大科研攻关。推动产学研协同配合，把重点经贸项目合作与科技人文交流紧密结合起来。推进对外文化合作与交流，与共建国家互办文化年、艺术节等活动，支持共建国家申办国际重大赛事，加强与共建国家旅游投资合作，联合打造具有丝绸之路特色的国际精品旅游线路和旅游产品。

第四，积极推进海洋经济合作。大力发展海洋经济，制定促进海洋经济发展的政策法规。妥善处理争议和分歧，建立海上经济合作和共同开发机制。加强国际远洋渔业合作。

第五，扎实推动中巴、孟中印缅经济走廊建设。中巴、孟中印缅两个经济走廊与推进"一带一路"建设关联紧密，要进一步深化研究、推动合作。积极探索孟中印缅经济走廊框架下四方合作模式，制定经济走廊务实合作计划，推出一批易操作、见效快的早期收获项目。共同推进编制中巴经济走廊建设远景规划，指导中国企业有序参与建设活动。

（六）拓宽国际经济合作新空间

巩固和加强多边贸易体制，加快实施自由贸易区战略，积极参与全球经济治理，做国际经贸规则的参与者、引领者，扩大国际合作与交流，努力形成深度交融的互利合作网络。

第一，坚持世界贸易体制规则。维护多边贸易体制在全球贸易投资自由化中的主渠道地位，坚持均衡、普惠、共赢原则，反对贸易投资保护主义。推进《信息技术协定》扩围和《环境产品协定》谈判，推动中国加入《政府采购协定》进程。支持世界贸易组织继续加强贸易政策监督机制、完善争端解决机制。进一步加强贸易政策合规工作。

第二，建立高标准自由贸易区网络。加快实施自由贸易区战略，坚持分类施策、精耕细作，逐步构筑起立足周边、辐射"一带一路"、面向全球的高标准自由贸易区网络，积极扩大服务业开放，加快推进环境保护、投资保护、政府采购、电子商务等新议题谈判，积极推进国际创新合作。积极落实中韩、中澳自由贸易区谈判成果，打造中国—东盟自由贸易区升级版，推进中国与有关国家自由贸易协定谈判和建设进程，稳步推进中欧自由贸易区和亚太自由贸易区建设，适时启动与其他经贸伙伴的自由贸易协定谈判。

第三，积极参与全球经济治理。推进全球经济治理体系改革，支持联合国、二十国集团等发挥全球经济治理主要平台作用，推动金砖国家合作机制发挥作用，共同提高新兴市场和发展中国家在全球经济治理领域的发言权和代表性。全面参与国际经济体系变革和规则制定，在全球性议题上，主动提出新主张、新倡议和新行动方案，增强中国在国际经贸规则和标准制定中的话语权。

第四，构建多双边、全方位经贸合作新格局。坚持正确的义利观，弘义融利，因地制宜，务实合作。丰富中美新型大国关系的经贸内涵，深化中欧多领域合作，协同推进中美、中欧投资协定谈判，统筹国内改革与对外开放进程。促进中俄经贸关系跨越式发展。深化同发展中国家合作。加强与"一带一路"共建国家和地区的宏观政策沟通与协调。完善区域次区域合作机制，发挥亚太经合组织、亚欧会议、上海合作组织作用，强化中非、中阿、中拉等合作机制。推进大湄公河、中亚、图们江、泛北部湾等次区域合作。多双边合作机制要加强统筹、提高效率、讲求实效。

第五，建立国际经贸谈判新机制。抓紧建立依法有序、科学高效、协调有力、执行有效的谈判机制。统筹谈判资源和筹码,科学决策谈判方案,优化谈判进程。加强谈判方案执行、监督和谈判绩效评价,提高对外谈判力度和有效性。充分发挥有关议事协调机制的积极作用,完善国际经贸谈判授权和批准制度。

(七)构建开放安全的金融体系

提升金融业开放水平,稳步推进人民币国际化,扩大人民币跨境使用范围、方式和规模,加快实现人民币资本项目可兑换。

第一,扩大金融业开放。在持续评估、完善审慎监管和有效管控风险的基础上,有序放宽证券业股比限制,有序推进银行业对外开放,形成公平、有序、良性的金融生态环境。提升金融机构国际化经营水平,鼓励金融机构审慎开展跨境并购,完善境外分支机构网络,提升金融服务水平,加强在支付与市场基础设施领域的国际合作。建立健全支持科技创新发展的国际金融合作机制。

第二,推动资本市场双向有序开放。积极稳妥推进人民币资本项目可兑换。便利境内外主体跨境投融资。扩大期货市场对外开放,允许符合规定条件的境外机构从事特定品种的期货交易。研究境内银行、证券公司等金融机构和企业在有真实贸易和投资背景的前提下,参与境外金融衍生品市场。在风险可控的前提下,研究逐步开放金融衍生品市场。

第三,建立"走出去"金融支持体系。构建政策性金融和商业性金融相结合的境外投资金融支持体系,推动金融资本和产业资本联合"走出去"。完善境外投融资机制,探索建立境外股权资产的境内交易融资平台,为企业提供"外保内贷"的融资方式。发展多种形式的境外投资基金,推进丝路基金、亚洲基础设施投资银行、金砖国家新开发银行设立和有效运作,构建上海合作组织融资机构。用好投融资国际合作机制,选准重点,积极推进与"一带一路"共建国家和地区合作。

第四,扩大人民币跨境使用。推进亚洲货币稳定体系、投融资体系和信用体系建设。推进本币互换合作,进一步扩大经常项目人民币结算规模,支持跨国企业集团开展人民币资金集中运营业务。在涉外经济管理、核算和统计中使用人民币作为主要计价货币。加快人民币跨境支付系统建设,进一步完善人民币全球清算体系。进一步拓宽人民币输出渠道,鼓励使用人民币向境外进行贷款和投资。建设区域性人民币债券市场,进一步便利境外机构投资境内债券市场,支持境外机构在境内发行人民币债务融资工具,稳妥推进境内金融机构和企业赴境外发行人民币债券。支持离岸市场人民币计价金融产品的创新,加快人民币离岸市场建设,扩大人民币的境外循环。

第五,完善汇率形成机制和外汇管理制度。有序扩大人民币汇率浮动区间,增强人民币汇率双向浮动弹性。深化外汇管理体制改革,进一步便利市场主体用汇,按照负面清单原则推进外商投资企业外汇资本金结汇管理改革。创新国家外汇储备使用方式,拓宽多元化运用渠道。

(八)建设稳定、公平、透明、可预期的营商环境

加强对外开放的法治建设,坚持依法开放,大力培育开放主体,充分发挥行业协会商会作用,着力构建稳定、公平、透明、可预期的营商环境。

第一，加强开放型经济法治建设。适应对外开放不断深化形势，完善涉外法律法规体系，重大开放举措要于法有据，营造规范的法治环境。发挥法治的引领和推动作用，加快形成高标准的贸易投资规则体系。以保护产权、维护契约、统一市场、平等交换、公平竞争、有效监管为基本导向，推进对内对外开放的立法、执法与司法建设。积极参与国际经贸法律交流。强化涉外法律服务，维护中国公民、法人在海外及外国公民、法人在中国的正当经济权益。

第二，大力培育开放主体。完善国有资本对外开放的监管体系，积极发展混合所有制经济，鼓励各类所有制企业发挥自身优势，深度参与国际产业分工协作。支持国内企业吸纳先进生产要素，培育国际知名品牌，增强参与全球价值链的广度和深度，形成一批具有国际知名度和影响力的跨国公司。鼓励国内优势企业建立海外生产加工和综合服务体系，在全球范围内配置资源、开拓市场，拓展企业发展新空间。

第三，优化市场竞争环境。建立统一开放、竞争有序的市场体系和监管规则。加快转变政府职能，完善经济管理体制和运行机制，逐步建立权力清单制度，加强知识产权保护和反垄断制度建设，健全全社会诚信体系，清理妨碍全国统一市场和公平竞争的各种规定和做法，保证各类所有制企业依法平等使用生产要素、公开公平公正参与市场竞争、同等受到法律保护。

第四，改善科技创新环境。加快实施创新驱动发展战略，积极融入全球创新网络，全面提高中国科技创新的国际合作水平，更多更好利用全球创新资源。着力构建以企业为主体、市场为导向、产学研相结合的技术创新体系，健全技术创新激励机制，支持企业参与全球创新资源配置，在开放合作中提高自主创新能力。完善引进消化吸收再创新的机制，鼓励企业加强技术研发国际合作，加快新技术新产品新工艺研发应用。积极参与国际大科学计划和工程，开展多层次、多领域、多形式的国际科技合作。

第五，发挥行业协会商会作用。充分发挥行业协会商会在制定技术标准、规范行业秩序、开拓国际市场、应对贸易摩擦等方面的积极作用，提高协会商会组织协调、行业自律管理能力。坚持行业协会商会社会化、市场化改革方向，推进行业协会商会工作重心转向为企业、行业、市场服务。支持协会商会加强与国际行业组织的交流合作，建设国际化服务平台，改革内部管理体制和激励机制，增强可持续发展能力。加强境外中资企业协会商会建设。

（九）加强支持保障机制建设

培养适应开放型经济新体制要求的人才队伍，健全对外交流渠道，做好人文交流和对外宣传，进一步完善支持保障措施。

第一，实施开放的人才政策。加强人才培养，构建科学有效的选人用人机制，充分集聚国际化的人才资源。健全引进人才制度，完善外国人永久居留制度，营造吸引海外高层次人才的良好工作、生活环境。支持和推荐优秀人才到国际组织任职工作。积极探索职业资格国际、地区间互认。鼓励并支持从事国际合作的社会化专业队伍加快发展，更好利用社会资源开展国际合作。

第二，打造对外开放战略智库。加强中国特色新型智库建设，发挥智库作用，增进国际间智库研究交流，打造拥有国际视野和战略意识的智库力量，提高对外开放战略谋划水平和国际经贸合作服务能力。加强对有关国家、区域、重点合作领域的前瞻性研究，为中国政府和企业提供政策建议和智力支持。

第三，做好人文交流和对外宣传。坚持与时俱进，强化国际传播能力建设，推动中国文化"走出去"，在对外开放中切实保障文化安全和教育安全。综合运用国际国内两种资源，培养造就更多优秀国际化人才。办好博鳌亚洲论坛，深化与世界经济论坛的合作，利用国际平台发出中国声音，深化世界各国与中国的相互了解和信任。与世界各国政党、政府、企业、民间组织、学术界和媒体广交朋友。鼓励"走出去"企业以多种方式培养本土技术人才，增信释疑，推动民心相通，凝聚共识和力量，营造于中国有利的国际舆论和外部发展环境。

(十) 建立健全开放型经济安全保障体系

要大力加强对外开放的安全工作，在扩大开放的同时，坚持维护中国核心利益，建立系统完备、科学高效的开放型经济安全保障体系，健全体制机制，有效管控风险，切实提升维护国家安全的能力。

第一，完善外商投资国家安全审查机制。完善外商投资国家安全审查的法律制度，制定外商投资国家安全审查条例。建立与负面清单管理模式相适应的外商投资国家安全审查制度。完善国家安全审查范围，加强事中事后监管，充分发挥社会监督作用，确保安全审查措施落到实处。

第二，建立"走出去"风险防控体系。综合运用经济、外交、法律等多种方式，规范"走出去"秩序，防止一哄而上、恶性竞争，维护国家形象，推动中国"走出去"企业成为正确义利观的自觉践行者。加强境外风险防控体系建设，提升对外投资合作质量和水平。强化对国有和国有控股企业"走出去"经营活动的监督与管理，加强审计，完善国有企业境外经营业绩考核和责任追究制度，确保国有资本的安全与效益，防止国有资产流失，防范假借"走出去"侵吞国有资产的行为。

第三，构建经贸安全保障制度。加快出口管制立法，加快构建和实施设计科学、运转有序、执行有力的出口管制体系，完善出口管制许可和调查执法体制机制，积极参与出口管制多边规则制定。进一步加强和完善产业安全预警机制。

第四，健全金融风险防控体系。坚持便利化与防风险并重，形成适应开放需要的跨境金融监管制度，健全宏观审慎管理框架下的外债和资本流动管理体系，完善系统性风险监测预警、评估处置以及市场稳定机制，加强对短期投机性资本流动和跨境金融衍生品交易的监测，防范和化解金融风险。创新国际优惠贷款使用模式，用好国际商业贷款，推动外债形式多元化。健全"走出去"金融监管体系。加强金融监管的国际交流与合作机制建设，预防危机，维护区域金融稳定。

三 关于构建开放型经济新体制的着力点

构建开放型经济新体制关键是改革创新。这个"新"不是无源之水、无本之木。开放型经济的体制建设是一个内外统筹、破立结合的过程，是上层建筑不断适应经济基础、并更好地促进发展的过程。新常态下构建开放型经济新体制，不仅要着眼于更多的进出口贸易、引进更多的外资、更大量的对外投资，更重要的是发展理念、发展方式上的"新"，不是个别政策、个别区域的政策性优惠，而是全局性的体制性开放，是以国际化的眼光来发展经济、完善制度，以全球视野配置资源，这就涉及国民经济和社会发展各领域，并与生产力布局、空间格局、产业结构、生产方式紧密相关，是探索新模式、新路径、新体制的系统工程。关键是要坚持使市场在资源配置中起决定性作用和更好发挥政府作用，坚持改革开放和法治保障并重，坚持"引进来"和"走出去"相结合，坚持与世界融合和保持中国特色相统一，坚持统筹国内发展和参与全球治理相互促进，坚持把握开放主动权和维护国家安全。这六个方面是辩证统一的，也是中国构建开放型经济新体制所要把握的基本原则。

第一，建立市场配置资源新机制。中国要坚持社会主义市场经济的改革方向，以国际化眼光实现包容性发展。通过完善市场准入和监管方式，健全产权保护、信用体系等方面的制度，促进国际国内要素有序自由流动、资源全球高效配置、国际国内市场深度融合，加快推进与开放型经济相关的体制机制改革，建立公平开放、竞争有序的现代市场体系。

第二，形成经济运行管理新模式。要通过营造良好的法治环境，依法管理开放，建立与国际投资和贸易规则发展趋势相适应的管理方式，形成更好地参与国际宏观经济政策协调的机制，并推动国际经济治理结构和国际经济秩序朝着更加公正合理的方向发展。中国要在对外开放中，积极推进政府行为法治化、经济行为市场化，努力建立健全企业履行主体责任、政府依法监管和社会广泛参与的管理机制，健全对外开放中有效维护国家利益和安全的体制机制。

第三，要形成全方位开放新格局。中国坚持自主开放与对等开放，加强"走出去"战略谋划。当前中国正在深入实施西部开发、东北振兴、中部崛起、东部率先的区域发展总体战略，特别是全力实施"一带一路"、京津冀协同发展、长江经济带三大国家规划，在这个过程中各地区的开放各有侧重，各具优势和特色，共同的目标就是要推动进一步形成和深化全方位开放的新格局。

第四，要形成国际合作竞争新优势。中国要在开放中不断巩固和拓展传统优势、加快培育竞争新优势。以创新驱动为导向，以质量效益为核心，大力营造竞争有序的市场环境、透明高效的政务环境、公平正义的法治环境和合作共赢的人文环境，加速培育产业、区位、营商环境和规则标准等综合竞争优势，不断增强创新能力，全面提升在全球价值链中的地位，加强国际产能合作，促进产业转型升级①。

第四节　构建全方位开放新格局：规划与展望

改革开放以来，从建立经济特区，到推动对外贸易、利用外资，再到加入世界贸易组织，中国发展的历程也是对外开放不断扩大和深化的历程。在新的时代条件下，坚持开放发展，实现合作共赢，依旧是中国实现伟大复兴的重要途径。习近平主席郑重宣示："中国开放的大门永远不会关上。"② 坚持开放发展，就是要坚持对外开放的基本国策，奉行互利共赢的开放战略，深化人文交流，完善对外开放区域布局、对外贸易布局、投资布局，以扩大开放带动创新、推动改革、促进发展。"必须顺应中国经济深度融入世界经济的趋势，奉行互利共赢的开放战略，发展更高层次的开放型经济，积极参与全球经济治理和公共产品供给，提高中国在全球经济治理中的制度性话语权，构建广泛的利益共同体。"③

第十三届全国人民代表大会第四次会议表决通过了《中华人民共和国国民经济和社会发展第十四个五年规划和2035年远景目标纲要》（以下简称《纲要》）。《纲要》提出"实行高水平对外开放，开拓合作共赢新局面"的理念，坚持实施更大范围、更宽领域、更深层次对外开放，依托中国超大规模市场优势，促进国际合作，实现互利共赢，推动共建"一带一路"行稳致远，推动构建人类命运共同体。《纲要》从建设更高水平开放型经济体制、推动共建"一带一路"高质量发展、积极参与全球治理体系改革和建设三个方面对构建全方面开放新格局进行了具体部署。

一　建设更高水平开放型经济新体制

（一）加快推进制度型开放

构建与国际通行规则相衔接的制度体系和监管模式。健全外商投资准入前国民待遇加负面清单管理制度，进一步缩减外资准入负面清单，落实准入后国民待遇，促进内外资企业公平竞争。建立健全跨境服务贸易负面清单管理制度，健全技术贸易促进体系。稳妥推进银行、证券、保险、基金、期货等金融领域开放，深化境内外资本市场互联互通，健全合格境外投资者制度。稳慎推进人民币国际化，坚持市场驱动和企业自主选择，营造以人民币自由使用为基础的新型互利合作关系。完善出入境、海关、外汇、税收等环节管理

---

① 徐绍史：《坚持以四个坚定不移为指导全面构建开放型经济新体制》，《中国产经》2015年第10期。
② 习近平：《习近平在对美国进行国事访问时的讲话》，人民出版社2015年版，第14页。
③ 《坚持开放发展，着力实现合作共赢——五论夺取全面建成小康社会决胜阶段的伟大胜利》，中国政府网，http://www.gov.cn/zhengce/2015-11/03/content_ 2959552.htm，2015年11月3日。

服务。

(二) 提升对外开放平台功能

统筹推进各类开放平台建设，打造开放层次更高、营商环境更优、辐射作用更强的开放新高地。完善自由贸易试验区布局，赋予其更大改革自主权，深化首创性、集成化、差别化改革探索，积极复制推广制度创新成果。稳步推进海南自由贸易港建设，以货物贸易"零关税"、服务贸易"既准入又准营"为方向推进贸易自由化便利化，大幅放宽市场准入，全面推行"极简审批"投资制度，开展跨境证券投融资改革试点和数据跨境传输安全管理试点，实施更加开放的人才、出入境、运输等政策，制定出台海南自由贸易港法，初步建立中国特色自由贸易港政策和制度体系。创新提升国家级新区和开发区，促进综合保税区高水平开放，完善沿边重点开发开放试验区、边境经济合作区、跨境经济合作区功能，支持宁夏、贵州、江西建设内陆开放型经济试验区。

(三) 优化区域开放布局

鼓励各地立足比较优势扩大开放，强化区域间开放联动，构建陆海内外联动、东西双向互济的开放格局。巩固东部沿海地区和超大特大城市开放先导地位，率先推动全方位高水平开放。加快中西部和东北地区开放步伐，支持承接国内外产业转移，培育全球重要加工制造基地和新增长极，研究在内陆地区增设国家一类口岸，助推内陆地区成为开放前沿。推动沿边开发开放高质量发展，加快边境贸易创新发展，更好发挥重点口岸和边境城市内外联通作用。支持广西建设面向东盟的开放合作高地、云南建设面向南亚东南亚和环印度洋地区开放的辐射中心。

(四) 健全开放安全保障体系

构筑与更高水平开放相匹配的监管和风险防控体系。健全产业损害预警体系，丰富贸易调整援助、贸易救济等政策工具，妥善应对经贸摩擦。健全外商投资国家安全审查、反垄断审查和国家技术安全清单管理、不可靠实体清单等制度。建立重要资源和产品全球供应链风险预警系统，加强国际供应链保障合作。加强国际收支监测，保持国际收支基本平衡和外汇储备基本稳定。加强对外资产负债监测，建立健全全口径外债监管体系。完善境外投资分类分级监管体系。构建海外利益保护和风险预警防范体系。优化提升驻外外交机构基础设施保障能力，完善领事保护工作体制机制，维护海外中国公民、机构安全和正当权益。

二　推动共建"一带一路"高质量发展

(一) 加强发展战略和政策对接

推进战略、规划、机制对接，加强政策、规则、标准联通。创新对接方式，推进已签文件落实见效，推动与更多国家商签投资保护协定、避免双重征税协定等，加强海关、税收、监管等合作，推动实施更高水平的通关一体化。拓展规则对接领域，加强融资、贸易、能源、数字信息、农业等领域规则对接合作。促进"一带一路"倡议同区域和国际发展议程有效对接、协同增效。

(二) 推进基础设施互联互通

推动"陆海天网"四位一体联通,以"六廊六路多国多港"为基本框架,构建以新亚欧大陆桥等经济走廊为引领,以中欧班列、陆海新通道等大通道和信息高速路为骨架,以铁路、港口、管网等为依托的互联互通网络,打造国际陆海贸易新通道。聚焦关键通道和关键城市,有序推动重大合作项目建设,将高质量、可持续、抗风险、价格合理、包容可及目标融入项目建设全过程。提高中欧班列开行质量,推动国际陆运贸易规则制定。扩大"丝路海运"品牌影响。推进福建、新疆建设"一带一路"核心区。推进"一带一路"空间信息走廊建设。建设"空中丝绸之路"。

(三) 深化经贸投资务实合作

推动与共建"一带一路"国家贸易投资合作优化升级,积极发展丝路电商。深化国际产能合作,拓展第三方市场合作,构筑互利共赢的产业链供应链合作体系,扩大双向贸易和投资。坚持以企业为主体、市场为导向,遵循国际惯例和债务可持续原则,健全多元化投融资体系。创新融资合作框架,发挥共建"一带一路"专项贷款、丝路基金等作用。建立健全"一带一路"金融合作网络,推动金融基础设施互联互通,支持多边和各国金融机构共同参与投融资。完善"一带一路"风险防控和安全保障体系,强化法律服务保障,有效防范化解各类风险。

(四) 架设文明互学互鉴桥梁

深化公共卫生、数字经济、绿色发展、科技教育、文化艺术等领域人文合作,加强议会、政党、民间组织往来,密切妇女、青年、残疾人等群体交流,形成多元互动的人文交流格局。推进实施共建"一带一路"科技创新行动计划,建设数字丝绸之路、创新丝绸之路。加强应对气候变化、海洋合作、野生动物保护、荒漠化防治等交流合作,推动建设绿色丝绸之路。积极与共建"一带一路"国家开展医疗卫生和传染病防控合作,建设健康丝绸之路。

三 积极参与全球治理体系改革和建设

(一) 维护和完善多边经济治理机制

维护多边贸易体制,积极参与世界贸易组织改革,坚决维护发展中成员地位。推动二十国集团等发挥国际经济合作功能,建设性参与亚太经合组织、金砖国家等机制经济治理合作,提出更多中国倡议、中国方案。推动主要多边金融机构深化治理改革,支持亚洲基础设施投资银行和新开发银行更好发挥作用,提高参与国际金融治理能力。推动国际宏观经济政策沟通协调,搭建国际合作平台,共同维护全球产业链供应链稳定畅通、全球金融市场稳定,合力促进世界经济增长。推动新兴领域经济治理规则制定。

(二) 构建高标准自由贸易区网络

实施自由贸易区提升战略,构建面向全球的高标准自由贸易区网络。优化自由贸易区布局，推动《区域全面经济伙伴关系协定》（RCEP）落实，加快《中日韩自由贸易协定》（FTA）谈判进程，稳步推进亚太自贸区建设。提升自由贸易区建设水平，积极考虑加入《全面与进步跨太平洋伙伴关系协定》（CPTPP），推动商签更多高标准自由贸易协定和区域贸易协定。

（三）积极营造良好外部环境

积极发展全球伙伴关系，推进大国协调和合作，深化同周边国家关系，加强同发展中国家团结合作。坚持多边主义和共商共建共享原则，维护以联合国为核心的国际体系和以国际法为基础的国际秩序，共同应对全球性挑战。积极参与重大传染病防控国际合作，推动构建人类卫生健康共同体。深化对外援助体制机制改革，优化对外援助布局，向发展中国家特别是最不发达国家提供力所能及的帮助，加强医疗卫生、科技教育、绿色发展、减贫、人力资源开发、紧急人道主义等领域对外合作和援助。积极落实联合国2030年可持续发展议程。

后　记

新时代，习近平总书记高度重视政治经济学的学习、研究和运用，创造性地提出一系列新理念、新思想、新战略，在理论上不断拓展新视野、作出新概括、形成新学说，形成了习近平经济思想，成为马克思主义政治经济学中国化的最新理论成果，续写了中国特色社会主义政治经济学的新篇章，开辟了 21 世纪马克思主义政治经济学的新境界，为推动和加强中国特色社会主义经济学科建设进一步指明了前进方向、提供了根本遵循。

深入学习和贯彻习近平新时代中国特色社会主义思想，首要任务就是要学好和用好马克思主义政治经济学，坚持从中国实际出发，坚持马克思主义的基本立场、观点和方法，吸收和借鉴人类一切优秀文明成果，传承弘扬中华优秀传统文化，提炼和总结中国经济发展实践的重大成果，把实践经验上升为系统化的经济学说，不断开拓当代中国马克思主义政治经济学新境界。

西南财经大学的政治经济学是国家重点学科，是我国马克思主义经济学重要的人才培养基地和学术研究重镇。近年来，为了拓宽政治经济学发展平台，我校于 2010 年专门创设政治经济学学科建设与创新实验平台——马克思主义经济学研究院。2017 年，中宣部批准我校建设首批"全国中国特色社会主义政治经济学研究中心"。2020 年获批首批国家经济学基础学科拔尖学生培养基地。我们坚持以习近平新时代中国特色社会主义思想为指导，以一流学科建设为契机，紧紧围绕"打造学术高地、筑牢思想阵地、建强育人基地"，积极推进习近平新时代中国特色社会主义思想学术化、学理化和学科化，推动构建中国特色社会主义政治经济学、经济学学科体系、学术体系和话语体系。

为繁荣发展新时代中国特色哲学社会科学贡献"西财力量"，我们组织编写了《中国特色社会主义政治经济学纲要》。本书是集体合作的结果。刘灿、丁任重、李萍、盖凯程等负责全书的框架设计，李标、韩文龙负责全书统稿。具体分工如下：导论（刘灿），第一章（杨慧玲、张志），第二章（李萍、田世野），第三章（李怡乐、盖凯程），第四章（吴垠、李梦凡），第五章（丁任重、徐志向、盖凯程），第六章（李萍、王军），第七章（丁任重、李标），第八章（陈师、韩文龙），第九章（丁任重、李标），第十章（丁任重、李标），第十一章（丁任重、李标、陈姝兴），第十二章（丁任重、陈姝兴、李标），第十三章（吴垠、冯鹏程），第十四章（丁任重、何悦、盖凯程），第十五章（韩文龙），第十六章（葛浩阳、姚常成），第十七章（杨慧玲、张志），第十八章（杨慧玲、冯鹏程），第十九章（姚常成、葛浩阳）。

  在本书写作和出版过程中，西南财经大学全国中国特色社会主义政治经济学研究中心、马克思主义经济学研究院、经济学院给予了大力支持和资助，中国社会科学出版社为本书的出版给予了大力支持并做了大量具体工作。在此，我们一并表示诚挚的感谢。